JN175331

「中尾佐助照葉樹林文化論」の展開
——多角的視座からの位置づけ

「中尾佐助照葉樹林文化論」の展開
——多角的視座からの位置づけ
山口裕文・金子　務・大形　徹・大野朋子［編著］
北海道大学出版会

上：ナガ(ライ=ノン=ナガ)族の村。ミャンマー・ザガイン地方域ラヘー郡区サントン村にて/2014年11月15日・河瀬眞琴撮影

下：さまざまな野菜が売られている。インド・ナガランド州メジフェマ村にて/2013年2月8日・河瀬眞琴撮影

本扉・上：ティンプーの山並み。ブータン・ティンプーにて/2009年9月8日・久保輝幸撮影

本扉・下：シダレヤナギやモミジで造景された中国杭州西湖にて/2014年9月17日・山口裕文撮影

はじめに

照葉樹林文化論は、東アジアからネパール・ヒマラヤにつながって分布する照葉樹林帯とその周辺に固有の生活文化要素があるとする中尾佐助の仮説である。仮説の設定の方法は探検から得られる情報の類型分類から始まり、農耕、食文化、花卉文化などを構成する要素の検証によって生活文化の発達史を展望している。中尾の探検は、アジアの照葉樹林帯とその周辺だけでなく、アフリカ、ヨーロッパ、ニューギニアを含む南太平洋に及び、そこで得られた観察を東アジアや日本の現状と比較して照葉樹林文化論を多角的な視座から深化させている。

中尾佐助の論にかかわる学術資料は、主に研究を手がけていた大阪府立大学学術情報センター図書館にアーカイブス（中尾佐助コレクション）として保存されており、照葉樹林文化研究会はこの資料を使って学術研究を続けている。本書は、照葉樹林文化研究会における研究発表を文章化した論文を収録したものである。研究会では、既に二〇〇一（平成一三）年に『照葉樹林文化論の現代的展開』を公刊しており、本書は、その続編に当たる。内容は、前書と同様に、照葉樹林文化論に従った論を展開するものではなく、中尾資料を使った論考を主体として自由な議論と主張を収録している。

人間生活を取り巻く環境に存在する植物や生物は、地域住民の文化の基層をつくる一方、生活文化からの影響を受けつつ独自の変化を遂げてきた。照葉樹林文化研究会が編纂した『中尾佐助著作集』全六巻からも明らかなように中尾佐助の照葉樹林文化論の中核は人間と生物との関係性の解明への視座から構成されている。照葉樹林文化論における中尾の提案は、「種から胃袋まで」の過程、農作物など資源植物と食文化に関する初期の視座から民族文化にかかわる生物のもたらす癒しやパフォーマンスの多様性の視座へと変遷し、倫理や宗教を含めた文化複合を体系化する前に終焉する。前書『照葉樹林文化論の現代的展開』では、倫理や宗教を含めた文化要素の補完を意図として構成したが、本書ではそれだけに止まらず中尾の残した問題点や検証に至らなかった課題について立場を異にする学者がそれぞれの視座から現代的研究成果を反映させて照葉樹林文化論と関連する自然や文化要素について専門的な論考を加えている。そのほとんどは、サントリー文化財団の助成を受けて実施した「照葉樹林文化要素としての癒し植物に関する文化多様性をめぐる研究」の討論および科学研究費助成を受けた「東アジア原産観賞植物の栽培化と野生化に関する保全生物学的研究」に関する研究成果を踏まえてカオスの織りなす複合学として構成した。

本書は、六部二八章と三コラムからなっている。第Ⅰ部は大阪府立大学学術情報センター図書館のウェブで公開している「中尾佐助スライドデータベース」を解説した六論文、第Ⅱ部は照葉樹林帯周辺の生物的自然として照葉樹林と草地の地球史的成り立ちと人為下での変容に関する四論文とコラム、第Ⅲ部は森と林と住まいにおける自然倫理に関する四論文、第Ⅳ部は里山・里海・里畑の多様性と住居景観をつくる植物に関する四論文、第Ⅴ部は観賞植物の多様性と野生化に関する五論文、第Ⅵ部は照葉樹林文化の生活文化要素として食と香り文化に関する五論文と二つのコラムから構成されている。

第Ⅰ部の中尾スライド解説に関しては、中尾佐助の探検の全体像を視野に入れて、著作を読み解くのを助けるように精選した六〇〇枚のフィールド画像を収めたＣＤを付録としてつけた。これは大阪府立大学学術情報センター図書館で公開しているウェブでは見られない精密なビジュアルを提供している。照葉樹林文化論だけでなく中尾佐助の自然と人間文化に関する視線を読み取って欲しい。大阪府立大学学術情報センター図書館所蔵の中尾佐助スライドデータベースからの写真の解説に当たっては、①スライド番号、②探検名または国名、③撮影日付

（可能な限り）、④場所・地名を示している。

すべての原稿は、編集委員の二人以上がそれぞれ査読（校閲）するとともに、主編者が全体を通して校閲した。専門領域による言葉の違いなどは、あえて領域の広がりを知ってもらうために統一していない。脚注の付け方や植物名の表記の方法も統一していないが、事実からのずれは出来るだけ少なくするようにしている。東アジアの生活文化、生物文化多様性の認識への新たな出発になれば幸いである。

本書の作成にあたり、大阪府立大学学術情報センター図書館の司書の方々、同大学小島篤博先生、および北海道大学出版会の成田和男・添田之美両氏にあつくお礼申し上げる。また、フィールド調査で貴重な情報を提供いただいた現地住民の方々に併せてお礼申し上げます。

なお、本書中で引用した中尾佐助の文章中には差別的ととられる語句や表現が使われている部分があるが、中尾の論述の意図がけっして差別を容認・助長するものではないこと、そして既に故人であることなどの理由から発表当時のままとしている。読者の方々のご理解をお願い申し上げます。

二〇一六年三月一八日

主編者　山口裕文

「中尾佐助　照葉樹林文化論」の展開——目　次

——多角的視座からの位置づけ

第Ⅱ部 照葉樹林帯周辺の生物的自然

第Ⅲ部　森と林と住まいにおける自然倫理

第Ⅳ部　照葉樹林帯の里山・里海・里畑

第Ⅴ部　照葉樹林帯における花卉園芸文化をめぐって

第Ⅵ部　照葉樹林帯におけるヒトと植物との多様なかかわり

I

中尾佐助の探検紀行

山口裕文
岡田　博
河瀬眞琴
伊藤一幸
上田善弘
森元真理

第一章　フィールド学者中尾佐助の辿った探検の路

——いくつかの海外調査から

山口裕文

中尾佐助は、希有のフィールド学者である。彼の著作や研究論文は、フィールドで見た事実と信頼度の高い文献とを根拠にして執筆されている。一九三九年二三歳の時に京都大学旅行部で中国の西部小興安嶺へ遠征したのを皮切りに、彼は一九八四年六八歳の中国麗江への海外調査まで二五回の国外の探検に出かけている。国内では、対馬、八丈島、沖縄などで調査している。

中尾は、自らのフィールド調査を探検と称して、目的を定めて情報や素材を収集する探索と識別し、見たものを根拠として仮説を立て、引き続いて検証・肉付けをはかっている。古くはガラス板や六六判（ブローニー判）の写真やモノクロフィルム、一九五〇年代から三五ミリのモノクロフィルムやカラー・ポジフィルムを使って観察記録を取り、八ミリの動画フィルム、テープレコーダーによる録音でも根拠を残している。また、探検によって異なるが、Ａ６判からＢ５判のフィールドノートにメモを記述し、採集した植物は腊葉（押し花）標本とし、集めた種子は後日の栽培試験に用いている。固有の番号を付したスライドをタイプスライドと呼び、フィールド研究の重要証拠としている。タイプとは、生物分類学における新種や新産地記録の証拠標本である。大阪府立大学の図書館ＨＰに公開されている中尾佐助スライドデータベースはフィールド科学におけるタイプの集合体に当たる。

中尾佐助の探検資料は、自筆原稿や著作に参照した図書と合わせて中尾コレクションとして大阪府立大学学術情報センター図書館に保存されている。探検時のフィールドノートや手紙、メモ、パンフレットなどを参照しながらタイプとしてのスライド画像を見ると、探検の詳細と仮説設定に近づく過程がわかる。ここでは、莫大な探検の観察の一部に当たる、中国の照葉樹林と周辺の文化、東南アジアと南太平洋の根栽農耕文化、ヒマラヤ（ブータン）の民族と自然、アフリカの農業に関する四つの探検を取り上げ、フィールドノートの行程に沿って中尾佐助の探検の視線を紹介したい。

なお、本稿では日本国内や一九五〇年以前の探検およびカラーフィルムと同時に撮影されたネガフィルム画像については、ほとんど触れなかった。探検に関する中尾佐助自身の著作には、パノラマ写真を含むネガフィルムを基にした記事があり、紹介している画像とは異なるので注意して欲しい。本書では写真情報として①スライド番号、②探検名または国名、③撮影日付(可能な限り)、④場所・地名を付している。

一　中国で攪乱された照葉樹林を見る

中尾佐助は、戦前・戦中を除くと、探検活動の後半に当たる一九七七年と一九八四年に中国を訪れている。一九七七年は中原と江南、一九八四年は雲南省である。極東の台湾と朝鮮半島には戦後は訪れていない。照葉樹林文化論をたてるに当たって近くから順に調べていたら構想できなかったのかも知れない。二回の中国の旅は、検証と肉付けであったようである。

一―一　麗江(一九八四年)――最後の海外調査

フィールドノート(中尾、一九八四a)に拠れば、一九八四年八月四日から八月一四日までの短い旅行である。中尾佐助は、成田を出発し、広州から中国に入り、雲南省の昆明、大理、麗江を回り、昆明へ戻り、香港を経て成田へ帰国している。撮影したカラーフィルムは三六枚撮りで一七本、計六二六コマである。一一ページのフィールドノートのメモは、二八行に満たない。彼自身が付けたカラースライドの番号やコマ順や日付に混乱もある。前日の行程の記憶をメモする程度のフィールドノートは若い時の綿密さとはほど遠く感じられる。しかし、スライドの画像や日付をほかの資料とつき合わせて見ると当時の様子がわかってくる。

八月二日に東京の夜景を見た中尾佐助は(写真1)、翌三日に「雲南奥地の旅」のツアー一団と成田で合流し、一一時四五分発、一四時三〇分着の便で香港へ移動して、香港のタイガーバウム公園（N84-06-09：以下、大阪府立大学学術情報センター中尾佐助スライドデータベース番号）を見学し、引き続いてCA３４０９便（二〇時五五分発二一時三〇分着）で移動し、広州に泊まっている。フィールドノートの始まる四日は早朝に広州飛行場を出発して昆明（標高一、九〇〇メートル）へ到着し、昆明市内の西山を訪れている。西山では花壇にサルビアの植えられた華亭寺（標高二、〇六〇メートル）でトウツバキとともに裏山の照葉樹林（N84-06-23）を見て、近くの資料館にも訪れ、滇湖の風景（写真2）を撮影し、この日は昆明飯店に泊まっている。翌五日にはマイクロバスで昆明から楚雄を経て（N84-07-16）、人為的に変化した山々の風景を見ながら大理市の下関へ到着し（N84-09-20）、六日には大理古城周辺で水田、古鎮（N84-08-03、N84-08-17、N84-10-35）、三塔（写真3）などを視察している。大理までの水田の背景に写る山々は家畜の被食によって荒れ、開発の進む洱海（アルハイ）湖では山稜の渓谷から流れ出る扇状地を直視している（写真4）。今は地形もわかりにくいほど開発されているが、このころは谷ごとに並ぶ扇状地を見ることができたはずである（山口・梅本、一九九六）。

七日には大理から洱源を経て剣川に行く途中（洱源西湖の南）で野生化したサボテンを見て（N84-11-33、標高二、〇八〇メートル）、麗江（標高二、四〇〇メートル）に到着している（写真5）。フィールドノートでは七日に白水峡へ出かけたとなっているが、翌八日に麗江から甘海子のお花畑（N84-13-15、N84-13-11、標高二、八〇〇メートル）を経て玉龍雪山（写真6）を求めて白水峡（標高二、九〇〇メートル）のベースキャンプへ到着し（N84-14-08）、九日に玉龍雪山に登山し周辺を調査したと推定される（N84-14-12）。一〇日には麗江古城への帰路に玉峯寺に寄り樹齢五〇〇年といわれるトウツバキの巨樹（写真7）を見ている。一一日には麗江市内を回りナシ族の民家や黒龍潭にある玉泉明清建築群の寺院や公園（N84-16-26、N84-18-35）と七月期の馬市（N84-19-14）を視察し、旧街（N84-21-11、N84-21-13）の家並みを撮影している。

写真1　出発前夜(東京)。①N84-06-02，②中国，③1984. 8. 2，④東京

写真2　西山から滇湖を望む。①N84-06-19，②中国，③1984. 8. 4，④雲南省昆明

写真3　大理の三塔。①N84-10-13, ②中国雲南, ③1984. 8. 6, ④大理

写真4　大理周辺。洱海西部には山脈から吐き出された扇状地が広がる。潅漑の流れはやがて天井川にかわる。①N84-10-26, ②中国雲南, ③1984. 8. 6, ④大理

写真５　麗江の街に到着。①N84-12-04，②中国雲南，③1984. 8. 7，④麗江

写真６　玉龍雪山。①N84-13-21，②中国雲南，③1984. 8. 8，④玉龍雪山

写真７　玉峯寺のトウツバキ。①N84-16-09，②中国雲南，③1984. 8. 10，④麗江

ナシ族の街の麗江から白族の古城大理へ南下する八月一二日のメモは、ただ「揚子江をみる」だけである。麗江から大理へは剣川を通り洱海湖の北端の洱源の右所へ出るか、あるいは鶴慶から右所へ出る。鶴慶の道は、当時、悪路であったので、この日は朝に麗江を出て、松林の峠を越えて一旦北上して金沙江（虎杖峡付近Ｎ84-21-36、標高一、八八〇メートル）を見て、剣川の道を通って大理へ向かったと推定される。八月一三日には大理から昆明へ移動する途中、祥雲付近と楚雄東部で白族農民やイ族の集落などを遠望している。八月一四日には昆明飯店を出て九時〇〇分発のＣＡ341便で香港へ移動し、香港美麗華大飯店に泊まり、翌一五日に九時三七分発のＣＸ450で成田に帰国している。

この探検では、お花畑、水田、イ族の女性（Ｎ84-12-11、14）、白族のチーズ（Ｎ84-11-28）、森林保全に向けた稚樹の育成（Ｎ84-14-23）などにカメラを向けている。帰国後、中尾は「消えゆく照葉樹林帯――中国・雲南省を旅して」というコラムを朝日新聞に発表し（中尾、一九八四ｂ）、当時国立民族学博物館館長であった梅棹忠夫氏と「雲南に照葉樹林をたずねて」の対談をしている（中尾・梅棹、一九八五）。ふたつの記事の「水辺でマツタケを洗う女性達」の写真（N84-19-37）は実際（大阪府立大HP）とは裏焼きになっている。中尾佐助の興味は、このころ農作物や食文化から観賞植物や庭園に移行しており、寺院では花木や庭園での植木鉢のデザイン（N84-17-17）など花卉園芸文化に向けてシャッターを切っている。

大理から西へひと足を伸ばすと手つかずの照葉樹林も残っている（写真8）。また、麗江から北東へ行くと中尾の栽培植物起源論の初期の構想の題材に取り上げたユーマイ（写真9、中尾、一九五〇）も見ることが出来たはずである。中国観光が容易になったとはいえ自由には旅行出来なかった当時には精一杯の行程であったのかも知れない。

一-二　中原と江南（一九七七年）──招待訪問

この訪問では三六枚撮りのカラーフィルム五二本、一、九八八コマと一冊のB6判フィールドノート（中尾、一九七七b）で中国の状況を記録している。中国政府に招待されて木原均氏と同行して、北京、西安、武功、南京、上海、杭州を視察し、上海から一旦北京へ移動し、講演会の後帰国している。五月二〇日から六月一〇日までの二一日間の旅行である。

五月二一日には北京での日程を調整した後、まず小麦研究場を視察し、五月二二日には十三陵と万里の長城を見て（写真10、N77-064-26）、二三日には頤和園（N77-066-28）、二四日には人民公社や遺伝学研究所を視察している。この間北京飯店に宿泊する。二五日には飛行機で西安へ移動し、明代の鐘楼に登り、人民大廈（政府招待所）に宿泊している。この後、黄土高原の烽火生産大隊の生産現場や黄土を使った煉瓦工場を視察して（写真11）、西北農学院では穀物生産について情報交換するだけでなくイチョウの標本を閲覧している。五月二七日には陝西省咸陽

写真8　ミャンマー国境の照葉樹林(2005. 9. 26，山口裕文撮影)。

写真9　雲南省寧蒗近くでのソバ(手前)とユーマイ(奥)の栽培(2013. 9. 23，山口裕文撮影)。

写真 10　十三陵。①N77-063-30, ②中国, ③1977. 5. 22, ④北京

写真 11　黄土高原の煉瓦工場。①N77-074-35, ②中国, ③1977. 5. 26, ④西安

写真 12　楊貴妃墓。①N77-079-36，②中国，③1977. 5. 27，④西安

写真 13　盆景で造景された豫園の庭。①N77-094-15，②中国，③1977. 6. 4，④江南上海

市武功県を訪問し、楊貴妃の墓などを見て（写真12）、二九日には唐昭陵（李世民の墓）や東漢の画象石を見て、五月三〇日に咸陽から鄭州を経て長江大橋（N77-081-05）を通って南京へ移動している。五月三一日には南京の紅山森林公園にある熊猫（パンダ）館（N70-082-23）や中山陵（標高一八〇メートル）を訪れた後、南京林学院で柳杉（天目山のスギ）とメタセコイヤのタイプ標本を見て（N77-083-03、N77-083-06）いる。スギについてはフィールドノート先頭に中国におけるふたつの植物図鑑の記述を比較しており、ひとつは日本のスギと同じ学名になっている。六月一日に雨で濡れた麦畑を見た後（N77-084-13）、南京植物研究所へ行き、カツラ（*Cercidophyllum*）、フサザクラ（*Euptera*）、ミズキ（*Cornus*）、キレンゲショウマ（*Kirengeshoma*）、ロクスブルギバラ（*Rosa roxburghii*）の腊葉標本を調査し（N77-086-15～N77-086-34）、鉢植えの黄花のツバキを見て、夕刻発の汽車で上海へ移動している。

六月二日から四日までの上海滞在では運河を眺望する錦江飯店を基点として上海植物研究所、上海農業科学院、上海農学院を訪問し、農業に関する情報を交換している。四日には豫園（写真13、N77-092-12、N77-094-30）や並木道を自転車がとおる上海市街地を視察した後、列車で杭州へ移動し、杭州飯店に泊まっている。杭州には六月七日まで滞在し、杭州農学院、盆景（盆栽）で造景された庭園（N77-098-34、N77-098-37、写真14）と、龍井の茶畑（写真15）、銭唐江を望む六和搭（N77-107-34）と西湖（N77-110-15、写真16、N77-111-02）を訪れ、農作物では水稲の栽培のほか当時日本では珍しかった茎レタスを撮影している（N77-098-04）。杭州では照葉樹の疎林のなかで、栽培される茶の生産が春、夏、秋の三季にわたることと加工や品質についても聞き取っている。

六月八日には上海から飛行機で北京へ戻り、六月九日に講演会と種なしスイカの品評（写真17）などをすましている。種なしスイカは木原均のゲノム説からの応用展開で人為的にゲノムを倍加した四倍体と二倍体との雑種第一代の三倍体での不稔現象を利用する。この時、中尾は北京では内包型庭園のモデルとした胡同へ出かけているが、民家の中には入らなかったようである（N77-115-06～N77-115-22）。

写真 14　蛸造りの盆景を見る木原均。①N77-100-10，②中国，③1977. 6. 5，④杭州

写真 15　龍井の茶畑。①N77-107-06，②中国，③1977. 6. 6，④杭州，龍井

写真 16　金魚。①N77-113-11，②中国，③1977. 6. 6，④杭州西湖

写真 17　種なしスイカ。①N77-116-08，②中国，③1977. 6. 9，④北京

中原での撮影像には、麦類などの農作物のほか、農業水利や民家や庭園の写真が多い。また、江南では庭園と水郷の風景をとらえている。この翌年、中尾(一九七八ａ)は『現代文明二つの源流―照葉樹林文化と硬葉樹林文化』を発表しているが、その内容には一九七六年の西ヨーロッパ(スイス、オランダ、イギリス)視察と一九七七年の地中海旅行とこの中国旅行での見聞が盛り込まれている。この著作のなかで触れている「金魚型文化要素」の着想は西湖での金魚(写真16)と江南での盆栽や花木の観察から導かれている。

スクラップブックには上海付近で見た渡来雑草に関する言及があり、「ヒメジョオン(N77-107-36)は杭州に特に多かった。オーイヌノフグリは南京のホテルの芝生に生え、ブタクサは南京の自動車の窓から道路沿いに数本をみた。セイタカアワダチソウは全くなし。ホテイソウは水田地帯になし」と述べている。まだ外来種の少なかった年代である。スクラップブックに保存されている一九七三年出版の中央公論一月号付録『詳細中華人民共和国大地図』の裏面には「麗江」のメモを残しており、この時には既に雲南への視線をもっていたようである。

中国でのふたつの調査では期待していた成熟した照葉樹林を見ることはなかった。人間の営みの長い時間が環境へ大きく働くことを再認識させられた旅であったろう。

二　根栽農耕文化とオーストロネシア花卉文化センターへの旅
――東南アジアおよびパプアソロモンの探検

中尾佐助は東南アジアへ二回、南太平洋には四回出かけている。一九七六～一九七七年の東南アジアの第一回目の「タローイモの調査研究」は日本科学協会の助成によっており、一九七八年の第二回目と一九八〇年のパプア・ソロモンの調査は小合龍夫氏を代表研究者とする文部省科学研究費補助金によるものである。東南アジア第一回調査は主にタイ、マレーシアとインドネシアの西ジャワとバリ島を対象としている。東南アジア第二回調査は、タイ、マレーシア高地とインドネシアのジャワ島中部と東部を対象としている。南太平洋の探検は、委任統治中のポナペ島(ポンペイ島)と大阪府立大学定年後の鹿児島大学南洋研究センターでの実施で、一九八〇年八～九月にパプアニューギニアとソロモン、一九八一年三月にはハワイとフィジーとパプアニューギニアを訪問し、一九八一年一二～一月にはフィジーへ航海している。ここでは根栽農耕文化の肉付け(中尾、一九八〇a、一九八一a)とオーストロネシア花卉文化センターの提案(中尾、一九九九)につながる探検を紹介する。

二-一　東南アジア第一回調査(一九七六～一九七七年)

一九七六年一二月二二日から一九七七年一月八日の間、タイ(バンコク、アユタヤ、チェンマイ、カンチャナブリ)、マレーシア(クアラルンプール、キャメロン高地)、シンガポール、インドネシア(ジャカルタ、ボゴール、バリ)の行程の探検である。調査記録は、三六枚撮りで四六本、総計一、六六三枚のカラースライドと四五ページでB６判一冊のフィールドノート(中尾、一九七七a)に残されている。持参した写真機は二台と推定され、一日で撮り終えたフィルムと二、三日にわたって撮られたフィルムがある。一部には巻き上げミスがあり、(光)線引きがある。一九七七年一月に撮影されたスライドもN76の番号になっている。

一二月二二日に羽田東急ホテルに宿泊し、翌二三日九時四五分ＪＡＬ717便で羽田を出発している。途中、香港(N76-070-32)で給油し(推定)、座席13Ｊからバンコク近くの水田地帯を望んだ後(写真18)、バンコク・ドンムアン国際空港へ一七時一五分に到着し、Rex Hotel 三三五号室にチェックインしている。翌二三日に開発研究所とアユタヤ(N76-071-25、N76-073-38)を訪れ、さっそく周辺のサトイモ畑と半野生サトイモの生態を視察している(N76-072-22)。二四日は午前中(六時三〇分から九時四五分の間)にバンコク・トンブリのチャオプラヤ河の水上輸送風景(写真19)とホテイアオイが流されている様子(N76-076-02)や、ココヤシやニッパヤシのある河畔の所々にある野

写真 18　上空から見たバンコク周辺の水田地帯。水路や古い道路に沿って集落が並ぶ。①N76-070-36, ②東南アジア 1976, ③1976. 12. 22, ④タイ, バンコク

写真 19　ニッパヤシの側を水上マーケットへ移動する手こぎボート。①N76-075-14, ②東南アジア 1976, ③1976. 12. 24, ④タイ, トンブリ

生サトイモの群落、ココヤシとバナナの船送、ポットに植えた矮性のヤシ(N76-076-30)などを視察し、一二時三〇分発のタイ航空TH161でバンコク・ドンムアン飛行場からチェンマイへ移動し、農科大学を訪問した後、バザールを見て、Prince Hotel 四〇二号室に宿泊している。二五日はチェンマイ北部のファン方面(N76-079-11、N76-080-06)で調査し、野生サトイモ(写真20)と半栽培サトイモ(写真21)を観察し、翌二六日はチェンマイ郊外でサトイモ畑や水稲試験地を見ている。二七日にチェンマイ市内(N76-082-01)のマーケットでサヤトリダイコン、サトイモの芋茎、カオラムなどを視察後(写真22、23、N76-082-35、N76-082-32)、一三時五〇分発のTH151Aでバンコクへ移動し Rex Hotel に泊まっている。

フィールドノートには『分類の発想』(中尾、一九九〇)で述べられる「動的分類」や『料理の起源』(中尾、一九七二)で記述したモチ米の調理「笊取り法」に関するメモがチェンマイでしたためられている。バンコクに戻ってからと思われるが、Rex Hotel の便箋にサトイモのタイ語の呼称としてプアック(芋)と Bon(ズイキ=芋茎)、飲用の茶とする *Aegle marmelos*(ミカン科)、ゾウの皮膚色をした果実 Elephant-apple(*Feronia elephantum*:ミカン科)のメモを残している。中尾は Elephant-apple をアユタヤに近い Nakhon Sawan でサトイモ、オオクログワイ *Eleocharis dulsis* var. *tuberosa*、クズイモ *Pachyrhizus erosus* と一緒に撮影している(写真24)。

二八日には、バンコクから西方のカンチャナブリ方面へ調査に出かけ、サトウキビ(*Saccharum officinarum*)売り(N76-085-17)や花を野菜とするシロゴチョウ(*Sesbania grandiflora*、N76-085-20)を撮影し、クワイ河(N76-086-30)を経た後北上し、サイ・ヨーク付近で野生サトイモ(写真25)を調査している。

一二月二九日には、バンコク市内のマーケット二か所で鮮魚とエビ(N76-090-15)や野菜などを見て、一三時〇〇分発のマレーシア航空MH831でバンコクからクアラルンプールへ移動し、飛行機上7E席からチャオプラヤ川の蛇行(N76-087-30)やバンコク南部、マレーシアのヤシ林を撮影している。Hotel Malaysia に泊まった中尾は、

写真 20　チェンマイ近くの野生サトイモ。①N76-077-20，②東南アジア 1976，③1976. 12. 25，④タイ，チェンマイ

写真 21　チェンマイ近くの半栽培サトイモ。①N76-077-33，②東南アジア 1976，③1976. 12. 25，④タイ，チェンマイ

写真22　マーケットで売られるサヤトリダイコン，①N76-082-36，②東南アジア1976，③1976. 12. 27，④タイ，チェンマイ

写真23　米を入れた竹筒を焼いて作るカオラム。①N76-083-13，②東南アジア1976，③1976. 12. 27，④タイ，チェンマイ

写真 24　ナコンサワン近くの路上で売られるサトイモと Elephant-apple。①N76-074-19，②東南アジア 1976，③1976. 12. 23，④タイ，ナコンサワン

写真 25　サイ・ヨーク近くの野生サトイモ。①N76-087-11，②東南アジア 1976，③1976. 12. 28，④タイ，サイ・ヨーク

一二月三〇日には、早朝からレンタカーでキャメロン高原（標高一、五〇〇メートル）へ出かけ、熱帯雨林やゴム園（Ｎ76-094-31、Ｎ76-095-04）、アブラヤシ園を視察して、夕刻五時三〇分にホテルへ戻っている。この日は野生サトイモ（Ｎ76-093-14）に関して「標高約一、〇〇〇メートル、熱帯雨林上限、林内、水湿地、種子繁殖らしき生態、緑色茎のもの」とメモしている。

一二月三一日には、クアラルンプールのホテルを八時四五分に出発し、シンガポールへ（おそらく一二時〇〇分に）到着した後 Supreme ホテルへチェックインしている。一九七七年一月一日にはシンガポール植物園（Ｎ76-097-36、Ｎ76-097-23、Ｎ76-099-04）へ出かけ、園内で昼食後、マンダイ蘭公園（Ｎ76-099-12、Ｎ76-101-29）を視察し、一七時にホテルへ戻っている。一月二日には、ガルーダ航空がオーバーブッキングのため出発困難となり待機し、一九時にジャカルタのマルコポーロホテルへ到着している。

一月三日には、ジャカルタを一二時〇〇分に出発し一時間一〇分を所要しボゴールのサラックホテルに到着し、三一三号室に泊まっている。一月四日にはボゴール植物園を九時から一三時三〇分まで視察し、オオコウモリのぶら下がる園内（写真26）でオオバアカテツ（*Palequium* 属）、黒檀（*Dyospyros* spp.）、シマリュウガン（*Pometia pinnata*）、ディラ（*Dyera costlata*）、フタバカキ（*Dipterocapus* spp.）やラワン材（サラノキ *Shorea* spp.）などの林資源（Ｎ76-105-37）と一九六八年のアフリカ探検で詳細を述べた（中尾、一九六九：本書六三ページ参照）最初にアジアに導入されたアブラヤシ（*Elaeis guineensis*）の親木（Ｎ76-106-15）やサゴヤシ（*Metroxylon sagus*）を確認し、周辺で売られている若い莢を野菜とするネジレフサマメノキ（*Parkia speciosa*）、サトイモや果物など（写真27、28）を見ている。

一月五日にはサラックホテルを七時三〇分に出発し、ガルーダ航空ＧＡ987便（18Ａ席）でバリ島のデンバサールに一二時三〇分に到着し（Ｎ76-109-31）、市内を見た後、クタコテッジに投宿している。五日か六日か不確かであるが、バリ市街地でのペンジョールの装飾（Ｎ76-109-38）と供物行列（写真29）を観察し、クヘン（Kehen）寺院やグル

写真 26　オオコウモリのぶら下がるボゴール植物園。①N76-104-07，②東南アジア1976，③1977. 1. 4，④インドネシア，ボゴール

写真 27　路上で売られるネジレフサマメノキと果物。①N76-107-27，②東南アジア1976，③1977. 1. 4，④インドネシア，ボゴール

写真 28　路上で売られるタラスボコール(サトイモ)とタケノコ。①N76-107-28, ②東南アジア 1976, ③1977. 1. 4, ④インドネシア, ボゴール

写真 29　供物行列。①N76-108-35, ②東南アジア 1976, ③1977. 1. 5, ④インドネシア, バリ島

写真 30　グジャガヤ寺院。①N76-112-20，②東南アジア 1976，③1977. 1. 6，④インドネシア，バリ島

写真 31　クヘン寺院のココヤシも葉が切られている。①N76-113-15，②東南アジア・インドネシア，③1977. 1. 6，④インドネシア，バリ島

ンクンのオランダ軍との交戦遺跡などを訪問し、民家の構造と庭園植物を観察している（N76－111－23）。一月六日には七時四五分にホテルを出発し、旅行社仕立ての観光バスでグジャガヤ寺院（写真30）を経て、Taman Ayun 寺院からキンタマニ湖方面を視察し、Batua 湖を望みながら昼食を取り（N76－112－33）、タンバリン、バトクサンを回り、ビーチで撮影している。この時バリ島の水田（N76－113－33）やヨウサイ（空心菜 *Ipomoea aquatica*）の栽培（N76－114－23）や野生サトイモとともに葉の切れたココヤシを撮影している（写真31）。バリ島のココヤシでは、その若い葉がさまざまな儀式に使われるため（写真32、33、Miyaura et al. 2015）、発達した葉は中央の羽片を欠く特殊な形状を示すが（N76－113－33）、これも含めてバリ島での観察は中尾の著作ではほとんど触れられていない。

一月六日一六時一〇分にクタのホテルへ戻った中尾は、一月七日にバリ・デンバサールから飛行機でジャカルタへ移動し（N76－115－01～22）、マルコポーロホテル三〇九室に投宿し、一月八日には六時一〇分にジャカルタのホテルを出発し、おそらくバンコク経由（N76－115－23～35）のＪＬ712便（９Ａ席）で帰国の途につき、二〇時四五分東京羽田に到着し、ホテルで一泊して、一月九日に京都の自宅に戻っている。

二－二　東南アジア第二回調査（一九七八年）

一九七八年一一月二六日から一二月三一日の間に、タイ（チャンタナブリ、バンコク、チェンマイ）、マレーシア（クアラルンプール、ウル・カリ、セルダン、パショ）およびインドネシア（ジャカルタ、ボゴール、バンドン、プルウォケルト、ジョグジャカルタ、スラバヤ、チボダス）を旅行している。一二月二五日までは小合龍夫氏、島村和夫氏、苫名孝氏、中川昌一氏、吉良竜夫氏、久保田尚浩氏、宇都宮直樹氏、Karyono 氏とともに回り、二六日から吉良竜夫氏と同行している。

撮影記録は、三六枚撮りで八〇本、総計二、八三八枚のカラースライドと五二ページでＢ６判一冊のフィール

写真 32　チャナン（2012. 11. 11，山口裕文撮影），インドネシア，バリ島

写真 33　田の神 dewi sri に捧げる sangua cruck。背景のココヤシも切葉になっている。（2012. 11. 14，山口裕文撮影）

ドノート(中尾、一九七八b)に残されている。フィールドノートの行程メモにはフィルム番号が記録されていない。

一一月二六日にシンガポール航空ＳＱ005便で伊丹を出発し、霧島上空(Ｎ78-058-10)と香港(Ｎ78-058-15)を経てバンコク・ドンムアン空港に到着後 Florida Hotel へ宿泊している。翌二七日にカセサート大学を表敬訪問し、夕食時に歌舞を観賞している。一一月二八日はトンブリの水上マーケットを訪問し(Ｎ78-061-29、Ｎ78-061-35)、王宮や博物館を見て(Ｎ78-062-20、Ｎ78-062-35)、一一月二九日はニッパヤシの果実売り(写真34)や籠細工など移動する道路周辺を視察しながら(Ｎ78-065-04)チャンタナブリの果樹試験場を訪問し、コショウ(Ｎ78-066-32)などの栽培試験を視察して、ゲストハウスに宿泊し、一一月三〇日にはチャンタナブリから滝と海岸を回り、マングローブ、稲の栽培、するめ干しを見ながらパタヤ経由でバンコクへ戻っている(Ｎ78-068-33、Ｎ78-069-22、Ｎ78-069-34、Ｎ78-071-05)。一二月一日と二日はカセサート大学の案内でトンブリの果樹園(ブドウ)とランのメリクローン栽培(写真35、Ｎ78-072-01)、パイナップル園、砂糖工場を見学している。デルタ地帯の水路で囲まれた果樹園とココヤシ園では昼食時に野菜とするスイレンの花茎(Ｎ78-072-34)やジャックフルーツ、ココナツ水作り、ヤシ酒か砂糖を目的としたトディ用のタケ筒での樹液の採集(写真36)を撮影している(Ｎ78-073-08、Ｎ78-073-37)。

一二月三日にバンコクからＴＨ143便でチェンマイへ移動し、午後にはチャーターしたマイクロバスでステップ山(Doi Su Thep)を視察し、ドイモイのメオ族の集落(標高一、二七〇メートル)(写真37)と山上寺院(標高一、〇五〇メートル)を訪れ、メオ族の弓矢や遊びを見ている(Ｎ78-079-01、Ｎ78-078-39)。翌四日は王立アンカン高地試験場(標高一、四二〇メートル)を視察した後(Ｎ78-082-24)、周辺で焼畑を営むラフ族などの少数民族の集落(写真38、39、Ｎ78-082-36、Ｎ78-084-15)とこの地方のイネの収穫(写真40、Ｎ78-085-22)を見てファンの試験場(標高四七〇メートル)に宿泊している。五日には宿舎から出発して MaeChiDa の間歇温泉に寄って(Ｎ78-085-33)蔬菜とライチの畑を視察し、チェンマイへ戻っている。六日にはＴＨ110でチェンマイを一〇時一五分に出発し、バンコクに一一時一五

写真 34　路傍で売られるニッパヤシの果実。①N78-064-05，②東南アジア 1978，③1978. 11. 29，④タイ，チャンタナブリ近く

写真 35　ランのメリクローン栽培。①N78-071-27，②東南アジア 1978，③1978. 12. 1，④タイ，バンコク

写真 36　ココヤシからトディ用の樹液をとる。①N78-074-09，②東南アジア 1978，③1978. 12. 1，④タイ，バンコク近郊

写真 37　ドイモイのメオ族の村。①N78-079-12，②東南アジア 1978，③1978. 12. 3，④タイ，チェンマイ

写真 38　ファン近くのラフ族の焼畑。①N78-083-02，②東南アジア 1978，③1978. 12. 4，④タイ，チェンマイ近郊

写真 39　手首に木棉糸 sara ma をまくラフ族。①N78-083-01，②東南アジア 1978，③1978. 12. 4，④タイ，チェンマイ近郊

写真 40　タイ族農民の住居と脱穀籠。①N78-085-05，②東南アジア 1978，③1978. 12. 5，④タイ，チェンマイ郊外

分に到着した後、ＭＨ831に乗り換え一三時〇〇分にマレーシアへ向けて出発し一五時〇〇分にクアラルンプールに到着している。

チェンマイ周辺での稲作は、現在もほとんどかわっていないが、少数民族の集落や住居の様子は大きく変貌し、生活様式の近代化とともにグローバル化が進んでいる。

中尾佐助は、一二月七日にはクアラルンプールのマラヤ大学と旧政庁を訪問し、マラヤホテルに宿泊し、一二月八日には八時三〇分にホテルを出発し、雲標高一、七〇〇メートルのウル・カリへ移動し、雲に包まれた森林内で *Nepenthes*、*Dacrydium* や花に遅い Malasia Rhododandron などを見て（N78-088-37、写真41）、クアラルンプールに戻っている。九日にはセルダン農業大学を視察してクアラピアゲストハウスに宿泊し、一〇日にはパショの森林保護区で観察用のタワーに登って熱帯雨林の林冠を見るなどして（写真42、N78-096-10、N78-096-34）、クアラルンプールへ戻り、マラヤホテルに宿泊している。

写真 41　熱帯雨林のなかのネペンテス。①N78-089-14，②東南アジア 1978，③1978. 12. 8，④マレーシア，ウルカリ

写真 42　熱帯雨林の林冠を背景にした中尾佐助。①N78-096-26，②東南アジア 1978，③1978. 12. 10，④マレーシア，パショ

ここではマレーシアの果物のメモがあり、導入種のうち季節のない種としてパパイヤ、パイナップル、オレンジ、スイカなど、季節のある種としてマンゴーとバナナ、龍眼、ランブータンなどを挙げ、自然林のなかにあるドリアンやマンゴスチン、低地のバナナと高原のバナナなどの森の果実のほか、根栽のタロイモやヤムイモ、ショウガの仲間に加えてシイ属の食用六種を含む植物の利用をまとめている。

一二月一一日にはクアラルンプールからシンガポールで乗り換えてジャカルタへ移動し、Dirgantera ホテルに宿泊している。一二月一二日にジャカルタで帰路の飛行機の予約を取り、翌日、役所を回っている。一四日には新車のミニバスでジャカルタからボゴールへ移動し、Salak ホテルにチェックインした後市内を見学し（N78-101-35、N78-103-32）、サルスベリの花の盛りのボゴール植物園を視察し（N78-103-15）、ヤシや有用植物を見て植物園の周辺で一九七七年と同じタラス・ボゴールやバナナの露店を見た後、デビ婦人の肖像画のかかるホテルに宿泊している。

翌一五日にボゴールから茶畑のある峠（N78-104-25、標高一、四〇〇メートル）を越えてバンドンへ移動し、パジャジャラン大学を訪問している。この日、青空市場では根の細い東洋西洋中間型のニンジンと蕪状の丸い葉をもつダイコンなどを撮影している（写真43）。一七日と一八日にはバンドン周辺のホームガーデンを視察し、タンクバンプラウ火山の火口（N78-112-34、標高一、八三〇メートル）の近くでツツジ科の灌木の巨大な群落などの植生を調査している。一九日にはバンドンから農家を調査しながら（N78-113-23、N78-116-09）、プルウォケルトの小さなホテルに泊まり、二〇日には周辺を視察しながら移動し（N78-117-31、N78-119-03、N78-120-10）、標高一、四〇〇メートルの峠を越えてジョグジャカルタへ到着しガルーダホテルに宿泊している。二一日にはジョグジャカルタ周辺でサラッカヤシの栽培やホームガーデン（N78-121-29、N78-121-14）を調査し華僑の墓地を遠望し（N78-122-25）、街中の花店や茶畑を見ている（N78-122-12、写真44）。二二日にはボロブドール遺跡を訪問し、二三日にはジョグジャカルタからブ

写真 43　青空市場での野菜の販売。①N78-104-35，②東南アジア 1978，③1978. 12. 15，④インドネシア，ジャワ島

写真 44　茶畑。①N78-123-05，②東南アジア 1978，③1978. 12. 22，④インドネシア，ジョグジャカルタ

ランバナン遺跡（N78-127-08）を経てスラカルタ（＝ソロ、標高一、二〇〇メートル）の街を通り、標高一、七〇〇メートルの峠を越えてマディウン付近（標高二〇メートル）まで進んだところから引き返し Salangan のホテル・カルニア（標高一、二〇〇メートル）で宿泊し（N78-128-08、N78-129-23、N78-131-09）、二四日にはホテルを出てスラバヤまで移動し調査している（N78-132-36）。

二五日にはスラバヤから飛行機でバンドンへ移動し、二六日にパジャジラン大学を訪問し団体行動を終えている。これ以降、中尾は吉良竜夫氏と同行し、バンドン周辺の農家（二七日）とボゴール植物園チボダス分園（二八日）と滝（二九日）を調査し（N78-135-22、N78-137-27、N78-137-09）、ジャカルタへ車で移動している。翌三〇日、吉良竜夫氏とともにジャカルタを経てシンガポールへ移動し、一二月三一日にシンガポールから大阪伊丹空港へ単独で帰国している。

この調査では根栽農耕文化圏での果樹や野菜を視察するとともに、木菜文化圏の構想をたてており、ホテルでの休息中に二六日のとりまとめ会議の講演と思われる「Meanings of the Research of the Arboriculture in Tuber-Growing Culture Complex in South-East Asia」（原稿用紙全一二枚）でホームガーデン研究の意義をまとめている。東南アジアの二回の調査の後に日本育種学会シンポジウム（中尾、一九八一a）でサトイモ類の多様性と文化に関して講演し、東南アジア農耕文化試論（中尾、一九八〇a）を著作している。

二-三　パプアニューギニア・ソロモンの調査

一九八〇年八月七日に京都を出発し、福岡で一泊し、八月八日に板付空港で小合龍夫氏、猪俣伸道氏、山本由徳氏と合流してパプアニューギニア航空ＰＸで九時三〇分に出発しパプアニューギニアの首都ポートモレスビーに現地時間一六時三〇分に到着している。中尾は、ポートモレスビーとラエの低地とマウントハーゲンおよびゴ

写真45　市民市場。①N80-06-26, ②パプアニューギニア・ソロモン, ③1980. 8. 8, ④ポートモレスビー

ロカのハイランドを回り、一旦ポートモレスビーに戻った後、ガダルカナル島へ渡りツラギ島とあわせてソロモンを調査した後、パプアニューギニアから福岡へ帰国している。この探検では三六枚撮りカラーフィルムで五一本、総一、九〇七コマを撮影し、一冊のフィールドノート（中尾、一九八〇b）にメモを残している。

中尾はポートモレスビーに到着後、市内の様子（写真45）と露店の根栽やベテルチュウイングのセットなどを撮影し、Papua Hotel に泊まっている。翌八月九日には一〇時から一二時の間、ポートモレスビーで現地住民の市場を訪れトウモロコシやアワの仲間の幼穂を野菜とするピトピト（N80-07-16）や葉菜やバナナ、ビンロウ、キンマ *Piper betle* の茎、椰子葉で編んだ籠など（N80-07-14、N80-08-03）、食用のカンガルーの乾燥品（N80-08-08）や檻に入った動物が売られるのを見て、予定より三時間遅れの飛行機でラエ（N80-09-07）に至っている。八月一〇日の午後にレンタカーで東部を訪れた後、「*Pangium*

その他の nuts、*Pandanus julianetii*、*Saccharum*、*Rungia* 野菜類、*Solanum nigrum* とモクマオウ問題」のメモとともに「低地で半栽培」の種として、「サトイモの栽培種と野生種、オオコンニャク、クワズイモ（今は普通利用しない）、パンノキ（種子利用）、サゴヤシ、カサバ、バナナ（balbisiana 種の栽培と野生：分布問題）、カポック、カシュウイモ、ヤウティア、ビンロウとベテル」を記録している。このメモの内容はこの時期に編集の進んでいた『朝日百科　世界の食べ物』のなかで野菜やイモの文化の紹介に使われている。

一一日には午前中にラエ植物園（写真46、N80-10-28）でサトイモ科の *Lasia spinosa*、クワズイモの仲間などを観察している。ラエ植物園の施設は日本の援助で作られているが、現在は老朽化している（写真47）。午後には技術大学へ行きバナナなどのコレクションを見て、翌一二日にはラエ南部のワウの生態研究所（標高一、一九〇メートル）へ往復し、行きにフェイバナナ *Australimusa* の野生群落を見て、帰りに湿地で開花結実したサゴヤシ（写真48）を見ている。サゴヤシは開花株の幹からデンプンを取る。中尾は栽培植物の起源に関する総合的な研究の当初からサゴヤシには興味をもっていたが、写真49にあるようなサゴヤシの利用現場はこの探検では見ていない。

一三日はラエのローカル市場を回り、野菜や根栽やレンブ（写真50、N80-16-06）を見て、購入品を撮影している。

一四日にはニューギニア高地へ向けてラエを出発し、ルビア試験場を経て、カイナンツ（標高一、五七〇メートル）で一泊し、一五日にはアイユラ（標高一、二〇〇メートル）の高地試験場で研究開発中の植物を観察し、一旦カイナンツに戻り、ゴロカに到着している。一六日にはゴロカからマウントハーゲンへ移動し、八月一九日まで高地（標高一、五〇〇～二、〇〇〇メートル）で調査している。フィールドノートには高地での半栽培種として、サトウキビ、サツマイモ、パンノキの仲間、イチジク類などを挙げている。

ルビア試験場では、リョクトウやトウモロコシなどの導入試験と香料のメースを取るナツメグ（ニクズク）（N80-17-13）を見ている。ルビア試験場からカイナンツの間の低地では椰子林内の現住民集落の風景を撮っている

写真 46　ラエ植物園研究棟。①N80-10-37, ②パプアニューギニア・ソロモン, ③1980. 8. 11, ④ラエ

写真 47　老朽化しているラエ植物園研究棟(2008. 10. 2, 山口裕文撮影)

写真 48　河口近くの湿地で開花したサゴヤシ。①N80-15-32，②パプアニューギニア・ソロモン，③1980. 8. 12，④ラエ近郊

写真 49　サゴヤシデンプンを採る家族（2008. 10. 2，山口裕文撮影）

（N80-18-27）。高地では住民の畑の作物や試験場の導入植物（N80-19-35、N80-20-14、N80-29-32）やセンネンボクの葉の腰蓑をつけた住民（写真51、N80-30-12）を観察している。アイユラ試験場のサツマイモのコレクションはサツマイモの種内分化の研究に活用され、ニューギニアはサツマイモの多様性の二次センターとされている（Roullier-et et al. 2013）。二〇日にはおそらくマウントハーゲン北方にある鳥のサンクチュアリ（Baiyer River, Emperor of Bird Paradise）を見ている（N80-32-10）。中尾佐助は自宅で飼育するほど小鳥に興味をもっていたから、小鳥の活動の始まる早朝にわざわざ出かけたようである。

八月二〇日に一〇時三〇分の飛行機でポートモレスビーに移動した中尾は、二二日まで周囲をレンタカーで回ってＤＰＩ研究所や博物館、ＰＮＧ大学の書店などを視察している（N80-33-07、N80-33-31）。八月二三日には飛行機でソロモン諸島のガダルカナル島へ移動し、九月二日まで島内を調査し、八月三一日には小型船（N80-53-19）でツラギへ往復している。ガダルカナルでは、八月二三日にホニオラに到着後、港前のホテルに入っている。二四日はホニオラの近くを案内され、二五日には市役所でホームガーデンの状況の説明を受け（N80-36-21）、近くの焼畑を見ている（写真52）。二六日には西部方面の根栽の農家（N80-45-32）やココヤシとカカオの農家（N80-41-30、N80-43-25、N80-46-22、写真53）を回り、二七日には植物園と東部のヤムを栽培する農家（N80-47-08、N80-50-24）、二八日には米の会社とヤシ油会社（N80-52-33、N80-52-28）、三〇日には市民市場を視察し（N80-40-03、N80-39-30、N80-40-02）、三一日には小型船で渡ったツラギ島でキャサバやバナナを栽培する小さな焼畑（N80-54-26）とマングローブの海岸（N80-54-30）などを見て「インドクワズイモとセンネンボクの野生を見ず」とメモしている。九月二日にガダルカナル島のハニオラからポートモレスビーへ戻り、九月四日にポートモレスビーから福岡・大阪を経て京都に帰っている（N80-56-30）。

フィールドノートの末尾にはこの調査におけるとりまとめ内容として、「○*Metroxylon sagus*、*rumphii*　solo-

写真 50　ラエの市民市場。①N80-16-11，②パプアニューギニア・ソロモン，③1980. 8. 13，④ラエ

写真 51　センネンボクの腰簑。①N80-27-31，②パプアニューギニア・ソロモン，③1980. 8. 18，④マウントハーゲン

写真 52　立木の間にサツマイモの植えられた焼畑。①N80-38-12，②パプアニューギニア・ソロモン，③1980. 8. 25，④ガダルカナル

写真 53　カカオ果実から種子を取り出す現住民。①N80-43-15，②パプアニューギニア・ソロモン，③1980. 8. 26，④ガダルカナル

monensis の差異／○*Dioscorea esculenta* の野生型／○*Brousonetia papirifera* の存在様式／○*Colocasia esculenta* の野生種／○*Cyrtosperma chamisonis* の渡来、*C. johnstonii* のソロモン産 Native／○Sweet potato の渡来年代／○*Alocasia*、*Amorphophallus* の渡来、*Alocasia* の食用種／◎*Piper* species／○*Nothopanax*／○*Setaria palmifolia*／○*Hibisucus manihot*」のメモがあるが、八月一〇日のメモ（四〇ページ）と合わせてその詳細は、この時の著作「パプアニューギニアにおける半栽培植物群について」（中尾、一九八二）で関連文献を引用して解説されている。

パプアニューギニアでは住民の自立を保証すべく農業の近代化がはかられているが、半栽培のサゴヤシや栄養繁殖の植物に依存した住民生活は現在も続いており（写真49）、中尾の訪問のころに日本の協力で作られた植物園の施設も老朽化している（写真47）など、インフラの整備や生活様式の近代化は進んでいない。

東南アジアやパプアニューギニアの周辺で半栽培段階として使用されている植物は、ヤシ類を除くと根栽や木菜、香料植物でも栄養繁殖で増やされるため、種子繁殖植物と違って進化速度が速くはない。種子繁殖植物でも意図的な種子の蒔き付けはないのである。アジアのイネがサトイモ田の雑草から栽培化されたとする主張も学者の一部にはあるが、生育する生態的環境は野生イネでは水面の空いた溜まりの最前線、野生サトイモは人里の林縁や水路の斜面と大きく違っている。この地域には手で皮をむける果実が豊富なように、種子農業が発達しなかったそれなりの理由がある。この探検で中尾は、根栽農耕文化要素の野生種や半栽培の存在には相当注意を払っており、半栽培の植物利用でもそれが継続すると人為散布や無毒化をもたらすことを検証していたようである。

中尾佐助は、東南アジアから東はニューギニアと南太平洋に、西はマダガスカルまで広がる根栽農耕文化圏をマレー系の人々によって運ばれた栄養繁殖農作物で特徴づけていた（中尾、一九六六）。中尾がこの地域の探検で特に注意してきた生活文化要素の広がりは、Diamond（一九九七）の指摘を待つまでもなく、中国南部から広がったとされるオーストロネシア語族の分布にほぼ一致する。中尾（一九八二）は、根栽類を携えた農耕民族が小舟の航行で海を渡り、石器時代にすでに東南アジアの陸橋を通ってニューギニアやオーストラリア大陸に拡散していた先住民の農耕と複合化した結果としてこの地域のレリクトクロップや半栽培植物を含む栽培植物の多様性をとらえていたはずである。センネンボクやヘンヨウボクなどの衣食住や儀礼に使われる植物群も栄養繁殖されて住環境を彩っている。それが後に発表されたオーストロネシアの花卉文化センターである（中尾、一九九九）。

三　ヒマラヤの探検

一九五二年と一九五三年のネパール・マナスル探検、一九五五年カラコルム・ヒンズークシKUSE探検、一九五八年にブータンでの単独調査、一九五九年ロックフェラー財団助成によるシッキム・アッサム調査の後、一九六二年には大阪府立大学東ネパール探検隊の隊長としてこの地域を旅行している。また、一九八一年には短期ではあるがネパールとブータンを訪れている。ここではブータンの一九五八年と一九八一年の探検を中心に行程に沿って解説する（ブータン行程の紹介は、『秘境ブータン復刻版』の解説（山口、二〇一一）に画像を添付した改訂稿である）。

三―一　ブータン探検（一九五八年）

中尾は一九五八年には六月三〇日から一一月四日まで、一九八一年には一〇月九日から一〇月一四日までブータンを探検している。この探検では、三五ミリのカラー・ポジフィルム（一眼レフカメラ撮影）、六六判のモノク

写真 54　ブータンハウスの庭。①N58-02-08，②ブータン，③1958. 6. 18，④インド，カリンポン

ロ写真（箱形カメラ撮影）、八ミリの動画、テープレコーダーによる録音で自然と生活文化を記録し、B5判・一〇〇ページ綴りのフィールドノート三冊（中尾、一九五八a、b、c）にメモを取り、採集した植物を腊葉（押し花）標本としている。探検記『秘境ブータン』（中尾、一九五九）に使用された画像のほとんどは六六判の写真である。データベース化されているカラースライドはポジフィルム二四枚撮り六五本一、三〇二コマ（残っているスライドは一本四四枚になっているからオリジナルが複写された可能性がある）。ネガカラーフィルムは二四枚撮り五本九三コマである。

中尾は、その日のキャンプ地まで撮影しながら進み、翌日、来た道を一時間ほど戻って写真を撮っているため、同じ場所で色調の異なる画像があり、同じ風景のスライドに見られる色調の違いは朝と前日の夕の撮影になる。調査の対象は、山岳を含めた地形と自然、森林、小鳥、野生植物、栽培植物、家畜だけでなく、農業や産業を含む人間の生活文化など広汎にわたっている。

ブータンに入るまでにはブータン王妃の京都でのお忍び旅行のスナップなど六六判のモノクロフィルムに記録されている。フィールドノートは、一九五八年六月一一日香港を経由してカルカッタ（コルカタ）への到着の記録から始まる。中尾はカルカッタで、種々準備した後、一六日にDum Dum飛行場からBagdagraへ飛行機で移動し、バスでカリンポンのブータンハウスに到着している。六月二八日までカリンポンに滞在し（写真54、N58-03-16）、近くの森と市場を調査し、ダージリンではテンジン氏と面会している。テンジン氏からもらったチンをかわいがるテスラ婦人などの画像（N58-04-11、N58-05-19、N58-07-05、N58-07-08）がある。二九日にカリンポンから列車と車を使ってハシマラを経てバクサダルのバンガローに到着し、七月一日にプンツォリンから国境（標高一、六五〇メートル。標高はいずれも中尾の実測値、現在の実測値と最大二〇〇メートル程度の差）を越えブータンへ入っている。列車での移動中には緑陰樹の下で育てられているチャを撮影している（N58-08-09）。

中尾は、七月三日から五日にかけて林床に *Dichloa* や腐生植物の *Galeola* の生育するヒルの棲む照葉樹林を抜け（N58-08-20、写真55）、キャプチャゾン、ドルブジゾン、タマチンゾンなどのいくつかの集落を通りムギやソバの収穫と水稲の田植えを見つつ（N58-10-11、N58-11-04）、七月六日バハラから九時三〇分にパロ（パロ・ゾン：標高二、二一〇メートル）に到着する（N58-12-08）。この時、湿った川沿いの斜面に広がる照葉樹林から標高を上げた乾燥した谷沿いの農耕地に変わる様相を述べている。ここでの自然と人間生活とのかかわりとして『秘境ブータン』に記述された生活文化要素である茶、ウルシ、酒、繊維用の植物のうち、四種の原始的茶材の話は、後の「噛み料の文化」（中尾、一九九三）や「チャの利用」（中尾、一九九四）に関する著作につながっている。また、Dabir Zdongでは門松の歓迎を受け、パロに入る前日にフィールドノートに「ゴンパ跡」と書いたタチョガン・ラカン（写真56）を見ている。

写真 55　ウオン・チューの谷を登る。①N58-09-09，②ブータン，③1958. 7. 2，④ブータン，チュミリゴ付近

写真 56　乾いた谷にあるタチョガン・ラカン。①N58-11-20，②ブータン，③1958. 7. 5，④ブハラ近く

パロに着いた中尾は、七月八日からチョモラリ方面への踏査に入り、七月一三日に標高約四、八〇〇メートルの峠を越えて氷河の山々(写真57)とゴンパに飾られたノビレダイオウなどの高山植物(写真58、N58-14-21、N58-15-08、N58-19-04)を見ながらカラスムギの混じる麦の収穫のなかでタクサンガ僧院を経て七月一五日にパロへ戻っている(N58-22-22、N58-25-10)。パロで弓の試合や木椀を使った食事など住民の生活文化の様子を調査しつつ休息した後、七月二二日にはチェレ・ラ峠(標高三、七〇〇メートル)を経てハ(ハ・ゾン:標高二、七〇〇メートル、現在はインド軍が駐留している)へ移動している(N58-26-21)。ハ周辺ではセレ・ラ峠(標高三、二九〇メートル)やシュクナ山(標高三、八五〇メートル)などのインド国境やハ・ラ・チュ・ラ峠(標高三、七五〇メートル)のチベット国境までを踏査した後、八月一三日に再びチェレ・ラ峠を越えてインフラ整備の進むパロへ戻っている(N58-34-06)。フィールドノートには氷食地形のなかで咲く青いケシ、ダイオウやソーレアなどの保温植物、家畜の影響のもとで成立する大木のシャクナゲ林やサクラソウのお花畑の構成が示され、スライドには多様な植物を前に「生物進化をこの目で見たいならセレ・ラへ来い」という風景が撮られている。

中尾は、パロからベレ・ラ峠を越えピメタンカを経て首都のティンプー(標高二、三五〇メートル)に八月一五日に入っている。ティンプーでは、八月一六日に国王と皇后とに面会し、一八日には国王一家と食事後、宮殿内の菜園へ行き、一九日には仮面ダンスを八ミリで撮影している(写真59、60、N58-37-21)。八月二〇日に、国王に出発を告げ、現在は比較的旅行者の多いトレッキングルートを辿り、標高三、五五〇メートルの民家や標高四、一五〇メートルの峠で泊まりながら最高地点ヤレ・ラ峠(標高四、六五〇メートル)を越え、高山でのヤクの影響で成立する植生を調査した後、リンシー(標高四、〇五〇メートル)およびラヤ(標高三、七一〇メートル)方面を踏査して(N58-41-22、N58-43-19)、タカ・コンの山々を見ながらガザ(標高二、七〇〇メートル)を経て、九月四日にプナカ・ゾン(標高一、二五〇メートル)に到着している(N58-46-14)。当時、荒れていたプナカ・ゾンは、改修整備

写真 57　雪山チョモラリ。①N58-16-11, ②ブータン, ③1958. 7. 11, ④チョモラリ

写真 58　チョモラリゴンパに飾られたノビレダイオウ。①N58-17-02, ②ブータン, ③1958. 7. 12, ④チョモラリゴンパ

写真 59　兵士達の仮面ダンス。①N58-35-11，②ブータン，③1958. 8. 19，④ティンプー

写真 60　王宮の庭園と別棟台所。①N58-40-21，②ブータン，③1958. 8. 18，④ティンプー

写真 61　ブムタンの谷の古寺クジェ・ラカン。①N58-51-07，②ブータン，③1958. 9. 19，④ブムタン

され、洪水で流されたプナカの集落は、現在位置をかえて活気あふれる街となっている。

九月五日に中尾は、現在は肥沃な耕地や新市街になっているが、荒れた両岸を見ながら温暖な乾燥地オンディ・フォダンへ移動している。ここで休息した後、九月九日に出発し、ペレ・ラ峠（標高三、三〇〇メートル）とチェン・デブジ（標高二、四〇〇メートル）を経て、九月一三日に森林渓谷にある城砦のトンサ（中尾はトロンサと表記：標高二、一〇〇メートル）に到着している（N58-49-02）。さらに、ユト・ラ（標高三、二五〇メートル）とキキ・ラ（標高三、〇〇〇メートル）のふたつの峠を越えて九月一五日にブムタンの中心地ジャカールのジャガ・ゾン（標高二、六五〇メートル）へ入っている。

ジャカールでは九月一七日にオンディ・シリン（標高二、四五〇メートル）に宿所を移し、情報収集した後、クーラカンリ（標高七、五五四メートル）の姿を求めて九月一九日に出発し、クジェを通って（写真61）標高を上げながらチベット国境へ向かって北上し、九月二三

写真 62　クジェ・ラカン（2009. 5. 19，山口裕文撮影）

写真 63　ソバの収穫。片方がはね上げ，片方が叩きつける（2010. 10. 11，山口裕文撮影）。ブムタン

日はTomchuのベースキャンプ（標高四、一五〇メートル）で天候待ちして、九月二四日五時四〇分に出発して巡礼団と一緒にムナカ・チュウ峠（標高四、九〇〇メートル）に至り（N58-54-12）、そこからクーラカンリを撮影した後、ベースキャンプに一五時三〇分に戻っている。その後、九月二七日にジャカールへ戻り、九月二九日には九月一七日に「湖中に寺があり動物が住んでいる」と聞いた聖地メンバ・ツオ（N58-56-15）を訪れている。ここの岩陰は墓をもたないブータンの住民のツァツァを置く祈りの場となっている。ブムタンでも当時のクジェ・ラカンは、現在拡張されるなど変化が大きいが（写真62）、ソバを作る農業には大きな変化は見られない（写真63）。

中尾は、一〇月一日に帰路につき、ジャカールからは往路と同じ道を辿ってプナカを経て（N58-58-13）、農作物などを調べつつ（N58-59-13）、一〇月七日にオンディ・フォダンへ戻っている。一〇月九日にはオンディ・フォダンを出発し、ハィレ・ラ峠（現在のドチュ・ラ：標高二、五五〇メートル）を経て一〇月一一日にティンプーの王宮へ戻っている。ティンプーで、帰国の調整と採集品の整理を終えて、一〇月二八日初霜を見た後、一〇月三〇日に首都を離れ、現在のチュゾムを経て往路と同じ道を通り、プンツォリンからブータンを離れている。この行程は、すべて馬かヤクに乗るか徒歩で踏破している。一一月五日にハシマラを経てカリンポンへ行き、八日にカルカッタへ移動し、一一月一三日にカルカッタを遅くに出発し一一月一四日に羽田に帰国している。

三-二　ブータン探検（一九八一年）

一九八一年の探検では、一〇月七日～一〇月一八日の間、佐々木高明氏と桑原武夫氏と同行して、三六枚撮りカラースライド二〇本七一五コマと一冊のB6判フィールドノート（中尾、一九八一b）に記録を残している。

一〇月七日伊丹空港一七時三〇分発エアーインディアでカルカッタに到着した中尾は、一〇月八日バグドグラへ移動し、バスでハシマラを経てプンツォリンに到着している。一九六二年以降に整備された高速道路を使ってマイクロバスでプンツォリンからチュゾムを経て、空港の整備（N81-095-21）の始まったパロへ入り、パロ・ゾンと西岡農場および北方の廃城ドキエ・ゾンを回り、パロからティンプーに移動し、変化した市街地（写真64）と民家での蒸留酒アラ作りや仏壇など食文化と生活様式に関する要素を見ている（N81-098-28、N81-098-36）。ティンプーから日帰りでプナカとオンディ・フォダンを訪れた後（N81-103-16、N81-104-09）、プンツォリンへ戻っている。この時は、一〇月九日九時に入国し一四日夕刻にブータンを出国しているから、ブータン国内はわずか六日足らずの急ぎ旅である。すべて一九五八年に訪問した場所のみの旅行である。中尾は一〇月一五日にはプンツォリンからダージリンへ移動し、一〇月一六日カルカッタ、一〇月一七日にバンコクを経て、一〇月一八日にインド航空で日本に帰国している。

一九五八年も一九八一年もインドを経なければブータンには入れなかったが、現在は、パロの空港で出入国出来るので、直接バンコクから往復すると、整備された国道を通ってハ、ティンプー、プナカ、オンディ・フォダン、トンサ、ブムタン（ジャカール）の主要都市には簡単に行ける。インドとの国境プンツォリンや東ブータンのモンガルやタシガンへも快適に行ける。インフラの整備された中部の人口稠密な場所での旅は容易であるが、北部の山岳部と南部の照葉樹林帯では今もなおトレッキングが必要である。ここでは一九五八年当時と同じような困難はあるが、人間生活とかかわり合った豊富な自然を見ることが出来る。

ブータンに見られる低地の熱帯農業、バナナやトウモロコシの利用される亜熱帯の農業、暖温帯における水田農業、冷涼で乾燥した立地におけるソバ、シコクビエ、センニンコク、オオムギとコムギなどの畑作の農業は、農機器の変化や農作物の品種の変化があるものの、今も大きくはかわっていない。フードオオムギやソバは依然として作られているが、センニンコクやシコクビエは少なくなっている。

ブータンでは中尾がその後の著作で述べた住居の形態や建築様式にもいくつかの変化が見られる。ブータンの

写真 64　近代化の進むティンプー市街。①N81-102-03, ②ブータン, ③1981. 10. 12, ④ティンプー

人々の住む大きな二階建ての「ブータン風建築」は広く散在しているが、当時中尾が「散所」と呼んだ商業的空間は(写真65)、一九八一年には万屋からなるブータン風の商店街になり(写真64)、今は、二〇〇〇年頃(川窪、二〇〇二)とかわらないような万屋のなかに専門商店とスーパーマーケットが混じるようになっている。一九五八年に卓越して見られた石で押さえた板葺き屋根は、現在、トタン屋根にかわり、民家の壁面には、それまでなかったあでやかな絵画(仏画やポー)が描かれている(写真66)。

中尾(一九五九)は、後に『花と木の文化史』(中尾、一九八六)で示す住居と庭園の関係や庭の類型には言及していないが、ネパール王の蘭栽培やブータン国王と王妃の園芸(ガーデニング：N58-02-08)を紹介している。一九五八年のスライドにはブータンハウスと王宮で撮られた数枚のスライド(N58-40-21)とチョモラリゴンパで撮影された仏前のノビレダイオウ(写真58)のほか住居近くに植えられたヒマワリのスライド三コマとトンサの病院に植木鉢らしき画像があるが、庶民の

写真 65　ブムタンの商店(散所)。①N58-50-22，②ブータン，③1958. 9. 17，④ブムタン

写真 66　ポーの描かれた白壁と庭園を持つ民家(2010. 10. 6，山口裕文撮影)，ゲッタチャプチャ、

写真 67　園芸教育での花壇（2010. 10. 12，山口裕文撮影），ウラの小学校

園芸行為（ガーデニング）は写っていない。一九八一年の中尾スライドには公共的建築物一か所と仏前およびチョルテンでの数枚のスライドに観賞植物が撮影され、タ・ゾンの庭にはプランターが備えられ（N81‐95‐29〜31）ている。

現在は、民家の多くに観賞植物の鉢植えやガーデニングが見られ、庶民の生活様式はかわりつつある。二〇一〇年の私の調査では、パロ、ハ、ティンプー、オンディフォダン、プナカ、トンサ、ジャカール、ウラなどのほとんどの集落で観賞植物は鉢植えなどで維持されており、民家（写真66）だけでなくホテルと小学校なども花で飾られている（写真67）。ブータンでは日本での花博参加後に園芸植物の普及が始まったとされ（西岡里子氏私信）、観光開発にともなうホテルなどでの装飾と学校教育での園芸活用の拡大によって植物観賞の庶民化が急速に進んでいるようである（山口・大野、二〇一一）。

現在のブータンには、このような近代化と宗教や自然の保守的側面が併存する。人間生活と強くかかわっ

写真 68　鉄の寺タチョガン・ラカン（2010. 10. 5, 山口裕文撮影）

写真 69　タチョガン・ラカン。 ①N81-095-13, ②ブータン, ③1981. 10. 9, ④パハラ近く

ているブータンの自然は、この五〇年の間に大きくはかわっていない。チュゾムとパロの中間にある「鉄の寺」タチョガン・ラカンにブータンの国樹であるトルローサイトスギが育っている（写真68）。中尾は一九五八年に馬上から右手にイトスギ（N58-11-04）、一九八一年にはマイクロバスから上部が枯れたイトスギを見ている（写真69）。このイトスギは二〇一〇年には同じ位置に立ち大きく育っているが、建物は改築され、柑橘やザクロ、ヒマラヤザンショウなどの有用樹が植え込まれている。近代化の変容のなかでブータンの国樹イトスギはかわらない姿を保っているのである。

道路網や送電などインフラの整備によって近代化はますます進んでいる。それを示すかのように、飛行場や観光地の駐車場などにブタナやセイヨウタンポポなどの外来種が侵入し、生態系の劣化が具現しつつある。中尾の予測した近代化や文明化にともなう問題が現れているとも見られる。この庶民化には、高速道路の開通と空港の設置などが大きく影響しており、世界的なグローバル化の波がブータンにも及んでいることを示している。

四　アフリカの探検（一九六八年）

『ニジェールからナイルへ―農業起源の旅』（中尾、一九六九）の紀行文を産んだサハラ南部の半乾燥地帯における探検である。京都を一月一日に出発し、三月三〇日に戻るという三か月に渡るフィールド調査である。書籍の表題に沿うならサハラ南部に二大支流をもつニジェール川の西の上流から南の河口を経て東の上流へ至り、分水嶺を越えたナイル地域での探検になる。調査の対象は、食文化を含む農業と植物と自然環境である。

当初の行程は、東京（一月一日）→アムステルダム（一月二日）→パリ（一月二日）→アムステルダム（一月五日～一月六日）→アビジャン（一月七日）→アクラ（一月八日）→バマコ（一月一二日）→トンブクツゥ→ガオ（一月一五日）の飛行機による移動で、その先は現地で行程を決めている。ガオで編成した探検隊はフォートラミー（現在のンジャメ）までニジェール流域をＶ字型にジープで移動している。その後、中尾はフォートラミーから単身でナイル流域へ空路で移動し、帰国まで大きな都市周辺で調査している。

この探検では、モノクロフィルム（三五ミリ）とカラースライド（Ｃ番号はカラースライドのフィルム）で撮影しており、探検記の著作ではカラーフィルムからの採用が多い。この時はカラーフィルム（三五ミリ・二〇枚撮り）三三本六六七コマ、ネガフィルム（三五ミリ・三六枚撮り）二三本（うち一本は被写体ナシ）七四三コマを撮影している（中尾（一九六九）などの出版に使われたスライドの一部はもとのシートに戻っておらずＤＢ化されていないものがある）。フィールドノート（中尾、一九六八ａ）には調査行程で得た資料や手紙類も貼り込まれており、探検調査の時に起こる出来事の詳細がわかるようになっている。資料には農耕の様子がデザインされたランドリーバッグと家族や探検隊員とのやりとりの手紙もある。

四―一　西アフリカへ

一月一日京都発一五時一八分ひかり五号車で東京に移動し、出版社に原稿を渡した後、羽田から二〇時三〇分発ＫＬＭオランダ航空868便でアンカレジ（Ｎ68―Ｃ01―04）とアムステルダムを経由し二日にパリに到着している。三日にはパリで（Ｎ68―Ｃ01―20）、マリ大使館、日本大使館、ガーナ大使館で渡航の手続きを処理し、四日にルーブル美術館を見て（Ｎ68―Ｃ02―03、Ｎ68―Ｃ02―06、Ｎ68―Ｃ02―08）、午後ガーナ大使館でビザを取得する。一月五日にブルジュ飛行場からＫＬＭでアムステルダムに移動し一泊して翌日青空市場を見た後（Ｎ68―Ｃ03―02～Ｎ68―Ｃ03―22）一泊して翌日ＫＬＭでアフリカへ向けて飛び立っている。パリでは中央市場を見るとともにブロック型の家について「住宅の日常性機能と非日常性機能」について「パリは前者を犠牲とし、後者にすぐれる。」とメモしている。

一月六日二一時四五分発予定のKLM581便で二二時三〇分に出発し、マドリッド（一一時〇〇分）とアクラを経由して一月七日一〇時〇〇分にアビジャン（コートジボアール）へ到着し、Grand Hotel に宿泊している。翌一月八日にはアビジャンの日本大使館でニアメィの外交官と待ち合わせ、アブラヤシのプランテーションとヤムイモの栽培や市場を視察し、コーラ（写真70）やトリコサンテス、ナツメヤシ（N68–C04–11、N68–C05–05、N68–C05–21）を撮影し、ガーナ航空GH004便でアビジャンからアクラ（ガーナ）へ移動し、夜遅くにスターホテルに到着している。

一月九日にはガーナの日本大使館とガーナ大学を訪問し（N68–C05–21）、一四時にホテルに戻り、夜に大使館でのレセプションに出ている。翌一〇日にはワーゲンのバスで出迎えに来た Doku 氏とともに、北方の部落へ三キロほど進んで焼畑（swidden）を訪問し、細長い白い芋をつける種名不明のヤムと複数の小芋をつける Chinese Yam と塊根を持つ Water yam（*Dioscorea alata*）を見ている（N68–C06–16、N68–C06–02）。この後、山上の植物園を訪れた後大使館の車で市内見物し、野口英世の胸像を見ている。

一月一一日はアクラに滞在し、焼きバナナやマニオク料理を見ている。一月一二日には双発イリューシン機でアクラからアビジャン（アイボリーコースト）とモンロビア（リベリア）を経てバマコ（マリ）へ双発イリューシン機で移動して、一三日から一六日はバマコに滞在し、ビザ延長などに対応したり、植物園を見て、一七日に農林省との交渉にやっと成功し、パルミラヤシ（*Borassus flabellifer*）の生育を見た後、バザールを訪問し、コーラの木（*Cola nitida*）の果実から種子を取り出す様子やタマリンド（*Tamarindus indica*）の団子を撮影している（N68–C07–03、N68–C07–10、N68–C07–11）。

一月一八日にはバマコから Air Mali 15便で出発し、途中 Mopti 飛行場を経てトンブクトゥに到着している。飛行機からの画像はコマ順に乱れがあるが、スライド番号N68–C08–04の付近は、バマコからモプティを経てトンブクトゥに行く途中である。その後、トンブクトゥではパン焼き窯、市場（marche）、土壁の住居などを撮影し

写真 70　コーラの果実には赤と白の種子がある。①N68-C04-14，②アフリカ，③1968. 1. 8，④アビジャン(コートジボアール共和国)

写真 71　果実内の種子が食用となるスイレンの仲間 *Nymphae lotus*。①N68-C10-17，②アフリカ，③1968. 1. 20，④マリ共和国トンブクトゥ

ている（N68-C08-12、N68-C08-17、N68-C08-18）。中尾は一月一九日から二一日までトンブクトゥに滞在し、灌漑農園を撮影し（N68-C10-06、N68-C10-13、写真71）、船で河を移動し灌漑コムギ畑を視察し、帰路に野生稲を採集している。市場で見つけた種名の不明なウリは二個を採集し、移動中に後熟させて種子を調べてヒョウタンの仲間と鑑定している。

一月二二日にはモプティからの後発隊とともにトンブクトゥから Air Mali 23便でガオへ移動し、二七日までガオに滞在し、船での遊覧（N68-C13-15）や、グイドウラ村で水草の食用の多いことを見ている。トリコサンテス（N68-C13-02）やドウムヤシ（N68-C13-05、N68-C13-13）を撮影し、市場ではローゼルやシャロットとの中間型のような半結球型のタマネギ（N68-C12-20）を観察している。二六日の夜にこれからの探検隊として四台の車の編成を決め、翌二七日には出発の準備をしている。

四-二　ニジェール川に沿ってサハラ南縁を走る

一月二八日にはガオをニアメィ（ナイジェリア）へ向けて出発し（N68-C14-04、N68-C14-07、N68-C14-12）、乾燥地での人々の振るまい（N68-C14-16）を観察しながら、ニアメィに二二時一〇分に到着している。ニアメィでは、二九日に国連と中国大使館を訪問し、三〇日には警察などや農林省を訪問しトウジンビエ（*Pennisetum americanum*）を見ている。この時、R.J. Harrison-Church（一九五九）の『West Africa』の農業の項目からアフリカの五つの農業ベルトに関する情報（同書九八ページの図）をメモしている。三一日には Colo の試験場へ行き、パルミラヤシの野生を確認している。

二月一日にニアメィを出発し、南下してダホメィ（現ベナン）のカンディに到着する。途中パルミラヤシの野生や穀物の保存（N68-C14-11）、焼畑耕作（N68-C14-20、N68-C15-19）など住民の生活を確認しつつ移動して、国境の

Gaya で日没を迎え、ニジェールの夜景を見ている。ダホメィの入国はあらかじめ連絡があったため容易であったが、三号車を牽引して一〇〇キロを夜行し、二三時にキャンプ地に到着している。二月二日には随行車の修理で、夕方（?）六時に出発し、アスファルト道路を Parakon まで走行し上等のホテルに宿泊する。二月三日には Parakon を八時に出発し、Save を経て Bihicon へヤムベルトを南下している。この日ヤムを頭上で運搬する女性が歩いてくる（N68–C16–09）光景や野火の後や夜の光景とヤム畑らしい林間の土盛りを確認している（N68–C16–04）。ここでは「ヤムベルトにはシアバター（*Butylospermum parkii*）の木が多く、本隊がある」、「野火があればシアバターの木は枯れるから、幼木から保護しているため、自然林よりもシアバターが多い」、「ただ、焼き畑輪換の跡が不明瞭である」とノートしている。

二月四日はさらに南下し、アブラヤシ・ゾーン（写真72、N68–C16–17）を通過し、Cotonou でガソリンを補充し、ダホメィの首都 Porto Novo を通過してナイジェリアの国境の民家の軒下で野営している。この近くでアジア原産のイモとバナナを市場で撮影している（N68–C17–13、N68–C18–11、N68–C19–15）。翌、二月五日の昼に Lagos の日本大使館に到着し、二月六日から一〇日の間はスーダンビザの取得などのためにラゴスに滞在している。

二月一一日から二月一六日まではイバダンからカノの間で徐々に移動しつつ調査と資料収集に当たっている。二月一一日には海岸でＴＶ用の撮影を処理し、二月一二日にはイバダン東方にある Ife のＩＦＥ大学と博物館を訪問して、民家庭園にアブラヤシやココアやカポックの木の下で売られる料理バナナなどを観察し（N68–C18–15）、果実ではなく種子を食用とするフルーテッドパンプキンを見て（N68–C19–02、N68–C19–05）いる。二月一三日にはイバダン大学の植物学科を訪問し、寮に宿泊している。二月一四日にイバダンを出発し、Irolin を経て Esie へ行き、Ilorin へ引き返しニジェール川を渡って Katagona の食事付き休憩所に到着するまで一日六四〇キロを移動して、野生のヒョウタンやシアバターを見ている（N68–C20–05、N68–C21–04、N68–C21–12）。二月一五日には、

Katagona から Kaduna を経て Arewa の繊維会社のキャンプに夕方到着し、六〇人の日本人が働いている会社の独身寮のクラブに宿泊する。二月一六日には繊維工場を撮影し、Zaria で先発隊と合流して Kano（ナイジェリア北部）に到着、Northern Textile の社宅に宿泊している。

二月一七日から二一日は Kano からチャドの首都フォートラミーの間を移動しながら調査している。Kano でトウジンビエやピーナッツの生産に関する情報を収集した後（N68-C21-21、N68-C22-07、N68-C22-09）、もとの道を戻り Zaria に宿泊し、二月一八日には Zaria から東方向の Joss へ行き、博物館を見て学生の家に宿泊、二月一九日には Joss から Bauchi へ移動し、レストハウスで夕食している。二月二〇日は Bauchi から Pontiskim へ移動し住民の様子や自生するコロシントを見て（N68-C23-09、N68-C24-03、N68-C24-14）、さらに Maiduguri に到着し、植生がフェニックス（後にアブラヤシとわかる）の疎林から乾燥したサバンナにかわるのを確認し、二月二一日に Maiduguri からフォートラミー（チャド）へ入っている。

二月二二日から三月七日までフォートラミー（現在のンジャメナ）に滞在し、チャドとカメルーン方面を探検している。二月二三日に同行してきた Akin 氏を飛行機で Lagos へ帰還させ、二月二五日にはカメルーン方面のマンダラ山地へ行き、二月二六日には Waza National Park でキリンやゾウなどを横目に見て野生タマリンドを調査している。二月二七日には、マンダラ山地周辺でヒョウタンの壺で酒を運ぶ様子など（写真73、N68-C25-04、N68-C25-18）を見ている。二月二九日にフォートラミーへ戻った後、三月七日までの調査結果（写真74、N68-C27-06、N68-C27-22、N68-C29-09、N68-C28-20、N68-C29-15、N68-C29-20A）を整理した後採集品の発送を処理している。

写真 73　①N68-C25-14，②アフリカ，③1968. 2. 25 頃，④カメルーン共和国マンダラ山地付近

写真 72　アブラヤシ・ゾーン。①N68-C16-19，②アフリカ，③1968. 2. 3，④ダホメイ(現ベナン共和国)付近

写真 74　チャド近くの住民。①N68-C29-15，②アフリカ，③1968. 3. 5 頃，④フォートラミー

四–三　ナイル地域での調査

三月八日にスーダン航空ＳＤ421便七時〇〇分発フレンドシップでフォートラミーからハルツームへ移動し、滞在していた山下孝介・福井勝義氏と会い、三月二四日までハルツームに滞在して調査をまとめている。三月一七日にはアフリカ探検について、「①タテギネ、スリ臼文化とタテギネ文化の対立、②Grain nary 壺型の穀物庫の成立、③Sudan complex の穀類には焼き落としは不要、④hoe culture 富むことの危険、⑤ヤムベルトの場所に集中的文化の成立」などのとりまとめを記述している。三月一九日にはスーダン博物館でフィールドノート№2（中尾、一九六八b）のスケッチブックにフォートラミー博物館でのスケッチを補充する形で農具をスケッチし、三月二〇日にはマーケットでウリ類などの農産物を撮影し（N68–C30–20）、モロヘイヤ（*Corchorus*）とスベリヒユ（*Portulaca*）を押し花標本用に購入している。三月二三日にはハルツームの博物館と自然史博物館を訪問するなど調査のかたわら、三月二四日は探検隊隊員からの不具合の連絡を複数受け取っている。

三月二五日にはハルツームから六時発のアリタリア航空ＡＺ840便でアジスアベバへ八時三〇分に到着し、翌二六日にはアジスアベバの市場でコムギ（*Triticum dicoccum*）などの穀物を売る店を訪れ、エン麦（*Avena abyssinica*）やエンドウなど（N68–C32–05）を見た後、現地駐在員とインジェラの昼食をとり（写真75）、大学内のラス・マッコーネンホールの博物館を訪れている（N68–C33–03）。この日に Murdock, GP. 著の『Africa』から一、〇〇〇年続いた王朝、アフリカ文字、ラッカセイ、カメルーン高地の記述方式、原初的記述方、イネの導入などに関する情報を収集している。

三月二七日には帰路につき、八時五〇分に空港へ向けて一旦ホテルを出発するもののジェトロの岡崎氏とともに大学内のラス・マッコーネンホールの博物館へ引き返した後、再度空港からエチオピア航空機（便名不詳）でカラチへ移動し（写真76）、二八日にカラチに滞在した後、二九日のＫＬＭでカラチ↓デリー（飛行機の外に出ず）↓

写真 75　インジェラを食べる。①N68-C32-18，②アフリカ，③1968. 3. 26，④エチオピア，アジスアベバ

写真 76　日本へ向けて発つ。エチオピア上空。①N68-C33-09，②アフリカ，③1968. 3. 29，④エチオピア

バンコク→マニラ（夜中に飛行機を乗り換え）→羽田の順で空路移動し、三月三〇日六時〇五分羽田に到着し、植物検査後、新幹線で京都に帰宅している。

帰国後に中尾は集めた種子や標本を整理して探検をとりまとめている。調査の翌年出版された『ニジェールからナイルへ』にはもち帰った種子から育てた植物や標本の写真が掲載されている。書籍の冒頭で説明される「トンブクトゥの飛行場と一年生禾本のベルト」のイネ科雑穀は、一月一七日にバマコのマーケットと自生個体から得た種子と、一月二〇日にトンブクトゥのマーケットで購入された種子、一月二五日と二六日にガオで集められた種子、一月三一日に Colo の試験場から分譲されたトウジンビエの種子とともに大阪で育てられている。初版（中尾、一九六九）二一ページの写真は日本での栽培品の一部である。中尾の著作にはアフリカの探検でのフィールドで得た情報や植物を使った検証の結果を論の根拠に使うという探検科学の神髄が見える。私は、この種子を使ってトウジンビエが夜に花を咲かせることを確認している（山口、一九九五）。

『ニジェールからナイルへ―農業起源をたずねる旅』（中尾、一九六九）は『農業起源をたずねる旅―ニジェールからナイルへ』（中尾、一九九三）として改訂されるが、一九六九年版の画像は類似の画像に差し替えられ、内容もその後の研究を踏まえて修正されている。一九六九年版のスライドの幾つかはもとのスライドシートに残っていない。画像証拠の脆弱さでもある。

五　フィールド調査とは

中国、東南アジア・パプアニューギニア、ブータン、アフリカとどの探検をとっても、移動範囲、隊員構成などその規模は大きく異なっている。それぞれ調査対象や使う時間の自由度も違うが、中尾佐助は、課題を冷静に見ながら実証的根拠となる事実の収集を積み上げている。移動のツールも記録の機材も時とともに変化するが、それを有効に活用して、探検のスキルを向上させている。探検は道筋のある研究とは異なった側面をもっている。探検ごとの中尾の著作を見ると、課題はよく整理され適切に解説されているが、フィールドノートの行程とメモには重要な情報が一見ランダムに現れる。あらかじめ準備期待していた事実と現地でわかる新たな発掘が入り混じるからである。フィールドで撮影される対象は調査者の興味の範囲で決まるから、中尾佐助の科学的興味と視線がどれだけ広かったかである。中尾の著作を見ると他人の目にはただ一回の物見遊山か観光旅行で大風呂敷を広げているように見えるかもしれないが、フィールド調査は課題発掘の重要な科学的研究手法である。著作のなかに使われる決定的シーンは、悪路や悪天候をおしてとらえられたものであり、採集された植物標本や種子は観察の根拠となる重要証拠である。調査に費やされる時間は、実験室での繰り返し検証とかわるものではない。『秘境ブータン』にあきらかなように、課題の着想と探検の十分な準備なくては、効果的な調査は不可能である。植物標本館に保存されている腊葉標本やジーンバンクに保存されている種子はフィールドでの観察と合わさってはじめて多様性の理解や品種改良への効果的な活用につながる。中尾佐助は、その後の証拠の長期的保全までは考えなかったが、調査と採集とを合わせたフィールド科学の複雑な実証手法を個人で具現化した博物学者（ナチュラリスト）であったのである。

第二章　熱帯、湿潤熱帯林

岡田　博

人類の歴史を振り返ると、古代文明は大河の流域の緑豊かな地域で発祥し、そこでは農業の発展とともに食料が増産され、人口が増えてさまざまな文化が育まれていった。しかし、それにともなって生活必需品であった木材の需要が高まり、森林がどんどん伐採されていった。やがて緑が枯渇し、農業が廃れるとともに文明は滅びていった。森林の伐採によって土地の保水力が下がり、やがて土地の乾燥が進んで、砂漠化が起こったとよくいわれる。確かにその通りだと思うが、それらに加えて地球規模での大気の流れも関連しているように思う。太陽からのエネルギーを単位面積当たり最も強く受けている赤道直下では強い上昇気流が起こる。それにともなって空気中の水蒸気は雨となって地上に降り注ぐ。上昇気流中の大気に含まれる水分は降雨によって絶対量が激減する。それがやがて対流となって地表に下ってくる地域（それぞれの半球で緯度が二〇〜三〇度くらい）では気温の上昇とともに、空気中の相対湿度はどんどん下がっていく。つまり大気は非常に乾いて、降雨量は減る。そこでは日照時間が長くなるから、水分さえ補給されれば、農産物は豊富に採れることになる。しかし、そのような場所ではせいぜい疎林が成立するくらいでうっそうとした森林は発達しにくいことは容易に想像される。このような所で農業が始まると、最初は十分な日照量と灌漑などによる豊富な水で賄われる大量の農産物によって、多くの人口を賄えるため、文明の発展につながったと想像される。人口の増加や文明の発展にともない、生活に欠かせない材木はすぐに枯渇してくる。降雨量の多い所では裸地になっても短期間で二次林から原生林へと変わっていくだろうが、乾燥地の疎林がいったん裸地になると、再び林になるのはかなりの期間がかかるだろう。材木はそれでも必要なので離れた所からも輸入されるようになる。輸入もできなくなるころには、農業用の水源も枯れていく。こうして農産物の生産量は落ち、やがて文明は滅びていったのだろう。このような歴史（食料の増産によるある民族の発展と自然との関係の歴史）は世界のあちこちで繰り返されてきた。文明の盛衰の歴史は、現在の地球での出来事とは無関係なのだろうか。この章では、このような観点から、中尾佐助の写真を参考にしながら熱

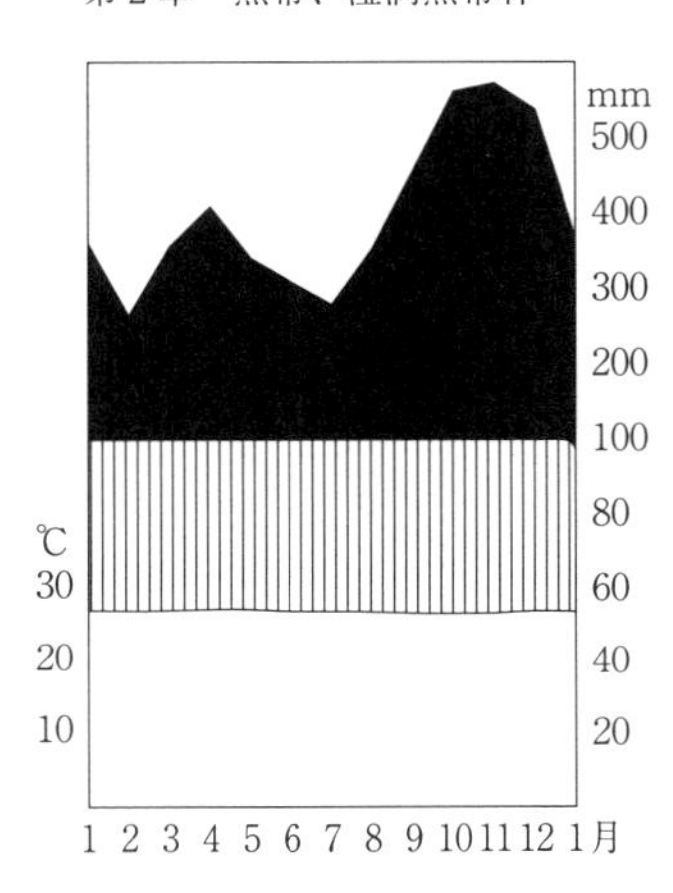

図１　月ごとの平均気温と降雨量の変化を折れ線グラフで表示したウォルターの気候図。気温 30℃と降雨量 60 mm を同じレベルにし，降雨量は 100 mm を超えると単位を変えてある。平均気温の折れ線グラフより降雨量の線が上にある月（縦縞パターン）は植物が生長するのに必要な水分が十分あること，また 100 mm 以上の降雨量のある月（黒パターン）は植物の生長には必要以上の降雨量と推定される。この気候図はインドネシア西スマトラ州パダン郊外の気象データを基に作成した。年中，平均気温の変化が少ないこと（27℃くらい）や，植物の生長に十分すぎるほどの非常に多くの雨が降ることがわかる。

帯林、特に湿潤熱帯林が、現在どのような状況に置かれているのかについて概説してみたい。熱帯林をより詳しく理解したい方には参考文献に挙げている書籍をはじめとするさまざまな専門書を読んでいただきたい。

一　湿潤熱帯林の特徴

アジア、アフリカ、南アメリカの三つの大陸には赤道を挟んだ低緯度の地域に熱帯林が広がっている。いずれも低地では年間を通して平均気温が高いが、月降雨量はその地理的位置などの影響によってさまざまで、森林は、湿潤熱帯林、常緑季節林、落葉季節林（雨緑林）、サバナ林などになる。東南アジアの湿潤熱帯林は特に降雨量の多い所に発達する（図１）。樹高は高く、ときに七〇メートルに及ぶ大木も生育している。植物を含めて生物は極めて多様で、それぞれの生物間には非常に複雑な有機的関係が見られる。多様性という言葉がひとつのキーワードとして頻繁に使われる現代社会に生きる私達にとってぜひとも体験してみたい所のひとつである。

南北に長く伸びた日本列島ではさまざまなタイプの森林を観察できる。それらのうち、亜熱帯林は沖縄地方に分布している。日本の特別

写真1　インドネシア・東カリマンタン州とマレーシア・サバ州との国境地帯に広がる山地性の湿潤熱帯原生林（標高約1,100 m）（1990年，岡田博撮影）。見渡す限り原生林が広がる。

自然保護区で世界自然遺産に登録されている西表島では常緑性の樹種のこんもりした樹冠をもつ林が広がっている。林のなかに入ると樹木が鬱蒼と茂って湿度が高く、歩くたびに汗が滴る経験をした人も多いのではなかろうか。見上げると頭上には大木から伸びた枝がひしめきあって空をさえぎり、林床は昼でも薄暗い。そして時に幹や枝にいろいろな着生植物を見ることができる。これだけでも本州の森林とは違った体験ができるが、湿潤熱帯林ではどのような特徴が見られるのだろうか。

亜熱帯林との違いを探して湿潤熱帯林（写真1）に入ると、多くの人は、樹木がはるかに高く、まっすぐに伸びているということを直感する。そして、着生植物の種類と個体数が多く、個々の植物体は大きい。少していねいに見ると、亜熱帯林と同じではないものの常識を覆すほどの奇異な植物がうようよしているわけではない。もう少していねいに見てみよう。樹高は時に五〇～六〇メートルに及び、林のなかから見上げると、はるか向

写真２　マレーシア・タマンネガラ国立公園(1998年，岡田博撮影)。中程度の大きさの板根。

こうの梢は頭上で傘のように広がった多くの枝にさえぎられて見えない。その下には三〇メートルほどの中くらいの樹木(暖帯林などではこのクラスが最も大きな樹木になる)が多数見られ、第二の層をつくっている。幹はいずれも電柱のように同じ太さでまっすぐに伸び、上のほうまで枝がない。

　多くの大木の幹の根元には板根が発達している(写真2)。大きいものでは高さ五メートルを超えている。言葉の通り板状に張り出した根が四方に伸びている。幅は狭く、時に一〇センチほどしかないものもある。私は一度、丸くくりぬかれた板根を見たことがある。砂金を採取するためのパン(皿)を作ったものらしい。均質で適度な厚さがあり、細工しやすい特質をうまく利用したようだ。後述のように熱帯では土壌が薄く、根が深く土中に入っていけないのでそのままの状態では大きな幹を支えきれない。板根は、四方に張りめぐらすことによって広い底面積を確保し、幹を安定させる働きをしているらしい。森のなかを歩いていると時に大木が倒れているが、主だった根がそっくりひっくり返って小山になっている。根をよく見ると直根はなく、根は浅い。

　林のなかのあちこちでは樹木の幹や太い枝に付着して多くの着生植物が生育しており、時に少し古い葉の表面にもコケ(主にタイ類)が生えている。時々、着生植物の重さに耐えかねたのか、太い枝が折れて落ちていることもある。枝についていた着生植物は宿主の樹からはただ棲み場所を提供されているだけで、何か養分などを搾取し、それに頼って生きているわけではないはずなのに、やがて枯れる。着生植物が多いのは林がほとんど一〇〇パーセント近い高い湿度に覆われているからだ。林のなかを歩くと、時に全身がずぶぬれになる。これは雨や霧でぬれたのではなく、汗がまったく乾かないためである。この高い湿度が空中(樹上)で植物が生活できる秘密だ。朝晩の気温の低下によって空中の水蒸気は結露し、それによって着生植物は水分を補給できる。着生植物は、着生の性質によって比較的小さな体にもかかわらず林の上層に生活の場を得て、太陽光を十分に利用できるようになった。樹の幹に着生しているために着生植物は種子の散布に普通の植物と違った特徴をもっている。風によって散布されやすい、種子が粘って付着しやすい、鳥により散布されやすい果実をつくるなどの特徴である。着生植物にとって大木は島のようなものである。隣の大木との距離がかなりあるため、遺伝的な交流が互いに少ないと考えられている。着生植物のなかには、発芽したころは着生なのだが、大きくなるにしたがって根を地面に垂らし、幹の周りを取り巻いて、着生したもとの樹木をやがて絞め殺してしまう絞め殺し植物もある。これはクワ科(Moraceae)のイチジクの仲間(*Ficus* sp.)に時々見られる。熱帯林のなかでは時々、中空になったやや網目状の幹が見かけられるが、絞め殺された樹の幹が腐ってなくなり、周りを取り巻いていた根が太くなり幹になったものである。

着生植物と同じような空間を使っていて、湿潤熱帯林の特徴のひとつとなっているものにつる植物がある。太いもので直径二〇～三〇センチくらいあるつるが大木にしがみついているのをしばしば見ることができる。これくらいの大きなつる植物になると林冠部に達して、樹木を覆ってしまう。世界一大きな花を咲かせるラフレシア(*Rafflesia* sp.)の寄主は、テトラスティグマ(*Tetrastigma* sp.)というブドウ科(Vitaceae)のつる植物で、やや人手の入った二次林でよく見かけられるが、一見、中型の樹の幹のような太さになる。

熱帯林のなかは思ったより見通しがいい。高さ数十メートルの林冠から枝が四方に伸び、葉がぎっしり展開して、さらにその下でも伸びた枝に葉が展開し、それが重なるたびに太陽の光は吸収されていく。林床に近づくにつれて植物の利用できる光はほとんど届かなくなる。林床に近くなると植物は十分に光合成できず、生育し難くなる。そのために低木や灌木や草本が少なく、見通しがよくなるのである。この暗い環境に適応したのか、斑入りの葉をもつ種が多いのも湿潤熱帯林の特徴だ。そんな低い位置で花や実を見ることがある。それらは、幹の途中や幹の根元に付いている。これは、幹生花または幹生果といい、熱帯の樹木の多くに知られる性質である。普通、温帯や寒帯では植物の花は枝の葉腋に付くが、熱帯の樹木では幹のあちこちに不定芽をつくって花や実を付ける。幹生花の奇妙な景色は、われわれの目を楽しませてくれるのだが、時には危険もある。花や実を求めてやってくる小鳥などの小動物を狙って毒蛇が潜んでいるのである。この毒蛇は獲物の性質上、昼間行動し、比較的低い所で待ち構えているが、その蛇の下を気づかずに通り過ぎてしまうこともある。

足元に目を向けてみよう。見た目には気がつかないが、土を掘ってみると、腐植質が意外に少ない。わずか二〇〜三〇センチほど掘るともう腐植質はなくなり、固い基盤が現れてくる。場所によっては白い砂質が広がっている（後述）。落ち葉などの植物の枯れた部分は地面に落ちて分解される。まず、それらを食料とする小動物が多く、どんどん分解していく。さらに気温や湿度が高いのでカビやバクテリアによる腐植質の分解が非常に速く進み、腐植質はあまり溜まらない。伐採跡地などでは強い日差しによって分解速度はさらに速くなり、強い雨に打たれて表土はどんどん洗い流されて、腐植質はすぐになくなり不毛の赤い土だけが残っていく。

写真3　インドネシア・東カリマンタン州（1990年，岡田博撮影）。伝統的な焼畑と出作り小屋。周りには林が残っている。

二　森林破壊の現状

かつては湿潤な熱帯の低地から山地にかけて、見渡す限りに広がっていたはずの熱帯林（写真1）は、人類による農耕の始まりによってそれまでとは違う強い影響を受けることになる。農耕地を得るにはどうしても森林地帯を切り拓く必要がある。低湿地は、排水が極めて難しいだけでなく、マラリア蚊、コレラなどの病害虫が多くて住みにくかっただろう。おそらく丘陵地は、排水が容易で、低湿地より焼畑に適していただろう（写真3、4、中尾佐助写真データベース番号（以下同）N80-23-14、19、21）。当初には必要なだけの穀物の収穫を得る広さを焼畑にしたと思われる。その初期の焼畑の作り方に近いと思われる焼畑は現在でも奥地の一部で見られる（写真3）。従来は、家族単位での耕作なので大規模な森林破壊にはならず、広大な森林に小規模の農地や再生林がモザイク状に分布しているだけだった（写真4）。ボルネオの奥地

写真４　パプアニューギニア・ワウ郊外(1985年，岡田博撮影)。山の急斜面は緑地がモザイク状になっている。煙は焼畑の煙と思われる。手前はチガヤ(*Imperata cylindrica*)の荒地。

に生活している山地民は現在でも焼畑農業を行っている。多くは家族が消費し、一部換金するだけの作物(陸稲、トウモロコシ、バナナ、キャッサバ、トウガラシなど)を栽培し、数年で地力が劣化して収穫が減ると別の場所に移動して新しい焼畑を拓くのを繰り返し、二〇年ほどで再び同じ所で焼畑を行う。放棄した畑地は、この二〇年ほどの期間に生長の速いパイオニアの樹種に覆われ、土壌中には落ち葉などをもとに有機物が蓄えられ地力を回復する。このような焼畑を続けている限りは原生林の破壊はかなり限定的で、影響はあまりない。この人達は原生林の植物の性質をよく知っていて、生活に欠かせない資源として活用しているので、原生林の破壊は起こしえない。

人類の歴史、経済活動の活発化とともに熱帯林は少しずつ蚕食されていくが、特に最近の爆発的な人口増加は深刻な影響を与えている。例えば、インドネシアでは、人口が集中しているジャワ島、バリ島、スラウェシ島などからスマトラ島、カリ

写真5　インドネシア・東カリマンタン州(1990年，岡田博撮影)。タラカンから奥地に向かう小型機から撮影。国内のほかの人口密度の高い島からの移民村。道沿いに等間隔に家(白い点)が並んでいる。近くの原生林を農地に変えていく開発の拠点。

マンタン島(ボルネオ島)などへ政府指導の移住が進められ(写真5)、原生林の大規模な伐採と、それに続く焼却による農地の開発が進められてきた(写真6)。あるいはフタバガキ科(Diptero-carpaceae)などの有用樹種の多い所では製材業者により大規模に材木が切り出された後で、林道沿いに農民が侵入し(無許可で不法占拠)、伐採跡地を含めて残った緑地をすべて農地に変えていく。このとき、製材業者にとっては無価値なために伐採されなかったが、遺伝子資源として将来は利用される可能性を残していた低木などがすべて切り倒され、焼かれてしまう(最近、熱帯地域など発展途上国でよくいわれているキーワードは「潜在的可能性」という言葉で、現在どんなにつまらなく思える植物でも、将来はどんな価値が出てくるのかわからない、という意味が含まれている)。

これら熱帯林の破壊は、熱帯から遠くに離れている私達にとって遠い所の出来事で、直接は

写真６　スマトラ島で進められている大規模な森林の破壊（1981年，岡田博撮影）。切り倒し，しばらく放置して乾燥させた後に焼き払う。ジャワ島，バリ島などからの国内移民に農地を提供するために焼畑とする。何年間かは収穫があるが，やがて肥料を入れない限りは収量が激減し，時に肥料を買えない移民が別の場所に移動してしまうために荒れ地として放置される。最近は，大規模なアブラヤシのプランテーションとされることが多くなっている。

関係ないと思うかもしれないが、私達の生活と深いかかわりをもっている場合がしばしば見受けられる。私達が日常的に使っている生活物資が、熱帯林の破壊の上に出来上がっている場合が多くある。例えば、コーヒーの原料のコーヒー豆（N80-12-35、37、N80-20-09）、チョコレートの原料のカカオ豆（N80-42-17、19、23、N80-43-12、19、22、24）、天然ゴムの原料のパラゴム、食器洗いなどの洗剤の原料として使われているヤシ油をつくるアブラヤシ（N68-C04-06、08、N80-09-11、N80-52-20）などのプランテーションが挙げられる。これらは地域の人達にとってはもともと見たこともなかった植物で、必需品ではなかったであろうが、地域の経済に大きな影響を与える重要な換金作物として、大規模に栽培され、収穫されている。熱帯の農業の重要な一面である。

写真 7　山焼きの頻度が低い所では高木が残っている。①DB 番号：N80-23-19，②ニューギニア，③1980, 08, 16，④マウントハーゲン

もちろん不毛の大地に植え付けるわけではなく、多くは原生林を伐採した跡地に植栽される。これらの換金作物の栽培によって、緑地面積はあまり変わらなかったであろうが、植えられている樹種が極めて限られているために、林の立体構造はなくなり（前述の林冠を占める種、その下で生活する種、着生する種、つるで巻きつく種など）、原生林に含まれていた極めて豊富な生物多様性は失われてしまったことになる。熟れ落ちたアブラヤシやパラゴムの種子は大きくて脂肪分を豊富に蓄えているために、サルをはじめツパイなどの大好物で、それらの動物にとっては生育可能地域が広がったことにはなっている。

ニューギニアでも焼畑が行われている（写真4、N80-23-14、21）が、多くの地域では農業とは無関係に、あるときは「ヒマだから」という理由で、あるときは居住地周辺の生活環境を守るためとして大規模な森林の焼却が進む（写真7、

写真 8　パプアニューギニア。ラエからワウに小型機で移動中に撮影した山地（1985年，岡田博撮影）。見渡す限りのチガヤの荒野。まったく耕作されている様子はない。谷底にわずかに林が残っていることから，この植生が自然条件下（特に気候条件）で成立したものでないことは明らか。写真中央に新しく黒く焼け焦げた所があり，かなり昔から現在にかけてときどき焼かれていることが推測される。

8）。一般に湿潤熱帯の低地はマラリア、デング熱、コレラなどの病気の巣窟で、また排水が難しいので農地も少なく、人は住みにくい。ところが標高一、五〇〇メートルくらいを超えると大きな町がある。これは深刻な病気が少ないことと、土地の生産性が高いためのようだ（最近は貿易、それにともなう経済活動の活発化で低地にも大きな町が出来てきているが、食料の多くは輸入に頼り、住環境は衛生面で無理がある）。その結果、人の住みついている高地で山塊が大規模にチガヤ（アランアラン）だけの生える荒れ地となってしまっている（写真8、N80-12-01、17、N80-13-33、N80-21-13、14など）。これらの場所は非常に長い間、広大な面積にわたって執拗に焼かれてしまったようで、もはや焼け焦げた立木や倒木すら見当たらない、一見なだらかな植生と

写真 9　インドネシア・東カリマンタン州(1990 年，岡田博撮影)。ロングバワン村の外れに広がるケランガス林(標高約 1,000 m)。地肌は真っ白い砂で覆われ，小川の水はコーヒー色になる。このような土地はひどく貧栄養となり植物の生長が悪い。食虫植物やアリ植物などが多く見られ，植物は変ににぎやかになる。花もきれいなものが多い。植物をじっくり観察したくなる場所のひとつ。ただし日差しが強く，非常に暑い。

なってしまっている（奈良にある若草山を非常に大規模にした状態を想像してほしい）。ニューギニアでは一部でサツマイモなどの耕作が焼畑で行われ、また最近は低地で農地が整備されてイネの栽培も行われているが、多くの植生は低地にある原生林か、標高の極めて高い山地か、何らかの理由で人が住めない高地の原生林か、アガチス（*Agathis* sp.）（ナンヨウスギ科 Araucariaceae）などの植林地か、無秩序に焼き払われたチガヤの荒地だ。広大なチガヤの荒地を見ると、長期間にわたって大変なエネルギーを使って焼き続けているので、原住民には私達に理解できない何らかの理由があるのかも知れない。

　湿潤熱帯の高原地帯などの所々で変わった林が見られる。樹高はせいぜい一〇メートルくらいしかない疎林で、ケランガス林といわれている。地面は白い珪砂で覆われ、側を流れる小川の水の色はコーヒー色をしている（写真９）。この林はもともとあった山地林が焼畑などで焼かれた後、強い日差しと多量の降雨によって土壌から有機物などが急速に分解、容脱され、ひどい貧栄養になったために農地として利用できなくなっただけでなく、普通の植物も生育できなくなったような土地にできる。ある意味で人工的にできた環境と植生で、大規模な修復作業ができたとしても最初の森林にはもう戻らないかもしれない。このケランガス林は時に自然状態でもできることがある。インドネシアの中央カリマンタンには盆栽山というあだ名の山地がある。最初に聞いたときには何のことかイメージがまったくわかなかったのだが、現地に行ってその意味がわかった。砂岩と頁岩が互層になった、ほぼ水平な地層からなるテーブル状の山地で、その山頂の平坦な所が白い砂で覆われていて、樹高も一〇メートルくらいしかないケランガス林であった。周囲は原生林に取り囲まれていて、ここだけが人為的な影響を受けたとは考えられない。この林は自然状態で非常に長い間、特殊な環境の下にあるので、多様で独特な植物相を含んでいる可能性が高い。

三　熱帯原生林の保護

熱帯林の保護の問題点や意義はずいぶん前から議論されてきた。日本に関連しているものだけでも、原生林から伐採した有用材（南洋材、ラワン材など）の丸太の輸入に対する世界的なバッシング、それに続く加工済みのベニヤの建築資材としての利用法（一度使うと捨てられていた）に対する世論からの批判、割り箸は材木の無駄使いだというかなり意図的な誤解などはまだ記憶に残っている。あるいは牛肉の生産のためにアマゾン川の流域の原生林が大規模に伐採されて牧場になってしまっていること（これには日本は直接関与していない）に対する激しい抗議などがあった。かなり神経質な、時には一方的な運動ではあったが、世界の目を熱帯林の保護に向けさせた功績は大きい。最近の地球温暖化への危機感もあって、地球の肺(あるいは二酸化炭素の貯蔵庫)である熱帯林をどのように残していこうかという対策については現在でも真剣に議論され、実践されつつある。

インドネシア政府は近年、自国内、自国と隣国との国境地帯で大規模な自然保護区を設定することによって原生林の不法伐採を厳しく取り締まろうと活動を進めている(諸外国からの圧力も影響していると思われる)。最近では二〇〇四年より三年計画でボルネオ奥地のミュラー山脈の世界自然遺産登録を申請するための基礎調査(世界で生物多様性の最も高い地域のひとつとされる。登録されることによる保護強化が目的)、二〇〇八年にニューギニア島の西にあるラジャ・アンパット諸島の自然保護区の指定範囲の拡大(世界有数の規模を誇るサンゴ礁があり、それを守るために背後の原生林を保護することが目的)のための調査を行い、また、二〇〇九年よりボルネオ島の最奥地のインドネシアとマレーシア(サラワク州、サバ州)、ブルネイの国境地帯に残存する湿潤熱帯林を次の世代に残すべく、二二万平方キロの広大な自然保護区を設定するために、五年計画で基礎的資料を集める現地調査を開始したりしている(Heart of Borneo 計画)。同様の活動がマレーシアなどでも行われている。例えばサバ州でのキナバル山の世界自然遺産登録と、それによるさらなる自然保護、サンダカンの奥地に広がる原生林の保護などがある。

今、私達の目の前で熱帯の原生林がどんどん切り開かれている。近い将来、熱帯の原生林は人類にとって最後に残された再利用可能な財産となるかもしれない。うまく利用していけば有用資源を供給し続け、また潜在的可能性を無限に導き出していくことができるだろう。しかし、無秩序に食いつぶしていけば、かつていろいろな地域で起こったことと同じようなことが地球上の全人類の文明にも及ぶかもしれない。熱帯林を領土内にもつ国々だけでなく、同じ地球上で生活しているものとして、私たちの英知を傾けて熱帯に残る原生林を守る努力をするべきだろう。

第三章　中尾佐助のインド探検

河瀬眞琴

畏れ多い気がするが、敢えて敬称を略す。中尾佐助。私は、教室で中尾の講義を直接聴いたことはない。私が学生のころすでに雲の上的存在であり、主に著書から多くの影響を受けた。中尾は、ヒトと植物（植物にとどまらないが）の関係に、多くの示唆的仮説を次々と提出し、時に改変し、その斬新な視座に魅了された私達を翻弄し、ひとつひとつの仮説の検証と証明を後からの後輩諸氏に任せて、走り去って行った。「中尾佐助資料スライドデータベース」は彼が後世に残した遺産であり、その説明をすることは私にとっては楽しくも荷の重い宿題である。

一度だけ、洛西のご自宅を訪れたことがある。照葉樹林文化提唱者にふさわしく草木が自由に繁茂し、やや雑然としたお庭であったが、シライトソウが門口に咲いていたのが非常に印象的であった。白い繊細なユリ科の花だ。

私が一九八五年に初めてインド亜大陸の調査に参加し、翌春、スライドを交えて簡単な帰国報告を行ったとき、「へへん」と聞こえるため息とも咳払いともつかない一呼吸の後に、「一応インドにある雑穀は見てきたようだな」といわれたときには、いかにも軽くあしらわれたわけで、グーの音も出なかった。実は、このため息とも咳払いともつかない一呼吸は有名だったらしい。国立民族学博物館の初代館長であった梅棹（一九九七）によれば、この「へへん」でやっつけられた研究者や編集者は多かったそうだ。

今になって思うと、中尾は南インドでは本格的なフィールド調査をしておらず、詳細にわたる現地の栽培植物の知識も膨大な資料と急ぎ足の旅行から得たもので、恐察するにご自身でじっくり調査されたかったに違いない。私のような青二才がたった一度のインド行でのスライドをいかにも知ったかぶりで得意気にしゃべるのに対し、少々カチンときていたのかも知れない。これも私の思い上がりにすぎないかもしれないが。同じときに、ホルスタインのような斑模様のゼブー（インド牛）はいたか?という予期していない質問も頂き、植物だけにとどまらない中尾の好奇心の一端を見た。

中尾は、著書『栽培植物と農耕の起源』のなかで、デカン高原で多様な雑穀類が栽培されていること、サバンナ農耕文化の好例であることを説明し、アワの起源はインドではないかと提案している。私達は、その後の研究で、アワには複数の地方品種群が成立しており、アフガニスタンからインドにかけて遺伝的に未分化な地方品種群が分布していることを明らかにした。これは、アワの起原地についての中尾の仮説を証明するものではなかったが、インドに独特なアワ地方品種群が見いだされたように彼の著書には検証するに足るさまざまな仮説に満ちあふれている。

中尾が「インド」というとき、それは戦後に成立したインド共和国ではなく、インド世界、具体的には、戦前の英領インドの広がりを指していると考えてよい。地理的にいえばインド亜大陸である。むろん、単なる地理的な広がりではなく、そのなかに、カラコルムやヒマラヤといった山岳地域やデカン高原のような高地、そして河川流域の平野やデルタ、湿潤な地域と乾燥地などといった自然条件や、北インドと南インド、言語州、ヒンドゥー教とイスラム教、そしてジャーティー（カースト）の問題や少数民族の伝統文化などを含め、かつ隣接する他地域との比較の上でのインド世界であった。本章で単にインドとするときには、中尾のインド世界を思い描いていただきたい。

農業や作物を考える上で、インド亜大陸の地理的位置は不思議である。東からはモンスーン気候の影響があり、西からは地中海性気候の影響がある。ヒンズークシ山脈は西からの影響を受け止めて立ちはだかっている険しい山々だ。北にはヒマラヤが横たわり、東西、そして南北の交流を阻みつつ、かつつなぎ合わせている。その要所に当たるネパール・ブータンは、日華植物区系と重なり、照葉樹林帯と重なっている。日華植物区系は、東は日本（南西諸島を除く）・南サハリンから、中国の中南部を横切ってヒマラヤを通り、アフガニスタンのヌリスタンに至る地域である。この地域は照葉樹林帯や北縁の落葉広葉樹林帯と重なり、その周辺にはサバンナ地帯がある。

南アジアにおける中尾の足跡は、一九五二年ネパール（日本山岳会マナスル踏査隊）、翌一九五三年ネパール（日本山岳会マナスル登山隊科学班）というわが国では戦後の世情が落ち着き始めた時期の登山活動から始まる。ちなみに一九五三年は私の生年である。さらに、一九五五年にパキスタン（京都大学カラコラム・ヒンズークシ探検　ＫＵＳＥ）に参加している（調査隊名ではカラコラムだが記録映画名ではカラコルムとなっている）。一九五八年には鎖国状態に近かったブータンの王室から招待され単身訪問している。これは著書『秘境ブータン』で有名になり、この訪問はのちに西岡京治の農業開発協力につながった。一九五九年にシッキム・アッサム（ロックフェラー財団助成）、一九六二年に東ネパール（大阪府立大学東北ネパール学術調査隊）と立て続けに調査を行っている。しかしながら、これらの調査では、たびたびインド共和国経由で入域しているが、一九八一年の個人調査を除くとインド中南部で本格的な調査をした様子はない。もしも中尾がデカン高原を含め各地で調査を行い、インドビエ、コド、サマイ、栽培型キンエノコロ、栽培型ケニクキビなどのインド亜大陸起原の雑穀とその野生祖先種や近縁野生種を、アフリカ起原やユーラシア起原の雑穀と比較しながら観察していたら、インドとアフリカをひとくくりにせず、個別の農耕文化複合とする仮説を提起していたかもしれない。約ひと回り年下の佐々木高明が一九六〇年代にインドで焼畑の調査を行っている。ただし、スライドデータベースで見ていくと、個人調査といいながら一九八一年のインド・ネパール調査では非常に多くのスライドを残している。本章では、パキスタンも含めたインド世界を対象に中尾の残したスライドを手がかりに足跡を辿りたい。

インドにおける中尾のスライドを一覧していると、植物に対する関心以外に、バザール（市場）、厨房、レストラン、そして農村に焦点が絞られている。一九五五年のＫＵＳＥでは、植物班員として忙しかったようだ。一九八一年のインド訪問は知人を訪ねながらの個人調査であったのだろうか、農家を数多く訪ねているわけではない。

各地でバザールを積極的に写している。バザールでは八百屋と穀物商、そして大衆的レストランや屋台に強い関心がうかがわれる。各地の知人は、観光地や高級なレストランを紹介したようだ。中尾はそれを楽しみながら、レストランの厨房や知人宅の厨房もじっくり観察している。足で包丁を保持して食材を切る方法はインドでは伝統的に広く行われてきたが、旅行者は厨房に招かれない限りほとんど目にしない。中尾はこの足包丁に注目し、ジャイプル、ムンバイ、チェンナイ、そしてデリーでスライドに納めている。バターをつくるチャーニングのための道具や使い方もデリーとジャイプルで確認している。また、各地で擦り臼、搗き臼、挽き臼を写真に納めている。植物の遺伝的多様性と物質文化への情熱がスライドから見えてくる。

一　カラコラム一九五五年

一九五五年のＫＵＳＥから見てみよう。行程に比べスライドの数は多くない。戦後まだ一〇年である。後に、調査中は一日に三六枚撮り一本を使うとよいと語っていたが、当時は予算の制約も大きかったと思われる。イスラム社会で女性にカメラを向けることはほとんどタブーで、撮影意欲をそがれたのは私だけではないはずだ。また、現地の治安も安定していたとは言い難いし、インドとパキスタンが分離独立してから八年、第一次印パ戦争の停戦から六年しか経過していない。カラコラム地域は、印パ戦争の原因となったカシミール地方のなかに位置しており、主要な地域はパキスタン実効支配地側にある。

中尾の行程表では、羽田↓マニラ↓カラチ↓ラワルピンディ↓タキシラ↓マリー↓ラワルピンディ↓ギルキット↓チャルト（フンザ）↓バルトロ氷河である。このＫＵＳＥの活動の一部はカラー映像を日英新社が記録・編集し、東宝が全国に配給した記録映画となり、なかなかの評判になったようだ。二〇一〇年に『カラコルム〈カラコルム・ヒンズークシ探検の記録〉』として、京都大学出版会からDVDが発行されているので、当時の映像を今でも見ることができる。黛敏朗と團伊玖磨の音楽はおどろおどろしく今聴くと少々滑稽でさえあるが、当時の大衆的感覚では危険を顧みない冒険に等しかった。しかし、中尾の視圏はすでに戦前から広くアジアに向けられていたし、戦後すでにネパールを二度調査した中尾にとってKUSEは一里塚であったろう。また、映像撮影隊が一緒では、研究者としてはいらいらすることも多かったのではないか。記録映画に映っている、中尾にとって興味深いはずの場面の多くをスライドとして撮影していないところをみると、植物採集以外はあえて自分を殺して、ネパールでの経験を活かし撮影隊や氷河調査隊のサポートに回ったのではないだろうか。

N55-01-01(以下、大阪府立大学学術情報センター中尾佐助スライドデータベース番号)で始まるスライドは一九五五年五月二五日の鉄道の駅、そしてバザールの果実店である。この駅やバザールはラワルピンディであろう。現在のパキスタンの首都はイスラマバードであるが、その地が選定され、開発が始まったのが一九五〇年代終盤で、中尾がパキスタンを訪れたときの首都は南部のカラチであった。カラチはアラビア海に面した南部の港湾都市で、現在もパキスタン有数の産業、経済の中心地である。一方、ラワルピンディは北部の商工業の中心として発展し、軍事的な要所でもあった。現在の首都イスラマバードはラワルピンディに隣接しており、パキスタン人は双子都市と呼ぶ。しかし、碁盤の目のような人工的都市開発によるイスラマバードと路地に入るとアラビアンナイトの幻想が浮かんでくるようなラワルピンディとは対照的である。

ラワルピンディ駅とおぼしきスライドに続いて、果物屋の店先のスライド(N55-01-04~12)が続く。中尾の訪問から三〇年後の一九八五年九月、阪本寧男、木俣美樹男、小林央往と私の四人はラワルピンディのバザールをうろうろと歩き回っていた。季節が違うため直接的に比較はできないが、中尾のスライドには、メロン、クルミ、バナナ、レモン、グアバ?、アーモンドのようなナッツなどが映っている。写真が不鮮明だが、マンゴーやスモモの類もあるようだ。私達が訪れたときには、大きなハミウリや丸いメロン、柑橘類、ブドウなどが店先に並んでいた。確かに暑い地域で、熱帯果樹もあるが、温帯性のものも見える。

少し温度が下がる季節とされる九月でもラワルピンディの日中は暑かった。中尾が訪れた五月は酷暑季である。その暑さのなか、ヘルメットを被り、ガンダーラ仏教遺跡で名高いタキシラを訪問している（N55-02-04～14）。この遺跡群はラワルピンディから三〇キロ余りの距離にある。私達がそうであったように、紀元前六世紀に遡るといわれる遺跡を訪ね、東西文明の交流とそれを支えた農耕文化に思いを馳せたに違いない。

一旦マリーを訪れた後ラワルピンディに戻り、飛行機でラワルピンディからギルギットに移動している。マリーはラワルピンディから六〇キロほどの距離しか離れていないが、標高が高く、英領インド時代に避暑地として開発された所で、一帯には緑が多く、針葉樹も多い。植物相でいうと日華植物区系がヒマラヤの南縁に沿って西に細く延びた部分がちょうどこの辺りを通っている。その西の端は、アフガニスタンのヌリスタンに至る。N55-02-21は写真が暗いが、画像ソフトで明度を上げるとバックの丘陵の様子が見えてくる。これは、植生からマリーの可能性が高い。

N55-03-01からはフンザ帽を被った男達が多数映っており、ギルギット、フンザ、ナガール辺りの映像らしい。ギルギットは当時から大きな町である。古くからポロ競技が盛んであったらしい。当時フンザやナガールはパキスタン政府から認められた藩王国であった。

この辺りは雨量が少なく、また、耕作に適した土地も限られている。インダス川やそれに流れ込む河川近くに位置する村落の多くは山に囲まれているが、岩山で緑はほとんどない。山裾に近い所に緑の帯があり、わき水を耕地に引く細い灌漑水路が造られている。灌漑水路は山肌に一文字に緑の線が引かれているのですぐにわかる（N55-04-20）。また、耕地はその下に広がっている。河岸段丘の上で、特に、河川に支川（支流）が合流する所に扇状に耕地がつくられていることが多い。村落のなかには道わきにポプラが植えられ、所々にアンズの類が植えられている。

中尾が訪れたときは、六月ごろだったはずだ。ちょうど、パンコムギやオオムギの登熟期であった。撮影隊をともなう探検隊の一員であることは、現地の農耕文化や周りの植生の調査に時間を割きたかっただろう中尾にとっては、歯がゆいものだったのかもしれない。調査隊の出発までの時間をぬって、鎌で何かを収穫しているような男達（N55-03-19、N55-03-20）、イネの苗代らしいものを見ている男（N55-04-10）などを撮っている。この辺りならキョウチクトウも十分育つようだ（N55-04-03）。

中尾はバザール（市場）などの写真も撮りたかったであろうが、ナガール辺りでは人口が少なく自給自足的で大きなバザールはない。バラの類 *Rosa webbiana*（N55-05-13〜18）が花をつけている。探検隊が氷河に向かって移動を始めると、さらに村落が少なくなり。雪を頂く峰を背景に石を積み上げて建築された住居わきにはポプラが見える（N55-07-16）。時にはモレーンを越えて（N55-07-03）調査隊は進んだようだ。休憩の合間にであろうか、道路わきのマメ科（N55-07-09、12）やキク科（N55-07-10）植物の写真もスライドに納めている。

中尾が訪問したのは氷河調査のために選ばれた季節であろうが、ムギ類の収穫にも少し早く、夏に栽培される作物が収穫される秋に訪問していたら、ずいぶん違った旅行になっていたかもしれない。一九八七年に阪本寧男と私はギルギット、フンザ、そしてバルティスタンのスカルドゥ周辺を調査したが、村々の畑の多くは大量のアワ、そして、キビやソバが作付けられ、当時アワを研究材料にしていた私は大感激したものである。実は、中尾らもアワやキビを収集しており、一〇年後に刊行されたＫＵＳＥの報告書には短いが比較栽培の結果報告がある（Nakao et al. 1965）。

残念ながら、そのときの収集品はすでに失われて残っていないようだが、その報告を見ると、アワはアフガニスタンのヌリスタンとカラコラム（パキスタン北東部）で形態的に大きく異なると記されている。もし、中尾が秋にギルギットやバルティスタンを訪れていたら、河岸段丘上の畑を埋め尽くすアワの穂を見て、アワの起源について異なる仮説を提出していたかもしれない。

さらに東に進み、アスコーレからバルトロ氷河に向かうと村落がまばらになり、野草や灌木のスライドが増える。標高が高く、冷涼で乾燥した環境である。それまでは背景に写っていた雪山がますます写真の主題となってくる（N55–08–08など）し、氷河や万年雪を調査しながらの行程である（N55–22–10、N55–26–18、N55–27–16など）。私は浅学で植物の同定はまったくあてにならないが、ゲンゲ類のようなマメ科植物（N55–07–12）、ベンケイソウ類 *Sedum crassipes*（N55–11–17）、*Gagea serotina*（= *Lloydia serotina*）（N55–12–04）、イワオウギ類（N55–17–02）、ヒナギク類（N55–17–05）、イワツメクサ類（N55–17–09）、サクラソウ類 *Primula nivalis*（N55–17–17）、チチコグサ類（N55–22–06）、ムラサキ科の *Mertensia tibetica*（N55–12–08）、ツルニンジン類の *Codonopsis clematidea*（N55–14–16）などのようである。時には落ちたら最後といった雪解けの濁流に流される危なっかしい吊り橋を渡る（N55–14–07やN55–22–08）。そして、また、村落が現れる。コムギ畑には雑草エンバクが生えている（N55–22–02）。収穫直前のコムギ畑（N55–23–10）や家畜に踏ませての脱穀風景も写している（N55–23–11）。小さく写っているので確証はないが、その牛はヤクとの交雑後代のように見える。当時から山村ではアンズの果実を集め乾燥（N55–26–02〜07）させていたようだが、今ではこの地域の特産品となっている。

家畜の皮はさまざまに利用される。民族学博物館における研究会で、中尾は、『古事記』に書かれた、若き素戔嗚尊（スサノヲノミコト）が荒れ狂い天の斑馬の皮を逆剥ぎ（さかはぎ）に剥がして服屋（はたや）の屋根に穴をあけて投げ入れたことに触れ、表裏逆に袋状に剥いだ羊の皮は、なかに空気を入れて筏の浮きにするなど、使い道が多いことを説明したが、まさにその逆剥ぎの羊の皮袋で浮かせた筏で、インダスの源流を渡ったようである（N55–23–16〜24–06）。羊の皮袋はフイゴにもなり、また、乳を入れて振り回せばチャーニングの道具にもなることはカラコルムのＤＶＤにも撮影されている。

二　インド一九八一年

一九八一年に中尾は個人調査としてインドを歩き、多くの写真を撮っている。デリー→ジャイプル→ウダイプル→ムンバイ(旧ボンベイ)→プネ→チェンナイ(旧マドラス)→デリーと回って、ネパールの首都カトマンズに向かったようである。時間ができると、さっそく、バザール(市場)に向かっている。N81-02-01からのスライドである。まずは八百屋。ニンニク、ニンジン、エンドウ、コリアンダー、トウガラシ、スベリヒユやツボクサ、コールラビ、ニガウリ、キュウリ、カリフラワー、モリンガ、オクラ、キャベツ、インドコンニャク、トウガン、アルファルファ、レンズマメ、食用ヘチマ、バナナ、タマネギ、ヤムビーンなど。次に香辛料店。米穀店では精白米やマメ類。

私も含め、栽培植物の多様性や民族植物学に興味のある研究者は、まず市場に向かうことが多いし、訪問地近辺の農業や植物利用を大掴みするためにも、ぜひそうすべきである。その点、中尾はよきお手本である。彼は、野菜や果物などを売る八百屋、穀類やマメ類を商う穀物店、市場内のレストランや屋台、壷や調理器具・食器を扱う店を執拗にスライドに納めている。そして、大衆料理も王宮料理も写真に撮ってから腹に納めたようだ。

バザール(市場)内の小さなフードコート的レストランでは、小麦粉(マイダ)を挽いて、ドゥを練り、油をひいた鉄板の上で焼くゴリ・バジェ。これは南インド風の調理である。小麦粉に塩を加えて水で練ったギョウザの皮のようなもので香辛料たっぷりの具を包み、たっぷりの油で揚げるサモサ。平らに広げるパラータ。もう少し立派な、テーブルにクロスが掛けてあるようなレストランでは、少し欧米化した料理とともにナンが供されている（N81-05-23～36）。

調理に使う臼にはいろいろあるが、今でもサドルカーン（すりうす）が現役である（N81-06-03～29）。デリー門のスライド（N81-07-03）があるので、オールドデリーからニューデリーへと場所を移動したのだろうか。小型の搗き臼で香辛料か何かをつぶしている女性が写っている（N81-07-07～09）。

そして、豪華な銀器に盛られたワーダなど揚げ菓子のスライドがある（N81-07-10～25）。壷様の土釜、タンドール（N81-07-21～08-28）。実際にナンを焼いているところや鶏肉を焼いているところも写し、その後でケバブやナン、コフタ（ミートボール）入りカレーやサーグ（ホウレンソウなど葉菜のカレー）など、最後はデザートまでを堪能したことがわかる（N81-08-29～09-04）。マメなどの粉に水と塩と油、そしてスパイスを入れて薄く伸ばし、揚げて、あるいは焼いてつくるパパド（N81-09-01、02）はクリスピィなせんべいである。この店は、ノン・ベジ（非菜食主義）で北インド風の料理であるが、最初に写っていたワーダなどは南インドに多い。中尾の関心は、高級料理だけでなく、オールドデリーの道ばたのパーン（N81-09-08、N81-11-31、N81-11-33～12-06）。キンマの葉でビンロウを包み、石灰などとともに噛む）売り、バザールの大衆料理店など街角の当たり前の光景にも等しく注がれている。干してさまざまな大きさに割ったビンロウの実（N81-10-23、24）もある。蒸し器（N81-10-01）も写している。フタバガキか何かの葉にくるまれて蒸されていたのは何であろうか？　現地の人にとって当たり前のことを写真に撮るのは、旅行者の特権である。当たり前のこととして見すごせば、そこから発展はない。

同じくデリーの一角であろう。乳を両手付の中華鍋を大きくしたような浅いパンで煮詰めている様子を写している（N81-10-12～14）。生乳ではなくホエー（乳清）を煮詰めているのかもしれない。すぐ後に、脂尾をもつヒツジが写っている。ヒツジの乳かもしれない。チャイを売る店やタンドールでナンを焼く人もいる。

クトゥブ・ミナールのような観光地にも行っているが、郊外の農村風景のスライドが多い。サトウキビの収穫時期だったようだ（N81-14-08〜16、N81-14-19、20）。農家のカマドも写している（N81-14-35〜16-26）。ここでは、バターをつくるためのチャーニングの道具をめざとく見つけてスライドに納め（N81-15-10、11）、現地の方に使い方を見せてもらっている（N81-15-12〜17）。

デリーを出発した中尾は、乾燥したラジャスタンのジャイプルで調査をしている。干し草や丸く固めて干した牛糞、ラクダや牛など、乾燥した空気が伝わってくる。

水を入れた素焼きの壷が、喉の渇きを癒すために家の外壁に置かれている。ここでも彼はちゃっかり厨房に入り込み、チャーニングのやり方（N81-18-13〜17）や挽き臼の使い方（N81-18-29〜37）を見せてもらっている。家の外では、穀物の風選の仕方も見せてもらっている。

ジャイプルではハワー・マハル（N81-21-19）のような観光スポットもじっくり見学していたようだが、その後は例によってバザールである。モリンガ、サツマイモ、カリフラワー、大根、ニンジン、食用ヘチマ、バナナ、キャベツ、エンドウ、ナス、リーク（ネギ類）、ニガウリ、トマト、ココヤシ、サトイモ類、オレンジ類、トウガラシ、などが売られている（N81-23-08〜34）。店舗ばかりでなく、屋台もあるし、路上でも売られている。独特の形をした伝統的な陶器の壷は、乾燥地に欠かせないものである。

ジャイプルの高級レストランも試したようである（N81-24-23〜25-06）。ターリーと呼ばれる丸い金属製のお盆に、数種類のカレー、ヨーグルト、ビリヤニ、プーリー（なかが空洞の揚げパン）が載っている。ベジェタリアン（菜食主義）である。ターリーはそのまま定食という意味にもなる。お盆の外に、冷えにくいように布で包まれ、折りたたまれているものはパラータ（具なしのプレーン・パラータ）であろう。

おそらく旧宮殿を改装した超高級レストランでは、マハラジャの食卓に座った中尾が微笑んでいる（N81-26-

13)。献立は先の店とよく似ているが、プーリーはなく、生のリークがついている(N81-26-17)。ここもベジェタリアンである。

ジャイプルからさらに南西に進み、高原地帯の自然に囲まれたウダイプルでは、この古都の名所観光の途中でノン・ベジ(非菜食主義)料理を写している(N81-32-37)。宮殿を利用したレストランであろうか、屋上に屋根付の一角でのお食事らしい(N81-33-01)。ターリーの上には四種類のカレー、タンドールで焼いた鶏肉やシークカバブ、白飯、パラータ(プレーン)(N81-33-07)。別の小盆にはプーリー。そしておそらく水の入ったポット。

空路ムンバイ(ボンベイ)に移動し、早速、厨房に入っているが、この大都会ではすでにガスコンロが導入され近代化されている。しかし、専用の木の柄のついた鎌状の包丁(N81-37-17)を足で押さえて固定し、手前から食材を押し出すようにして切る足包丁の伝統は生きている(N81-37-14)。これはジャイプルでのスライド(N81-18-23)とも共通の手法だ。ジャイプルのは帯状の金属を曲げてつくってあり、木の柄は付いていないが、刃のカーブはよく似ている。この手の包丁はインドの各地で伝統的に用いられているが、のこのこと厨房まで入り込まないと見る機会が少ない。すりつぶしに用いる臼と杵(N81-37-19)も見える。

次はおきまりのバザールだ。ダールはリョクトウ、ケツルアズキ、キマメなどのマメを挽き割ったもので、インド亜大陸の料理で欠かすことはできない。そのダールを売る穀物店の店先(N81-37-28など)。そこで中尾は面白い米の加工食品チューラを見つけている(N81-38-05)。チューラはインド各地やネパール、ブータンに広く分布している米製品である。収穫直後の籾、あるいは未熟刈りした籾を煮る、あるいは蒸してから、炒り、臼で搗いたりして脱稃したもので、脱稃の過程で平べったくなるが、その程度にはバリエーションがある。日本の焼米(ヤッコメともいう)もその仲間である。おそらく、チューラや焼米は、穎果の脱落性のある野生禾穀類をなるべく落とさずに、人間の消化しやすいように、しかも貯蔵に適した状態に加工する、古い方法であろう。そして、青と赤のカラフルな魚の形をしたオブジェを撮影している（N81-38-06〜10）。この夜店で売っている下駄のようなものも、実は足包丁である。

ムンバイから西ガーツ山脈を上がり、プネに至る。マハラシュトラ州は北インドと南インドの間に位置し、スライドに記録された風景はいわゆるデカン高原である。農村では、ソルガム（N81-40-13）、サトイモ（N81-40-25）、タマネギの畑（N81-40-27）ばかりでなく、収穫後の畑に家畜用に積まれた稲藁（N81-40-23）も写している。家のなかでは、挽き臼（ロータリーカーン）も実演してもらっている（N81-40-30〜36）。

チェンナイ（マドラス）ではまた厨房に入り込んでいる。穀物の粉に水を加えてこね（N81-41-03）、炉に置いた鉄板の上で焼いて（N81-41-08）、チャパティ（N81-41-18）の出来上がりである。

町中では、ニンジン、バナナ、ブドウ、リンゴ、タマネギ、トマト、オクラ、エンドウ、フジマメ、サツマイモ、ニンニク、カリフラワー、食用ヘチマ、キャベツなどが屋台や露天に並んでいる（N81-41-33〜37）。知人であろう、ご家庭の食事に招かれているが、基本的にベジェタリアンのターリーでデリーやラジャスタンのものと大きな違いはない（N81-43-17〜23）。インドボダイジュ?であろうか、気根の垂れ下がった木が街路樹に植えられ、車窓からはオウギヤシ（パルミラヤシ）が多数見える（N81-43-35）。いかにも南インドらしい風景だ。そして、デカン高原をセンターとして、中尾が提唱したサバンナ農耕文化複合の指標作物であるシコクビエの畑が広がっている（N81-44-04）。南インド風ヒンドゥー寺院を観光しながら、目ざとく足包丁が売られているのを写している（N81-44-22〜27）。

現代の日本の稲作では、刈り取りながら脱穀する機能をそなえた自脱型コンバインを使うのが一般的であろう。機械化された農業である。インドにおける農業の機械化も進んではいるが、一九八〇年代、そして現代でも、まだまだ限定されている。南インドでは、刈り取られたイネはまず天日で乾燥され、スレッシングヤードや場合によっては公道に広げる。その上を数頭の牛に踏ませて脱穀する（N81-45-01～06）ことが多かった。道を通る車両が牛の代わりに利用されることもあった。集めた籾を箕（手箕）に集め、風選する（N81-45-07～14）。南インドの作物の作付時期にはかなり自由度がある。収穫物を脱穀し風選しているすぐ側では、苗代から男達が苗を取り（N81-45-16～19）、早乙女が田植えをしている（N81-45-20～22、24、25）。

チェンナイは港町だ。中尾は漁村や露天で魚の売られている市場を歩いている。海岸では藁の上で魚を干している（N81-45-35～46-15）。また、穀物商（N81-46-25～33）も覗いている。

チェンナイ近郊に出かけたのであろう、壷を売っている店や日干し煉瓦の作製や牛鋤による耕耘を観察したのち、農家を訪問し、稲刈りを見ている（N81-47-23～34）。栽培前の水田耕起、収穫、栄養成長期を一度に見ることができるのが南インドである。そして屋外の調理器具を観察し、サドルカーン（すり臼。N81-48-13）と足包丁（N81-48-19～26）、さらに、搗き臼に近いが、手でこじるようにして用いる石臼も写真に撮っている（N81-48-29～35）。切った藁をまぶした牛糞団子を外壁にくっつけて乾燥させ（N81-48-36～49-09）、厨房の燃料に使う。

この後デリーに戻った中尾は、またしても足包丁によく似ているが、鎌状の包丁を足ではなく下腹部で押さえ切る方法を実演してもらったり（N81-52-07、08）、ジャイプルの足包丁によく似ているが、一枚の鉄からではなく、二枚の鉄板を加工し組み合わせた足包丁も観察している（N81-52-29～35など）。また、縄で引くチャーニングについても写している（N81-52-23～27）。

インドにおける中尾のスライドを見ていると、いくつかのテーマを決めて、行った先々で状況に応じて頭を切り換えながら観察している様子がよくわかる。足包丁の実演に三六枚撮りのフィルム一本をあっさり使ったりしている。

中尾が南インド、特にデカン高原をじっくりと調査していたら、どうなっていただろうか？　ターリーではなくバナナの葉の上に数種のカレースープと白飯、そして辛いマンゴーピクルスと塩をよそってもらっていたら、アフリカ起源のソルガムやトウジンビエといった雑穀ばかりでなく、インドビエ、サマイ、栽培型キンエノコロの栽培をじっくり見ていたら、彼はニジェール調査の成果と比較検証し、同じサバンナ気候のもとにあってもアフリカのサバンナとは異なる農耕文化複合をインドに置く仮説を提起していたに違いないと私は考える。播種から収穫に至る栽培技術、収穫物の加工技術、儀礼との関係などを視圏に納め、中尾のようにはいかないが、ひとつくらいは後の世代に検証をゆだねる価値のある仮説を残したいものである。

第四章　中尾佐助のアフリカ探検と現在のアフリカ農業について

伊藤一幸

一　アフリカ探検

中尾佐助（一九六九）の『ニジェールからナイルへ――農業起源の旅』は何と衝撃的なタイトルであったろうか。ナイルからニジェールへ、ではない。ニジェールからナイルに何かが動いたと主張している。中尾が一九六〇年代に考えたソルガム、ゴマ、シコクビエ、スイカ、ヒョウタン、アブラヤシなどから成るサバンナ農耕文化複合はエジプト文明以前に西アフリカ中部で開発され、第二センターのエチオピアを経て、インド、東アジアあるいは東南アジアに伝わったものであるというのが結論である。

これは実際に一九六八年に彼が歩んだ探検ルートでもあるが、奥には農耕文化の伝播の意味を内在させている。ナイル川とニジェール川の間には広大なサハラ砂漠が広がる。ニジェールからナイルに行くにはヤムベルト以南の湿潤地帯を何千キロも東進する必要がある。東アフリカではナイル川の支流（ビクトリア湖）とアビシニア高原を含んだアフリカの角といわれる地帯とその南側とは分水嶺で区別される。スエズ運河でユーラシア大陸と切り離されたアフリカ大陸は、一見まとまったひとつの島のように見えるが、その文化や経済はサハラ砂漠以南のアフリカ（現在ではサブサハランアフリカ（ＳＳＡ）という）と地中海に面した北アフリカとはまったく異なる。

歴史学者アーノルド・トインビー（一九六七）がいうように、ナイジェリアやスーダンとかエチオピアがリーダーシップを取り、ひとつのアフリカにまとめる方がどんなにいいか本当はわからないが、現実には北アフリカ諸国とＳＳＡ諸国は広大なサハラ砂漠を挟むことによって、文化的にも経済的にもますます離れてしまってきている。最近独立した南スーダンやナイジェリアの内紛の例を出すまでもなく、これらの国は内部での南北対立すら収拾できないでいる。こうしたなかで中尾は一九六九年にマリ、ナイジェリアからスーダンに至るまでの探検

表1　アフリカの雑穀と日本で身近に見られる近縁雑草

アフリカの雑穀(英名)	身近に見られる近縁種
フォニオ(ブラックフォニオ，マナグラスとも) *Digitaria exilis*	メヒシバ *Digitaria ciliaris*
ヒエ *Echinochloa esculenta*	イヌビエ *Echinochloa crus-galli*
インドビエ *E. frumentacea*	コヒメビエ *E. colona*
シコクビエ(フィンガーミレット) *Eleusine coracana*	オヒシバ *Eleusine indica*
テフ *Eragrostis tef*	ニワホコリ *Eragrostis multicaulis*
キビ *Panicum miliaceum*	オオクサキビ *Panicum dichotomiflorum*
コド *Paspalum scrobiculatum*	シマスズメノヒエ *Paspalum dilatatum*
トウジンビエ(パールミレット) *Pennisetum glaucum*	チカラシバ *Pennisetum alopecuroides*
アワ *Setaria italica*	エノコログサ *Setaria viridis*
ソルガム(モロコシ) *Sorghum bicolor*	セイバンモロコシ *Sorghum halepense*

をして、アメリカの民俗学者G. P. マードック(一九五九)の考え方を支持し、「ネグロ」(中尾、一九六九)が立派な作物を開発した優秀な民族であると、論を展開した。この学説は、エジプト古代文明がセム・ハム系民族のものであり、自分たちとは異なると考えているSSAの人達にとっては大変に勇気づけられたであったろう。

学生時代にむさぼるように読んだ岩波新書五八三『栽培植物と農耕の起源』に感動し、私は雑草研究の道に入ったといってもいい。日本ではオヒシバ、メヒシバ、チカラシバ、セイバンモロコシ、オオクサキビ、エノコログサ、イヌビエ、ニワホコリ、シマスズメノヒエなどはほとんど価値を見出せないイネ科雑草である。これらの植物の近縁種に、雑穀のシコクビエ(フィンガーミレット)、フォニオ(ブラックフォニオ、マナグラスとも)、トウジンビエ(パールミレット)、ソルガム(モロコシ、コウリヤン)、キビ(もちキビだけでなく、リトルミレットもサマイも*Panicum*属になる)、アワ、ヒエ(インドビエも)、テフ、コドなどの作物があると記載されており、心底驚いた(雑穀と雑草の学名を表1に示す)。

そのころ、私はとても自分では経済的にも、能力的にもアフリカまでは行けそうもなかったので、どこか近くのアジアの国に

写真1　手前のキャッサバ(*Manihot esculenta*)とパイナップル(*Ananas comosus*)からヤムイモの大きさが想像されるが，小ぶりで一塊となっているヤムイモ(*Dioscorea* sp.　種名は不明)は一株ずつを売っているのではない(①N68-C05-15，②西アフリカ，③1968-01-09，④アクラ)。もち運びしやすいように芋だけにしないで太っていない部分を束ねて売っている。

写真2　掘り上げたヤムイモと収穫していた家族(①N68-C06-19，②西アフリカ，③1968-01-10，④アクラ)。子供がおどけている横長のスライドの方が面白いが，スライドに傷が付いているので本にはこの写真を選んだようだ。ヤムイモは大型のシロギニアヤム(*Dioscorea rotundata*)ではなかろうか？

写真3　『ニジェールからナイルへ』の扉を飾るアオギリ科のコーラ(*Cola nitida* subsp. *mixta*)の果実をもった老人の写真である(N68-C05-05, ②西アフリカ, ③1968-01-08, ④アビジャン)。この前後に儀礼用のコーラの写真がたくさん撮られ，中尾はコーラの木(コーラ・ナッツ)に異常なまでの関心を示している。コーラの果実と花を示すN68-C05-02〜04の車のバンパーの上に置いたものが見やすいが，やはり老人がもっていた方がインパクトが高かったのだろう。

写真4　上はシロギニアヤム(*Dioscorea rotundata*)，下はキイロギニアヤム(*D. cayenensis*)であろう(①N68-C17-20, ②西アフリカ, ③1968-02-07, ④ラゴス付近)。サイズはよくわからないが，切断前のものも撮影してある。代表的な西アフリカのヤムベルト地帯の大型のイモである。

行ってみようと思った。私がベトナム戦争の激しいインドシナ半島を避けて、ルソン島やジャワ島のアジア島嶼部で赤貧旅行をしているときに、中尾は『ニジェールからナイルへ』を書いた。私はフィリピンの山のなかで一キロ以上もある毒々しい紫色のウビ（ダイジョ *Dioscorea alata*）を掘ってみて、日本の近くなのに、こんなに日本の日常と異なる世界があるのか、こんなに見たこともない作物があるのかと思い、作物の起源や農業技術関係の本を読んで農水省に入った。中尾もヤムベルト地帯でいろいろなヤムイモに興味を示している（写真1・2・4）。

写真5　*Faidherbia albida* の木である（①N68-C15-07，②西アフリカ，③1968-01-30）。大木であり，葉がいっぱい付いているので乾季の様子である。本種はマメ科の有用木であり，SSAの農民，家畜，作物栽培にとって有用であることを科学的に解明する必要がある。（＊編者注：この種の樹脂はアラビアゴムとなる。）

『ニジェールからナイルへ』にはカラー写真二〇枚、第一部のサバンナには二一枚、第二部の森林には一三枚のモノクロ写真が掲載されている。カラー写真はさておき、モノクロ写真はほとんど明瞭さを欠いていて、何を表現したいのかわからない写真が多かった。しかし、コーラ・ナットの果実と花をもつ老人（写真3）は『中尾佐助著作集Ⅱ　料理の起源と食文化』の扉にまったく同じ写真が掲載されており、きわめて明瞭であった。『中尾佐助著作集Ⅲ　探検博物学』の第Ⅱ部に収録されている『ニジェールからナイルへ』の写真はどれも鮮明で、写真のできは印刷技術や紙質によって変わるのであろう。

私は農水省時代には除草剤の功罪を見つめて近代技術の開発普及に邁進してきたつもりであったが、近代技術に毒されてきたのかもしれない。今日、一〇回以上にわたってアフリカ各地に出向き、中尾と同じような経験をして、これらの本を読み直してみると、学生時代にもった「なぜこんなものが作物になるのか」という感覚が新鮮に蘇ってくる。

中尾のアフリカ探検のスライドのなかにアカシアに近いマメ科の有用木として *Faidherbia albida* がある（写真5）。中尾はこの写真をどんな気持ちで撮影したかわからないが、私にとっては鋭いトゲがあり、目立たない花が咲き、莢も小さいのでいやな木だと思っていた。それはあまりにSSAを知らなかったことや、幼木ばかり見ていたためであると、後でわかった。

F. albida は乾燥したサバンナに生育するにもかかわらず、生長が早く樹高が二〇メートルにも達する。成植物は雨季に葉を落とし、乾季に葉をつけるという逆季節性をもった変わった樹木である。大きくなれば刺は目立たないし、乾季に葉をつけているので人間も家畜もこの木の木陰に入って休む。マメ科の植物だから空中窒素を固定する。雨季にはこの木は葉を落しているので、作物との間に光競合がなく、この周りに植えたトウモロコシなどの穀物の育ちがいいことがわかっている（World Agroforestry Centre, 2014）。やや小さくて平たいものの、マメ

そのものも食用になる。材も家材として活用できる。萌芽再生力は極めて強い。したがって、*F. albida* はアグロフォレストリーを構成する有用樹として、換金性の高いシアバター（*Butyrospermum parkii*）や、果肉が酸味料となるタマリンド（*Tamarindus indica*）などとともに、畑の真ん中にも植えられる、極めて有用な樹木である。

二　多様な食用植物（作物）と料理

次に、アオイ科の作物について考えてみたい。中尾は『ニジェールからナイルへ』のなかで、ＳＳＡにおけるワタ（*Gossypium* spp.）の変異の多さ、オクラ（*Abelmoschus esculentus*）の果実の形の面白さ、ローゼル（*Hibiscus sabdariffa*）やケナフ（*Hibiscus cannabinus*）などの繊維作物としての発達（トロロアオイ *Abelmoschus manihot* とオカノリ *Malva verticillata* var. *crispa* の栽培化はアフリカではないとしている）など、アオイ科の作物はイネ科、マメ科に次ぐ世界で第三位の作物の科であるとしている。先に示したコーラの木もアオイ科の植物である。そこでは、特にワタの起源についてページを割いて自説を展開し、これらアオイ科の種子は大きく、種子をくだいて食べることまで紹介している。

我々はかつてマラウイの農家で栽培されていたオクラの数系統の種子をもち帰り、神戸市などで栽培してみて、その栽培化（Domestication）がいかに進んでいない状況であるかがわかった。現在、普通にマラウイの農家の片隅で栽培されているオクラであっても、側枝が発達していて、株元は直径一〇センチにもなり、果実の形は一二もの稜があるずんぐりむっくり型から、稜がまったくなくて長細いシマオクラ（丸オクラ）型までさまざまで、果実にトゲのあるものもあって、収穫しにくい。量的形質一八項目、質的形質一五項目の植物体の形態学的特性を評価したところ、マラウイ産オクラには完熟果実の縦横比、植物体当たりの果実数、果実の稜数、果柄の長さ、分枝数などに大きな変異が見られた。果実の形や色、葉の形などの質的形質には、さらに大きな変異が見られた。また、果柄の長い系統や主茎につく果実の角度が約四五度の系統など、収穫しやすい特徴も見つかった。

量的形質のデータを用いた主成分分析の結果、栽培オクラは育種が進んだ品種とほとんど人の手が加えられていない品種に分かれ、全三三形質のデータを用いたクラスター分析でも四つの群が認識された。南東アフリカ小国のマラウイの農家が栽培しているオクラを組織的でなく、適当に集めただけで、こんなにも大きな変異が見られるのである。このような在来のオクラは組織的に収集し、遺伝資源として保護しつつ、農耕文化の遺産として人類の将来に残す必要がある。

ＳＳＡの人達は穀物や豆類をどうやって食べるのだろうか。中尾（一九七二）はＮＨＫブックス『料理の起源』のなかで、西アフリカのトウジンビエ（N68-C21-15）からエチオピアのテフといった穀物ばかりでなく、ササゲ（カウピー *Vigna unguiculata*）やバンバラビーン（*Vigna subterranea*）のような豆類、キイロギニアヤム（*Dioscorea cayenensis*）のようなヤムイモやキャッサバ（*Manihot esculenta*）、料理用バナナのプランテーン（*Musa* sp.）に至るまで、水に浸け、茹でて突き、お湯で練ってドロドロにして食べていると述べている。現在、ＳＳＡでは中南米原産のトウモロコシ（*Zea mays*）が最も多く食べられているが、これにはいろいろな雑穀やイモ類を混ぜることもある。なかには軽く発酵させるものもある。これをスワヒリ語ではウガリといい、それぞれの民族でサボガ、ポショ、ファー、シマなどと呼び、それぞれの国で同じように加工して食べられている。現在でも、トウモロコシが増えてきてはいるが、ＳＳA諸国の主食は基本的に粉食である（賀曽利、一九八一）。

これに対して米（アジアイネ *Oryza sativa* の種子）は粒食されている。米は現在、世界中で食べたくなる食物のようである。小麦の粉から米を食べるようになる種族は多いが、米から小麦粉を食べるようになったのは戦後の日本人くらいであろう。現在のＳＳＡでは米を食べたい人がたくさんおり、需要に供給が追いつかない状況である。それで、ＪＩＣＡなどの国際協力ではサバンナ地帯やモンスーン地帯の天水田で陸稲のＮＥＲＩＣＡ（NEw RIce for afriCA）の普及を目指している。ＮＥＲＩＣＡはアフリカイネ（*Oryza glaberrima*）とアジアイネのいいところを活かして、交雑育種により作出した品種群である。ＳＳＡの人々は米の食べ方として粒食ではなく、やっぱりウガリのように粉にして練ってしまうのだろうか。普及に当たっては食べるところまで責任をもたねばならないのは、中尾の弁を待つまでもないだろう。

三　熱帯の農業と雑草

私は一九八〇年代末から三年ほど、マレーシアのペナンに家族とともに住んでいた。そこには巨大なゴム（パラゴムノキ *Hevea brasiliensis*）とアブラヤシ（*Elaeis guineensis*）のプランテーションが成立していた。アブラヤシはアフリカ起源の油料作物である。中尾は『ニジェールからナイルへ』のなかで、アブラヤシ林の成立について、野生状態からプランテーション（N68-C04-08・写真6）に至るまでの段階を五つの区分で示している。アブラヤシから得られる油の量はほかの油料作物を圧倒し、その栽培化は人類の扶養力を増大したとも記載している。これがどうして西欧人がアフリカに入る一九世紀までアジアや南米に栽培が拡大しなかったのか、中尾は疑問に思っていた。熱帯アジアや南米は穀物中心で、油の使い方が洗練されてなかったからだろうと思う。

一九八〇年代のマレーシアのプランテーションでは経済的な理由からゴム園からアブラヤシ園へ積極的に転換されていた。西欧式のプランテーションは均質な苗を等間隔で移植するので、飛行機の上から見ると幾何学模様に見える。苗のうちはグランドカバープランツのネッタイクズ（*Pueraria phaseoloides*）などで株の周辺を覆い、土壌流亡を防止していた（N78-92-18、N78-92-03）。果房を切り落としたらなるべく早く絞らないと油が酸化するので、

写真6　アフリカ原産のアブラヤシ（*Elaeis guineensis*）がプランテーション栽培で規則正しく栽培されている（①N68-C04-08，②西アフリカ，③1968-01-08，④アビシャン）。土壌流亡防止のためにネッタイクズ（*Pueraria phaseoloides*）などのカバープランツが植栽され，アブラヤシとの競合を避けるために株の回りは1mくらいあけてある。1980年代よりマレーシアなどの東南アジアでの栽培の原型をなすものであり，注目される写真の1枚である。この土壌流亡防止作物はStriga防除にも威力を発揮する。

プランテーションには一定間隔に搾油所があった。高い所から柄の長い鎌で果房を切り落とし、飛び散った果実を拾うため、家族総出で収穫する。多くの労働力はゴム液の採取のころからインド系の労働者で、プランテーションのなかには学校もヒンズー寺院もあった。プランテーションのアブラヤシは品種選定が厳しく、収穫物は工業製品のように極めて均質であった。現在ではヤシ油は食用のみでなく、洗剤の材料、バイオディーゼル油（BDF）にも活用されており、まだまだ生産は増加傾向である。しかし、アブラヤシのBDFは凝固点が高く、寒冷地では使いにくいようである。作物は何が契機で増えるかわからない。これまでと異なった用途のため、アフリカの野生アブラヤシが遺伝資源として再び脚光を浴びる日がくるかもしれない。

次に、水田に生える雑草について考えてみたい。田んぼでは世界中どこででも肥料をたくさん入れればイネは背丈を伸ばして、株元から倒れる。ひ弱なイネはイモチ病を発病し、害虫にたかられる。反対に、水や栄養が少なければ、草丈が五〇センチにも満たないこともある。イネは水さえ満たされていれば、熱帯ならどこでもできる。作り方は世界共通だから、まともなイネをつくった経験のある人ならばどこに行っても、土地や気象や品種特性を把握すれば、いいイネをつくり、たくさんの米を得ることができるだろう。

自然の植物は生えている場所によっていろいろと種類が異なる。世界全体の植物は六つの植物区に分けられているが、そのひとつは南アフリカのケープ植物区である。ほかの植物区と比べると面積が極めて小さく、五万平方キロしかない。その面積は南アフリカの六パーセントしかなく、ヨーロッパの小国オランダと変わらないがアロエ（*Aloe aruborescens*）やグラジオラス（*Gladiolus*）の仲間など珍しい植物が多く、固有種が五、〇〇〇種以上もあるらしい。

旧大陸熱帯区は極めて広い地域を含み、東南アジアもインドもアフリカもひとつの植物区である。ここのジャングルを切り開き、抜根して、耕し、農耕地にする。そこに作物の種を蒔き、農業生産するのが熱帯農業である。開発前にはここにたくさんの固有種があったのかもしれない。今ではわからなくなっている所が多い。トウモロコシのような穀物畑に草が生えれば、現在ならば除草剤を撒く。除草剤はどこの国で開発されたものでも、植物というジャンルの生きものであれば、世界中のどんな植物でも枯らせるものもある。日本のイネに使える稲用除草剤は、どこに行ってもイネに使えるものである。

畦のある田んぼに生える雑草はその田んぼによく適応している。田んぼはイネをつくる所だから、イネが育つ環境は世界共通である。雑草の種子はどこからくるかを考えてみると、ほとんどの場合、種籾について田んぼに入ってくる。これは自然に散布されるのではなく、人為的に散布される。例えば、カリフォルニアの稲作は二〇〇年ほど前に日本から伝わったが（伊藤、一九八七）、カリフォルニアのタイヌビエ（*Echinochloa oryzicola*）やタマガヤツリ（*Cyperus difformis*）は日本からもっていったイネの種籾と一緒に海を渡ったものと考えられている。同じように、日本の水田に生えているタイヌビエやタマガヤツリは日本の在来種ではなく、大陸から日本に伝わった稲作にともなうものである。どのルートで中国南部から伝わってきたかには議論があるが、日本のお家芸と思っているイネだって、もともとは外来種である。

イネが伝播したルートに従って、水田雑草の種子も一緒に伝わっていったとすると、イネがある所に水田雑草があるのは極めて普通である。アフリカのアジアイネはそんなに古くない時代にインドやインドネシアからアフリカ各地に伝播したものである。浅い湛水条件の田んぼは、発芽に酸素を必要とする植物が生えるには過酷な条件である。このため、水田に成育できる雑草は世界中の熱帯で似てくる。たぶん、アフリカの水田雑草の多くはインドなどアジアからもち込まれたものだろう。

近年、アフリカで稲作が盛んであるが、アフリカ各国の水田雑草の多くは東南アジアのフィリピン、インドネシア、タイなどと共通である。特に灌漑田では気持ちが悪いほどどこの国に行ってもまったく同じである。これが水田農業という世界共通の技術の発展した結果であると私は考えている。へそ曲がりな私は、雑草が生えない田んぼより、ナガボノウルシ（*Sphenoclea zeylanica*）やミズキンバイ（*Ludwigia adscendens*）のようなコスモポリタンな水田雑草が生えていると、落ち着いた水田になったと認識するようにしている。そして、ヒエ属植物の起源がアフリカだろうとの考えから、アフリカの湿地を覗いては原種であろう二倍体の野生ビエをいつかは探し当てたいと思っている。

四　猛威を振るう根寄生雑草 Striga

アフリカには穀物の根に寄生する特有の雑草が多数ある。代表的なストライガまたはストリガは属名の Striga からそう呼ばれる。穀物の生血を吸うように振る舞うため、英名では Witch Weed(魔女の雑草)という。これは一九七〇年代にはまったく問題にならずに、近年問題化した。最後に、これらの雑草とその防除について考えてみたい。

アフリカ特有の雑草と書いたが、Striga はアフリカにしか成育できないわけではない。肥料と降水量が関係している。雨の少ないイスラエルのニンジン畑にはハマウツボ(*Orobanche coerulescens*)の仲間の根寄生雑草がはびこっている。肥料を施すことができないアフリカの貧しい農家に多いのが Striga である。トウモロコシやソルガムは肥料が少ないとしっかり根を伸ばす。そのとき、ストリゴラクトンという物質を根圏に出す。ストリゴラクトンはいろいろな物質の集合名詞で、作物ごとに少しずつ成分が異なる。これらの物質に反応してその宿主にあった種類の Striga の種子が発芽する。肥料を施すとストリゴラクトンが少なく、穀物も早く生長するので、寄生されても減収は少なく、それほど問題にならないようである。ストリゴラクトンはいうなれば植物ホルモンの一種であろう。寄主と宿主の間には寄主特異性があり、その機構の解明は植物生理や生化学分野の研究者が中心となって進められている。

私がこのStriga を最初に見たのは二〇〇六年で、西アフリカのナイジェリアでトウモロコシやソルガムに寄生している *S. hermonthica* や *S. aspera* であった。その後、ベナンではマメ科のササゲに寄生している *S. gesnerioides* などを見た。次に、東アフリカのケニアやウガンダでも陸稲、トウモロコシ、シコクビエなどに寄

写真7　シコクビエの根に寄生している *Striga hermonthica*（2012年，アテラ・エバンス撮影）。ケニア西部キスム市近郊の農家圃場にて。

生している *S. hermonthica* を見た。南アフリカのマラウイやマダガスカル島ではトウモロコシ、陸稲に寄生していた *S. asiatica* を見た。これらの雑草によって、年々被害が大きくなってきている印象がある。これらのなかで、最も大きな被害を与える寄生種は *S. hermonthica* であるが、これが蔓延するとその地域の穀物生産の三、四割を減少させるというはなはだ恐ろしい存在である。Striga はゴマノハグサ科のきれいなピンクの花を咲かせるかわいい植物ではあるが、ＳＳＡの飢餓の原因のひとつになっている。多くはトウモロコシやソルガムに寄生するが、イネ（アジアイネやアフリカイネの陸稲）、サトウキビ（*Saccharum officinarum*）、シコクビエ（写真7）、トウジンビエなどにも寄生する。穀物の収穫期に汚染地帯を車で走っていれば、畑全体がピンクに染まっているので、誰でもわかる（Atera et al. 2013a）。

土中で発芽した小さな種子は近くの宿主の根

に付着器を付けて養水分をいただきながら生長する。Striga の葉は緑色となり、光合成機能は維持されているので、一見、根に寄生しているかどうか、ていねいに観察しないとわからない。穀物から吸い取った養水分と自分の葉の光合成でいっきに大きくなり、花を咲かせ、たくさんの実を結ぶ。下から順番に花が咲き、宿主が元気なら無限花序なのでいつまでも咲き続ける。まっすぐに伸びた花茎にはたくさんの果実ができ、果実内には芥子粒よりさらに小さな種子を生産する。果実当たり一〇〇～二〇〇粒も入っている。計算しなくてもだいたいわかるが、果実が一本の花茎に一〇～一〇〇個付き、一株に花茎が一～二〇本付く。中程度の大きさの株でその種子数は一万～一〇万粒になる。一本のトウモロコシに一～二〇株ほどが寄生する。三万本／ヘクタールのトウモロコシがあれば、桃色に染まった汚染圃場では一五〇億粒となり、天文学的な数字となる。この種子は穀物の根が近くにくるまでは休眠している。この種子は一〇年以上の寿命があるといわれ、一度畑が種子で汚染されてしまうと手の打ちようがない。

一方、赤～橙色の花を咲かせる小型の雑草である *S. asiatica* はマダガスカル、ケニア、タンザニア、マラウイ、南アフリカなど南部アフリカとマダガスカルに多い。これはこれから生産を拡大しようとしているＮＥＲＩＣＡなどの陸稲に寄生しやすい。マラウイ農民に本種の防除に対する問題把握を調査すると(Atera et al. 2013b)、農民は有機肥料を散布したり、作物残渣をマルチすれば生物害が少なくなることを知っていた。しかし、そんなにたくさんの有機肥料はないし、肥料を施しても穀物の収量としての見返りが期待できるかどうか不安をもっており、投資を控えてしまっていた。

変わり者では *S. gesnerioides* という Striga はイネ科の穀類には寄生しないで、ササゲなどのマメ科作物の根だけに寄生するものがある(写真8)。本種は地下部の割合が大きく、地上に現れるようになったころにはササゲ植物体の大部分の養水分が吸収されてしまって、ササゲは枯れるか、生きていたとしても花や実を付けられる状

写真８　ササゲの根に寄生している *Striga gesnerioides* の地下部（2007年, 伊藤一幸撮影）。芽先の緑色の部分だけ出芽している。西アフリカのベナンにて。

態ではない。私はベナン農家のササゲ畑でササゲ植物体がまったくなく、本種の茎しか見えない畑に遭遇した。多くの場合、生物の世界では自分が生きるために宿主を根絶やしにはしない。いいところ、生かさず殺さずの共存をはかるであろう。ところが *S. gesnerioides* は宿主を皆殺しにする。ササゲへのこの種の寄生は、まだ進化の途中であるように思われる。イネ科の穀物ばかりではなく、イネ科のさまざまな雑草に寄生する *S. aspera* という種類もあり、Striga だけでも四二種を数えることができるのである。

日本で寄生植物というと、ヤドリギ（*Viscum album*）とかネナシカズラ（*Cuscuta japonica*）が頭に浮かぶ人が多いだろうが、根に寄生するものではマメ科植物に寄生するヤセウツボ（*Orobanche minor*）や、ススキなどに寄生するナンバンギセル（*Aeginetia indica*）などがある。これらは作物に寄生するものではなく、大発生することはない。少し話を広げると穀物の根に寄生する雑草は Striga の仲間だけではない。アフリカではランフィカルパ（*Rhamphicarpa*）、オロバンキ（*Orobanche*）、アレクトラ（*Alectra*）をはじめ、いくつかの作物に寄生するゴマノハグサ科やその近縁の雑草が現実に問題化している。先にも述べたようにオロバンキはエジプトやイスラエルなどの中東や北アフリカで猛威を振るっている。ランフィカルパはイネに寄生し、ＳＳＡの天水田の強害雑草になってきた。アレクトラはササゲ、落花生、インゲンなどマメ科作物の寄生雑草である。

ケニアのキスム周辺のトウモロコシと落花生（*Arachis hypogaea*）を混作していた畑で *S. hermonthica* と *A. vogellii* の二種類の寄生雑草が見られた。ここでは前者はトウモロコシに、後者は落花生に寄生していた。こんな光景を見ると世も末だと思ってしまう。日本では比較的なじみが薄いが、こうした寄生雑草はＳＳＡ諸国で蔓延し、寄生雑草の研究の世界では定期的な国際会議なども出来、欧米やイスラエルを中心として全世界から注目されている。ＳＳＡだけで四、四〇〇万ヘクタールの穀物や豆類の作付け可能な農地が現在、これらの寄生雑草による甚大な被害を受けており、収量の三〇～六〇パーセントが減少していると考えられている。

どうして根寄生雑草がこんなに問題化したかについて、私は近代的なモノカルチャーの推進によるものと考えている。確かにこうした雑草は昔から知られてはいたが、中尾佐助や、ヒエ属植物研究者の薮野友三郎といった一九七〇年代にアフリカの農業を見て歩いた人達は、こうした根寄生雑草に注目しなかった。お二人のスライドを探したが、薮野に *S. hermonthica* が一枚あっただけであった。

年間降水量が五〇〇～八〇〇ミリ程度の比較的乾燥したアフリカで穀物が生産されているが、降雨開始時期や終了時期が不安定な気象条件のリスク軽減のために、二、三のイネ科作物と二、三のマメ科作物をうまく混作や間作して、そこに根菜を加えた作付体系により生産量低下を回避してきた。この作付方式が Striga の爆発的な増加を阻止してきたものと私は推測している。それが近年、先進国から導入した農業機械、肥料、農薬、改良作物品種などの普及により、穀物と豆類の生産が効率化し、畑がモノカルチャー化した。このため、単一作物の連続栽培により土地がやせてきて、Striga が目立つようになり、爆発的に作物への根寄生が始まったものであろうと思う。

我々はマラウイで三年間ほど、トウモロコシの茎葉を被覆資材にし、ワタや各種のマメ科作物を混植したトウモロコシの有機栽培（パーマカルチャー）やトウモロコシとマメ科作物を混作してみた（Atera et al. 2013b、写真９）。

写真9　木陰にてトウモロコシの収穫調査(2011年，モーゼス・ムンタリ撮影)。南部アフリカのマラウイのチテゼARCにて。

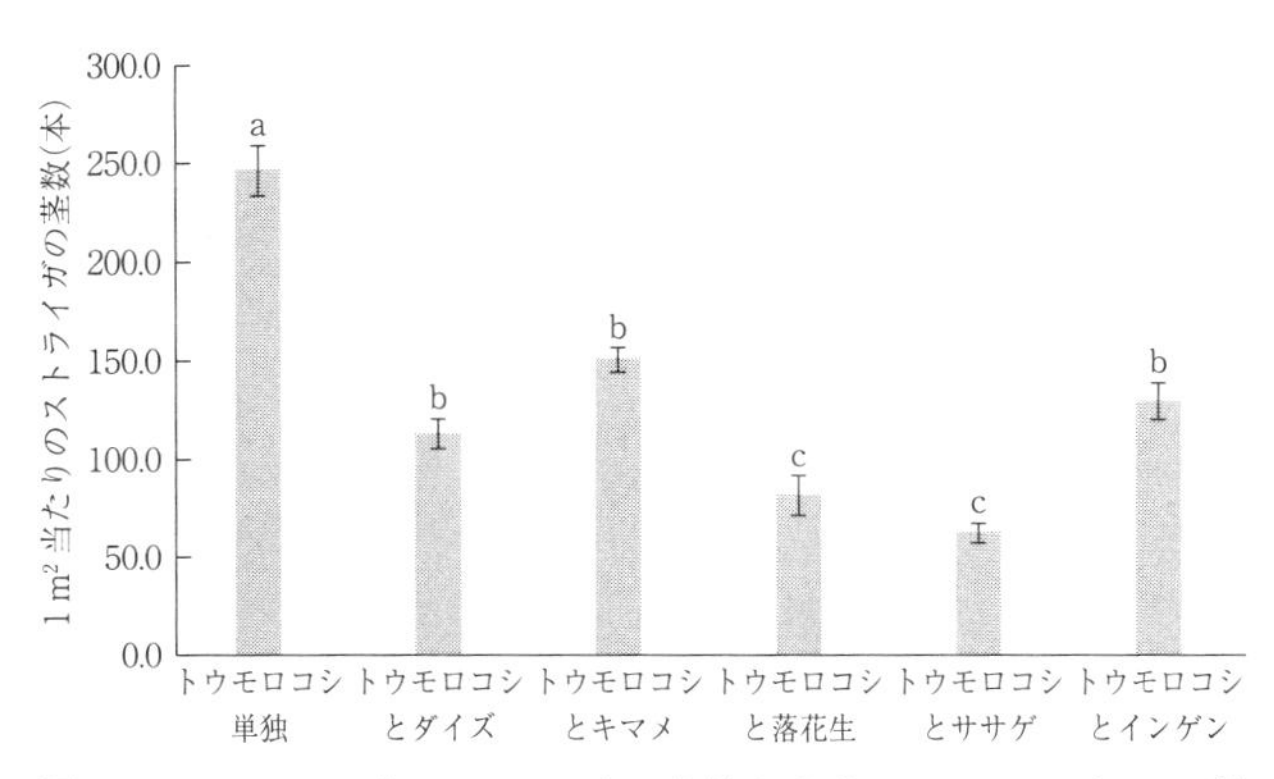

図1　2009〜2011年にマラウイで実施したトウモロコシとマメ科作物の混作による*Striga asiatica*の発生数(Atera et al., 2013b)。異文字間には0.1%の有意差を示す。

トウモロコシ単作と比べて、ダイズ(*Glycine max*)、ササゲ、キマメ(*Cajanus cajan*)、インゲン(*Phaseolus vulgaris*)、落花生をそれぞれトウモロコシと混作すると *S. asiatica* の発生は少なかった(図1)。混作ではトウモロコシはいずれのマメ科作物でも単作より高収量であった。これに豆の収量が加わるから混作が単作より悪いわけがない。効率さえ考えなければ、混作は Striga 防除に極めて効果的な方法である。

次にトウモロコシに寄生する *S. hermonthica* を例として Striga の防除法を述べる。原因がはっきりすれば対策は容易で、まず、作付体系を改めればよい。しかし、トウモロコシを栽培している農家に「来年からキャッサバにしたらどうか」、ともちかけてもうまくはいかない。主食を変えるには時間がかかるし、農業の問題というより経済や文化の問題である(Atera et al. 2012b)。マラウイの農民は肥料をやれば *S. asiatica* が減少することを知っていて、政府から援助があったときには試しているが(図2)、自分で購入して散布するにはリスクが大きいという。これに対して、ケニア西部の農民は *S. hermonthica* の防除に対する知識はいろいろともっているものの、やはり防除をするにはリスクが大きく、防除に二の足を踏んでいる様子が見られた(Atera et al. 2012a)

こうした試験をしていて、トウモロコシ畑に地力が高まるマメ科飼料作物を導入すればいいということがだんだんにわかってきた。候補作物は何種類も見つかっている。Striga にアレロパシー作用があるヌスビトハギ(*Desmodium*)はICIPE(国際昆虫生理生態学センター)やKARC(ケニア農業研究センター)など各地で圃場試験が行われ、トウモロコシやソルガム栽培に有効であることが証明されている(写真10)。特に「シルバーリーフ(*D. uncinatum*)」という品種がこれに向いている。ヌスビトハギに覆われた圃場はトウモロコシが茂り、一本の *S. hermonthica* もない(Khan et al. 2007)。これからさらに研究を進めねばいけないと考えているものに、熱帯の飼料作物あるいはカバークロップであるネッタイクズ(写真6)とカロポ(*Calopogonium mucunoides*)が有望である。探せばもっと使いやすいものが発見できるかもしれない。普及のためにはこれらの採種技術、栽培技術を磨き、マニュ

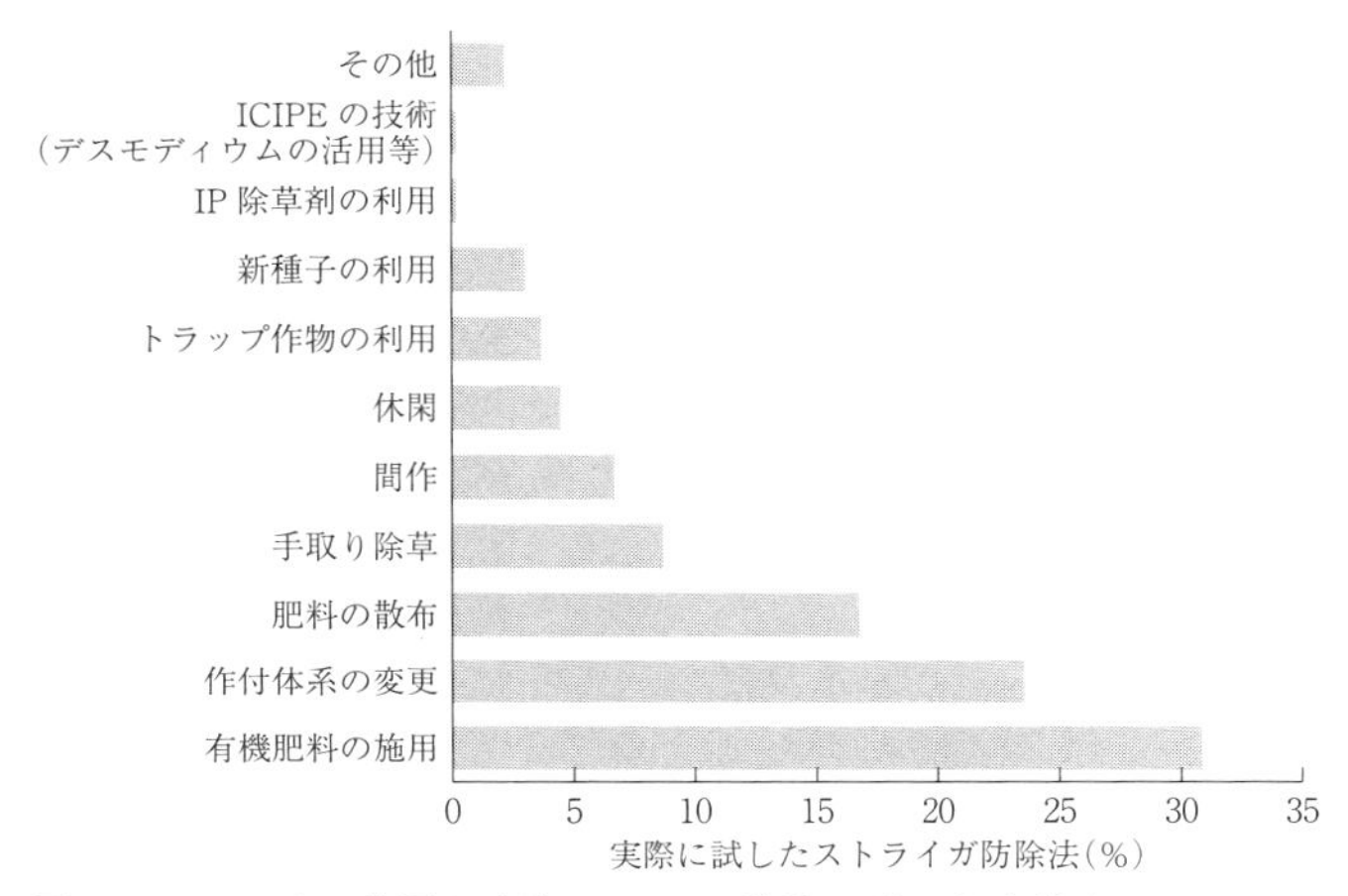

図 2　マラウイの農民が実際に Striga 防除に試した方法（Atera et al., 2012b）。IP 除草剤の利用はイマザピル抵抗性の遺伝子組み換えトウモロコシ。ICIPE の技術はまったく知られていない。

写真 10　トウモロコシ栽培におけるヌスビトハギ属牧草による Striga 抑制効果（左の区）（2012 年，アテラ・エバンス撮影）。人物後の区がトウモロコシ単作。ICIPE 本部にてカーン博士と。

写真 11　*Striga asiatica* 抵抗性陸稲を発見した Jean Luice 氏とともに、マダガスカル中部にて（2008 年，アライン・ポール氏撮影）。

アル化することが急務と考えている。
トマトや野菜などの園芸作物を作るとか、昔の混作・間作に戻すことも大切とは思うが、決定的な対策とはなりえないであろう。肥料を施すことは有効な防除手段となりうるが現在のアフリカでは持続的ではない。除草剤や生育調節剤による防除も可能ではあるが、アフリカ諸国に導入するにはコストの問題が解決できない。

もうひとつの防除法の柱は作物品種の Striga 抵抗性育種であろう。日本の国際農林水産業研究センター（JIRCAS）や国際熱帯農業研究所（IITA）、国際半乾燥地農業研究所（ICRISAT）などをはじめアフリカ各国の農業研究センターで、さまざまな抵抗性品種作出が試みられている。一例を示すと、イネの「日本晴」は *S. hermonthica* の陸稲への寄生に抵抗性を示すことが解明されている。さしあたり、NERICAをはじめとして現在栽培されている陸稲品種に日本晴の抵抗性遺伝子を入れればいい。日本晴はこの根寄生植物と遭遇したことはないはずであるが、強い抵抗性をもっていた。こうした研究はウガンダやスーダンなどで始まっている。また、マダガスカルの農民が見つけた *S. asiatica* に抵抗性を示す Jean Louis という陸稲品種もある。民間育種家の目も大切である（写真11）。これらは遺伝資源として役立つが、育種事業は一朝一夕には進まない。寄主特異性、抵抗性崩壊などが複雑に絡み合い、奥が深いものであろう。アフリカ諸国に日本の農業技術が役立つ場面はまだまだたくさんあると考えている。

こうした Striga 防除の研究などはＳＳＡの飢餓克服と農業発展に役立つと信じて私は実施している。現在のアフリカはもう特別の人が探検する場ではなく、科学的知見に基づく共同研究により、生産基盤の安定をはかる農業の共同研究の場になってきている。現代農業における作付体系の見直しや作物の品種改良、農業による国際貢献を進めるに当たって、中尾のような先人達の地味な基礎研究と深い洞察が多くの示唆を与えてくれていることに感謝したい。

中尾佐助スライドライブラリー

N68-C04-08

ガーナと思われるが、アフリカ原産のアブラヤシ（*Elaeis guineensis*）がプランテーション栽培で規則正しく栽培されている。土壌流亡防止のためにネッタイクズ（*Pueraria phaseoloides*）などのカバープランツが植栽され、アブラヤシとの競合を避けるために株の回りは一メートルくらいあけてある。一九八〇年代よりマレーシアなどの東南アジアでの栽培の原型をなすものであり、注目される写真の一枚である。この土壌流亡防止作物は Striga 防除にも威力を発揮する。

N68-C05-05

『ニジェールからナイルへ』の扉を飾るアオギリ科のコーラ（*Cola nitida* subsp. *mixta*）の果実と花をもった老人の写真である。この前後に儀礼用のコーラの写真がたくさん撮られ、中尾はコーラの木（コーラ・ナッツ）に異常なまでの関心を示している。コーラの果実と花だけを示すならC05-02〜04の車のバンパーの上に置いたものの方が見やすいが、やはり老人がもっていた方がインパクト高かったのだろう。

N68-C05-15

手前のキャッサバ（*Manihot esculenta*）とパイナップル（*Ananas comosus*）からヤムイモの大きさが想像されるが、小ぶりで一塊となっているヤムイモ（*Dioscorea* sp.種名は不明）は一株ずつを売っているのではない。もち運びしやすいように芋だけにしないで太っていない部分を束ねて売っている。

N68-C06-19

掘り上げたヤムイモと収穫していた家族。子供がおどけている横長のスライドの方が面白いが、スライドに傷が付いているので本にはこの写真を選んだようだ。ヤムイモは大型のシロギニアヤム（*Dioscorea rotundata*）ではなかろうか？

N68-C15-07

Faidherbia albida の木である。大木であり、葉がいっぱいついているので乾季の様子である。本種はマメ科の有用木であり、SSAの農民、家畜、作物栽培にとって有用であることを科学的に解明する必要がある。（＊編者注：この種の樹脂はアラビアゴムとなる。）

N68-C17-20

上はシロギニアヤム（*Dioscorea rotundata*）、下はキイロギニアヤム（*D. cayenensis*）であろう。サイズはよくわからないが、切断前のものも撮影してある。代表的な西アフリカのヤムベルト地帯の大型のイモである。

第五章　花と樹

――中尾佐助スライドデータベースからバラについて

上田善弘

一　スライドに見られるバラ

『花と木の文化史』および『中尾佐助著作集　第Ⅳ巻　景観と花文化』に中国のバラについての記載がある。そこには「中国文化が中国原生種から栽培したバラ類」と題する表がある（表1）。中尾スライドDBにはこの表中の五種と思われる写真があり、それらは、月季花、芳香月季、繅絲花、碩苞薔薇、黄刺莓に該当する。厳密にいえば、これらのなかで、野生種そのものは一種、碩苞薔薇のみである。

一―一　月季花

中国雲南省麗江で撮影されたバラが（N84-18-36、37：以下、大阪府立大学学術情報センター中尾佐助スライドデータベース番号）、それに相当すると思われる。撮影日が一九八四年八月一一日とあり、この時期にも花があるということは完全な四季咲きのバラであることがわかる。この栽培バラ、月季花の野生種、*Rosa chinensis* var. *spontanea* は四川省を中心とし、湖北省、貴州省に分布し、つる性で各節に一輪ずつ花をつける（写真1）。それに対し、中尾スライドDBにある個体（N77-077-09、10）は半つる性で、枝先に数輪の花が房咲きについている。中尾によれば、「コウシンバラの野生種については、未だ頼るべき報告はない。……コウシンバラの野生種は謎となっていた。しかし、私は確かに野生種と思われるものに出遇っている。……場所は中国陝西省の人民公社の烽火生産大隊の果樹園の一角である。……このバラは、隊長が四川省へ行った時、山中（秦嶺山脈、又は大巴山脈）で美しいバラを見て、その株を掘り取ってきたものと告げられた。……だから、このバラは栽培からのエスケープでなく、真の野生植物であったと判断してよいだろう」（中尾佐助著作集　第Ⅳ巻第Ⅲ部「コウシンバラの野生種」から）とある。こ

表1　中国文化が中国原生種から栽培化したバラ類（中尾，1986を改変）

月季花（チャイネンシスバラ）	*R. chinensis* Jacq.
芳香月季（オドラータバラ）	*R. odorata* Sweet
木香花（モッコウバラ）	*R. banksiae* Aiton
金桜子（ナニワイバラ）	*R. laevigata* Michx.
繅絲花（ロックスブルギーバラ）	*R. roxburghii* Tratt. var. *plena* Regel
碩苞薔薇（ブラクテアータバラ）	*R. bracteata* Wendl.
玫瑰（マイカイ）	*R. rugosa* Thunb. var. *plena* Regel
黄刺苺（クサンチナバラ）	*R. xanthina* Lindl.

写真1　コウシンバラの野生種 *Rosa chinensis* var. *spontanea*（2008年，上田善弘撮影）

写真 2　芳香月季。①N81-101-10，②ブータン 1981，③1981-10-12，④ティンプー

の写真が撮影されたのが、一九七七年五月二六日で、未解明であったコウシンバラの野生種が荻巣樹徳氏により再発見されたのが、一九八三年のことなので（荻巣、一九九四）、中尾の判定も無理からぬことであった。おそらく、写真の個体はコウシンバラとノイバラとの交雑種と思われる。その房咲き性はノイバラからもたらされたものと思われる。このような交雑によるバラは、一八〇〇年代後半にヨーロッパで日本からのノイバラをもとに育成された、ポリアンサ系統と呼ばれる系統に近いものであろう。

一―二　芳香月季

ブータンのティンプーのシムトカ・ゾンで撮影されたバラが（N81-101-09～13）これに相当し（写真2）、撮影日は一九八一年一〇月一二日である。中尾はオドラータ・バラとしていて（中尾佐助著作集　第Ⅳ巻第八章「バラとサクラ」）、花色が淡い黄色であり、おそらく中国から一八世紀後半にヨーロッパに渡った四季咲きの中国栽培バラの一品種、Parks' Yellow Tea-Scented China

そのものか、それに近いものであろう。中尾によれば、「花の香りはたかい」とあり、中国のバラ特有のティーの香りがしたと思われる。

一―三　繅絲花

中国でその野生型 *Rosa roxburghii* var. *normalis* に由来する八重咲き栽培型で、野生型が一九七七年六月一日に中国南京にて撮影されている（N77-086-05、06）。本種はバラ属のなか、樹木状となる数少ない種であるが、日本にも近縁種のサンショウバラ（*R. hirtula*）が箱根と富士山周辺にだけ自生している。これらの種はチェストナッツローズと呼ばれるが、その果実（植物学的には偽果）の表面に刺があり、クリに似ていることによる。また、この果実は黄色く熟し、中国ではその果汁を飲用に、乾燥果実を食用にして利用しているようである。

一―四　碩苞薔薇

日本にも八重山諸島に自生が見られるヤエヤマノイバラ（カカヤンバラともいう）で、一九七七年六月六日に杭州にて撮影されている（N77-108-21、23）。本種は中国の南部、沿岸に近い江蘇省、浙江省、福建省、台湾から内陸部雲南省までに分布する。常緑で半つる性となり、濃緑の光沢のある葉が密生する。中尾はこの種をバラの品種改良に大いに利用すべきであると述べている。その理由として、これまでのバラの育種では、枝葉の美しさが度外視され、株全体がヒョヒョロとした骸骨のような姿となるので、本種を育種に用いれば、樹形も葉も四季美しい品種ができるだろうということである。

写真3　Parsons' Pink China。①N77-085-15，②中国 1977，③1977-06-01，④南京

一-五　黄刺苺

中国北部に自生する *R. xanthina f. spontanea* の栽培型で、中国北部では広く栽培され、一九七七年五月二三日に北京にて撮影されている（N77-069-14〜17）。写真の個体に花はないが、小葉数やその形から黄刺苺であることは明らかである。本種はバラ属、ピンピネリフォリア節に属し、本節の種は開花期がほかの節の種より早いことが特徴である。おそらく、写真の種も四月下旬から五月中旬となっており、写真撮影時にはすでに咲き終わっていたのであろう。

中尾スライドDB中、中国で撮影されたバラとしては、ヨーロッパに一八世紀末に渡った Parsons' Pink China が、南京にて一九七七年六月一日に撮影されている（N77-085-14、15）（写真3）。これは現在も広く世界中で栽培されている、'Old Blush' という品種であると思われる。

これらの中国のバラ以外にスライドDBに見られるバラとしては、カラコルム探索での撮影と東ネパール

写真4　*Rosa webbiana*。①N55-05-13，②カラコルム 1955，③1955-06-08，④フンザでの撮影がある。

カラコルム山脈は、パキスタン北部、中国、インドにまたがる山脈で、バラが撮影された場所は、乾燥した厳しい環境の所である。京都大学カラコルム・ヒンズークシ学術探検の際の一九五五年六月八～一〇日と七月一八日ごろに撮影されている（N55-05-13、14、17、18、N55-20-07～10）（写真4）。この野生種は、*R. webbiana* で、ヒマラヤ西部からパミールにかけて分布し、非常に乾いた渓谷でよく見られるようである。東ネパールで撮影された *R. sericea* は（N62-12-11、12、N62-23-20～22）、ヒマラヤに自生し、ネパールから中国中部まで分布する。本種は乾燥した河谷や高山帯に自生する。バラ属植物は本来花弁は五枚であるが、本種では花弁が四枚のものが多いのが特徴である。花色は淡いクリーム色から白色である。

以上が、スライドDBに確認できるバラの写真である。そこには中国を中心に撮影された野生種から栽培種までのバラが見られる。

約二十数年前であるが、中国雲南省で採取されたバラの標本が中尾から京成バラ園芸研究所所長鈴木省三

写真 5　中国雲南省麗江周辺にだけ見られる起源の古い栽培バラ‘リージャン・ロード・クライマー’（1997 年，上田善弘撮影）。玉龍雪山の麓の村にて。各民家に垣根代わりに植栽。

に、そのバラが何であるのか同定を求め、送付されてきていた。それに対し、鈴木はティーローズの一品種であろうと回答されていた。その当時は私にもよくわからなかったが、今思えば、中尾の雲南省での訪問経路などから見て、おそらく、私自身が一九九七年に雲南省麗江で見ることができた、ティーローズの一品種に間違いないと思われる。この品種は英国の植物学者、マーチン・リックス氏により「リージャン・ロード・クライマー」の名で紹介されている（写真5）。中尾は一九八四年に雲南省の大理や麗江を訪問しており、そこで採取した植物標本を鈴木に送付したのであろう。スライドDBに写真がないのが残念である。

二　日本と中国における花の改良の違い

中尾（一九八六：四四）によれば、「中国の伝統的花卉園芸の特色はなんといっても灌木性、または高木性の樹木の花をたくさん園芸化したことである」とある。樹木性の花卉にはモモ、ウメ、モクレン、ボタン、ツバキなどがあり、バラもそのひとつである。一方、日本では、江戸時代にさまざまな植物を改良し、観賞植物として発展させてきた。それらの植物は現在、伝統園芸植物といわれ（古典園芸植物も含む）、江戸の文化を知る一面として、それらの遺伝資源の保存が叫ばれている。しかし、ノイバラをはじめ、現代バラの発達に重要な役目を果たした自生のバラがあり、さらには平安期に中国の栽培バラ、コウシンバラが渡来していながら、なぜかバラだけが江戸時代に改良されてこなかった。江戸時代に改良されたものには、日本原産の草本性花卉が多いのが特徴であり、バラは木本性であることが、その理由であるかもしれない。このような中国における花の改良の特徴について、「中国の花卉にこのように花木が中心となって発達してきたことは、樹木、灌木の性質からみて、やや広い庭園がこの発達には伴ったことが当然予想できよう。即ち庶民のものより、むしろ有産階級の庭園がこれら花木の舞台であったのであろう。……」（中尾、二〇〇五：六五六）と中尾は述べており、そのため、中国では庶民にまで花卉園芸が普及することはなかったと思われる。それに対し日本では、草本性花卉の改良が進んだことにより、いち早く、広い植栽空間をもたない庶民への観賞植物の普及が進んだものと思われる。

狭い空間で植物を観賞するため、人はしかるべき容器に植物を植える。その容器として、一般には陶磁器の鉢が用いられる。江戸後期にはこの鉢が大いに発達し、染付けの磁器製植木鉢として各地で生産された。そこでは、鉢は植物を如何に美しく見せるか、植物の引き立て役としての役割が演じられている。

写真６　雲南省麗江市内の民家の中庭(1997年，上田善弘撮影)。家の前では鉢植えの植物を楽しんでいる。

中国も陶器の国であり、鉢が発達し、鉢植えの植物をよく利用する。盆栽は中国の盆景に由来し、日本で自然盆栽として発達することになる。中国では、民家やホテルの中庭で鉢植えを栽培することが多い。中尾による世界の庭の四大類型では、中国の庭はテリトリーを家屋や堅固な塀で囲った内包的な内庭型に属し、「四合院」と呼ばれる住居にそれが見られる。そこでは四方を煉瓦の壁で取り囲まれ、植物を植える場所は限られていて、内側に院子と呼ばれる中庭がある。この中庭は敷石や煉瓦が敷きつめられていて、いる。そのため、敷石の上に鉢植えの植物を置くことが多い。私自身、中国ではそのような鉢植えをよく見ている(写真6、7)。中尾スライドDBにもそのような写真があり(N84-09-06)、雲南省大理市で撮影されており、民家の玄関先であろうか、バラの鉢植えが数鉢、置かれている。そこに植えられているバラは栽培品種であると思われる。

写真7　雲南省大理市内のホテルの中庭(1997年，上田善弘撮影)。ツツジ類を主とする鉢植えを並べていた。

荻巣(一九九四)によれば、「中国で栽培される花は、バラに限らず、トキンイバラ、シュウメイギク、ボタン、シャクヤクなどを見ても、一般に八重咲きであり、野生の一重咲きのものは、ほとんど栽培されなかったようである」とある。中国は、中尾のいう本能的美意識に基づいた花を改良してきた(中尾、一九八六)ということになる。本能的美意識では、大きいことや色が目立つことが美しいということになる。同じ東洋でありながら、わび、さびの美学にまで昇華させた日本とは異なる中国の美意識のひとつの例と思われる。

三　庭木としてのバラ

中尾の花に関する著書『花と木の文化史』の巻頭、「花の美しさとは」に「私は小学生の頃から花が好きだった。……草花の種を蒔いて育てたりしてきた。中学生の頃には……野生の花を掘りとって、鉢植えにした。……中学の終り頃には……温室植物を培養した。その頃……私はもっぱら草花に関心が高く、樹木や灌木にはあまり注意を払っていなかった。やがて高校を出ると、私は京大の農学部に入り、……大学時代には、それまで草花に関心の高かった私が、さらに樹木のもつ美しさ、それらの群落の景観など、植物の異なった魅力にひかれるようになった」とある。小さな草花から植物に対する興味が始まり、次第に自然の景観を形成する主役である樹木へと興味の対象範囲が広がっていったのである。そんな中尾が、バラに対し、「バラには樹形があるか?」と問うたのは当然かもしれない。現在、栽培されるバラのほとんどが、その管理に剪定を必要とする。なぜ剪定するかというと、樹の養分の分配を変え、大きな花をそろえ咲かせるため、乱れてきた株の形を整えるためなどの理由が挙げられる。バラは木本性とはいいながら、通常は年輪を形成し幹を太らせることはない。数年間、シュートに花を咲かせ、役割を終えると枯れ、基部から伸長してくる新しい枝と交替してゆく。葉をふるって、節くれ立った枯れ枝が残るので、中尾は「骸骨のような姿」と例えた(ヤエヤマノイバラの所で言及)のであろう。このような姿から、「バラには樹形があるか」と中尾が問うたのであろう。樹木の剪定を嫌い、自然な樹形になることを望んだ、中尾の当然の問いである。

最近のガーデンローズの育種では、高性で半つる性のシュラブという系統の品種改良が盛んに行われるようになった。この系統の品種は強い剪定を行うと花の開花がとぎれてしまうので、あまり剪定をせず、柔らかい湾曲する樹形に少しずつ咲いてくる自然な姿を観賞する。

樹木状ということであれば、意外に利用されていない野生種がある。バラ属では唯一、樹木状になるサンショウバラである(中国にも近縁な種があり、上述の繅絲花が該当する)。本種を育種に利用すれば、中尾の望む樹形も観賞できる庭木としてのバラの育成も可能となるだろう。

第六章　中尾佐助スライドデータベースにみる家畜と伴侶動物

森元真理

中尾佐助の撮影した約二万二、三〇〇枚のスライド資料には多数の動物の映像が含まれる。中尾は、一九五五年のカラコルム遠征から一九八四年の中国雲南省調査までに、ウシ、ヤク、ヤギ、ブタ、ウマ、ロバ、イヌ、ラクダ、サイ、ゾウ、カンガルー、ニワトリ、小鳥などを撮影し、その生態や利用にも言及している。中尾の興味・関心の多くは、家畜と人為的環境に生息する動物に向けられている。

この章では、人間の生活文化にかかわる動物として家畜と伴侶動物を中心に解説する。

家畜とは、食用や皮革用に馴化(家畜化)された動物を指し、そのうち人間の住居環境に生活する愛玩動物などを伴侶動物という。ウシやウマは家畜、イヌやネコが伴侶動物となる。中尾スライドに数の多い動物を中心に順に解説してゆく。

一　ウシ

現在の家畜ウシの系統は、大きく分けて北方系ウシ(ヨーロッパ系ウシ、*Bos taurus*)とインド系ウシ(ゼブー、*Bos indicus*)の二大系統からなっている。ゼブーはいわゆるコブ牛で筋肉と脂肪からなる肩胸部のこぶ(肩峰)や胸部の皮膚の大きな垂れ下がり(胸垂)をもち、暑熱環境に適応している。インドには多くのゼブーがいるが、その多くは雑種で品種といえるものは二割ほどといわれている。

一―一　ハリアナ

写真1は、インド・ニューデリー近郊の撮影で、インド北東部のハリアナのようである。

ハリアナはインド全土で飼養されており、ゼブ系品種の特徴である肩峰(後方に傾いている)と大きな垂皮が見

写真1　ウシ(ゼブ系品種)ハリアナ。①N59-08-21，②アッサム，③1959-12-09，④ニューデリー近郊

られる。垂れ耳で、被毛の色は銀白色に黒ぼかし入りで、雄では肩および頸部の色が濃い。乳役兼用の品種では、体形は中型で四肢が長く、体高と体重は、雄で一三二～一五五センチ、三六三～五四四キロで、雌では一二七～一四〇センチ、三六〇キロ程度である。年間の泌乳量は六〇〇～一、五〇〇キロであるが、四、五〇〇キロ以上の記録もある。

一―二　バリウシ

バリウシ(写真2)は、最も優美な野生牛とされるバンテンを家畜化したもので、インドネシアのバリ島を主な産地とする肉役兼用種である。バリ島、ロンボク島、チモール島、スラウェシ島、カリマンタン島に分布しており、これらの地域では飼養牛の九割以上を本品種が占めている。暑熱環境や粗放な飼料に対する耐性にも富むが、一九七〇年代のジュンブラナ病(バリウシに対して高い感染性を示す風土病)の発生を機に発生地域(バリ、

写真2　ウシ（バリウシ）。①N76-110-36，②東南アジア1976，③1977-01-05，④バリ（インドネシア）

カリマンタン、スマトラ、ジャワ）からの移動が制限されており、他地域への導入が困難になっている。また、ジュンブラナ病に対するワクチンは開発されているが普及していない点もバリウシの活用を難しくしている。外貌はバンテンに比べると体格が小型で角の形状の個体差を除けば、ほとんど違いは見られない。若齢のころは雌雄とも黄褐色で四肢の下部分と臀部（尻部分）に白い斑色があるが、雄の場合は生後一年から一年半を過ぎると白色部分を除いて全体に黒褐色に変化し、性成熟に達すると雄は黒色へ、雌は赤褐色へと変化する。雌雄による体格差は大きく、雄が体高一二七〜一三〇センチ、体重四一〇〜一三〇キロであるのに対して、雌は体高一一一〜一一五センチ、体重二八〇〜三二〇キロほどである。有角で雄の角は大きく側方上方に、雌では後方に曲がって伸びている。肉質は脂肪が少なく赤肉が多い。別名をバリニーズ（Balinese）、サピバリ（Sapi Bali）という。

写真3　ウシ(ゼブ系品種)，ネロール。①N78-121-32，②東南アジア 1978，③1978-12-21，④ジョグジャカルタ近郊(インドネシア)

一―三　ネロール種

ネロール種(写真3)は、インド西南部のマドラス州キストトナネロール地方原産のインド系ウシの短角グループに属し、スリランカ、マレーシア、インドネシアやブラジル、アメリカなどで飼養されている。別名オンゴール(Ongole)とも呼ばれ、ダニや風土病にも強く耐暑性に優れた乳肉兼用の品種である。被毛は白単色で、雄では頸部、肩、膝、尾房部分に灰色のぼかしが見られる。耳は長い垂れ耳で、角は短く側上方向に直角に伸びている。体格は雄で体高一四二～一五五センチ、体重五四四～六一二キロ、雌で体高一二二～一四五センチ、体重四三一～四五四キロと中型で、年間の泌乳量は一、一七九～一、六三三キロ、最高で三、二〇〇キロ以上である。

写真4とDBスライド番号N81-38-28～29はネロール種に関連するウシであるが、純粋なネロール種の特徴である長角ではなく短角である。写真4は被毛の白単色に灰色のぼかし、大きく直立し

写真 4　ウシ（ゼブ系ネロール類似品種）。①N81-45-23，②インド・ネパール，③1981-02-09，④マドラス（インド南部）

た灰色の肩峰から、ネロール種に近似のウシである。ネロールはインド西南部のマドラス州原産のインド系ウシであるが写真4は、角に関して側上方に直角であるものの長さが長いため、ネロール種の短角とは異なっている。

一―四　ネパールヒルゼブー

写真5は、肩峰はあまり発達せずひだ状の胸垂が認められ外貌と合わせて見るとネパールヒルゼブーとの関連が推測される。ネパールヒルゼブーは、ネパールの標高六〇〇～二、〇〇〇メートルの地域に分布しており、ほかのゼブ系の品種と比べると小柄で、体高は雄で一一〇センチ、雌で一〇〇センチほどである。肩峰が小さく、ゼブ系に多く見られる灰白色の毛色の個体は稀で黒や黒褐色の個体が主流となっている。

一―五　ロシア黒白斑ウシ

写真6とDBスライド番号N78-29-30、31に該

写真5　ウシ（ゼブ系品種），ネパールヒルゼブー。①N81-38-31，②インド・ネパール，③1981-02-06，④ボンベイ～プーナ（現在のプネー），インド

当するロシア黒白斑ウシは、ソビエト時代から中央ロシア、バルチック地方、ウラル、シベリアおよびその周辺の広範囲の地域で飼われている。チェルノペストラーヤ（Cernopestraja）やタギールスカヤ（Tagilskaja）、ホルモゴールスカヤ（Holmogorskaja）の呼称で呼ばれており、チェルノペストラーヤはエストニアの在来種（Estonian）に、ホルモゴールスカヤはソ連の在来種にそれぞれオランダ由来のフリーシアン（Friesian）をかけ合わせて改良した品種である。タギールスカヤは、タギール在来種にフリーシアンとホルモゴールスカヤを交配して作出されている。ロシア黒白斑ウシは、北方系ウシに分類され、中型（体高一二八～一三六センチ）の乳用品種である。飼養地域が広いため、環境によって体格や体形、乳量に違いがある。雄は体高一四〇センチ、体重六〇〇～八五〇キロ、雌は一三〇センチ、四〇〇～五五〇キロほどで、被毛の色は白黒斑、黒白斑、赤白斑が見られる。乳量は年間で六、〇〇〇～七、〇〇〇キロである。

写真6　ウシ(ロシア黒白斑ウシ)。①N78-26-37, ②ソビエト連邦, ③1978-08-30, ④モスクワ

写真6の外貌からは、エアシャーの可能性もある。エアシャーは耐寒性と耐粗飼性に富んだ乳用のウシである。外貌はもともと黒色であったが、一七八〇年以降には現在の被毛色である赤白斑もしくは褐斑色が見られる。体格は中型で、雄は体高一四五センチ、体重八〇〇~九〇〇キロ、雌は一三〇センチ、五〇〇~五五〇キロ。乳量は四、〇〇〇~四、五〇〇キロで、近年では改良が進んで八、〇〇〇キロを越すものも少なくない。しかし、エアシャーはイギリス・スコットランド西南部のエア州原産の古い品種で、スコットランド南西部、イングランド北部、フィンランド、スウェーデン、カナダ、米国などに分布しているから、写真6はロシア黒白斑ウシもしくはオランダ由来のフリーシアンかもしれない。

一-六　ングニ

マリ共和国を原産地とする品種にはマウレ(Maure)やバリア(Baria)、キルディイ(Kirudi)などがあるが、写真7のウシはそれらとは外貌の特徴が異な

写真7　ウシ(ゼブ系品種)，ングニ。①N68-C14-10，②西アフリカ，③1968-01-28，④ガオ(マリ共和国)

り、南アフリカのトランスバールを原産とするインド系ウシの品種であるングニ(Nguni)に類似している。ングニは南アフリカ、スワジランド、モザンビークなどが主要な原産国である。ングニでは、被毛は胴体側面が黒で、頭、尾、体の上下は白色であるが、赤および褐単色、槽毛の個体も見られ、鼻鏡や蹄が黒い。雄では太い根元の短い角が見られ、雌では立琴型に細長く伸びた角が見られる。肩峰は雄ではピラミッド型で大きいが、雌では目立たない。乳肉役の三用途兼用であるが、産乳性、産肉性に優れ、特に乳利用が重視されている。体格はやや大きめの小型で、雄で体高一二五～一三〇センチ、体重六〇〇～七五〇キロ、雌で一一五～一二〇センチ、体重四〇〇～五〇〇キロである。乳量は泌乳期間二二〇日で一、二〇〇～四、〇〇〇キロである。

一―七　マウレ

西アフリカにはマウレ、アザオーク、ソコト、アダマワホワイトフラニなどのさまざまなゼブ系イン

写真 8　ウシ（ゼブ系品種），マウレ。①N68-C14-12，②西アフリカ，③1968-01-28，④ガオ（マリ共和国）

写真 9　ウシ（ゼブ系品種），マウレ。①N68-C29-18，②西アフリカ，③1968-03-05，④フォートラミー（チャド）

ドウシが生息するが、マリやチャドにはマウレが分布している（写真8、9）。マウレは乳用、肉用、役用の三用途兼用の品種であり、乳生産量も多く産肉性も優れている。体格は小型で、雄で体高一三五センチ、体重三五〇キロ、雌で一二〇センチ、二八〇キロほどである。毛色は黒や黒白斑が多く見られるが、濃赤単色もしくはこれに白斑のある個体も見られる。側方上方に伸びた角をもち、中程度の大きさの肩峰を有する。乳量は泌乳期間二五〇日で七五〇〜二、〇〇〇キロである。

二　ヤク

ヤクは野生下にも存在し、幼獣の場合はそれを捕らえて馴らし、人の保護のもとで繁殖させることが可能な準家畜牛（半野牛）である。家畜ヤク（*Bos grunniens*）は野生ヤク（*Bos* （*Poephagus*） *mutus*）を家畜化したもので、その血液はウシよりも多くの赤血球を含み、肺もまたウシよりも大型であるため、チベット高原を中心とした中央アジアの標高二、〇〇〇メートルを越える高山地帯の環境によく適応している。中尾はブータンの高標高地でヤクを使って移動している（写真10）。用途は、運搬などの使役利用から乳、肉の利用、被毛の繊維利用や糞の燃料利用までウシの代用家畜として幅広い。ヤクは強靭な筋肉と骨格をもち、荷物の運搬用動物として一二〇〜一五〇キロを担いで一日で一五キロ以上もの距離を何か月も移動できる。また、その乳は脂肪分を多く含み良質なバターや乾燥チーズを作るのに用いられており、皮毛は遊牧民の小屋の覆いから靴底や食材の運搬袋、縄や毛布などの材料として重宝されている。その一方で、肉質は筋肉の繊維を多く含み赤く固いため評価は高くない。

ヤクは野生種では、雌雄間で体格に極端な違いが認められ、雄が体高一八〇〜二〇〇センチ、体重八〇〇〜一、〇〇〇キロであるのに対して、雌は一五〇〜一六〇センチ、三二五〜三六〇キロである。被毛は褐色、黒褐色、

写真 10　ヤク。①N58-16-19, ②ブータン, ③1958-07-12, ④チョモラリ・ゴンパ

または白地に黒褐毛で、毛の長さは胴の側面と腹部で長く（五〇～六〇センチ）、胴の背部分では短い。側方上方に伸びた九〇センチほどの立琴状の角をもつが、無角の場合もある。一方、家畜ヤクは野生種と比較すると被毛に白色、淡色、白斑などの変異があり、体格も野生種に比べるとはるかに小型である。中国雲南省で三一万頭ほど飼養されている雲南中甸ヤク（ゾディアン）は、雄が体高一一四センチ、体重二三〇～三〇〇キロ、雌は一〇五センチ、二〇〇～二二〇キロである。

三　ウシ交雑種

三―一　ゾプキョとゾム

チベット系民族は、家畜ヤクを純粋種として繁殖維持する一方で、家畜ウシとの交配も積極的に進めており、

写真11　家畜ヤクまたは家畜ウシ(それらの交雑種)。①N58-27-04，②ブータン，③1958-07-24，④ハ・ゾン

北方系の雌の家畜ウシに雄のヤクを交配した交雑種が作られている。割合としては少ないが、インド系の家畜ウシが用いられることもある(写真11)。雄のヤクと雌の家畜ウシの交配によって得られたF_1雑種は、雄を「ゾプキョ(zop-kio urang)」、雌を「ゾム(zom urang)」という。これらF_1の体格は、雄で体高一三八センチ、体重七五〇キロ、雌で一一〇センチ、三二〇キロほどで、雄に雑種強勢が現れており、雌ではヤクよりも乳量が多い。ゾプキョは繁殖能力をもたないが、体格が大きく使役に利用できる上、家畜ウシよりも肉が高値で取引されるため、人の管理しにくいヤクを多数飼うよりも雑種を増やしてヤクとウシの両方のメリットを活かそうとしている。また、ゾムは乳が利用され繁殖能力をもつため、多くの場合は家畜ウシと戻し交配されている。ヤクと交配する場合もあるが、行動特性などがヤクに近づく可能性があるのであまり利用されない。ゾムと家畜ウシ(または

写真 12　ミタン。①N58-39-15, ②ブータン, ③1958-08-18, ④ティンプウ

ヤク）の子は「オートム（ortoom）」と呼ばれる。

三-二　ミタン

家畜ウシの近縁野生種にはガウル（*Bos gaurus*）、バンテン（*Bos javanicus*）、コープレイ（*Bos sauveli*）、ヤク（*Bos mutus*）がある。そのなかでガウルは南アジアから東南アジアにかけて最も広範囲に分布しており、ガウルを家畜化して小型化したものをガヤール（Gayal）またはミタン（Mithun）という。呼び名は地域によって異なり、Mithun（アッサム）、Menscha（ブータン）、Bami（ブータン）、Dulong（大額牛、中国）などと呼ばれている。ガウルはウシ亜科のなかで最大の野生牛であり、胸部が大きく背線部の高まりが顕著である。体格は雄の成牛で体高一六五〜二二〇センチ、頭胴長二五〇〜三三〇センチ、体重七〇〇〜一、〇〇〇キロ（雌はこの四分の三程度）にもなる。一方、ミタンは体高一二五〜一四〇センチ、体重五五〇〜七〇〇キロ（雌は体高一一五〜一二五センチ、体重三〇〇〜

五〇〇キロ）ほどで、背線部の肩の高まりは小さく四肢も短く、ガウルと比較して全体的に丸みを帯びた体つきをしている。両者の被毛は黒や黒白班が一般的で、肩胸部のコブは大きな椎骨棘突起によるものであり、筋肉と脂肪からなるインド系ウシのコブとは異なる。ミタンはインドで最も多く飼養されており、ミャンマー、バングラデシュ、ブータン、中国雲南省（一部）などでも飼養されている。用途は役用、乳用（乳量七五〇〜九〇〇キロ）、宗教儀式用（生贄）などである。ブータンではミタンの角は富有層の酒壺に使われる。

ブータンでは、ミタンと関連のある家畜ウシは多数存在するものの（写真12）、ミタン自体の飼養頭数はごくわずかであり、家畜ウシと交配させて雑種を得る際に種雄として利用される雄のミタンは富の象徴と見なされている。ミタンと家畜ウシとのF_1雑種の雄は「ジャッサ（jatsha）」、雌は「ジャッサム（Jatsham）」と呼ばれ、ジャッサが繁殖能力をもたないのに対して（ウシ属の種間交配により生じた雄は一般的に生殖能力をもたない）、ジャッサムは繁殖能力と優れた乳生産性を示す。

四　ヤギ

ヤギの家畜化は、イヌに次いで古く、紀元七、〇〇〇年前〜一、〇〇〇年前とされている。厳しい自然環境への適応力が高く、粗食や極端な温度・湿度下でも繁殖できたため、その肉や乳はもとより、骨（細工用）や脂肪（蝋用）、糞尿（燃料、肥料用）に至るまでさまざまな生活必需品を遊牧民や農耕民に供給していたと考えられる。家畜ヤギは角や耳の形と顔面の形態からベアゾール型、ヌビアン型、サバンナ型の三グループに分類されている（野沢・西田、一九八一：Nozawa, 1991）。インドでは宗教上の理由から牛豚肉の摂取が禁じられているため、ヤギは貴重なタンパク質供給源となっており、世界的に見ても飼育頭数が最も多く、その品種も多様性に富んでいる。

写真13　ヤギ（カジャン）。①N78-108-13，②東南アジア 1978，③1978-12-17，④バンドン近郊（インドネシア）

四―一　カジャン

カジャンは家畜ヤギのなかで最も原始的な形態をとどめたベアゾール型のグループに含まれ、西アジアから東南アジアへ伝播した肉用山羊のひとつで、タイ、マレーシア、インドネシア、フィリピン、台湾などで飼養されている（写真13）。熱帯地域の環境に適応しており、主に小規模な農家で飼養されているが、改良種との交雑が進んだため純粋種は稀になっている。外貌は大陸型（黒色）と島嶼型（褐色）があり、被毛に白斑や黒い背線をもつものもある。雌雄とも半月刀型をした角をもち、耳は直立した短い耳か水平を保った長い耳をもつ。体重は雄で三〇～三二キロ、雌で二〇～二五キロと小柄であり、周年繁殖が可能で乳肉兼用として利用されている。乳量は一〇〇～一二〇キロ（一乳期当たり）、肉は需要が高いため高値で売買されている。別名をカンビンカジャン（Kambing Katjang、マメヤギ）という。

写真 14　ヤギ(ベンガル)。①N59-24-20，②シッキム・アッサム，③1959-11-18，④アッサム

四−二　ベンガル

アッサムで撮影された写真14はベンガルの飼養である。写真14から詳細な特徴は把握できないが、撮影場所から考えてベンガルの飼養と考えられる。ベンガルはインド(東部、北東部)、バングラデシュで飼養されており、体重は雄で三二キロ、雌で二〇キロと小型で、雌雄ともに顎髭と後方に伸びた角をもつ。用途は肉用が主であるが、皮や乳も利用されており、乳量は約五八キロ(一乳期当たり)である。毛色は黒色が多いが、褐色、灰色、白色も見られ、ブラックベンガル、ホワイトベンガルなどと区別して呼ばれることもある。

四−三　インド在来種

DBスライド番号N81−39−05〜10には耳の長さや体格、角の生え方の異なる個体が混在しているが、ヌビアン型の特徴であるローマンプロファイルと呼ばれる顔の特徴(凸型顔面)と長く垂れ下がった耳をもつ個体が多く見られる。インドの在

写真15　ヤギ(インド在来種)。①N81-39-50，②インド・ネパール，③1981-02-06，④プーナ(現在のプネー)，インド

来ヤギは多様性に富んでいてその数も多く、カシミアヤギ、ジャムナパリ、デカン高原の黒色ヤギ、ベンガル湾周辺の小型肉用ヤギの四つに分類される。写真15の黒色のヤギは高い体高などの外貌から考えて、デカン高原の黒色ヤギであり、インド西部マハーラーシュトラ州のオスマナバード地方の在来種であるオスマナバーディと関連すると推測される。オスマナバーディは体の七割程は黒色で、短く光沢のある毛をもち、雄は有角、雌では有角と無角の個体がいる。体重は雌雄とも三〇キロ程度で乳肉両用である。

四-四　ブラックベンガル

写真16は、飼養地域と外貌からブラックベンガルと推定される。ブラックベンガルは前述のホワイトベンガルと同種の色違いである。ブラックベンガルはアッサムのホワイトベンガル(N59-24-20)と同種の色違いである。本品種は被毛の色による分類以外にも、飼養環境によって高温多湿地

写真16　ヤギ(ブラックベンガル)。①N81-12-30, ②インド・ネパール, ③1981-01-26, ④デリー近郊(インド)

域で飼養されている種類(ウエストベンガル、ビハールなど)と雨の多い多湿地域で飼養されている種類(アッサムなどの北東地域)に分けられる。ブラックベンガルは後者であり、以前はアッサム高原ヤギとしても知られていた。

五　ブタ

中尾は、ブタやイノシシの多い地域を探検しているが、スライドには多くの映像は残されていない。ブタは、ヨーロッパ、アジア、インド、日本に知られているイノシシからそれぞれ家畜化されたと考えられている。

五–一　ブタ

ブタは用途によってラードタイプ、ミートタイプ、ベーコンタイプに分けられ、地域ごとに品種がある。中尾スライドでは中国で斑入りの品種(N84–10–36)と毛の長い品種(N77–077–15)が撮影さ

写真 17　イノシシ(野生化ブタ)。①N80-18-19, ②パプアニューギニア, ③1980-08-14, ④カイナンツ

れているほか、ブータンとネパールで黒色の品種が撮影されている。

五—二　イノシシ(野生化ブタ)

ニューギニア島には *S. scrofa* に分類されるイノシシが分布しているが、*S. scrofa* の連続的な分布からは外れており、家畜化の初期の過程にあったブタが島民によって持ち込まれ、再野生化した feral pig(野生化ブタもしくは野ブタ)と考えられている。その起源はブタの野生種の *S. scrofa* とスラウェシ島とその属島の固有種のスラウェシイボイノシシの雑種とされている(Grovers, 1981)。ニューギニアでのブタの飼養形態は、野生動物資源への依存(狩猟への依存)とブタ飼育の集約の度合いによって異なる。例えば、人が給餌や繁殖などにはほとんど手をかけず、ブタ自身が森林に餌を探しに出かけ野生の雄イノシシ(野生化ブタ)と交尾して仔ブタを連れて村に戻る形態もあれば、草地でサツマイモ栽培とブタ飼育とを合わせて集約的に飼養管理し、種雄を飼育して繁殖させている形態などがある。

ニューギニアの人々にとってブタは国の紙幣にも描かれるほど貴重な財産であり、儀礼、祝い事、重要な社会的行事の際にその肉が消費されている。しかし、ニューギニアにおいて人々と動物とのかかわりを調べた調査によると、ブタは財産や食料（肉）としてだけでなく、屠殺の際には嘆き悲しみ、その肉は口に出来ないというように人々の「愛情」の対象となっている場合もある（吉田、二〇一一）。この違いは、ブタが家畜であるか狩猟対象（野生化ブタ）であるかによって人々の認識に差があり、家畜では人と家を共有する人間に近い家族のような存在であるのに対して、狩猟対象の場合では破壊力をもつ攻撃的で恐ろしい存在と捉えられている（秋道、一九九三）。

写真17では人家の近くにいることから、夜は室内に入れ昼は放し飼いにしている飼養形態であろう。パプアでは大きな野生個体も撮影されており（N80-21-34）、イノシシのいなかった場所に人間がもち込んだものがその後野生化したのであろう。

六　ウ　マ

ウマは、奇蹄目ウマ科（Equidae）ウマ属（*Equus*）に属し、現存のウマ属は六種である。まず、現在のウマの品種すべてを含むいわゆるウマは *E. ferus* または *E. caballus* である。次にバーチャルズシマウマ（*E. burchelli*）、ヤマシマウマ（*E. zebra*）、グレービーシマウマ（*E. grevyi*）の三種があるが、これらは文化的な背景から家畜化されなかったとされる。残り二種はロバ（*E. hemionus*, *E. asinus*）を指し、ロバとの交雑種として雌ウマと雄ロバを交配した「ラバ」がある。

六―一　ウ　マ

現在、世界で飼われている家畜馬の品種は二〇〇を超える。品種として登録されているなかには曖昧に定義されている例もあり、極端に個体数が減って品種として成立しなかったり、ポロ専用馬（ポロポニ）や狩猟馬（ハンター）のように遺伝的な背景ではなく利用目的でまとめられている例もあり、品種としての数はより少ない。ウマの分類法がかなり独特であることも品種分類を困難にしている一因である。日本では第二次世界大戦前から体格と体重に基づいて比較的小柄で体重の軽い軽馬から大柄で強靭な体格をもつ重馬までを軽種、中間種、重種、在来種の四種類とするようになっている。軽種にはサラブレッド種やアラブ種、この二種の雑種であるアングロアラブ種、アラブ系、サラブレッド系などが含まれ、中間種には軽種以外の乗用馬と雑種馬が含まれ、重種にはペンシュロン種やブルトン種、シャイアー種やクライスデール種などが含まれる。在来馬には、野間馬、与那国馬、宮古馬、トカラ馬、御崎馬、対馬馬、木曽馬、北海道和種の八種があるが、在来馬の大部分は北海道和種で占められる。また、体格による分類では、体高一四八センチ以下のウマをポニー（pony）と呼んで普通馬（horse）と区別する。この定義に従うと、遊牧民が乗用馬（主に中央アジア）としているウマや日本在来馬はポニーに分類される。

中尾スライドには中国馬などが撮されている。写真18は中国在来馬のひとつで西北高原馬に近い。中国には一、〇〇〇万頭以上の馬がいるが、北部（遼寧、吉林、黒竜江の東北、内蒙古自治区）で最も多く、全体の約四割を占める。中国の在来馬は飼育されている土地の環境条件によって北部草原馬、西北高原馬、西南山地馬の三つに分類されている。シルクロードから中国に入る西の入り口である新疆ウイグル自治区付近が西北高原馬の産地であり、かつて漢の武帝が求めた天馬、汗血馬と称される名馬の産地もこの辺りである。西北高原馬の体格は蒙古馬に比べると大きく一四〇センチほどになる。

写真18　ウマ(外観は西北高原馬に近い)。①N77-075-06，②中国，③1977-05-26，④西安

雲南省では在来馬の一類型である中国西南山地馬が飼養されており、大理馬、新麗江馬、広西矮馬、永寧蔵馬などが含まれる。西南山地馬はチベット在来馬や中国西南山地馬と類似した形体の小型馬だが、大きさはそれらよりもやや大きい。雲南高原においては乗用、駄用、また写真19、20のように輓用として用いられている。

中国からヒマラヤを越えたインドではウマの飼養頭数は年々増加しており(FAO統計、二〇一三)、その九割以上が在来ポニーや交雑種やロバである。インド在来馬には、マルワリ種、カチアワリ種、ザンスカリ種、マニプリ種などがあるが、写真21のようにマルワリ種およびカチアワリ種が軍馬として使用される。これは、アラブとインド在来のポニーの交配によってつくられている。個体登録時の条件にもなっている両耳は、先端が接触しそうなほど反っていてほぼ一八〇度回転する。額が広く鼻梁(眉間から鼻先)は短い。背が高く細身で頸は短い。現在は、軍馬としてよりは、各種競技や乗用、駄用、輓用と

写真 19　輓馬として利用されるウマ。①N84-09-17，②中国雲南，③1984-08-05，④大理(下関)

写真 20　エサを与えられる輓馬。①N84-09-13，②中国雲南，③1984-08-05，④大理(下関)

写真21　軍事パレードに使われるウマ。①N81-12-17，②インド・ネパール，③1981-01-26，④デリー

して用いられている。

六-二　ラバ

ラバはウマの雌とロバの雄との間に生まれた一代雑種であり、性質も大人しく扱いやすいため中国や北アメリカなどで広く飼育されている。体格はウマとロバの中間の大きさで、ロバよりも優れた耐久性と粗食に耐える性質をもっているため乾燥地帯や山岳地帯で運搬用として重宝されている。ブータンでは運搬用はもちろんのこと乗用としても利用され、人々は入念に手入れをし、大切に管理している（中尾、一九五九）。中尾の探検ではラバが使われている（写真22、23）。

七　ロバ

ロバはウマ属に属し、野生種にはアジアとアフリカ原産のアジアノロバ（*Equus hemionus*）とキャン（*Equus kiang*）、アフリカノロバ（*Equus africanus*）があ

写真 22　ラバの手入れ。①N58-44-18，②ブータン，③ 1958-08-26，④リンジーゾン

写真 23　駄馬として利用されているラバ。①N58-20-20，②ブータン，③ 1958-07-13，④チョモラリ

る。

家畜ロバはネコを除けば唯一アフリカで家畜化された哺乳動物である。近年ではアフリカやアジアの農村部でもモータリゼーション化が進んでいるため、役用家畜の担っていた労働部分はオートバイや耕作用機材へと置きかわりつつある。しかし、アフリカ大陸では依然としてロバ車は運搬用の手段として広く利用されており、田畑を耕す際にも欠かすことのできない存在である。また、ロバは急速に近代化の進んでいるインドにおいても、その西部や北部の乾燥地では荷物の運搬用や馬車用として、重機の進入できない狭い場所での作業に重宝されている。

現在、アフリカの数か国に現存するだけとなっているアフリカノロバは、家畜ロバの祖先種であり、ＩＵＣＮレッドリストの絶滅危惧ＩＡ類に指定されるまでに数を減らしており、食用利用を目的とした猟が脅威となっている。

七―一　アジアノロバ

ロバは中東においてラクダと並んで多数飼養されている使役動物である。メソポタミア最古の都市文明であるシュメールの都市で発見された工芸品からは、戦闘で利用されているロバの姿（戦車を引いている姿）が描かれるなど、古代の中東地域ではその使用用途は現在よりも幅広かったようである。現在でも、ウシやラクダでの移動が困難な舗装されていない道や狭い道などを通る場合にはロバが重宝されている。写真24はイスタンブールのボスポラス海峡を渡る船の上で撮影されたロバである。

中東にはかつてアジアノロバの亜種であるシリアノロバ（*Equus hemionus hemippus*）が生息していたが、現在は絶滅種となっている。シリアノロバはシリア産のオナガーのことで、アジアのロバのなかで最も体格が小さく、新

写真 24　ロバ。①N77-56-24，②地中海，③1977-04-08，④イスタンブール（トルコ）

生代第四紀の更新世において東部地中海沿岸地方からイラクに至る近東地域に生息していた。中東に現存しているアジアノロバの亜種としてペルシャノロバ（*Equus hemionus onager*）が挙げられるが、イランにわずかに生息しているのみで絶滅の危機に瀕している。シリアのロバに比べて体格は大きく、高度の高い環境を好む。別名をオナガー（シリア産のオナガーと区別する際はイラン地方のオナガー）という。

七–二　キャン

チベットノロバとも呼ばれるキャンは野生ロバの一種で現在はアジアノロバとは別種と扱われている。アジアノロバが中央アジアの低砂漠地帯および西部アジア地域（アナトリアからモンゴルに至る）に生息していたのに対してキャンはチベットの高原地帯のように標高三、〇〇〇メートル以上の高度の環境に適応し、生息していた。現在も少数頭が確認されているものの、ほかのアジアノロバと同様に狩猟や毛皮目的のためにとらえられ、限られた生息地でかろ

写真25　ロバ。①N68-C08-16，②西アフリカ，③1968-01-18，④トンブクトウ（マリ）

うじて生き残っている状況である。外貌はヤクに似ており、被毛の色には茶色がかった黄色から銅赤色まで変異があり、側腹部は白い。野生ロバのなかでは最大の大きさとされている。

七-三　アフリカノロバ

アフリカノロバはアフリカ北部に生息し、現在では絶滅危惧種に指定され、エリトリア、ソマリヤ、エチオピアに野生個体が二〇〇頭ほど存在するのみとなっている。アジア産の野生ロバよりもやや小型で体高さは一一五～一三五センチ、耳が特に長く、被毛は灰色で背中の中央を走る黒い鰻線と肩で直角に交わる黒い線がある。四肢の下部に縞模様のある個体もいる。蹄は小さく、非常に硬い。野生のものは毎日水を飲まなくても生きることができ、乾燥地帯や半乾燥地帯の環境によく適応している。ヌビアノロバ（*Equus africanus africanus*）とソマリアノロバ（*Equus africanus somaliensis*）の二亜種があるが、ヌビアノロバの野生個体は絶滅したと考えられている。

写真 26　ロバ。①N68-C21-09, ②西アフリカ, ③1968-02-13, ④ラゴス付近

写真 27　ロバ。①N68-C21-12, ②西アフリカ, ③1968-02-17, ④カノ付近(ナイジェリア)

家畜ロバは約六、〇〇〇年前にソマリアノロバを家畜化したものである(写真25~27)。ロバは乾燥地帯や半乾燥地帯の環境によく適応し、ウマよりも丈夫で粗食に耐えることから、家畜化されたロバはヨーロッパやアジアを中心にその利用が広まったとされている。ロバはウマと交配が可能であるため多様な交雑種が産まれるが、通常その交雑種は繁殖能力をもたない。ただし、アフリカノロバと家畜ロバとの交雑後代は十分に繁殖力をもつため、さまざまなウマの人工交配により人にとって有用なハイブリッド(一代雑種)が作出されてきた。その代表例として、ウマの節一六五頁で既に述べた雄ロバと雌ウマの子である「ラバ」、雄ウマと雌ラバの子である「ケッティ」が挙げられるが、とりわけラバはウマと比べても体力・耐久性に優れており、ハイブリッドの特性である頑丈さを備えている。

八　イ　ヌ

イヌは近年、われわれにとって最も身近な哺乳類であり、約三万年前には人の居住地周辺で暮らし、少なくとも一万二、〇〇〇年以上前には確実に家畜化されていたと考えられている。一万二、〇〇〇年前には、人類は狩猟採取生活をしていたため、イヌは狩猟のパートナーとしての役割を果たしていた。品種の多様さはほかの家畜に匹敵するものがないほどで、人類の文明の発達とともにその役割も家畜化された当初の狩猟目的から多様化し、古代ローマ時代には牧羊犬、家庭犬、軍用犬、闘犬としての役割を果たすようになっていた。人が家畜化した動物の多くは、ネコを除けばそのほとんどが食用や衣料用、役用(運搬・農耕など)の目的に限られた期間だけ人が安全を保障して餌を与えるという関係であったが、イヌの場合は一部の地域で食用とされる種もあるものの、大半は、コンパニオンアニマル(伴侶動物)と称されるように、人との暮らしのなかで期間を限ることなく、さまざまな目的に利用される。

イヌの品種は四〇〇種以上といわれるが(フォーゲル、一九九六)、動物行動学者のデズモンド・モリス(モリス、二〇〇七)は一、〇〇〇種でも網羅できないほど多様であると述べている。これらの犬種はアメリカンケネルクラブによる分類にしたがって鳥猟犬種(スポーティング・グループ)、獣猟犬種(ハウント・グループ)、作業犬種(ワーキング・グループ)、テリア犬種(テリア・グループ)、愛玩犬種(トイ・グループ)、非鳥猟犬種(ノンスポーティング・グループ)、牧羊犬種(ハーディング・グループ)の七つのグループ(日本ではこれに加えて日本原産犬のグループ)に分けられている。DBの写真では犬種の特定はかなり困難であったが、ここではいくつかを解説する。

八－一　バセンジー

バセンジーはアフリカ原産のイヌで最も古い犬種のひとつとして知られている(写真28)。バセンジーはアフリカ中央に位置するコンゴでピグミー族の猟犬として暮らしていたところを発見され、発見初期には「ザンデ・ドッグ」や「コンゴ・テリア」とも呼ばれていた。そのほかにもベルジャン・コンゴ・ドッグ、コンゴ・ブッシュ・ドッグ、コンゴ・ハンティング・テリア、コンゴ・テリア、アフリカン・ブッシュ・ドッグ、アフリカン・バークレス・ドッグ(または単にバークレス・ドッグ)などの名称で知られている。アフリカの言語で「バセンジー」という発音は、おおよそ「ブッシュからきた小さな野生動物」という意味である。バセンジータイプのイヌは、その狩猟能力の高さからさまざまな部族民によって飼われており、アフリカ大陸のいたるところで見つけることができる。身体能力の高さの一例として、二メートル近いフェンスや壁も軽々と上ることができるジャンプ力などが挙げられる。ヨーロッパ人がアフリカに侵入して一九世紀後半ごろにイギリスへの持ち込みが度々

写真28　イヌ。①N68-C24-03，②西アフリカ，③1968-02-20，④バウチ(ナイジェリア)

試みられたが、ジステンパーにかかり一九三〇年代まで輸入は困難であった。その後、一九三〇年代に入り、ようやくイギリスに輸入されて現在の「バセンジー」(Bush Thing)の名が付けられて人々の関心を集めた。五〇年代以降はアメリカでも爆発的な人気を博した。ほかの歴史の古い犬と比べても脚が長く、膝から下の長い脚が特徴的である。そのほかにも暑熱地帯で重要な役割を果たす短いタンカラー(黄褐色)のアンダーコートや尖った立ち耳、長い筋肉質の首、古代犬特有の長い顎などの特徴をもつ。毛色にはタンカラー以外にもブラック、ブラック・アンド・タンまたはブリンドルがあり、これらの色と白色(足と尾の先、胸部、顔、頸部)とが組み合わさって出る場合がある。大部分のイヌには年に二回発情期があるのに対して、この種ではオオカミと同じく発情期は一回であり、めったに吠えないのもオオカミと共通する。人には従順とされ、獲物を追う際に吠えたてないことも優れた猟犬となる一因となっている。体格は体高四一～四三センチ、体重九・五～一一キロと小柄である。欧米ではコンパニオンアニマルとして現在でも人気がある。小柄で吠えないという特性は一見、都会向けのペットとして好ましいように映るが、この犬種に必要な運動量を都会のなかで満たすのは容易なことではない。

バセンジー以外の南アフリカ原産のイヌには、原始的なイヌであるアフリカニス(African Cains を縮めた名称)とボーアボールがある。アフリカニスはスワヒリ語では「野蛮な犬」という意味をもつが、その賢さは高く評価されており、人に飼われるのではなく、集落に近づいたり離れたりしながら暮らしている。番犬や猟犬、家畜の見張りに利用され、コンパニオンアニマルになっている場合もある。締った細身の体形と発達した筋肉により非常に速い速度で走ることができる。体高五〇～六〇センチほどで、外見の特徴として尾の付け根付近に黒い斑点が見られる。

また、ボーアボールは植民地時代にボーア人によって大型の獲物をとらえるためにつくられたボーア・ドッグ(Boer Dog)の子孫とされており、主に家の番犬としての役割を担っていた。しかし、二〇世紀に入ると不特定の犬種との交配が繰り返され、純血種が減少してしまったため、一九八〇年代には南アフリカ・ボーアボール協会が設立され、犬種の再確立が試みられた。この犬種は警備と防御に特化した世界で唯一の犬種と称されており、一般的な警備犬とは異なって、来訪者を無差別に攻撃するというよりは飼い主の来訪者に対する敵意の有無や友好性を判断して行動に移すことができると考えられている。訓練は容易ではないため、犬種の特性を熟知した者でも手なずけることが難しい。体高は六〇～七〇センチ、体重は七〇キロ以上の大型犬で、一〇〇キロ近くになる個体もいる。

八–二　パリア犬

インドで見られる典型的な犬種であり、その名前はカースト制度の最も低い身分を表すパリアに由来する。別

写真29　イヌ(パリア犬)。①N81-56-35，②インド・ネパール，③1981-02-13，④カトマンズ(ネパール)

名パイ・ドッグ(ヒンズー語で「部外者」)とも呼ばれている。外見は短毛、立ち耳でオーストラリアン・ディンゴに似た中型の犬種であり、バリエーションはあまりないとされている。類似した犬は北アフリカや中東などでも見られ、地域ごとに名前がつけられている(写真29)。

インドで見られるほかの犬種には、作業犬のグループに分類される警備犬として、アンクル(インド南東部)やシンド・ハウンド(北西部の砂漠地帯)、カナワー・ドッグ(北西部のヒマーチャル・プラデーシュ州)、ヒマラヤで牧羊犬や狩猟犬の役割も果たすビスベンや同じくヒマラヤで狩猟犬の役割を果たしているシリカ・ドッグなどが挙げられる。また、非常に珍しい被毛利用を目的とした毛用犬(ヘア・ドッグ)としてナガ・ドッグと呼ばれる犬種も存在するが、アッサム地方北部のナガ高地でしか見ることができない。牧羊犬種のグループに分類される犬種としては、ダンガリ・ドッグインド(インド中部のマハラーシュトラ州)が挙げられるが、雑種犬との交配が繰り返されていたために絶滅したとする専門家もいる。また、牧羊犬と作業犬グループにまたがる犬種としてヒマラヤン・シープドッグ（インド北西部からネパール東部）やバンガラ・マスティフ（インド北西部）、パティ（南部）などがあるが、これらの犬種は家畜の番犬として特化した性質をもつため、ほかの番犬（作業犬）や牧羊犬とは異なる家畜用番犬（Livestock guarder）というカテゴリーも提唱されている（Morris 2007）。獣猟犬グループでは、イノシシ猟に使われたラジャパラヤム（インド南部ラジャパラヤム）やイノシシに加えてシカ猟にも使われていたシェンコッタ・ドッグ（南部シェンコッタ）、トラなどの大型の野生動物の猟に利用されていたトリプーリ・ドッグ（北東部トリプーリ高原）などが挙げられる。

八－三　チン（狆）

日本の貴族の間で愛玩犬として重宝された犬種で、以前はジャパニーズ・スパニエル、ジャパニーズ・パグ、ジャパニーズの名で呼ばれていたが、現在ではジャパニーズ・チンもしくはチンと呼ばれている。中国からもたらされたという説もあるが、日本に定着してからは日本の犬種として発展してきた。一七世紀にヨーロッパに渡り、一八〇〇年代には欧米の上流階級の人々の間で愛玩犬として飼われるようになった。毛色にはブラック・アンド・ホワイトやブラウン・アンド・ホワイトがあり、体毛は柔らかいシルクのような長毛のコートで覆われている。体高は二三～二五センチ、体重は二～五キロ程度と非常に小柄である。好奇心おう盛なこの犬種はうるさく吠え立てない上、狭い住環境での飼育も問題ないため、都市部のペットとしては最適である（写真30）。

チン以外で日本を原産とし、愛玩犬種のグループに属する犬種には、日本スピッツや日本テリアがある。どちらも小型犬であるが、近年、日本スピッツがヨーロッパで人気を博しているのに対して、日本スパニエルは国外ではあまり認知されていない。また明治維新後には、海外からさまざまな犬種が輸入されて日本犬との交配が盛

写真 30　チンを抱くテスラ夫人。①N58-07-08，②ブータン，③1958-06-19，④ダージリン（インド）

んに行われたため、純粋な日本犬の頭数は激減したと考えられる。しかし、獣猟犬のグループに分類される犬種については、ヨーロッパ由来の犬種が日本特有の森林の多い山地での猟に不向きであったことから、猟師らによって純粋種が維持される結果となった。現存するもので日本の天然記念物に指定されている犬種は、北海道犬（北海道）、秋田犬（秋田県）、甲斐犬（山梨県）、柴犬（長野県）、紀州犬（和歌山県）、四国犬（高知県）の六種類である。いずれの犬種も短毛・立ち耳で、体系も大型の秋田犬を除いて中型犬である。紀州犬や柴犬などは現在では愛玩犬として家庭で飼われているが、日本犬は西洋犬に比べて攻撃性の高い傾向が認められるため、単なる愛玩犬としては人慣れしやすい西洋犬の方が向いていると考えられる。

八–四　ダルメシアン

現在ではほぼコンパニオンアニマルとして飼われている犬種であるが、かつては馬車に同伴させて乗

写真31　車に同乗しているダルメシアン。①N78-14-03，②ソビエト連邦，③1978-08-25，④モスクワ

客の警備に当たらせたり、貴族が馬車と並走させてその社会的地位を誇示する存在として知られていた。牧羊犬や害獣の捕獲犬として飼われることもあったが、この馬車護衛犬(キャリッジ・ドッグ)としての役割はほかの作業犬には見られないダルメシアン特有であった。この犬種の起源については謎が多くわかっていないが、この犬種はイギリスで輸送警備犬として訓練され育てられた。被毛は短く光沢があり、毛色はブラック・アンド・ホワイトもしくはレヴァー・アンド・ホワイトのぶち模様である。垂れ耳で引き締まった体形をしており、体高は五〇～六〇センチ、体重は二〇キロ台前半の大型犬である。別名にはコーチ・ドッグ、ブライトン・コーチ・ドッグ、スポテット・コーチドッグ、キャリッジ・ドッグなど多数の呼び名がある。写真31のダルメシアンは、ロシアで車内に同乗させるなど、家庭犬として飼われていたものであろう。

九　植物だけでなかった中尾佐助の興味

中尾の専門領域は民族植物学、植物遺伝育種学であるが、世界各国で記録されたスライドデータには、人々の暮らしに密接にかかわっている家畜および伴侶動物の姿が数多く残されている。これは中尾の興味が単に植物だけではなく、人々の食文化、その源になる家畜を中心とした動物にも広く及んでいたためである。ブータンにおけるミタンの記録などは『秘境ブータン』(中尾、一九五九)に詳しいが、詳細なフィールド調査を経て書かれた記録、例えば、ミタンの外貌やその乳の風味、ジャッサム(ミタンと家畜ウシとのF_1雑種の雌)固定の問題に関する記録などは畜産を学んだ人間が読んでも新鮮で興味深い内容である。

II

照葉樹林帯周辺の生物的自然

阪口翔太
副島顕子
山口聰
保田謙太郎
三村真紀子

第七章　東アジア温帯林構成植物の歴史生物地理

阪口翔太

一　日華植物区系とは何か——その特徴と構造性

アジアモンスーンの豊かな雨に恵まれる東アジア地域では、亜熱帯気候の中国南部から亜寒帯のサハリン・極東ロシアに至る広大な面積が森林で覆われている(Kira, 1991)。この森林植生は植生構成の観点から、「日華植物区系」としてひとつの植物区系にまとめられている(Good, 1964; Takhtajan, 1986)。小笠原諸島を除けば日本列島もこの区系に属すとされ、列島を囲む極東ロシア・朝鮮半島・中国・台湾などと共通する植物要素が多く分布している(図1a)。この植物区は北半球で最も多様性の高いフロラを保持していることで知られている。例えば、その中核を担う中国だけでも三万種を超える維管束植物(被子植物:二万五、〇〇〇～三万種、裸子植物:一九二～二七〇種、シダ植物:二、三〇〇～二、六〇〇種)が分布するという(López-Pujol et al. 2006)。この多様性が如何に驚くべきものであるのかは、同緯度に位置し、植生要素がよく似た北米東部地域(ユリノキ属、マンサク属やシキミ属などが隔離分布)と比較すれば理解できよう。同属の種子植物に限定して、その種数を地域間で比較した研究では、日華植物区には等面積当たりで北米東部の約二倍の種数が分布することが示されている(Qian and Ricklefs, 2000)。

日華植物区系の植物多様性がこれほど高いのは、東アジアには多くの気候区が存在し、それらがモザイク状に分布しているためだとする説がある。実際、日華植物区系は南北三〇度・東西六〇度以上にわたって分布し、多様な植生帯が含まれる(図1a)。亜寒帯針葉樹林は、亜寒帯湿潤気候のサハリンや北海道・中部山岳、そしてチベット高原の外縁部などに発達し、モミ属・トウヒ属・マツ属・カラマツ属などのマツ科針葉樹類のなかにカバノキ属などが混交する。冬季の降水に乏しい亜寒帯は、北緯三五度以北の中国大陸に広がっており、コナラ亜属

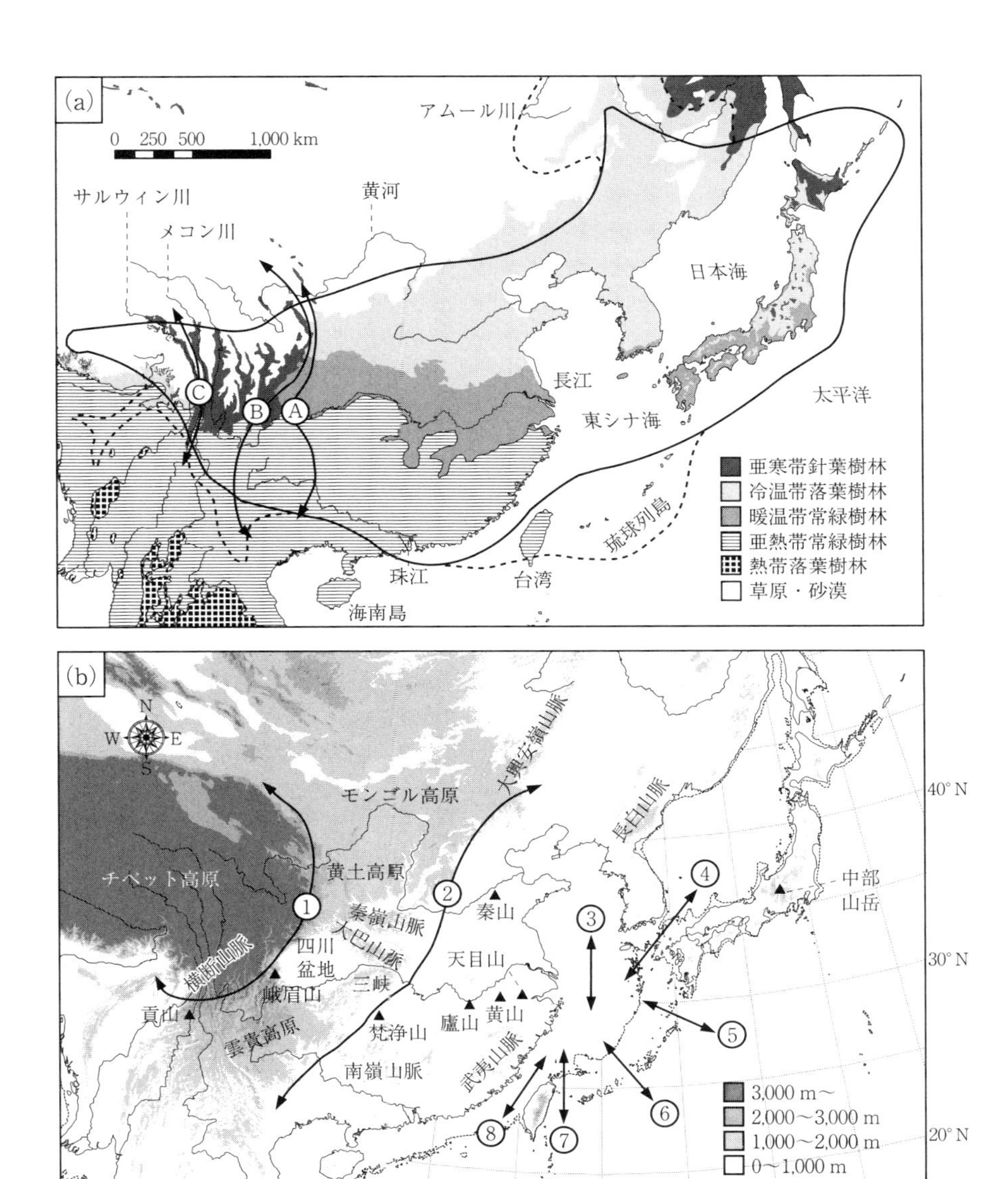

図 1 (a)東アジアにおける植生帯の分布と日華植物区系の範囲(実線および点線)。A：Wu の森林亜区の境界線，B：Tanaka-Kaiyong 線，C：メコン－サルウィン分断線 (b)東アジアの地勢と主要な地形境界・海峡線。点線は最終氷期最盛期に海水面が 130 m 低下した場合の海岸線を示している。①チベット高原を中心とした標高 3,000 m 以上の地域の境界線，②中国中部における標高 1,000 m 以上の山地帯の境界線，③東シナ海，④対馬海峡，⑤トカラ海峡，⑥慶良間海峡，⑦南先島諸島線，⑧台湾海峡

を中心とした落葉広葉樹林が分布しているが、朝鮮半島北部や中国東北部ではチョウセンゴヨウやモミ属などの常緑性針葉樹の割合が高くなってシベリアのタイガへと続く。一方、雨の多い日本列島、特に降水の季節性が少ない日本海側を中心とした地域の落葉性広葉樹林にはブナ属が優占する。落葉広葉樹林帯の南側の温帯域には、照葉樹林を構成する暖温帯常緑樹林と亜熱帯常緑樹林が分布する。この常緑樹林帯ではアカガシ亜属、シイ属、マテバシイ属（ブナ科）、ツバキ科のヒメツバキ属やクスノキ科タブノキ属などの樹木が優占するが、日本南部から中国東部にかけての東部地域にクスノキ属・ユズリハ属、西部地域にハンノキ属が多く分布するという地域差がある（Fang et al. 1996）。また、中国南部の山地帯では標高一、五〇〇～二、〇〇〇メートルを越えると冷温帯林が分布し、東部ではブナ属・クマシデ属・シナノキ属が多く見られる一方、より内陸に入るとカバノキ属・カエデ属などの落葉樹とブナ科常緑硬葉樹やツガ属などの温帯性針葉樹が混交する。こうした中国温帯域における東西方向での種組成の変化は、主にマクロスケールでの気候変化の影響が大きい。図１ｂの線１はチベット高原の地形的な迫出しを、線２は中国中部の山岳域（黄土高原～大巴・秦嶺山脈～三峡～雲貴高原）と東部の丘陵地域の境界を示しており、こうした段階的な地形変化によって気候レジームが東西で分化している。つまり、線１―２から東の地域では、夏季に太平洋上から侵入するモンスーンや台風の影響を受けて夏季降水量が多く、冬季にはシベリアから吹き込む寒気の影響を強く受けて冷え込む。それに対して西部地域では、夏季には南西方向のインド洋からインドモンスーンが吹き込んで集中的に雨が降るが、冬季は北東風が卓越して乾季が続く。また、チベット高原が存在しているために、北からのシベリア寒気団の吹き込みが妨げられ、気温の年較差が小さくなる特徴がある（Ogawa and Matsumoto, 1987）。その結果、中国西部地域を境として東部は温暖湿潤気候、西部には温暖冬季少雨気候が成立している。こうした地形に依存した気候レジームの違いを反映し、中国大陸における植物群集の種組成は内陸部に向かって段階的に変化すると考えられている（Fang et al. 1996）。

このように、日華植物区系フロラが各地の気候に応じて小区分されるのは明らかであるが、歴史的要因もまた植物の種分化やフロラの成立に影響する要因として重要視されている。おおよそ東経一一〇度上に引かれた線(図１ａの線Ａ)は、日華植物区系上重要な境界として知られており、その東側は「日華森林亜区」、西側は「中国ヒマラヤ森林亜区」として分類されている(Wu, 1979, 1998)。これらの森林亜区はともに多くの固有属を内包する地域でありながら、それぞれに異なる性格をもっている。固有種(固有分類群)には、かつて広い地域に分布していたものが、その分布域を縮小させた結果としてある地域にだけ見られる古固有と、ある地域で最近種分化して固有種となった新固有が含まれる。東アジア地域は、北米や欧州とは異なり第四紀後期に大規模な氷床が発達しなかったため、多くの古固有植物が現存している(Manchester et al., 2009)。まず、化石記録がよく知られている古固有性の裸子植物に関しては、日華森林亜区にイチョウ科(中国)・コウヤマキ科(日本)の固有二科が分布し、メタセコイア属・アスナロ属・ギンサン属など多くの古固有属が知られているのに対して、中国ヒマラヤ森林亜区には古固有の裸子植物は分布していない。次に固有属を生活型で分類すると、日華森林亜区では高木性一六属、低木性二三属、つる性六属、草本性五六属となり、一方の中国ヒマラヤ森林亜区では高木性五属、低木性二〇属、つる性一八属、草本性一〇五属で、後者ほど木本性属の割合が低く、草本性属が大半を占めていることがわかる(Wu, 1998)。また、日華森林亜区に固有の属のなかには単系属やローラシア由来の遺存種を含む属が目立つのに対し、中国ヒマラヤ森林亜区では特にシソ科、セリ科、アブラナ科などに属する新固有が多いとされている。その後、種の単位で固有種の分布が解析された研究では、中国南部や西南部に古固有と新固有の両方が集中して分布することが明らかにされている。新固有種は横断山脈地域(チベット高原の東端)に多く、古固有種はより東方に分布する傾向が再確認されている(Lopez-Pujol et al., 2011)。こうした結果から、地質的に安定し、複雑な地勢を特徴とする中国東部や中部は、古固有植物が残存しやすい環境であったのに対して、中国ヒマラヤ森林亜区では

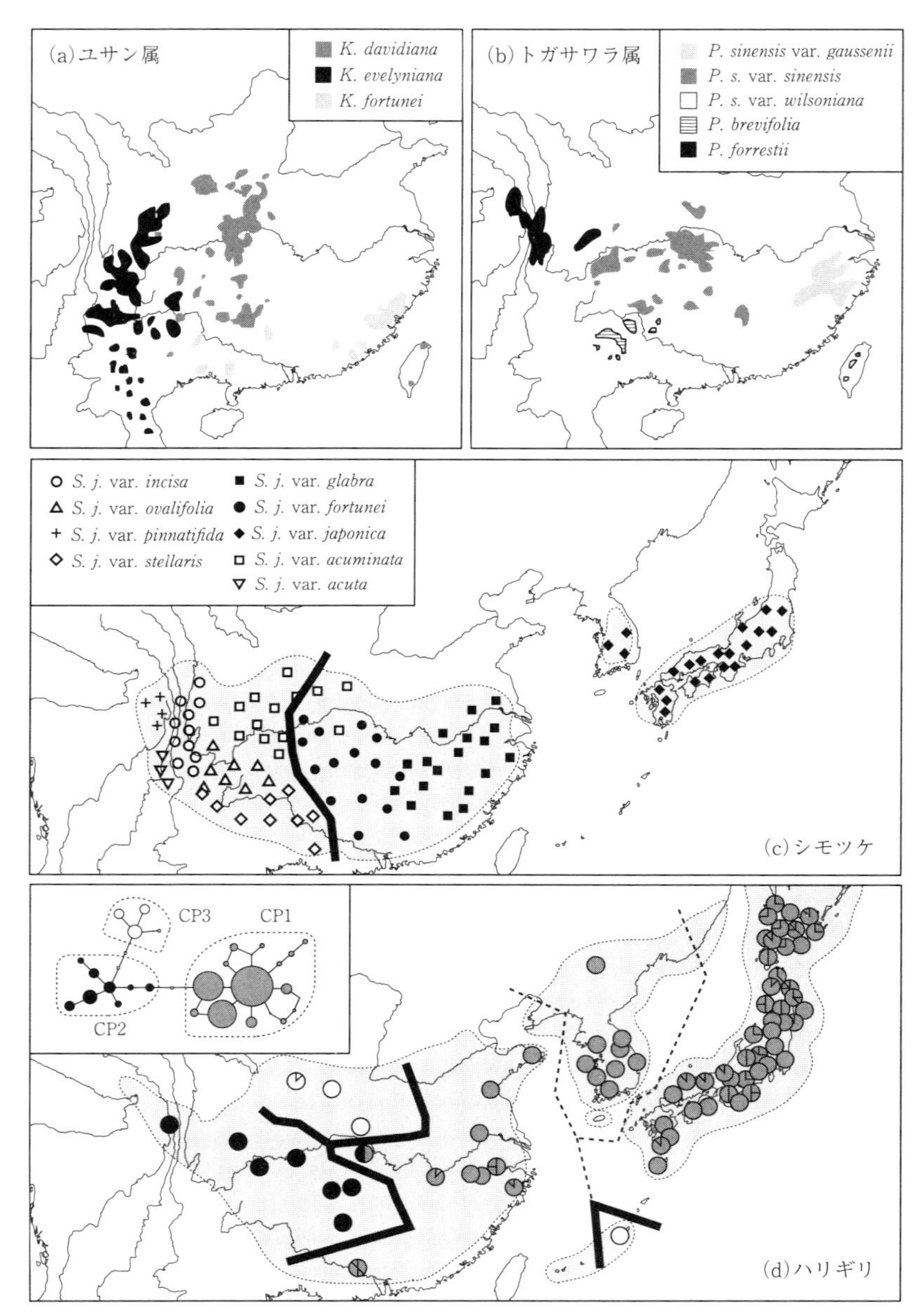

図2　(a)中国におけるマツ科ユサン属植物の分布。(b)中国におけるマツ科トガサワラ属植物の分布。(c)バラ科シモツケの各変種の分布と，葉緑体における2大系統の分布境界線(実線)(Zhang et al., 2006)。(d)ウコギ科ハリギリの分布と，葉緑体における3大系統の分布境界線(実線)(Sakaguchi et al., 2012)。左上隅のネットワークは，各葉緑体型の関係を示す。核マイクロサテライト遺伝子座の解析で検出された，日華森林亜区における分化境界は点線で示されている。

新第三紀初期から始まったチベット高原の隆起によって、新固有植物の分化が促進されたのではないかと考えられている。また固有属というわけではないが、中国ヒマラヤ森林亜区におけるツツジ属やサクラソウ属などの多様化には目を見張るものがあり、これらもまた地形変動によって新しく誕生した環境へと放散したと考えられる。

Wu の境界線と同様に、ふたつの森林亜区を分かつ境界として知られているのが Tanaka-Kaiyong 線（図１ａの線B）である。この線は、ミカン亜科の分布から提案された Tanaka 線（Tanaka, 1954）と、ラン科の複数の属の分布から得られた Kaiyong 線（Lang, 1993）を南北に結んだものである（Li and Li, 1997）。Tanaka-Kaiyong 線で近縁種の分布が接続する例としては、マツ科ユサン属の *Keteleeria davidiana*（東側）と *K. evelyniana*（西側）やトガサワラ属などがある（図２ａ、ｂ）。日本南部で馴染み深いアラカシ（東側）もまた、Tanaka-Kaiyong 線を境にして *Quercus glaucoides*（西側）に置き換わることが知られている。Tanaka-Kaiyong 線は Wu の境界線（図１ａの線A）よりもやや西側に位置し、雲貴高原を包含しているという違いはあるが、これらはともに日華植物区系が中国西部において大きく分かれていることを示す重要な境界線となっている。

二　系統地理学が明らかにした日華植物区系型分布植物の系統分化

このように、日華植物区は植物の属や種の分布パターンから階層構造をもつ可能性が示されている。特に興味深いのは、生態的特性に大きな違いの見られない姉妹種のような近縁種間においても、ふたつの森林亜区の境界で分布が接している現象である。生物は分散できる距離に制約があるため、一般的に分布域のなかで遺伝的に分化していることが多い。また、陸上植物にとっての海峡や砂漠のように、種の分布を分断化させるような障壁が存在した場合には、それぞれの分布地の間で個体の往き来が起こりにくくなって遺伝的分化が促進される。そしてその障壁が長期間にわたって個体の往来を妨げ続けると、それぞれの地域集団が種として分化するに至り、その後、障壁が取り除かれたとしても交配できない状態となる。このような過程は異所的種分化と呼ばれ、多くの植物種はこの異所的種分化によって進化してきたと考えられている。したがって、もし日華植物区に分布する植物種の系統の分布がわかれば、その分布境界の両側で過去に分布が分断されていた可能性が高いと推察できよう。

一九九〇年代以降、遺伝解析技術が野生生物にも応用されるようになったことで、それまで知られていなかった種内の系統分化が明らかにされてきた。例えば、日本固有種のブナは北海道南部から鹿児島県まで分布するが、形態的特徴から日本海側型と太平洋側型の二系統に分化していることが知られていた(Hiura et al. 1996)。その後、葉緑体ＤＮＡが解析されると、太平洋側型のなかには地理的に分布を異にする二系統が含まれることが明らかにされた(Fujii et al. 2002)。こうした解析手法を日華植物区系に広く分布する植物群に適用した先駆的な研究成果が、二〇〇〇年代後半に発表されている。シモツケは日本では本州以南に分布するバラ科の低木性植物で、大陸側では朝鮮半島南部と中国南部に分布する広域分布種として知られる。シモツケは形態的に九変種に分類されており、それぞれの変種について一～二サンプルが遺伝解析と化学成分(アルカロイド)分析に供された(Zhang et al. 2006)。その結果、日本と朝鮮半島に分布する var. *japonica*、中国沿海部の var. *glabra*、中国中部の var. *fortunei* がひとつの系統にまとまり、残りの六変種がもうひとつの系統を形成することがわかった。これらふたつの系統の分布境界は東経一一〇度線に位置し、おおむね Wu の提案した森林亜区境界と一致している(図2c)。続けて、同じく日華植物区系型分布を示すモミジハグマ属植物の系統解析が行われると、本属がおよそ一一〇万年前から分化し始めたこと、そして属内に大きく三つの系統が存在することが明らかになった(Mitsui et al. 2008)。このうち、初期に分岐した系統は四川省に分布し、その姉妹系統はその後二系統に分化して、それぞれ〔ヒマラヤ～中国西部～台湾〕地域と〔台湾～中国東部～日本列島〕地域に分布している。これらの研究では、主要な系統の地理的分布がふたつの森林亜区の両側に分かれていることから、チベット高原の隆起にともなう地形変動と、それにともない横断山脈の東西でモンスーン気候が分化したことが本地域での系統分化を引き起こした、と考察されている。

二〇一〇年代に入ると、広大な日華植物区においても地点当たり数十個体の個体を採取して、集団単位で遺伝解析が行われるようになった。ウコギ科の高木性植物ハリギリは、サハリンから日本列島、朝鮮半島〜中国まで分布する典型的な日華植物区系型分布種であり、地域間で形態・生態的に分化した分類群の知られていない単型属植物である。このハリギリについて分布域内から七五集団二、二〇〇個体を超える試料が採取され、遺伝解析されている(Sakaguchi et al. 2012)。葉緑体の解析結果から、ハリギリの種内には三つの主要な系統が存在することが明らかになり、それらは階層的に分化していた。最初に分化したのは日本列島から中国東部にかけて広く分布する系統（ＣＰ１）と、それ以外の中国西部に分布する系統群であった(図２ｄ)。その後、後者の系統は主に長江以南に分布する系統（ＣＰ２）と長江の北に位置している大巴・秦嶺山脈の系統（ＣＰ３）に分化していた。これら三つの系統の分布はほとんど地理的に重なっておらず、興味深いことにやはり東経一一〇〜一一五度を境界とする東西での分化を示している。系統分化が起こった年代を推定したところ、五〇万年前以降であることが示され、モミジハグマ属などの例よりは新しい時代に分化が起こった可能性が示された。ハリギリの葉緑体系統が分化した年代は、全球スケールで氷期─間氷期が繰り返す気候変動が顕在化してきた時代として知られている(Lisiecki and Raymo, 2005)。特に、寒冷化と乾燥化が同時に起きた氷期気候は、東アジアのフロラに大きな影響を与えたに違いない。例えば日本列島では、現在は中国・台湾にしか分布しないコウヨウザン属の *Cunninghamia* sp., *Fagus microcarpa* などがこの時代を境に化石群集から消失したことが知られている(Momohara, 1994)。こうした歴史的背景を考慮すると、厳しい気候変動に直面した結果、ハリギリの分布は小さく分断化されて、種内の系統が異所的に分化した可能性が考えられる。化石記録が不十分なため、ハリギリがどのような地域に分断化されていたのかは推測の域を出ないが、ＣＰ１系統の分布はイチョウやイヌカラマツの自生地として知られる天目山から武夷山脈に重なり、ＣＰ２は古固有植物が集中する三峡から雲貴高原の地域、ＣＰ３は大巴・秦嶺山脈と関係があるように見える（図１、図２ｄ）。もしハリギリの種内系統の分布が過去の分断化の歴史を表しているのだとすれば、これらの主要な山地域がハリギリにとっての重要な逃避地（分布が縮小した時期に、種が生き残っていた地域）として機能した可能性が考えられる。このように、日華植物区系の森林亜区境界と対応するような分布をもつ属や種であったとしても、そのなかには異なる時代に、異なる要因によって分化が引き起こされた系が混ざり合っており、表面的に類似した遺伝構造を呈している可能性が高い。この点については、今後さらに広域分布種について系統解析例を積み重ね、それぞれの系で分化年代や過去の集団動態をより正確に推定することで検討できると考えられる。

また厳密には日華植物区系型分布種ではないが、中国に分布するクララ属の *Sophora davidii* やタシロイモ科の *Tacca chantrieri*、ディペントドン属（*Dipentodon*）などにおいて、Tanaka-Kaiyong 線が東西の系統分化境界に一致するという報告がある（Fan et al. 2013; Yuan et al. 2008; Zhang et al. 2006）。特に *Sophora davidii* の二大系統の推定分化年代（約一三〇万年前）が、モミジハグマ属の主要系統の分化年代に相当する点は興味深い。さらに、チベット高原から三本の大河（長江、メコン川、サルウィン川）が平行して流れ出る地域では、イチイ属の *Taxus wallichiana*（Gao et al. 2007）やメギ科の *Sinopodophyllum hexandrum*（Li et al. 2011）など、複数の植物で横断山脈とヒマラヤ山脈東部の間で系統分化が起きており、それらを分かつ境界としてメコン―サルウィン分断線（Mekong-Salween Divide）が知られるようになった（図１ａ–Ｃ）。メコン―サルウィン分断型の系統分化を示す種群のなかには、分岐が第四紀以前に遡るものから、第四紀後期と推定されているものまでが含まれているため、それらの分岐に関与したイベントは複数存在することが予想される。またこの地域は気候や地形が東西方向に大きく変化することを反映し、系統分化にともなって生態的特性やニッチ要求性が変化した可能性が指摘されている（Liu et al. 2013; Wang et al. 2013）。複雑な地勢と気候を内容する中国南西部では、単純な異所的種分化に加えて、新たに誕生した環境への適応が系統分化を促進するように働いたことで植物多様性の一大ホットスポット（e.g. Kier et al. 2009）へと発達していったと考えられている。

三　日華森林亜区内における陸橋の形成と植物の分化

これまで、日華植物区の植物の系統分化において、特に中国西部における地殻変動や気候変動が果たした役割について述べてきたが、次に、より広い面積を占める日華森林亜区に目を向けよう。この地域は海によって大陸と島嶼が隔離されているという地理的特徴をもっている。実際に地図を見ると、海に囲まれている日本列島では、九州から中国本土まで約八〇〇キロ、朝鮮半島まで約二〇〇キロも隔離されている（図１）。このように海峡によって長距離を隔てられた陸地間であっても、多くの系統で同種や近縁種が分布しているのは興味深い現象である。「海によって隔離されている地域にどのように植物は移動し、分布を広げていったのか」、「隔離分布は、かつては連続していた分布が分断化されて成立したのか、それとも分散障壁が出来上がった後に種子が移動することで成立したのか」。植物の隔離分布に対するこうした疑問は、日本列島という島嶼に分布する植物の由来や大陸との関係を考えていく上で重要な研究課題である（e.g. 堀田、一九七四）。

日本列島と大陸での隔離分布を考える時に頭に入れておかねばならないのは、私たちが慣れ親しんでいる陸地の分布は過去に何度も大きく変化してきている、という点である。先に述べたように、第四紀後期には約一〇万年周期で、暖かく湿潤な間氷期と、寒くて乾燥した氷期からなる気候変動が繰り返された。現在はこの気候変動の中の間氷期のステージにあるが、約二万年前には最終氷期の最も厳しい寒冷期（最終氷期最盛期）が訪れていた。氷期には、海から蒸発した水が、極圏を中心とした広大な氷河に蓄積したことで海面が低下し、最終氷期最盛期には現在に比べて海面が約一〇〇メートル以上下がった。この影響で、浅い東シナ海（図1b-3）はほとんどが陸化して台湾と連結し、また対馬海峡（図1b-4）もほぼ閉鎖した状態になっていたと考えられている（図1bの点線が当時の推定海岸線を示す）。このように、当時の東シナ海、対馬海峡、台湾海峡（図1b-8）による植物集団の隔離効果は、大きく低下していた。

四　東シナ海周辺における落葉広葉樹林要素の歴史

このような地理的変化と気候変動が重なったことで、東アジアにおける最終氷期最盛期の植生分布は現在と大きく異なっていた。植物化石の分析や気候シミュレーションに基づいて東アジアの植生帯の変化を推定した研究では、最終氷期最盛期には中国北部で草原・砂漠が拡大し、樹林帯は北緯三〇度辺りまで南方へ押し下げられていたこと、日本列島では亜寒帯針葉樹林や落葉樹との混交林が列島南部で拡大したことが推定されている（Harrison et al. 2001; Tsukada, 1985）。さらに、干上がった東シナ海上には温帯性落葉広葉樹林が発達し、日本列島南部から中国東部を帯状に結んでいたという説が示されている（Harrison et al., 2001）。もし、このような東シナ海陸橋が温帯林を育んでいたとしたなら、陸橋を介して日本—朝鮮半島—中国東部の間で植物の分散が起こり得たかもしれない。この地域における温帯性落葉広葉樹の系統分化を検証した研究例では、オニグルミ（Bai et al. 2010）、カツラ（Qi et al. 2012）、アベマキ（Chen et al. 2012）、コナラ亜属（Okaura et al. 2007）などの地域集団間で、ほとんど遺伝的分化が見られていない。また、ケヤキについては九州と朝鮮半島の集団の間で固有の葉緑体ハプロタイプが分布するものの、地域間で共通するハプロタイプが検出されている(Fukatsu et al. 2012)。こうした系では地域集団間の分岐年代推定がなされていないため、最終氷期最盛期の陸橋の存在に関する直接的な証拠とはならないものの、陸橋上の落葉広葉樹林を介した遺伝子流動の可能性を否定する結果ではない。それに対して、先に紹介したハリギリでは、単一の葉緑体ハプロタイプが日本列島・朝鮮半島・中国東部で共有されている一方、より解像度の高い核マイクロサテライト遺伝子座解析では地域間で明瞭に遺伝的分化していることが示されている(Sakaguchi et al. 2012)。同様に、温帯性草本であるバイケイソウにおいても、日本列島と朝鮮半島の間で地域分化している(Kikuchi et al. 2010)。さらに深い系統分化が、日本南部のいわゆるソハヤキ地域(小泉、一九三一；前川、一九七八)と中国東部に隔離分布する植物種群で報告されている。例えば、キレンゲショウマ属(図３ａ、Qiu et al. 2009)、バイカアマチャ(Qiu et al. 2009)、ナベワリ属(Li et al. 2008)は、いずれも最終氷期最盛期よりも古い時代に分化しており、最終氷期最盛期の陸橋が分散経路として機能しなかったことが明らかにされた。これらを概観すると、樹木性の植物ほど遺伝的分化が小さく、草本性植物ほど分化が大きい傾向にあることから、植物の生活型や分散能力と遺伝的分化の度合いに関係があるように見える。また、最後に紹介した三群の植物は特に降水に恵まれた地域の林床に生育する草本もしくは低木種であることを考慮すると、最終氷期最盛期の陸橋上の環境はこうした種の生存には不適であり、一部の植物(例えば、大陸内部の草原に分布の中心をもつ満鮮要素と呼ばれるような植物群や、散布能力の高い植物群)にとってのみ有効な分散経路として働いた可能性が高い。

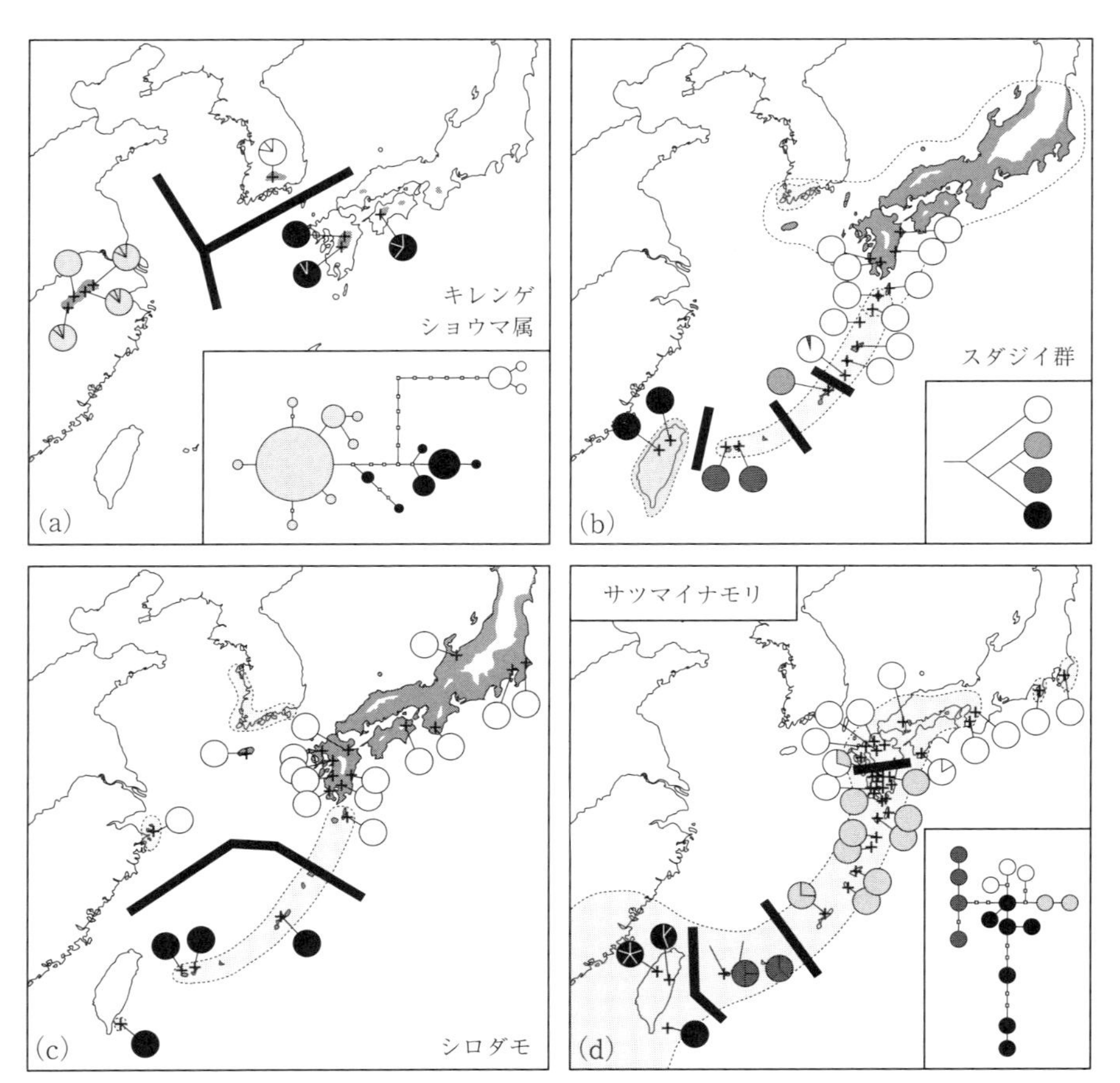

図 3　日本列島のソハヤキ地域と中国東部に隔離分布する落葉広葉樹林要素の系統分化(a)，および琉球列島を中心とした常緑広葉樹林要素の系統分化(b～d)。各図の右下隅は，葉緑体型の関係性を示すネットワーク図。(a)アジサイ科キレンゲショウマ属(キレンゲショウマ・チョウセンキレンゲショウマ)の葉緑体における系統分化(Qiu et al., 2009)。(b)ブナ科スダジイ群の葉緑体における系統分化(瀬戸口，2012)。(c)クスノキ科シロダモの核マイクロサテライト遺伝子座における系統分化(Zhai et al., 2012)。(d)アカネ科サツマイナモリの葉緑体における系統分化(Nakamura et al., 2010)。

五　琉球列島を中心とした常緑広葉樹林要素の歴史

次に、照葉樹林を構成する常緑広葉樹林の分布はどのように変化したのかを、系統地理的研究から見ていくことにする。現在の東アジアの常緑樹林帯は、日本列島南部と朝鮮半島南端地域、琉球列島、台湾、中国のおよそ北緯三五度線以南に隔離分布している（図１ａ）。暖温帯常緑樹林帯の分布は寒さの指数で分布が規定されている（Kira, 1991）ことから、現在よりも気温が六〜一〇度低下していた最終氷期最盛期には、日本列島における暖温帯常緑樹林の分布が著しく減少していたと考えられている。花粉分析の結果では、最終氷期最盛期にアカガシ亜属やマキ科の花粉が検出されている九州地方では、暖温帯常緑樹林要素が確実に残存していたとされる（Tsukada, 1985）。加えて、気候条件に基づけば、四国、紀伊半島、関東地方などに突出した低地（陸化した海底を含む）にも暖温帯常緑樹林要素の植物が生き残っていたと推定されていた（松岡・三好、一九九八）。実際、スダジイ（Aoki et al. 2014）、アカガシ（Lee et al. 2014）を対象に系統地理的解析を行った例では、本州、特に関東地方にも重要な氷期逃避地が存在していたことが示唆されている。また複数の暖温帯性植物の葉緑体ＤＮＡ解析（Aoki et al. 2004）、アオキの葉緑体ＤＮＡと倍数性解析（Ohi et al. 2003）、カラスザンショウの核マイクロサテライト遺伝子座解析（Yoshida et al. 2010）の結果からは、四国や紀伊半島にも地域分化した系統が分布していることが示されており、本州における複数の逃避地の存在が議論されている。

さらに南方では、琉球列島から台湾、中国大陸に連なる氷期陸橋と、暖温帯性植物の分布との関係を探る研究が進められてきた。最終氷期最盛期、琉球列島では海水面低下によって各島の面積は増加したものの、それぞれ水深一、〇〇〇メートル以上もあるトカラ海峡（図１ｂの⑤）や慶良間海峡（図１ｂの⑥）のほか、南先島諸島線（図１ｂ

の⑦などのほとんどの海峡は開いたままだったと考えられる(図1)。しかし、氷期における海面低下に加えて、琉球列島の海嶺上で第四紀後期の比較的新しい時代に活発な隆起活動があったことを仮定して、九州から台湾までをつなぐ陸橋が形成されていた可能性も指摘されており(木村、一九九六)、この議論に決着はついていない。

こうした琉球列島における陸橋の形成・消滅と植物の系統分化の関係について、さまざまな植物群を対象に系統地理的解析が行われてきている。特に島間で種子による分散が起こりにくい植物は、陸橋形成時にのみ分布拡大できると考えられ、集団の遺伝的分化が歴史的な地形変化を反映しやすい。これまでに、大型で海流散布されない種子を実らせる性質をもつソテツとスダジイ(オキナワジイを含む)について、葉緑体(およびミトコンドリア)DNAの変異が調べられている。その結果、ソテツについては沖永良部諸島(図1bの⑤と⑥の間)を境に二系統が南北で入れ替わるように分布していること(Kyoda and Setoguchi. 2010)、スダジイ群(図3b)でもやはり徳之島・沖永良部諸島の地域を境界にして二大系統に分化し、南部の系統は慶良間海峡と南先島諸島線の間でさらに分化していることが明らかにされた(瀬戸口、二〇一二)。また、鳥類などによって種子が散布される樹種としては、シロダモとアオキについて解析されている。日本列島から琉球列島の暖温帯林で普通に見られるシロダモは、国外では朝鮮半島南部の島嶼部・中国東部の舟山諸島、そして台湾の沖に浮かぶ蘭嶼島に点在するという特異な分布型を示す(図3c)。この種では、葉緑体と核マイクロサテライト遺伝子座の解析が行われ、沖縄島以南とそれ以北の集団で大きく系統分化していることが示された(Lee et al. 2013; Zhai et al. 2012)。シロダモでは慶良間海峡が重要な系統境界になっている可能性があるものの、ともに徳之島や奄美諸島の集団が解析されておらず、さらなる検証の余地がある。一方のアオキでは、九州から台湾にかけて葉緑体型に分化は認められていない(Ohi et al. 2003)。日本列島南部から琉球列島、中国本土にかけて分布する草本性植物・サツマイナモリでは、九州から沖縄島にかけては単一の葉緑体型が分布しているのに対して、先島諸島と台湾では固有の葉緑体型群が分布しており（図３ｄ）、慶良間海峡と南先島諸島線が地域間での系統分化に影響したことが示されている（Nakamura et al. 2010）。これら一連の研究からは、近接した島間では近縁な系統が分布するという傾向は共通しており、おそらく氷期に近接もしくは連結した島間で個体分散があったことを示しているものと考えられる。しかし、氷期でさえも完全に閉鎖しなかったとされるトカラ海峡では、その南北で植物相が大きく変化するにもかかわらず（e.g., Kubota et al. 2011）、多様な生活型・種子散布様式の植物において遺伝的境界が検出されているわけではない。同様の問題は台湾海峡からも報告されていて、タイワンスギ（Chou et al. 2011）や *Taxus wallichiana*（Gao et al. 2007）などでは海峡を隔てた集団は一〇〇万年以上にわたって隔離されているのに対し、アラカシやコウヨウザン属では両岸で共通の遺伝子型が優占している（Huang et al. 2002; Hwang et al. 2003）など、海峡による集団隔離効果は種によって一貫していないようである。

日華植物区系における植物地理学的仮説の多くは、種の分布パターンや区系分析などに基づいて二〇世紀半ばには既に提案されていたものである。しかし、当時から利用できた化石記録には同定やデータ量に問題があり、また種内の形態変異から系統関係を推定することも困難であったため、本格的にそうした仮説を検証できるようになったのは系統地理的解析が導入されてからである。

本章では、およそ二〇年前から二〇一五年現在に至る間に、系統地理的解析によって明らかになった日華植物区系の歴史に関する知見を紹介した。そのなかでは、中国西部での遺伝的境界のように複数種で共通して見つかる分化パターンの事例が報告されている一方で、種によって不一致が多く、いまだに分布形成要因が明らかでない事例も数多く存在しているという事情も、ご理解頂けたのではないかと思う。また先述したように、例え種間で類似した系統分布パターンが得られたとしても、それらが必ずしも同じ要因によって引き起こされた結果とは限らないことにも注意が必要である。例えば、チベット高原の隆起イベントは一時期だけのものではなく、新生代に段階的に起こったことが知られており(一、〇〇〇～一、五〇〇万年前、約三〇〇万年前、約一〇〇万年前などの説がある)、さらに第四紀後期に入ってからは気候変動の振幅が増大し始めている。これらのイベントは同地域の植物の分布に影響を及ぼしたと考えられるが、個々の影響を区別・比較するためには、系統の分化年代推定の精度を向上させることが必要である。しかしながら、既存研究の多くでは系統の分化年代推定すらなされておらず、また行われていたとしても、少数のゲノム領域に基づく推定であることから、得られた推定値には大きな不確実性が含まれている。

また本地域における植物の系統地理的研究例は右肩上がりに増加しているものの、歴史的な環境変動が種の分布に及ぼした影響を種特性(生活史、生活型、分散能力など)と関連づけながらメタ解析できるほど、研究の蓄積があるとも言い難い。これまでに解析対象となっている植物は、遺存分布型の固有種や生薬として重要な種、針葉樹などに偏っていることも今後解消していくべき課題といえよう。特に、照葉樹林を構成する植物については中国で圧倒的な種数が報告されている(例えば、アカガシ亜属六九種、シイ属五八種、タブノキ属八二種)ものの、現状では属内の種間関係ですらほとんど解析がなされていない。これらの種の種分化過程を解明することは、東アジア照葉樹林の生物地理に対する知見を深めるだけでなく、そこで醸成された照葉樹林文化の自然的背景を理解する上でも重要といえよう。今後は、質の高い解析に裏打ちされた研究を積み重ね、この驚異的な多様性を誇る日華植物区系とその主要部を占める照葉樹林構成要素の歴史の理解が進むことを期待したい。

第八章　日本人の歴史と草原の変遷

副島顕子

一　満鮮要素と日本の草原

かつて寒冷な時代、日本と大陸が陸続きであったころ、東アジアには乾燥した草原が広がっていた。最終氷期最盛期の海面は現在よりも約一四〇メートル低く、陸化した大陸棚により北海道はサハリンと、九州は朝鮮半島とつながり、日本海は冷たい湖であった。この時期の日本の高山帯は氷河に覆われ、東日本の低地には亜寒帯針葉樹林が、西日本の低地には冷温帯落葉樹林が草原とモザイク状に入り交じって成立していたものと考えられる。その後、約一万年前に氷期が終わり、気候の温暖化にともなって海面が上昇。日本列島は大陸から切り離された（小疇、二〇〇六）。温暖化と湿潤化がともに促進される気候変化のもと、日本列島全体にわたって森林植生が優占するようになり、縮小分断された草原は各地に点々と残されるだけとなった。そのような草原に生育する植物のうちあるものはその類縁を中国東北部（満州）や朝鮮半島にもち、これら古い分布の名残である草原性の植物達を、植物学者の小泉源一は満鮮要素と呼んだ（小泉、一九三一）。

日本における満鮮要素の分布は主に九州中北部、中国地方から中部地方にかけての西日本を中心とする低地丘陵帯や山地の草原である。全体的に太平洋側にやや分布が偏ること、また本州中部内陸の大陸的気候の地域に遺存的に出現するという特徴がある（図1）。大陸では北海道と同程度の緯度にある寒冷な土地に生育しているのだが、気候的に生育可能なはずの北海道にはほとんど出現しない。これらの植物達はいつどのようなルートで日本にやってきたのだろうか。西寄りの分布から、朝鮮半島経由の経路が有力視されているが（堀田、一九七四；村田、一九七七）、北からのルートはなかったのだろうか。最終氷期の北海道はサハリンを陸橋として大陸と陸続きであったが、当時そのルートは寒過ぎて使えなかった可能性がある。それよりもっと古い時代に北からの移入が

二　先史時代の日本における草原の分布と変遷

日本で最もよく知られる満鮮要素の生育地は九州阿蘇の草原である。阿蘇の草原はもともと火山活動によって森林の成立が妨げられていたために出来たと考えられるが、火山活動がそれほど活発ではない近年では、人が放牧や採草のために草を刈ったり、野焼きをしたりすることによって草原状態が維持されてきた。春にハナシノブ

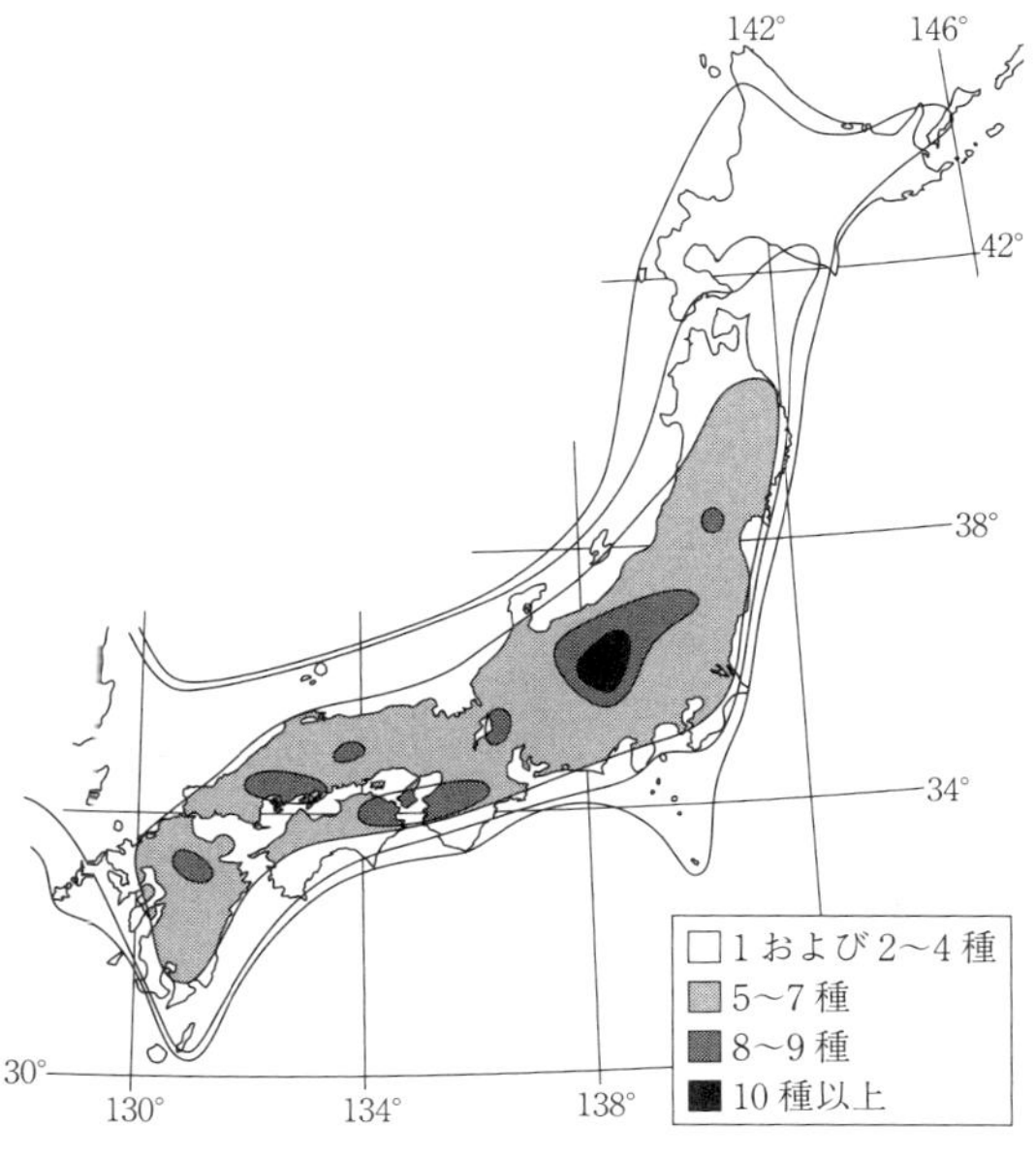

図１　中国東北地方・朝鮮半島との共通種の分布型（堀田, 1974）。オキナグサ, オオヤマレンゲ, マツブサ, キバナハタザオ, タコノアシ, ザリコミ, ザイフリボク, ニゴメウツギ, アサマフウロ（ツクシフウロを含む）, ツリフネソウの 10 種の等分布度線。

あった可能性もあるが、満鮮要素植物の多くは中国東北部や朝鮮半島に分布するものと同種で、ほとんど種の分化が起こっていないことから、移入はそれほど古い時代のことではなかったと考えられる（村田、一九七七、一九八八）。しかし、ほかにも大陸の草原と共通で、北海道から九州に広く分布する植物があり（いがり、二〇一二）、北からのルートの可能性も否定しきれない。満鮮要素の生物地理学的な歴史はまだ未解決な問題として残されているのだ。

写真1　阿蘇の野焼き(2012年，副島顕子撮影)。春先に草原に火を放ち，草原を維持する。技術と人手を要する危険な作業。

(*Polemonium caeruleum* subsp. *Kiushianum*)やオキナグサ(*Pulsatilla cernua*)、キスミレ(*Viola orientalis*)が咲き、秋にはシオン(*Aster tataricus*)やオミナエシ(*Patrinia scabiosifolia*)、ワレモコウ(*Sanguisorba officinalis*)が風に揺れる明るい草原で、遠く万葉の時代には我々の身近にもあったことを思わせる植生だ。

そのような草原は日本列島においてどのような歴史を経て現在に至っているのであろうか。寒冷で乾燥が厳しかった最終氷期の後、気温が上昇するとともに降水量が増えて、東日本低地では冷温帯落葉広葉樹林が、西日本低地では常緑の照葉樹林が発達し、列島のほぼ全域は森林で覆われるようになったと考えられる。花粉分析などの地質学的なデータは、最終氷期の後の日本列島は全体に温暖湿潤な気候で、豊かな森林植生が成立していたことを示している(安

写真2　阿蘇のオキナグサ(2013年，副島顕子撮影)。花と若い果実。和名は果実の様子を翁の白髪に見立てた。

田・三好、一九九八)。おそらくこの時期の草原は、攪乱の頻度が高い河原や森林の成立しにくい斜面に細々と残されていたのであろう。人類が日本列島に到達したのは最終氷期の後半、遅くとも約四万年前のことで、彼らは旧石器時代人として後氷期を迎えた。やがて狩猟採集生活から農耕生活へと移行した日本人の祖先が自然植生に影響を与え始めたのは後氷期も半ばを過ぎた縄文時代のことである。

例えば、関東地方の四、六〇〇年前の地層からソバの花粉化石が見つかっていることは、当時既に関東地方でも焼畑が行われていたことを示している(Sakaguchi, 1987)。焼畑は、数年間耕作をした後しばらく放置するというサイクルを、いくつかの場所で繰り返すという循環式農法なので、このころにはもう森林跡の草地が人為的に維持されていた可能性がある(Sakaguchi, 1987：内山、一九九八)。縄文後期の人口増加により、縄文時代末の、少なくとも西日本の平野周辺の山地丘陵地帯においては、焼畑による森林破壊は相当進んでいたことが推測されている(佐々木、一九七一)。

その後、約一、五〇〇年前を境にしてマツ属(*Pinus*)の花粉が急増するのと同時に極相林構成樹種の花粉が減少するという現象が全国的に広く起こっている。それに先立ってイネ科(Poaceae)やヨモギ属(*Artemisia*)花粉の増加が見られることから、これは稲作の導入による人為的な森林の破壊が低湿地から周辺の丘陵地に及んでいたためと考えられている(内山、一九九八：Tsukada, 1963)。また、西日本では早い時代から鉄の精錬のために、あるいは瀬戸内海地方では製塩のために大量の自然林が伐採され、森林の減少に拍車をかけたこともあったようだ(近田、二〇〇六)。森林の伐採跡が自然に放置されれば、遷移が進んでもとの森林に復活することが期待できるが、農業や牧畜、茅場として連続的に利用されれば半自然状態の草原が人為的に維持されることになる。

写真3　ムラサキ(2008年，副島顕子撮影)。沿海州にて。日本では稀少になってしまったが，大陸の草原ではごく普通に見られる。

三　近世から現代へ

温暖で雨の多い日本列島は、本来豊かな森林に覆われているはずであったが、先史時代に始まる人間活動により半自然状態の草原環境も広く維持されてきた。草原は遠く縄文の時代から人の暮らしに寄り添ってきたのである。古事記には大国主が身を潜めた草原や日本武尊が火攻めにあった草原が登場するし、万葉集にもナデシコ(*Diantus superbus* var. *longicalycinus*)やフジバカマ(*Eupatorium japonicum*)、ムラサキ(*Lithospermum erythrorhizon*)、オケラ(*Atractylodes ovata*)やオキナグサといった、草原ならではの植物が数多く歌い込まれている。

また、近世において人口が飛躍的に増大した江戸時代には牛馬の飼料や田畑の肥料として用いられる刈敷(かりしき)、屋根材の茅の供給地となる草原の面積も大きく増大したはずである。記録によると、明治・大正時代には「荒れ野」や「原野」が国土の

写真4　阿蘇の草原に咲くヒゴタイ（2010年，副島顕子撮影）

一割を超えていたという（須賀、二〇〇八）。里山の一部である草原が頻繁な野焼きや草刈りによって維持されていたのだ。

しかし、一九世紀以降の産業の工業化や生活の近代化によって草原に対するヒトの暮らしの依存度は激減し、放置された草原は植生の遷移過程を経て自然林へと姿を変えつつある。近年の統計データでは草地面積は国土の一～三パーセント程度に減少したという（須賀、二〇〇八）。その結果、草原と密接なかかわりをもって生育していた生物も減少の一途を辿り、多くの草原性動植物が絶滅危惧種のリスト（レッドリスト）に挙げられるようになった。植物では秋の七草として親しまれたキキョウ（*Platycodon grandiflorus*）が絶滅危惧Ⅱ類に、生薬や染料として古くから用いられていたムラサキも絶滅危惧ⅠB類に指定されている（環境省、二〇一四）。絶滅危惧Ⅱ類というのは「絶滅の危険が増大している種」を意味し、絶滅危惧ⅠBというのは「近い将来における野生での絶滅の危険性が高いもの」を意味している。満鮮要素として挙げられた七八種（村田、一九八八）のうち、シオンやオキナグサ、ヒゴタイ（*Echinops setifer*）、ヤツシロソウ（*Campanula glomerata* subsp. *speciosa*）など、四分の一に当たる二二種の草原性の植物がレッドリストに名前を連ねているのだ（環境省、二〇一四）。これらの植物達は人為的に維持されてきた半自然草原に依存した生活環をもち、草原の減少によってその生育地自体が失われつつある。近年は里山への関心が高く、各地で保全活動も行われているが、野焼き技術の継承や人手の確保などを長年にわたって維持するのはたいへんな努力と苦労を必要とする。

里山の消失にともなって多くの草原性植物が絶滅を危惧されているわけだが、その原因は生育地の消失だけではない。オキナグサ、キスミレ、ムラサキ、キキョウ、コウリンカ（*Tephroseris flammea* subsp. *glabrifolia*）、イワギク（*Chrysanthemum zawadskii*）、ヒゴタイ、ヒメユリ（*Lilium concolor*）など鑑賞価値のある植物は、園芸目的の採集によってもその存続を脅かされている。里山が身近な存在であったころにはありふれた草花として摘み草の対象ともなったであろう植物達であるが、現在では希少価値も加わって園芸市場でそれなりの価格で取引されている。流通に乗っているものは人工的に繁殖させた植物であることが多いのかもしれないが、手間がかかるのを嫌うのか、あるいは野生品の価値の方が高いのか、山採り、つまり掘り取ってきた野生の植物が流通にのることも少なくないようである。絶滅危惧生物の保護に関しては国だけでなく各都道府県の条例もあるのだが、まだまだ山採りを効果的に抑制するだけの規制力が弱く、盗掘によって壊滅的な損害を受ける集団は跡を絶たない。

山野草には、園芸品種にない野生そのままの素朴な美しさがあると思うが、山野草愛好家の間には珍しい変異個体への憧れも強くあるようだ。これは現在だけの話ではなく、江戸時代の園芸にもその嗜好を見て取ることができる。江戸時代の園芸ブームは寛永時代（一六二四〜一六四四）のツバキの流行に始まったといわれる。当初は中国から伝来したウメ（*Prunus mume*）やボタン（*Paeonia suffruticosa*）などの花木が主流であったが、徐々にサクラソ

図2　江戸時代に描かれたオキナグサの変わり咲きの図(高知県牧野植物園所蔵)。関根雲停画。

ウ(*Primula sieboldii*)やフクジュソウ(*Adonis ramose*)、オモト(*Rohdea japonica*)、ハナショウブ(*Iris ensata*)といった国内に自生する山野草に対象が移っていった(青木、一九九九;小笠原、一九九九)。園芸文化が庶民に普及することで、限られた面積の庭でも栽培できる草花への嗜好が高まったという背景がある。この流行には風変わりな珍品稀品の変異個体を愛好するというひとつの傾向が存在した。マツバラン(*Psilotum nudum*)やイワヒバ(*Selaginella tamariscina*)、オモトといった観葉植物の斑入りや枝の奇形、キクやフクジュソウ、アサガオの変わり咲きなどを収集することが流行ったのである。江戸時代には高度な園芸技術が確立されていて、交配や接ぎ木で品種改良を行っていたようだが、そのもとになるのはやはり山採りの変異個体であった(小笠原、二〇〇八)。富裕層の愛好家は各地の自生地からさまざまな変異株を探してこさせて栽培し、さらに品種改良を重ねて自慢のコレク

写真5　沿海州の草原（2008年，副島顕子撮影）。白いのはオキナグサの果実

ションを作り上げていた。そのコレクションの多様さは当時盛んに作られた図版集に見ることができる。

　そのひとつにオキナグサの変わり咲きの図が残されている（図2）。オキナグサは満鮮要素のひとつに数えられているが、日本での分布が比較的広く、東北から九州まで点々と分布している。現在では生育地が減少して絶滅危惧種となっているが、江戸時代には各地の里山で普通に見られたものに違いない。おそらくこれらの変異個体は各地で探し求めて集められたものであろう。この図に言及した、いがり氏は現在でもオキナグサの大きな集団では個体間の花の変異が見られるといい、日本のオキナグサのもつ遺伝的多様性の大きさに注目している（いがり、二〇一二）。しかしながら現在では、前述したような山採りの被害により、各地の大きな集団がごくわずかの間に消滅したり個体数を激減させたりする事例

写真6　沿海州のオキナグサの仲間(2008年，副島顕子撮影)。色が薄かったり，上向きに咲いたり変異が多い。オキナグサとヒロハオキナグサが混じって咲く。

が相当数知られている。満鮮要素の植物の例に漏れず、オキナグサも同じ種が中国東北部からロシアの沿海州、朝鮮半島に分布している。しかし日本のオキナグサがどのような歴史をもつのか、大陸からの侵入のルートや後氷期の分布の変遷などはまだ解明されていない謎である。その歴史的な背景は日本と大陸のオキナグサを比較する遺伝的な変異の研究でわかるかもしれないのだが、その変異は今現在急速に失われつつある。

山採りによる個体群の消失の場合、十分に機能的な生育環境が残されていることから、失われた種を他所の地域から移植したり、人為的に繁殖させた個体を植え戻したりする試みがなされることがある。同様の人為的な復活は動物のトキやメダカ、ホタルでも試みられているが、この方法には細心の注意が必要である。人為繁殖においては、少数の個体から増やした個体集団の遺伝的な多様性が小さいので病害や環境変化に弱いかもしれない。また、遠く離れた地域の集団との間には、過去の歴史を反映した遺伝的な違いが生じている可能性があるので、むやみな移植を行うことは自然に回復不能な混乱をもち込み、生物多様性を損なうことになりかねない。未解決の謎が謎のままで失われてしまうかもしれないのだ。学術的に十分な調査・研究と検討を重ねるべきである。

里山という人為的な半自然環境に生育する生物達は、里山の減少とともに確実に数を減らしつつある。人が手を加えない原生状態の自然をよしとするならば、それは消滅するに任せてもよいのかもしれない。しかし、いずれにしても人為活動の影響が避けられないものであるならば、人手をかけながら里山を残す方策を考えること、その際にできる限り人為的な介入を避けることが、今残されている生物多様性の価値を損なわずに将来へつなげることになるのではないだろうか。

第九章　照葉樹林文化と木の葉の博物誌

山口　聰

一　照葉樹林文化とは

照葉樹林文化は、照葉樹林のなかでの生活ではなく、その周辺の林縁、樹林と草原との袖群落の植生を生活に利用することで発達した営みである（山口、二〇〇九）。照葉樹林は、実は内部はかなり薄暗く、人々の暮らしには陰鬱であり、快適とはいいがたい。本章では、照葉樹林での生活を安定させるために、人々がどのようにして樹林と付き合い、樹林を育て、利用し、恩恵を被りながら、その生活文化が今日まで発展してきたのかについて考えを述べる。植物達のどのような特性、照葉樹林のどの部分が、人々の暮らしや文化と密接に関係しているのか、「常緑性」、「木菜」、「需葉植物（じゅよう）」というキーワードを取り上げて日本人の特有な文化の基盤形成にどのようにつながっているのか解説したい。根栽農耕文化が範囲を拡大して北の方へと展開する過程で遭遇した植生の変化にどのように適応して行ったのか。つまり、人は熱帯樹林から暖帯や照葉樹林帯、温帯、冷温帯の植物に出会い、そして出会った植物の特性を理解し、それらの利用形態を工夫しながら自分達の生活の糧として利用して独特の農耕文化と食文化の体系を築きあげてきたのか、ここに私の考えを記しておきたい。

二　照葉樹林での人々の暮らしと「木菜」

我々が植物を利用する主な目的は、食用、薬用、住居用、工作用そして衣料用である。食用のなかには、さらに主食としてのデンプン利用が第一義であるが、樹林内で樹木を利用する場合、新芽や柔らかい葉をまず対象とするであろう。照葉樹林文化の指標として例示されることの多いチャやサンショウなどもその典型である（中尾、一九六六)。また、広く熱帯圏や暖帯から温帯にかけて樹木の新芽を食用またはデンプン源として加工する例もよく知られている。樹木の葉を食べることから樹木の野菜つまり「木菜(もくさい)」として中尾佐助は特別に注目していた。「野菜」の定義は植物の栄養体の一部ないしは全部を食用として利用する植物なのであるが、中尾は、それを樹木性の「木菜」と草本性の「野菜」とに分けて認識している(中尾一九八〇、一九八六、二〇〇五、二〇〇六;渡辺、二〇〇二)。照葉樹林文化のもとでは、「木菜」利用の文化が特段に発達しているが、それには植物の展葉季節暦についての知識の蓄積が大きい。そのなかで四季の変化のある温帯域に進出した植物達の一部は光合成の効率向上をはかるとともに生活期間を拡張するようになり、「見かけの常緑性」(facultative evergreen habit)を発達させた。「本態的な常緑性」(obligate evergreen habit)とは異なる適応形質は、人々の暮らしにとって好都合な特性でもあり、有用植物として利用され栽培化への道筋を歩むことになった。「木菜」植物のなかにそのような典型を見ることができる。

ここでは、この「木菜」についての概略を述べ、そのなかでも特異な「茶利用植物」について考察したい。照葉樹林を基盤とした植物が熱帯から暖帯、温帯、寒帯へと北へ向かって分布域を拡大しながら常緑性から落葉性へと進化をとげる過渡的な特性としての「機能的常緑性」つまり見かけの常緑性(偽常緑性)を発達、維持させていることをツツジ、チャ、ツバキを題材として検証する。

三　木の葉、新芽を食物資源として利用する文化

三―一　野菜と木菜、そして需葉作物としての樹木類

ヒトは、何かを食べて生きて行かなくてはいけない生物である。植物、動物、菌類、時には泥とか石まであら

ゆるものを口にして試行錯誤を重ねながら、周囲の自然産物を食べられるものと食べられないものとに分類してきた。植物の利用を栄養学的に考えると、デンプンであればエネルギー源としての意味は当然であるが、そのほかに繊維質の重要性もあり、さらには体内の生理代謝にとって必須のビタミン類、生理活動においての酵素や触媒として働く有用成分を摂取する素材としての重要性もあり、植物の効果的な利用法がいつの間にか各地のさまざまな民族のなかで成立して行った。

農学的には植物を食用とするものには「野菜」と区分されていることが多いが、一般的には草本性植物の栄養成長期の体の一部なり全体を利用する。しかし、熱帯樹林や照葉樹林では樹木の若葉や新芽を食用とする事例はたくさんあり、中尾は樹木性の野菜を「木菜」として区分している。つまり、広義の「野菜」は草本性の狭義の「野菜」と、木本性の「木菜」とに二分される。Herbaceous Vegetable あるいは Grass Vegetable と、Wood Vegetable とでも呼べるであろう。特に、葉を利用する一群の食用植物に対しては農学的な視点から、需要の「需」の字を冠した「需葉」作物としてここでは区別する。ちなみに、かつて農水省で、野菜部門と茶業部門が統合した際には、どちらも「需葉」作物で共通性が高いと理由付けされており、果樹部門と茶業部門では利用部位が異なるので統合されなかった。

それぞれの利用・加工に際しては、生のまま利用する場合には、サラダのようにそのまま食べるほかに、刺激性・習慣性の成分を意図的に利用する、噛み料として利用する、嗜好性食品として利用するがある。生での利用のほかに、加熱加工が一般的であり、特に貯蔵のための乾燥あるいは発酵という技術が発達している。嗜好性飲料としてのチャの利用では、これらの利用形態のほとんどが観察されており、民族植物学的に植物の栽培利用の発達を理解するには格好の材料である。ここで取り上げる需葉植物としての「木菜」には、生のまま利用する形態として噛み料、サラダ、調味料としての利用があり、調理して利用する形態として主食の補助や調味料としての利用があり、さらには加工保存して利用する形態として調味料や嗜好性飲料としての利用がある。特に、照葉樹林文化圏では加工利用の手法として発酵食品としての貯蔵を兼ねた利用が発達している。

まず、どのような植物が、その葉を食用として利用されているのか、Tanaka（一九七六）の“Tanaka's Cyclopedia of Edible Plants of the World”から抜き書きしてみる。植物体の一部を食用とし、ある時は薬用ともするが、我々の体のなかに摂取するという意味からは野菜であり蔬菜であるが、その際に保存性を高めたり嗜好性を高めるための加工処理も発達しており、調理方法の複雑化とともに洗練された「野菜」へと進化する前段階の「木本植物」があり、多様な木本植物の葉が食用とされたり、噛み料とされたり、香辛料とされたり、嗜好飲料とされたりしている（表１～４）。

三-二　葉を利用する文化の展開について

葉を食用とする49種（表１）、葉を香料とする14種（表２）、葉を噛み料とする５種（表３）、葉を飲用とする12種（表４）をリストアップできる。表１～４を見ると熱帯圏での多様な植物の新芽、若葉を利用する食文化の発展が温帯の照葉樹林帯に取り入れられ、多くの植物の葉がビタミン給源として人々の暮らしを支えているようになっている。熱帯林や照葉樹林の林内では下草の種類が少なく、食用作物の栽培も困難であった狩猟採集段階の民族にとって樹木の柔らかな新芽、若葉は貴重な食料でもあったであろう。そのなかで、タンニンやカフェインなどの有用成分に富んだ植物の発見・利用によって、茶利用文化が生み出されている。特にカフェイン植物の典型であったチャはその軽い興奮作用、覚醒作用から照葉樹林での人々の暮らしを支えたことであろう。照葉樹林で暮らす人々が生活圏を北へ東へと広げて行くにつれて、暖温帯、温帯での植物利用も開発して行くことになった。ある場合には植物利用の形態をかえずに、特定の植物の近縁種を見つけて文化を維持し、また、特別のこだわり

表1 葉を食用とする植物(堀田, 1989；Tanaka, 1976；渡辺, 2002などを主として参考にまとめた)

科	植物
ニレ科(Ulmaceae)	ウラジロエノキ(*Trema orientalis*)：若葉を食用
クワ科(Moraceae)	パラミツ(*Artocarpus heterophyllus*)：葉を薬用, 食用
	エジプトイチジク(*Ficus sycomorus*)：若葉をサラダに
	インドグワ(*Morus incica*)：葉を食用
ボロボロノキ科(Olacaceae)	プリアンランダック(*Strombosia javanica*)：葉を食用
オシロイバナ科(Nyctaginaceae)	イカダカズラ(*Bougainvillea glabra*)：若葉を食用
クワモドキ科(Dilleniaceae)	シンポーガジャ(*Dillenia reticulate*)：葉を食用
ワサビノキ科(Moringaceae)	ワサビノキ(*Moringa oleifera*)：幼葉を食用
マメ科(Leguminosae)	モルッカネム(*Albizia farcataria*)：若葉を生色, 煮食
	タイワンネム(*Albizia procera*)：若葉可食
	マラバリカ・バウヒニア(*Bauhinia malabarica*)：葉に酸味があるので肉料理の香辛料, 若葉は煮食
	ラセモサ・バウヒニア(*Bauhinia racemosa*)：葉, 若枝, 蕾や花を野菜として利用
	キバナモクワンジュ(*Bauhinia tomentosa*)：葉に酸味があるので調理用, 場合により生食
	フイリソシンカ(*Bauhinia variegata*)：若葉を利用
	モクセンナ(*Cassia suratensis*)：若葉を食用
	ケセンナ(*Cassia tomentosa*)：葉を茹でて食用とする
	ナガバデイゴ(*Erythrina fussa*)：葉を食用
	ネジレフサマメノキ(*Peltogyne speciosa*)：若葉や花も食用
	インドシタン(*Pterocarpus indicus*)：若葉や花も食用
	シロゴチョウ(*Sesbania grandiflora*)：若葉を食用
トウダイグサ科(Euphorbiaceae)	バロンアイアム(*Antidesma ghaesembilia*)：葉・実ともに食用
	ケイトカルプス(*Chaetocarpus castanocarpus*)：若葉が可食
	アマメシバ(*Saurops androgynus*)：葉を煮食
ミカン科(Rutaceae)	オオバゲッケイ(*Acronychia laurifolia*)：若葉を食用
	オオバアワセンダン(*Euodia roxburghiana*)：葉を食用
ニガキ科(Simaroubaceae)	バラノス(*Balanites aegyptiaca*)：葉を食用
センダン科(Meliaceae)	コーキセンダン(*Azadirachia excelsa*)：若葉を食用
ウルシ科(Anacardiaceae)	アカタネノキ(*Bouea macrophylla*)：若葉を食用
	マンゴー(*Mangifera indica*)：葉を食用
ムクロジ科(Sapindaceae)	クビリナット(*Cubilia biancoi*)：葉は食用
	マタジャムノキ(*Eriglossum rubigiosum*)：若葉は食用
クロウメモドキ科(Rhamnaceae)	ヤエヤマママナツメ(*Colubrina asiatica*)：葉は食用
アオイ科(Malvaceae)	オオハマボウ(*Hibiscus tiliaceus*)：若葉を食用
パンヤ科(Bombaceae)	バオバブノキ(*Adansonia digitata*)：若葉を食用
イイギリ科(Flacourtiaceae)	ルカム(*Flacourtia rukam*)：若枝・葉を食用
	パンギノキ(*Pangium edule*)：老葉から保存食品

パパイア科(Caricaceae)	パパイア(*Carica papaya*)：若葉は食用
クリプテロニア科(Crypteroniaceae)	
	ブコイ(*Crypteronia paniculata*)：若葉は食用
サガリバナ科(Lecythidaceae)	
	サガリバナ(*Barringtonia racemosa*)：葉は食用
シクンシ科(Combretaceae)	インドシクンシ(*Quisqualis indica*)：若い茎葉は可食
ヤブコウジ科(Myrsinaceae)	マンリョウ(*Ardisia crispa*)：若葉を食用
アカネ科(Rubiaceae)	ヤエヤマアオキ(*Morinda citrifolia*)：若葉も可食
	コヤエヤマアオキ(*Morinda elliptica*)：若葉は煮食野菜，葉を飯と混食
	ハナガサノキ(*Morinda umbellata*)：葉可食
	ベンガルウダン(*Nauclea subdita*)：若葉可食
	チーズウッド(*Nauclea undulata*)：若葉可食
	アルー(*Vangueria spinosa*)：葉は糊状に搗いて食用
クマツヅラ科(Verbenaceae)	イボタクサギ(*Clerodendron inerme*)：若葉を食用
	ウスギクサギ(*Clerodendron serratus*)：若い葉を生食，煮食，苦味

表2　葉を香味料，賦香料として利用する植物(堀田，1989；Tanaka，1976；渡辺，2002などを主として参考にまとめた)

クスノキ科(Lauraceae)	イヌニッケイ(*Cinnamonum iners*)：カレーの賦香
	アンナンニッケイ(*Cinnamonum obtussifolium*)：カレーの賦香
	タマダラス(*Cinnamonum tamala*)：葉を香味料
オトギリソウ科(Guttiferae)	ムムンジン(*Garcinia dioica*)：若葉酸味，生食，またはタマリンド代用の調味料
コカノキ科(Erythroxylaceae)	
	インドコカノキ(*Erythroxylum moogynum*)：葉は南インドでカレー野菜
ミカン科(Rutaceae)	リモー(*Citrus amblyocarba*)：葉を香味料
	スメルノキ(*Clausena excavata*)：枝葉をカレーの賦香
	ワンピ(*Clausena lausium*)：葉をカレーの賦香
	ゲッキツ(*Murraya paniculata*)：葉をカレーの賦香
	ナンヨウザンショウ(*Myrraya koenigii*)：カレーほか，食品の賦香
	ゴオック(*Syzygium polycephalum*)：新芽を米飯とともに煮食，葉を野菜
	サンショウ(*Zanthoxylum piperitum*)：若芽を香辛料に，果実を調味料に
ハマザクロ科(Sonneratiaceae)	
	マヤプシキ(*Sonneratia alba*)：葉を生食，煮食(カレーまたは魚とともに煮食)
ウコギ科(Araliaceae)	タイワンモミジ(*Nothopanax fruticosum*)：若葉に香気，肉類に添えて煮食

表3　葉を噛み料として利用する植物（堀田，1989；Tanaka，1976；渡辺，2002などを主として参考にまとめた）

科	植物と利用
コショウ科（Piperaceae）	キンマ（*Piper betele*）：ビンロウの果実を包み，噛み料
マンサク科（Hamamelidaceae）	
	ラサマラノキ（*Altingia excelsa*）：若葉の先端を野菜，葉を噛み料
	ソゴウコウノキ（*Liquidambar orientalis*）：咳止めに葉を噛み料
ムクロジ科（Sapindaceae）	レイシ（*Litchi chinensis*）：葉を噛み料
アカネ科（Rubiaceae）	ガンビール（*Uncaria gambir*）：茎葉を噛み料

表4　葉を茶にして利用する（堀田，1989；Tanaka，1976；渡辺，2002などを主として参考にまとめた）

科	植物と利用
ツバキ科（Theaceae）	チャ，アッサムチャ（*Camellia sinensis*）：葉を製茶
	キッシーチャ（*Camellia kissi*）：葉を製茶
マメ科（Leguminosae）	ミミセンナ（*Cassia auriculata*）：葉を食用，乾燥葉はスリランカで茶にする
コカノキ科（Erythroxylaceae）	
	コカノキ（*Erythroxylum coca*）：半乾燥葉を噛み料，煎じて茶飲料
モチノキ科（Aquifoliaceae）	マテチャ，マテノキ，パラグァイチャ（*Ilex paraguayensis*）：葉から茶
ニシキギ科（Celastraceae）	アビシニアチャノキ（*Catha edulis*）：アラブ諸国で葉を茶に，乾燥葉を噛み料
ホルトノキ科（Eleocarpaceae）	
	ナンヨウザクラ（*Muntigia calabura*）：時に煎じて葉を茶
ワタモドキ科（Cochlospermaceae）	
	キバナワタモドキ（*Cochlospermum gossypium*）：乾燥葉は興奮性茶飲料
フトモモ科（Myrtaceae）	カユプテ（*Melaleuca leucadendron*）：葉から茶
	グワバ（*Psidium guajava*）：葉を茶の代用
クマツヅラ科（Verbenaceae）	タイワンニンジンボク（*Vitex nugundo*）：葉から茶に似た飲料を作る
アオギリ科（Stericulaceae）	コラ，コーラノキ（*Cola acuminata*）

のある植物については人為的に随伴させて栽培を進化させた。そのなかには、日本特有の植物利用文化として連綿と発展した植物もある。新芽・若葉利用の文化は、日本では落葉樹のサンショウ利用として発展していたり、草本では青紫蘇利用として発展していたりする。また、嗜好飲料植物のチャは人々の移動、あるいは文物の交流にともなって導入されている。

サンショウの利用は近縁種も含めて照葉樹林文化の伝播とのつながりがある。インド東北部アルナーチャル・プラデッシュでの聞き取りでは、若葉は香辛料として川魚料理に利用され、果実は野生の牛、ミトンの肉料理に使われる。ネパールではキノコ料理に使われるが、川魚料理にも香辛料として使っている。韓国や中国でも魚料理に使われている。日本ではサンショウとウナギが相性がよいことはよく知られている。

四　照葉樹と常緑樹

熱帯から温帯へ、南から四季の変化のある北の方向への植物の拡散過程で、寒い冬をしのぐための休眠と落葉の形質が有利に働くのか、多くの植物が落葉性に適応して行くなかで常緑性にこだわる植物種もある。熱帯から亜熱帯、そして暖温帯に拡散して行く「常緑性」の植物、特に木本植物のなかには既に「見かけ上の常緑性」を示す植物があり、北方への拡散につれてその一部で落葉性への適応が誘導されている。ツツジの仲間がその典型である。一部のツツジでは個葉の展開が一斉に行われず、比較的長い期間にわたって次々と新しい葉が展開する。個葉自体の寿命は短くとも、常時樹体上には葉が展開していることになり、「機能的」に「常緑」である。つまり、常緑性には「本質的な常緑性」と「見かけ上の常緑性」がある。若葉を利用する場合、周年にわたって新葉を展開している、ここでいう「見かけ上の」常緑性植物の方が好まれることになる。見かけ上の常緑性植物の方が、発生したばかりの若くて柔らかい葉を一年中利用出来るので、作物としては利用価値が高い。このような視点から見かけ上の常緑性をふたつの植物群、ツツジの仲間とチャの仲間について考えてみたい。

ツツジ類の常緑性について

日本の春を彩る植物のひとつにツツジ類があり、日本各地に多様な種が分布している。そのなかには常緑性のサクラツツジから落葉性度の高いミヤマキリシマなど、多様性が興味を引く。各種のツツジにつき、継続的に展葉時期と落葉時期を記録し、月別の展葉数、落葉数、そして、それぞれの個葉の寿命(着生期間、着葉月数)を記録して、月別の平均着葉数を求めると、春先一度だけの展葉を行いその個葉が越冬し、二年度にわたって着生する本態的な常緑性の種と、反対に春先一度だけの展葉でその年の秋までには落葉する本態的な落葉性の種の存在が明らかになる(図1)。

展葉時期ごとに葉の大きさを比較すると、寿命の短い春先の展開葉は大型であり、夏、秋の展開葉は比較して小型であった。大型の葉を短期間展開して光合成産物を一斉に蓄積する戦略と、連続的に小型の葉を展開して長期にわたり光合成産物を蓄積する戦略との二通りの適応戦略をとっていることになる。樹林内に侵入して生活するツツジは、一時に寿命の長い葉を展開して長期間の光合成を行う戦略が有利である。樹林周囲の袖群落や温帯広葉樹林に侵入する時には、春先の開放されている空間での光合成だけ確保すればよいので、個葉の寿命は短くてもかまわない。

実験と観察の結果から(図2)、ツツジ類の常緑性の程度は次のような段階に分けて考えられる。

①春先に多数の中程度の大きさの葉を展開し、その後夏からは小型の葉を展開する暖地常緑型(マルバサツキ)、②春先にやや大型の葉を展開するが寿命は長くなく、秋には再び葉を展開する暖地偽常緑型(サタツツジ)、③春

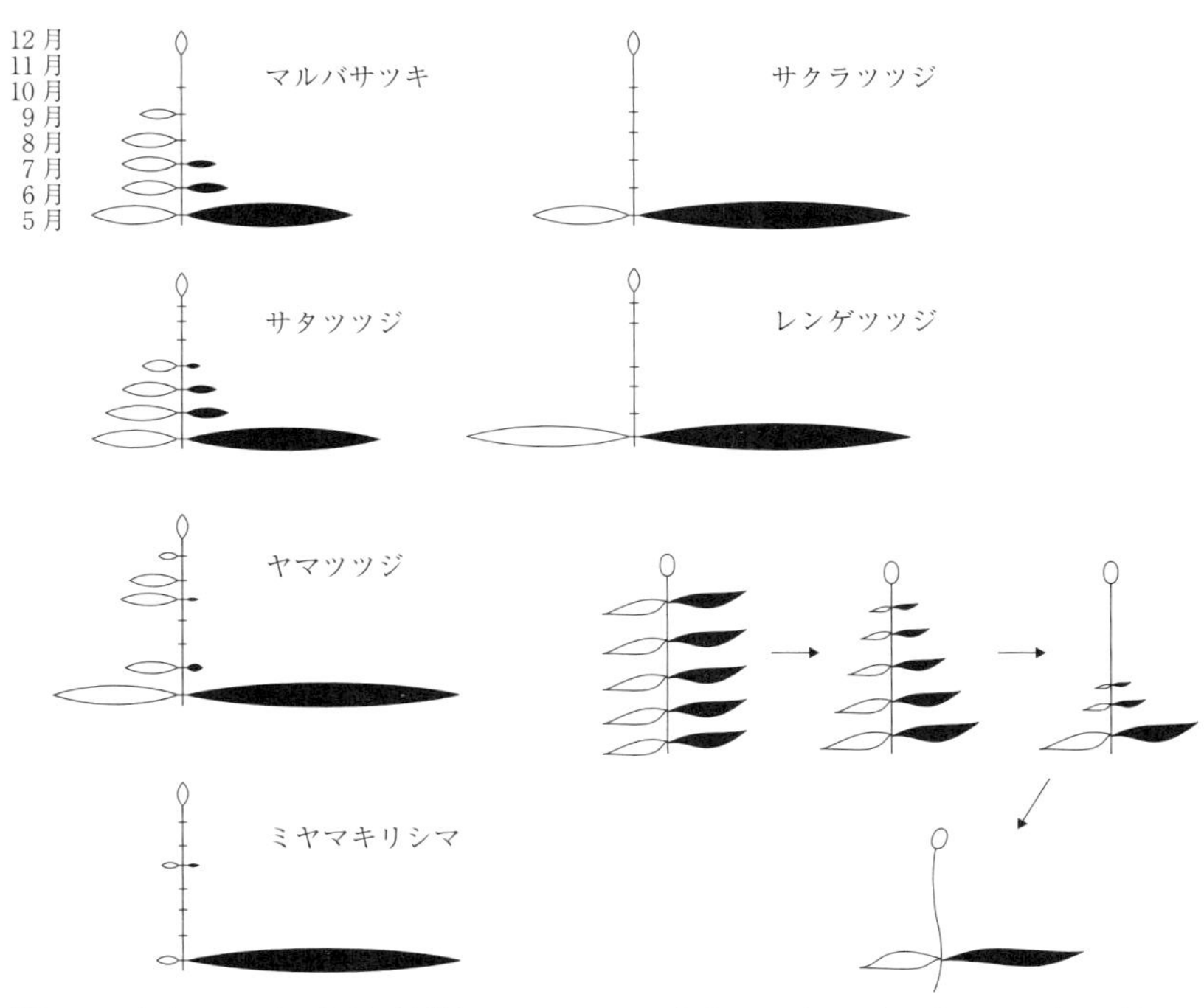

図１　日本産ツツジの各月別（縦軸の下から上へ春先から秋口へ）の葉の展開枚数（左側）とその寿命（相対値）（右側）

先に寿命がやや長い中程度のサイズの葉を展開し冬にはほとんどを落葉させる半落葉型（ヤマツツジ）、④春先に小型の葉を多数展開し、秋口にはほとんど落葉する高冷地半落葉型（ミヤマキリシマ）、⑤寿命の短い大型の葉を春先だけに展開し、秋口までには落葉する落葉型（Ⅰ）（レンゲツツジ）、⑥寿命のやや長い大型の葉を春先だけ展開する落葉型（Ⅱ）（オンツツジ）、⑦寿命が一年を越える中型の葉を春先だけ展開する常緑型（真性）（サクラツツジ）である。

このような特性に遺伝的背景があるのか暖地偽常緑型のサタツツジと落葉型（Ⅱ）のオンツツジとの交配によって雑種をつくり一次枝につく葉の様子を見たところ、雑種の展葉パターンは両親の中間的な傾向になり（図３）、大きな単一の遺伝子で支配されている特性とは考えられなかった。

五　チャ、そのほかのツバキ属植物に見られるリーフフェノロジー

次に照葉樹林文化の指標植物とされるチャ（*Camellia sinensis*）の常緑性について検討してみよう。

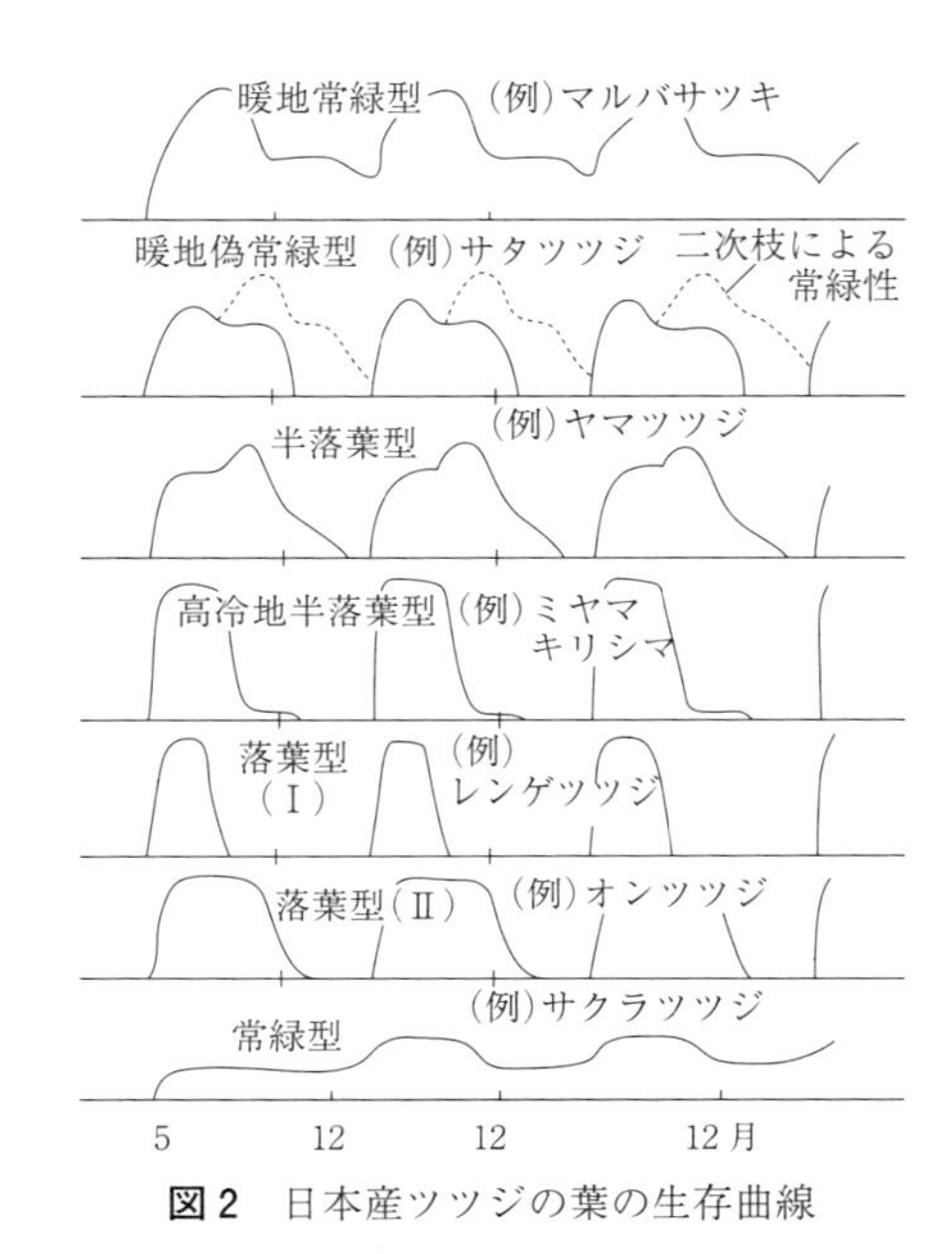

図 2　日本産ツツジの葉の生存曲線

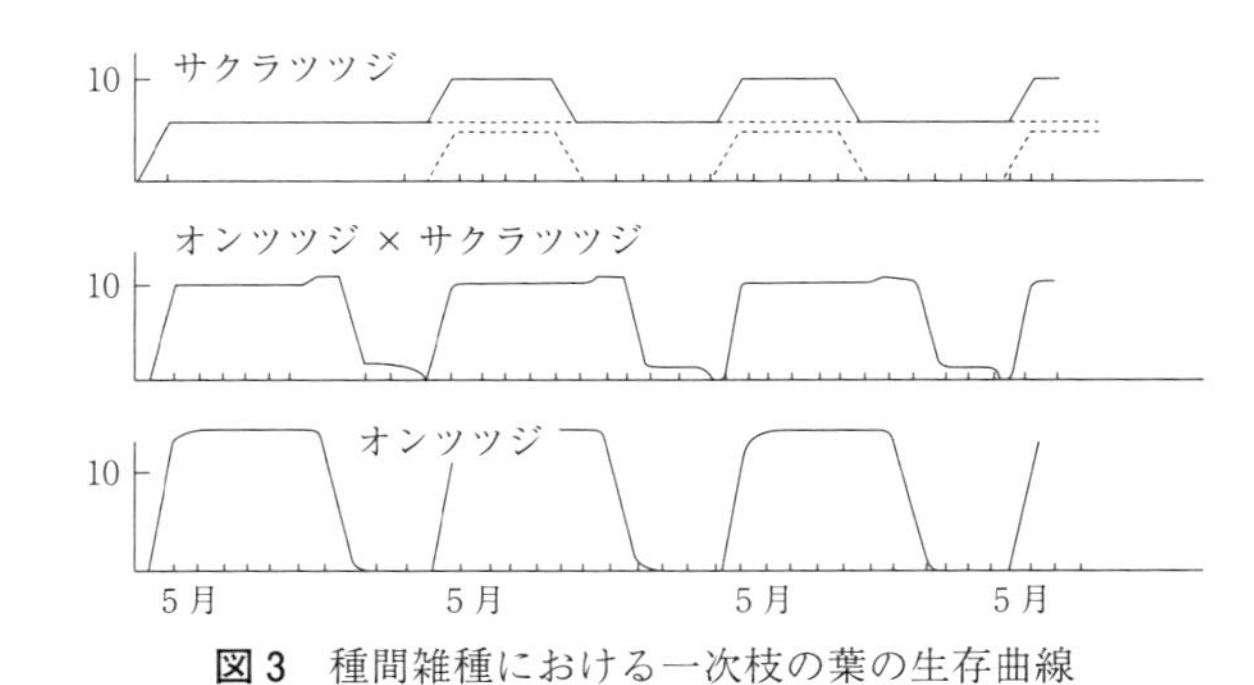

図 3　種間雑種における一次枝の葉の生存曲線

Camellia 属のうち四亜属九節二六種の原種について、春の展葉期から一年間にわたって、展葉枚数、各葉位別の葉長および緑色度を調べると、どの種も全体として一年生枝当たり一五～二〇枚前後の葉を展開した。いずれの種も葉位の初期の葉は極めて小型の芽鱗となっていて、その枚数の多少で二分出来た。緑色度については葉位による差はなかった。個葉の寿命はどの種も一年に近く、本質的常緑性と見なした。属全体に共通して、個葉は展開し始めてから緑色が濃くなって安定するまでに三か月近くかかり、成熟はゆっくりしていた。芽鱗状の葉を除外して成熟葉の枚数が多いのは Paracamellia 節、Protocamellia 節、Theopsis 節の種であった。

Camellia 属のなかでは系統的に祖先型に近いグループである。

葉の展開時期別の葉のサイズと緑色度を各分類節ごとに比較すると、たくさんの葉を年間均等に展開し、葉の大きさに季節による周期的な差のある Theopsis 節、葉数は多いが半分程が芽鱗となっている Camelliopsis 節、Archecamellia 節、Paracamellia 節、葉数が少なくなりほとんどが芽鱗となっている Camellia 節、葉数も小さく芽鱗も少ない Thea 節など、葉数、芽鱗数、緑色度など各分類節ごとに特徴がある。葉数が多く、葉のサイズも均一であった祖型から芽鱗に変態する方向と、葉数を少なくする方向との二方向の進化がうかがえる。

熱帯に起源した祖先型のツバキ属植物が暖かで湿度の十分にある樹林内環境から次第に分布を広げながら、乾燥した冷涼な環境へ拡散して行くには、どのような特性を備えれば生存しやすかったのであろうか。

熱帯樹林で展開した原始的な種は、次々に中程度のサイズの葉を展開し、葉数が多い常緑性の生活史を示していただろう。それが次第に熱帯から離れて分布するにつれ生育に周期性が生じ個葉のサイズに変化が起こってきたと思われる。そして、枚数を減らし、葉を大型化して厚みを増し、光合成を効率よく行う方向への進化をとげたグループと、大半の葉を小型化して芽鱗に変態させ、寒冷時の芽先の保護を有効に行う方向に進化し耐寒性を獲得したグループが生じた。そしてふたつのグループは照葉樹林帯から温帯落葉樹林帯へと拡散して行っただろ

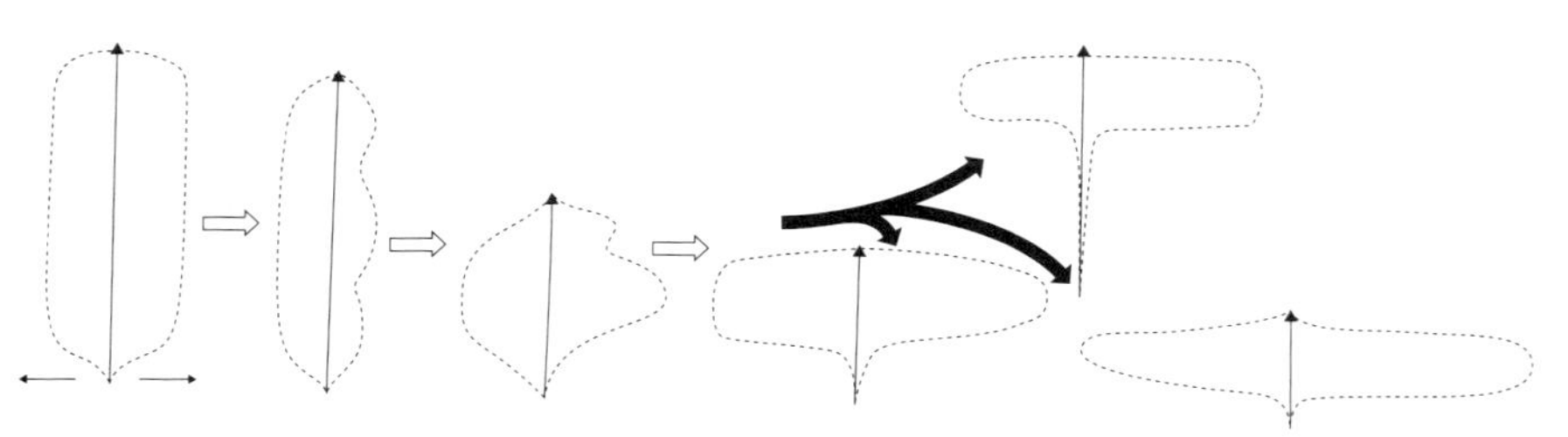

図４　Camellia属内各節に見られるリーフフェノロジー進化の相互関係の類型。各図の左側は葉の緑色度，右側は葉の長さ。下から上に展開した順番を示す。全体として１年に生産される葉の枚数が減少し，そのなかで完全葉から越冬芽の芽鱗に変化する方向と，芽鱗も減少する方向に進化している。

う。前者がチャの仲間であり、後者がツバキの仲間と見なせる。このような種の進化が照葉樹林帯を通して起こったが(図４)、そのなかで、チャのように我々の暮らしにかけがえのない有用植物が見つけられ、さまざまに利用されてきたのである。

ツバキは冬の乾燥した寒さに対して芽鱗の枚数を増やし、次の年の芽を保護する戦略を取ったことで分布域が北方に広がったと考えられる。チャは展開する葉の枚数を減らし、葉の厚みを増して光合性の効率を向上させて休眠することなく生活を続ける戦略を取った。休眠性が向上しなかったため、照葉樹林帯のなかというよりは周縁部に生育しており、刈り取られてもすぐに新しい芽を展開する特性が、有用植物しての利用に結びついた。機能的な周年性の新芽伸長特性が、照葉樹林帯で暮らす人々の生活に適合して作物として利用されることになったのである。

照葉樹林を主構成している植物種は「常緑」に見えているが、寿命の短い葉を次々と展開して、見かけ上は常緑に見なされている場合もあることをツツジの仲間のリーフフェノロジー観察から説明した。熱帯から北の方へ拡散する際には、周年の光合成を維持しなければならないが、寒さに対する適応の点からは、耐寒性を強化したり落葉性へと変化して芽先を保護しなければならない。しかしながら、照葉樹林のなかでの人々の生活に密接なつながりをもち続けるには常緑性、つまり周年にわたって葉が活発に活動している方が有利でもある。休眠せずに一年中新しい芽を出す能力を保持していることが作物として利用(保護)されたり、周年にわたって緑環境を提供して修景植物として利用(愛玩)されるようになった特徴がある。常緑であることによって照葉樹林文化圏の東端に暮らす我々の生活と密接な関係を保ってきたツバキの仲間、ツツジの仲間のフェノロジーについて改めて関心をもっていただきたい。照葉樹林文化は葉を食べる文化、芽を食べる文化でもある。

第一〇章　帰化植物アサガオ類のつくる自然への功罪

保田謙太郎

日本の雑草フロラは、国外からの帰化という形での植物の受け入れによって構成種を増やしてきた。これは有史以前から続く現象であり、この傾向は歴史時代に入ってからも続いている(前川、一九四三)。例えば、現在の主要な水田雑草の多くは、稲作の渡来にともなって日本に侵入した植物である(笠原、一九七六)。このような新たな植物の侵入と、さらに、侵入した植物が日本の環境へ適応することによって、日本の雑草フロラの多様性は育まれてきたのである(山口、一九九七、二〇一一)。

現在においても、日本の雑草フロラは、新たな植物を受け入れ、その構成種を増やしている(榎本、一九九七)。新たな植物とはいわゆる帰化植物である。帰化植物は、江戸時代末期もしくは明治時代以降に人間活動によって日本へ侵入し野生化した植物と定義されるが(清水・近田、二〇〇三)、生態系の破壊者や作物生産の阻害者としてのイメージが強い。

植物の帰化は、一般に侵入→定着期→伝播期→飽和期で進む(重定、一九九二)。侵入の初期は、個体数が少ないため、生育地の破壊などの偶発的な事象や他種との競合によって帰化種は絶滅することもある。その時期を越えると、適応が進む定着期、急速に広がっていく伝播期、そして飽和期に至る。定着期から伝播期には新たな生育場所を獲得していくので、生育地で既存の植物やそれらを観賞・利用していた人間との軋轢を生じる。この軋轢が帰化植物の悪いイメージを生む原因である。ただし、いつの時代であっても、新たな植物の侵入時にはこの軋轢が生じていたと考えるのが妥当である。日本の雑草フロラの多様化の過程を見れば、新たに侵入した植物を防除対象や生態系の破壊者としてのみではなく、現代の雑草フロラを多様化させている植物としても見ることができる。

第二次世界大戦以降、日本ではこれまでほとんどなかった畜産が振興されるようになる。これにともない、畜産に関連のある雑草が急速に日本に侵入する。そのひとつがヒルガオ科サツマイモ属の数種からなる帰化アサガオ類で大豆畑や農耕地周辺に広がっている。これらはもともと米国の耕地での問題雑草であり、侵入植物としてよく研究されている。ここではこの帰化アサガオ類を事例に、帰化植物の侵入と定着がどのように進むのか、そして侵入先で何が起こっているのかを見ていくことにする。

一　帰化アサガオ類とは

帰化アサガオ類は、日本の農耕地やその周辺に侵入し、雑草化している複数のサツマイモ属(*Ipomoea*)の一年生草本の総称である。属名に対応するなら呼び名は、帰化サツマイモ類であるが、大きな花が特徴で、アサガオとその近縁種が含まれるためアサガオ類と呼ばれている。サツマイモ属には約六〇〇～七〇〇種あり(Austin and Huáman, 1996)、そのなかのアサガオ、アメリカアサガオ、マルバアサガオ、ホシアサガオ、マメアサガオ、マルバルコウが帰化アサガオ類に該当する(写真1、表1)。

帰化アサガオ類はアメリカ大陸の原産で(長田、一九七二；清水ほか、二〇〇一；清水・近田、二〇〇三)、アメリカアサガオ、マルバアサガオ、マメアサガオおよびマルバルコウは熱帯アメリカに、マメアサガオは北アメリカに自生する。アサガオは広域に分布していたため原産地について諸説あったが、近縁な六種がアメリカ大陸に自生(野生)していることから、その原産地は熱帯アメリカであると考えられている(Austin et al. 2001；米田、二〇〇六)。

日本の帰化アサガオ類は、春から発芽を開始する一年生草本である。畑や路傍などのやや乾いた場所を好む。開花は初夏から始まる。花はアサガオと同様に朝早くから開花し、その日に萎む一日花である。秋に成熟した種子をつけ、降霜によって枯死する。種子には硬実性による休眠があり、種子が散布された場所には埋土種子集団ができる。土中に埋設したマメアサガオの種子が三九年後にも発芽したという記録もある(Toole and Brown, 1946)。

アサガオ　アメリカアサガオ　マルバアサガオ

ホシアサガオ　マメアサガオ　マルバルコウ

写真 1　帰化アサガオ類 6 種の花(2006 年，保田謙太郎撮影)。すべて朝に開花し，1 日で萎む一日花である。

表 1　帰化アサガオ類の特徴(長田，1972；清水，2003；清水ほか，2001 を参考に作成)

和名	アサガオ	アメリカアサガオ	マルバアサガオ	ホシアサガオ	マメアサガオ	マルバルコウ
学名	*Ipomoea nil*	*I. hederacea*	*I. purpurea*	*I. triloba*	*I. lacunosa*	*I. coccinea*
原産地	熱帯アメリカ	熱帯アメリカ	熱帯アメリカ	熱帯アメリカ	北アメリカ	熱帯アメリカ
侵入・渡来時期	奈良時代	江戸時代	江戸時代	第二次世界大戦以降	第二次世界大戦以降	江戸時代
利用	薬用・観賞用	観賞用	観賞用	——	——	観賞用
花色	青，紫，赤，白など	青	青，紫，赤，白など	桃	桃，白	橙

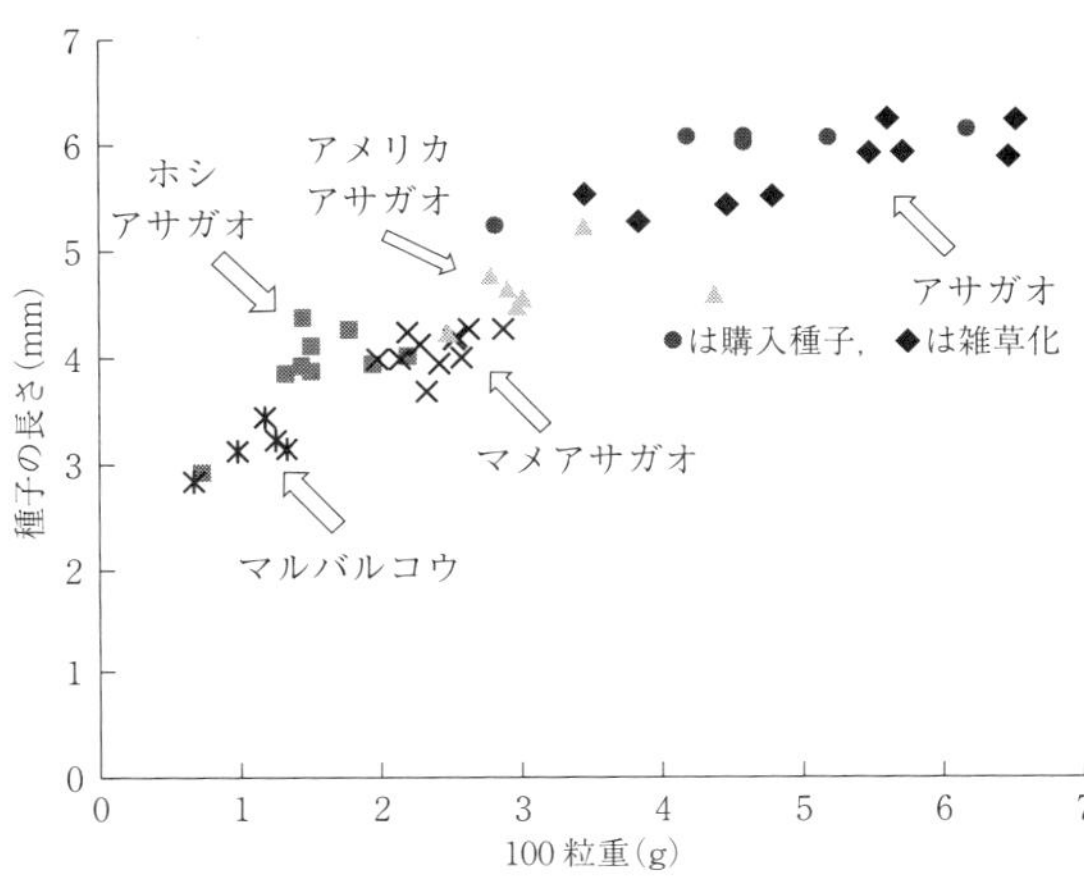

図1　帰化アサガオ類の種子の100粒重(横軸)と長さ(縦軸)。九州沖縄農業研究センターで保存されている帰化アサガオ類の種子(2006年)のデータに購入した栽培アサガオのデータを追加して作成した。

帰化アサガオ類の種子のサイズは大きい(図1)。アサガオの種子が最も大きく、一〇〇粒重は三~七グラムで、種子の長さは五~六ミリある。種子が最も小さなマルバルコウでも一〇〇粒重で一・五グラム前後、種子の長さは約三ミリ前後ある。つる性のためほかの植物を支柱としてよじ登り、群落の上層を占める。畑で発生すると、ダイズやトウモロコシなどの作物に巻き付いて防除を難しくする。

アサガオ、アメリカアサガオ、マルバアサガオの三種は遺伝的に近縁であり、互いに交雑可能で、マルバアサガオがアサガオの品種改良に利用されたこともある(米田、二〇〇六)。ホシアサガオとマメアサガオはともにサツマイモに近縁であり、マルバルコウは観賞植物のルコウソウに近縁である。モミジルコウは両種の雑種である。

この帰化アサガオのなかではアサガオ、アメリカアサガオ、マルバアサガオ、マルバルコウが観賞園芸に利用されている。アサガオは、園芸植物として最も高度化し、それは江戸時代末期の日本で進んでいる(中尾、一九八六;米田、二〇〇六;仁田坂、二〇一四)。その極致が変化朝顔で、花色や花弁形状の多様化をはじめ、雌雄蕊の花弁化や斑入り、縮れた葉、帯化した茎など奇妙な外見をもつもの、さらにはその組み合わせをもつものを選んで栽培し、観賞する行為が江戸の町を中心にブームになったのである。その後、アサガオの栽培の興味が大輪(大きとができる。

部によって受け継がれたり、九州大学で系統保存されたりしており、夏の朝顔市や植物園などの展示会で見るこ

な花)に移ったり、戦争によって余裕がなくなったため、変化朝顔は衰退したが、現在でもアサガオ愛好家の一

二　帰化アサガオ類の日本への侵入

帰化アサガオ類では最初にアサガオが渡来している(表1)。時代は奈良時代まで遡るが(Austin et al. 2001；米田、二〇〇六)、種子を利尿作用とする薬草として中国からもち込まれた。次にやってくるアメリカアサガオ、マルバアサガオ、マルバルコウの三種は江戸時代に観賞植物として栽培されている(長田、一九七二；清水ほか、二〇〇一；米田、二〇〇六)。

第二次世界大戦以降にはマメアサガオとホシアサガオが侵入している。これは輸入穀物飼料に付随した非意図的な侵入である(長田、一九七二；清水ほか、二〇〇一)。日本では第二次世界大戦以降の畜産振興にともなって国内での畜産物の生産量および農家での飼養数が増加した。ただ、国土の狭い日本では大面積を必要とする穀物飼料の生産には重点を置かず、米国からの輸入に頼るという政策が取られた(西尾、一九九七；野口、二〇一二)。例えば、飼料用トウモロコシの米国からの輸入は、一九六〇年には一七万五、〇〇〇トンであったのが、二〇〇〇年には一、一一〇万トンへと急速に拡大している。穀物飼料は、人間が食べるコムギなどの作物とは異なり、価格も安く、粗放的に作られるため多量の雑草種子が混入している。このような穀物飼料に付随してマメアサガオやホシアサガオは多量に日本にもち込まれたのである。混入していたのは、この二種だけではなかった。日本で観賞植物として利用されているアメリカアサガオ、マルバアサガオおよびマルバルコウは、米国では一般的な耕地雑草

であり、これらの種子も混入していたのである。

輸入穀物飼料は、日本の隅々の畜産農家へ流通していった。日本には肉用牛の飼養農家だけでも七万四、〇〇〇戸ある（平成二二年度）。雑草の種子の一部は家畜に食べられても消化されず、生きたまま糞とともに排出されるが（高林、一九九七）、家畜の糞や食べこぼし、古くなった敷き藁は堆肥として圃場に還元される。普通、堆肥化の過程で雑草種子は死滅するが、堆肥化が進まないと雑草の種子は生存できる。農家当たりの家畜の飼養頭数の増加にともない、堆肥化が追いつかないまま、十分に堆肥化されていない未熟堆肥、時には家畜糞がそのまま農耕地に投入された。帰化アサガオ類の種子は、穀物飼料に付随した雑草の種子のなかに生きたまま含まれていたのである。

三　帰化アサガオ類の大豆畑への侵入と定着

畜産の振興とともに、畜産業にかかわりのある飼料畑では大量の堆肥を受け入れ、一九九五年ころから帰化雑草が大きな問題となった（清水、一九九八）。水田でも堆肥を受け入れている。日本では一九七〇年ごろからコメ余りとなり、水田では大豆生産が推奨された。現在では、水田面積の約二〇パーセントに大豆が作付けされており、いわゆる水田転換畑の状態にある。一九八八年の日本雑草学会の講演会で帰化アサガオ類の名前が初めて出現する。タイトルは「桑畑におけるつる性雑草マルバルコウ・マメアサガオについて」である。帰化アサガオ類に関する報告は、二〇〇二年に再出現した後、二〇〇五年と二〇〇六年にはそれぞれ二件、二〇〇七年には五件、二〇〇八年には九件と急速に拡大する。二〇〇二年以降は水田転換大豆畑に発生する帰化アサガオ類の講演が多くなる。研究・調査から講演発表までのタイムラグを見越しても、二〇〇〇年を過ぎてから急激に問題化しているのである。水田でイネを栽培していたときは問題にはならなかったが、水田転換畑としたため、畑雑草の帰化アサガオ類が侵入するようになったのである(浅井、二〇〇五)。

四　照葉樹林帯の雑草群落への帰化アサガオ類の拡散と影響

西南日本を含む東アジアの照葉樹林帯のソデ群落にはツルマメとヤブツルアズキが生育している。それぞれダイズおよびアズキの野生祖先種である。また、アズキの近縁野生種のヒメツルアズキやアカササゲも生育している。ダイズは豆乳や豆腐、湯葉、きなこ、納豆の原材料であり、東アジアの豆の高度加工文化での中心作物である(中尾、二〇〇五)。アズキも祝い事の赤飯や正月の小豆粥として日本の伝統的食には欠かせない(湯浅、一九九三)。原種のツルマメとヤブツルアズキは、その東アジアの豆の高度加工文化の原点となった植物であり、資源植物として重要である。両種とも茎はつる性で、帰化アサガオ類と同じようにほかの植物を支柱として利用する。さらに、それらの種子は硬実で休眠し、種子のサイズや開花時期なども帰化アサガオ類に類似する。生態的特徴が類似する種については生育空間や栄養分などの資源をめぐって競合関係になりやすい。いわゆる競争排他となるため帰化アサガオ類との競合が懸念される。

二〇一一年に長崎県対馬を含む北部九州地域と山口県の農耕地周辺の雑草群落を対象に、帰化アサガオ類とツルマメやヤブツルアズキなどのマメ科資源植物の生育状況を調べた(図2)。帰化アサガオ類は路傍や畦畔、水路沿いの法面、空き地などの五一地点で見つかった。それらの生育地ではアキノエノコロ(一二地点)、アキノノゲシ(一三地点)、セイタカアワダチソウ(一一地点)、ツユクサ(九地点)、ススキ(八地点)などの植物が主に生育していた。帰化アサガオ類は、支柱としてそれら植物やフェンスなどの人工物を利用し、巻き付くものがない場合

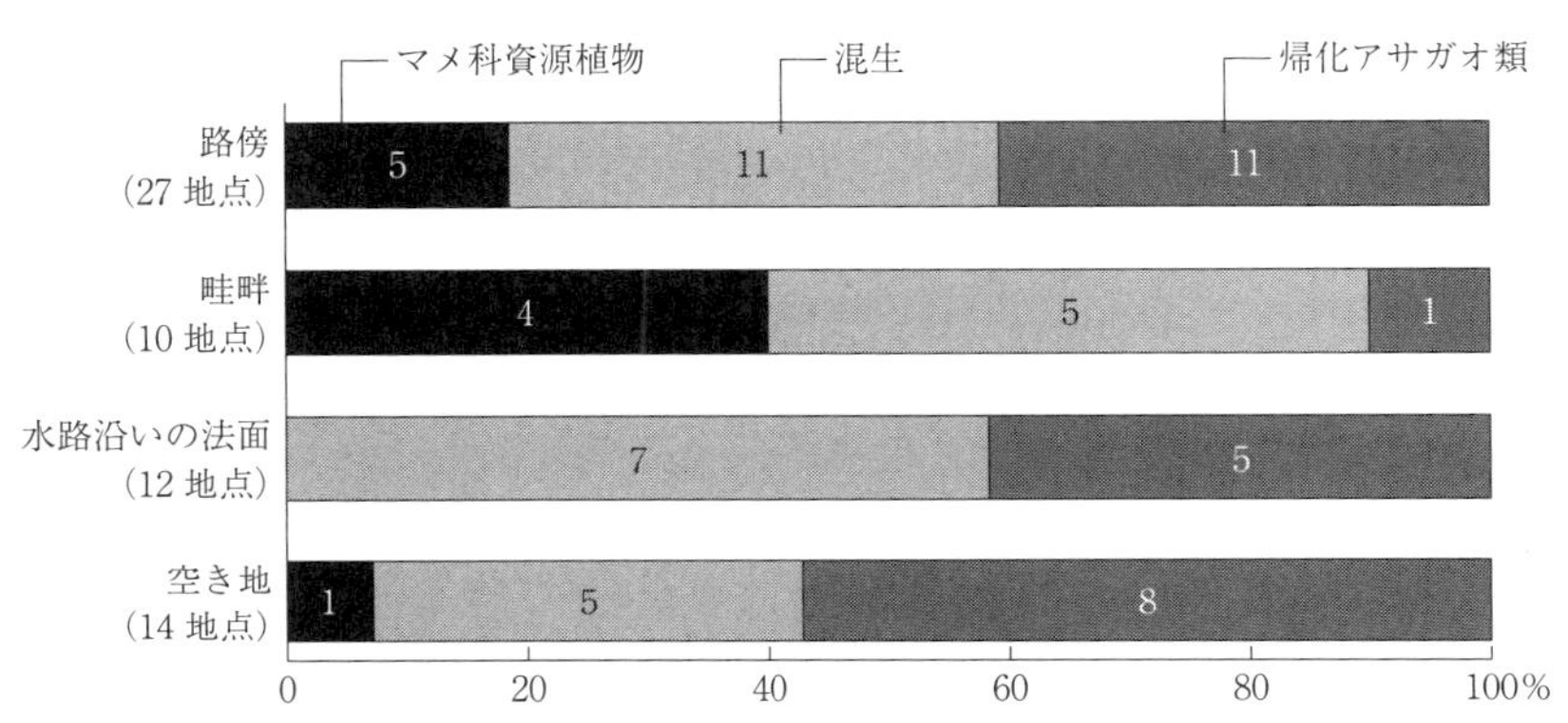

図2　農耕地周辺でのマメ科資源植物と帰化アサガオ類の生育割合。2011年の調査場所は北部九州地域と山口県の農耕地周辺の雑草群落である。マメ科資源植物はツルマメやヤブツルアズキ，アカササゲ，ヒメツルアズキである。農耕地周辺を歩き，それらが見つかった場合に種と頻度を記録した。水路沿いの法面や路傍など異なる環境にまたがって生育している場合は，面積の広い方を生育地とした。

には匍匐して生育していた。一方で、ツルマメやヤブツルアズキは三六地点で見つかったが、生育地は帰化アサガオ類の頻度よりも低かった。さらに、二八地点では帰化アサガオ類と混生しており、両者が絡み合うこともあった(写真2)。帰化アサガオ類は、ツルマメとヤブツルアズキの生育環境に侵入し、支柱となる植物を奪ったり、絡み合って競合しており、既に脅威となっていたのである。ツルマメとヤブツルアズキは資源植物としての重要性から、一九九〇～二〇〇〇年にかけて生育環境が詳しく調べられているが、それらの研究では帰化アサガオ類の侵入は記録にない(Yamaguchi, 1992；梅本・山口、二〇〇〇)。今日のような状況であれば、見逃されることはない。帰化アサガオ類は、十数年という短い期間で、東アジア在来の植物に脅威を与える状況にまで拡散したのである。

五　照葉樹林帯の雑草群落で拡散する帰化アサガオ類の生態的特徴

農耕地周辺の路傍やそでの植物群落で確認された帰化アサガオ類は、同じ地域の大豆畑で見つかっている種（保田・住吉、二〇一〇）と同じであり、アメリカアサガオ、アサガオ、マルバルコウ、ホシアサガオ、マメアサガ

写真2　アサガオとヤブツルアズキとの競合（福岡県）（2011年，保田謙太郎撮影）。左下の3花がアサガオであり，右上の小さな花がヤブツルアズキである。

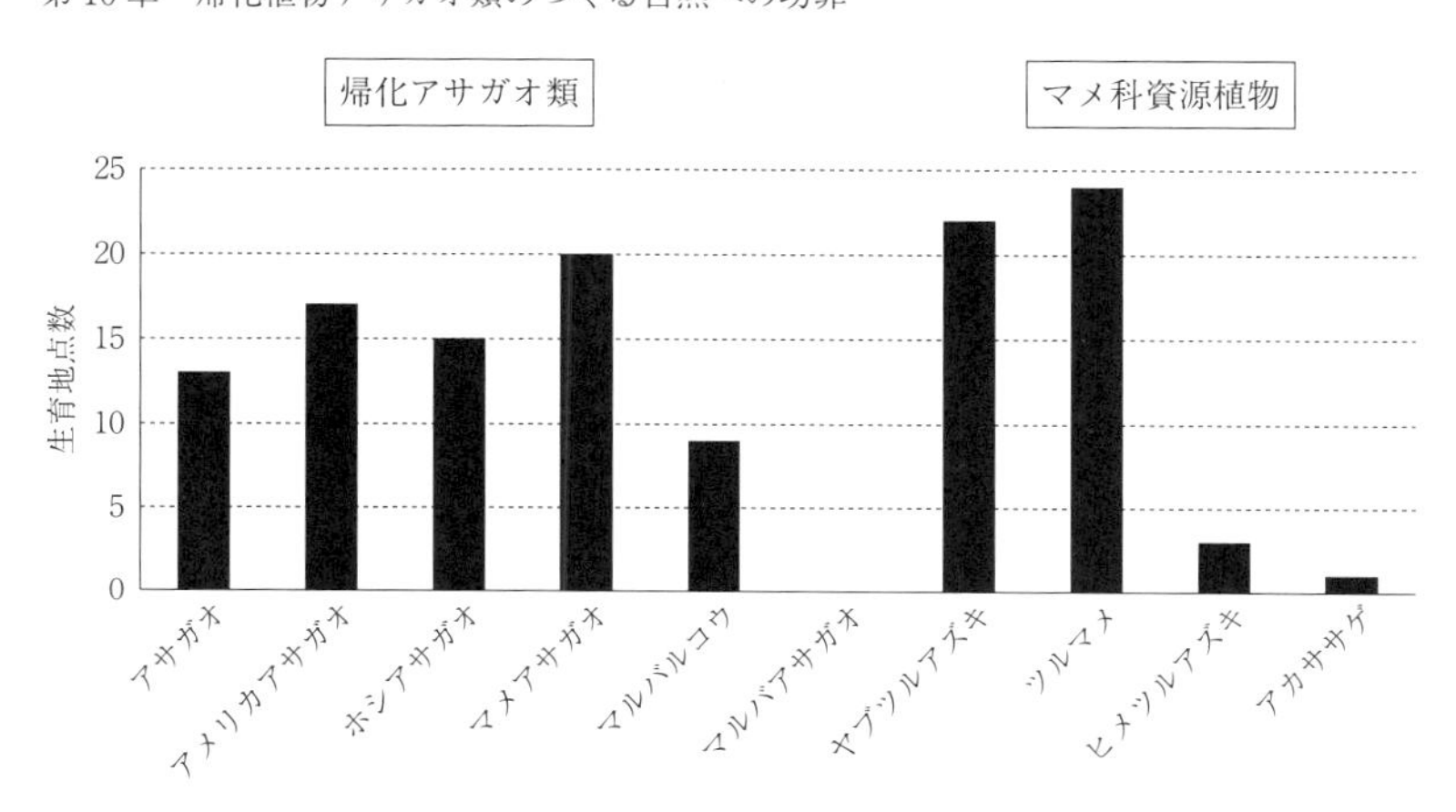

図3　農耕地周辺での帰化アサガオ類とマメ科資源植物の生育地点数。図2と同一の調査である。

オであった(図3)。それぞれの種の外観も大豆畑および雑草群落間で目立った差はなかった。園芸種にはアメリカアサガオでは白花が、マルバルコウでは黄花が知られているが、このような花色をもった個体は見つけられなかった。アサガオについても、いずれの個体もつる性で、並葉(三尖葉)であり、野生種に近い外部形態をもっていた。アサガオで変異が見られたのは花色のみで、青や白、マゼンダなどがあった。しかし、縮れた花弁や葉、帯化した茎をもつ変化朝顔のような個体はなかった。また、大輪の花をつける個体もなかった。高度に栽培化された変化朝顔や大輪朝顔は既に人による庇護のない環境で生育する能力をもち合わせていないようになっているのであろう。このような傾向は、帰化植物の大量移入の原因となった畜産にかかわる作物でも見られる。粗飼料となるイタリアンライグラスやオーチャードグラス、シロツメクサ、アカツメクサなどのイネ科やマメ科の牧草類は粗放的に栽培されるため栽培化の程度が低く、容易に逸出し、雑草群落中で見つけられるのに対して、穀物飼料となるトウモロコシは高度に栽培化されているため逸出個体は見つけられない。

六　雑草群落の帰化アサガオと人間との関係

帰化アサガオ類の花は、ほかの雑草と比べて大きく、目立つ。しかし、これまでの調査を通じて、雑草群落や大豆畑に生育する帰化アサガオ類をもち帰って観賞利用しているという話は聞かれなかった。逆に、帰化アサガオ類による被害を直接的に受けている農家以外の人からも、帰化アサガオ類に対する嫌悪は聞かれなかった。かつて、セイタカアワダチソウやセイヨウタンポポの侵入・拡散が市民を巻き込んだ社会的問題となったが、そのような反応はない。しいていえば、帰化アサガオ類に対して無関心の状態である。関心が払われていないのは、雑草群落への拡散から短い期間しかたっていないため、人間側の認識が進んでいないのかもしれないし、周辺の雑草群落への人間の関心が薄れてしまったためかもしれない。

照葉樹林帯の雑草群落には帰化アサガオ類をはじめ多くの帰化植物が侵入しており、現代においても雑草フロラの構成種の増加(多様化)は続いている。しかし、生態系は複雑な生物間相互作用で成り立っており、帰化植物の侵入はそのバランスを崩壊させる可能性がある。本章では、帰化アサガオ類を事例に、現在の帰化植物の侵入と定着がどのように進むのか、そして侵入先で何が起こっているのかを見てきた。フィールド調査では、飼料畑や大豆畑に侵入した帰化アサガオ類が短期間に農耕地周辺の雑草群落に拡散し、既存の植物に脅威を与える状況になっているのが明らかとなった。この脅威はツルマメやヤブツルアズキとの関係のみで見たものである。帰化アサガオ類の生態系への影響はほかにも懸念される。帰化アサガオ類は比較的大きな花をつける。この特徴によってアサガオやマルバアサガオは観賞植物として栽培化され人を魅了しているが、その花は実際には訪花昆虫へアピールしている。帰化アサガオ類の侵入は在来植物から放花昆虫を奪う可能性もあるし、帰化アサガオ類の花に適応した放花昆虫を有利にするかもしれない。さらに、畜産の振興によって日本に侵入し、雑草群落に広がった帰化植物は、ブタクサ、ホソアオゲイトウ、ハリビユ、ヒロハフウリンホオズキ、アメリカイヌホオズキ、ワルナスビ、アレチウリ、イチビなど多数に及ぶ。歴史的に見ても類を見ない数の多さであり、そのなかには特定外来生物や要注意外来生物に指定されている種もある（日本生態学会、二〇〇二）。悲観的な要素が多いなか、それら帰化植物の影響を受けて、生態系が不可逆的に変化していくことは間違いない。その変化が生態系の崩壊になるのか、既存の生態系の強化になるのか。それとも、観賞や薬用などの用途で新しく栽培利用される植物が生まれてくるのか。生態系の強化や新しい栽培利用の誕生ならば、帰化植物＝生態系の破壊者という汚名が少しは晴れることになる。照葉樹林帯で変わりつつあるこのような事態の結末を見届けたいと思う。

コラム①　日本の生態系に根付く訪問者、外来生物達
——セイヨウミヤコグサを例に

三村真紀子

卓抜した移動技術を発展させた人類に随伴して、多くの動植物が大陸を渡るようになった。初期の稲作の伝播のように、利用価値が高いためにヒトが意図的に随伴したものや、病原菌のように物資の流通の際に非意図的にもち込まれたものもある。このような動植物は、種が本来もつ移動能力をはるかに超えた新天地を経験することになる。

新天地は必ずしも生育に適した土地ではないかもしれない。生物はそれぞれ生態学的ニッチと呼ばれる「種が生存し、生長し、繁殖可能な環境条件」をもっている。新天地の環境がその生態学的ニッチとまったく適合しなければ、移入した動植物が野外で生き残り次世代をつくっていくことは不可能であろう。例えば、南国で実るマンゴーを東京にもってきて育てるためには、暖房の効いた温室栽培でも用意しないかぎり不可能だ。そのため、自生地を離れほかの国や土地に移入される生物の多くは、人の管理なしには野外で定着することができない。しかし、そのなかには、新天地の新しい環境のなかで定着し、繁殖し、時に驚異的に個体数を増加させる生物もある。このような新天地の野外での定着に成功し、しかも繁殖が旺盛でその分布が拡大していく外来生物は、特に侵略的外来生物と呼ばれる。侵略的外来生物は、固有の生物と資源を競争したり、生育地を奪ったり、本来の生態系機能に影響を与える場合がある。

日本には多くの植物が移入されてきた。近年導入されたものには、今やその侵略性において猛威をふるっているオオキンケイギクやボタンウキクサなどがある。オオキンケイギクは観賞用として近年導入され、緑化などにも使われた。道路わきや河川敷などによく見られ初夏に美しい花を咲かせる。しかしカワラナデシコなど日本古来の植物の生育地を奪うほ

ど繁殖能力が高いことが指摘されている。またボタンウキクサは、主に観賞用としてもち込まれたが、野外に逸出すると水面を覆い尽くすほど繁殖能力が高く、淡水域生態系に与える影響は大きい。どちらも外来生物法に基づき特定外来生物として栽培や輸入などが原則禁止されている。

しかし、外来生物の歴史は長く、その影響の定量は時として至難である。なぜなら、導入されてから長い時間がたち、人々の間で親しまれたり、生態系の一部として機能したりしている外来生物も多いため、その影響が複雑化しているからだ。例えば、シロツメクサは江戸時代に日本に移入したと考えられているが、今では日本各地の水田の畦に生息し、人々に親しまれている。さらに、シロツメクサはマメ科植物なので根粒菌とともに窒素固定を行い、生態系機能の一部を担っている。本来の生育地からはるか離れて、新天地の生態系に深く根づく外来生物達。彼らのサクセスストーリーの舞台裏には、なにがあるのか。ここでは、照葉樹林帯とその周辺の草地に普通に見られるマメ科植物である在来種ミヤコグサとヨーロッパからの外来種であるセイヨウミヤコグサを例にその舞台裏を紹介する。

日本に生息するミヤコグサ属——在来種と外来種

人があまりに速く遠く移動できるようになってから、見たこともないような形をした植物が移入されてくるようになった。また姿形が似ていても古くから生育地を確立している種と最近になって移入してきた種が混在していることもある。マメ科ミヤコグサ属もそのひとつである。ミヤコグサ属は世界一五〇種以上あるといわれ、アジアからヨーロッパにかけて低地から高地までさまざまな環境に分布している。牧草として古くから用いられ、根を広く伸ばすため、緑化植物としても使われている。

日本に自生するミヤコグサ属としては、ミヤコグサ(*Lotus japonicus*)とシロバナミヤコグサ(*L. australis*)が確認されており、ミヤコグサは主に温帯に、シロバナミヤコグサは南西諸島に見られる。ミヤコグサは道ばたや河川敷などの草地によく見られ、北海道から沖縄まで広く国内に分布している。一方、ヨーロッパ周辺原産のセイヨウミヤコグサ(*L. corniculatus*)は、最近になって日本にもち込まれた。日本だけでなく、アメリカ大陸やオーストラリア大陸に帰化している。日本の在来種であるミヤコグサと外観はほとんど変わらないが、ひとつの花序につく花の数は、ミヤコグサでは二～三個なのに対して、セイヨウミヤコグサでは、ほとんどの花序に四～七個の花をつける。茎や葉の毛の有無は、種内に変異が多い。ミヤコグサは二倍体であるのに対し、セイヨウミヤコグサのほとんどは四倍体と記録されており、ヒマラヤ山脈からアジア側には二倍体のミヤコグサが多いといわれる。日本に生育するミヤコグサ属の外来種としては、ほかにもワタリミヤコグサ(*L. glaber*)やネビキミヤコグサ(*L. ulginosus*)が記録されているが、分布は限られ野外ではあまり見かけない。

日本の草地に咲く在来種ミヤコグサ

アジアの草地に広範囲に自生するミヤコグサ(*L. japonicus*)は、幅広い気候帯に適応しているといえる。日本だけを見てみても、沖縄から北海道まで分布しており、積雪の多い気候帯から、冬季でも氷点下にはならない気候帯にも出現する。ミヤコグサ属の種多様性の中心は欧州であり、ミヤコグサはアジアに分布している数少ない種のひとつである。日本には史前帰化植物(前川、一九四三)として、有史以前に日本にほかの作物と同伴して導入されたという一説がある。ミヤコグサは都草と記し、その名の由来については、かつては京の都によく見られたからという説や、脈のように根を伸ばす草、という意味で脈根草(みゃっこんぐさ)がミヤコグサとなまったためという説もある。いずれも詳しくは検証されていないが、中国南部など東アジアの温帯域に広く分布するミヤコグサが、草地をニッチとするような作物の類に同伴して日本に移入した可能性は考えられる。

こうした仮説は、分子実験によって、少しばかり検証することができる。日本各地から採集されたミヤコグサの種子(ナショナルバイオリソースプロジェクト：ミヤコグサとダイズの拠点は宮崎大学)を解析してみると、日本国内のミヤコグサの遺伝的なグループは、二～三グループに分けられる。STRUCTURE という解析ツールで遺伝的な集団の構造を解析した結果を図1に示す。図1aに見られるように、主に日本アルプスから南アルプス山系を境に西日本と東日本で遺伝的に似たグループが形成されていた(Mimura, 2013)。さらに、遺伝的に三つに分類されると想定してグループ分けしてみると、西日本のグループは、主に太平洋側に分布するグループとそのほかのグループに分けられる(図1b)。このような

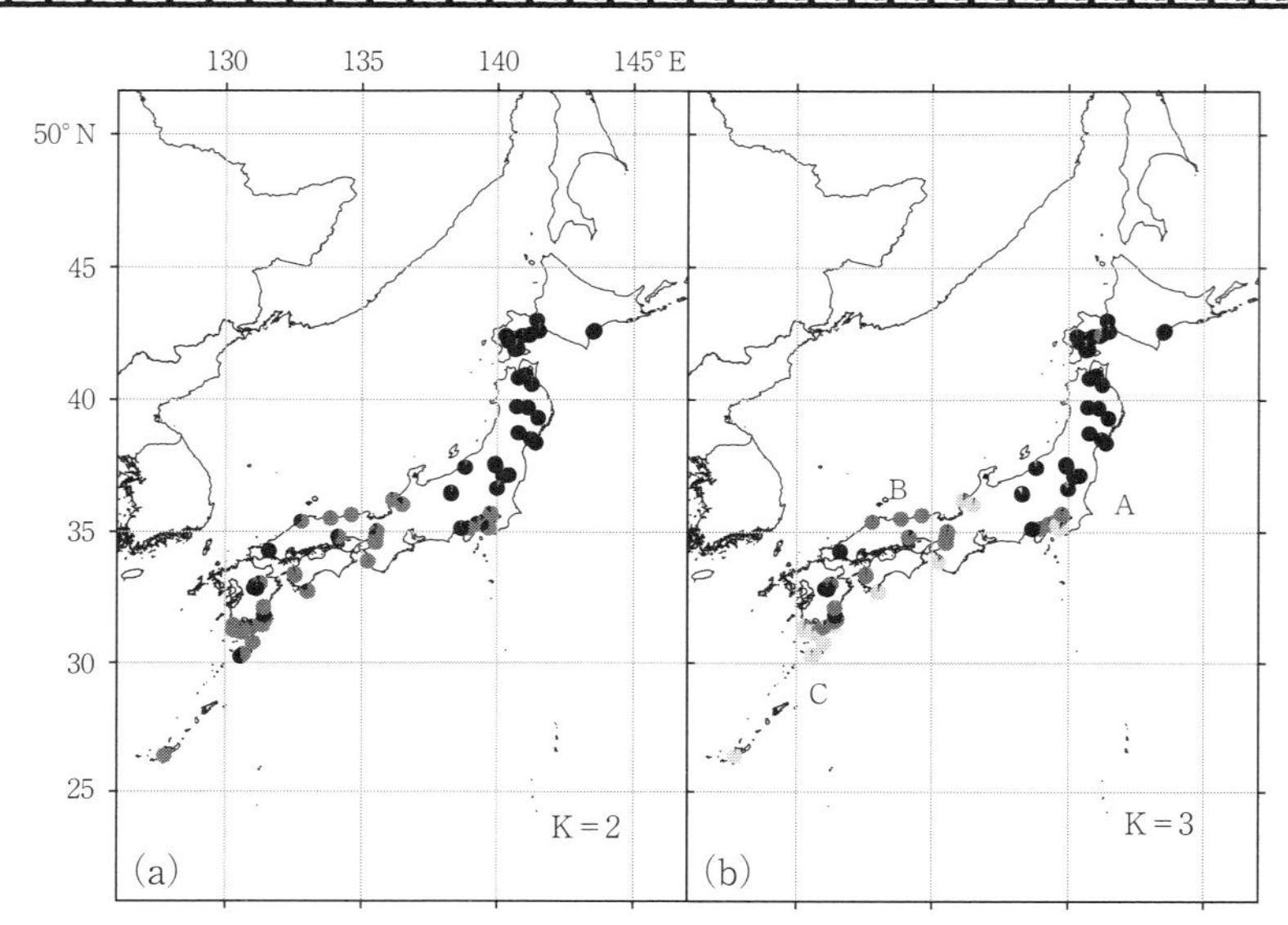

図 1　マイクロサテライトマーカー(7 遺伝子座)によって検出された日本の在来種ミヤコグサ(*Lotus japonicus*)の遺伝的構造(Mimura, 2013 より)。円グラフの色は，個体が遺伝的にどちらのグループに属するか確率を示したもの。(a)遺伝的に類似したグループが 2 つあると仮定した場合，(b)遺伝的に類似したグループが 3 つあると仮定した場合。

遺伝的集団構造は、日本に自生するほかの種でも見られる。木本種のブナ(戸丸、二〇一三：Asuka et al., 2004; Okaura and Harada, 2002)や草本種のサクラソウ(Honjo et al., 2009)も日本国内にいくつかの遺伝的に類似した地域グループで構成されていることがわかっている。このような遺伝的な構造は、長い歴史のなかで環境が変化し、種集団が縮小したり拡大したりしていくことによって形成されていく。例えば、最終氷期に国内の温帯性植生は九州南部を中心に西日本の太平洋沿岸へ避難したという説もある。人が作物の伝播とともにミヤコグサを日本各地に移動させたと考えると、多くの遺伝子型が地理的な制限をあまりもたずに全国に分散していると予測される。ただし、異なる系統が別々の場所、例えば西日本と東日本に別々に導入され、その後その周辺にのみ分布を拡大させた場合は、集団構造は容易に形成されると考えられる。現在のミヤコグサの集団構造が、人の影響だけで形成されたと考えるのは、いささか無理があるように思えるが、史前の導入から形成されたのか、もともと日本にも分布していたからなのかを明らかにするためには、国外のサンプルを解析する必要がある。

一方、在来種ミヤコグサは、地域の環境条件によって異なる生育をしていることもわかっている。生物の姿形や形質は遺伝子だけでなく、環境にも影響を受ける。そのため、遺伝子型ごとの生育の違いを調べるには、同じ環境で生育させてみる必要がある。温室内でミヤコグサの生育を調べたところ、総バイオマス(植物全体の乾重量)が、夏の降雨量が多く冬の気温が低い地域で高い傾向にあった(Mimura, 2013)。こうした環境と形質との関連性は、ミヤコグサがそれぞれの地域の環境に適応しながら生きていることを示唆している。

セイヨウミヤコグサの侵略

ミヤコグサの生育は、緯度や気候によって異なり(Hashiguchi et al., 2011; Mimura, 2013)、各地の気候に適応しているようだ。ミヤコグサは少なくとも史前から日本に生息し、地域の環境に応答しながら生き抜いてきたのに対して、セイヨウミヤコグサは、比較的近年になってから日本に導入された。牧草としてアジアをはじめ、世界各地に広く導入されており、一部では在来種と競合する侵略的外来生物として認識されている。日本でもミヤコグサをはじめとする在来草本種と競争しうる生育地をもっているため、北海道では侵略的危険性のある外来種をまとめた「ブルーリスト、2010」に記載されている。日本では、一九七〇年代に北海道と長野において野外で生育していることが初めて確認された(清水ほか、二〇〇一)。国内におけるセイヨウミヤコグサは、野外において爆発的に個体数を増大させているわけではないが、着実に各地に定着し、今や日本全土に見られる。新しく開拓した土地など、土壌の移動がある場所に移入しやすく、整備が行われた国立公園や自然公園にもしばしば見られる。

外来種が定着し成功するにはいくつかの要因がある。例えば、新しく移入した土地において、外来種が利用するニッチが空いている場合である。例えば工事などによって、在来種の生育には劣悪な土壌が広く分布しているとき、もともと乾燥地や荒れ地に適応した植物が外からやってくると、このような空いたスペースにいち早く侵入し、在来種を駆逐する場合がある。さらに原産地の環境ストレスや天敵からの解放によって、外来種の形質が進化したり、侵略性が高まったりする場合もある(Blossey and Notzold, 1995; Buswell et al. 2011)。問題とされる外来種のほとんどは、近年になってから大陸間を移動してきたことを考えると、このような形質の変化が、人類が認識できるような比較的短い時間軸で起こりうることを示している。

セイヨウミヤコグサも新天地の環境の違いにすばやく対応した生物のひとつかもしれない。Mimura et al.(2013)によると侵入地(日本)のセイヨウミヤコグサは、原産地(ヨーロッパ周辺)の集団よりも平均としてバイオマス(乾重量)が高く、開花が早い傾向があった。しかし、これはあくまで「平均」として、である。実のところ、セイヨウミヤコグサの原産地での分布は、温暖で乾燥している地中海から積雪量が多く冬の長い北欧まで幅広く、どの環境に由来する個体かによって生育は著しく異なる。原産地から採集した集団の生育を見てみると、地中海側に行くほどバイオマスが小さく、比較的地下部への分配が多い。地中海のような暖かく乾燥した環境では、植物は小さく、地下部への投資を多くし、水分の喪失をできるだけ少なくする傾向がある(Li et al. 2008; Keller et al. 2009)。セイヨウミヤコグサも地域によって異なる戦略を取ることで、同じ種のなかでも環境によって生き方の「ばらつき」が生まれているのだろう。

日本に移入したセイヨウミヤコグサは、この原産地のセイヨウミヤコグサの生育の「ばらつき」から逸脱するような生育はしない(図2)。しかし、その「ばらつき」のなかでも、生長量が大きい傾向にある。より生長のよいものが日本に移入されてきたのだろうか、それとも天敵などのストレスから解放されて防御にまわしていたエネルギーを生長へ投資出来るようになったのだろうか? 飼料として流通しているセイヨウミヤコグサの品種と比べてみると、日本のセイヨウミヤコグサがもつ「ばらつき」は、流通品種とほとんど一致する(図2)。日本に園芸目的あるいは緑化目的で導入された系統が、国際的に流通しているものであれば、流通品種の遺伝子型が日本で検出されるはずである。

日本内外のサンプルの遺伝子型から由来を検討してみたところ、流通品種と一致する遺伝子型が検出されただけでなく、ヨーロッパの系統も日本に導入されていることがわかった(Mimura et al. 2013)。複数の供給源から日本へ移入してきたため、日本の集団の遺伝的多様性は、原産地であるヨーロッパ周辺の多様性に匹敵するほど高い(図3)。しかも、日本国内の遺伝子型は、特に法則なく分布しており、おそらくさまざまな供給源から日本にランダムにもち込まれたと考えられる。

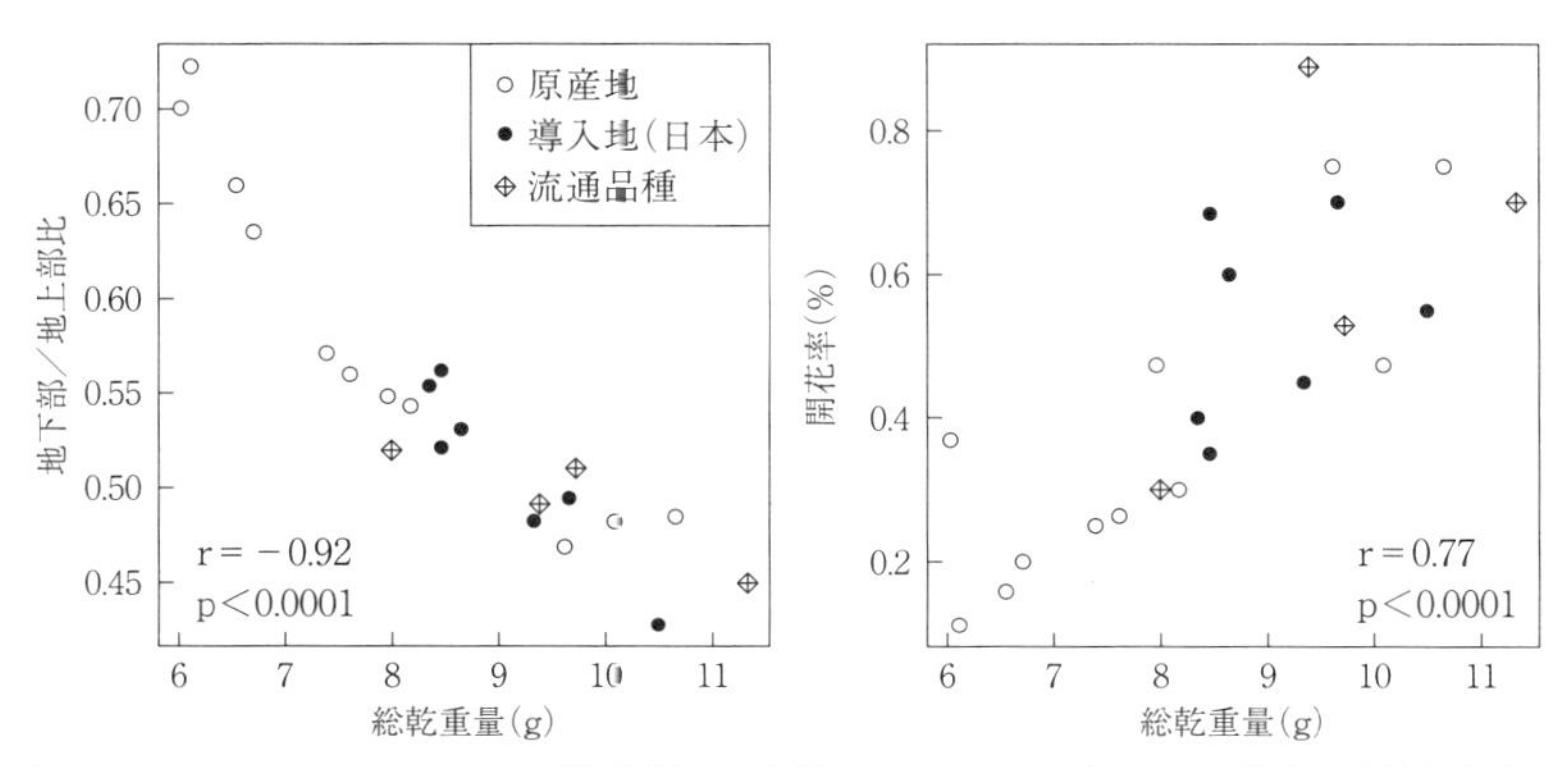

図2　セイヨウミヤコグサの種子を同じ環境で80日間生育させた場合の総乾重量，地下部／地上部比（地下部の乾重量÷地上部の乾重量），および開花率（%）（Mimura et al., 2013 より改変）。各シンボルは，集団の平均値を示す。原産地は集団によって値が大きくばらついているのに対して，導入地や流通品種は，総乾重量が重い傾向にあるが，おおむね原産地がもつ多様性の範囲内におさまる。

さらに興味深いことは、日本のセイヨウミヤコグサを同じ環境で育ててみたところ、原産地で確認されたような緯度に沿った生育の傾向は見られず、降雨量などほかの環境の違いによってバイオマスや地下部への分配が決まっていた。これは、セイヨウミヤコグサが野外で確認されてから五〇年も経たずに全国に分布を広げ、しかもその土地の環境に応答したことを示している。生物には環境の変化に順応するという能力を少なからずもっている。しかし、遺伝的変化をともなう「適応」には遺伝的な「ばらつき」が集団内に存在していること（あるいは出現すること）が条件になる。複数の供給源からたくさんの遺伝子型が国内に導入され、交配を繰り返したことによって、わずか五〇年弱の間に、日本の気候に適応し、各地に定着することが可能になったのかもしれない。

自家不和合性をもつため一個体では繁殖もままならないセイヨウミヤコグサが、日本各地に定着し生態系の一部となることに成功した理由は、いくつかあることがわかる。ひとつは、多様な遺伝子型が複数の供給源から導入されたこと。これによって集団内の遺伝的多様性は高くなり、繁殖が容易なだけでなく、自然選択へ応答するキャパシティも増えたと考えられる。ふたつ目は、おそらく流通品種のような生長が早く開花が比較的早い遺伝子型が優先的に導入されたであろうこと。早い生長は、草地で光をめぐる競争に有利に働く。こうした背景が、セイヨウミヤコグサが静

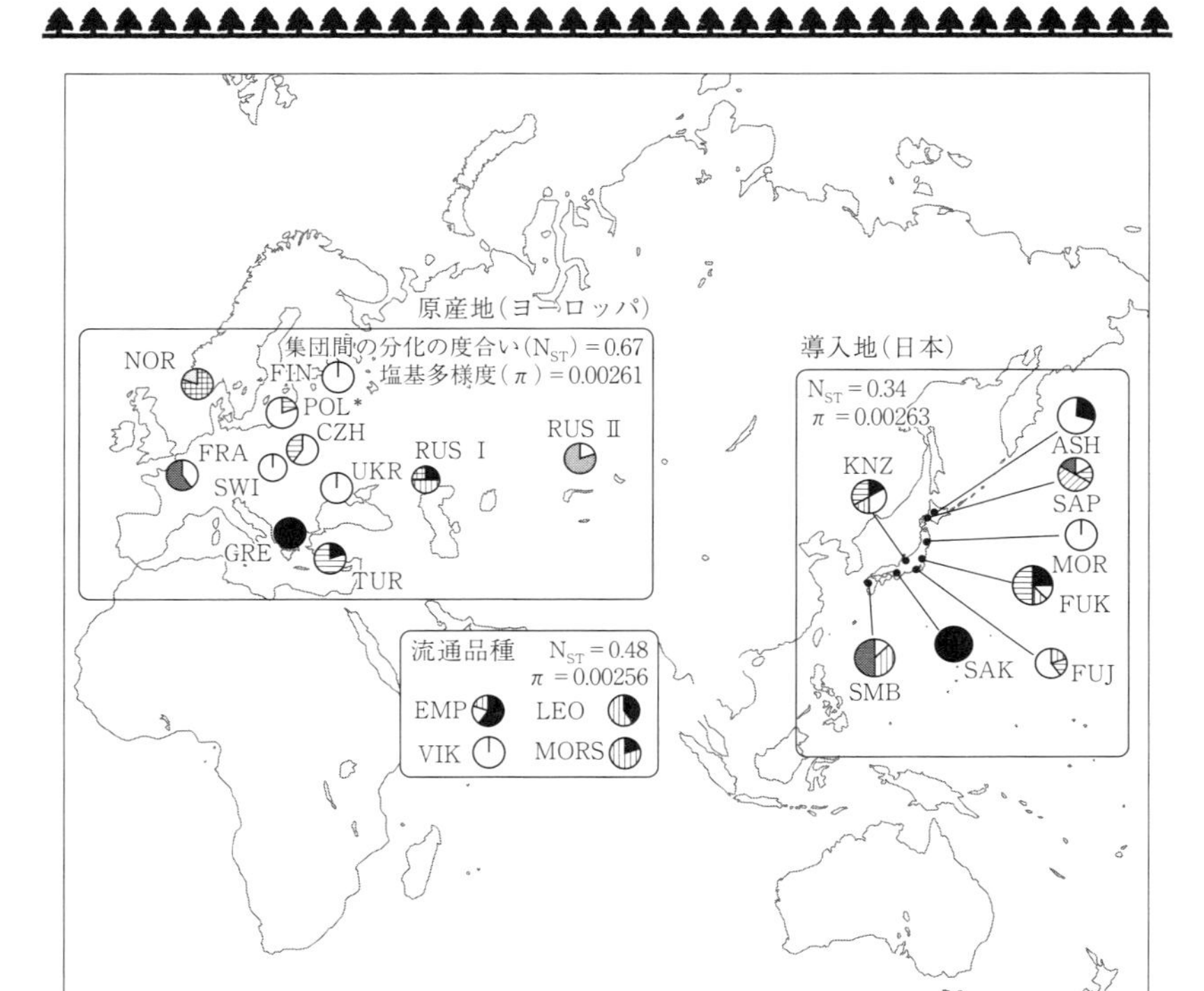

図 3 原産地および日本におけるセイヨウミヤコグサ集団の遺伝的多様性（Mimura et al., 2013 より改変）。円グラフは，色分けした葉緑体の遺伝子型（ハプロタイプ）の集団内の割合を示す。集団間の分化の度合い（N_{ST}）は，高い数値のほうが集団間の遺伝的分化の度合いが高い。塩基多様度（π）は，1 塩基当たりの多様度を示す。

かに、しかし根強く日本各地に集団を確立している理由であろう。

セイヨウミヤコグサは、世界的に見ても侵略的外来生物として認識されており、日本でも各地で集団を確立し在来種の競争種となりうるが、オオキンケイギクやセイタカアワダチソウのように、爆発的な分布拡大を起こすタイプの外来種ではない。しかし、生長が早い・開花が早いといった商品としての利用価値を高める形質は、同時に自然界における競争的形質にもなり、このような形質をもつ個体の移入や、複数の供給源からの多様な遺伝子型の導入は、外来種が日本に定着する機会を増大させ、結果として古来の生態系に根づく侵入種をつくり出すかもしれない。

一方、既に根づいた外来種をただ駆除すればよいというものでもない。セイヨウミヤコグサは、マメ科植物として生態系機能の一部を担っている可能性があり、しかも在来生物の食草として利用されていることも報告されている。人の手によってもち込まれた動植物が我々の手から離れたとき、その管理には、その生物が生態系に与える負の影響と生態系での役割の両方を考慮していくことが必要になるだろう。

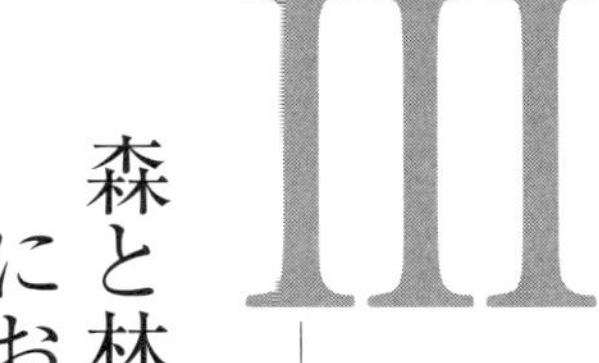

森と林と住まいにおける自然倫理

金子務・大形徹・久保輝幸
水野杏紀・平木康平

第一一章　仏典・聖書における「聖樹」の東西受容

――仏教・キリスト教文化圏と東アジア照葉樹林文化の日本

金子　務

聖樹を手近な辞書で引いたらクリスマスツリーと書いてあった。なるほどキリスト教文化圏なら holy tree はドイツで始まったというクリスマスを祝う樅の木を指すかもしれない。しかしここで「聖樹」というのは、宗教上の開祖者の口伝・行動や由緒ある場所を記述した仏教書や聖書において、特別な想いを込めて語られる聖なるトポス(topos：場所)に立つ樹木を指すものとして使用する。聖樹はそのまま信仰の対象になることもあれば、身近な神仏のシンボルや代替物とされることもあるだろう。あるいは道行く人々に木陰を提供する巨木であり、道標にもなっているかもしれない。聖樹が聖樹として同定され出現してきた理由は、仏教やキリスト教を生み育てた気候風土と文化圏にかかわると考えられる。仏教ならインド・ネパールのヒマラヤ高地にまたがる主としてガンジス川下流域の、またユダヤ＝キリスト教なら東地中海と中央アナトリアに挟まれたヨルダン川流域の、気候風土と文化圏に関係する。

本章のねらいは、それらの「聖樹」がいかにして二大宗教圏で誕生したかを眺めてから、本来のトポスを離れて東アジア照葉樹林文化圏の日本に将来されたとき、これらの「聖樹」がどのように同定され受容されたか、時にいかに誤解され変容されたか、を報告することにある。日本では見立て文化もあり、単に間違いというよりも、似て非なるものを意識的にそう見立てる風習もあった。ここではいささか厄介なこうした問題も考えながら、スケッチすることにしたい。

一　照葉樹林文化圏と硬葉樹林文化圏と

まず二大宗教の聖樹を彩るグランド・デザインとして、中尾佐助によって提唱されてきたふたつの樹林文化圏、夏雨湿潤の東アジア照葉樹林文化圏と冬雨乾燥の地中海沿岸の硬葉樹林文化圏との対比を復習(さら)っておこう(中尾、一九七八)。

照葉樹林も硬葉樹林も、常緑広葉樹林の仲間で、森林構成の主力となる樹種はともにドングリをつけるカシ(樫)の仲間だが、硬葉ガシの小さくて硬い葉に比べて照葉ガシの葉は大きく、表面もてかてかと輝いていてまっすぐに伸びて大木になる。硬葉ガシでは若葉以外は葉が厚く、表面が白茶けて見え樹幹は曲がりくねって亜喬木程度にしかならない(中尾、一九七八：五二—五七)[(1)]。空から見ると照葉樹林帯は、照葉ガシはもちろんクスノキやタブノキなども含めてひと続きの丸いもこもこした樹冠をつくるが、硬葉樹林帯の多くはまとまった樹林を形成せず、主木とされるカシや栽培種のオリーブ、月桂樹などの多くは鋸の歯のように尖っている。

仏教文化圏にかかわるガンジス川下流域の気候は高温高湿の夏季と適温乾燥の冬季があり、概して気候温暖な東アジアの日本とは大きく異なるように思われる。しかし実は中尾佐助が最初に気づいたように、ガンジス川の源流であるヒマラヤ中腹の森林は日本の南半分に分布する照葉樹林であり、森林生態も樹木組成でも日本とヒマラヤはほとんど共通するということが、前後六回にわたる中尾の現地調査を経て結論されている。このふたつの地形は大きく異なり錯綜しているが、ヒマラヤが日本と連なる照葉樹林帯の西端に当たり、風土ばかりでなく、文化要素も共通するものが多いことも報告されてきた。「ヒマラヤ中腹のネパールの照葉樹林は、東部ヒマラヤ、雲南省、湖北省、九州、日本本土南部へとずっと連なっている」(中尾、一九七八：五二)のだ。照葉樹林文化が東アジアの中国・日本・東南アジアの基層文化をつくり、この中心地をなす「東亜半月弧」が東南アジアの山地にあることも樹木調査によって明らかにされ、さらにこれがネパール・ヒマラヤにつながっているという事実は注目すべきである(図1)。インドからわずかに入ったネパールの地に釈迦は生まれているのである。つまり仏教由来の地は照葉樹林帯を背負っているのである。ネパール・ヒマラヤでは水稲上限は一、八〇〇メートルとされるが、この地帯で一番多い樹木はクリカシの仲間で、ネパール語で「カッツース」(*Castanopsis indica*)と呼ばれる。小枝の先に棘のある果実が群がってついており食用になる。葉のついた枝は屋根材に使われる。

もうひとつの世界文明につながるのが地中海周辺地域の硬葉樹林帯である。それはメソポタミアの「肥沃な半月弧」から始まりオリエントから西進して地中海沿岸で古代文明を築き西欧文明を育んだ一帯である(図2)。からりとした晴天の夏と多雨の冬とが対照的な一般的に乾燥した地中海性気候は、照葉樹林帯の気象と大きな違いがある。照葉樹林帯も硬葉樹林帯も常緑樹であり、硬葉樹林を代表する木はオリーブの木である。しかし本来硬

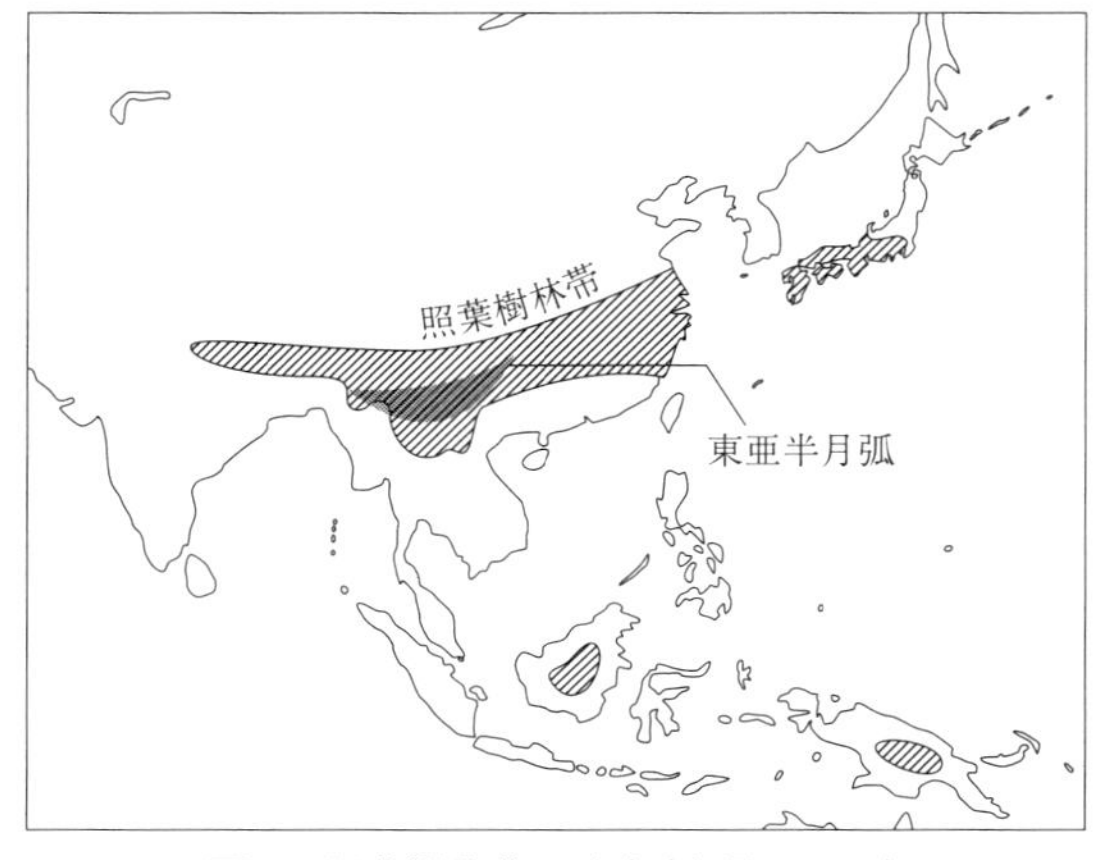

図1　照葉樹林帯の分布(中尾，1978)

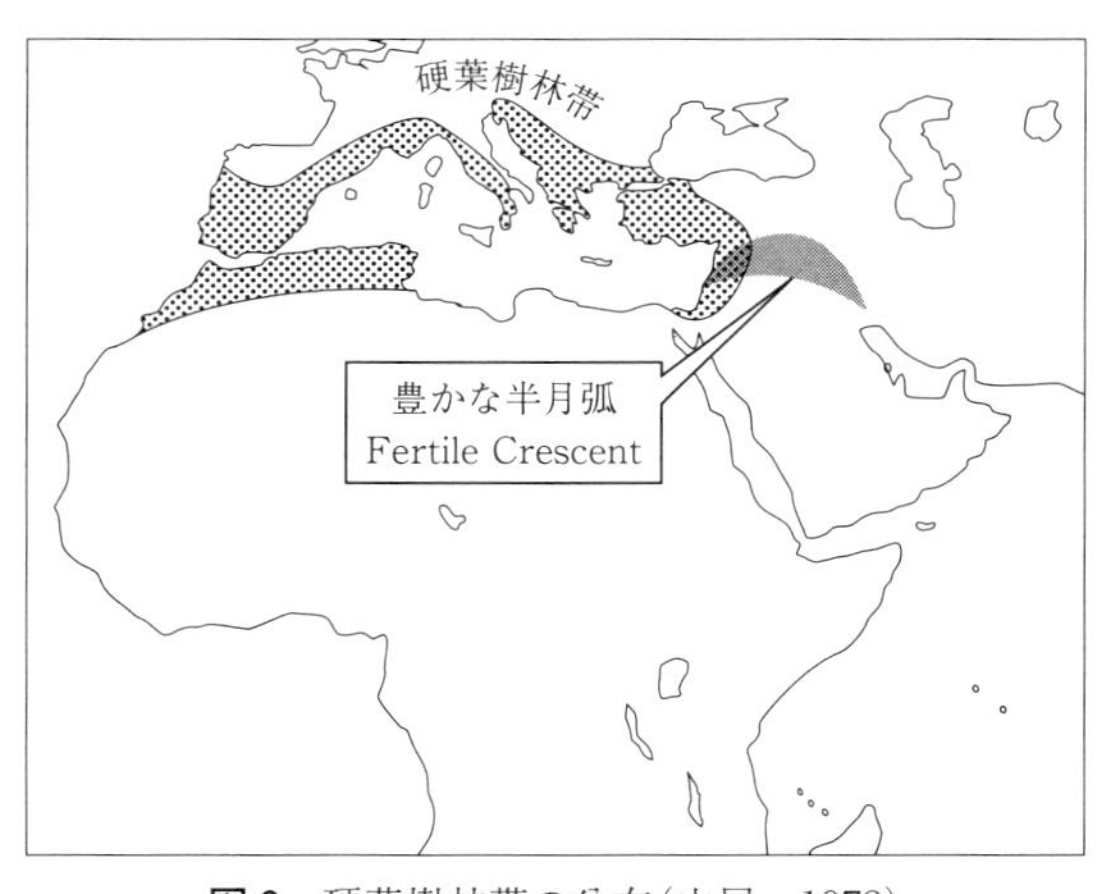

図2　硬葉樹林帯の分布(中尾，1978)

葉樹林であった所も、そのピークは古代国家建設以前であって、ローマ軍、十字軍、オスマントルコによる樹木の伐採など森林破壊が続き、さらにヤギやヒツジなどの放牧によって土壌も植生も退化したケースが多い。樹木伐採後のこういう地の植生遷移は、まず背丈五〇センチほどの矮性の植物群「バタ」(batha)(例えばトゲワレモコウ、ヒナギク、アネモネ、ラヌンキュラス、ハナハッカ、ヘリクリサムなど)が現れ、やがて一メートルほどの常緑性低灌木が散開して「ガリク」(garique)(トゲワレモコウ、マツヨイグサ、ハナハッカ、サルビヤなど)となり、さらに大きな樹木が現れると「マキス」(maquis)(カシ類、テレビンノキ類、ユダノキ、ノウコウ類、セイチクロウメモドキなど)となる(大槻、一九七四：二七：広部、一九九九：四五：中尾、一九七八：二三―二六)。

アンダルシア地方のオリーブ畑を見た中尾は、見たところ根本は太く、二、三〇〇年とおぼしき長命の木が連なっているのに、太枝と先端を伸ばしていない人工サバンナ林になっていることに注目する。みな大きな盆栽のようだ。このことはキリストがユダの裏切りによってローマ兵に捕えられる前夜、エルサレム郊外の岩山にあるゲッセマネで煩悶したオリーブ園でも、筆者が確認したことである。枝は細長く硬い葉と青い実をつける。熟すと紫黒色になり、揺するだけでぱらぱらと落ちる。塩蔵熟果は生食ができ、採油に適している。もうひとつ中尾が注目するのは、例えばギリシャ植民地であったソレント周辺の急斜面で見た果樹園の雑然とした姿である。主木がオレンジでブドウやオリーブが混ざり、果樹の間の地面には小麦やジャガイモが植えられている。オレンジなどの柑橘類は東アジア原産だから、一三世紀にならないと地中海には伝わってこなかったのだが、古代ギリシャ時代までは、オリーブにブドウ、イチジク、ナツメヤシといった乾燥果物が主食になっていた。農業初期には樹木利用の果樹栽培時代があり、やがてローマ時代に入って、地中海世界もヨーロッパ大陸も一面の麦畑へと変貌する。イエスの出現はこの境目にあることを覚えておくべきである。

もちろん野生コムギの栽培化が、古代オリエントの乾燥の地でチグリス・ユーフラテスの両大河の河口にかけて進むのは、灌漑と耕作によって豊産が確保されたからである。それをオリエント地方よりもやや雨量の多い地中海硬葉樹林地域で、無灌漑の乾地農業として大成させたのが古代ローマである。その大部分はパンコムギで、水車群利用の大規模化による石臼加工で粉末化し、初めは種なしパンとして粉食の主食になった。照葉樹林帯の稲作によるコメを粒食の主食とするのと対照的である。本草学では稲は「糯」(もちごめ)で餅を作る穀類を指し、「粳」(うるち、普通のコメ)や「秈」(せん、ジャポニカ型でない稲の総称)と区別される。コメのタンパク価はコムギより高く人間の食料としては優れているが、硬葉樹林帯のユーラシアでは畜産が発達して乳や肉の加工品が出回り、コムギの欠陥を補っている。

二　仏陀説話にまつわる聖樹と受容

二―一　インド八大仏蹟と聖樹と仏塔

インドは地理的にも文化的にも奥が深い。いま日本企業も進出しているハイテク地帯は、インド中西部から南西部にかけて、ムンバイ(ボンベイ)、プネ、ハイデラバード、バンガロール、チェンナイなどにあるが、シャカの歩いた仏蹟の道はハイテクなどとは疎遠な、インド東北部の化石時代さながらの集落点在の僻地にある。今そこは、インド最貧地帯といわれるビハール州を中心に、ウッタル・プラデーシュ(UP)州にかけて広がっている。私はこの仏蹟地帯をめぐりながら、往時はここが主要な北方交易ルートにあったのだから、それこそ活況を呈していた富裕地域であった、と考え直さなければならないことに気がついた。

まず、基本的な聖樹と開祖者ブッダ(仏陀)の足跡にまつわる名所史跡との地理的相関図を概観しておこう(図3)。ブッダ説話にまつわる聖樹は多い。ブッダになるシャカは、紀元前四六三年ごろ母の王妃が出産のため実家に

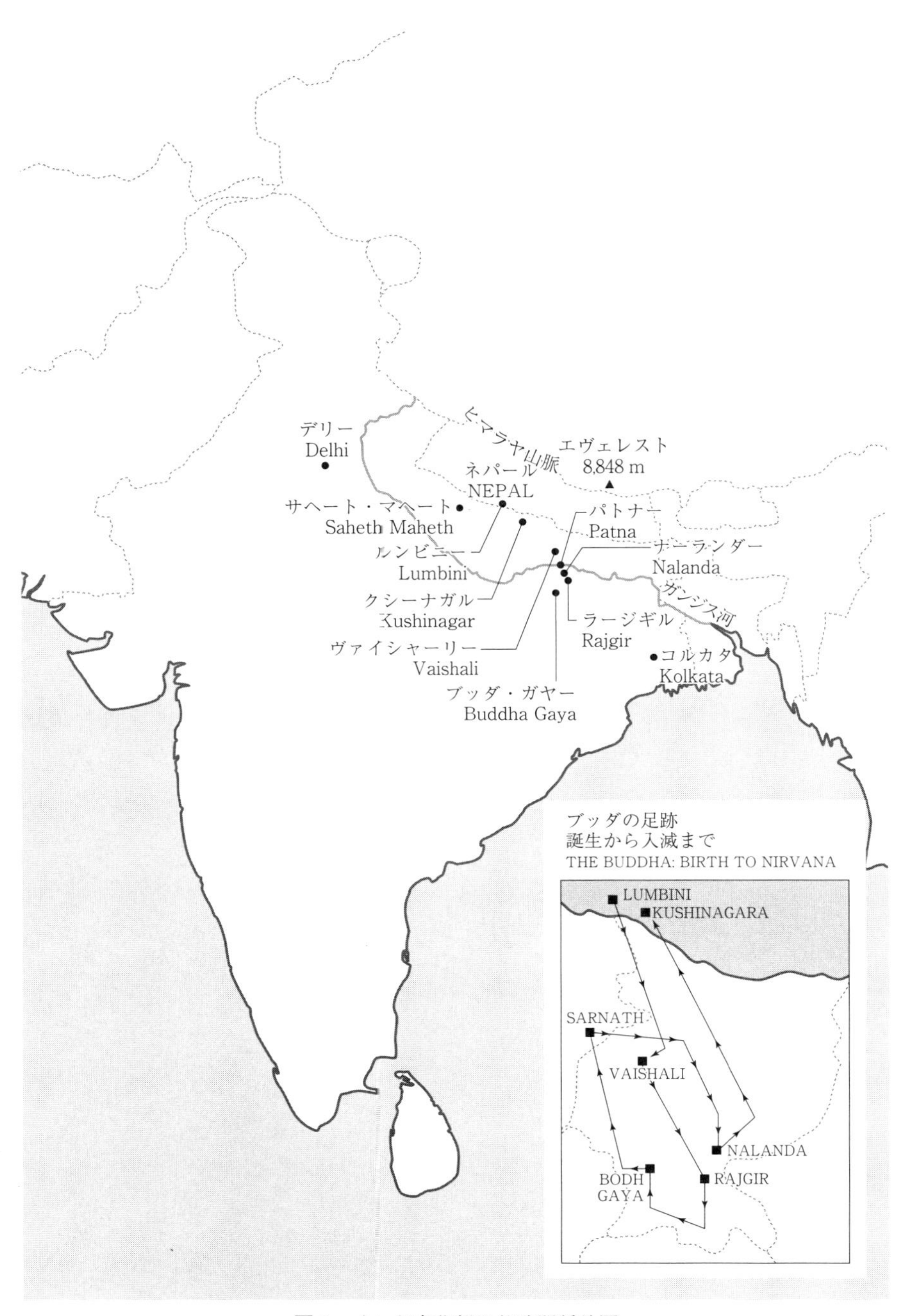

図3　インド東北部の仏跡関係地図

戻る途上、ルンビニーで「無憂樹（むゆうじゅ）」の下に生まれ、カピラヴァスツの王舎城で育った。王子として結婚し一児を得てからも、豪奢な宮殿生活から逃れるように、夕暮れになると城外東北四〇里の庭園の池で沐浴して、卒塔婆近くのお気に入りの巨木「蒲桃（ふとう）」の下、よく磨かれた石の台座で坐禅し、村人が田を耕すのを見ていた、という。ある時太子がその樹陰で禅定に入り、陽は既に周り、他を照らしているのに、樹影が移ることのないさまを、父王の浄飯王が目撃して、太子出城を予感したという。これを「樹下静観」という。やがて生老病死の四苦を脱すべく、城を捨て、前正覚山で激しい修行をしてから、ブッダガヤーの「菩提樹」の下で悟りを開き、各地で獅子吼して後、クシーナガルの「沙羅双樹（さらそうじゅ）」の下で紀元前三八三年ごろ寂滅する。このようにその節目節目に仏陀にまつわる聖樹が存在し、ブッダの教えと聖樹は切っても切れぬ関係にある。

仏滅後、しばらくの間信仰の対象になったのは、シャカの遺骨（仏歯・仏髪・仏爪も含む）である仏舎利であった。これをおさめた仏塔崇拝が仏教聖地の樹木信仰と並んで広がっていく（杉本、一九八四：奈良国立博物館、一九八三）。インドでは輪廻するものの墓はつくらないが、輪廻しない仏や阿羅漢・転輪聖王のみは許される。紀元後一世紀後半から二世紀初頭にかけて北インドのガンダーラおよびガンジス上流のマトゥラーで仏像制作が始まっても、仏舎利塔と聖樹信仰は途絶えることがなかった。聖樹信仰の点から見て、舎利塔のサンスクリット原語「ストゥーパ」（stupa）と「チャイティヤ」（chaitanya）も、聖樹と関連することを指摘しておく。「ストゥーパ」はインド最古の聖典『リグ・ヴェーダ』によれば、樹木の冠・火炎の冠・天地をつなぐ宇宙軸・黄金の塊を指す。樹木の冠は菩提樹の樹冠、火炎の冠は積み上がる火葬の薪や火炎柱、宇宙柱は仏塔の芯柱、黄金の塊は永遠の不死の生命を指すという。もうひとつの「チャイティヤ」は漢訳仏典では「支提」「制多」と音写され、意味は「塔廟」だが、バラモン達は聖火台、供犠祭の供犠を結わえる柱をそう呼び、ブッダの遺体を荼毘に付した火葬場の名でもあったが、もっとも一般的には神聖な樹木の意味だとされる（杉本、二〇〇七：二一―二四）。

もう少し詳しく、四大仏蹟や八大仏蹟なるものを説明しておこう。

一般にはまず四大仏蹟が挙げられる。先述したものと重なるが、母のマヤ夫人が里帰りの途中で「無憂樹」の下で釈迦を生んだ「生誕の地」ルンビニー（Lumbini：ネパール領側にある）、成人して人生に悩み出城・出家して六年間の苦行の末、村娘スジャータの乳粥で生気を取り戻し、あの「菩提樹」の下で悟りを開いてブッダ（目覚めた人、覚者の意味）になったという三五歳における「開眼の地」ブッダガヤー（Budda Gaya）、開眼後、伝道を決意し、直線距離で二〇〇キロ離れた地で初めて五人の弟子に説法をしたという「初転法輪の地」サールナート（Sarnath：鹿野苑。ここで出土したアショーカ王石柱の頂上にあるライオン像がインド国章になる）、四〇年以上の伝道の末、「沙羅双樹」の下に横たわり八〇歳で最期の涅槃を迎えた「入滅の地」クシーナガル（Kushinagar：マッラ族の都であった）の四つである。

さらに四つの仏蹟を加えたものが八大仏蹟である。

すなわち、サーキア（釈迦）族の太子ジッダールタとして生まれ育った「生育の地」カピラヴァスツ（Kapilavastu：カピラ城。ネパール説・インド説の二か所ある）、後の仏典（法華経や浄土三部経など）になる経説を唱えた地・霊鷲山（りょうじゅせん）（グリジャクータ Gridhakuta）などのあるマガダ国の都のあった「布教伝道の地」ラージギル（Rajgir）、また隣り合わせにあるサヘートとマヘート、すなわち、祇園精舎で知られる「夏安居（げあんご）（雨安居（うあんご）ともいう）の地」サヘート（Saheth）とコーサラ国の首都シュラヴァスティ（Shravasti）のあった「布教伝道の地」マヘート（Maheth）、八つのヴァッジ族連合として人類最古の共和制政治を行っていたリッチャヴィ国（Lichavis）の豊かな都であり、ブッダ最後の旅でマンゴー園を訪れて高級遊女アンバパーリーの心からなる接待を受けたことでも有名な「布教伝道の地」ヴァイシャーリー（Vaishali）、最後に、ブッダが自分を産んで七日後に亡くなった母マヤ夫人と仏達のために、天上に昇り最高の真理を伝え、三か月を過ごしてふたたび帝釈天の案内で地上に降り立ったという伝承のある「地上降臨の地」サーンカーシャ(Sankasya)、の四つである。

仏教関係の史蹟はほかにもあって、かつてブッダも(同時代に生まれたジャイナ教祖マハヴィーラも)雨安居で滞在し、その後大きな世界最古の仏教系大学になったナーランダー(Nalanda：龍樹、法顕や三蔵法師の玄奘もここで学ぶ。最盛期には一万人の学生と二、〇〇〇人の教師がいた)、世界最大の高さを誇るケサリアのストゥーパ(舎利塔)、さらには仏教系三大美術館と呼ばれるコルカタのインド博物館、パトナー博物館、ガンダーラにも影響を与えたというマトゥラー博物館も欠かせない。

実はこうした仏陀ゆかりの仏蹟の多くは、ガンジス・ヤムナ両河流域に点在し、古代北方交易ルートの一端にあったのである。二〇〇八年の冬、私は雨季を避けた乾季の二週間、インド東北部のガンジス川流域からネパール南部をめぐった。インドは四〇年ぶり二回目の旅だが、まずバンコックで乗り換えてインド中東部のコルカタ(カルカッタ)に入り、そこから、汽車とバス・ジープを乗り継いで、穴ぼこだらけ、ずたずたのインド式ハイウェーを走って首都ニューデリーに抜ける、というインド八大仏蹟の調査旅行であった。今でも目をつむると、悪路の連続に、体は激しく突き動かされ、揺り戻される思いがする。インド僻地の旅は、障害物競走さながらのハプニング続きで、とても容易には脱出できそうもない場面に出くわす。しかしインドの広大な異次元体験は、それを補って余りある。広大な原野や山林を染め上げて落ちる大きな夕日を、幾度となく拝んだし、時に地平線の彼方まで広がる菜の花畑に出て、「月は東に日は西に」の蕪村体験をインドで追認した。サトウキビ畑も多く、とりわけまだ柔らかな穂先が低く輝くシルエットになって、黒い水牛や山羊たちの背を映し出す光景は、一幅の画のようであった。

繰り返すが、かつては、ガンジス・ヤムナの両大河には、鉄製品や穀物・乳製品、衣料品などの交易品を満載した船の数々が往来し、また街道筋には、雄牛に引かせた二輪荷車の長い行列などで賑わっていたと考えられる。

すると、老病死の無情を悟って出城した釈迦族の王子ジッタールタがブッダとして布教した区域は、まさに農工商で活況を呈していた古代ビジネス地域であったことになる。ブッダの行程の範囲は、古代の二大王国、コーサラ国とマガダ国に挟まれ、ヴァッジ族やマッラ族、シャカ族など有力部族国家群が対峙する直線距離にして八〇〇キロ、例えていえば、東京・広島間ほどの範囲にある。この限られた空間にシャカ族を含む大小一六の部族国家群が離合集散を繰り返していたと見られる。

仏滅後一五〇年ほどして、アレクサンドロス大王の侵攻で大混乱に陥ったインドでは、豊かな穀倉地帯を背後にもつマガダ国を足場にマウリア王朝が樹立され、統一国家へと進んだ。この王朝三代目に当たるアショカ王は、やがて武力征服のはかなさと仏教の慈悲行の理想に深く感化されて、ブッダ関連の地に、仏教普及を願って一〇本近い石柱を建て、仏塔を整備した。こうして仏教文化圏の基礎が成立したのである。

二―二　聖樹としての菩提樹をめぐって

ブッダにまつわる聖なる樹で最も有名なものは、ニランジャ川(尼連禅河)近くにあるブッダガヤーのピッパラ樹(*Ficus religiosa*)、いわゆるインド菩提樹であろう。俗語のピッパラ(pippala/pipal)は畢鉢羅樹、ボー(bo)の樹ともいう。ブッダがこの樹下に坐り、悟りを開いたので、菩提樹の名がある。出家間もなく仏陀は前正覚山に籠もって六年修行したが、やがて苦行を断念、供養にきた村長の娘スジャータから乳粥を受ける。その前正覚山から西南四〇～五〇キロのブッダガヤーの地に、過去、未来の諸仏がその座(金剛座)で悟りを開いてきたという、聖樹ピッパラ樹が当時もあったし、今もある。ヒンズー教の三大神ブラフマン、ヴィシュヌ、マヘーシュもこの樹上に棲むとされた。仏陀はこの樹下で、正覚を得たのである。一般にインドでは聖樹とされる大樹にはヤクシャとかヤクシーと呼ばれる精霊が棲み、「如意樹」「劫樹」とも呼ぶ「生命の樹」ともされる。聖樹は供物を要求するが、村人達を悪霊や疫病から守るものでもあった。今はブッダ成道の地として、大塔が立ち、菩提樹の周りを石垣で囲い、金剛座が置かれて、各地からの巡礼者が多い（写真1参照）。

いわゆる三蔵法師の玄奘がこの地でこの菩提樹を見たとき、「しばしば伐採されてもなお高さ四、五丈ある」と書いた。玄奘によれば、アショカ王が邪道時代に、この菩提樹を軍隊に伐らせ寸断して、バラモンに火を付けさせて天に祀った。ところがその猛火のなかから二本の木が生えだし、「灰菩提樹」になった。この奇蹟から、アショカ王は後悔して、残りの根に香乳を振りかけたところ、翌朝には元の樹に戻っていた。こうしてアショカ王は回心して仏教に帰依するが、外道の王妃がその後夜半に伐らせてしまった時も、心を込めて祈り、香乳を注いで復活させたという。さらに玄奘の記述では、その後七世紀にもシャシャンカ（設賞迦）王の廃仏運動でこの伽藍が破壊され、菩提樹も水脈まで掘り下げて根本から切り倒し火を放った上、甘庶の汁をかけて腐らせようとした。アショカ王の末孫が悲しみ、数千頭の牛の乳を注いだところ、一夜でまた生えたという（玄奘、一九九九ａ：巻六・巻七）。一九世紀後半にも枯れたというから、今見る菩提樹は、何代目か後の再生株と考えられる。なお三世紀にアショカ王が贈った当時の苗木が、いまスリランカの寺院にある菩提樹で、これが最古という。

紀元前一世紀のサンチーにあるストゥーパ東門の石彫レリーフ像「悟り」には、信仰の対象に大きくピッパラ樹のみが経台上に描かれている（写真2）。

本来のピッパラ樹は、分類学名ではクワ科のイチジク属（*Ficus*）で、*Ficus religiosa*、すなわち「信仰のイチジク」樹である。「フィクス」は英語の figs で、ローマ建国神話では、双子のオオカミ児ロムルスとレムスがその下に産み落とされた樹が *Ficus* とされる。その仲間にはクワ、コウゾ、イチジクなど八〇〇種もある。問題のピッパラ樹は亜熱帯と温帯低地域に広がり、高さ三〇～四〇メートルに達し、極めて長寿で知られる。しばしば鳥の糞とともに種が運ばれて樹上に着生・生育して支柱根を垂らし、やがて合着して宿主を覆い尽くすから、い

写真1　悟りと知恵のインド菩提樹「畢鉢羅(ピッパラ)樹」(2008年，金子務撮影)。ブッダガヤーにて

写真2　菩提樹石彫レリーフ「悟り」(サンチー，紀元前1世紀)(2008年，金子務撮影)

写真3　ブッダガヤー参拝記念の菩提樹の葉絵（2008年，金子務撮影）

わゆる絞め殺し植物の仲間である。目に見えるような花をつけず、へこんだ多肉質の花床にごく小さな雌しべと雄しべができるだけで、やがて堅い果実になる。枝はもろい。葉は九～一七センチあり下膨れで先が尖ったハート型で、葉先が尾のように細い糸になっているのが見て取れる。この特徴的な葉に仏陀の像などを描いて、土産にされている（写真3）。材は数珠作りに使われる。樹液は封蝋、樹皮は製紙用、葉はカイコの飼料などにもする。

なお、ヒマラヤ山麓からマレー諸島にかけて分布するベンガル菩提樹（*Ficus bengalensis*）は異種の常緑樹で、高さ三〇メートルにもなる。一名バンヤンジュともいい、インドでは神聖な樹とされるが、ピッパラ樹とは別物である。葉は卵形で、葉先も鈍く丸みがあり、厚い皮質であり、長さは一〇～二〇センチある。コルカタ植物園に気根を五〇〇本余りもたらした有名な巨木がある。マレーシアのマラッカ海峡沿いに、イギリス植民地の拠点になったペナン島があるが、その寺院でもこの種の巨木を拝見した。

ブッダガヤーのインド菩提樹に次いで有名なピッパラ樹は、サヘート・マヘート、いわゆる祇園精舎にある「アーランダ菩提樹」である。これはブッダが雨季の三か月以外はこの地を離れて遊行に出てしまうのを苦にした信者たちが、長老アーナンダに頼んでブッダガヤーからひこばえを取り寄せ、ブッダの祝福を得て植えたものとされる大樹である。

本来のピッパラ樹は日本のような温帯では育たない。東京小石川植物園の温室など、特別に保護しないと寒気に弱い。わが国で普通、菩提樹（*Tilia miqueliana*：ミケル氏のシナノキの意）と呼ばれるものは、仏教が中国に渡って中国中部に野生する落葉高木のシナノキ科である。広州の梁代五三七年創建の古刹、六榕寺（ろくようじ）にも菩提樹としてこの大木が立っている。『増補版牧野日本植物図鑑』に、「此樹眞正ノ菩提樹ニ非ザレドモ舊クヨリ其名ヲ冒シテ今日ニ至レリ」（牧野、一九五六：三三九）とあるように、本来のクワ科のインド菩提樹と区別されなければならない。インドにはシナノキ科の菩提樹は存在しない。京都真如堂の大木も初夏に見事な淡黄色の小花をたくさんつけるが、これも中国産の菩提樹である。東アジアでは似て非なるものを聖樹に見立てる好例である。奥州旧街道の奥、白河の関から水戸に向かう途中に金山があるが、平家部落伝説の地である。ここに建つお堂近くに、直径五〇センチもある中国産の菩提樹の大樹が中村元氏によって報告されている（中村、一九八六）。中国経由で日本に到来したという。シューベルトの歌曲「菩提樹」で有名な「リンデンバウム」、いわゆる西洋シナノキ（*Tilia europaea*）はベルリンのウンター・デン・リンデンの並木にもなっているが、もちろん別種である。

なお菩提樹の下で七日間にわたり悟りを開いたブッダは、引き続きニグローダ樹の下で七日間、解脱を楽しんだとされる。「ニグローダ」（nigrodha）は音写して「尼拘律樹」ともされ、普通「榕樹」（ガジュマル *Ficus microcarpa*）といわれるバンヤン樹のことである（写真4）。クワ科の大樹で、葉は長い楕円形で尖り、親指の頭ほどの赤い実

写真4　梵天勧請の樹「尼拘律樹(ニグローダ)」(2011年, 金子務撮影)。佐世保市黒島にて

をつける。インドそのほかの熱帯や屋久島などで普通に見られる。サン・テグジュベリの『星の王子さま』に出てくるバオバブノキのモデルと考えられる。梵天が説法をためらうブッダに懇願して説法を決意させたということで、「梵天勧請の樹」ともされる。

二―三　仏陀寂滅の樹である沙羅双樹

『平家物語』に「祇園精舎の鐘の声、諸行無常の響きあり、沙羅双樹の花の色、盛者必衰の理をあらわす」とある沙羅双樹は、仏陀寂滅の樹とされる。京都妙心寺山内の東林院は山名家の菩提寺で、竹藪に囲まれた沙羅双樹の庭が有名である。毎年六月には、数珠かけの、樹齢三〇〇年という古木(近年枯れたが、一株が二本に分かれた双樹であった)をはじめ一〇本ほどの沙羅の大きな白の一日花が青苔に散って見事である。沙羅の花を愛でる会がここで開かれ、精進料理と抹茶が振る舞われ、夜にはライトアップして沙羅の夕べが催される。樹齢六〇年の沙羅の樹は山田無文禅師が三〇年前に植えたものだというが、「佛さへ身まかりませし花の色　みていま沙羅におもえ諸人」の歌がある。が、この沙羅の樹は、実は貝原益軒も「真ニ沙羅樹ナリヤ」と疑っていたように、後述する本来のインドの沙羅樹とは違う。あえて沙羅樹に見立てたのは、実は、ツバキ科のナツツバキ（夏椿 *Stewartia pseudocamellia*）であった。『増補版牧野日本植物図鑑』にも「和名ハ夏椿ノ意ニシテ夏時ニ椿様ノ花ヲ開ク故ニ云フ。又沙羅樹ハ之レヲ印度ノ該樹ト誤認セシニ基ク」（牧野、一九五六）とある。なお牧野説によれば、ツバキは厚い葉の樹の意味で、春先に盛んに花をつけるので和字の椿ができたという。中国の「椿（ちん）」とは別である。ナツツバキは近縁のヒメシャラとともに筆者宅（鎌倉）にも植えて毎年見事な花をつけていたが、犬小屋の近くにあったため尿をかけられて枯れた。見事なナツツバキの群生は伊豆や箱根の山や庭園でよく見られる。特に熱海のＭＯＡ美術館の広い斜面庭園にはナツツバキやヒメシャラの見事な景観が見られる。ナツツバキの葉はやや厚く楕円形、花弁は五枚でしわが寄り、裏に絹毛がある。花期が終りに近づくと、蕚が中央に集まり、花弁を押し出して落とす。先の東林院のほかにも、日本では比叡山の浄土院や天台宗系の寺院の庭に多く植えられる。材は硬く美しい紅褐色のため、床柱や道具などに加工される。

仏陀寂滅の地であるクシナガラの参道には、もちろん本物の沙羅樹、原産地のインドではサル（sal）、漢名を沙羅と呼ぶ並木があった（写真5）。刈り込んであるせいか、いささか素っ気ない。フタバガキ科の沙羅樹（*Shorea robusta*）で、高さ三〇～四〇メートルに及ぶ落葉性高木。下枝は五、六メートルもの高さから出る。若木の樹皮は滑らかな灰茶色で斑点があり、老木では粗い焦げ茶色の樹皮に深い溝が走る。互生の葉は楕円形で先が尖り、長さ一〇～三〇センチ。葉柄の基部に托葉がある。葉腋に二センチほどの淡く黄色い小花が三月から四月に現れ、小枝の先から房状に垂れ下がって咲く。沙羅樹は本来は熱帯林で東南アジアなどではラワン材になって伐採されたが、ヒマラヤ西方のやや冷温気候帯にまで分布を広げていたのである。低ヒマラヤでは東半分の地域にこの沙羅樹林が多いことが中尾らによって報告されている。この上に中尾が気づいた照葉樹林帯があり、さらに上の亜

写真 5　シャカ入滅の樹「沙羅樹(シャーラ)」の並木(2008 年，金子務撮影)。クシナガラにて。手前のヤシはパルミラヤシ

高山帯の針葉樹林帯(ツガ、モミ、トウヒなど)との間に食い込んでいる。

最期まで師の仏陀を離れなかった一二弟子の最年少者アーナンダ(阿難)は、ヴァイシャーリーの林のなかで不思議な夢に打たれ、師の仏陀にこう告げる。「私は林間におりまして夢に大きな樹を見ました。枝や葉は生い茂り、影もこんもりとしております。〔ところが〕突風が急に起こり、木は折れ葉は散り、余すところがないほどになりました。世尊が寂滅に入られようといておられるのではありませんか」(玄奘、一九九九b：三七三)。師は天魔にあと三月したら入涅槃する、と約束、自分の死を予言した。この時の林が沙羅樹林であったかどうかは記述がないが、おそらくそうであったろう。

ここクシナガラの涅槃堂には五世紀作という長さ六メートルの大涅槃像が頭を北にして西向きに横臥している。一八七六年に

発掘修理されたものという。各国から蝟集する僧侶達の読経が線香の煙と響き合う聖地である。その時八〇歳の仏陀は弟子アーナンダが東西南北の四方に一根から各二幹ずつ（だから双樹）、計八幹の沙羅樹の間に用意した寝椅子で臨終を迎えたという。『大般涅槃経疏第二』によれば、仏陀の入滅を悲しんで、一双の沙羅樹各一幹は枯色を表し、ほかは生色を保ち、これを「四枯四栄」という。沙羅樹は釈迦族のトーテムの木とされ、王舎城のカピラヴァスティには豊かな沙羅樹の森があったと伝えられる。またヒンズー教ではインディラ神の象徴でもある。沙羅樹はインド、ネパール、アッサムのヒマラヤ山麓から、マレーシアにかけて分布する。マレーシアのペナン島にある植物園には、実に見事な沙羅の並木道があった。

二‐四　仏陀出生の樹はどれか

仏陀が生まれたのは現在、インド東北部からネパール王国に少し入ったルンビニーとされる。釈迦族であるカピラヴァスツ王国のスッドーダナ王子（後の浄飯王）と、コーリヤ族であるデーヴァダハ王国のマヤデヴィ王女（摩耶（まや）夫人）は隣国同士の王族結婚をして、その間に王子ジッダールタ・ゴータマ、後のゴータマ・ブッダ、釈迦が生まれる。その誕生地が緑と花の地、ルンビニーである。

伝説（『仏本行集経』）によれば、釈迦族の雨祭りの時、信心深く断食中のマヤデヴィは、自分の下腹部に菩薩が六つの牙をもつ白象の姿で入った夢を見た、とされる。そして妊娠一〇か月目に、初子を実家で産む釈迦族の習慣に従って、隣国の実家に帰省する途中、一行は花と緑の豊かなルンビニー園を訪れた。このルンビニー園は、主として沙羅樹からなるルンビニーの森の木陰に、色とりどりの花の美しさで知られる庭園であった。時に仏陀誕生は、ネパール暦の「ヴァイサッタ」、西暦では四月から五月、と推定されている。

マヤデヴィはここでにわかに陣痛が始まり、神聖な池で沐浴してから、北に二四、五歩の所にある大樹の枝を

写真6　シャカ生誕の樹「無憂樹（アショーカ）」（2008年，金子務撮影）。ルンビニーにて（女性は筆者の妻）

つかみながら産み落としたという。今見られる池はかなり大きな四角いプールに修復され、一九三九年以降の煉瓦で出来ているから、往時とはもちろん大きくかわっていよう。

五世紀初頭にここを訪れた中国僧法顕（ほっけん）や七世紀の玄奘によれば、その木は「無憂樹」であったという。法顕の時はまだ誕生の樹が生きていて、玄奘の時には朽ちていたという（玄奘、一九九九b：三七三）。

無憂樹（*Saraca indica/asoca*）はa（否定）+soka（悲しみ）でアショーカの樹（asoka）ともいわれ、インド、ネパール、ビルマなどに広く見られる（写真6）。マメ科の常緑樹で、高さは一〇メートルを超え、一五メートルに及ぶものもある。焦げ茶色の樹皮は厚く少し溝があり、鱗のようなひび割れが見られる。葉は一二〜一八センチもある長細で、波形をしている。枝葉は大きく広がらずに、重なり合うようにして生え、地面に向かって垂れ下がる。低い枝では高さ一・五メートルほどの所に茂り、たやすく手が届くし、体重をかけても折れないほど頑丈である。四、五月には緑がかったオレンジ色の花が大きな房状に咲く。花弁状に見えるが、萼筒が四裂し、雄し

写真7　マヤ夫人がつかむ無憂樹と天上天下を指して第一歩を印すシャカ石像(ルンビニ，7世紀)

べが突き出ている。

　ネパールの考古学者バサンタ・ビダリによれば(Basanta, 2001)、マヤデヴィが右手で枝葉をつかんで、立ったまま産んだということから、この誕生の木は「無憂樹」に間違いないとする(写真7)。仏教文献や彫像には、沙羅樹説も多いが、沙羅樹は人手が届く所に枝は生えず、開花時期も三月から四月にかけてであり、疑問とされる。法華経などでは誕生の木はプラクシャ樹(*Ficus lacor*)だといわれるが、これも低い枝は生えず、満開の時期が一致しないとされる。「無憂樹」はヒンズー教でも聖樹とされ、愛の神カーマのもつ五本の矢の一本はこの木で出来たものといわれる。日本にもマヤデヴィを祀る寺がある。神戸の摩耶山天上寺である。マヤ夫人を本尊とするが、ここにはこの誕生樹にまつわるものは見当らなかった。

　シッダールダ王子が生まれて数か月後に、最初の瞑想をその樹下でしたという「樹下瞑想」の太くて黒い木は、ジャムン(jamun)またジャムブー樹(jambu tree)と呼ばれる。田畑にはよく見られる民衆に馴染みの木である。この瞑想は悟りを開く前の「宿明通」とされ、汚れのない透視によって世界苦の実相を見たとされる。インドでは世界観の中心地、須弥山の南方の地名「閻浮洲(えんぶしゅう)」にはこの樹林があることから「閻浮樹」ともいう(中村、一九八六：四八)。漢名は「ブトウ」(蒲桃)(*Syzygium cumini*)。東アジア原産の常緑果樹フトモモともいわれる。フトモモは自生地のインドや東南アジアを中心にアフリカやハワイ、オーストラリアにも広がり、日本でも八丈島、九州大隅半島、種子島、屋久島などで栽培されている。ブトウの木の一種で、この樹は葉が披針形で厚く、対生で、長さ一五センチほど。蚕の一種、インド山繭蛾の餌にされる。インドでは四月ごろ葉陰に淡緑色の小花をつけ、七月に果実をつけ、黄色い液果で直径三、四センチ。甘く生食し、酒にもなる。

三　聖書植物と東アジアの異種体験

三—一　聖書植物と万葉植物の比較

新旧約の『聖書』に出てくる植物群の仲間は一〇〇種以上ともいわれる[2]。その大部分は原典では古代ヘブライ語で、九個だけがギリシャ語である。これがラテン語化され、さらに英・独・仏語に訳された。ルターによる世界最初のドイツ語版『聖書』では、ヘブライ語とドイツ語の対応の明瞭な植物名は六五種、疑わしいものが四七種、訳出不能なもの七種、計一〇九種との報告がある(大槻、一九七四：一六一—一七)。明治に入って漢訳『聖書』(例えば一八九三年、文久三年版)を参考に、主として米国系プロテスタント宣教師達の手で日本語化された。であるから、ひどい誤訳を重ねたものがあってもやむを得ない。その代表例がオリーブの樹(*Olea europaea*)であり、長いことChinese Oliveである「カンラン」(橄欖)の字が当てられてきた。「カンラン」は後に記すように中国南部原産の別種であり、似て非なるもの、である。

中国には「オリーブとワインがない」とマルコ・ポーロも評し、宣教師マテオ・リッチも「オリーブとアーモンドを除けば主なもので産しないものはない」と書いたように、オリーブは月桂樹ともども、東アジアの照葉樹林文化圏では馴染みが薄く、地中海沿岸地方に広く分布する栽培種である。この栽培種であるというのが注目点である。

『聖書』に出てくる有名な句には、「コムギ、オオムギ、ブドウ、イチジクおよびザクロのある地、油のオリーブの木、および蜜のある地」（「申命記」八：八）があり、「蜜」がナツメヤシの甘い実（デーツ date）だとすれば（大槻、一九七四：六三）、この七種の植物が神に言祝がれる約束の地の食用植物になっている。実際に『聖書』に登場する植物上位一〇種とその登場回数を挙げれば（中尾、一九七八：三三二―三三五）、トップのブドウ（登場回数一九三）、二位のコムギ（以下同六〇）、三位イチジク（五二）、四位アマ（四七）、五位オリーブ（四〇）、六位ナツメヤシ（二七）、七位ザクロ（二六）、八位オオムギ（二六）、九位テレビンノキ（一二）、一〇位イチジクグワ（八）であり、一〇種中果樹が六種（ブドウ、イチジク、オリーブ、ナツメヤシ、ザクロ、イチジクグワ）、農作物三種（コムギ、アマ、オオムギ）が占め、ウルシ科のテレビンノキを唯一の例外として、圧倒的に有用植物である。アダムとイブの原罪となる知恵の木も、イチジク説、リンゴ説があり（北方ルネッサンスの雄デューラーの知恵の木図も制作年によってイチジク→リンゴ→イチジクと揺れている）、またナツメヤシ説（聖家族のエジプトへの逃避行の時、ナツメヤシの葉が幼児を追跡のヘロデ王の兵士から守ったという逸話もある）もあるが、果樹であることにはかわりない。『聖書』にはほかにもマナ（食用の地衣類、登場回数一一）、乳香（一三）、ヒソップ（一二）、ユリ（一八）など多数種の集合名詞があるが、香料、食用あるいは衣料用の栽培植物であり実利的なものが多い。

それに対して、照葉樹林帯文化圏で成立した日本の古典文学『万葉集』ではそういうものが少なく、花や姿など風情を愛するものが多いのは文化圏の性格にもよるのだろう。『万葉集』の上位一〇種の植物名は、一位がハギ（登場回数一三八）、二位ウメ（一一八）、三位マツ（八一）、四位モ（藻）（七四）、五位タチバナ（六六）、六位スゲ（四四）、七位ススキ（四三）、八位サクラ（四二）、九位ヤナギ（三九）、一〇位アズサ（三三）で有用植物はまずない。ウメ、タチバナ、サクラなどは果樹だが花を愛でても実を重視してはいない。唯一実用性のあるのはアズサ（梓）で弓材に使われる。モ（藻）は多数種であり、その一部は食用にもなるが多くはその流れるさまに注目している。ほかにタク（一二）、タエ（一五）、ユフ（二六）などは原植物がコウゾやカジノキを含む衣料用植物を指すが、このことは『聖書』の四位に衣料用のアマ（亜麻）が入っているのに共通する（中尾、一九七八：三三二―三三五）。

三―二　オリーブ・カンラン・月桂樹――誤解のトライアングル

オリーブの先祖とされるものは、俗称オレアステル（oreaster）といわれる野生種（*Olea europaea* subp. *oleaster*）である。この野生種が栽培種の接ぎ木の台木になることは、「ローマ人への手紙」（一一：二四）にもあるから、聖書時代によく知られていたと思われる。[3] 野生種は今でも広く地中海沿岸地域や北アフリカに分布しているが、果実は栽培オリーブよりも小さく果肉が薄く、渋みが強く食用にならない。この程度の野生種なら、実は東方でもパキスタンの低山地帯ではオレア・キュスピダータ（*Olea cuspidata*）の大群落が見られ、一部では食用にもされる、と中尾は報告している（中尾、一九七八：九―一〇）。さらにこのキュスピダータ種を含む四種が、中国の雲南、四川省、あるいは海南島にあるというから、先のマルコ・ポーロの言も正確とはいえない。ノアの大洪水後、初めて陸地が現れたことをノア一家が知るのは、ハトが夕方にオリーブの葉をくわえて戻ってきたためである（「創世記」八：一一）。オリーブがパレスチナの地で首位たるの木であることは揺るがない。この木が神の祝福を受け、大地の産物を食べ、石からは蜜を、岩からは油を吸って育った（「申命記」三二：一三）とされるからである。

写真8　ダフネを追いかけるアポロン。手に月桂樹の小枝をもつ。ギリシャ壺絵から

オリンピックの勝者に与えられる冠は、ゼウスを祭神とする古代オリンピアの大会以来、月桂冠ではなくオリーブ冠である。ギリシャ・オリンピアの聖樹はオリーブである。札幌オリンピック記念彫刻に月桂樹を捧げもつ少女二人の踊る「雪華の像」(本郷新作、一九七二)があるが、手にする枝は月桂樹ではなくオリーブでなければならない。手元の『牧野日本植物図鑑』(一九三〇年初版)を見るとオリーブの項はなく、月桂樹の説明に「一オリンピック」競技ノ名誉表象トス」(牧野、一九五六：五三二)と誤って説明されていて、どうも誤解の根は深い。茶樹やツバキなど葉っぱがてかてか光る照葉樹林帯の植物に馴染んだ日本や中国の東アジアでは、地中海世界の硬葉樹林帯の典型種、月桂樹とオリーブの樹との区別はつけにくく、文化的背景もわかりにくかったと思われる。

月桂樹(ローレル)の枝葉で作られた冠、月桂冠はもちろん存在する。葉や枝には芳香があり、料理や燻製材に使う。しかし月桂樹は、オリンピック競技とは無関係で、ゼウスの子アポロンの聖樹(写真8)である。父ゼウス同様、多情なアポロンに見染められたダフネが、逃れるために自分の父である川の神に頼んで月桂樹に変身してしまう。アポロンが被る月桂冠はダフネへの未練の象徴なのである。しかしこのアポロンを記念して、神託の地、デルフィ(この地でアポロンが地霊の大蛇を殺して霊力を奪い、神託を独占する)ではピュティア大祭(もともと芸術とか学芸を競う祭典でスポーツ競技は後から加わった)優勝者に、月桂冠が与えられてきた。デルフィはアテネ西北一二〇キロの日帰り観光地で、神託所で巫女(ピュティア)が手にする神授の小枝も月桂樹である。ローマ時代のプリニウスの『博物誌』に、月桂樹は凱旋式に指定され、皇帝や高官の門を守護するとある。確かに月桂冠は凱旋式に行進する将軍や「桂冠」詩人の頭上を飾り、月桂樹の腋果の意味である学士号(baccalaureate)や、ノーベル賞受賞者を「ノーベル・ローリエイト」(Nobel Laureate)というように、科学賞も月桂冠の系列である。

オリーブも月桂樹もともに、地中海地域の細くて尖った葉を特徴とする硬葉樹林帯の代表的樹種である。特に東部に育ったのは、地中海からの西風が運ぶ湿気と強い太陽の光が絶妙な環境をつくっているからであろう。分類学的には、月桂樹(英語では「ローレル laurel」、「ベイ bay」)はクスノキ科で学名「ラウルス・ノビリス」(*Laurus nobilis*)、葉のつき方が互生(左右互い違いになる)だが、オリーブはモクセイ科で学名「オレア・エウロパエ」(*Olea europae*)、対生(葉が左右対称につく)であるから、その違いは一目瞭然である。ギリシャ寓話集の『イソップ物語』でも、両者がその有用ぶりを言い争う話がある。(4) オイルに関しては、優劣つけがたい。オリーブ・オイルは種子の油でなく果実の油で手を加えないヴァージン・オイルを特徴とし、体によい。これに対して、月桂樹のローレル・オイルは収量も少なく、リューマチや皮膚病に効く薬効成分(ラウリン酸など)がある。シリアのアレッポではアレッポ石鹸が有名で日本にも入ってくるが、オリーブ油にローレル油を一割ほど混ぜたものや四割混ぜた高価なものもある。三昼夜釜でローレルの果実(種が大部分)を炊き、湯の上に油を浮き上がらせ、掬い取って漉すのだから手間がかかる。こうして混ぜた油をゆっくりと型に流して固めるのだが、最初は緑の表面が徐々に飴色にかわり、一、二年の熟成を置くので独特な色と香りがする。この製法は古来かわりないという。一五世紀にはオスマン帝国の首都イスタンブールに、年間五〇〇トンものアレッポ石鹸がアレッポから輸出されていたといわれる。

月桂樹は、一九〇五(明治三八)年に日露戦役勝利記念樹としてフランスから日本に贈られたのが最初である。灘の清酒「月桂冠」もこの戦勝記念の産物である。よい香りの「桂」に似ているので、中国や朝鮮の「月の桂」神話(呉剛という男が罰として月に生え続ける桂を切り続ける話)が思い出されての命名であった。この神話をもじった朝鮮の童謡に、「月よ月よ明るい月よ／李太白の遊んだ月よ／あのあの月の中ほどに／桂が植えてあるそうな／玉の手斧で伐りだして／金の手斧で仕上げをし／草葺き三間家建てて／父さん母さん呼び迎え／千万年も暮らしたや／千万年も暮らしたや」(金、一九三三：三〇：中沢、二〇〇一参照)というのがある。日本で月桂樹と名付けられ、この名が中国にも入った。しかし桂はカツラ科、後に触れる橄欖はカンラン科で別種である。カツラ科の桂(Japanese Judas-tree, fragrant olive)は漢名も桂で、学名は「ケルキデヒュルム・ジャポニクム」(*Cercidiphyllum japonicum*)である。こういう混乱をよそに、月桂樹の移植はやさしく、わが鎌倉の家でも東京・求道学舎の大樹のひこばえから見事に育っている。

何年も前のことだが、エーゲ海クルーズの後、ギリシャ本土を縦断したことがある。北はけっこう緑が広がっているのだが、中南部は赤茶けた岩山が多い。それでも各地で小麦やジャガイモの間に疎植されたオリーブ畑によく出会った。オリーブの収穫期は葡萄の後、青い実が熟すと黒くなる。まだ青い採りたてのオリーブを塩漬けしたものは実にうまい。

古代オリンピック発祥の地であるオリンピアは、「ギリシャの田舎」ペロポネス半島の北西部にある。この半島に出るには、アテネから西八〇キロの、大地を深さ八〇メートルも断ち切ったコリントスの人工運河を渡らねばならない。一九世紀末に運河で切断された半島は、オリンピア東方の大都市ペトラ近くで、ふたたびデルフィのある本土とつながっていた。アテネ・オリンピックで海峡大橋が架けられたためである。ゼウスの父神クロノスの丘の麓にオリンピアの古代遺跡が広がっている。ゼウス神殿や、ギムナシオン(体育練習場)、パレストラ(闘技場)、長さ一九二メートル(一スタディオン)のトラックのあるスタディオン(競技場)などである。ゼウスに捧げるオリンピアの競技大会は、記録では紀元前七七六年に始まっていて、いわゆる古代ギリシャ競技大会でも最古かつ屈指の大会である。男子に限り個人競技のみ、期間も五日間と決まっていて、この優勝者に、オリーブの枝葉で作った冠が授けられた。近代オリンピックの父クーベルタンの心臓も埋められているこのギリシャ・オリンピアの地の聖樹がオリーブだからである。オリーブの木は小アジア方面から力もちの巨人ヘラクレス(アテネのあるアッチカ地方では女神アテネ説)がもたらしたという。ゼウスの正妻ヘラの神殿近くで、笑顔を振りまく中年男が手招きしていた。客にオリーブ冠を被せて記念撮影で稼ぐ観光写真屋であった。オリンピック聖火を巫女達が採火するのも、この辺りである。

このオリーブの飾りや絵は、日本の教会では極めて少なく、明確なオリーブの飾りを見たのは、長崎県佐世保沖の隠れキリシタンの孤島、黒島の天主堂(国指定重要文化財)においてである(写真9)。この教会は、一八七八(明治一一)年に着任したペルー神父が木造教会堂を作ったのが最初で、その九年後着任したフランス人マルマン神父によって本格的な煉瓦作りにかえることにした。黒島の全信者の協力の下に、五年後の一九〇二(明治三五)年に、国産黒島御影石を基礎として計四〇万個の煉瓦を使って、今の三廊式ロマネスク様式の天主堂が完成した。美しいステンド・グラスはフランス産で、正面の祭壇上、キリスト像の下に、左右対称なオリーブの葉飾りがある。オリーブの葉であることは対生の葉のつき方と形で明白である。

「植物の科名、種名に漢字を用うるの無益なる」と牧野富太郎が評したように、オリーブを橄欖と訳した中国経由の漢訳『聖書』が、明治期以来、誤解に拍車をかけてきたのだが、明治早期にその間違いをいち早く指摘し

写真 9　黒島天主堂(国指定重要文化財)(上)と内陣正面キリスト像の下にオリーブの双葉飾り(下)(2011 年，金子務撮影)

ていたのが、植物学者で軍人の田代安定である。田代が、「オリーブは橄欖ではない」という考察「阿利複樹瓣」(阿利複はオリーブの音訳漢語。表題を現代訳にすれば「オリーブ論」になる)を『博物雑誌』に寄せたのは一八七九年であった(田代、一八七九：七―一三)。田代は「阿利複樹」と「橄欖」と「ヅイノキ」の三種の図を載せて、「近来清客往々阿利複ヲ橄欖ト訳スル者アリ、憶フニ其子形稍(やや)相類シ、且ツ西洋ニテハ橄欖ニ支那オリーブノ俗名アレハ如斯(かくの如き)夥(おびただしき)誤ヲ生セシモノ乎(か)」(田代、一八七九：七―一三)と記している。しかし、日本聖書協会がその八年後の一八八七年に出した文語訳でも「橄欖」のままであった。南方熊楠が一九〇七(明治四〇)年に論文「オリーブ樹の漢名」を寄せて、古代中国の『酉陽雑俎』巻一八ではペルシャ語zeitumの転写漢字「斉暾樹」とし、やがて「油橄欖」になったが、熊楠は「洋橄」の二字がよいとした(南方、一九七一：五―八)。しかし橄欖は中国南部や東南アジアで産生する植物で、漢名「橄欖」、英語ではChinese oliveといわれるもので、学名「カナリウム・アルブム」(*Canarium album*)、カンラン科である。ちなみに、オリーブ(olive)は、漢名「油橄欖」で学名「オレア・エウロパエ」、モクセイ科であり、月桂樹は英語名laurelあるいはbay、漢名「月桂樹」で学名は「ラウルス・ノビリス」、クスノキ科である。オリーブも月桂樹も橄欖も科が違う。誤解のトライアングルの根は深いのである。

三―三　難航したオリーブ導入

オリーブについては、名前をつかみ損なっただけでなく、その導入も難航した。オリーブ油は南蛮文化の到来とともに宣教師達がキリスト教布教のため携えてきていたが、その元になるオリーブの実が到来したのは、一五九三(文禄二)年のこととされる。平戸にきたイエズス会のペドロ・バウチスタ神父一行が豊臣秀吉に謁見の際、持参した進物品にはオリーブの実一樽があったという。さらにヒロンの『日本王国記』によれば、一五九五(文禄四）年にメキシコから数本のオリーブの木を長崎にもってきたという。しかし順応せず、同時に植えたマルメロは豊富な収穫がある、と述べている。オリーブは日本では育ちにくく、江戸初期以来失敗続きであった。

かつて薬品類の国産化を意図した平賀源内も、一七六〇（宝暦一〇）年にオリーブ油を得ようとして紀州南部の「ホルトノキ」（ポルトガルの樹、という意味）をオリーブの木と見誤った。[5] そのホルトノキは和歌山金山寺味噌で有名な湯浅の深専寺境内に現存していて、樹齢三〇〇年、根元は大人三抱えもある大木で、県天然記念物に指定されているものである。ホルトノキ属は東アジア、南アジア一帯に分布して二五〇種に上るが、この日本のホルトノキ（*Elaeocarpus sylvestris var. ellipticus*）は紀伊地方ではズクノキやホソノハ、鹿児島方面ではモガシといわれる常緑高木である。樹皮と枝葉は染色に使われるが、用材の価値は少なく、果実も小振りで生食に適さない。

その後も江戸時代を通してオリーブの移植は失敗つづきであった。

文久年間の一八六三年に、将軍侍医の蘭方医林洞海の斡旋でオリーブの苗木が取り寄せられ、幕府薬草園と相洲横須賀に栽植したが失敗した。一八八四（明治七）年にオーストリアの万国博覧会に出席した佐野常民（後の初代赤十字社長）がイタリア産オリーブを十数株もち帰って東京に植え、若干を紀州和歌山に植えたところ、和歌山の株が育って、一八九七年に結実したという。その後、台風その他ですべて枯れた。それとは別に、一八七八年パリ万博の日本事務局副総裁の松方正義（後の総理大臣）や同事務官長前田正名（殖産興業政策推進者）らがのり出してフランスからオリーブの苗木二、〇〇〇余本を取り寄せ、神戸に農商務省直轄のオリーブ園を設け、植えつけると同時に、中部、四国、九州などに分植した。この神戸オリーブ園の成績がよく、三年後の一八八二年には実をつけ、熟果三升から初めてオリーブ油をつくり、さらに二升を塩漬けにした。これが日本最初のオリーブ生産記録という。しかし農業政策などの変更で、神戸オリーブ園は一八八八年に廃園になってしまった。明治期日本で活躍したドイツ人医師ベルツは真鶴岬がいかに一流の冬季療養所や海水浴場に向いているかを、「オリーブやブドウ、ハダンキョウの理想的好適地である」として推奨した（ベルツ、一九七九：四二）ことは、当時のオリーブ栽培への注目度をはかるメジャーになるだろう。しかしオリーブ生産実用化の第一期は終りを告げる（松村、一九五三：わが国オリーブ渡来史（一〇四―一〇五）：小豆島町オリーブ記念館：資料）。

オリーブは実がなるまでに四、五年、長ければ一〇年かかるといわれる。寒さを嫌い、排水良好で風も強くない所が望ましい。日本で失敗するのは花粉の交配時期が五月下旬から六月上旬にかけての入梅時期に当たるためと考えられる。日露戦争終結後、新たな需要が発生した。北方漁場で水揚げが始まった大量の魚介類の保存、輸送用に油漬けの方法が導入され、オリーブ油の国内自給が求められたからである。農商務省は一九〇七年再度香川、三重、鹿児島の三県を指定して試作を始めた。特に源内ゆかりの旧讃岐藩、香川県小豆島が有望であったことは単なる偶然ではない。ここ小豆島には別ルートで米国より苗木五〇〇本を取り寄せ、一町二反歩の圃場に繁殖させたものがある。香川県農事試験場の初代場長福家梅太郎と地元事業家水野邦次郎の尽力が大きい。二年後には二〇本が開花し結実した。導入第二期成功の始まりである。

大正年間には緑果塩蔵（若い緑の実を塩漬け加工する。小豆島では「新漬け」と呼ぶ。欧米のいう「テーブル・オリーブ」）の試験製造も始まった。さらに脱渋技術の開発も進み、大正末から昭和にかけて、民間業者による加工生産が開始されている。本格的なオリーブ栽培の基礎を確立するには、戦後の一九五一（昭和二五）年の香川県農業試験場小豆分場の農業技師らの活躍を待たねばならなかった。特に初代分場長の尾崎元扶は、自家不和合性の障害や苗木の育成法などオリーブ栽培の基礎を解明して、この方面で最初の農学博士を取得した。こうして香川県内の栽培面積は、最盛期の一九六四年に一三〇ヘクタールに達し、果実収穫量も四〇〇トンを超えた。オリーブは香川県の県花、県木に選定された。しかしオリーブ製品輸入自由化などに対応するため、小豆島オリーブ公園、オリーブワールド構想、樹齢一、〇〇〇年の大樹を輸入定植（写真10）するなど、生産業界も香川県と

写真10　小豆島に移植された樹齢1,000年のオリーブ(井上誠耕園提供)。小豆島ヘルシーランドにて

一体となって振興に努めているのが現状である。

四　学会でも混乱を重ねた植物命名法

『聖書』にはオリーブや月桂樹のほか、葉が棘や針に縮んだ有棘植物も頻出する。乾燥地のパレスチナには多い。『聖書』では、有棘植物を表すのに、二二種ものヘブライ語とギリシャ語が使われているという。通常「いばら」(棘)や「おどろ」(荊)と和訳し、thorn, thistle, nettles, pricks など と英訳されるが、風土の違う東アジアではその微細にわたる受容は困難である。

聖書植物研究者の間で論争になっているものに、ローマ兵らがイエスをいたぶるためにいばらを冠に編み、かぶせた「イエスの荊冠」(Christ-thorn)はどのいばらなのか、という問題がある。日本の別所梅之助、大賀一郎、松村義敏らの研究では、リンネも指摘したサルカキイバラ／トゲハマナツメ(クロウメモドキ科ハマナツメ属 *Paliurus aculea-*

tus/spina-christi)が有力である。高さ二、三メートルの灌木で、柔軟な枝で葉はオリーブに似た光沢がある。ただガリラヤには生育してもエルサレムのあるユダヤ地方にない植物であるのが難点だとされる。対抗馬には二種ある。トゲナツメ／キリストノイバラ(クロウメモドキ科ナツメ属 *Zizyphus spina-christi*)は強健な灌木で鋭い刺と柔らかな枝をもつ。高くなるのでローマ兵も枝を採るのに苦労するかもしれない。トゲワレモコウ／キリストノイバラ(バラ科で英名 Thorny Burnet、学名 *Poterium spinosum* L.)はパレスチナに普通に見られる。ただ枝が短く、輪にするにはいくつもつなぐ必要がある。

このように、聖樹や聖植物といっても、実はわからないものだらけなのである。

植物名の漢字表記を避けるにしても、学名表記そのものも長い間混乱してきた(中井、一九三〇：一─五五：木村、一九八二：「植物分類」の項)。ギリシャのテオフラストス、ローマのプリニウス以来多くの博物書、植物書が出て、同一植物が国によりまた著者により別名で書かれることが多く、一七〇〇年に初めてフランスのツルヌフォールが植物の属名を制定した。以降、仏英伊の学者達が新属を立てた。学名を定めた分類の基礎は、スウェーデンのリンネ(一七四三)の有名な『自然の体系』第二版付録「リンネの分類法」に始まる。個々の種から種・属・科・綱などを定め、植物を六八科に分け、植物名はすべてラテン語表記とし、長い「正名」のほか、便宜的な「小名」として、属名と種名の二字表記する方法も導入した。

しかし、リンネ以降の学者は便利な「小名」のみを採用して、いわゆる今日使われている「二名命名法」が流布していった。それでも学者によって意見が違い、リンネ以降でも「二名命名法」を採りながら同一の植物に学名が一〇以上あることも起きた。そこで一八六九年パリで開かれた第一回万国植物学会で、①文法上の誤りを正すに止め不必要な名を制定せず、②リンネ以降の植物学者による最初の命名をその植物の名とする、を原則と決めた。その後の第二回(一九〇五年、ウイーン)、第三回(一九一〇年、ブルッセル)を経て万国植物命名規則が完成した。

本章は「東アジアにおける近代諸概念の成立」をめぐる二〇〇五年八月の日文研における国際研究集会で発表した拙稿「誤解のトライアングル、月桂冠かオリーブ冠か」、および二〇〇七年一〇月の北京国際シンポジウム研究集会報告の拙稿「冠植物の受容問題」などを下敷きにしている。

(1)カシ類はクエルカス属(*Quercus*)に入るが、さらにコナラ亜属(Subgenus *Leptobolanus*)とシクロバラヌス亜属(Subgenus *Cyclobalanus*)に大別される。コナラ亜属にはナラ、クヌギ、ヨーロッパのオークのように落葉性のものと、地中海地域の硬葉ガシや日本のウバメガシのような常緑性のものが含まれるが、これらは照葉樹林の構成要素にならない。シクロバラヌス亜属は東アジアの温帯域に特産する常緑性の照葉樹で、アカガシ、シラカシ、ウラジロカシ、アラカシ、イチイカシなど照葉樹林の主力になっており、種類相の多さで世界に類を見ない。カシ類に次いで重要なのはシイを含むクリカシ属(*Castanopsis*)だが、シイが照葉樹林の主力になるのは日本でも温暖な海岸地帯で、中国大陸やヒマラヤでもより暖かい地帯に多い。ただクリカシ属のドングリは渋みがなく食用に適しているが、クエルカス属のドングリの多くは渋みが強く、渋抜きをしないと食用にならない。硬葉ガシのドングリも焼いてそのまま食べられるものがある。地中海地域からアルプスを越えて北方に広がるのが落葉性のカシで、英語でオークと呼ぶローバーガシである。これもドングリをたくさんつけるが食用にせず家畜の餌にしている。

(2)研究者によってこの数にはばらつきがある。別所梅之助『聖書植物学考』には具体数は挙げず、星野三男『聖書に現れた植物名とその関係語彙』では扱っている語彙が六七種、大槻虎男『聖書の植物』には「一〇〇—一五〇種」とあり、最も信頼できる松村義敏『聖書の植物』巻末の「聖書植物一覧表」(ヘブライ大学聖書腊葉標本も参照している)には一二四種数える。なお聖書植物と聖地植物は同じでなく、聖地の植生調査によれば二、一〇〇種あるとの報告(松村、前掲書)がある。

(3)実は『聖書』の記述は、台木が栽培オリーブで接ぎ木が野生種になっていて、この接ぎ木法をめぐって議論がある(松村、一九五三：一一二—一一三を見よ)。

(4)一六世紀末の日本に最も早く西欧から導入された寓話集で、天草本『イソポのハブラス』や国字本『伊曾保物語』でお馴染みだが、この話「月桂樹とオリーブ」はなく、岩波文庫本の底本である『アエソピカ』版四三九話にある。

(5)平賀源内『紀州産物誌』(一七六二)、にこう記す。「御国の湯浅の寺にホルトガルと申す木御座候。甚だ珍木にて御座候。人存じ申さず候。この木の実を取り、油に絞り候へハ、ホルトガルの油と申し候て、蛮流外療家常用の品に御座候」(金子、二〇〇二：「平賀源内」の項）。源内はこの実や枝を本草好みの主君に見せて栗林薬園で育てた。その一本が茶屋「日暮れ亭」の裏手に大木となって今に残っている。

第一二章　『荘子』に見える植物

——扶揺、冥霊、大椿、大瓠、樗、櫟をめぐって

大形　徹

はじめに

『荘子』は中国の戦国時代の思想家、荘周（紀元前三六九ごろ〜紀元前二八六ごろ）の著した書物とされている。そこにはさまざまな植物が表れるが、ここでは象徴的な意味をもつものや霊性をもつものを取り上げたい。まず副題に挙げた扶揺（ふよう）、冥霊、大椿（だいちん）、大瓠（だいこ）、樗、櫟について、ごく簡単に紹介したい。

内篇の逍遙遊篇に見える「扶揺」は、これまで晋の司馬彪（?〜三〇六）の注釈などをもとに「つむじ風」（金谷、一九七一：二〇：倉石・関、一九七三：四一）と訳されていた。ところが、『荘子』外篇、在宥篇の「扶揺の枝」[1]を参考にすれば、「扶桑」と理解できる。

扶桑は中国の東方に生える樹木で、そのことから、後世、日本の異名ともされた。これは元来、太陽を生み出す花であり、また樹木である。それは人々の死生観とも重ねられ、あの世に復活再生するという永世観念と結び付いているように見える。『荘子』は、その観念をそのまま利用しているわけではない。しかしながら仏教の輪廻転生ともつながるような『荘子』の死生観の根柢に、この観念があるように思われる。それをさかのぼって行けば、オリエントの世界樹やエジプトのパルメット文様ともつながっている。また中国の少数民族のなかに多く残されている植物文様とも関連するところがある。

同じく逍遙遊篇の「冥霊」と「大椿」は、ともに長寿の樹木とされている。冥霊は楚の南にあり、「五百歳をもって春となし、五百歳をもって秋となす」とされる。この樹木にとっての一年は通常の二千年に当たり、その一年が、何十年、何百年と続くのだろう。通常の年でいえば何万年、何十万年に当たるというわけである。大椿は上古にあったとされる。日本の椿（つばき）（*Camellia japonica*）とは無関係の植物である。これは「八千歳をもって春となし、八千歳をもって秋となす」とされる。この樹木にとっての一年は通常の三万二千年、それがまた何十年、何百年と生き続けるので、通常の年でいえば何十万年、何百万年に当たる。

これらの話は、朝に生え、その日のうちにしぼむ朝菌（キノコ　ヒトヨタケ？）などと対比される。さらに人のなかでは長生きとされる彭祖（ほうそ）も、これらの樹木の寿命の長さと比べると、はかない、といった口調で結ばれている。

冥霊や大椿といった植物を春（夏）秋（冬）[2]といった季節のサイクルでとらえていることは興味深い。このサイクルは循環であり、繰り返しである。循環は永遠でもある。さらに冥霊という語が興味深い。「冥」は逍遙遊篇の冒頭の「北冥」や「南冥」を想起させる。「霊」は「魂」を想起させ、この樹木には霊魂があるということをイメージさせる語となっている。そして後に続く櫟の話では樹木が霊的な存在として語られる。

「大瓠（ヒョウタン）」は容器としては役に立たないが、江湖に浮かべて、それにのればよいと、荘子流の発想の転換の話として語られる。「樗（センダン）」もまた材木としては役に立たないが、広漠の野に植えて、その下で昼寝すればよいという。いずれも癒し効果をも含んだ話となっている。

「櫟（クヌギ）」は、樹木としては役に立たないがために、かえって長生きをしたという話である。この話で興味深いのは、この「櫟」が擬人化され、夢のなかで匠石に話しかける霊的な存在として表されていることである。夢のなかに現れるということは外篇至楽の髑髏（どくろ）の話[3]にも見える。夢は霊と人との交流の手段であった。

以上のように『荘子』では植物に対して、象徴的なさまざまな見方がなされている。その特徴を列挙すると、

①人と植物の区別がない。

②人の寿命と植物の寿命を比べている。

③人と同様に植物もまた霊的な存在であるとする。

これらは『荘子』の哲学である万物斉同説から導き出されるのであろう。太陽を生み出す扶揺（扶桑）の話や、春夏秋冬の循環を強調する話は、『荘子』の根柢を形づくる循環的死生観の形成に大きくかかわっているように思われる。

いずれも植物を人にとって有用か無用かといった観点からとらえるといった単純な話ではない。植物のあり方を通して人の存在の根本を問うものとなっている。

一　『荘子』に見える扶揺（扶桑）

ここでは扶揺と扶桑を関連付けてとらえた。

扶揺（内篇逍遙遊）＝扶揺之枝（外篇在宥）≒扶桑

と、「扶揺」が「扶桑」の意味として理解出来るのではないかと考えた。ただ『荘子』のなかには「扶桑」という語は見えず、この言葉はまだ生まれていないと思われる。

「扶桑」は現在では日本の異名として知られている。もとは『楚辞』『山海経』『淮南子』『論衡』等々に見える語であり、太陽を生み出す樹木として知られている。

ここではまず『荘子』逍遙篇の該当部分を紹介しよう。

北のはての暗い海に魚がいる。その名を鯤（こん）という。鯤の大きさは何千里あるか見当もつかないほどである。この魚があるとき変化して鳥となった。その名を鵬（おおとり）という。鵬の背は何千里あるか見当もつかない。この鳥が怒（いか）って飛び上がると、その翼はあたかも天に垂れこめる雲のようである。この鳥は海が荒波にわきかえるとき、南のはての暗い海へと飛んでいこうとする。南のはての暗い海とは天池のことである。

斉諧（せいかい）というのは、奇怪なことを知る人物である。諧の言葉にこうある。「鵬が南のはての暗い海に飛んでいくとき、水面を羽ばたくこと三千里、扶揺（扶桑）（の大樹）に羽を撃ちつけて[4]、九万里のかなたまで飛び上がるのである。そして六か月間飛び続けてやっと休息するのである」と。

陽炎（かげろう）がゆれ、塵芥（ちりあくた）が舞い、生き物はお互いに息を吹きかけ合っている。地上の景色はおおよそそのようなものだろう。ひるがえって蒼天（そうてん）を見るに、その青々とした色は、はたして天の本当の色なのだろうか。それとも果てしなく遠くて透明な色が重なり合って蒼く見えるのだろうか。ひとたび天空の高みにのぼり、地上を見渡せば、やはり同じように青々と見えるに違いない。

水もまた大気のように積み重なっている。水の積み重ねが厚くなければ、大きな舟をささえるだけの力がない。杯（さかづき）の水を三和土（たたき）の上に、こぼしたとしよう。塵芥は浮かんで舟になるかもしれない。だが杯をその水の上に置こうとすれば、たちまちのうちに土にくっついてしまう。水が浅くて舟が大きすぎるからである。同様に風の積み重ねが厚くなければ、あの鵬の大きな翼を支えるだけの力がない。九万里の高さまでも上昇すれば、やっと翼を支えるだけの風の層ができるのである。そうして今こそ風に乗る。青空を背負って、おさえつけるものは何もない。そうして今こそ南へ飛び行かんとするのである。

蜩（ひぐらし）と小鳩は鵬をあざ笑ってこういった。

「僕たちは、エイッと飛んで、にれやまゆみの木に飛び移る。それでも届かないで地面に落ちてしまうこともあるのさ。どうしてまた九万里の高さまで飛び上がってから南へ行こうとするのか」と（拙訳）[5]。

『荘子』内篇七篇の首篇である逍遥遊篇の冒頭の話である。『荘子』はこの話から始まる。「北冥」という北の果てに棲む巨大な魚は「鯤」という名だが、それが「鵬」という巨大な鳥に変身し、「南冥」という南の果てまで飛んでいく。

この話は北と南から始まる。そして内篇の最後の話もまた北と南なのである。

> 南の海の帝を「儵（すばやく）」さんといい、北の海の帝を「忽（たちまち）」さんといい、中央の帝を「渾沌（ぼんやり）」さんといいます。「儵」さんと「忽」さんは、たまたま「渾沌」さんのところで出くわしましたとさ。渾沌さんは懸命にもてなしました。そこで「儵」さんと「忽」さんは渾沌さんのもてなしに報いたいと相談しました。「人にはだれでも目が二つ、耳が二つ、鼻の孔が二つ、口が一つの七つの竅（あな）があいている。それで視たり、聴いたり、食べたり、息をしたりしているのさ。ところが「渾沌」さんだけはなんにもない、のっぺらぼうじゃないか。ためしに竅をあけてあげようや」と。そこで毎日、一つずつ竅をあけていき、とうとう七日目に「渾沌」さんは死んでしまいましたとさ[6]（内篇、応帝王篇）（拙訳）。

「渾沌」は「混沌」に同じ。北の果ての暗い海と南の果ての暗い海で始まった『荘子』内篇の話は、応帝王篇において、やはり北の海と南の海の話で収束する。荘周は執筆に当たって小説家のように構想を練ったのであろう。『荘子』に見える話のほとんどが寓言（ぐうげん）と呼ばれる。事実に基づかない創作、つまり、作り話である。荘周は内篇七篇を書き始めるに当たって、逍遥遊篇の始まりと応帝王篇の終わりを、「北の海」と「南の海」にし、首尾一貫させることを決めていたのではないか。このころ、まだ小説らしきものも存在しないことを考えれば、荘周の構想力は、おそるべきものといわねばならない。

南海の帝と北海の帝は「儵（しゅく）」と「忽（こつ）」と呼ばれている。「儵」も「忽」も「たちまち」の意味で、人がものごとを「すばやく」行うことを意味している。このころから、人は効率を上げ、ものごとを素早く行うことに懸命であった。それに対して渾沌はのろまで見ていられない。「儵」や「忽」は、渾沌を未分化の自然の状態と見て、目や耳などの感覚器官をあけて、人に近づけようとした。「儵」や「忽」は、ものごとを素早く行うことを是（ぜ）とする人為の象徴と見なすことも可能であろう。

ただ、この話を逍遙篇の冒頭部分と比較してみると別の話が見えてくる。逍遙游篇の「鯤」は、「鯤」＝（混沌）＝「渾沌」であり、「鯤」と「渾沌」は同じものであろう。(7)

この「渾沌」は『山海経』西山経では、「渾敦」あるいは「帝江」（図1・2）として見える。(8)

神がいる。その姿は黄いろい嚢（ふくろ）のようであるが、赤いことは丹火のようである。六足四翼であり、渾敦（混沌）としていて面目がない。このものは歌い舞うことを識っている。まことに帝江である。(9)（拙訳）

と、黄色くて赤い袋のようで六本足で四つの翼がある神、帝江とされている。

ここでは「渾敦」は「渾敦として面目無し」と顔に目も鼻も口もない様子を形容する語として使われている。「混沌」の意味であろう。名は「帝江」である。これは『荘子』応帝王篇の「中央の帝」と関連する。「帝江」には翼があるが、そのことは『荘子』逍遙遊篇の「鯤」が化した「鵬」の「其の翼は天に垂るるの雲の若し」を想起させる。

『春秋左氏伝』文公十八年では、

帝鴻氏に不才の子がいる。天下の人々にこれを渾沌と呼んだ。(10)

と、「帝江」は「帝鴻」で、その不才の子を渾沌と呼んでいる。

「鴻」は、ハクチョウ、ヒシクイ、クグイ、などの大型の鳥である。そしてその子が「渾沌」だという。杜預（どよ）（二二二～二八四）の注は「帝鴻は黄帝である」という。

鐵井慶紀は「黄帝伝説について」（鐵井、一九九〇）において、「黄帝」は上帝であり、かつまた太陽神だという。

「黄帝」はなぜ「黄」なのだろう。五行思想に基づいて白帝、黒帝、青帝、赤帝などがあり、黄帝もそうだと考えたくなる。しかし、「黄帝」の名が多出する『荘子』には、白帝、黒帝、青帝、赤帝などは、まったく現れない。当初は「黄帝」しかなかったのであろう。単独で表れる「黄帝」は当然、五行思想とは無関係である。

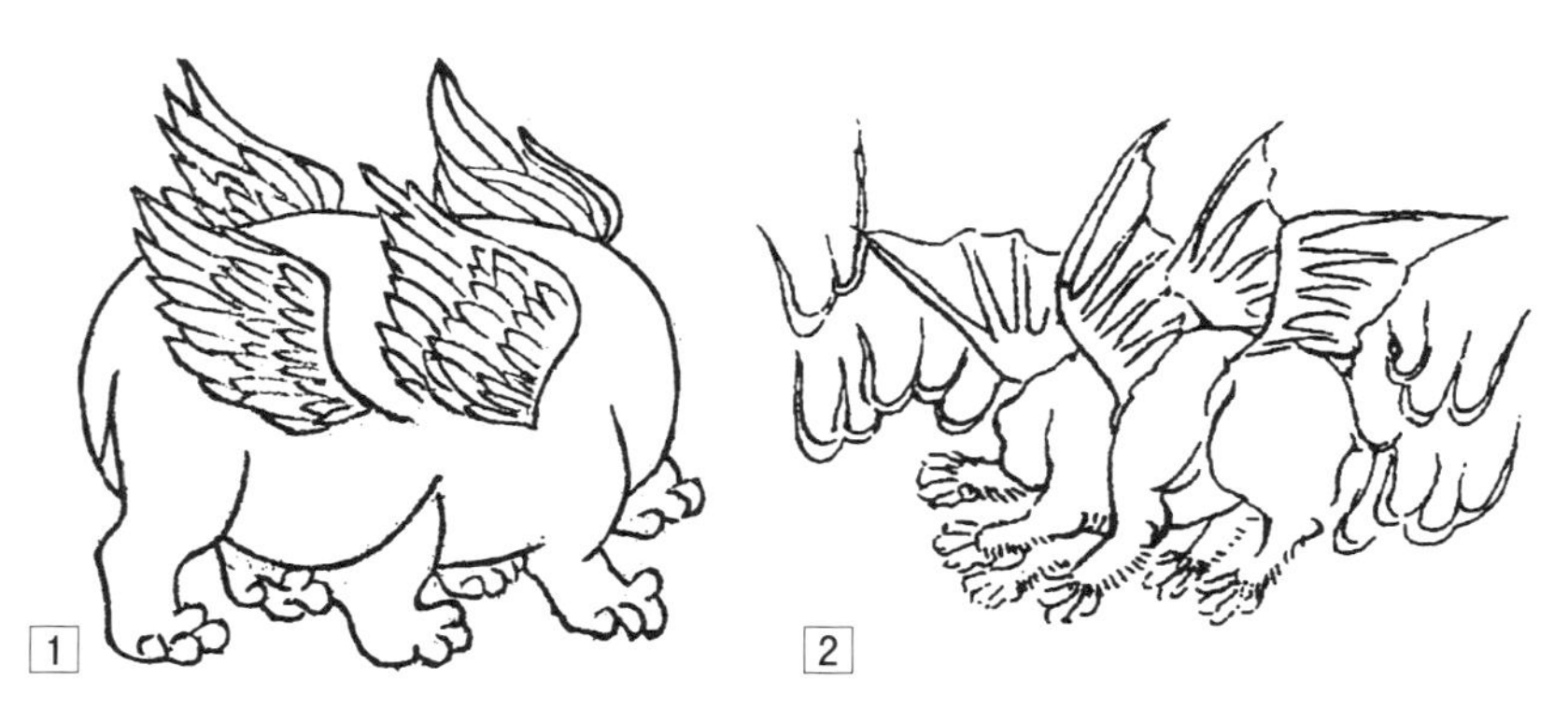

図 1　渾沌(胡本), **図 2**　渾沌(汪本), **図 3**　有翼日輪, **図 4**　有翼日輪とその中央から下がる二匹の聖蛇, **図 5**　日神羽人。丸い円は日輪

『山海経』では、「帝江」は「黄嚢の如し」と黄色のふくろのようだという。黄色の帝江が黄帝と呼ばれたのだろう。また、たんに黄色だけではなく、「赤きこと丹火の如し」とある。

「黄」であって「赤」でもある。一見、不可思議に思われる。しかし、これは「太陽」の形容ではないだろうか。朝日や夕日は赤く見え、昼の「太陽」は黄に見える。もし太陽であれば「黄」であってなおかつ「赤」でもあることは何ら矛盾しないのである。

「六足四翼」は昆虫の形容だが、エジプトのスカラベを想起させる。スカラベはフンコロガシ(*Scarabaeus* sp.)のことである。この虫はエジプトでは、太陽を地中から押し上げる聖なる虫であり、太陽信仰の根幹にかかわっている。

中国とエジプトは遠く離れているように見えるが、中国のさまざまなものにエジプトの図像の影響が看取できる(大形、二〇〇七：一―三六)。翼の付いた太陽は有翼日輪と呼ばれる。エジプトにあるが(図3・4)[11][12]、後漢の四川画像磚(図5)[13]もそれらに似ている。

『荘子』外篇の在宥篇では、この部分は、雲将が、

　扶揺の枝のところに立ち寄り、たまたま鴻蒙に出遭った[14]

とされている。

『荘子』は内篇が荘周自身の作、外篇は荘周の後学の作と見なされている。けれども外篇の在宥篇を『荘子』内篇の注釈と見なせば、現今の晋の郭象(二五二?～三一二)の注釈よりも数百年も古く、荘周の思想をより確実に伝えていると思われるのである。

もう少し詳しく見てみよう。

雲将が東の方に遊び、扶揺の枝のところに立ち寄り、たまたま鴻蒙に出遭った。鴻蒙は髀(もも)を拊(う)ち雀躍して遊

んでいた。雲将はこれを見て、倘然れて止まり、茫然と突っ立ったまま言った。「ご老人は、どのようなお方でしょうか。ご老人は、何ゆえかようなことをなさっているのですか」[15]と（拙訳）。

雲将は雲の擬人化である。「扶揺の枝」は「枝」とあるため、樹木であろう。唐の成玄英も「扶揺は木神（または神木）である。東海に生ず[16]」と注釈している。版本により、「木」の位置が異なる。「木神」ならば木の神である。「神木」であれば神の木である。「東海に生ず」とあり、「扶桑」とよく似ているが、「扶桑」そのものとはされていない。実は『荘子』外篇の在宥篇が出来た時に「扶桑」という言い方が既にあったかどうかは微妙であり[17]、成玄英はそのことを意識しているのかもしれない。

「鴻蒙」の「鴻」は「大きい」、「蒙」は「くらい、おろか」である。ただ『荘子』には、一見、愚者に見える者が実は悟りを開いた超越者であったというパターンの話が数多くある。ここの鴻蒙も、そのような話のひとつであったといえる。

ただし、「鴻蒙」は『淮南子』に「鴻濛」とあり、その場合は「気」と見なされている。そのため、唐の成玄英は鴻蒙を「元気なり」と解釈している。「元気」という語は、『春秋繁露』王道篇に「王正しければ則ち元気和順[18]」と見えるが、漢代以降のものであり、『荘子』の時点では、まだそのような言葉はないと思われる。しかし、それはそれで興味深い解釈である。

私はこれも「太陽[19]」の擬人化だと考えている。「鯤」という大きな魚が「鵬」という大きな鳥となる。その翼は天に垂れ込める雲のごとしとされ、大きな翼で羽ばたいている。南海の帝は「渾敦」であるが、これは同音の「鯤」の言い換えであろう。[20]渾敦は『山海経』では「帝江」とされるが、これは『春秋左氏伝』の「帝鴻」である。「鴻」は、おおとりであり、当然、翼をもつ。本来、白鳥や鵠を指す。

『史記』陳渉世家の「嗟乎、燕雀何んぞ鴻鵠の志を知らんや」の「鴻」でもある。この陳勝の言葉は、明らかに『荘子』逍遥遊篇の蜩（ひぐらし）や学鳩（こばと）が天空高く飛ぶ鵬を嘲笑った話を踏まえている。陳勝は『荘子』の語の「鵬」を「鴻鵠」に、「蜩」や「学鳩」を「燕」や「雀」に言い換えたのではないか。

そのように考えれば、『春秋左氏伝』の「鴻」は「おおとり」で、それはそのまま「鵬」であるのだろう。(21) そうすると「鯤」「鵬」「鴻蒙」「渾沌」「渾敦」「帝江」「帝鴻」は基本的に同じものであるといえる。「帝鴻（帝江）」「鴻濛」は「黄帝」であって、「太陽」を擬人化した神ではないかと思われる。太陽神が「雲」を擬人化した雲将と対話するのである。そうすると「扶揺之枝」はまさに「扶桑」で、雲将が出会ったのは、枝から生み出された「太陽」である「鴻蒙」であったとわかる。さらに「鴻」は「おおとり」であり、『荘子』の「鵬」に通じていることにも気づく。そして「鵬」が九万里の高さを飛ぶのは、「太陽」をもイメージしているからだとわかるのである。

さて「鯤」の誕生で始まった『荘子』は「七日而渾沌死」と「死」の話で終わる。一見、ここで話が完結するように見える。しかし、「渾沌」が太陽であれば、「鯤」もまた太陽である。太陽は夕方に沈むが、翌朝、また空高く昇る。(22) そうだとすれば、「渾沌」の死の話は、「鯤」が生まれる話へと立ち戻るのである。つまり、「死」の話は、そこで永遠の終息にはならず、ふたたび「誕生」する話へと循環していくことに気づくのである。循環は復活再生であり、不死なのである。

これまでの話を簡単に図示すると以下のようになる。

鯤・鵬・鴻蒙・渾沌・渾敦・帝江・帝鴻・黄帝

鯤（こん）（『荘子』逍遥遊）→鵬（ほう）（『荘子』逍遥遊）

←　←

← 鴻蒙（『荘子』在宥）↓

← 中央の帝渾沌（『荘子』応帝王）↓渾敦（『山海経』西山経）↓帝江（『山海経』西山経）↓帝鴻（『左伝』文十八年）↓黄帝（『春秋左氏伝』杜預注）↓上帝（「黄帝伝説について」）↓太陽神（「黄帝伝説について」）

扶桑は太陽の復活再生とかかわる樹木である。『荘子』は、その話の枠組みを借りて、人の死生を示したのであろう。それは祖霊信仰に基づく儒教的死生観とは大きく異なっている。

『荘子』の話は三星堆の扶桑の図（図6・7）にもつながり、戦国時代の曾侯乙墓の漆筥の図にも似る。そこでは扶桑とおぼしき樹木の上に鳥が止まっているように見える（図8・9）。また湖南省の馬王堆漢墓から出土した帛画二種と重ね合わせることが出来るように思われる。そこでは下（北）に魚が描かれ、上（南）には太陽と鳥が描かれ、途中には扶桑が描かれているのである（図10〜12）。

これらの図では、植物は古代の死生観を表現する具体的な形となっていることに気づく。植物に花が咲き実がなることとは特別なことではない。扶桑は、一年でサイクルを終えるような草本の植物ではなく、木本であろう。木本の植物に花が咲き実がなる。樹木はそこにずっと存在し、毎年、花が咲き、実がなることが繰り返されるように見える。このような循環の形式は珍しいものではない。しかし、この循環の形式と沈んだ太陽がまた昇るという循環の形式が重ね合わされているように見えるのである。

扶桑の木は現実の木ではないと思われる。しかし、そのイメージの形成には、いくつかの要素が含まれているように思われる。花や葉などは、パルメット文様であろう。これは本来、エジプトの睡蓮に基づく花の文様である。睡蓮は夜になると花を閉じ、その花は水に潜り、翌朝、また水から顔を出し、花を開く。再生復活を体現し

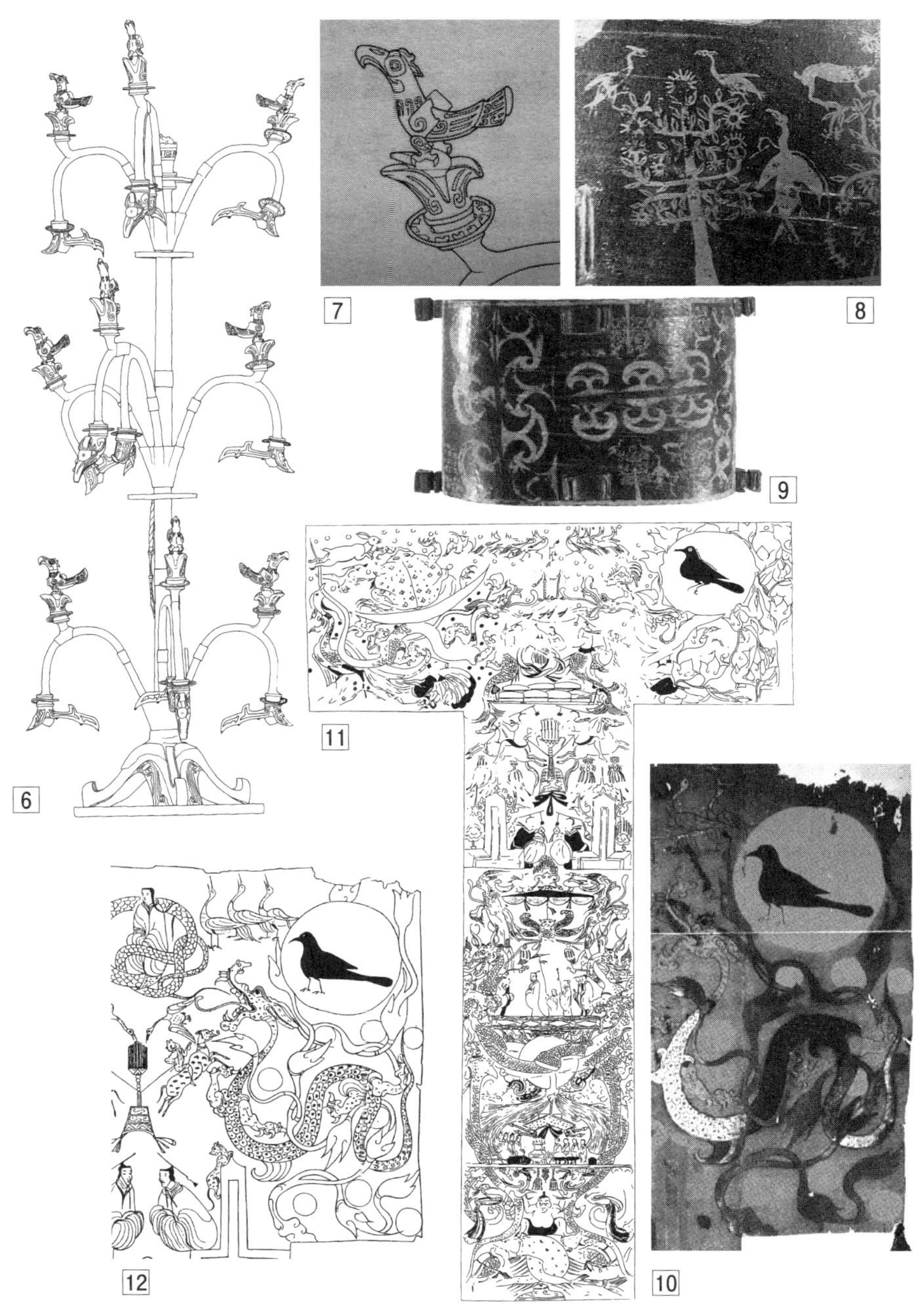

図6　三星堆Ⅰ号大型銅神樹，**図7**　同拡大図，**図8**　曾侯乙墓漆筥（拡大），図9　曾侯乙墓漆筥，**図10**　馬王堆一号漢墓帛画扶桑部分，**図11**　馬王堆三号漢墓帛画白描，昇仙図，最下段に魚がいる，**図12**　馬王堆一号漢墓帛画白描，扶桑部分

ている花である。実(み)は橘などの柑橘系のものであろう。これはその形が太陽そのものである。また収穫後、かなりの期間、保存できる。日本で「ときじくの実」と呼ばれるものは、「橘」とされているが、そのことと関係があるかもしれない。

二　冥霊と大椿

逍遥遊篇には、とてつもなく長生の樹木の話がみえる。

近隣の野に出かける者は、三回分の食事の用意をするだけで返ってきても、お腹(なか)はまだふくれている。ところが百里の先まで行こうとする者は、夕べのうちに米をついて食糧の準備をし、千里の彼方まで行く者は、三か月間食糧を集めなければならない。あの二匹の虫けらどもに、一体、何がわかるというのか。小知は大知におよばない。

同様に小年は大年に及ばないのである。どうしてその正しいことがわかるのか。朝に生えるキノコは夕暮れを知らない。春蝉は一年間を知らない。これは小年の例である。

楚(そ)の国の南に冥霊(めいれい)と呼ばれる木があった。この木の一年のサイクルは五百歳が春で五百歳が秋である。また上古に大椿(だいちん)という木があった。この木の一年のサイクルは八千歳が春で八千歳が秋である。

それと比べれば彭祖(ほうそ)はどれほどの長生きともいえないのに、人間界ではひとり長生きだとされ、人々はその長生きをめざしているというのは、なんともまた悲しいことではないか。(23)（拙訳）

冥霊と大椿の話は寿命の相対的な関係を述べている。朝菌(朝に生え、夕方にはしぼんでしまうキノコ)は短いものの例えである。彭祖は、同じ『荘子』の大宗師で「彭祖之れ(長寿)を得て、上は有虞に及び、下は五伯(は)に及ぶ[24]」とされる。有虞とは儒家などで尊ばれる舜のことで五伯は春秋時代の五名の覇者である。斉の桓公（?～前六四三）、秦の穆公（?～前六二一）、晋の文公（紀元前六七一～紀元前六二八）、楚の荘王（?～紀元前五九一）、宋の襄公（?～六三七）（『孟子』）など、いくつかの説がある。彭祖は堯・舜・禹・夏・殷・周（後半が春秋時代）と続く王朝を生き抜いた人とされるのである。

前漢、劉向撰とされる『列仙伝[25]』では八百余歳とされている。『荘子』の注でも、『釈文』に引く李は年七百歳、同じく世本では年八百歳、王逸の『楚辞』天問の注は七百歳である。唐、成玄英の疏では八百歳という。七百歳と八百歳では異なるものの人の世界では長寿だとされている。しかし、その彭祖も冥霊や大椿と比べれば、いかほどのものでもないことを示している。

三　大　瓠

役に立つという観点とは異なる話である。

恵子が荘子にいった。

「魏王がわしに大きなひさごの種をくださった。わしはこれを植えて実が成った。五石（約一九リットル）を満たすほどの大きさじゃ。だが、そこに水を入れれば重くて持ち上げることもできぬ。半分に断ちわって、ひしゃくにすれば、ひらべったくて浅くて何も入らぬわ。ばかでかいことはばかでかい。しかし役に立たないから、叩き割ってしまったよ（ひごろ、でかいことばかりいって役に立たないおまえさんと似てるね）」と。

荘子はいった。

「センセイは、むかしから大きいものの扱いがつたないですな。センセイにこういう話をおきかせしましょう。宋人によくアカギレ知らずの薬を作るものがおりました。代々、わたを水でさらすことを仕事としておったのです。たまたま客人がその話を聞きつけ、その薬の製法を百金で買うことをもちかけたのです。宋人は一族を集めて皆と諮ってこういった。「わしらは代々、わたをさらして身過ぎをしておるが、その売り上げはわずかに数金に過ぎぬわ。今、一朝にして、その技を百金にて売ることができる。どうじゃ、売ってしまわぬか」と。客人はアカギレ知らずの薬の製法を手に入れて、その足で呉王に説いた。越と戦争が起きた時、呉王はこの客人を将とした。冬になり越人と水戦をし、大いに越人を破ったので、呉王はこの客人に領地を与えたのじゃ。アカギレ知らずの薬ということでは同じじゃのう。であるのに一方は領地を得て、もう一方はわずかにわたを水でさらす仕事からのがれられただけなんじゃ。これは用い方が違うからじゃよ。いまセンセイは五石のひさごをお持ちじゃ。どうしてこれで大樽を作り、江湖に浮かべることを思わないんじゃ。かえってひらべったくて浅くて何も入らないなどと憂えておられる。センセイは意外に思い込みが強く、これまでの常識にとらわれるお方じゃのう[26]」と。（拙訳）

瓠は、ヒョウタン、フクベなどをいう。魏王より贈られたというのは、それが珍しく、特別なものであったからだろう。当時も、そのようなものが珍重され、王からの贈り物とされたことがわかる。

植物は食べることができるものが多い。また、カゴや敷物、建築などの材料として用いられ、実用としての価値がある。恵子は、まさにその点からのみ植物を判断し、役に立たないということで、切り捨てた。大きな瓠を舟のようにして江湖に浮かべることに実用としての役割はない。しかし、そこには心をゆったりとさせるという癒し効果のようなものがある。荘子は、戦国時代のこの時期に、既にそのことに気づいており、それを実践しようとしていたのだろう。

四 樗

樗（センダン）もまた荘子と恵子の問答のなかに登場する。恵子が荘子にいった。

「わしのところに大木がある。その大きな根元は、腫れ上がったようで、墨縄を当てることができない。その小枝は、曲がりくねって規矩（じょうぎやぶんまわし）を当てることができない。道端に立っているのに、匠者（大工）もかえりみない」。

と、役に立たないことを非難されている樹木である。

だが、荘子はそれに対して、

「どうして無何有（むかゆう）の（何もない）郷、広漠とした野に植えて、彷徨してその傍らで何もせず、逍遥してその下で昼寝しないのだ。大きくなる前に斧に切り倒されることはなく、何物にも害されない者は、用いるべきところはなくても、どうして困ることがあるものか」[27]

という。

大きな木を植え、広漠とした野に植え、その下でのんびりと昼寝でもすればよいという話をのせる。大きくて役に立たぬもの、荘子が好きなテーマである。この話もまた癒し効果を生み出しているように思われる。

また、この話は次に紹介する櫟社の散木の話とよく似た構造になっており、その話を導くためのものにもなっている。

五　櫟社

内篇、人間世篇の散木の話

　匠石が斉の国に行き、曲轅についた。櫟社の樹木をみるに、その大きさは数千牛を覆うほどである。そのまわりを巡ってみると百抱えはある。その高さは山のようであり、十仞の高さになってやっと枝があり、くりぬいて舟を作れそうな枝が傍らに十数本はある。それを観に集まる者たちが、市をなすほどであった。匠伯は振り返りもせず、そのまま歩き続けた。

　弟子は飽きるまで、これを眺めた後、走って匠石に追いついていった。

「わたくしは斧をとって師につきしたがってより、いまだかつてこのように美しい樹木を見たことがございません。それなのに師はごらんになろうともなさらず、ずんずん歩いて行かれるのは、どうしてなのですか」と。

　匠石がいった。

「やめよ。いうでない。役立たずの散木じゃ。それで舟を作れば、舟は沈んでしまい、棺桶を作れば、すぐに腐ってしまう。器を作れば、すぐにこわれてしまい、門戸を作れば樹液が流れだし、柱を作れば虫が食う。これは不材の木じゃ。用うべきところがない。だから、このように寿命が長いのじゃ」と。

　匠石が家に戻ったとき、櫟社の樹木が夢に現れてこういった。

「おまえは一体、わしをだれと比べようとしているのだ。おまえはわしを役に立つ文木と比べようとしているのか。それ柤（こぼけ）・梨・橘（たちばな）・柚子などの果実や瓜の類は、実が熟せば、もぎとられて辱められる。大きな枝は折られ、小枝は引きちぎられる。これはなまじ能力があるばっかりに、その生を苦しめられるものである。ゆえにその天寿をまっとうせず、中途で夭折し、世俗のやからに打ちのめされるのである。およそそうならない物はないのだ。それにわしは、これまでずっと何とか用いられないように気をつけてきたのだ。死に近づいた今ごろになってやっと吾が大用をなすことができるようになったのだ。もしわしが、なまじっか小用をなすことができたなら、今のような大用をなすことはできなかったのだ。それにおまえとわしはどちらも「物」だ。どうしてわしが、おまえに「物」呼ばわりされねばならぬのだ。その上、おまえこそ死にぞこないの散人ではないか。おまえに散木のことがわかってたまるか」と。

匠石は目覚めて、その夢を占った。

弟子がいった。

「無用となりたいと望んだくせに、社の神木となったのはどういうわけでしょうか」と。

匠石はいった。

「しっ。だまれ。おまえはしゃべるでない。あの木は、かりに神木になっているだけなのだ。それは己れのことを知らないものがとやかくいうと思ったからじゃ。あの木はたとえ神木にならなくとも、切りたおされるような危険に近づくわけがない。それにあの木が心を安んじているところのものは世間の人々とは異なっている。それなのに世間なみの道理でもってかれが神木となっていることを名誉としていると思うのは、まとはずれだよ[28]」と。（拙訳）

日本の神社は、すべてが樹木信仰と関連するとはいいがたいが、それでも鎮守の森があり、神木をもつものも多い。「櫟社」は境内に大きな「櫟（くぬぎ）（*Quercus acutissima*）」のあることで、その名を得たのであろう。「櫟」は材木としてほとんど役立たずの木、「散木」である。弟子はその大きさに感動して、しばし見入っていたが、匠(大工の親方の)石(せき)は一顧だにしない。

世間では「文木」を貴ぶ。「文」は郭象の注で「用う可きの木」とされるが、「文」は「あや」であり、「木目」である。本来、美しい木目の木を指すのであろう。「文」はまた「学問」を指す。人を材木に例えて人材というが、学問のある有能な人材は使い回されて、その才能をすり減らされたあげく、棄てられてしまう。

帰宅して匠石は「櫟」の夢を見た。「櫟」のいうには、「無用」になることを望んでやっと無用となれ、長い寿命を得て、その結果、かえって「大用」をなす存在となることが出来たという。無用の用こそが、かえって大用をなすのである。

ここで興味深いのは、夢のなかに櫟が現れ、話をすることであろう。植物に霊的なものを見出し、話をさせることは、おそらく、『荘子』のこの部分が最初であろう。

実際に樹木に霊魂があることを感じさせるものとしては『荘子』以外にも以下の例を挙げることが出来る。

『録異伝』(29)に

秦の文公(ぶんこう)の時、雍(よう)の南山に大きな梓(あずさ)の樹があった。文公がこれを伐ると、突然、大風雨が起こり、樹は切り口が合わさって断ち切ることができない。そのとき、ある人が病み、夜、山中に往き、鬼(き)が樹神に語るのを聞いた。

「秦がもし人を被髪(ひはつ)にさせ、朱い糸を樹木に巻きつかせ、おまえさんを伐らせたら、おまえさんも困るだろう」と。

樹神は黙して語らなかった。

明くる日、病人は立ち聞きしたことを文公に語り、文公はその言葉通りにして樹木を伐ると、中から一頭の青牛が飛び出して、豊水の中へと逃げ込んだ。

その後、牛は豊水の中から出てきたので、騎馬武者にこれを撃たせたが、勝てなかった。騎馬武者は落馬して地面に堕ち、ふたたび馬にまたがったところ、髪が解け、牛は畏れて、豊水に入り、出てこなくなった。そこで（ざんばら髪にかたどった）髦頭（ぼうとう）を置くようになった。(30)


と見える。

「樹神」は樹木の神である。ここでは、鬼（き）と樹神が話をしている。鬼は死者の霊ととってもよいが、富永一登は「ここでは形のみえない物の怪を「鬼」といっている」(31)とする。また、その話を立ち聞きしていた者は病人とされている。病人は病んでいて死に近づいている。そのため、死者の霊である鬼や神の言葉がわかるようになったのだろう。「被髪」は「ざんばらがみ」で悪霊を払う力がある。ここでは朱色の糸で樹木の神を呪縛している。(32)『荘子』に見える樹木の神や霊の話は文献に見えるものとしては、最も古いもののひとつであろう。『荘子』はそもそも人と樹木を区別していないように見える。人も樹木も同様に霊的なものをもつ存在として表されている。これはすべてのものが同じだという『荘子』の万物斉同説の展開のひとつなのかもしれない。

おわりに

『荘子』に見える植物は、本草書や農政書に見えるものとは大きく異なっている。『荘子』は植物と人の間に差異をもうけない。そのため、植物は人の夢のなかに現れて語りかける霊的な存在として表される。それは後世のさまざまな伝説のなかに現れる植物の擬人化のさきがけとなるものである。しかも『荘子』の植物は人を承服させるだけの深遠な哲学をそなえた存在として語られるのである。

植物の寿命については朝菌のように極端に短いものの例も提示する。しかし、その長いものは人とは比べものにならない。大きさを見ても、とてつもなくばかでかい。それは無用の用を導き出すものとされる。しかし、ある種の癒し効果のようなものともつながっている。

それらのなかで最も興味深いものが扶揺の話である。これは後の扶桑へとつながっていく。これは太陽の復活再生観念をベースとしているのだろう。イメージとしては橘や金柑のような柑橘系の樹木を下敷きにしているようだ。花が咲き、やがてオレンジ色あるいは黄色の果実がなる。その色や形は太陽にそっくりである。太陽もまた花が咲いて実がなるように生まれ出て、そのまま天空へと昇っていく。その扶桑に羽をうちつけながら登り、そこから空中に飛び立つのが、鯤の変化した大鳥の鵬であろう。

楚の漆画の樹木とその上にいる鳥の絵は、扶桑と鵬の関係に似ているのではないか。さきに考察したように、鯤も鵬も太陽であるとすれば、これは日の出を表していることになる。昇った太陽は沈むが、また昇る。太陽は複数あると考えられていたが、その循環は永遠に続くように見える。その考えを提示することによって、人もまた死生を繰り返すのではないかと暗示しているように見えるのである。これは太陽信仰をもとにしたエジプト的な死生観によく似ている。扶揺（扶桑）という植物は、『荘子』の死生観を語る上での重要な要素となっている。

本章は二〇一二年七月一四日に東京農業大学で開催された照葉樹林文化研究会で発表した原稿に基づき、加筆したものである。また平成二七年度科学研究費一般研究（C）「龍と舟と扶桑のもつ復活再生観念の研究」の研究成果の一部である。

（1）大形（二〇一〇）のなかで、「三、過扶搖之枝」として取り上げている。ここでは、その記述を基に簡単に紹介した。

（2）『荘子』外篇、至楽篇に、荘子が妻の死を嘆く話がある。そこにも春夏秋冬の話が見える。

荘子の妻が亡くなった。恵子が弔問に訪れた。荘子は足を投げ出して坐って盆（ほとぎ）を叩いて調子をとりながら歌っている。

恵子はいった。

「おまえさんと連れ添って、子を育て、老い、亡くなって、哭泣しないのはまあいいだろう。だが盆を叩いて歌うのは、いくらなんでもひどすぎるじゃないか」と。

荘子はいった。

「そうではない。亡くなったばかりの時は、わしも悲嘆にくれなかったわけではない。しかし、ものごとの始まりを考えてみるに、本来、『生』というものはなかったのだ。たんに『生』がないだけではない。本来、『肉体』もなかった。たんに『肉体』がないだけではない。本来、『気』もなかった。ぼんやりした中にまざりあって、それが変化して『気』となった。その『気』が変化して肉体となった。その肉体が変化して『生』となった。今また変化して『死』に赴いた。これは春夏秋冬の四季のめぐりをなしているのである。人は安らいで巨大な天地自然という寝室に眠るのだ。それなのにわし一人、いつまでもぎゃあぎゃあと泣いているのは、われながら運命を理解しない行いだと思ったのさ。だから、やめたんだよ」と。（拙訳）

外篇は荘子の後学の作とされているが、ここでは死生を「四季の循環」ととらえており、眠りの後に復活することを暗示している。ただし、『荘子』の内篇、大宗師によれば、同様の人としての生まれかわりとは、とらえられておらず、「汝を以て鼠の肝と為すや。汝を以て虫の臂と為すや（以汝為鼠肝乎。以汝為蟲臂乎）」と、鼠の肝や虫の臂になるかもしれないと考察されている。これは我々の体を構成している物質が死後、分解して別の生物の一部分となって生まれかわるといった意味での復活再生に近い。

（3）荘子は楚の国に旅をした時、白骨化した髑髏を見かけた。枯れきっているがまだ形をとどめている。荘子は鞭でたたきながら、こうたずねた。

「おまえさんは、生をむさぼって、道理にはずれた行いをして、このざまかね。はたまた国を亡ぼすようなことをしでかして、斧鉞（まさかり）にかけられ、首を切られて、このざまかね。はたまた不善の行いをして、父母や妻子を辱めないように命を絶って、このざまかね。はたまた飢え凍えて、このざまかね。はたまた寿命で、こうなったのかね」と。

そういいながら、髑髏を引き寄せて枕にして眠ってしまった。

夜半、髑髏が夢に現れてこういった。

「おまえさんのいっていることは、弁士のようだ。おまえさんのいっているのは、みな生者のわずらいだよ。死ねばそんなものはないのさ。おまえさんは、『死』がどんなものか聞いてみたいかね」と。

荘子は答えた。

「聞いてみたいよ」と。

髑髏はいった。

「死者の世界には、君主もなければ臣下もないのさ。また四季の変化もない。ただゆるやかに天地に春や秋の季節が流れているのさ。南面する王者の楽しみも、これに過ぎるものはない」と。

荘子は信じられなくて、こういった。

「もし寿命を司る司命神に頼んで、おまえさんの姿形をもどし、おまえさんの骨や肉や皮をつくらせ、おまえさんの父母や妻子や村人や友人のところに戻してあげようといえば、おまえさんはそれをのぞむかね」と。

髑髏は眉をひそめてこういった。

「どうして南面する君主の楽しみをすてて、わずらわしい世間にもどらなきゃいけないんだ」と。（拙訳）

荘子之楚、見空髑髏、髐然有形、撽以馬捶、因而問之曰、「夫子貪生失理、而為此乎。将子有亡国之事、斧鉞之誅、而為此乎。将子有不善之行、愧遺父母妻子之醜、而為此乎。将子有凍餒之患、而為此乎。将子之春秋故及此乎」。於是語卒、援髑髏枕而臥。

夜半、髑髏見夢曰、「子之談者似弁士。視子所言、皆生人之累也、死則無此矣。子欲聞死之説乎」。荘子曰、「然」。髑髏曰、「死、無君於上、無臣於下、亦無四時之事、従然以天地為春秋、雖南面王楽、不能過也」。荘子不信、曰、「吾使司命復生子形、為子骨肉肌膚、反子父母妻子、閭里、知識、子欲之乎」。髑髏深矉蹙頞曰、「吾安能弃南面王楽而復為人間之労乎」。

至楽篇は外篇であり、荘周本人の作ではない。この篇の主張は「死」が至楽、つまり、最も楽しいとするもので、内篇で説かれていた死生一如の考え方からは逸脱している。しかし、荘子の思想が展開する必然的な一方向を示している。その説く「死」の世界は、平穏静寂なものであり、後世の道教などで説かれる序列化された階層社会である「あの世」はむしろ否定されているのである。『荘子』は「死」のことを説くにもかかわらず、後世、荘子を教祖とする宗教は現れていない。

なおこの髑髏の話から、死者の魂は枯骨によりついていること、夢のなかで生者と交流することが出来る、といった当時の一般的な考え方をうかがい知ることが出来る。樹木の神が夢のなかで話をするのも、この話と同じ構造である。

（4）一般的には、ここは「つむじ風を起こしてそれにのり」と訳される箇所である。

（5）北冥有魚、其名為鯤。鯤之大、不知其幾千里也。化而為鳥、其名為鵬。鵬之背、不知其幾千里也、怒而飛、其翼若垂天之云。是鳥也、海運則将徙於南冥。南冥者、天池也。斉諧者、志怪者也。諧之言曰、「鵬之徙於南冥也、水撃三千里、摶扶揺而上者九万里、去以六月息者也」。野馬也、塵埃也、生物之以息相吹也。天之蒼蒼、其正色邪。其遠而无所至極邪。其視下也亦若是、則已矣。且夫水之積也不厚、則負大舟也无力。覆杯水於坳堂之上、則芥為之舟、置杯焉則膠、水浅而舟大也。風之積也不厚、則其負大翼也无力。故九万里則風斯在下矣、而後乃今培風、背負青天而莫之夭閼者、而後乃今将図南。蜩與学鳩笑之曰、「我決起而飛、槍楡、枋、時則不至而控於地而已矣、奚以之九万里而南為」。

(6) 南海之帝為儵、北海之帝為忽、中央之帝為渾沌。儵与忽時相與遇於渾沌之地、渾沌待之甚善。儵与忽謀報渾沌之徳、曰、人皆有七竅、以視聴食息、此独無有、嘗試鑿之。日鑿一竅、七日而渾沌死。

(7) 大形(二〇〇六)五八―七〇頁を参照。そこでは「沌」についても考察している。

(8) 馬(二〇〇二)一四七頁には、四種の図が掲載されている。①蒋本②胡本③汪本④郝本。そのうち②と③を挙げた。

(9) 有神焉、其状如黄嚢、赤如丹火、六足四翼、渾敦無面目、是識歌舞、実為帝江也。

(10) 帝鴻氏有不才子、天下謂之渾沌。

(11) 櫻井(一九八六)七四頁。スカラベと女神の胸飾り。ツタンカーメン王(紀元前一三四二年ごろ~紀元前一三二四年ごろ)の墓出土。第一八王朝。

(12) 京都文化博物館学芸課(二〇〇五)一一七頁。供養碑。プトレマイオス朝時代(紀元前三〇六年~紀元前三〇年)。部分。「有翼日輪とその中央から下がる二匹の聖蛇」とされる。

(13) 中國美術全集編輯委員會(一九八〇)解説七三頁。日神羽人画像磚。後漢(紀元二五~二二〇年)、四川省。羽人は日神とされ、胸の丸い円は日輪とされる。

(14) 過扶揺之枝而適遭鴻蒙。

(15) 雲将東遊、過扶揺之枝而適遭鴻蒙。鴻蒙方将拊髀雀躍而遊。雲将見之、倘然止、贄然立、曰、叟何人邪。叟何為此。

(16) 扶揺、(木)神「木」、生東海也。亦云風。版本により、木の位置が異なる。

(17) 『荘子』には「扶桑」という語は見えない。この語は『楚辞』離騒・東君・遠遊、『淮南子』天文訓・道応訓、『山海経』海外東経等々に見える。『淮南子』覧冥訓・『説文解字』には「榑桑」とあり、「扶桑」に近い言い回しである。本来、外来語でそれが漢字に置き換えられたときに同音の別の文字で表されたのであろう。

(18) 王正則元気和順。

(19) 「太陽」の語は『春秋繁露』辺りから見える。陰陽の考え方から生まれてきた語である。『荘子』の時には、まだないため、「日」と述べた方がよいかもしれない。

(20) 「渾」は『集韻』『韻会』『正韻』において「胡昆の切、並びに音魂」とされ、「鯤」に関しては、『集韻』に「胡昆の切、音渾、義同じ」とされている。『集韻』では、「渾」「鯤」ともに発音が「胡昆の切」でまったく同じである。また「鯤」についても、「発音は渾(と同じ)で、意味も同じ」とされている。

(21) 「鵬(ほう) péng」([集韻][韻会]蒲登切並音朋)と「鴻(こう) hóng」([唐韻]戸工切[集韻][韻会][正韻]胡公切並音洪)は発音は同じではないが、まずまず近い音である。

(22) これは太陽がひとつであると仮定しての話である。太陽が複数であれば、そうではない。中国では扶桑の枝に咲く太陽のように、太陽は複数ある。ほかの古代文化圏も複数の太陽を想定しているものが多い。大形(二〇〇九)一一二〇頁を参照。

(23) 適莽蒼者三飡而反、腹猶果然、適百里者宿舂糧、適千里者三月聚糧。之二虫又何知。小知不及大知、小年不及大年。奚以知其然也。朝菌不知晦朔、蟪蛄不知春秋、此小年也。楚之南有冥靈者、以五百歳為春、五百歳為秋、上古有大椿者、以八千歳為春、八千歳為秋。而彭祖乃今以久特聞、衆人匹之、不亦悲乎。

(24) 彭祖得之、上及有虞、下及五伯。

(25) 前漢劉向撰とされているが、実際には劉向の撰ではなく、後漢頃のものとされている。尾崎・平木・大形(一九八八)総説部分を参照。

(26) 恵子謂荘子曰、「魏王貽我大瓠之種、我樹之成而実五石、以盛水漿、其堅不能自挙也。剖之以為瓢、則瓠落無所容。非不呺然大也、吾為其無用而掊之」。荘子曰、「夫子固拙於用大矣。宋人有善為不亀手之薬者、世世以洴澼絖為事。客聞之、請買其方百金。聚族而謀曰、『我世世為洴澼絖、不過数金、今一朝而鬻技百金、請与之。』客得之、以説呉王。越有難、呉王使之将。冬、与越人水戦、大敗越人、裂地而封之。能不亀手一也、或以封、或不免於洴澼絖、則所用之異也。今子有五石之瓠、何不慮以為大樽而浮乎江湖、而憂其瓠落無所容。則夫子猶有蓬之心也夫」。

(27) 恵子謂荘子曰、「吾有大樹、人謂之樗。其大本擁腫而不中縄墨、其小枝巻曲而不中規矩、立之塗、匠者不顧。今子之言、大而無用、衆所同去也」。荘子曰、「子独不見狸狌乎。卑身而伏、以候敖者、東西跳梁、不避高下、中於機辟、死於罔罟。今夫斄牛、其大若垂天之云。此能為大矣、而不能執鼠。今子有大樹、患其無用、何不樹之於無何有之郷、広莫之野、彷徨乎無為其側、逍遥乎寝臥其下。不夭斤斧、物無害者、無所可用、安所困苦哉」。

(28) 匠石之斉、至乎曲轅、見櫟社樹。其大蔽数千牛、絜之百囲、其高臨山十仞而後有枝、其可以為舟者旁十数。観者如市、匠伯不顧、遂行不輟。弟子厭観之、走及匠石、曰、「自吾執斧斤以随夫子、未嘗見材如此其美也。先生不肯視、行不輟、何邪」。曰、「已矣、勿言之矣。散木也、以為舟則沈、以為棺椁則速腐、以為器則速毀、以為門戸則液樠、以為柱則蠹。是不材之木也、無所可用、故能若是之寿」。匠石帰、櫟社見夢曰、「女将悪乎比予哉。若将比予於文木邪。夫柤、梨、橘、柚、果、蓏之属、実熟則剥、剥則辱、大枝折、小枝泄。此以其能苦其生者也、故不終其天年而中道夭、自掊撃於世俗者也。物莫不若是。且予求無所可用久矣、幾死、乃今得之、為予大用。使予也而有用、且得有此大也邪。且也、若与予也皆物也、奈何哉其相物也。而幾死之散人、又悪知散木」匠石覚而診其夢。弟子曰、「趣取無用、則為社何邪」。曰、「密。若無言。彼亦直寄焉、以為不知己者詬厲也。不為社者、且幾有翦乎。且也、彼其所保、与衆異、以義誉之、不亦遠乎」。

(29) 『史記』秦本紀、文公二十七年、『史記正義』所引『録異伝』。

(30) 秦文公時、雍南山有大梓樹、文公伐之、輒有大風雨、樹生合不断。時有一人病、夜往山中、聞有鬼語樹神曰、秦若使人被髪、以朱糸繞樹伐汝、汝得不因(『初学記』所引のものは「因」を「困」に作る。訳はそちらに従った)耶。樹神無言。明日、

病人語聞、公如其言伐樹、断、中有一青牛出、走入豊水中。其後牛出豊水中、使騎撃之、不勝。有騎堕地復上、髪解、牛畏之、入不出、故置髦頭。

(31) 『水経注』渭水所引の同類の話についての注釈。富永(一九九四)一〇頁。「鬼相与言」。そこでは樹神も「鬼」とされている。

(32) 『魂のありか』角川書店、二〇〇〇年、被髪を参照。この話も引用している。

第一三章　宋以前の文人からみた南方植物とその文化

久保輝幸

植物と人とのかかわりには、食料・薬・材など普遍の関係がある一方で、植物を文学や鑑賞などの対象とする関係がある。中尾（一九八六）は、世界の花卉園芸文化（庭木を含む）にふたつの大きなグループがあるとし、そのうちのひとつを中国や日本とした（中尾、一九八六：二六―三九）。では、中国はなぜ豊かな花卉園芸文化をもつ地域になり得たのか。その理由を考える参考として、本章では、中国の花卉園芸文化がひとつの頂点を迎えた宋代まで、中国文人の植物観を中心に概説したい。

中国は中原、江南、巴蜀（はしょく）、隴西（ろうせい）など広大で多様な自然環境を有し、地域独特の文化も形成されてきた。南北差について桑原隲蔵（じつぞう）の論考などが知られるが（桑原、一九六八a：一一―六八）、植物文化の南北比較は意外にもこれまでほとんど論じられていない。植物の分布は環境条件に影響されるため、植物文化も南北で自ずから相違がある。その相違が表れた「北人菱を啖（くら）う」という笑話を紹介したい。

ある北方人が官吏として南方に赴任して来た。北方の者は生来、菱を識らぬので、彼は宴席に出された菱を、殻をむかずに口に頬張った。すると、ある者が「菱は須く殻を取って食べるのですよ」と彼に教えてやった。しかし、彼は自らの誤りを認めず、「それは知っていたが、熱いので殻を取らずに冷まそうとしたのだ」とごまかした。「北方にも菱はあるですのか」と問う者に、彼は「どこの山でも、採れない所はない」と答えた。（江　二〇〇八）

物流の発達により、南方の物産を手軽に買える時代になった今でも、北京で菱はあまりみかけない（写真1）。菱が水生であることを知る北方人は少なかろう。気候や植生の南北差は、豊富で多様な植物文化を中国にもたらしたが、その多様性は国花選定論争を引き起こす遠因ともなった。この論争はかねてから存在したが、北京五輪の直前に再燃し、中央政府の委員会で最終決定する予定と伝えられていた。しかし、決定したとはいまだ聞き及んでいない。台湾は中華民国として一九六四年に梅花を国花と定めた。国民党が亜熱帯の台湾に逃れて一五年経

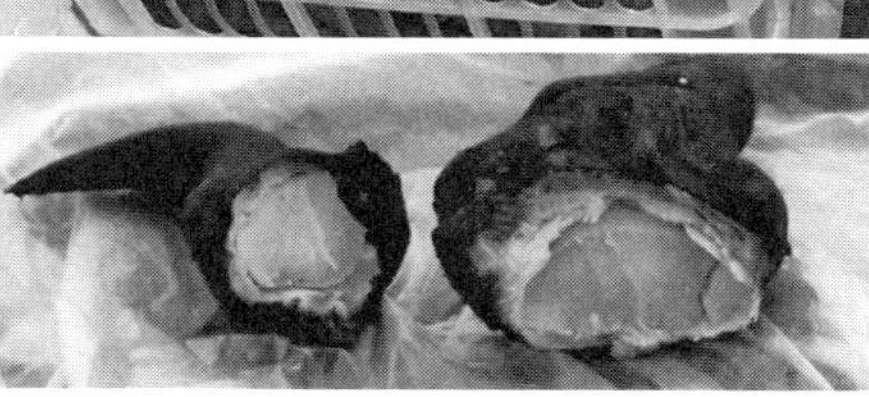

写真1　菱角(ヒシの実)。2013年8月，杭州站(駅)内の八百屋にて久保輝幸撮影。数個(500 g)で10元，加熱済で列車の乗客は直接食べられる。

た時のことである。

中華文明の担い手である「漢民族」は、中原を北方異民族に度々奪われ、照葉樹林帯の南方に移住した。南方の気候や地形が、異民族の再南下を防ぐ自然の砦となり、江南を首都とする王朝が豊かな穀倉地帯に支えられ繁栄した。そうした王朝は、しかし北方勢力による併呑によって終焉を迎え、同時に南北文化の混合を繰り返してきた。南北分断の時代は、今から約七〇〇年前の南宋時代が最後となる。

なお、中国文人の自然観については青木(一九七〇)の論考があり、特に宋代については、小川(一九七二)が文学解説で触れている。またSterckx(二〇〇二)の『古代中国の動物と魔物』も参考になろう。しかし、中国の植物文化にしぼった研究は国内外とも多くない。イギリスのNeedham(一九八六)に中国の植物学知識の論考があるほか、フランスのMétailié(二〇〇七、二〇一〇)による研究がある。このほか、羅ほか(二〇〇五)の『中国科学技術史・生物学巻』、曾(二〇〇八)の『中国農学史』があって、体系的な整理が試みられている。

以上の研究をもとに、本章では中国大陸の先秦から宋朝滅亡まで、南方文化の貢献に重点を置いて、中国の植物観の変遷をみてゆく。日本の花卉園芸文化は、その気候の類似や往来の経路から、中国の南方から影響を受けやすい情況にあった。中国南方の植物文化は、日本の園芸文化の歴史を知る一助ともなるだろう。

一　漢字と植物

中国の植物文化の特徴として、まず漢字が注目されよう。例えば「藻」のくさかんむりとさんずいは、水草であることを如実に表す。ここに音符の「喿」を加えられ、「藻」が構成される。またウリやタケなど有用な植物には専用の部首がある。ウリ科植物にはカラスウリなどの東アジア原産種もあるが、有用種は多くが外来種である。早い時期に伝わった種に対し、瓜を部首として音符を加えた「瓢」や「瓠」が創られた。時代を下ると、新たに創字せず、二字で構成される名称が一般的となった。例えば、南瓜、西瓜、胡瓜（黄瓜）などは伝来の方角に基づき命名される。植物漢字の構造は、古代中国の分類概念が反映されており、それは漢字を使う私達日本人の植物観にも影響を及ぼしてきた。

二　先秦（～前二〇六年）

文字が誕生しても、当初それらを使う場所は限られており、言語は口語が中心であったと考えられる。複雑な感情を表現する抽象語彙はまだ少なかったかもしれない。そのためか、古い時代では植物に特定の意味を付託し、それを相手に贈るなどして、感情を表現する話が多くみられる。

二一　詩　経

中国最古の詩集『詩経』は紀元前七世紀ごろまでの古詩を集めたものである。そのなかには実に多くの動植物が登場し、詩題に植物名を含む作品も多い。例えば「采葛」と題された左の詩には、葛のほか二種の植物が登場する。

彼に葛を采らん、一日見ざれば、三月の如し
彼に蕭を采らん、一日見ざれば、三秋の如し
彼に艾を采らん、一日見ざれば、三歳の如し

（加納、二〇〇六：二二七―二二九）

この簡素なパラレリズム構成が、三か月から三年へと慕情の強まりを表現している。そして葛が恋愛成就への願い、蕭（カワラヨモギ）・艾（ヨモギ）がその成就や傷心を暗示するとされる。このような「草摘み」のテーマは『詩経』全体を通して現れる。

『詩経』全三〇五篇には、二五〇語以上の動植物が詠み込まれており、その五～六割が植物である（加納、二〇〇六：二二五）。しかし、そのなかに植物の賛美を主題とした詩は皆無といってよい。さまざまな植物で詩情を彩るだけでなく、『詩経』では植物が隠喩として使われ、詩人の心象が表現される。それは複雑な心のうちを、抽象的な語句よりも適確に表現出来たのだろう。『万葉集』にみられる植物名にも、やはり詩人の心情を植物に付託する例が多くみられる。

『詩経』は西周時代に主に中原周辺で作られた詩を収載する。春秋時代に今の山東省に生まれた孔子は、これらの詩を高く評価し、次のように弟子に勧めている。

子曰わく、小子何んぞ夫の詩を学ぶ莫きや。詩は以って興すべく、……以て怨むべし。……多く鳥獣草木の

図１　横山大観「屈原」。右手にもつランは，屈原の潔白高潔さを表す。

名を識(し)る。

（吉川一九七八）

これは、後に儒者の博識を尊ぶ標語となり、博物書の序文などでしばしば言及されるところとなる。

二-二　楚　辞

孔子は楚王に招かれ、南行したことがある。このころ、楚国は湖南・湖北を中心に力をもち始め、やがて北方諸国に比肩する勢力になった。孔子没後から約一四〇年後、その楚国に屈原が現れた。楚国は国力が衰退し、内紛を抱えていた。その影響で屈原は左遷の憂き目に遭う。屈原は悲壮なる心のうちを、楚の口承文芸にのせて謡っている（図１）。左の「山鬼」（部分）はその一例である（植物名に傍線を引く）。

若(ここ)ニ有レリ人兮山之阿(くま)ニ、被(き)テ二薜荔(へいれい)ヲ一兮帯トス二女蘿ヲ一……

乗リテ二赤豹ニ一兮従ヘ二文狸ヲ一、辛夷ノ車ニ兮結ビ二桂ノ旗ヲ一。

被(き)テ二石蘭ヲ一兮

帯トシ二杜衡ヲ一……。

（星川一九七三：九七）

図2　清初の蕭雲従による山鬼の図（鄭振鐸，1982）。

写真2　日影の蔓（葵祭斎宮，2011年5月，京都にて久保輝幸撮影）。白い糸で作る組み紐。

楚辞には独特の韻があり、その語調をととのえる置き字「兮」を含む特徴がある。また桂（モクセイもしくはシナモン）や石蘭（ウチョウランか）、杜衡（カンアオイ）など常緑植物が多い点も注目されよう。北方では松や柏（コノテガシワ）などの針葉樹が常緑植物として貴ばれた。日本でも榊などが神事で使われるのは、常緑植物が永遠の繁栄を象徴するためとされる。

この「山鬼」では、神女らしき人物が種々の植物を身に付け、動物を従える様子が描写されている（図2）。また、これが舞楽をともなう神楽歌とされる点をふまえると（星川、一九六二）、植物を身につける山鬼の姿が天鈿女命を連想させる。『日本書紀』には「天香山の真坂樹を以て鬘にし、蘿を以て手繦とす」（坂本ほか、一九六七）（『古事記』には「天香山の天の日影を手次に繋けて」とある（倉野・武田、一九五八））とあって、植物名が明記されながら、山鬼も天鈿女命も、その容姿は述べられていない。楚辞の神秘主義的な描写は日本神話にも共通する所があり、興味深い。そして、女蘿と蘿という類似もある。なお女蘿を石松（ヒカゲノカズラ）とする注釈があるが、根拠に乏しい。女蘿は本来、松蘿（サルオガセ）あるいは兎糸（ネナシカズラ）とすべきところだ。日本の有職故実にある日陰の蔓（頭部から垂らす組紐・写真2）も本来、松蘿とする説があり、日本と楚国の文化的類似性が示唆されて、興味深い。

三　秦漢（紀元前二〇六～二二〇年）

始皇帝が統一を果たすと、先の『詩経』は禁書となり、断絶の危機を迎えた。しかし秦は長く保たず、ふたたび争乱となった。

図3　神農像(万年舎亀麿『幼学食物能毒』扉絵)は江戸時代の一般向けの書にも現れる。

三─一　園囿と農書

始皇帝は園囿(えんゆう)の造営を好んだ。それは広大な土地に水を引き、獣を放し飼いにした狩場でもあった(周、一九九九)。つまり、穏やかに過ごすだけの場ではなく、軍事演習をも兼ねる遊び場である。したがって建築物以外では果樹を植える程度で、ほとんど原生林に近いものだったろう。『史記』によれば、始皇帝の焚書で、医薬・卜筮・種樹の書が対象から外されたという。この「種樹」の書とは一般的な農耕技術の記録ではなく、果樹などの植栽技術の記録とみられる。

三─二　医　薬

また、医書が焚書から外れた要因には、第一に実用書であること、それに加え始皇帝が渇望した不老長寿もあろう。例えば『素問』をみると、黄帝が「余が聞くに、上古の人は春秋皆百歳に度り、動作は衰えずと」と述べる所がある。また薬物に関しても、仙人の伝記集『列仙伝』に記される仙薬名の多くが、同時期の薬物書『神農本草経』にも現れている(大形、一九八八)。このように、治病より長生が優先され、自ずから常時服用して長生を求めうる薬物が最上とされた。なお、神農は人々に薬と農耕を教えたという伝説上の存在で、植物文化と深いつながりをもつ(図3)。

三－三　詩と辞賦

『詩経』は秦代に焚書の対象となったが、密かに伝えられ、漢代で五経のひとつとなり重視された。漢朝は五経博士を置き、『詩経』を専門に講じる官職が現れた。彼らは詩中の植物名にも関心を払ってはいたが、それらが隠喩する事物の解明に主眼を置いていた。孔子の言葉通り「名をよく知る」ことにとどまり、彼らの関心は植物本体まで及んでいない。

漢朝は楚人の劉邦によって建国された経緯があり、屈原の遺作も高く評価された。後に屈原らの楚国の文学作品は劉向や王逸により『楚辞』としてまとめられ、今に伝わっている。

『楚辞』には屈原以外の作品も収録されており、そのなかに作者不詳（屈原の作とも）の「橘頌」という、橘（みかん）を賛美した作品がある。その前半は橘の特徴を語ったものである。

后皇の嘉樹、橘徠（きた）り服す。命を受けて遷（うつ）らず、南国に生ず。
深固にして徙（うつ）し難く、更に志を壱（いつ）にす。（星川一九七〇：二三四―二三七）

橘が北方に適応しないのは、天命をまっとうする高尚な志によるとして、橘の徳を称える。さらに「橘頌」では緑葉と白花が美しく混じり、果実はころころとしているなどと描写されている。これが、植物を主題とする、中国で最も古い詠物詩のひとつで、長く後世に影響を与えた。王逸が「橘頌」の注に引く「南橘北枳」の話は楚の俚諺で、『周礼』「考工記」、『淮南子』「原道訓」にもみえ、『列子』「湯問篇」では橘が櫾（ゆう）（柚）にかわって現れる。左は『晏子春秋（あんししゅんじゅう）』にみえる話である。

嬰（えい）（晏子（あんし））之を聞く、橘淮南（わいなん）に生ずれば則ち橘と為（な）り、淮北（わいほく）に生じれば則ち枳（からたち）と為る。葉徒（た）だ相似るのみにして、其の実は味同じからず、と。然（しか）る所以は何ぞや。水土異なればなり……（谷中、二〇〇二：一二二）。

郵便はがき

料金受取人払郵便

札幌中央局
承認

866

差出有効期間
H29年8月31日
まで

060-8788

札幌市北区北九条西八丁目
北海道大学構内

北海道大学出版会 行

ご氏名（ふりがな）		年齢　　歳	男・女
ご住所	〒		
ご職業	①会社員　②公務員　③教職員　④農林漁業 ⑤自営業　⑥自由業　⑦学生　⑧主婦　⑨無職 ⑩学校・団体・図書館施設　⑪その他（　　　）		
お買上書店名	市・町　　　書店		
ご購読新聞・雑誌名			

書　名

本書についてのご感想・ご意見

今後の企画についてのご意見

ご購入の動機

1書店でみて　2新刊案内をみて　3友人知人の紹介
4書評を読んで　5新聞広告をみて　6DMをみて
7ホームページをみて　8その他（　　　　　　）

値段・装幀について

A　値　段（安　い　　普　通　　高　い）
B　装　幀（良　い　　普　通　　良くない）

HPを開いております。ご利用下さい。http://www.hup.gr.jp

これは楚王に面会した斉の晏子が、この俚諺を逆手にとって言い返した場面である。中国は淮水を隔てて気候風土が大きくかわるため、淮水より北で橘を育てると、味が悪くなる。同じ植物が環境条件によって性質に違いが現れたにすぎないが、当時の人は本質に変化があったとみている。これは物類相感という現象のひとつで、例えば『夏小正』に「〔九月〕雀、海に入りて蛤となる」とか、「〔十月〕雉、淮に入りて蜃となる」などという話がのっている。人々は橘が淮北では枳に変身するとみており、同時に橘は南方人の土着意識の象徴となった。

なお、戦国楚竹書に「李頌」という、「橘頌」と似た構成の作品が出土しており（大野、二〇一二）、桐や李など北方の樹木が詠まれている。また前漢の王褒には、洞簫という管楽器を詠んだ賦がある。その冒頭「夫の簫幹の生ずる所を原ぬるに、江南の丘墟に于てす……」（高橋、二〇〇一：二六四）では、竹が育つ環境や性状が述べられ、それゆえ清らかな音色を生み出すとして、竹を讃えている。漢代では一種の植物について、そのさまざまな性質を述べる文学作品が現れ始めている。こうした詠物文学は、楚国の文学に源流を求めることが出来る。

三―四　地理書

広大な領土を擁した漢朝では、古い地理書『山海経』が再整理された。地理知識が重要になったためであろう。この書には、各地に生える植物の名も列挙される。このほか、楊孚による『南裔異物志』（『交趾（交州）異物志』とも）などの方物志がある。今のベトナムに当たる地域に生える動植物を記録したものである。漢代では、人々の関心が亜熱帯の動植物にまで及んでいた。

四　魏晋南北朝(二二〇〜五八一年)

漢朝は長期的な統一王朝であったが、二二〇年に滅び、内乱の果てに三国鼎立へ移行する。南方は東部を孫呉が、西部を劉蜀が分割統治した。二六三年に北方の曹氏の魏軍が蜀を征服し、鼎立時代は終わる。この時、魏軍を率いた鍾会は「菊花賦」を作っている。その後、曹魏の重臣司馬氏がクーデターを起こし、魏から晋となった。二八〇年の呉の降伏を経て、司馬氏が漢朝以来の統一王朝を築いた。

この間、比較的平穏であった江南に、戦火を逃れた人々が集まり、六朝文化が徐々に醸成されていた。その後、晋朝は異民族の攻勢により中原を捨て、三一八年に都を江南の建業(今の南京)に移す。

北方では三八六年に鮮卑(せんぴ)族の拓跋(たくばつ)氏が統一して、北魏(〜五三四)を建てる。一方、南方では四二〇年に東晋が倒れ、劉裕が宋(〜四九七)を建てた。北魏は比較的安定した政権で、自ら漢化政策を実施し、遺民に習って定住化および農耕を行った。北方では寒冷で乾燥地帯に適した農業が必要となる。農耕の普及のため北魏の賈思勰(かしきょう)は漢民族の農業技術を集約し、『斉民要術(せいみんようじゅつ)』を編纂した。その第一〇巻には「中国外」として、南方の各種植物が紹介されているのだが、そのなかに来歴不明の『魏王花木志』という書が引用される。北方の花卉植物を記してそうな書名だが、『太平御覧』などに残る佚文をみると、牡桂(ぼけい)(真柳、一九九五)・盧橘(ろきつ)・茶など、ほとんど南方の植物である。魏王とは誰か、著述の目的は何かなど、今後の研究が待たれる。

北魏やその後の北斉では、仏教壁画や彫刻についても触れておく必要があるだろう。竜門石窟の彫刻に、蓮花様の植物を花器にさした図がある。仏前の献花はインドから伝わったものと考えられ、それが壁画に反映されたものと思われる(中田、一九六二)。このように北朝の特徴として、農書や仏教芸術が挙げうる。一方、南朝の知識人の植物に対する関心は、北朝のそれと大きな違いがある。

四―一　養生思想

後漢末の争乱以来、漢民族にとって不安定な時代が続き、文人の間に厭世感が広がった。また神仙思想や養生思想が文人の間に浸透し、寒食散（かんしょくさん）などの薬の服食が流行した。寒食散は主に五種類の鉱物を混合した仙薬だが、その実態は強い精神作用をともない、体を害するものであった（鄭、二〇〇七）。当時神仙術を研究していた葛洪は、植物は朽ちたり、燃えて灰になったりするため、植物薬に延年の効果はあっても、不死までは得られないと考えた。そこで彼は『抱朴子』で鉱物薬を勧めている（本田、一九九〇：七三―七四）。ともあれ、植物でも長命が得られることから、多くの文人が薬用植物にも関心を寄せるようになった。例えば、南朝梁の陶弘景は五〇〇年ごろに『本草集注』を著し、植物の形態などについて比較的詳しく記した。

また、陶潜（とうせん）（淵明）は自作の詩に菊を頻繁に記しており（魯迅、一九八一）、特に「菊を采る東籬下、悠然として南山を見る」の一句は、日本でも人口に膾炙された名句である。ただし、菊を摘んでいたのは、単純に観賞するためではない。屈原の「離騒」には、「夕べに秋菊の落英（らくえい）を餐（くら）う」との句がある（星川、一九七〇：二三四―二三七）。その漢代では重陽節の菊花酒も現れ、『神農本草経』にも菊について「軽身延年」と長命の効果が謳（うた）われている。そして前出の『抱朴子』には、後漢ごろの菊に関する故事がみえる。南陽の酈（れき）県に、村民が皆、百二、三〇歳まで生きる山村があって、その上流に菊が生えおり、その甘い沢水を飲む者が長命を得られたという話だ（本田、一九九〇：二三〇―二三二）。陶潜の菊摘みも養生と関連しているのだろう。

四―二　詩　賦

東晋を含む六朝時代では、「百合詩」「菊花賦」「芍薬賦」「蜀葵（タチアオイ）賦」「薔薇詩」「木蘭賦」「竹賦」など、多くの植物が詠まれた。これらの作品では植物の美しさが主題となっており、当時観賞された植物が偲ばれる。しかし、このなかに牡丹はない。また梅は当初、その果実を目的に栽培され、梅花に心を寄せる者は少なかった。梁の呉均「梅花詩」には、「梅の性は本より軽蕩、世人相陵（ママ）賤す」とある。当時、梅花は卑下されることさえあった。劉宋ごろの鮑照「中興歌」の「梅花一時の艶、竹葉千年の色」からも、その美しさは評価されつつ、梅花は移り気な心を象徴する植物でもあったことがわかる（程、二〇〇七）。

四―三　植物譜

三五三年、王羲之らが蘭亭で催した流觴曲水の宴は、竹林のなかで優雅な貴族文化が花開く様子を偲ばせる。王羲之はまた書家として名声を得ており、彼の書簡などが模本などによって伝わっている。例えば「奉橘帖」には「橘三百枚を奉ず。霜未だ降りず、未だ多く得るべからず」とある。橘を知人に送る知識人の姿が窺える。彼の第七子、王献之も有名な書家となり、「送梨帖」や「地黄湯帖」という書簡も伝わっている。また、後述の『筍譜』（五―二）には、王子敬『竹譜』なる文献から引用された一文がある。普通、王子敬といえば王献之を指すので、あるいは王献之は『竹譜』を著したのかもしれない。

劉宋では、戴凱之（四六六年・南康太守）が、『竹譜』を著した。左のように、彼は竹の生活史を約六〇年周期とするなど、竹の性質について詳しく記している。

竹六十年に一たび根を易（か）う。根を易うれば輒ち実を結びて枯れ死す。其の実、土に落ちて復（ま）た生ずること六年、遂に𥳇（ちゅう）竹と成る。死を謂いて𥳇（ちゅう）とす。（左、一二七三）

その主文は四字句を基調とした駢儷文で構成され、辞賦の特徴を継承しつつ、譜牒の性質を取り入れたところに『竹譜』の特徴がある。譜牒とは家系・血縁を示し、祖先の主要な業績も列記した書である。曹魏が九品官人法を施行して以来、官職の登用に家格が強く影響する時代になった。そのためさまざまな譜牒が乱造され、この混乱を研究し整理する譜学さえ現れた。後の図書目録『隋志』譜系には、譜牒三八種に混ざって、『竹譜』などの譜録が三書挙げられる。この分類をみても『竹譜』が文学性より記録性が重視された書であったことがわかる。つまり詠物文学を脱却し、モノグラフの性格を帯びた植物書がこのころに現れている。

四‐四　方物志

南方への関心は三国時代も衰えず、方物志が著された。孫呉の万震は『南州異物志』を著し、甘焦（バナナ）などについて記した（小林、二〇〇三）。ほかに沈瑩の『臨海異物志』もあるが、両書とも散佚し、現在は断片のみ伝わる。六朝時代では、『南方草物状』（『南方記』とも）に甘藷、椰（子）、檳榔などの記載がある。これらの書は植物の記載が大半を占めるが、動物や鉱物の記載も少し含む。また方物志ではないが、当時の年中行事を記した『荊楚歳時記』に、植物を利用したさまざまな風習が記録される。

五　隋唐代および五代十国（五八一～九六〇年）

北方を掌握した隋が五八九年、南朝の陳を降伏させ、統一を果たした。ここに二七〇年ほど続いた南北分断が終焉した。この隋朝はわずか三八年で滅びたが、南北は分断せず、時代は李氏の唐朝に移る。なお、隋の諸葛潁は『種植書』七七巻という巨著を著した。植物の栽培法を詳述したものと想像されるが、その大きさゆえか唐代ごろに散佚してしまった。

五―一　本草書

南北朝の分断は、本草学にも影響を及ぼしていた。陶弘景は江南周辺の薬物しか確認できなかったため、彼の記載には唐代の医家の目には許容しがたい誤りを多く含んでいた。そこで六五七年、蘇敬が奏上を行い、唐朝は大規模な勅撰本草書の編纂事業を決定した。この編纂事業で、各地の天然薬物が収集され、それらの彩色絵図が二五巻も作成された。諸薬を比較しながら、薬用植物の形態や花期などの生活史も体系的に記録された。これは、植物学的な調査も含まれていたことを意味する。

五―二　花卉園芸

唐朝は漢朝以来の長期政権となり、文化の中心は長安に戻っていた。その最盛期に当たる玄宗の在位期に、牡丹の観賞栽培が始まった(Kubo、二〇〇九)。晩唐の李濬(りじゅん)(一九五八)によれば、「開元年間に、禁中で初めて木芍薬(牡丹)が重用された。……紅、紫、浅紅、通白の四本があった」という。玄宗は満開の牡丹を目にした時、楊貴妃を呼びつけ、かがり火で牡丹を照らしながら夜明けまで酒宴を催した。

ところが七七五年、安史の乱が起こり、玄宗らが都を逐われる事件が起きた。反乱は九年後に鎮圧されたが、唐朝の中央政府は衰え、中国は節度使による実質的な割拠状態となる。中央政権の弱体化は、長安に住む平民に一定の自由をもたらし、かえって民間経済が急速に発達して、裕福な商人が現れた。その結果、オランダのチューリップ・バブル(一六三四―一六三七)を先取りしたような現象が、唐代後期に現れた。春に長安の人々が競って花見に出掛けた様子は、当時の唐詩によってつまびらかに知られる。

牡丹の芳　　白居易

花開き花落つ二十日、一城之人皆狂するが若し……。（鈴木、一九二七）。

牡丹を賞でる　　劉禹錫

……唯だ牡丹に真に国色有りて、花開く時節京城動く。（劉、一九六七）。

長安には牡丹の名所とされた寺院がいくつか現れ、多くの人々が花見に出かけるようになった。その様子は石田（一九六七）の「長安の春」に生きいきと描写されている。この流行が牡丹を急速に商品化させ、一部の牡丹は高値で取引されるようになった。

売花　　白居易

……一田舎翁有り、偶たま花を買う処に来る。頭を低れて独り長嘆す、此の嘆き人の諭る無し。一叢の深花色、十戸中人の賦。（鈴木一九二七：三二一―三二五）

一般の税額の一〇倍に相当する牡丹も登場したというのである。柳渾の詩には「数十千銭一窠を買う」とあり、一株の具体的な価格もみえる（長澤、一九七三）。桑原（一九六八b）によれば、当時の物価は米一斗で五～五〇銭程度で変動したという。現在の価格に換算すると牡丹は数百万円に相当するだろう。

当時、科挙に合格したばかりの新進士は、高官が催す歓迎会に招かれた。そこで主催者が戯れに彼らに探花を命じる風習があったという（宮崎、一九六三）。探花とは、長安城中で最も美しい牡丹を探し出す非公式の役目である。これにちなみ、後の宋代には科挙の首席合格者「状元」に対し、第三位の者を「探花」と呼ぶ習わしも現れた。

九〇七年に唐朝が滅ぶと、中原では後梁、後唐などの興亡が繰り返され、戦火が絶えなかった。この時も、文化の中心は南方に移った。西南部では、前蜀の時代に牡丹の栽培がやっと始まったばかりであった。後蜀の孟昶は花好きで、彼は城中で芙蓉をたくさん栽培したため、成都は芙蓉城とも呼ばれた。

また南東部に当たる江南では、杭州を拠点とした呉越の銭氏が、領内の天台宗を厚く庇護し、その僧と親しく交流して、文芸集団を形成した。こうしたなかで、僧の仲休が『越中牡丹花品』を著した。書名から、江南産牡丹の品種を列記した書とみられ、さまざまな品種があったと想像される。このほか、王族の銭昱が『竹譜』三巻を、僧の賛寧が『筍譜』を著し、食用の筍について論じた。呉越国では豊かな竹文化が形成されていた。

五－三　茶書・絵画

『筍譜』の体裁は、唐代後期の『茶経』に倣っている。この『茶経』の撰者、陸羽は自身を楚人と称し、「南方の嘉木なり」と書き出している。彼は「橘頌」以来の楚の伝統を意識しながら、南方の独自文化を称揚した。茶の文化や歴史については高橋（二〇〇六）や岩間（二〇〇九）などの研究があり、それ自身が一大分野を形成しているため、本章では深く論じない。

また五代十国期では、後蜀の滕昌祐や黄筌、黄居寀などが花鳥画の名品を多数描いている。また金陵（南京）を本拠とする南唐では、徐熙らも花鳥画の名品を残した。このように中原で争乱が続いた五代十国の時代に、南方では豊富な植物を背景に新しい文化様式が形成されていた。

図4　『図経本草』牽牛子（元・張存恵『政和本草』）。牽牛子はアサガオ（の種子），同名の薬草は六朝時代から薬用に供されている。

六　宋代（九六〇～一二七九年）

北方を掌握した趙匡胤が九六〇年に宋を建て、後蜀を征服した。また南唐の李煜や呉越の銭弘俶が相次いで宋に恭順し、宋は南方を併合した。すると文治政策のもとで、南方の文化が再建中の中原に流入してきた。特に副都洛陽は春に牡丹が咲き乱れる風雅な都市となったが、その背景に呉越出身の銭惟演が洛陽を任され、そこで江南文化を展開したという貢献は看過できない（池澤、二〇〇六）。

また建国まもない九七三年、宋朝は勅撰『開宝本草』を出版した。一〇六〇年ごろには、増訂版の『嘉祐本草』刊行とともに、宋朝は各地から天然薬物とその絵図を集めて、『図経本草』も出版した（図4）。一一〇〇年に即位した風流天子、徽宗は造園や絵画、茶などの文化に強い興味を示し、全国から奇花異木などを徴発して、宋の都開封に集めた。花石綱と呼ばれるこの事業は特に江南の人々を苦しめ、民心が離れていくことになった。一方で徽宗在位期には勅撰の『大観本草』が刊行され、さらに修訂を加えた『政和本草』の刊行準備が進んでいた。

この盛んに文化事業を行った時期に、女真族の金国が南下し、一一二七年に徽宗ら皇族を攫った上、『政和本草』の版木なども奪った。難を逃れた一部の皇族は臨安（今の杭州）に移り、宋朝を再建する。この靖康の変の前を北宋、それ以降を南宋という。こうして再び南北分断の時代がやってきた。この分断は元が南宋を滅ぼす一二七九年まで続く。

六―一　花　譜

北宋前期の洛陽では、銭惟演のもとで欧陽脩（おうようしゅう）などの若い官僚達が文学の研鑽を積んだ。欧陽脩は洛陽を離れるに当たって『洛陽牡丹記』(一〇三四年ごろ)を著し、三十有余の品種を記録した。その筆頭は黄色品種の「姚黄（ようこう）」である。左は九位の「葉底紫」について記した文である。

千葉(八重咲)紫花。その色は墨の様な色なので、墨紫花とも呼ぶ。こんもりとしていて、その中から大きな枝が一本出て、花が咲く。その花弁がその下(の葉)を覆うように広がる。ほかの牡丹と比べ、花は十日長く持つ。ああ、造物者もまた之を惜しむゆえであろう……。(周ほか、一一九六)

このように、欧陽脩は品種ごとに特徴や由来などを比較的詳細に記載した。「魏家花」の項には、この花を観る者一人につき十数銭を徴収して、船で私邸の花圃（かほ）へ送ったところ、一日で一万数千銭も儲けたという宋初ごろの話がある。概算すると、来訪者は一日およそ五〇〇～二〇〇〇人になろう。その盛況ぶりが窺える。

その後も、例えば南宋の陸游『天彭牡丹譜』など、宋代では少なくとも一七部の牡丹譜(存七部)が存在した(久保、二〇一〇)。牡丹が牽引役となり、宋代ではさまざまな観賞用植物が栽培され、それらの品種などを記録した花譜も多く著された。花譜の種類と数を挙げると、芍薬(四部)・菊(八部)・梅(四部)・蘭(二部)・海棠（かいどう）(二部)、および未詳の植物玉蕊花（ぎょくしんか）を考証した書(一部)となる。また有用植物では、竹三部・荔枝（れいし）六部、および桐・禾（いね）・橘・甘蔗（かんしょ）(糖霜)・菌（きのこ）各一部が書かれた。

これらを靖康の変前後で比較すると、北宋では主に竹譜、牡丹譜、芍薬譜、荔枝譜が著され、南宋では菊花譜、梅花譜、蘭花譜が主になっている。南方は北方に比べ植物が多様であるため、宋朝の南遷はさまざまな園芸植物の栽培を可能にして、植物文化を豊かにした。ここに至って、中国の花卉園芸文化はひとつの頂点に達したといえよう。

六－二　理　学

北宋では、理学と呼ばれる哲学が興った。その初期の周敦頤（しゅうとんい）は、泥水に育つ蓮が茎をまっすぐ伸ばし、透明感のある美しい花を咲かせる姿に感銘し、「愛蓮説」を作って激賞した。植物の外観を表層的にとらえるだけでなく、その内面や本質を理解すれば、牡丹にも劣らないよさがあると主張した。

周敦頤の弟子に当たる程頤（ていい）は、邵雍（しょうよう）を尋ねた際、花見に出かけようと誘われた。程頤が花に興味はないと遠慮すると、邵雍は「物には皆、至理（しり）（道理）がある。私達は普通に花見をするのではない。その目的は造化（造物者の働き）の妙を観察することである」と諭し、程頤はやっとその意を得て、花見に付き添ったという逸話がある（池・諸、一八五五）。一方、蘇軾は「次荊公韻」で、造物者にもとより意思はなく、それでも江南の花は春になると自然に咲くものだ、としている（山本、二〇〇二）。これは王安石（荊公）に送った詩だが、その王安石も梅花が初春の寒さに耐えて咲く姿を愛し、「寒を凌（しの）ぎて、独り自ら開く」と詠んだ「梅花」が特に有名である（王、一九五八）。梅の幹の屈曲は強靭さを、寒風に耐える小花は慎み深さを表す。宋代の理学は自然の原理を窮理し、人の本性を理解すること（格物致知（かくぶつちち））を目的としており、植物の変種や美しさも、その観察対象となっていた。

また北宋初期の林逋（りんぽ）は、杭州西湖の孤山（こざん）に隠棲し、梅と鶴に囲まれて暮らした。林逋の清廉な生き方は江戸時代の文化にも影響を及ぼしており、岡倉天心も花を理想的に愛する人物として林逋を挙げている（岡倉、一九六一）。

南宋になると、花卉栽培を清廉高潔な行為としてとらえ、隠遁生活と結び付ける傾向が強まった。趙時庚（ちょうじこう）（一二三三年序）や王貴学（一二四七年序）は自らランを栽培し、その経験を『蘭譜』に書き残した（佐藤、一九九七）。

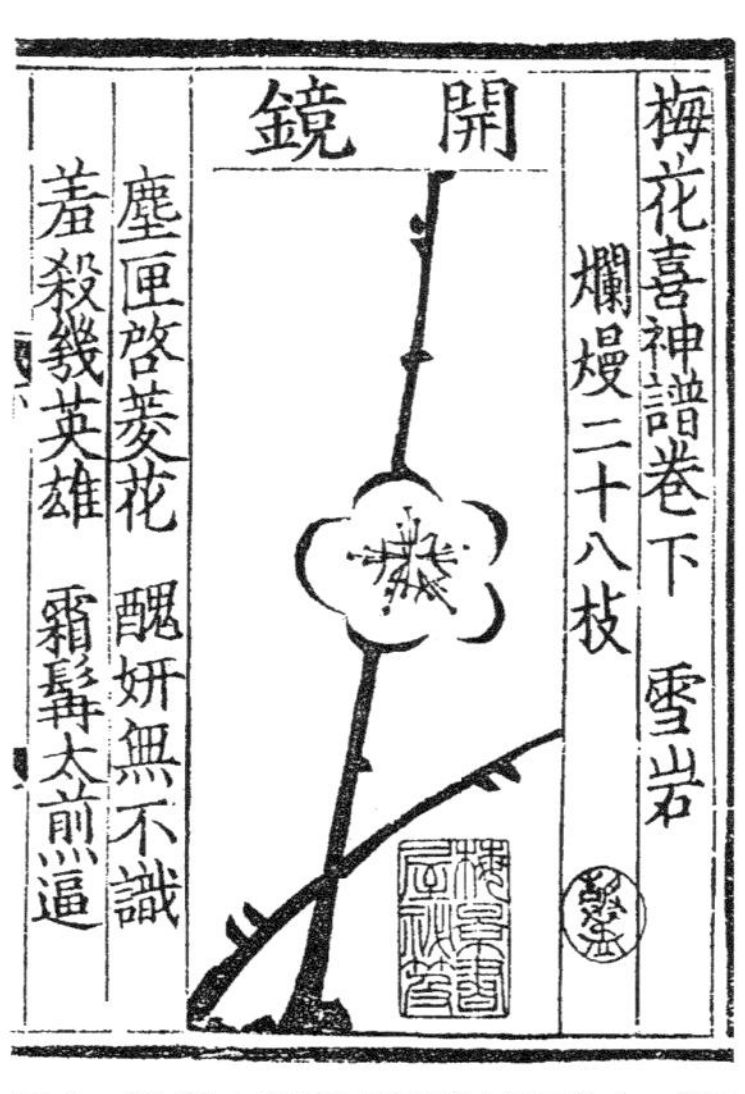

図5　満開の梅花「開鏡」(宋伯仁『梅花喜神譜』)。梅の蕾から散るまでの各段階が描かれ，それにちなむ詩が添えられる。

自らを屈原の影に重ねて、高潔な生き方を貫徹する強い意志を表している。なお『楚辞』中の蘭について、古くから異物同名が疑われていた。朱熹(一九七三)や李時珍(一九九三)は、ラン(Orchid)と古代の「蘭」が異なる植物であると考えた。一方で、Orchid とみる方が妥当とする説もある(胡、一九七一：寺井、二〇〇〇)。こうした議論も、植物文化の一斑といえよう。

宋代では、北宋の画院を中心に発展した写実性の高い花鳥画がある一方で、士大夫を中心に文人画が現れた。植物画においても、写生の精巧さを重視せず、対象の内面や本質をとらえて描く「写意」へ変化し、さらに、その対象と自身の心象や心情を重ねて表現する芸術が生まれた。宋伯仁『梅花喜神譜』(一二六一年刻)といった画集式の植物譜録も現れており(図5)、その後の元朝でも李衎『竹譜詳録』や呉太素『松斎梅譜』などが著されている。こうした文人は梅や竹を描き、元代の厳しい環境を堪え忍ぶ精神を反映した作品を残している。

漢字の成立から一三世紀ごろまでの中国を俯瞰してみると、王朝の興亡による南北の分断と再統一が繰り返されていたことがわかる。そこで花卉文化に注目してみると、漢朝における楚国の文化、隋唐における六朝文化、北宋における十国(呉越国など)の文化が、重要な働きを果たしてきたことが知れよう。また、南宋の文化も元明時代の文人に強い影響を与えた。一方で、北方の花卉文化が南方に流入した例として、唐代の牡丹は無視できない。

植物と人とのかかわり方は、『詩経』と『楚辞』において、既に違いがみられた。南方文学の『楚辞』には、「橘頌」という『詩経』にみられない詠物作品がある。六朝時代には、個々の植物が詩人の注目を得て、その美しさが賦や頌などで表現され始めた。それにともなって、観賞用に栽培する植物も具体化してきている。唐代はこうした六朝文化以来の傾向がさらに強まり、西北地区原産の牡丹が格別の地位を得るに至った。

唐朝の滅亡後は、主に南方で花卉園芸文化が発達し、精巧な花鳥画が現れ始めた。草木や鳥をつぶさに観察して、精緻に写し取る画家の姿勢は、詩人が修辞を駆使して植物の美しさを表現するのに似ており、当時の人々の視点を表したものといえよう。

宋朝がふたたび統一を果たすと、江南文化などが中原にもたらされた。宋代では植物の観賞に哲学的な視点が加わり、表層的な美醜を超えて、植物の本質をみいだそうとする姿勢がみられる。そして、そこから自然の原理や人の生き方などを極めようという格物致知へ結び付いていた。当時の人々はこうして格物(観察)を哲学的に深化させていったが、現代の科学的な視点からみると、科学からむしろ遠ざかる結果となっていた。これは、本草学で蓄積された膨大な植物知識を有しながら、植物学に変容しなかった一因でもあろう。日本では蘭医から蘭薬へ、博物から植物学へと広がったが、中国では、清朝になっても植物学は根付かなかった。

ここまで、南方要素や宋代理学など、中国の花卉文化に寄与した各種要因をみてきた。陶潜と菊の関係のように、中国の花卉文化は本草学、養生思想などからも間接的な影響を受けていた。また、梅が当初食用のために植栽されたように、食用や薬用として栽培されていた植物が、後に観賞用に転じる例もみられた。

そうした中国の多様な花卉文化は唐代では遣唐使により、宋代では日宋貿易や仏教僧により日本へ伝えられた。

『作庭記』中の「宋人云」や栄西の『喫茶養生記』(一二一四年成)などに、その片鱗をみて取れる。また日本だけでなく、中国でも天台宗や禅宗などが、花卉文化に大きな貢献を果たしていた。

第一四章　住まいの植栽、その選択と配置による吉凶

——明代の『営造宅経』を通して

水野杏紀／平木康平

中国の明代に著わされた『営造宅経』は、住宅を建築する時、地勢や環境の適・不適、家作の際に留意すべき事がらを記しているが、それに加えて居宅の庭園の構成や植栽についても言及している。

正式には『周書秘奥営造宅経』(以下、『営造宅経』と称す)といい、明代の『居家必用事類全集』「丁集・宅舎」に収録されており、「宅舎一」と「宅舎二」で構成されている。この書は、日本にも伝えられ、江戸時代には訓点本が刊行された。その奥付には「寛文十三癸丑(一六七三)年夷則(七月)上旬　洛下林前和泉掾白水于松栢堂刊之」とある。そこには、嘉靖三十九(一五六〇)年の田汝成の叙があるが、書中に引用している「占書」、「宅経」などに宋、元代の事がらが多く記載されていることから、この書の多くの部分は元人が編輯したものであろうと推定している。この書は江戸時代に和刻までされていることから、中国だけでなく、日本の当時の生活文化の形成に深く関与した書であったことがわかる。

『営造宅経』の訳注(原文、訓読、通釈、解説)は、水野杏紀・平木康平が既に行い、大阪府立大学人文学会『人文学論集』二十九〜三十一集(二〇一一〜二〇一三)におさめられている。

『営造宅経』には、また植栽の樹種とその配置の吉凶が記されている。具体的には、この植物をここに植栽するのは吉、あるいは植栽するのは凶というものであるが、そこには現代の我々の思考法とは異なる発想が多く見られる。

中尾佐助は『花と木の文化史』のなかで、以下のように述べている。

特定の植物と宗教、信仰、儀礼との結びつきはさまざまな程度があることがわかる。その事例をとりあげ、民俗学者がよくやるような過剰な意味づけをするより、私は単なる習俗と軽く受けとめたい。習俗と受けとめれば、その習俗の起源、伝播、変遷という別な面をみる面白さがでてくるというものである(中尾、一九八六：一二〇）。

中尾のこの見解は、『営造宅経』の植栽の樹種と配置の吉凶の記述を読み解くために有用と考える。そこで『花と木の文化史』の中尾論を基にしながら、『営造宅経』における庭と植栽に関する記述の分析を試み、さらにそこに記載された植栽の文化的側面を明らかにしていきたい。また、これに関連し、蘇州の庭園などのフィールド調査資料も合わせて紹介したい。

一　中庭の植栽について

『営造宅経』では、中庭に樹木、あるいは花を植栽することを忌むという表現が繰り返し見られる。例えば、以下のような記述がある。

庭の中心の樹木は閑困と名づける。（その木が）長く庭の中心に植えられていると、その（家人に）災禍がふりかかる原因となる。

（原文）庭心樹木名閑困。長植庭心、主禍殃。

（訓読）庭心の樹木は閑困と名づく。長く庭心に植うれば、禍殃を主る。

人家の中庭に（樹木を）植えると、ひと月で巨万の富を失う。中庭に樹木を植えると、家族が分裂する原因となる。

(原文)人家種植中庭、一月散財千萬。中庭種樹、主分張。

(訓読)人家　中庭に種植すれば、一月にして財を散ずること千萬。中庭に樹を植うれば、分張を主る。


天井(中庭)に花枠をつくると、淫乱の原因となる。またいう、天井に(花)枠を置くと、心痛や眼病をわずらう原因となる。花枠を置けば、すこし口舌の患いがおきる。

(原文)天井著花欄主淫泆。又云、天井置欄主病心痛、障眼。著花欄、小口患。

(訓読)天井　花欄を著かば、淫泆を主る。又云わく、天井　欄を置かば、心痛、障眼を病むを主る。花欄を著かば、小しく口患あり。


天井に木を植栽するのは大凶である。天井の内には花を植えてはならない。(そんなことをすると、その家の)婦人の淫乱を招く。

(原文)天井栽木大凶。天井内不可種花。招婦人淫亂。

(訓読)天井　木を栽うるは大凶。天井の内には花を種うべからず。婦人の淫亂を招く。


四角に囲われた庭の中心に樹木を植えると「困」の字になるとして凶とする。ほかにも、二か所、中庭に樹木を植えることを凶とした記述があり、このことが特に忌まれたことがうかがえる。また、中庭に花を植えることも凶とし、婦人の淫乱と結び付けて論じている。

これに関しては、家屋や堅固な塀で囲った内包的な内庭型に関する中尾の指摘が参考となる。

その典型は中国の華北地方の標準的住居である「四合院（しごういん）」とよばれる住居様式にみられる。外側は全部煉瓦（れんが）壁でとりまかれ、門から入ると内側に比較的せまい中庭がある。この中庭は院子（ユアンズ）とよばれる。院子の地表は敷石、煉瓦で敷きつめられていて、土が露出している所はすくなく、草木を植える場所は限られている。……院子には草花、花木は稀であるが、ただ上等の家では大型の鉢植えの花木盆栽が敷石の上に置かれている。四合院の住居様式は花と庭木をとり入れるためには、きわめて都合の悪い様式である（中尾、一九八六：三二）。

中尾は、比較的狭い中庭に、花や庭木を植栽することの不都合さを指摘している。

『営造宅経』では、中庭に樹木や花を植栽することを凶としている。中尾の指摘を基にすれば、これらの記載は、壁で囲まれた民居の閉鎖的な中庭は、その構造上、樹木や花を植栽することに適しておらず、その経験則に基づいて植栽を戒めたものであることがわかる。ちなみに華北地方の四合院だけでなく、蘇州などの南方の民居においても、一般的に同様の構造をもっている。

『清俗紀聞』は、中川忠英が長崎奉行に在任中、日本に在留していた清国の商人などより清の華南地方の風俗、歳事や慣習などを聞き書きしてまとめたもので、一七九九（寛政一一）年に刊行された（中川、一七九九）。

そのなかに、華南地方の邸宅、五進楼房（図1）の画がある。これを見ると、外塀で囲まれた邸宅内には閉鎖的な中庭がある。地面は全面に磚（せん）（敷瓦）が敷かれており、一か所、樹木が植栽されているほかは、ほとんど植栽されていないことがわかる。

もうひとつ、華南地方の商家、平房舗面（図2）の画があるが、これについても、一か所、樹木が植栽されているだけであり、敷台の上に数個の鉢植えが置かれている。

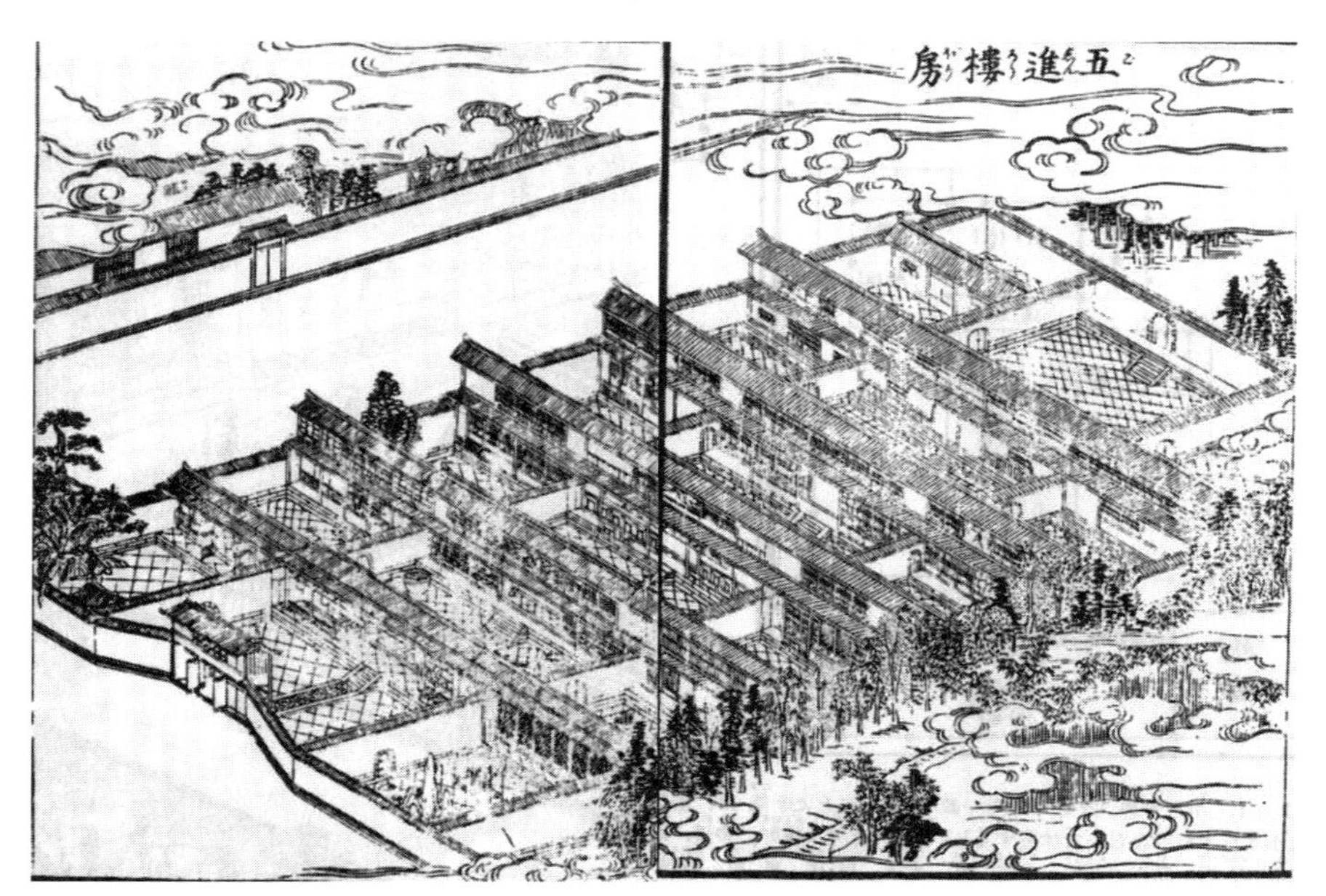

図 1　華南地方の邸宅，五進楼房（中川，1799；国立国会図書館デジタルコレクション・請求番号：112-113）

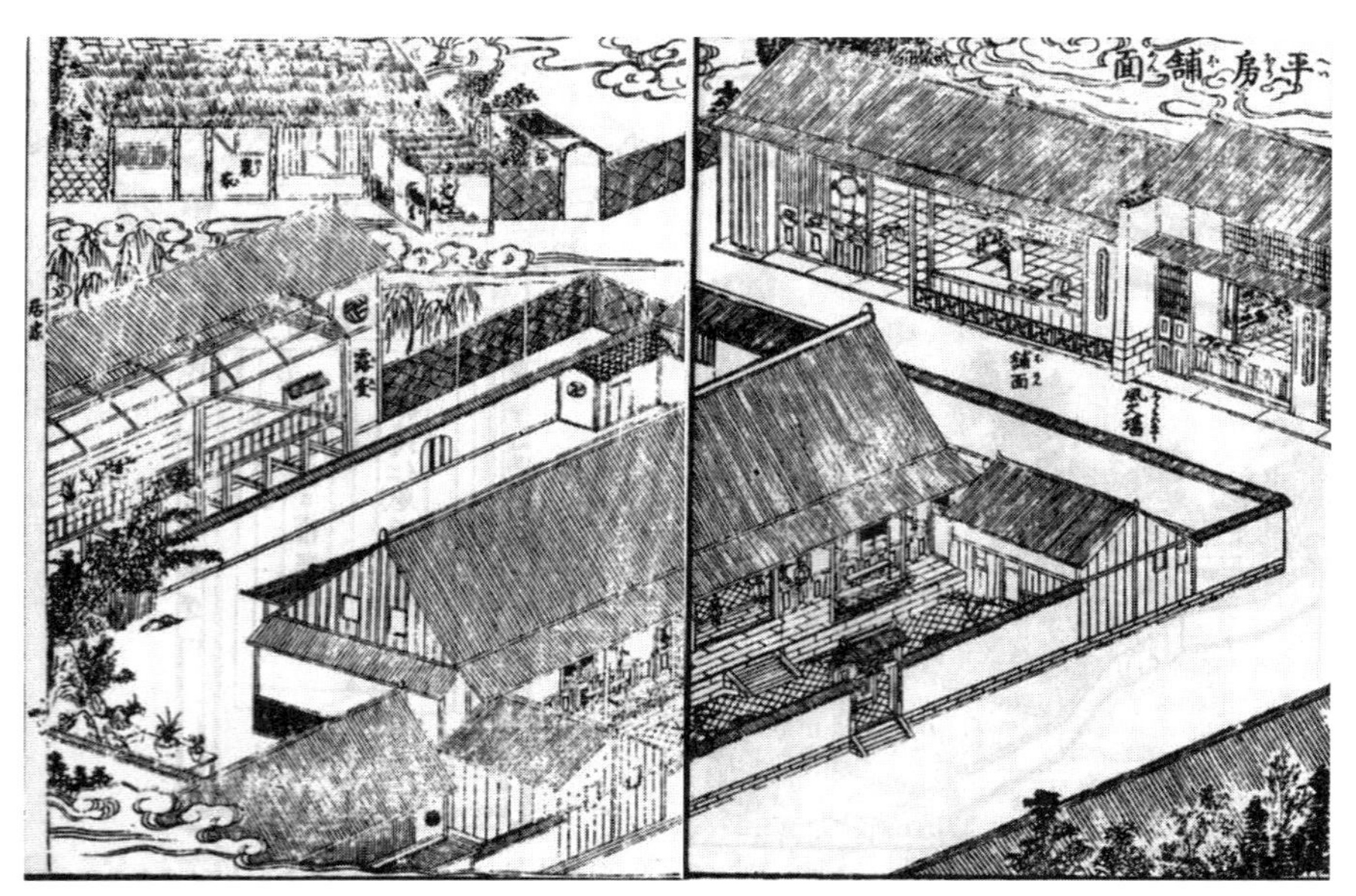

図 2　華南地方の商家，平房舗面（中川，1799；国立国会図書館デジタルコレクション・請求番号：112-113）

現代の華南地方においても、一般的な民居の中庭においては、敷瓦などが敷かれ、そこに鉢植えが置かれる場合が多い(写真1)。そして中庭に植栽がある場合には、一部の空間に限定している(写真2)。閉鎖的な中庭に樹木を植えると、それが大きく生長するにつれて、住居部分の屋根に木が当たったり(写真3)、落ち葉が屋根に溜ったり、木の根が敷瓦をもち上げるなど、中庭の構造上、またメンテナンス上、さまざまな不都合が生じてくる。つまり、こうした経験則に基づき、中庭の植栽を忌む記載につながったのであろう。

『営造宅経』では、さらに、中庭に樹木を植えると「困」という字になるとしている。これはどういう意であろう。

「困」は困難、困苦というマイナスの印象がある字である。壁に囲まれた民居を「□」とすると、そのなかに「木」を入れると「困」という字形になる。

一見こじつけのような発想にも見えるが、そうではなく中庭の植栽を忌むのは、そもそもは経験則に基づく先人の知恵であったのである。しかし単に「何かをしてはいけない」というだけでは、人々の印象に残りにくい。そこでこうした人々の記憶に残りやすい逭想を創り出し、庭に樹木を植栽することのデメリットを教えた。同様に、花を植えると婦人が淫乱となるとあるが、華麗な花を女性と関連付け、浮華に流れることを戒めるねらいがあったのであろう。

『営造宅経』では経験則に基づき、中庭の樹木や花の植栽を戒めているが、困の字や女性の淫乱といった、ユニークな連想を用い、それを印象付けている。これを経験則と連想を組み合わせたものとして、「経験則連想型」と称す。

写真 1（右上）　中庭（蘇州）（2011 年，水野杏紀撮影）
写真 2（左上）　中庭と鉢植（蘇州）（2011 年，水野杏紀撮影）
写真 3（下）　中庭と樹木（蘇州）（2011 年，水野杏紀撮影）

二　エンジュの植栽について

エンジュは高さ二五メートルに達する中国原産の落葉高木で、古くより庭木、街路樹などとして栽培されている。花は淡黄色である（堀田ほか、一九八九）。『営造宅経』には、エンジュについて、以下のように記されている。

中門にエンジュがあれば、三代にわたり富貴となる。
（原文）中門有槐、富貴三世。
（訓読）中門（ちゅうもん）に槐（かい）有（あ）らば、富貴（ふうき）なること三世（さんせい）たり。

これに関しては、中尾のヒガンバナに関する指摘が参考となる。

たとえば日本のヒガンバナは人家付近に多く、華麗な花が咲くが、今まで日本人はそれをむしろ嫌い、庭に植えたりしていない。これは言うまでもなく、ヒガンバナの花に（秋の彼岸に墓参りに行くと墓地で咲いていたせいか）死者と関連づけて一つの意味づけをして、嫌悪の感情をもったからである。つまりヒガンバナに対してマイナスの文化的意味づけがされ、その美学が定着してきたからである（中尾、一九八六：一〇）。

日本では秋の彼岸に墓参りに行く習俗がある。そうすると、ヒガンバナを墓地でよく見かける。そこでヒガンバナ＝墓というイメージが形成されていく。

『営造宅経』に記載されたエンジュは、「中門に槐有らば、富貴なること三世たり」とあり、吉樹とされていることがわかる。エンジュに関連しては、以下のような故事がある。

『周礼（しゅらい）』秋官・朝士に「三槐（かい）に面し、三公位す」とある。朝廷の庭に三本のエンジュを植えて、三公の位を定めたといわれるものである。三公の家柄を「槐門」ともいった。

こうした故事により、槐門＝三公＝出世、吉のストーリーが形成されていった。それが、中門にエンジュが植栽されていれば、三世にわたって富貴という『営造宅経』における記載につながったと思われる。

植物にまつわる故事は多いが、そこにはさまざまな植物に関するストーリーが付加されている。その意味で、『営造宅経』のこの記載はいくつかの示唆を含んでいる。庭にひとつの植物を植栽することで、植物のもつそのストーリーが庭の空間に展開するのである。そのことがわかると、植栽を観賞する面白みが増してくる。それを観賞した人間は、その植物がもつストーリーを体感するのである。

エンジュはほかにも、「槐」は「魁」と音が通じていることで、人のかしらとなる意味があるとされ、同様に「槐」と「懐」と音が通じていることで、人を懐かせる意味が付与された。

例えば、エンジュが門のかたわらにあるとする。人はこの植栽によって、三公の槐門の故事を想い出す。それが人にプラスのイメージを与える。つまり、植栽とはそれを単に観賞するだけではない。植物のもつストーリーも含めて、人の心理に影響を与えている。だから、現代においても中国ではエンジュは吉樹として植栽されているのだろう。

そこで、『営造宅経』に見るエンジュの記載を「故事・習俗ストーリー型」と称す。

ちなみに、蘇州の公安の門前には、数本のシダレエンジュが植栽されていた（写真4）。

写真4　公安の門前のシダレエンジュ（蘇州）（2011年，水野杏紀撮影）

三　バショウの植栽について

これまで、植栽の特徴をいくつかに分類してみた。例えば、中庭の樹木や花の植栽は凶とされたが、それは邸宅の構造上、不都合なため、それを困と連想したものであり、これを「経験則連想型」、門前のエンジュの植栽は吉とされたが、これはエンジュの故事から良いイメージが形成され、ストーリー化されたものであり、これを「故事・習俗ストーリー型」と称した。さらに『営造宅経』に記載された植栽を考察したい。

バショウは大型の多年草で、中国原産といわれており、草姿を楽しむため、庭園に植えられる。頂部から長さ二メートル、幅五〇センチ以上にもなる葉を四方に広げる（堀田ほか、一九八九）。

このバショウについては、『営造宅経』に以下のような記載がある。

人家に多くのバショウを植えてはならない。いつまでも祟りを招く。

(註)またいう、家の寝室の前には多くのバショウを植えてはならない。俗に鬼を呼びこむという。また婦人は血の病にかかる、という。

(原文)人家不可多種芭蕉。久而招祟。(註)又云、人家房戸前不宜多種芭蕉。俗云引鬼。又云、婦人得血疾。

(訓読)人家には多く芭蕉を植うべからず。久しくして祟りを招く。

(註)又云わく、人家の房戸の前には宜しく多く芭蕉を植うべからず、と。俗に鬼を引くと云う。又云わく、婦人は血疾を得、と。

ここには、人家にバショウを植えると祟りを招く、また房戸の前に植えると、鬼を呼び込む、婦人が血の病となるとある。

バショウも地植えすると繁茂してしまう(写真5)。雨に傷み、風に裂けて、破れ芭蕉となる。風に揺れる芭蕉は悪鬼、何かこの世のものではないものを招くイメージを抱かせる。こうしたことから、バショウの植栽＝祟り、鬼といった連想をさせ、多く植栽することを戒めたのであろう。これも「経験則連想型」に当たる。

ちなみに、バショウは現在も中国の南方では観賞用として、庭に多く植栽されている。そして古くより居宅の窓から外のバショウの風景を眺め、草姿を楽しんでいる(写真6)。

写真 5　バショウ（蘇州）（2011 年，水野杏紀撮影）

写真 6　窓から見えるバショウとヤナギ（蘇州）（2011 年，水野杏紀撮影）

四　ヤナギ（シダレヤナギ）の植栽について

シダレヤナギは中国原産の落葉高木である。樹高は一五メートルに及ぶ（写真7）。ヤナギは水辺、湿った場所を好む。春一番に芽を吹き、生命力に満ちた植物として、豊作、長寿を願うもの、呪力をもつ神聖な植物としてさまざまな行事に用いられている（堀田ほか、一九八九）。

『営造宅経』には、ヤナギについては複数の記載がある。この植栽は吉とするものと、凶とするものとが見ら

写真 7　シダレヤナギ(杭州，西湖)(2011 年，水野杏紀撮影)

れる。

宅地の東にヤナギを植えれば馬を増やす。

(原文)宅東種柳益馬。

(訓読)宅の東に柳を種うれば馬を益す。

宅地の西にヤナギがあれば、そのために処刑される。

(原文)宅西有柳、為被刑戮。

(訓読)宅の西に柳有らば、為に刑戮せらる。

正門の前にはヤナギを種えるのはよろしくない。

(原文)正門前不宜種柳。

(訓読)正門の前には宜しく柳を種うべからず。

門の外にシダレヤナギがあるのは、吉祥ではない。

(原文)門外垂楊、非吉祥。

(訓読)門外に垂楊あるは、吉祥にあらず。

中国の南方にはシダレヤナギが多いが、北方ではそれとは種類が異なるものが見られる。ここではヤナギに関するいくつかの習俗を取り上げ、そこから『営造宅経』に記述を合わせて考察する。

四―一　新年と清明節の習俗（挿柳）

ヤナギは正月の習俗と深く関係している。

魏の賈思勰（かしきょう）の『斉民要術（せいみんようじゅつ）』巻五には、「術（じゅつ）に曰（いわ）く、正月（しょうげつ）の旦（あした）に楊柳（ようりゅう）の枝（えだ）を取（と）りて戸上（こじょう）に著（つ）くれば、百鬼（ひゃくき）家（いえ）に入（い）らず」（術曰、正月旦取楊柳枝著戸上、百鬼不入家。）とある。

太陰太陽暦の元旦、春の始まりに、ヤナギは邪気祓いとして戸上に飾られたことがわかる。

清明節（清明は春分よりおよそ一五日後）にも、ヤナギの枝を家の門などに飾る風習があった。これらは春に青々とした芽を吹く柳の生命力にあやかろうとしたのであろう。

新年や春を代表する節気である清明節では、古くより、ヤナギは春を表象する植物として春の祭事に用いられ、邪気を払い、吉福をもたらすものとされた。

これには五行も関連している。五行思想では、方位の東には木、色は青、季節は春が配される。つまり、五行思想に基づいて、「宅の東に柳を種うれば馬を益す」とし、春＝東＝ヤナギとし、春を表象する青緑のヤナギを東に配することが吉とされたことがわかる。こうして春の季節を表象するヤナギを東の方位に配しているところに、季節と方位の連関づけが見られる。

一方、「宅の西に柳有らば、為に刑戮（けいりく）せらる」というのは、春を表象する柳は東に植栽するのが吉であり、秋を表象する西に植栽することを凶としたものである。これは「季節と方位の連関型」と称してよいだろう。

ちなみに、明の蘇州庭園、留園は、四方に四季を配した植栽が見られる。具体的には、東＝フジで春を表現し、

写真 8　蘇州の留園①(2011 年，水野杏紀撮影)。左上：北に白い太湖石を配して冬の雪を表現。右上：東にフジを配して春を表現

写真 9　蘇州の留園②(2011 年，水野杏紀撮影)。右上：西にイチョウを配して秋を表現。南にハスを配して夏を表現(ただしハスは見えない)

南＝ハスで夏を表現、西＝イチョウで秋を表現、北＝太湖石の白で冬の雪を、それぞれ表現している（写真8・9）。ここに、季節と方位を連関した植栽が施されている。

四―二　送別の習俗（送別に当たって柳枝を旅立つ人に渡す）

漢代の都城があった長安に灞橋という橋があり、これは東へ行く交通の要衝に当たっていた。漢代のことを記した『三輔黄図』の「灞橋」の項には、「漢人送客至此橋、折柳贈別」とあり、灞橋が送別の時、ヤナギを折って相手に贈る場所とされていたことを記す。この橋の両岸にはヤナギが植栽されていたというが、時代がくだり清代になると、橋の両岸の堤、五里に万単位の株が植えられたという。さまざまな詩には、春のヤナギが送別と関連して詠われている。そのいくつかをここで取り上げたい。

楊柳枝詞　　劉禹錫（『全唐詩』巻三六五、劉禹錫「楊柳枝詞」九首之八所収）

城外春風吹酒旗　行人揮袂日西時
長安陌上無窮樹　唯有垂楊管別離

楊柳枝詞　　劉禹錫

城外の春風　酒旗を吹く　行人　袂を揮う　日　西するの時
長安の陌上　無窮の樹あるも　唯だ垂楊のみ　別離を管する有り

城外では春風が酒屋の旗をなびかせている

日が西に沈むころ　旅立つ人が　袂を振って別れをつげる
長安の道端には　無数の樹々が茂っているが
ただ垂楊のみが　別離を告げている

春夜洛城聞笛　　李白（『全唐詩』巻一八四所収）
誰家玉笛暗飛声　散入春風満洛城
此夜曲中聞折柳　何人不起故園情

春夜洛城に笛を聞く　　李白
誰が家の玉笛　暗に声を飛ばす　散じて春風に入りて　洛城に満つ
此の夜　曲中　折柳を聞く　何人か故園の情を起こさざらん

暗闇に玉笛を吹きならしているのは　誰の家であろう
その音色が春風にのって　洛城に満ちている
今宵その曲の中に　折柳の曲を聞いた
だれが望郷の情を起こさずにおれようか

淮上與友人別　　鄭谷（『全唐詩』巻六七五所収）
揚子江頭楊柳春　楊花愁殺渡江人

数声風笛離亭晩　君向瀟湘我向秦

淮上にて友人と別る　鄭谷

揚子江頭　楊柳の春　楊花愁殺す　渡江の人
数声の風笛　亭を離るるの晩　君は瀟湘に向かい　我は秦に向かう

揚子江の河辺にならぶ楊柳　いまは春
楊花は江を渡る人に深い愁いをもたらす
今宵　亭を離れるとき　数曲の笛の音が風に乗って聞こえてくる
君は瀟湘に向かい　わたしは秦に向かって旅立とうとしている

このように、ヤナギは送別、離別と関連付けて詩に詠われていたことがわかる。『営造宅経』の「正門の前には宜しく柳を種うべからず」、「門外に垂楊あるは、吉祥にあらず」とあったが、ヤナギを送別、離別の想念と関連付け、家人を離散に導く柳を、居宅の重要な場所、門前に植栽することを忌んだと思われる。

故事や習俗から連想された吉（春の到来、新年の邪気祓い）と凶（離別、送別）の文化イメージが形成されて植栽の配置に影響していた。これは「故事・習俗ストーリー型」に属するものであろう。

以上、主に住まいの植栽に関する樹種の選択や配置の方法について検討してきた。『営造宅経』での植栽の記述は、長年にわたる経験則に基づく生活の知恵や習俗、故事との関連性、あるいはそこからの連想、あるいは季節と方位を連関付ける考え方などが包含されている。庭や居宅の周囲に植えられた植物は、植物がもつ詩や故事や歴史的系譜とともに、それを眺める者にさまざまなストーリーを提供する。それもまた、ひとつの文化といえるだろう。

照葉樹林帯の里山・里海・里畑

前中久行・鈴木貢次郎・
梅本信也・亀山慶晃・
児島恭子・李　景秀

第一五章　造園樹木の「無用の用」

前中久行

一　造園と園芸

「造園」について、中尾は『花と木の文化史』で、「庭木を使って庭を造作することは、園芸とはいわず、「造園」といっている」（中尾、一九八六：二六）として、造園と園芸の範疇の違いを述べている。敷衍すれば「庭木を使って」の部分が重要である。植物を用いるために誤解されることが多いが、造園は、文字通り庭などの場を造ることであって、植物を育てる園芸そのものではない。

表１　関連する漢字についての説文解字の記載

文字		説文解字における記載
園		所以樹果也。从囗袁聲。
藝（芸）		種也。从坴，丮。持亟種之。
苑		所以養禽獸也。从艸夗聲。
困		故廬也。从木在囗中。
囚		繫也。从人在囗中。

また、「園芸の「園」の字は、明らかに四周を塀でかこった土地である。その中で植物を育てるのが園芸というわけである……」（中尾、一九八六：二六）と述べている。囲うことが園芸の要素であることを確認している。また、芸の意味は植物を育てることとしている。

「園」と「芸」および「苑」の字義について確認しておく。

後漢時代の漢字辞典である許慎（五八－一四七）『説文解字』における各文字について記載を表１に示す。園は「果を樹うる所以なり。囗に从ひて袁聲（所以樹果也。从囗袁聲）。」と見える。意味は果物を植える所で、囲まれた状態にあり、発音は袁とある。園の字全体で意味を表している。園は形声文字で、袁は単に発音を表し、植物を表しているのではない。このことは、袁を、その一部とする猿、遠などが植物と関係していないことからも理解できる。

この「所以（＝㠯）樹果也」に対して、清の段玉裁（一七三五－一八一五）が『説文解字注』で注釈をつけている。

鄭風の傳に曰く、園は木を樹うる所以なり。按ずるに毛は木と言ひ、許は果と言へるは、毛詩の檀、穀、桃、棘は皆な諸(これ)を園に系す。木は以て果を包む可し。故に周禮(しゅらい)に云ふ。園圃、草木を毓(そだ)つ、と。許の意、凡そ苑囿と云へるは已に必ず艸木有り、故に果を樹うるを以て諸を園に系す、と。口に从ひ、袁聲。羽元の切、十四部。

所旨樹果也。鄭風傳曰。園所以樹木也。按毛言木、許言果者。毛詩檀穀桃棘皆系諸園。木可以包果。故周禮云。園圃毓草木。許意凡云苑囿已必有艸木。故以樹果系諸園。从口。袁聲。羽元切。

木は果を含むことから園は木を植える所としたのである。

「芸（藝）」は、「種也」、植える、とある。しかし時代が下がると、高度の技術や文化芸術要素を内包したワザの意味で用いられている。

園芸は、高度なワザや美的芸術的要素を含みつつ植物を植えることととらえることができる。そのような精緻な行いのためには、外界との遮断が必要ということであろう。

「園」と同様の意味の漢字として「苑」があるが、説文解字には、禽獣を養うところとある。また垣のある苑が「囿」であるとしている。

二　造園の対象空間――庭園、公園、緑地

建物に隣接するものが「庭園（garden）」である。しかし庭園は、建物の付随物ではない。建物と庭は生活空間

の内外の役割を分担し、またその有機的連結によって人間活動の安全と快適性を確保することが目的である。「庭」のもともとは宮廷の儀式を行う場所を表しているが、それが建物の隣接空間へと特化して植物と結び付いたのが庭園といえよう。規模は大小さまざまなものがあるが、私有が原則で、その変形として時には複数の人の共有の場合もある。中尾は、「公園という言葉は園の概念の拡張的用法といえよう」(中尾、一九八六：二七)と述べている。公共的な性格をもった園という意味で述べたのであろう。

公園は歴史的経過を経て成立したものである。イギリスにおいては貴族の館を取り囲む広大で樹木が疎らに生えた狩猟地(parkland)など、日本においては社寺や名勝などの群衆遊観の場所が、発達する都市に取り込まれた人々のレクリエーションの場として開放あるいは安堵されたのである。そのほかの国あるいは地域でも同様の場所がある。parklandと前述した苑は、もとは狩猟に関係する土地であるが、わが国では歴史的に見て狩猟や牧畜は主要産業でなかったために、公園発生の系譜においては浜離宮公園の鴨場の名残りなどを除いてはその痕跡は辿れていない。一九世紀なかごろ以後は、ニューヨークのセントラルパークのように、始めからレクリエーションの場を目的に、計画的に建設されるようになった。これらが「公園」(public park)である。わが国においては、都市公園制度として国や地方自治体において管理運営されている。

一方、わが国の、都市計画の用語として、道路や建蔽地などを除いた空地(open space)で人々が自由に立ち入ることができる土地を「緑地」という。河川や池水面も含まれる。レクリエーション利用や非常時の避難安全、都市の環境緩和などの役割をもっている。植物の有無とは、直接には関係がない。もちろん植物の存在を排除するものではない。公園や公開されている庭園もこの範疇に含まれる。また制度的には別の系譜として、自然の風景地を保護し利用の促進をはかることを目的とする自然公園の制度がある。

庭園は個人あるいは限定された人々だけが利用する私的な場所である。公園は公開が原則で、緑地も同様である。起源は庭園であったものが、現在は公開されて制度上は公園となっている場合も多い。後楽園や兼六園など大名庭園を代表とする各地の史跡庭園などがこれに当たる。名称が○○公園ではなく、○○園なのは、その名残りである。イギリスでは、もっと明解で、おなじく公開の場所であってもその名称が、△△ gardens と□□ park に、その起源によって区別されている。デンマークからの研究者に、大阪の公園を案内した時にその名称を、"Turumi park と伝えたところ、ただちに **"Here's a garden, not the parks"** と訂正されたことがあった。当初から人工的に建設したものが **garden** であり、放牧や採草など人の利用の結果出来上がったものがレクリエーション地になったのが **park** である。

公園や緑地は、国や地方自治体による法的制度に基づいている。もっとも、これらの制度とは関係なく、現実として同じような役割を果たしている土地も多い。例えば河川敷、海岸、社寺の境内、あるいは歩道などで、通常は立ち入り自由な場所があり、利用する側からすれば制度上の公園や緑地と大差はない。一般生活においては、制度的裏づけの有無はあまり重要ではない。

緑地という言葉はあいまいかつ広い意味で使われている。緑の土地ということで植物に覆われた土地全般、農地や森林や草地、野外レクリエーションの場所全般あるいは公園や庭園など人それぞれその時々でさまざまである。この章においては、人間のための快適性や景観形成などの環境の操作を植物との関係で取り扱う。食物や木材などの農業生産地—生産緑地も広い意味では環境の形成維持に影響をもつが、環境そのものが付随的効果であって、主目的ではない。このため、この章では農業生産地—生産緑地は取り扱わない。

庭園、公園、緑地は、人々のレクリエーションの場を提供し、人工的な都市の環境を緩和するという面では、本質的な差はない。また制度上にこだわる必要は少なく、実態が重要である。そこで、植物と人間の環境との関係が最も典型的に表れる庭園を中心に述べる。庭園と植物の関係は、多くの場合は公園や緑地にも適用可能であるが、異なる対応が必要な場合もある。

三　庭園空間の特質

庭園、公園、緑地など類するものはいろいろある。いずれもなんらかの土地の広がりの上に存在するものである。したがって三次元の空間をなす。この空間をつくり、適正に維持することが造園である。植物など天然素材は重要な要素であるが、それらはあくまでも素材である。されど重要な要素であるというのが著者の立場でもある。

三―一　無用の用

緑地は土地の広がりの上に存在する三次元の空間である。緑地空間の特質として、植物とその隙間の併存状態に意味がある。空間の説明として、腑に落ちるのは、老子の第一一章の「無用」である。

挺埴以爲器。當其無、有器之用。鑿戸牖以爲室。當其無、有室之用。故有之以爲利、無之以爲用。

埴を挺ねてもって器を為る。その無に当たりて、器の用あり。その無に当たりて、器の用あり。戸牖(こゆう)を鑿ちてもって室を為る。その無に当たりて、室の用あり。故に有のもって利をなすは、無のもって用をなせばなり。

確かに陶器の器で、その役割を果たしているのは中央にくぼんだ隙間で、また、建物として役割を果たしているのは、床や天井あるいは壁などではなく、それらに囲まれた隙間である。建築という行為は直接には屋根や壁を作ることであるが、実はそれらに囲まれた隙間を形成するために壁や床の工事をしているのである。庭園も同様で、樹木や草花を植栽するけれども樹木や草花そのものが目的ではなく、地面と樹木や植物さらに石などの合

写真 1　緑地における植物の役割は，快適で美しい空間をつくること（2004 年，前中久行撮影）。植物や地面によってつくりだされる隙間が重要。植物を詰め込まないこと。大阪府立大学において。

間に形成される快適性に富んだあるいは美しい隙間に意味がある（写真 1）。植物の存在が好ましいからといって多量に植物を詰め込んではいけない。植物自体に興味をもっている人が庭を作るとあれもこれもと植物を詰め込んで失敗してしまうこともある。庭と呼べるような代物ではなくさしずめ苗圃の様相を呈してしまうのである。狭い場所に隙間もないほど多くの木を囲い込むと困ったことになる。ただし、ただ隙間があればよいということではなくて、器の縁がなければ水を保てないように、囲まれていることが必要で、ただの地面に植物をおいても庭園にはならない。

『荘子』にも「無用の用」にかかわる文章がある。こちらはまさに樹木に例えて表現されている。

大工の棟梁の匠石が斉国に旅した

とき、櫟社という社の神木になっている櫟の大木を見た。その大きさは牛の群れをかくすほどであり、幹の太さは百かかえにあまり、舟をつくれるほどの枝が幾十本となくでている。……。ところが匠石は、この大木に目もくれず、さっさと通り過ぎようとした。弟子が不思議に思ってたずねると、匠石は「あれはまったく役に立たない木だ。あれで舟をつくれば沈むし、棺桶をつくればすぐ腐り、道具をつくれば、すぐこわれてしまう。門や戸にすれば樹脂が流れ出るし、柱にすれば虫が食う始末で、まったくとりえのない木だ。使い道がなければこそ、あのように長寿したのだよ」と答えた。

（森、一九九四：一七七－一七八）

つまり、役にたつ樹木は次々と伐られる。材木としては役にたたないために、誰も伐ろうとは思わない。結果として、その木陰が牛の群れの休み場所になるなど役にたっているのである。目立たない、特別の能力がないことが、結果として命長らえる要因であるとの人生の寓意が込められているとするのは考えすぎであろうか。

三－二　囲い

一般的に庭園や都市公園は、周囲が塀や柵で囲まれているか、あるいは敷地内外の区別が明瞭である。囲むのは、外界からの厳しい影響を遮断あるいは緩和するためである。庭園や公園の園の字は、囲いのなかで植物を育てる意味である。壁や柵で物理的にも外部と遮断されるのが基本である。中尾は、「庭というものは第一義的にその人の、あるいはその家族の動物生態学でいうテリトリー（縄張り）にあたる。そのテリトリーはプライバシーが保障され、安全な場所でなければならない」（中尾、一九八六：二八）としている。

公園はその起源が庭園よりもはるかに時代が下り、都市全体での安全が確保された状態にあり、また誰でも自

写真 2　(左)モンゴルにおける移動式住居ゲル。(右)その戸口を通して見た外の風景。なお，写真は観光用ゲルで撮影したものである。(ともに 2004 年，前中悦子撮影)

由に利用するために、囲われているとの観念が多少ほころびて庭園ほど明瞭ではないが、都市のなかでの静穏で快適な場所で、一種の聖域であるとの潜在的意識は存在している。

中尾は、庭をテリトリーと見定めて、庭の四大類型を示している(中尾、一九八六：二七―三五)。

第一は、遊牧民の場合で、テリトリーが未分化状態、考えようによっては無限大の場合。フラニー＝モンゴル型の住居様式

第二は、裸地の共有地があり、そこが作業場、儀式場となり、家屋はその共有地を囲んで周りに立っている。ピグミー＝パプア型

第三は、家屋の外周部にテリトリーがあるもので、堀や柵のある場合と、それが欠如する場合がある。ニグロ＝日本型

第四は、テリトリーを家屋や堅固な塀でか

写真3　中国貴州省の侗族の集落(2009年，前中久行撮影)。中央に塔と広場がある。ちょうど穀物の干場に利用されている。この共有地を囲んで家屋が軒を接している。家屋の周りは狭い通路があるだけで，私有の屋外領域は存在しない。

こった内包型。カスバ＝ホートン型

どの類型が卓越するかは、地域や民族さらに時代によってさまざまである。いくつかの写真で例示する。

モンゴルの移動式住居ゲルの戸口は直ちに外の草原である(写真2)。草原には野生の草花が溢れているという。

中国貴州省の侗族の集落では、村の中央に高い塔と広場があり、集会や穀物の干場に利用されている。この共有地を囲んで家屋が軒を接している。家屋の周りは狭い通路があるだけで、家屋周辺には私有の屋外領域は存在しない。個人所属の庭園が成立する条件は存在しない(写真3)。一方、同じ中国であるが、上海の豫園は、典型的な内包型の庭園である。建物と一体となって多くの庭園が連なっている。それぞれの庭は壁で囲まれてい

写真4　上海の豫園庭園の一部（2006年，前中久行撮影）。建物と庭が一体となっている。多くの庭園が設けられているがいずれも高い壁で囲まれている。地面は瓦で舗装されている。内包型の庭園

る（写真4）。農村の漢民族の場合はわずか二、三本の木と少数の鉢物が置かれる程度であるが、家と庭は一体となっており高い壁で囲まれている。後で例を示すことになるが、日本の型はテリトリーはあるもののやや不明確で、周辺と一体となって景色を構成する借景の手法が取られることも多い。

中国の蘇州や無錫など江南地方には宋・明代の官僚や商人が造営した庭園が多く残されている。基本的な形は、高い壁で囲まれた敷地に、楼閣とそれらの建物に接する中庭を設け、長い回廊で多くの中庭を複雑に結び付けたものである。の典型的な内包型の庭園である。これらの庭園に身を置けば、まさしく囲まれていることが庭園の根本であると認識出来る。囲まれているので、身の安全とプライバシーの秘匿は万全である。当時は、この

庭の所有者が此処で何をしようと、例えばそれが酒池肉林の宴であってもなんら問題は起きなかったであろう。

造園に関係する言葉であるが、それが元と意味をかえて一般化したものの代表例として「酒池肉林」がある。酒池肉林は、もともとは古代の中国の庭園が表現されている。快楽の場として作られるというのも庭園の本質のひとつである。何が快楽かは時と場合によってさまざまであるが、たらふく喰らいたらふく酒を飲みたいというのが最も単純な快楽で、中国の古代殷の暴君として知られている紂王が、池を酒で満たし肉を木に掛けて、思うがまま飲み食いできる豪奢な酒宴を庭園で行ったと史記に記載されている。

もっとも宋や明の時代に江南で庭を営んだ人々のなかには当時の政治に失望して隠遁した清廉な人物も多く、彼ら文人がその庭園で酒池肉林の宴を催したとは思われない。

逆の例もある。尾張藩江戸下屋敷の庭園戸山荘には、街道の宿場や町屋と周辺の農村を模した虚構の町がつくられており、幕府のお歴々や大名達、将軍さえもが訪れて、庶民の行動と振る舞いを演じて楽しんだというのである（小寺、一九八九：一一―一八三）。権威の維持に身を縛られて自由な行動が禁じられている彼らにとっては、庶民の日常生活を演じることこそが快楽であったのであろう。今風に表現すればテーマパークにおけるコスチュームプレイである。しかしそれは庶民や中下級武士達に対しては秘すべきもので、あくまでも囲いのなかの行動であった。

囲いのなかの植物について、漢字の困は囲いのなかで枝葉が伸びられずにいる木の様子を示しているとされている。説文解字には「故廬也。从木在囗中」とある。

困の字についていては、明の陳耀が表した天中記（四庫全書）に次の文章がある。

庭樹宅法、徐稚字孺子、豫章南昌人、與太原郭林宗游學、同稚還家、林宗庭有一樹、欲伐去之。稚乃問其故。林宗曰、為宅之法、正方如口、口中有木、困字、不祥也。是以去之。稚難林宗曰、為宅之法、正方如口、

口中有人、囚字。豈可居之、林宗黙然無對。稚時十一歳。（欽定四庫全書子部十一、天中記）

庭樹宅法、徐稚字は孺子、豫章南昌の人、太原の郭林宗と游學す。稚と家に還る、林宗庭に一樹有り、伐りて之れを去らんと欲す。稚乃ち其の故を問ふ。林宗曰く、宅を為るの法、正方は口の如し、口中木有れば、困の字、不祥なり。是を以て之れを去らんとす。稚、林宗を難じて曰く、宅を為るの法、正方口の如し、口中、人有らば、囚の字なり。豈に之れに居る可きや、林宗黙然として對ふる無し。稚、時に十一歳。

郭林宗が、家は正方形で□のようである。□のなかに木があれば、困の字になり、不吉であるからこれを取り除くといったのに対して、徐稚が、家は正方形で□のようである。□のなかに人があれば、囚の字になる。どうしてそこに住むことができるのかと非難したのである。林宗は答えることができず黙ってしまった。

時代は逆になるが日本のとんち話を彷彿させる話である。徐稚と一休禅師の生涯は、ともに俗事に拘泥しなかったという面でも共通する所が多い。

困の字になるから木を伐ってしまうというのは、木にとっては正に困ったことになってしまう。徐稚が機転によって木を救ったというとんち話「徐稚救樹」も伝えられている。

徐稚は、囚の字を囲いのなかに繋がれている人の意味で好ましくないと考えたが、逆に、人が安全なテリトリーを確保した状態と考えれば好ましいことである。木と人は異なる。木は生物であるのに対して、人は文化的存在である。生物としてのヒトとは別物である。ヒトが人になるというのは、原初的な動物性を一定の枠内におさめて自らの文化的馴化を経ることだったのかもしれない。

囲いのなかに植物が充満しているのは問題で、十分な隙間があることが大切というのは、老子の茶碗の無用の用と通じる。中国庭園の囲まれた空間内の植物の量は決して多くはないが、無機的な人工物のなかにあって、その対極としての自然物がもつ鮮烈な印象効果を演出している。囲われた中庭に少数の樹木が植裁され、その樹木が椿であれば赤い散り椿、白木蓮であれば白い散華が敷石舗装に散り敷く様を見ながらくつろげば、まさしく「春宵一刻値千金」と思われる。いやいや江南に庭園を営むほどの富貴な人々にとっては、庭園の意義を金額に換算するというようなことは無粋の極みとされただろう。

庭園では、植物量に比べて大きな隙間が残されていることが重要で、物質によって充填されていないカラの空間が意味をもっているのである。カラの場所は必要な時にはいつでもほかの物を収容することができる。「無用の用」あるいは「虚であることが実」は庭園の空間原理のひとつである。

木と囲いに関して、中国雲南省の麗江（れいこう）で広く語られている話がある。麗江古城は、一九九七年に世界文化遺産に登録されて、国内外から多くの観光客が訪れている。南宋末以後、少数民族納西（ナシ）族の首領が君臨してきたが、一三八二年に明の洪武帝に帰順して、雲南土司に任じられた。支配者は姓として木氏を賜り、木の周りを囲むと、困の字になるというので、城壁を築かなかったというのである。中国では通常は城壁が居住地を取り囲んでいるが麗江には城壁が存在しない。意識して城壁を築かなかったことが、事実とすれば木と囲いの関係を示す格好の逸話である。一般書や旅行案内書などには原典を示すことなく多出している。しかし、今のところ信頼できる文献上では確認出来ていない。

四　庭園植物の特質

造園における植物の役割は、基本的には環境の構築材料である。ただし、ほかの素材と異なって、生物であるということは特別の意味をもっている。生物としての多様な変化がほかの素材では代替えできない心身のリフレッシュなどの効果をもっているのである。

庭園で用いる植物の選択や用い方には、人間の都合が強く反映する。人間の都合とは有用でありかつ無害であることである。いくら有用でもその植物が有害な要素を含んでおればその植物は用いられない。その植物を用いなくても有用で害のない代替植物が存在するからである。この点がほかの植物では代替の困難な穀類や有用資源植物の場合と状況が異なる。気候が温暖多雨で多様な植物が生育可能な日本列島においては代替植物が見つけられることが多い。植物による環境の形成作用や厳しい環境の緩和作用はもちろん重要である。よくいわれている植物による大気の浄化、温度改善、防風、視線遮断効果などである。ただし、これらの役割は、植物一般にどの植物でも多少の程度の差はあれども有している。したがって、この側面は、庭園での植物の選択には効いてこない。かわって、庭園における植物の選択に関連する要因は、以下のようなものである。

四―一　屋外で生育可能であること

緑地は基本的に屋外に設けられる。天空の下に置かれるというのは緑地の根本条件である。このため緑地の植物は、長い期間連続して、それぞれの地域の屋外の環境にさらされる。植物の生育は、環境条件として気温と土壌の水分条件に制約される。土壌の水分条件は基本としてその地域の降水量で決まるが、水路あるいは排水路の建設によって改善することが出来る。それぞれの時代の権力者が延々と水路を築いて、豪奢な庭園を営んだ例は多数ある。一方、気温の制約は、屋外の植物にとっては決定的である。寒冷地の植物が高温条件に置かれると、光合成量と呼吸量のバランスが崩れて次第に衰弱して枯死してしまう。極端な低温による影響は峻烈で、短期間でも限界を超えると凍結によって瞬時に組織が破壊され、その影響はその植物個体のほかの部分にも及び、幹の枯れ下がりや個体の枯死に至るのである。異常に寒冷な年に遭遇すれば、永年にわたり冬越ししてきた樹木であっても枯れてしまう。

継続して、その場所の屋外環境に耐性をもつことが緑地植物の必要条件である。このことに気がつかないために、何度も失敗を繰り返している例がある。いろいろな地域から人々が集まって行われるイベントにともなう記念植樹の類である。世界の人々が集まったことを記念して、「世界の森」といったようなものがつくられる。せっかくだから各地の植物を植えましょうということになりがちである。寒い地域もあれば暑い地域もある。雨の多い所もあれば乾燥した所もある。本来の生育環境が極端に違う植物を一か所に集めるのであるから、それらの植物のすべてが、活着し順調に生育するはずがない。外国から要人がこられた場合にもよく記念植樹が行われるが、その国にまつわる植物を用いるのは慎重に検討するのが賢明である。気候不適合で枯れてしまうことも多い。

四―二　いつも人を魅了する

美しいというのが庭園の最重要な条件である。したがって、美しい植物が庭に植えられる。ただ、美しいものを求めるといっても園芸とは少々趣が異なる。園芸的に品種改良された植物は確かに美しい。ただし、それだけでは庭園には向かない。園芸の場合は植物そのものを対象として花や葉色あるいは果実を観賞する。観賞時期は一時的で、その時は鉢植えなどで場所を移動させて観賞することが多い。それ以外の時期は、苗圃などで栽培管理を行う。観賞の対象は、その植物のいわば晴れ姿だけであり、それ以外の時期の様態はどうでもよい。庭園に鉢植えとして園芸植物や盆栽が一時的にもち込まれることはあるが、庭園を構成するほとんどの植物は永年的に庭園の同じ場所に常在することになる。このため、花や実の季節以外にも葉や枝振りなどが観賞に値することが必要である。花木でいうと花が美しいのは長くても三か月程度で、多くの人々が魅了されているサクラを例として挙げれば花の期間はわずか二週間程度である。植物の花の期間は短く、残りの期間の方が圧倒的に長い。その期間も庭園の主の興味を引き続けること、少なくともご機嫌を損じないことが必要なのである。

園芸植物、特に花木の改良は、花や葉色あるいは実といったある部分の観賞価値の向上だけが目的で、それらの相互関係や樹形などを総合した庭園樹木としての改良の視点には現段階では到達していない。花だけを見ればすばらしい最新改良品種であるが、紅葉の色が濁っており、冬になってもすっきりと落葉せずに葉が中途半端に宿存しているといったものは庭には適さない。

樹木でいえば、枝先の発芽、開花、新緑、結実、紅葉、落ち葉、落葉期の枝條の姿、またこれら相互の季節的移ろい、さらに幹や枝や葉から形成される総合的な樹形や枝振りにも美しさが求められる。草本植物の冬枯れの姿や散り敷いた花びらにさえ美しさを感じる。

個体としての特性だけでなく、むしろそれ以上にほかとの組み合わせも植物選択上で重要である。庭園では三次元の空間として、前後、左右、上下のなかで、植物個体と個体、種類と種類の組み合わせを考慮する。さらに時間軸を加えた四次元のなかで、適正な特性をもった植物を、座標軸上の適正位置に配置すべく選定する。この時間軸には、植物の生物季節的な変化の繰り返しと、植物の生長をともなう長期間変化の両方が存在する。

四―三　植物文化論的価値

個々の植物種の生物学的特性は、庭園における必要条件であるが、それに加えて人間の文化的価値観が満たされて初めて、その植物種なり個体が庭園に受け入れられる。

それぞれの地域において、歴史的に人間の身近に存在した植物や生活上の資源として利用されてきた植物は、庭園での利用に対して抵抗が少なく、収穫して利用することは目的ではないが好んで用いられる。文学や芸術に取り上げられた植物も評価が高い。もちろん美しく優美で楽しいものにまつわる植物が取り上げられ、シリアスなものに関する植物は敬遠される。年中行事や祭祀にかかわる植物もよく選択される。この場合、現に盛んに行われているものではなく、珍しくなっている行事に関する植物に関心が向かうようである。

風景地や名所旧蹟に関係する植物も好んで庭園に植栽される。関連する植物種を植えるだけでなく、特定の場所にある個体そのものから取った枝や根をもとにクローン個体を育成して、特別の系統として用いるのである。ツバキやサクラなどでは、京都や奈良あるいは各地の歴史庭園のツバキやサクラをもとにクローンが増殖されて、多様な品種が形成されている。個人的に旅行した土地で拾った種から育った植物を、人生の大切な思い出として庭に植えている人も多い。

このような価値観の究極は名前のイメージである。中尾の『花と木の文化史』では、植物の名前のイメージが取り上げられている（中尾、一九八六：一七一一八）。ワスレナグサやスズランの名前が好まれるのは高次の文化的美学がなせるわざと述べられている。

特に庭園においては、植物の名前について駄洒落のような事柄にも関心がもたれる。いや本人は真剣である場合も多い。例えば難を転じるにかけてナンテン、金持ちにかけてカナメモチがよく植えられる。クロガネモチも同様である。逆に名前ゆえに避けられる植物もある。バクチノキは、バラ科でサクラに近く白い花が房状に咲く、しかも光沢のある美しい葉が季節を通じて見られる樹木であるが、庭に植えられているのは見たことがない。たしかに幹の皮がボロボロ剥げ落ちて身ぐるみ剥がされるようではある。四〇年ほど前に外国から導入されたセイヨウバクチノキも当初はあちこちに植えられたがほとんど見かけなくなった。エゴノキは木の姿に野趣があって清楚な花が咲き丈夫で狭い庭でも植えることが出来るいわば万能の樹木であるが、名前を出すと、「ほかの木にしてください」となることが多い。ボロボロノキ、バリバリノキなどはまだまで、なぜそのような名前にされたのか同情を禁じ得ない名前の植物もある。

人の死や葬祭に関係する植物は、庭園植栽から忌避される。例えば、シキミは、その植物的形態から見れば、程々の大きさにおさまり、葉の緑は年中美しく、花も清楚で野趣に富む。しかし、庭園に植栽されているのを見たことがない。ヒガンバナもかつては秋の彼岸のころに咲くので別名幽霊花あるいは死人花などと呼ばれていた。田畑の畦畔などに集団で自生していたが、積極的に植えられることはなかった。中尾（一九八六：一〇）は、「最近は日本でもすなおにヒガンバナが美しいと感じる人が出てきたようだ。」と述べているが、その予知通り、最近では田園風景風の公園では普通に植栽されている。生活様式が都市化してかつてのおどろおどろしい呼び名が忘れられ、単純に色の鮮烈さや花形の面白さから受け入れられるようになったと思われる。

四-四　憧れの地の植物

古くは、あるいは現在でも、庭園を作る契機のひとつは、理想郷の具現化である。その時々の理想の地の植物を用いてそこへ到達出来たかのような喜びに浸るのである。現世における理想郷だけでなく、死後の世界のイメージも庭園に反映する。例えば仏説阿弥陀経などに極楽の様子が詠まれている。仏説阿弥陀経によれば、極楽浄土には、七重の垣と七重の並木があり、金砂が敷かれた池には、青、黄、赤、白の蓮の花が咲いている。天から曼荼羅華の花が降っている。動物としては、色々な色の白鵠、孔雀、鸚鵡、舎利、迦陵頻伽、共命之鳥がいる。これをモチーフとすれば浄土式の庭園が出来上がる。庭園に蓮が植えられるのは、花が美しい植物であると同時に極楽のイメージなのである。

憧れの土地の植物を庭園にもち込むもうひとつの例は、オランジェリーである。オランジェリーはルネサンス期以後のヨーロッパの庭園におけるオレンジ園である。

ベルサイユ宮苑やウィーンのシェーンブルン宮などに設けられた。オレンジ園といっても単に柑橘園ではない。ヨーロッパのアルプス以北の地域では、絶対王政の時代（一七〜一八世紀）のころ、太陽がさんさんと降り注ぐ南の国への憧れが存在した。ゲーテは次のように歌っている。

ミニヨンの歌
レモンの木は花さき　くらき林の中に
こがね色したる　柑子は　枝もたわゝにみのり
青く晴れし空より　しづやかに風吹き
ミルテの木は　しづかに　ラウレルの木は　高く
くもにそびえて　立てる国を　しるや　かなたへ
君と共に　ゆかまし
（ゲーテ／森鷗外訳／新声社）

ミルテの木はギンバイカ、ラウレルは月桂樹で、オレンジとともに冬の寒さが厳しいアルプスの北の地域では育たない。その憧れの土地に育つというオレンジをわが庭にもち込もうというのである。冬の寒さから護るために、オレンジを巨大な容器に植えて、冬は保護室へもち込む。夏は庭に並べる。この出し入れを毎年二回繰り返すのである。オランジェリーは権力者なればこそ可能な話である。

四―五　権威の象徴としての植物・珍奇な植物

権威・権力の象徴として造られるというのも庭園の一面である。『日本書紀』に、六一二年推古天皇の時に「百済よりの渡来人に命じて、南庭に須弥山と呉橋をつくらせた」との記載がある。須弥山は、古代インドの認

写真5　須弥山石(明日香村出土，飛鳥資料館蔵。2007年，前中久行撮影)。内部に細い隙間がつながっており，噴水としても用いられた。

識では神々が住まう宇宙の中心である。宮廷にこれに模した構造物を置くことは、そこが世界の中心であるとして、まさに統治の正当性を主張することである。また呉橋は、いわゆる太鼓橋で、そこを結界としてこの橋の一方が聖地であることを示すものである。この須弥山に関連すると思われる石造物が、一九〇二年に飛鳥川の右岸字石神より出土している。現物は飛鳥資料館内に展示されている(写真5)。石の内部には細管状の隙間があり、庭園の噴水施設でもあった。屋外には復元品が設置されている。権威の象徴と同時に人間の楽しみの装置となっており、庭園がもつ多面性をよく表している。

庭園の植物も権威の象徴としての役割を担うことがある。宗教的霊性をもつサカキ、オガタマノキ、ナギなどである。これらを用いるにふさわしいと自他ともに認める権威ある場所以外では、畏れ多いとして利用することがはばかられる。

珍しい植物は、珍しいということ以上に、それを手に入れることが出来る権力の大きさや費やされた富の大きさを表している。入手が困難であった外国の植物もかつてはまさにそうであった。物資輸送のシステムが整った現在では、経費を惜しまなければ誰でも比較的容易に入手出来るので、権力というよりも財力を誇示するだけになった。最近では経済発展したアジアの国で、日本の高級な植木や盆栽に対する需要が高まり、多くのものが高い値段で、国外にもち出されている。

堺の妙國寺には大きなソテツが現存しており、国の天然記念物に指定されている。このソテツと織田信長についての伝説は有名である。ソテツは、九州南端より南に自生する植物で、南方から堺へもち込まれた。南蛮文化を象徴するものとして、当時としては極めて珍しい植物であったろう。これを織田信長がその権力をもって、安土城へもち去ってしまった。このソテツが、毎夜「堺に帰りたい」と泣いたので、信長は激怒して「切り倒してしまえ」と命じたところ、ソテツが切り口から鮮血を流したので、恐れをなした信長は再び妙國寺に返したといわれている。ことの真偽は別として、権力者が珍しい植物を漁ったことが表現されている。また、事実上信長に屈服させられた堺の人々がソテツの返還にことよせて憂さ晴らしをしたところもありそうである。安土桃山時代以後の大規模な庭園には、二条城、桂離宮、栗林公園、岡山後楽園、縮景園など蘇鉄山あるいは蘇鉄園が存在するものが多い。外国との門戸を限定していた江戸時代を通じて、ソテツは暗黙のうちに海外とのつながりや権力や権威を象徴する植物であったと思われる。現在でも役所や裁判所の正面にソテツの植栽が残存しているのを目にすることがある。伏流として蘇鉄は権威の存在を示していたのではないか。

四―六　樹形は人間の意図に服従させられる

庭園は人間のための空間である。このために人間の意図に沿った反応を示す植物が選ばれる。奔放に枝葉を伸ばす特性をもつ植物は、限られた空間内におさまらなくなってしまう。また、庭園主の美意識と違う樹形になるおそれもある。一旦出来上がった庭園の様相を保つためには、植物が大きくなることは本音の部分では望まれていない。環境における自然的要素として植物を利用しているにもかかわらず、それを突き詰めていくとこのよう

写真6　ヴィランドリー城の絨毯庭園（フランス）（撮影年不明，高橋理喜男氏撮影）。整形式庭園の代表例。刈り込みによる植物の整形は自然を克服するという人間の意志の表れといわれている。

な結論に行き着く。庭園の植物がもっている二面性である。

庭園植物の条件としては生長が緩慢な植物が望ましい。人間から見て比喩的に表現すれば，与えられた場で満足する植物である。もっとも生活力が弱くてすぐに枯れては困る。我慢強いことも必要である。ほかの選択的な条件は，人間が加える管理作業に強い耐性をもっていることである。限られた空間で望ましい形で植物を維持するために，庭園では，植物の枝葉や時には幹の剪定を行う。欧州の庭園のスタイルは一部の例外を除いて整形式庭園であり，その究極には絨毯庭園がある（写真6）。植物で地面にあたかも絨毯のような模様を描くのである。植物を刈り込んで直線や曲線を形成するのである。このような場面で利用するためには，乱暴に刈り取っても，多数の新芽を出し枝や葉を容易に再生する性質をもっていることが必要である。絨毯庭園の主要植物であるツゲの英名は box

写真7　仙洞御所庭園(2011年，前中久行撮影)。自然風景式庭園の代表例。海岸や島，岩地，森林，建造物などの要素を再構成して理想の風景を表現する。マツは重要な植物素材である。

である。この木の材が箱を作るのに適しているから名づけられているのである。ツゲは、剪定後の萌芽力が強く文字通り箱形にも曲線型にもさらには各種彫刻のような形にも出来る植物である。日本庭園のスタイルは自然風景式である(写真7)。すぐれた風景が再構成されて抽象的に表現されている。そこで多く用いられているサツキは萌芽力が強く石などと一体となった造形あるいは生垣として多用される(写真8)。

大木の場合も、剪定で樹形を維持する。枝を切り取っても枯れることなく、必要な枝や葉が再生出来るというのが、庭園の樹木に要求される性質である。剪定による幾何学的な人工樹形とあたかも天然の姿に見えるような自然風樹形があり、庭園のデザインコンセプトに応じてそのいずれかが主体となる。自然に対する人

写真 8　頼久寺庭園(高梁市)(2009 年，前中久行撮影)。刈り込みによる造形。敷地外遠方の山を借景としている。遠方のものをより小さく作る縮景法によって遠近と手前の広さが強調されている。小堀遠州作。中尾(1986)の第 3 類型に相当する。

間の存在を強調する場合には人工的な樹形が、人間と自然の一体感が強調される場合には自然風樹形が採用されるといわれている。自然環境が厳しい地域では前者が、自然環境が温和な地域では後者が選ばれる傾向がある。

典型的な人工樹形は、樹木を球や直方体あるいは彫刻物のような形に剪定したものである。これに対して自然風樹形は、剪定せずに樹木が生長するに任せた形と理解されるかもしれない。しかし、あくまでの庭園の植物であるので、自在に任せて放置することは出来ない。自然風樹形とは、深山幽谷や山野に自生している樹木のような形に、人手を加えて整形するものである。人手を加えてあたかも人手が加わっていないかのように見せるのである。老子風にいえば「有をもって無となす」である。自然風に作るためには、

写真 9　栗林公園の名松(2015 年，前中久行撮影)。(上)前方は箱松，後方は衝立松。(下)箱松の内部

写真10　築地松(2009年，前中久行撮影)。出雲地方における防風のための高生垣

どのようなものが自然の樹形であるかを理解する必要があり、一旦は人間の意識の上での抽象化を経ることになる。歌舞伎の女形は男が意識して演じるという過程を経ることによってより女性らしくなるのと同様に、人工的に自然風に作ることによって、より自然らしい形となるのである。このため、自然風樹形の形成と維持には、極めて高度な美意識と剪定技術が必要となる。

四－七　庭園樹クロマツの樹芸

日本庭園においては、樹木は通常は自然風樹形に仕立てられる。その代表はクロマツである。もちろんクロマツでも栗林公園の箱松や出雲地方の築地松のような幾何学図形的な造形手法も存在する(写真9・10)。クロマツは通常は日本庭園の中心部の重要な場所に植えられる(写真11)。いわば庭園の主役である。兼六園には唐崎松がある。近江八景の唐崎夜雨の唐崎神社由来のマツで、一三代藩主前田斉泰(やすなり)が琵琶湖畔の唐崎松から種子を取り寄せて育てたクロ

写真 11　兼六園の唐崎松(2010 年，前中久行撮影)。左側の 4 本。雪吊りと相まって兼六園の冬の風物詩。右の 2 本はアカマツ

マツである。美しく整えられたその姿はもちろん、本来は雪の重みによる枝折れを防ぐため冬にほどこされる雪吊りも美しく兼六園ならではの風物詩になっている。前述した名所旧蹟の特別の個体を大切にするという一例でもある。

マツは一年に一節の幹あるいは枝を伸ばす。枝の発生は、各枝先ごとに三～八本程度で疎らである。新しい枝は、前の年の枝に対して角度四五度程度以内の開度をなす。そのままでは、枝が直線方向に伸びて、枝と次の枝の間隔が広く、単純な樹形となる。永年の風雪に耐えたマツでは、枝と枝との間隔は短く、かつ枝と次の枝の開度が広く六〇度程度以上、時には九〇度以上で既存の枝の伸長方向とは逆方向に伸びていることも多い。これに近づけることが自然風樹形への第一歩である。クロマツを自然風の樹形に仕立てる剪定技術では、クロマツの

写真 12　(左)長枝の切り取りによって松葉(短枝)の間から伸び始めた新芽。(右)切り取った長枝に残された短枝から多数発生した長枝，写真撮影時に旧長枝上の古い松葉は取り除いた。(1981 年，前中久行撮影)

植物形態的な特性が巧妙に利用されている。樹木の種類によっては、枝に長枝と短枝の別がある。長枝とは勢いよく伸びる枝であり、短枝とはわずかしか伸びない枝である。ウメやナシなどでは花が咲くのは主に短枝で、果樹栽培ではいかに多くの短枝を発生させるかが剪定の腕の見せ所である。マツの毎年長く伸びる枝は長枝であり、日本原産のマツではこの長枝を切ってもその長枝上には新しい芽は出てこない。クロマツの葉は二本が対になっている。実はこの二本の葉の集まりは、植物形態的には、短枝である。極めて短い枝の先に二枚の葉がついているのである。枝であるからにはその先端に芽がある。二本の葉の間に芽が存在するのである。通常この芽は伸びることがなく、葉の寿命である三年ほどで葉とともに枯れ落ちる。ところが、伸長中の若い長枝や前年に伸びた長枝を切断すると、その長枝に残っている短枝の二本の松葉の間から新芽が出てくる(写真12)。松葉は多数あるので、新芽も多く発生する。全体としての樹形を想定しつつ必要な新芽を残し不要なものは取り去る。残されて伸びた新芽は新しい長枝となる。ただし通常の長枝のような長大なものではなく小型の枝にとどまる。枝と枝の間隔は残す新芽の位置によって自在に調節出来る。また残す芽の伸長方向を選ぶことによって枝の方向も調節出来る。春に伸長中の長枝を摘み取って数を減らしあるいは残りの長枝を途中で切断することを「みどりつみ」と呼び、盆栽を含むマツの樹形整形手法である。小さな枝を数多く発生させる効果がある。またその年に伸びた長枝ごとに長枝の下部に付いている葉を取り去る作業を「葉刈り」あるいは「もみあげ」と呼んでいる。葉を減らすことで光合成量を少なくして翌春の新枝の伸長を抑える効果がある。混み合った葉を減らして枝先をすっきり見せる効果もある。このようにマツの植物形態的、生理生態的特性を利用しつつ巧妙に自然風の樹形を形成しているのである。また樹木をむやみに大きくすることなく長期間ほぼ同じ大きさに保っているのである。樹木を対象とした園芸を樹芸と呼んでいるが、マツの整枝剪定術は、日本の伝統的樹芸術の神髄のひとつである。

四—八　造園植物の時代的変遷

造園植物にもある種の流行廃りがある。町中の公園などでその植栽樹種から開設時期を類推するのはさほど困難なことではない。それぞれの時代に関心をもたれた植物が異なるからである。それぞれの時代によってあこがれの対象となる植物がかわる。

外国への旅行が今ほど容易でなかった一九六五（昭和四〇）年ごろまでは、南の国へのあこがれを象徴するフェニックスヤシなどが流行した。

公害の時代には、公害をもたらす人間活動への対極として原生林の構成種である常緑広葉樹がもてはやされた。さらに自然と人間との共生モデルとしていわゆる里山への関心が高まり、雑木林の植物や野生草花が多く用いられた。

　このような造園植物の移りかわりを振り返った時に、その時々の風潮によって全体がひとつの方向へ流れてしまうのが気になる点である。造園に利用された植物それぞれの特性が発揮出来るまでの時間に比べるとむしろ流行の振幅周期時間の方が短く、せっかく造園されたものが、当初設定された目標に到達する以前に改変変質されてしまうことも多い。それぞれの植物は、それぞれ独自の特性と利用上の価値をもっている。かつて植栽された植物を、評価の尺度を変化させて排除するのではなく、多様な植物をその特性に応じて活用することを求めるべきである。

五　場の特性と植物の整合性

「囲まれた快楽のための占有空間」というのは、庭園の基本概念である。一方、造園はその対象を庭園に限らず、公園や都市緑地、生産緑地、自然緑地、里地里山などに拡大してきている。すなわち囲い枠が次第に不明瞭になってきているのが現状である。これらは人間のための空間であるが、最近はさらに野生動植物の生息生育地や生物種の多様性の保全などにも及んでいる。このような対象空間の違いによって、植物素材に関する考え方も異なってくる。いずれの空間においても自然素材を媒介とした環境形成が、造園という所作であるが、目差す目標は異なる。すなわち、庭園では、もち主の願望を満たす植物である。美しくて快適な環境を造る植物であることのほか、見にきた人が感心する植物、珍しく入手が困難で所持していることを自慢出来る植物というような側面もある。公園や都市緑地は、多くの人々にかかわるから、極端な嗜好への偏りには対応出来ず、快適な自然的環境の形成に重点が移る。よく知られている園芸植物や慣れ親しんだ人里の植物が中心となる。自然保護地での生物種の多様性の保全が目的の場合には、地域の植物でかつ自生系統の個体が原則となる。

チューリップの花壇は、幼稚園の園庭には相応しいが、登山の山小屋には相応しくない。幼稚園に色とりどりのチューリップの花が咲いており、弾んだ園児の声が聞こえてくるのは、大変好ましい情景である。しかし、息を切らせつつ登りようやく到着した山小屋の主人が園芸好きでチューリップやヒマワリあるいはコスモスなどが小屋の周辺を飾っていたとすれば……。相応しくない植物である。チューリップやコスモスがではなく、その場と植物の取り合わせが不具合なのである。山小屋の周りは天然のいわゆるお花畑こそが相応しい。植物の種類そのものではなく、周辺との関係性で適否が定まるのである。

近年、生物多様性保全の面から、地域固有の植物に関心が高まり、外国産の植物や園芸植物を排除する傾向が存在する。たしかに、トウネズミモチ、ナンキンハゼ、センダン、ニワウルシなどは強い繁殖力と新しい場所への侵略性をもち、管理が十分でない土地などに広がっている。また、園芸植物あるいは緑化植物としてもち込まれたものが雑草化して広がってしまった場合もある。ほかの地域からの新しい植物の導入は慎重に行う必要がある。ただし、植物の原産地や来歴で機械的に限定する必要はないと思う。外国からもち込まれたものであっても、生態系を攪乱しないことが既に明らかになっている植物は、その特性に応じて使ってよいと考える。どちらかといえば都市緑化植物であるが、例えばイチョウ、トウカエデ、キョウチクトウなどには侵略性はない。

庭園は基本的には人間のための空間である。そうであるが故にそこで用いる植物が自然界へ悪影響を及ぼさないようにすることもまた人間の責任であろう。庭園の囲いは、外から内を囲むと同時に外に対して内側を囲んでいるのである。庭園は無の空間であるから、外に対しても無であることは当然の理といえる。

本章は、前中(二〇〇三、二〇一〇a、b)を基に再構成し、修正加筆したものである。

第一六章　紀伊大島のイノシシとアオノクマタケラン

——排他的関係性をめぐって

梅本信也

本州最南端の和歌山県東牟婁郡串本町東方沖に位置する紀伊大島は、海底火山活動によって形成され、その後一〇〇〇万年かけて風化しつつある熊野酸性岩類を主体とする東西六・三キロ、南北三・二キロ、面積九・八九平方キロの台地状の島である。最高標高は島中央部にある大森山の一七一・七メートルで、真冬でも水温が一八度もある暖流黒潮の影響を受けて年中温暖で、年平均気温は一六・九度、年間降水量は二、五〇〇〜二、六〇〇ミリである。気候的には暖温帯に当たり、漁業を主な生業とする島民が保全してきた良好な里域林、すなわち、魚付林やかつて薪炭林として持続的に活用されてきたエリアでは旺盛に生育する鬱蒼とした照葉樹林に覆われている。三方向に線状谷が褶曲作用で形成され、かつては豊富な湧水を用いて谷底は水田として活用されていた。行政的には西は大島地区、中央部は須江地区、東部は樫野地区に分割される。

紀伊大島は離島であったが、一九九九年九月九日に串本大橋の架設によって本州と地続きとなった。その結果、生物分布における隔離がさらに不完全となり、紀伊半島側からの異系要素の流入が本格化した。そのひとつがイノシシである。本章では紀伊大島の植生や文化に影響し続けているイノシシについて、特にショウガ科アオノクマタケラン(*Alpinia intermedia* Gagnep.)との関係を中心に記述し、里域保全論の観点から現状と今後を考察する。

一　紀伊大島西部におけるイノシシの出現

鯨偶蹄目イノシシ科ニホンイノシシ(*Sus scrofa leucomystax*)は本州、四国、九州、淡路島、小豆島に分布する。少なくとも明治時代以降、紀伊大島にはイノシシは生息していなかった。資料不足は否めないが、紀伊大島西部(大島地区)へのイノシシの侵入については、大島地区在住の鳥猟師であった小山喜行氏と筆者の私的記録から以下のように推測出来る(梅本、二〇一二f)。一九九九年九月九日に串本大橋が完成、供用され始めた。それに先立ち、新規の橋に連絡するための県道四〇号線が合わせて西部地区に整備された。沿道に以前から広がる大島地区の台地に点在する畑ではサツマイモなどの野菜類が自給用に栽培されていた。二〇〇六年ごろのある日、緑一色の畑にまるでユンボで掻いたような茶色の筋が見えた。近づいてみると、以前から紀伊大島に生息するタヌキが地下部に形成されつつある地下茎を蚕食したように見えた。タヌキはそれまでにも頻繁に出没していたのだが、掻き回している幅、長さ、深さがタヌキのそれとは違っていた。後日にそれはイノシシの仕業であることが足跡や目撃などから確認された。

二〇〇七年ごろ、大島地区の住民から新県道の歩道直下の法面でガサガサ音がするという通報があり、小山猟師が現場に急行すると、体長八〇センチ、体重二五キロのイノシシが草叢でのた打ち回り、蠢いていた。様子を窺うと、右足膝下にクズの蔓がグルグル巻きになり、白い骨が露出していた。そこで樫の柄を付けた槍で何度も突き刺して絶命させた。よく見ると、手負いのイノシシの脚に法面(のりめん)周辺に蔓延っていたクズの蔓が巻き付き、暴れている間にさらに周辺のクズの蔓を手(足)繰り寄せ、膝下の肉が剥がれていたのだ。阿鼻叫喚の地獄絵図であった。

クズの茎は丈夫で、かつての紀伊大島では落ち葉や小物、道具や野良弁当を格納する「ふご」(直径五〇センチ前後、高さ約三〇センチ、柔らかな円筒型)作りにススキとともに重宝した。一方、イノシシはクズの根に蓄積される良質のデンプンが大好物である。イノシシ右足グルグル巻き事件は、串本大橋建設にともなう新設県道法面裸地に活路を見出したクズが自己の生存のために、外来の異系要素に抵抗しようとした結果ともいえる。この出来事の後、紀伊大島におけるイノシシによる被害報告は増加の一途を辿って行く。

間伐されずに放置されたスギやヒノキの林内は昼なお暗く不気味である。スギやヒノキは土壌中の養分を大量に吸収する一方、余り落葉落枝せず、また落葉落枝しても分解され難い。その結果、林床土壌は痩せる一方となり、植林された林分では母岩が露出し始める。旧来のような成熟した照葉樹林に見られる保水効果は皆無である。林床ではほかの高等植物や動物が生活出来なくなるので、乾燥化も相まって動物の餌場としての森林機能が低下する。イノシシなどの動物が生活のパターンをかえざるを得なくなるのである。これが最近の里域などにおける獣害多発化の一因である。

二　道路を介したイノシシ行動圏の拡大

紀伊大島の中央部にある京都大学フィールド科学教育研究センター紀伊大島実験所では二〇〇三年ごろから小規模なイノシシの害を被るようになった(梅本、二〇一〇)。当初はタヌキの採餌活動による植生破壊と考えられたが、実験所での被害の端緒はアスファルト舗装された構内の中央道路両側の路側帯の掘り返しであった。イノシシは二週間ごとに現場を巡回し、腐葉土に生育する植物の地下部と生息する小動物を摂食する。

有効期限切れ正露丸や有効期限切れイソジン剤、蛆殺し剤、ホウ酸粉剤を試しに忌避対策として散布してみた。イヌ以上の臭覚をもつイノシシはこうした物質の放つ臭気に敏感に反応し、忌避効果がそれなりにあったと思われる場合もあった。しかし慎重で好奇心旺盛なイノシシはこれらの薬剤の無害性を学習するため、しばらくの時間の経過によって忌避効果は低下する。降雨による希釈はさらにそれを助長する。

二〇〇九年一〇月七~八日に南紀を襲った大型台風一八号の通過後に、久々にイノシシによる掘り返しが構内道路で大規模に見られた。掘り返し跡を熊手と竹箒で整地しながらよく見ると、例外なくアスファルト舗装道路が腐葉土の下に埋まっており、長年にわたって溜った落葉がつくった腐葉土のなかに植物の地下部が集中し、さらに地下部を食材とする昆虫類やミミズなどが生息していた。これを目的にイノシシは定期的に土壌を攪乱し、結果的として小動物を養殖しているのである。一般に、道路は移動のための通り道に過ぎないが、この実験所の例では、道路、特に落葉が堆積した管理の悪い路側帯をイノシシは好都合な餌場として重宝しているのである。「山に餌がなくなったので里に進出し、そこでイノシシは味をしめた」と対岸の紀伊半島側の古老はいうが、実は舗装道路という新たな餌場に「里」があったのである。

三　草地植生での被害拡大

ここ大島ではイノシシは、ほぼ縄張り内を一定間隔で巡回し、道路沿いの湿った落葉土のなかや林の土壌に生息する小動物や植物器官、果実を食餌している。巡回の場合は落葉が突き寄せられるだけだが、食餌をともなう場合には植物が掘り起こされ、掻き回されて局所的な裸地化が起こる（梅本、二〇一一d）。イノシシの食餌による攪乱の間隔が植生の再生に必要な日数よりも長く、食餌後に地表面を均平してくれれば、イノシシが適切に攪乱植生を管理しているといえるが、そうした個体は見当たらない。母イノシシの指導を疎かにし、縄張り内の餌資源が減少してくると、イノシシあるいはイノシシ一家の巡回の間隔はほぼ毎日となり、植生の破壊は局所的から面的となってしまう。昭和前期から丁寧に維持管理されてきた実験所の芝生は見るも無残に破壊され、四季折々の変化を見せてきた草地も開墾直後のような裸地となってしまい、外来植物にとっては侵入の絶好のチャンスとなる。実験所構内の道路沿いで毎年美しい花を見せてきたワレモコウも二〇〇八～二〇〇九年ごろから本格的に始まったイノシシによる根こそぎの植生破壊で絶滅した。しかし、逆境にもめげず、本来の植生を取り戻そうとする勇敢な動きもある。イノシシが攪乱した草地で可憐な花を咲かせているツリガネニンジン、ミチバタニガナやツワブキ、ヨシノアザミのほか、根部を破壊されて栄養不足のなかで約一〇センチ高の株から矮化した数センチの穂を出している秋の七草のひとつススキもある。

四　イノシシの攪乱による栽培的効果

紀伊大島の植生を活用する技術を母イノシシから学んだ仔イノシシはシシ道を巡回するなかで野生生物を採集する。その傍ら、よさそうな場所を攪乱するために、攪乱依存性生物の繁殖が促進され、鼻や足で植生を一年生化する選択圧を与える。動物の場合も短期に増殖する選択圧を攪乱の場の動物相に与え、植物性ならびに動物性餌を養殖している面もある(梅本、二〇一二e)。こうした攪乱の場はイノシシ食餌用の畑ともいうべきであり、人間とは違って畑と台所と食卓が一体化している。実験所構内における事例は以下の通りである。

オガタマノキの樹冠下に造成されたイノシシ畑は二～三週間おきに攪乱される。六〇年ぶりに開花して枯死したアオノリュウゼツランの周りに出来たイノシシ畑は二～三週間おきに耕される。いずれの攪乱の場も優占する木または草の茎が鳥達の休憩や偵察の場を与え、また、果実など可食材を提供出来る場合は食堂となり、いずれの場合もトイレを近くに提供する。その結果、攪乱場に植物の種子や小動物の卵や幼虫を散布することになる。種多様性を増大するポテンシャルを高めながら、食餌用の攪乱の場はさらに畑らしく、養殖場所らしくなる。駆除され、縄張りを担当するイノシシがしばらく欠員となり、多様性に満ちた一年生植物や繁殖性の動物を擁する攪乱場を、次の生活場所に移動中の人間集団が見つけた場合、何が起こるだろうか。注意深い個体なら攪乱場の生物相からよさそうな種を見つけて奨励生物段階(植物の栽培化段階で果たした雑草の役割を示した Harlan and de Wet（1971）の定義 encouraged weed を拡張した概念）に引き上げ、資源価値を追跡、里域要素に加えたに違いない。生態系の構成要素が人間によって持続的に活用され、文化が醸成されているエリアを里域と呼ぶが、里域の成熟度を向上させた人間は食餌用攪乱場を創成したイノシシの家畜化を促した可能性が想像できる。

五　イノシシが示すアオノクマタケランの忌避可能性

アオノクマタケラン（ショウガ科）は暖流である黒潮が時に強く接岸する九州南部、四国南部、紀伊半島南端部および八丈島に生育する多年生植物である。草丈は一メートル以上にもなる大型の草本である。琉球でその葉がゲットウ餅に使用されるゲットウ（アオノクマタケラン属）と同様に葉、茎、果実、地下茎には独特の臭気をもつ。試しにアオノクマタケランの葉で軽く塩を振った豚肉を包み、しばらく蒸し焼きにすると、何ともいえない香りが染み込んだ美味な料理となる。

紀伊大島には西日本におけるアオノクマタケランの最大の群生地があり（梅本、二〇一二a）、アオノクマタケランは紀伊大島実験所構内を中心としたスダジイ林の林床に広く分布する。実験所構内のアオノクマタケランの大部分は宮崎県青島から戦前に移植された四株の子孫であり、ヒヨドリが徐々に種子散布して広げたものである。アオノクマタケランは時に夜霧が発生する、樹幹からの木漏れ陽のある腐葉土が広がる場所に生える。花は梅雨のころに開花し、年末ごろにブドウの房状に赤い果実をつける。そのなかには朝顔のタネに似た黒い種子がある。種子は胃腸病に有効である。アオノクマタケランの自生地は紀伊半島では紀伊大島以外に潮岬の一部、古座川河口沖の九龍島、さらに那智勝浦町宇久井半島の林床に限られ、小数の個体群からなっている。紀伊大島では栽培化集団が花卉として冬季に出荷されてきた。しかし、アオノクマタケランは和歌山県の絶滅危惧Ⅱ類にランクされる植物で、開花中の受粉にはチョウ類やハチ、アブ、ハエ類などの訪花昆虫が必要である。

一九九九年九月九日に串本大橋の供用が開始され、紀伊大島へ外来生物が侵入し、生物相が変容を始めるが、その後、イノシシは大きな影響を及ぼし続けている。元来、紀伊大島にはニホンマムシやキツネ、タヌキは生息していても、イノシシは生息せず、紀伊半島側よりは安全であった。二〇〇〇年ごろから島の西部や東部でイノシシの目撃や被害の報告が徐々に増加し、二〇〇三年ごろには実験所構内では道路路傍の芝生が小規模に破壊されるようになった。島内の大島、須江、樫野地区では自給用の野菜畑が頻繁に荒らされ、先祖伝来の放棄水田が掻き回された。自給用の畑では夏のお盆のための特別な野菜類が栽培されてきたので、住民にとって心理的ダメージは計り知れないものがある。さらに県道ではイノシシとの衝突事故も発生するようになった。二〇一一年だけでも自動車と親イノシシとの衝突事故が二件発生し、八月の事故では軽自動車が大破した。イノシシが繁殖、増加していった結果、山は恐ろしい空間となり、春の山菜摘みも敬遠されるようになった。串本町は二〇〇八年ごろからイノシシ捕獲に取り組むようになり、毎年一〇頭前後の捕獲実績を上げてきたが、県からの補助にも限界があり、イノシシの繁殖力には到底及ばない。

一方、実験所構内のアオノクマタケランに関しては、イノシシによる食害は目撃されないどころか、イノシシが避けている傾向が観察された。紀伊大島での数年間に及ぶ聞き取り調査においてもアオノクマタケランへの食害や倒伏といった被害は皆無であった。

台風第一二号が島の西方を通過した二〇一一年九月六日、強風による被害処理を兼ねて、実験所の研究棟周辺の芝生を刈り取るなどで植生を整備した。アコウ樹の直下のアオノクマタケランが繁茂し過ぎていたので、久々に地下の宿根部を残して地上部をすべて刈り取った。再生は順調に進み、九月末には地上部が二〇センチまで伸長し、光沢のある青々とした葉が認められるようになった。一方、アコウはこの年三回目の幹生果を落とし始め、

写真1　イノシシおよび仔イノシシによって完全に破壊された草地植生（2011年，梅本信也撮影）。アオノクマタケランは残っている。

夜間に餌を求めてタヌキが三匹日参するようになった。アコウが落とした葉を踏むとパリパリした音を立てるためにタヌキの方も忍び足で食餌しにきていた。

一〇月五日の夜、アコウ周辺でタヌキではない異音がした。翌朝調べると、アコウ周辺の植生が鍬ですべて耕されたかのような状態となり、地表面のノシバ、ギョウギシバ、チガヤ、ススキ、ツワブキ、ヨシノアザミ、ガンクビソウなどがことごとく掻き回されて裸地化し、地下部も反転していた（写真1）。おそらく、餌事情が悪化するなかで瓜坊主や親イノシシが掘り起こしたのであろう。仔イノシシの徘徊は六日の夜にも確認された。

興味深いことに、再生中のアオノクマタケラン株はまったく無傷であり、直径三メートルほどの群落内にイノシシが踏み込んだ形跡もなかった。一連の観察や島内での聞き取り情報から、紀伊大島の野生イノシシはアオノクマタケランを忌避していると推測出来る。

六　アオノクマタケラン茎葉によるイノシシ忌避実験

イノシシはたいへんに利口な動物である。視力はイヌと同程度であまりよくないが、離れた場所にいる人間を十分に認識できる。色彩感覚については、青系統は識別出来るが、赤や緑については識別力が低い。しかし、臭覚はイヌ以上で土中のものまで嗅ぎ分けられる。イノシシが行動した跡には独特の異臭が残る。さまざまな臭覚系忌避剤は最初のうちは警戒して有効なように見えるが、すぐに学習して慣れてしまう。市販されている高価な複合忌避剤も有効とはいえない。むしろ、そうした忌避剤の臭いを餌場の目安にするようになる。前述したように、実験所内でイノシシによる植生破壊を軽減すべく、二〇〇八年ごろからクレオソート、期限の切れた正露丸、サンポール、期限切れの各種ハーブパウダーなどなどを試行散布したことがある。最初はよさそうに見えても結局は無効であった。網や柵、電柵も最初は有効だが、柵内に餌として必要なものがあると、イノシシはさまざまな手段を講じて侵入するようになる。

イノシシが嫌がる作物の栽培も試みられてきた。イノシシは縄張りが意外に狭小で半径一〜二キロ程度の家族性もある。嗜好性にも個体変異があるが、ウコン、トウガラシ、ミント、シソ、ゴボウ、白ネギは確かに嫌がる。

長期にわたる実験所内でのイノシシ行動観察や島内聞き取り調査から、島内、特に実験所内に広く分布するアオノクマタケランの被害が皆無であったので本種が何らかの忌避効果をもつのではないかと考え、切断した新鮮な茎葉がイノシシの採餌にともなう植生破壊行動に及ぼす影響を検討した（梅本、二〇一二c）。

紀伊大島中央部の照葉樹林内にある実験所の研究棟周辺に一一か所の実験区を設定した。設定した区域はそれまでたびたび、イノシシが無駄な食餌を繰り返し、攪乱痕を残してきた区域である。イノシシは本来、建物など人間臭い場所には近寄らないが、ここは日ごろから油断させて、安心して食餌巡回出来るよう仕向けた区域である。二〇一一年一〇月七日までに小型のイノシシが芝生を完全に破壊し裸地化した所の近傍でもある。イノシシによって植生を破壊された場所に新鮮なアオノクマタケランの茎葉を軽く整地した場所の地表面に面積に応じて一個または一三個を粗く敷いた(写真2)。

観察して見ると、イノシシの食餌巡回間隔は二～三週間であったが、九月の台風一二号によって餌不足状態となり、九月以降は二～三日間隔に短縮していた。供試したアオノクマタケランの鮮度状態も考慮して、二〇一一年一〇月八日から二三日までの約二週間、効果を観察した。アオノクマタケラン切断茎葉とイノシシなどの行動との関係を表1に示す。

紀伊大島のタヌキは二〇年以上前から夜行性を欠き、何度威嚇されても一時間もすればアコウ樹からポタポタ落下する果実を餌とするため、昼夜問わず執拗にやってくることが多い。古タヌキの場合はこちらを見ながら、危ないようであれば、少しずつ逃げる。タヌキの場合、慎重に窓から様子を見れば、時に撮影に成功する。一方、イノシシはたいへんに敏感で夜行性で、足音は小さく、警戒心も強く、撮影が困難である。多くの場合、近づくとイノシシは飛び上がって逃走する。実験期間中も数度にわたるイノシシとタヌキの巡回を確認したので、すべての実験区を両種とも漏れなく訪問したと考えられる。ただし、一〇月一六日から和歌山県鳥獣保護区でもある実験所内を除いて紀伊大島全島(許可期間は一〇月三一日と一一月一日～翌年一月三一日)でイノシシのクくリな

写真 2　アオノクマタケランの茎葉を粗く敷いた(2011 年，梅本信也撮影)。上が敷く前，下が敷いた後。表 1 の R-6 区の事例

表1 アオノクマタケラン切断茎葉とイノシシの巡回との関係。左から日付と気象要素，各実験区の状況，付近における獣類の出没状況を示す。Rは044-010宿舎東部芝地，Sは044-004倉庫東部入口前芝地，Lは044-005研究棟南西角の実験室前芝地，実験区の最初の行の数字は設置した茎葉の単位数，丸付き数字は葉数を示す。攪乱状況は早朝などに調査，○印は攪乱なし，●は攪乱，▲は小攪乱，(▲)は一部攪乱を示す。出没状況については原則として半日以上観察，(—)はそれ未満を示す。

日付	気象要素(潮岬アメダス)					アオノクマタケラン切断茎葉(3-5葉付き)粗被覆の有無											獣類出没		備考
10月/	天候	風速	降水量	最高気温	最低気温	R-1	R-2	R-3	R-4	R-5	R-6	S-1	L-1	L-2	L-3	L-4	狸	猪	
8日	晴	2.5	—	22.9	16.5	1	1	1	1	1	7	1	3				●		狸：1から3匹
9日	晴	3.3	—	23.7	15.9	○	○	○	○	○	○	○	○				●		
10日	曇	2.5	—	23.8	17.0	○	○	○	○	○	○	○	○				●		
11日	曇	1.9	0.0	22.5	17.4	○	○	○	○	○	○	○	○	15	0	⑬	●	●	猪：2匹，構内道路：15時
12日	晴	2.1	—	25.2	17.0	○	○	○	○	○	○	○	○	○	○	○	●		
13日	曇	3.0	0.0	21.2	18.3	○	○	○	○	○	○	○	○	○	○	○	●	●	猪：2匹，構内道路：14時
14日	雨	6.9	41.0	24.7	19.8	○	○	○	○	○	○	○	○	○	○	○	—		
15日	雨	6.4	70.5	25.5	21.1	○	○	○	○	○	○	○	○	○	○	○	—		
16日	雨	4.6	11.0	25.1	18.1	○	○	○	○	○	○	○	○	○	(▲)	○	—		須江地区ククリ捕獲開始
17日	晴	2.8	—	24.1	17.1	○	○	○	○	○	○	○	○	○	○	○	—		
18日	晴	2.6	—	22.5	17.0	○	○	○	○	○	○	○	○	○	○	○	●		
19日	曇	6.3	0.0	22.3	17.2	○	○	○	○	○	○	○	○	○	○	○	●		
20日	曇	7.5	0.0	22.4	18.8	○	○	○	○	○	○	○	○	○	○	○	●	●	猪：1匹，アコウ樹付近：20時
21日	雨	7.7	11.0	20.6	18.1	○	○	○	○	○	○	○	○	○	○	○			狸の気配なし
22日	雨	4.7	29.5	24.6	19.6	○	○	○	○	○	○	○	○	○	○	○	●	●	狸：1，2匹(朝8時止み間，19時曇)，猪1匹19時共存
23日	晴	3.7	0.0	24.5	19.5	○	○	○	○	○	○	○	▲	▲	●	○			朝以降は気配なし，空気も爽やか

わ猟が始まった。これは島内におけるイノシシ被害に業を煮やした大島、須江、樫野の三区長が串本町に要望した結果、解禁の一一月一日に先立って串本猟友会が駆除を始めたものであり、この影響は実験所周辺のイノシシ巡回行動および周期に若干の影響を及ぼした可能性はある。表から明らかなように、アオノクマタケランの茎はイノシシによる地表面攪乱をほぼ防いだ(写真3)。

補足すると、L3区では足跡検出力向上のため一八日に軽く整地、R-6区では二〇日の強風で三単位の茎葉がずれたので初期状態に戻した。L-2、L-3区はアコウ樹周辺である。近傍のアジサイ周辺地面も円形に被害を受けたが、その理由は不明である。二一日には被覆用の茎葉は風の影響で随分と枯れあがってきた。二三日にはL-1、L-2区の周囲部分と一部内部の葉が移動し、その部分が攪乱され、裸地状態のL3は内部も攪乱された。

以上の結果から以下が指摘出来る。

①切断したアオノクマタケラン茎葉は簡単な被覆処理でもイノシシによる地表面攪乱の抑制に効果を示すようである。臭覚の発達したイノシシはアオノクマタケラン茎葉の消臭作用のために臭界から土壌内部が遮断されるのではないかと考えられた。

②降雨があると裸地土壌からの臭気が増強され、大面積であればあるほど臭気量が増加する。このことが一五日から一六日、二二日から二三日におけるL-1～L-3区での攪乱行動を引き起こしたと考えられた。

これらから、アオノクマタケランはイノシシに対する忌避物質を揮散していると考えられる一方、消臭効果をもたらしてイノシシの興味を減じている可能性も考えられた。

写真3　アオノクマタケラン茎葉がイノシシ行動に及ぼす影響（2011年，梅本信也撮影）。上は実験開始日である10月8日のL-2区の状況，下の右半分は16日朝における状況で，裸地状態の区画のL-3に若干の攪乱痕が確認出来る。

紀伊大島に生息するイノシシの起源については以下の五説が唱えられている（梅本、二〇一二b）。

①串本大橋通行説

妊娠した雌イノシシが一頭あるいは集団で紀伊大島西端と紀伊半島潮岬とを結ぶ串本大橋経由で一九九九年九月の一般供用以降に入島し、台地部にある野菜畑を荒らしながら繁殖した。

②もち込み説

意図不明な人物が島内に妊娠した雌一頭または雄雌二頭以上をもち込んだ。

③渡海説

二〇〇一年八月の台風一一号の際に古座川からの大量の漂着物とともに水泳が得意な妊娠した雌一頭あるいは雌雄二頭以上が紀伊大島東端の樫野地区に漂着、磯場の放置餌を食べつつ繁殖した。

④複合説

複数の入島経路を想定するもの。

⑤漂着説

二〇一一年九月の台風一二号の際の洪水で、古座川中流のイノシシ飼育場から数匹が流出して紀伊大島に漂着、さらに加わった。

紀伊大島のイノシシとアオノクマタケランとの関係は完全に排他的ではなく、時には株ごと掘り返されたり、倒されたりする。しかし、イノシシの目的は地下茎周辺の土壌に生息する小動物の捕獲である。

イノシシは一般に夜行性であるが、紀伊大島では昼間でも巡回しているのがしばしば目撃される。これは少数個体から始まったことと人間に対する学習が希薄なために、島独自の習性が発達したからである。紀伊大島では串本町猟友会による精力的な駆除活動が続き、個体数が徐々に減少しつつある。母イノシシが子離れの前に捕獲され駆除されてしまう。その結果、母親からの食餌技術の継承が不完全となり、習性のいくつかが不適切になっている可能性がある。

イノシシは休息を取るための寝屋を拵える。以前はシダ類やススキ類を採集し、寄せ集めて完成させていたが、最近はアオノクマタケランの茎を切断せずにそのまま株元から押し倒して寝屋とする事例も見られるようになった。この現象は排他性よりも利便性の方へアオノクマタケランとの関係がシフトしていく途上である可能性を示している。

イノシシ駆除は住民の安寧のために必須なのだが、そうした一方的関係よりも何らかの共生関係によって紀伊大島のイノシシと住民との関係の構築を目差す方が環境倫理的には望ましいであろう。アオノクマタケランのような何となく避けたがる郷土植物を活用してイノシシによる植生の破壊的行動を未然に防ぎ、柔らかく管理することが出来るかどうか、里域保全論の立場から今後も観察を続けたい。

紀伊大島の住民ならびに串本町猟友会の皆様にはさまざまな形で御協力を頂戴した。心から御礼申し上げたい。なお、本章はサントリー文化財団助成「照葉樹林文化要素としての癒し植物の文化多様性をめぐる研究」ならびに科学研究費・基盤研究（B）課題番号二三三一〇一六八「東アジア原産観賞植物の栽培化と野生化に関する保全生物学的研究（研究代表者・東京農業大学・山口裕文）」の助成を受けて制作した梅本（二〇一二g）を参考にし、その後の情報を盛り込んで、改筆したものである。

第一七章　日本の照葉樹林帯における巨木文化

――歴史的にみた巨木の〝癒し〟

児島恭子

一　巨木の〝癒し〟とは

一—一　巨木の〝癒し〟

大きな木をみると、それが枝葉を美しく広げた姿であれば感動を覚え、風雪に耐えた歴史を物語る姿であれば畏敬の念に打たれる。現代の世の中に、巨木に〝癒し〟を求めるという趣旨の文化活動がみられるのも、もっともなことのように思われる。ただ、考えてみると、現存の巨木は人為の結果であるといえる。人間にとって木は伐って利用する資源であるのに、数百年伐らなかったということである。巨木にまつわる文化を歴史のなかで考えると、現代的な〝癒し〟とは異なる木と人間の〝癒し〟の関係がみえてくる。

あらためて、よく使われている〝癒し〟という言葉を調べると、『広辞苑（第六版）』に「癒し」という項目はない。「癒し系」は掲載されていて「心を和ませるような雰囲気や効果を持つ一連のもの」、「癒す」という項目は「病気や傷をなおす。飢えや心の悩みなどを解消する。」とあり、「渇を癒す」「時が悲しみを癒す」の例が挙がっている。興味深いのは「地蔵十輪経」の「疾を癒す（イヤス）こと良医の如し」という用例で、九世紀後半に病気を治す意味で「イヤス」が使われていることである。なぜ興味深いのかというと、『大漢和辞典』によれば「癒」という漢字は「愈」がなかをくりぬいた丸木舟で、体のなかの病気がくりぬいたように抜けてくれることが「癒」で〝癒ゆ・癒える〟であり、「癒す」という働きかける動作ではないからだ。イヤスというのは自然のなかにある癒える効果のあるものを利用するという、人間が創りだした文化といえる。そして、癒えることは精神的な部分に関連するが、動詞の古語の「癒す」は、それが精神的なものであれ病気や傷についてである。現代でも、「癒す」という動詞を使うのは「悲しみを癒す」というように病気とまではいえなくても深刻な問題に対してである。しかし、名詞形の〝癒し〟は、「心の傷や苦悩などがおさまり気分が安らかになること」(『日本国語大辞典』にはある)であり、気分が主となっている。ちなみに『大辞林』にも「癒し」があるが「癒すこと、治癒」とあるだけである。パワースポットといわれたり〝癒し〟と結び付けられたりする巨木について、過去に人間がどのように巨木によって癒えてきたのか、それを文化として考えてみたい(以下、癒しと記し、〝〟は付けない)。

なお、環境庁の調査などでは地上一・三メートルの高さの幹周が三メートル以上を巨木といい、六メートルを超えるものを巨樹という。一般的には単に大きな木を巨木または巨樹ということがあり、「縄文時代の巨木文化」という言い方も目を引くが、人間が伐って利用した遺跡出土の〝巨木〟は幹周三メートル程度以下が多いようである。太さよりは高さをもって巨木とみなされている場合もあるようだ。人によって表現が違うが、本章では巨木に巨樹を含め、必要に応じて巨樹という。

癒しを与えてくれる植物としては、言葉の本来の意味である医療目的で東洋的な薬草や西洋的なハーブがよく知られている。薬効のある葉や樹皮を煎じて飲む・実を食べる・樹液を飲むなどして病気を治療したり、匂いのある木を香にしたり仏像を作ったりして信仰の助けとして伐って利用する。クスノキは仏像となり、オガタマノキは弘法大師が高野山で香として焚いたという。しかし、生えている状態の一本の樹木全体は癒されるものとして扱われていない。姿の優美さや花をつけた華麗さをみて楽しむサクラ、黄葉のイチョウなどは、まさに癒しの範疇に入るだろうし、巨木になると花や葉のボリュームは膨大になり、目にした時の感動はより大きくなる。しかし巨木を通り越して巨樹ともなると樹体には傷みも生じており、圧倒されるような凄みを感じ、癒されるという気はしない。見た目では、巨樹は異様な姿、痛々しい姿になる方が多い。

一―二　樹木崇拝と巨木

いうまでもなく、木に神霊が降臨する、森に神霊がいるなどとして、各地でさまざまな信仰や民俗行事があり、民俗学、宗教民俗学としての報告や研究が数多くある。巨木にも言及されるのだが、時代をさかのぼって木への信仰がどうだったか、ということは言及されにくい。樹木崇拝については文献でも『万葉集』をはじめ古代からの文化として明らかであり、民俗としての広がりは柳田（一九五三）の『神樹篇』をはじめ、事例の多様さに困惑させられる。樹木の側から人間との関係をみようとすると、何らかの信仰や儀礼に特定の樹種が結び付くように思われてもそうではないことに気が付く。例えば神道に結びつくサカキは、古くはそう呼ばれた樹種は複数あって、今のサカキに限られていないことは方言によく残っている。ケヤキとエノキが混同されたり、タモの名は多くの樹種に付けられたりしている（倉田、一九六三）。前川文夫は神が降りる木は樹種が決まっていてしかも大木であるとし、寄生するヤドリギの団塊の異常さを最大の理由としてエノキを重要視している（前川、一九七三：八二―八四）。しかし、大木になるエノキに与えられた神聖な性格は古くからクスノキやケヤキのものであった。樹種にこだわりがあったとしても、なければ代替種でよいという融通のきくものではなかったかと思われる。中尾佐助は「過剰な意味づけをするより」「習俗と受けとめれば、その習俗の起源、伝播、変遷という別な面をみる面白さがでてくる」（中尾、一九八六：二一〇）と書いているのだが、実際、樹木崇拝は多岐にわたり、樹種や用途の部位や信仰の目的や儀礼の種類などの関係を限定することが出来ず、単純に習慣的にそうすると考えた方が、人間と木との関係を考える場合には意味がありそうである。樹木崇拝や樹霊信仰が世界中にあること自体は明らかだが、民俗のなかに巨木を視点とすると何がみえるだろうか。

木への信仰が生まれる根本的な理由は、常緑という霊性〈サカキ、ヤブツバキ、オガタマノキ、マツなど〉と、落葉して枯れたようにみえた後に若葉が萌えてよみがえる繰り返しの再生の神秘性〈ケヤキ、ナラ、カシワ、ヤナギなど〉であるが、巨木の場合は、人間の一代に比べると永遠ともいえる生命力の継続性、大量の実をつける生産力、異形になることも多いのでその姿からくる聖性が理由になる。樹木崇拝と樹木がかかわる信仰行事と巨木はどういう関係なのだろうか。癒しと関係があるのだろうか。現存の巨樹についての民俗的な分類が牧野和春によって行われているが（牧野、一九八六、一九九八）、ある時期に巨木として崇拝された木が樹齢を重ねて現在は巨樹になったのであり、その木を拝礼することによって心の平安が得られたのが巨樹の民俗における癒し機能である。民俗行事・慣行と結びついている場合、生命の生成・維持、農作物の豊穣、雨乞などは、実際には有効でなくても祈ることで期待感や安心感を得られた。並んで立っていたり途中で合体したりした二本の木を長年連れ添った夫婦に例えて称えたりするのは、前近代的な社会の夫婦関係は永続的なものではなかったので、願望、あるいは理想とされたということであろう。墓標として植えたとか根元に遺骸を埋めたという伝承をともなう場合、その死者は工事の人柱や事故死、戦死などが多い。墓標や鎮魂のために植えられたと伝えられる木が巨木となって現存することに、死者を憐れむ辛い気持ちが癒されるのだろう。見えない神に祈るのではなく巨木として目に見える現実感が癒しに結びついたと考えられる。

巨木は大地に生えているから土地の霊力の具現化であり、高木は地と天とをつなげる。巨木に山ノ神、水神、野神、荒神などの信仰がともなっている場合、木の根元に祠が設けられていたり、水神としての蛇や龍神の住処とみなされたりして、神の依り代と考えられているものも多い。しかし、山に祖霊がいて山の木に祖霊が付くとみなされたなら、山から根こじにこじて門口に立てたり、葉や枝を採ってきたりするのである。巨木は大きさゆえの癒し機能があり、誰もが納得出来る目に見える霊威として人々に認知され、伐れば祟りがあるとして伐らずに残されてきた。木の伝説は多く、なにかの霊が宿っていたと説明されているものも多いが、それは巨木自体の霊であって、伐られたり枯れたりすれば霊もなくなる（石上、一九六九）。大木に住む「樹神」と表現される木霊も

『今昔物語集』(一二世紀初頭)や『沙石集』(一三世紀後半の仏教説話集)にみられ、寺の造営のため伐採されようとする時現れるが(盛本、二〇一二：四三)、巨木そのものを神とみなしているのである。

一―三　巨木信仰にみる繁殖願望

緑の再生を繰り返す生命力や果実の生産力への崇拝は、人間の子孫の繁殖の願いに結び付いている。対馬の「琴(きん)のイチョウ」は幹周一三メートルにもなる巨樹であり、地搗唄(建築儀礼の地固め)として次のような歌詞がある。

　琴の銀杏の木や　対馬の親木　胴の周りは三十と五尋　背の高さが七十五間　根には福寿ん(ママ)稲荷がござる
　村の繁昌で夜中にゃ呻く

樹下には一七九八(寛政一〇)年以降に稲荷が祀られているが初めは幹の空洞に火鎮めの神として祀られた(対馬教育会、一九四〇：一八三)。歌はいつごろ作られた歌かわからない。また

　五根緒(ごにょい)の銀杏の樹　対馬の雌の木　五根緒の人から辻つめられて　ふとりや得んばよこ(ママ)の銀杏の樹は　辻にはふとらず　枝また栄え　<u>枝は綱島　葉は三根浦に</u>　花は廻の　寺崎に　背美の子持ちが　納屋照らす

とある。「背美の子持ち」はセミクジラの母子のことで、方言で「辻」は「てっぺん」、「太る」は「成長する」、「繁盛」はお産のこともいう(宗、一九三四：一三二―一三五)。つまり、この雌雄の巨木イチョウは対馬の樹木の親であり漁村の豊漁や人間の出産のもとだということが地搗き儀礼で歌われていて、地霊とも結びついている。巨大さの表現(傍線部)に、古代以来の類型(後述)がみられるのにも気づく(「木坂の躑躅」のことである歌詞もある。「花」とあるのは躑躅の方がふさわしい)。

和歌山県古座川町三尾(みと)川の光泉寺のイチョウは幹周七メートルの巨樹である(写真1)。イチョウの巨木につい

写真 1　三尾川のイチョウ(2012 年，児島恭子撮影)

ての顕著な特徴は母乳の出を願う乳信仰がともなうことであるが、この三尾川のイチョウは、乳信仰の由来となる大きな気根があるにもかかわらず乳信仰ではなく子供を授かるという信仰になっている。見学に行ったときに出会った九〇歳を過ぎた地元の女性は、住職に祈願してもらい息子さんのお嫁さんが二人の子に恵まれたので、イチョウの御利益は確かだと断言した。

二　歴史上の巨木

二―一　古代の巨木伝説

世界の巨木伝説には宇宙樹としてゲルマン系神話のセイヨウトネリコ(ユッグドラシル)、エジプトのエジプトイチジク、メソポタミアのインドボダイジュやベンガルボダイジュ、中国のクワ(扶桑)、北アジアのモミやカバノキが知られ、巨大な聖樹としてはギリシャ・イタリアから広まったヨーロッパのオークが有名である（ブロス、一九九五など）が、世界中に似たような巨樹の話が分布しており、博覧強記の南方熊楠にかかれば「まだたんとあります」（南方、一九一三：五八）ということになってしまう。

日本で最古の巨木説話は『古事記』にあり、『日本書紀』の応神天皇紀と合わせて枯野伝説といわれている。『播磨国風土記』逸文にも同様の記事があり、巨木があった場所やそれで作った船の名は違うがこの巨木はクスノキであった。仁徳記の「その木の影は、朝日に当たれば淡路島に届き、夕日に当たれば高安山を越えた」とあるものと同じパターンをもつ巨木伝説が筑後国や肥前国の風土記にもある。「朝日に当たれば杵嶋山を隠し、夕日に当たれば阿蘇山を覆った」「朝日の影は杵島郡蒲川山を覆い、夕日の影は養父郡草横山を覆った」という。景行天皇紀十八年七月条によれば、筑紫国の高田行宮にあった九百七十丈の倒木はクヌギであったし、『筑後国風土記』では樗（おうち）（センダン）であった。これは樹種が違うとみるべきではなく、『荘子』にみえる中国の巨樹伝説と関連することを示すのだろう（二〇一二年七月一四日照葉樹林文化研究会での大形徹氏の報告）。古代には神の依り代として官衙や国家の祭祀に関連する樹木に「槻」（ケヤキとされる）が特徴的であるが（今泉、一九九二）、巨大になる木であることが関係しているだろう。

八世紀前半の文献に記された巨木伝説は、朝日と夕日に当たって出来る影の差す範囲が国を超えるほどとされる。巨木が宇宙樹の片鱗であり、その影が古代首長の支配圏を象徴し、伝説が王権の栄光を語っている（大林、一九八九）。古代に宮都や寺社の造営でその付近の巨木は失われた。巨木がありふれていたからといって巨木崇拝がなかったとは考えられず、古代の巨木物語は地名の由来にもなった、土地の象徴として表れている。また、伐られた巨木で作った船や琴が異能であることが語られているものの、その巨木を祀ることにはなっていない。

二―二　中世の人為

中世になると古代と同様の巨木伝説が意味をかえる。『今昔物語集』では近江の国のハハソ（コナラ、あるいはミズナラ、クヌギなども含まれる）の巨木で日陰になるので、百姓の訴えにより天皇が掃守宿禰（かもりのすくね）を遣わして伐って、その地に豊穣をもたらすという話になる（巻第三十一　近江の国栗太郡に大ハハソを伐る語、第三十七）。王の権威とのつながりを残す古代の巨樹物語が、〝百姓の耕作の妨げであるために天皇が伐らせる〟ことになっているのは、開発が進む中世的な変化、「今昔の時代」（瀬田、二〇〇〇：五一―三七）であったからであろう。「かの奏したる百姓の子孫、今にその郡郡にあり。昔はかかる大きなる木なむありける。これ稀有のことなりとなむ、語り伝えたるとや。」とあって、異界との接点という巨樹の性格を語っている『今昔物語集』が、その掉尾にこの失われた巨樹の話を配置した意味がある（小峯、一九八七：七五）とすれば、当時も古代以来の巨木に対する特別の関心があって、昔はそれほどの巨樹があり、それを伐った記憶が語り伝えられていることを印象深く記していることになる。

一五世紀前半の説話集『三国伝記』になると、影が若狭に届く大樹である栗の樹を伐るが一日では伐れず、栗が樹木の王であるために諸々の草木が訪ねてきてこけらをくっつけるので翌朝にはもと通りになる。カズラもやってきて助力しようとしたところ、馬鹿にされて追い返されたため秘密を人間に教えて栗は切り倒されてしまうのである（巻三、第二十四　江州栗太郡事）。伐られた木がもと通りになる怪異な話は江戸時代に広く語られるようになる。その背景には、江戸時代に巨木を伐ることがさらに増え、伐ることをタブーとする精神との葛藤が各地でみられたからであろう。伐った祟りの民話も出来てくる。「大木の秘密」という昔話の話型も形成される。大林太良は『今昔物語』や『三国伝記』にみえる伝説の方が本来の巨樹神話に近いとし、東南アジアの巨樹神話に類似をみている（大林、一九八九）。本章では民俗としての巨木信仰に絞らねばならないので、王権と巨樹神話についてはあらためて考えたいが、江戸時代の文献が近江のその巨樹のせいで景行天皇が懊悩していたという「俗世に伝えられていることを示しているのではないだろうか。

説」があることを記した(大林、一九八九)のは、やはり中世から民間に今昔物語的な巨樹伝説への関心があり、近

二―三　伐られなかった巨木

前述までの巨木は伐られた話である。しかし現存の巨木は、中世の開発時に伐り残されたものか、またはそのころ植えられて、その後近世、近代に至っても伐らなかった人為の結果である。現存の巨木が中世の人為にかかわるという時期の問題を確認しておこう。一般的に、巨木の樹齢は寺社の創建年代や伝説による推測であることがほとんどである。人間よりはるかに長寿である木の寿命を確実に知ることは簡単ではないが、樹齢二〇〇年ではたいした巨木にはならない。樹齢四〇〇年になれば巨木であろう。

中世史で注目されている樹木崇拝は桜や松、杉などで、セレブリティや大寺社に属する文化であり(工藤、二〇〇〇)、あるいは春日神社の神木のサカキなどであって、民間信仰の巨木のことではない。中世の巨木信仰は文献になかなか見つけられない。しかし、寺社の古絵図には巨木らしき樹木が描かれていることがあり、『一遍上人絵伝』中には備後一宮吉備津神社に見られる(図1)。

埼玉県さいたま市の「与野の大カヤ」(幹周七・二八メートル)は、所在地である妙行寺の縁起によれば、平安時代中期の長元年間(一〇二八～一〇三七)に植えたものと伝えられ、室町時代の応永年間(一三九四～一四二七)には、関東随一の巨木として知られ、旅人のよき道標であったという。金毘羅天が祀られ榧木金毘羅とされた。それは鎌倉時代のことだという(さいたま市ホームページ)。寺社の縁起をそのまま事実として信じることは出来ないが、一五世紀に巨木であったことは事実とみなしてよいだろう。そして、街道の要衝にあったとはいえ伐られることなく現在の巨樹になれたのは、信仰がともなっていたからと考えられる。自然に枯れることはあるから現存の木が

図1　一遍上人絵伝 備後一宮（小松，1978を参考に作成）

当時の木であるかどうかは不明だが、数百年の樹齢をもつ巨樹であることは事実である。中世に寺社の境内となり、材木として利用に供されず、往来や農耕の邪魔にされて伐られることもなかったと推測出来る。人里の巨樹がある場所は、現在は寺社の境内でなくても、かつてはそうだったのがほとんどである。前述の巨木の癒し機能は中世以降、多くは近世に形成されて、それ以来その巨木を保護して巨樹に生長させた理由になっている。

青森県の「源常林のイチョウ」（幹周六・五メートル）は弘前藩「天和の絵図」（一六八四）や菅江真澄の紀行文「すみかの山」（一七九一（寛政三）年）にも記載されている。一五七八（天正六）年浪岡城落城に際し、勝者の大浦氏が堀越城で祝宴を設けたとき家臣の一人が草刈唄のひとつとして「浪岡の源常林の銀杏の木は、枝は浪岡、葉は黒石、花は弘前（堀越）の城で咲く。」と唄ったという（青森市ホームページ）。また京都府綾部市高津町には「高津お山の銀杏木みやれ、枝は観音寺、葉は長田、影は福知の城にさす」という歌だけが残っているという（加藤、一九五四）。古代の巨木の類型的な表現は民謡の歌詞となって対馬から陸奥まで行きわたっていた。

三　巨木とモリの関係

三―一　一本でも森ということ

平安時代、清少納言はただ一本の木を森ということに疑念をいだいていたのであったが(枕草子岩瀬文庫本二〇七段、前田家本一九段)、書いてくれたおかげで当時そういう言い方があったことが明らかである。歌枕や平安時代の物語のなかの「森」にも巨木がふさわしいと思われる例が少なくない。例えば「水をかしく流れたる野の、はるばるとあるに、木むらのある、をかしき所」が「子忍びの森」で、その場所で馬から降りて物思いにふけった(『更級日記』)というのは、大木の茂りの下がふさわしい。山口県豊浦町の「樟の森」(幹周一一メートル)、福岡県朝倉市の「隠れ家の森」(同一八メートル)、福岡県宇美町の「衣掛の森」(同二〇メートル)と「湯蓋森」(同一五・七メートル)はそれぞれ一本のクスノキで、香川県小豆郡土庄町の「常盤の森」もミヤマビャクシンの巨木である(同七・八メートル)。一九七四年に伐採されて切り株となっている「森木様(もりのき)」はクスノキ(幹周一五メートル愛媛県西条市)。徳島県美馬郡つるぎ町の五・一五メートル(主幹)のカゴノキは「地蔵森のカゴノキ」といわれる。地蔵森とは、江戸時代の天明の飢饉時に飢饉の終結と犠牲者の冥福を願って一七八六年に根元に建立されたという延命地蔵にちなむ名前だが(徳島県つるぎ町ホームページ)、そのカゴノキのことであるように思われる。熊野では現在でも多くの社殿のない神社があることはよく知られ、「矢倉明神森」などの名称で巨木を神とし、神社という名がついていてもかつては巨木を祀っていたと『紀伊続風土記』は伝えている。熊野では即神的な神ではなく依り代・神坐であったとされる(野本、一九九〇：二五〇)が、そうであろうか。『紀伊続風土記』で牟婁郡岩田郷朝来村の虫逐(むしおい)明神森が「楠木を神体とす、夏時、田虫を逐ふ為に祀る神といふ」(和歌山県神職取締所、一九一一：第二輯：六九一）とある。

もともとは森があったのにその一本だけが残った、という状況はありうるが、そもそも森とは木がたくさんある面積の広い土地ではなく、樹木の茂った空間をいうのであるから、数本の木叢か一本の巨木の枝葉の茂りでもよい。東北地方や四国で山をモリというのは山の信仰であり、東北地方では巨木があるにもかかわらず一本でもモリという例をみつけることは出来ない。

三―二　一本の木を神社ということ

大和の大神神社、若狭の泉岡一言神社のように、森（山）を神体として、社殿がない神社も少なくない。『万葉集』はモリを〝神社〟〝杜〟と表記しているが、前述のようにモリが一本の木であれば〝神社〟がもともとは巨木であったことにもなる。社殿をもたずに巨樹が神社になっている例も少なくない。例えば松江市榎荒神社（えのきこうじん）はエノキを神体としスサノオノミコトの依り代である荒神の社とされて現在須衛都久（すえつぐ）神社の摂社となっている。ただし「榎」はエノキでなくてもよい。サカキもタブもそうだが漢字表記と日本語と実物はひとつに限られていない。和歌山県古座川町の神戸（こうど）神社はシイノキの巨木が神体で現在も神殿はない（写真2、3）。串本町の有田神社もクスノキの巨木の存在ゆえにあとからそこに神社が設置されたようである（写真4）。一七八一（天明元）年の『勢陽俚諺』に「社なし大木あり、神館明神と号すといへり」とある三重県の例もある（桜井、一九七六：一一一）。

三―三　森神と巨木

森神信仰のうち、山陰地方西石見の荒神森はタブノキ、スギ、ケヤキ、ヤブツバキ、カシ、ヒノキなどの大木を中心にした小さな森で、個人祭祀であり、その大木の根元に幣を差す。萩藩の森神は三八一例あり、水源祭祀

写真 2　神戸神社(2012 年，児島恭子撮影)

写真 3　神戸神社(2012 年，児島恭子撮影)　後方の稲荷神社は後から建てられた。

写真4　有田神社のクスノキ（2012年，児島恭子撮影）

の森神は水稲耕作文化と深く結びついたもの（徳丸、一九九七）である。若狭のニソの杜は若狭一円の地主荒神、地主神、ダイジョコなどといわれる神が、村の宗家や同族団によって、多くの場合屋敷に隣接する森や大樹に祀られているものである。例えばサグチの杜は一本のタブであるという（岡谷、一九八七：一八五）。「モイヤマの中のタブノキの巨木の根元にモイドンが居られた」という表現で示される神霊はモイドン（薩摩）・モイヤマ（大隅）・モリドン（熊本）として門（かど）という農民の同族集団による信仰（小野、一九八二）である。モイすなわちモリといっても一叢の薮だけのこともあるといい、時には一本の大木だけのこともある。モイドンとはその木の霊のことである。その樹種はアコウ、エノキ、マツ、マテバシイ、カシ、タブノキなどである（小野、一九八二）。

三―四　野神も巨木のモリ

野神行事は琵琶湖東・湖北、大和が著名であるが、広い地域にみられ、稲作、畑作、狩猟、山ノ神、農耕に関連する水神信仰などが含まれた複雑なものである。野神とされる巨樹もある。滋賀県伊香郡高月町柏原の八幡神社にあるケヤキは幹周八・七メートル、犬上郡多賀町尼子の八幡神社のケヤキは九・七五メートル、長浜市木之本町のアカガシ六・九メートル、徳島県阿波郡阿波町のセンダンは八・一メートルなどである。奈良県ではエノキが目立つが、その木に水神としての蕖の大蛇を巻きつかせたりするのは巨木そのものを土地の霊として祀ることにほかならないようにみえる（野本、二〇一〇）。根源的な巨木信仰が野神行事という形になったようにみえるのである。野神行事は集落の行事であり、巨木を介した信仰のうちで、最も社会的な性格をもっている。

森神信仰として総称されるさまざまな信仰の根源に、墓制の変化や山への信仰や祖先霊への対応とは別の、あるいは矛盾しない（勝田、二〇〇六）、巨木に対しての人々のある種の癒しの要求を認めることは出来ないであろうか。巨木にまつわる精神文化は民俗としてさまざまな形式をとって、変化しながら現在まで続いてきた。血縁や地縁で結ばれた人々によって、伐採せずにおくことで家や村の没落を避け、生命をもたらす力があるものへの儀礼が行われる。要するに、その地の人々にとってその地に生えている巨木が全能の生命力の象徴であり、繰り返すが、目に見える神として人々の癒しになってきたと考えられる。

四　日本の照葉樹林文化としての巨樹の文化

中尾は、照葉樹林帯では山そのものへの信仰が先だが山は森がその上を覆ってしまうので、山にある神の座を平地に祀る際には社殿の外に山の断片としての森が必要とされるという鎮守の森の解釈をしている（中尾、一九八〇）。緑の木は山の神の依り代として山の信仰と森の信仰の媒介であったとみられることにも頷ける。民俗学では樹霊が本来的に山ノ神そのものであったかどうか（金田、一九九八：二五六）が問題になるが、古代には建築や造船の資材として伐られた後も家の神や船玉として霊力をもち続けたこと（松前、一九八八）と、民俗行事を失ったあとも残っているのは木の力そのものへの崇拝であることから、もとは樹霊と山ノ神は別であったと考えられる。

照葉樹林帯からはずれる東北地方には巨木に対してその土地の集団の儀礼はあるのか。東北地方には樹齢が長く巨樹に生長したイチョウが集中している。イチョウは中国の照葉樹林帯から歴史時代に日本に渡来したと考えられるが、八世紀にはまだ渡来していない。東北地方におけるイチョウの巨樹には対馬や和歌山におけるような繁栄の信仰がみられず、巨木には集落の生業にかかわる集団的な信仰もない。

樹木崇拝は普遍的にあるが、クスノキを中心として巨大になる樹種の数々に家・子孫の繁栄や土地の霊力を祈る風習は、日本の照葉樹林地帯の文化だと考えた。巨木の信仰にはスギの存在も大きいが、スギ巨樹の場合は樹形が問題になるように思う。クスノキにまつわる信仰として南方熊楠の名のように男女とも名にクスをつけるのは（南方、一九二〇）、文献上は鎌倉時代からみられ（南方、一九一四）、『鎌倉遺文』（竹内理三編、一九八四－一九九七）には数十名がある。クスノキに子供の無事な成長を祈る風習は、台湾におけるクスノキ信仰（鈴木、一九九四：李、二〇一二）が知られている。なお、クスノキ巨樹に関する文化は照葉樹林文化のひとつの要素かもしれないとする佐藤（二〇〇四）の説がある。

北海道砂川市に砂川神社がある。もちろん近代になって移住者によって創建された神社である。人々は一八九一（明治二四）年三吉神社を祀り、一八九三年に伊勢神宮遥拝所を作る。一九〇三年砂川神社に名称変更、一九一〇年に社殿が完成すると人々は神社に神木が必要と考え、山中から樹齢二千年になると思われたイチイの巨木を

写真5　砂川神社の神木（2011年，児島恭子撮影）

移植することにした。根回しなどの準備をし、一九一六（大正五）年、人力で掘り取った。一二キロの距離をそりにのせて運ぶ作業は砂川各地からのべ男女三、三二四人が一二日かけて奉仕したという（砂川市史編纂委員会、一九九〇）。歴史上、巨木があって神社になったのでなく神社が創建された時に木が植えられた場合は、おそらく現在の植樹祭で使われるような小さな木であったろう。しかし近代には神木は巨木に生長していたため、北海道に神社が創建されるに際して、人々は神木として最大級の巨木を求めたのである（写真5）。

山中で神木とされる木は、やはり樹種よりもその形の異常さ、巨大さなど常態と違うことが理由になっている（堀田、一九六七）。山にかかわる伐木従事者は山中のそういった木を伐り残して山ノ神の依り代として儀礼を行い、人間の営為の許しを請うことで癒しを得た。同じ心情で耕地を開拓した農民は伐り残した木を土地の守り神として儀礼を行い、癒しを得た。田畑のなかの一本木である。伐り残しに選ばれた木はそこでの最大の木であったろう。屋敷神、森神も同じではなかったか。モリは氏神とも考えられているが、開発によって人里で特別視されるようになった巨木であり、常在の神として癒しを与えてくれる。遠山の霜月神楽で、訪れた神は送り出すがモリは送られないのもかつて巨木が関係していたと考えられるかもしれない（堀田、一九七六）。

集落での巨木信仰は共同で祀ることによる安心感があり、地域や親族という共同体の公的な癒しであった。それは照葉樹林帯にみられる文化であると推測できる。いっぽう、大寺社境内の公開された巨木への個人の祈りには病気治癒などの直接的な癒し効果や縁結びなどの癒しが期待されていて、神仏の信仰がともなった私的な癒しであった。ところが現代的な巨木の癒しは、寺社での神仏の信仰とも無関係に、大いなる植物としての霊性を感じることになっている。それも根源的な木霊崇拝であるかのようだが、かつての巨木信仰はその土地に生きる人々の生命の存続や子孫繁栄の祈りであり切実さがともなっていたことが違っている。

カミが降りてくるのとは違って、カミが常在する形が巨木である。そこに行けば目に見えるカミに会えるから癒しがある。

本章は照葉樹林文化研究会が「照葉樹林文化要素としての癒し植物に関わる文化多様性をめぐる研究」によってサントリー文化財団より受けた助成金の一部を使用した。また、その研究会における会員報告より示唆を受けた。記して感謝申し上げる。

第一八章　中国福建省のクスノキの巨木

鈴木貢次郎／亀山慶晃／李　景秀

一　中尾佐助の巨木論

巨木について、中尾は、「樹木には、天然記念物として指定されている老大樹が多くある。それらを見ると、たいてい人家の近くとか、寺院や道ばたなどにあって、自然林のなかの一本がたまたま巨大木になっているといったことは少ない。自然林のなかより人里のほうが、樹木が巨大になるまで長命でいやすいようだ。自然林のなかに巨木があれば、それは一本だけでなく多数出現してくる。たとえば屋久島の縄文杉と呼ばれる大木は、原始林中に多数あった。屋久島はスギの分布圏で南の端に位置しており、分布の端だから弱っているかと思うと、その逆で、いちばん巨大に生長しているのだ。分布圏の端がいちばんよい環境だとは、変な話である」（中尾、一九七六：一五）と述べている。また「サクラは日本の自然生態系では二次林的な場所に出現するもので、極相林をつくる構成樹種ではない。二次林の樹種は早く生長開花するのに適した性質だが、そのかわり短命になりやすい。しかし運よく生き残ると、巨木になることもあるというわけである」（中尾、一九七六：一三二）とも述べている。

筆者らは、国花であるサクラの巨木の種や生育地、その生育環境、巨木になる理由などを調べてきた。二〇一一年一二月に大阪府立大学で開かれた照葉樹林文化研究会にて、サクラの巨木の分布についてふれたところ（鈴木、二〇一二a、b）、「なぜ巨木が河川沿いに多く残ったのか？　その理由は？」という問いかけがあり、課題としていた。

その後、クスノキの巨木を調査する機会を中国福建省で得た。中国福建省にはクスノキの巨木が多く見られる。これらの形状（幹周など）と生育地を踏査したところ、幹周一〇メートルを超える巨木が、河川の近く、または河川沿いに生育していた。この理由を照葉樹林文化論の視点も取り入れて考察してみたい。

二　クスノキ

さて、クスノキ(*Cinnamomum camphora*)のことである。中国では浙江省から福建省、広東省に分布し、国内では九州、四国などに多く、有用樹木として利用されてきた。その代表例として、樟脳が挙げられる。またクスノキにはマルバクスノキやクスノキダマシがあるとする見解もあるが(上原、一九九六)、形態的特徴の変異が大きく、現在はクスノキ一種と扱われている。香料に使われる芳樟は、クスノキの変種として扱われている。平井(一九八〇)によれば、ホウショウ(芳樟)は、「リナロール(linalool)を多く含んでいる」、「香料の原料として高価で取引される」という。

テグス(釣り糸)もクスノキに付くヤママユガ科の樟蚕によって作られた。司馬遼太郎は、「この試み(テグスを生薬の荷造り用の細ひもから釣り糸に使うこと)は、大成功し、当時のひとびとの食生活を変えた。たとえば海に面した大坂でさえ魚は干物か生乾きのものしか食べていなかったのに、テグスが使用されるようになって、鮮魚がふつうの家庭の食膳にあがるようになったといわれる。以上のことどもは、民俗学者の故宮本常一氏によって発掘されたものである」(司馬、二〇〇五：四五)と述べている。また中国浙江省・寧波市にある明代の図書館である天一閣の書箱のように、家具としても利用されてきた(佐藤、二〇〇四)。あるいは彫刻(仏像、玉虫厨子、欄間など)にも使われてきたという(矢野・矢野、二〇一〇)。日本では、今や樟脳として利用するわけでもなく、ましてやテグスにも使うことはない。この状況のなかで、幹周二〇メートルを超えるクスノキの巨木が、国内各地に残っている。

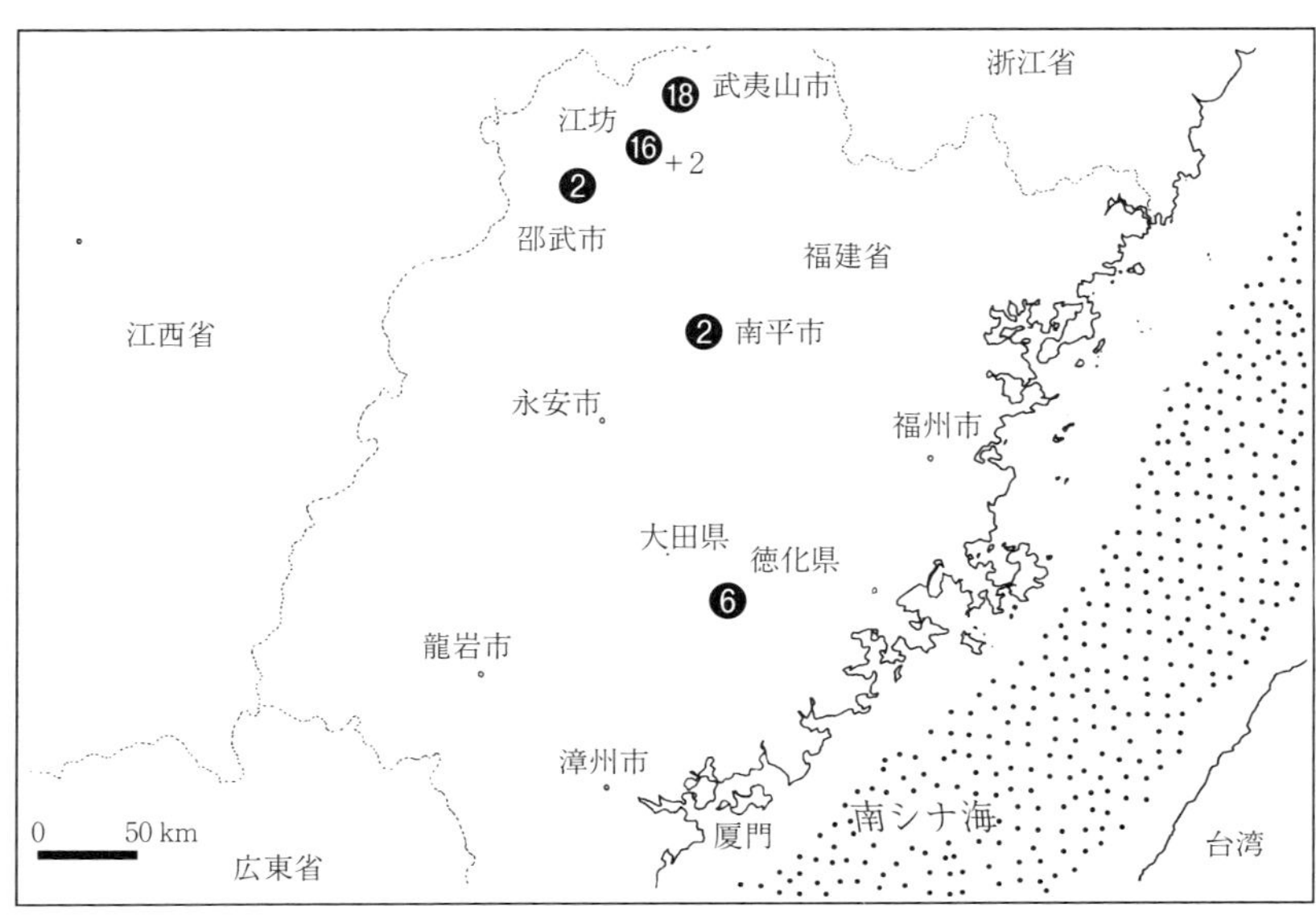

図 1　調査対象地とクスノキの巨木の数。合計 46 本，そのうち 2 組は同株の可能性あり（+2），そのうち 2 株の株立ちあり。

三　福建省で見たクスノキの巨木

福建省の武夷山市、南平市、邵武市、徳化県などで、二〇一三年三月にクスノキの巨木（幹周三〇〇センチ以上を目安）を踏査した（図1）。また国内においても、静岡県熱海市や香川県、鹿児島県などにおいて、二〇一三年五月から二〇一四年三月に踏査した。調査項目は、クスノキの生育している場所の地形や形状（幹周、樹高、枝張り）、健全度、生育環境、故事伝承の有無、祈祷対象の有無などである。

三－一　クスノキの巨木の生育地と生育環境

表1に示すように、福建省各地で踏査したところ、武夷山付近で一八本（図1・図2）、江坊～邵武市で一八本及び二株（図1・図3）、南平で二本（図1）、徳化及びその西北部（大田県）（図1・図4）で六本の巨木があった。なかでも大田県で「千年

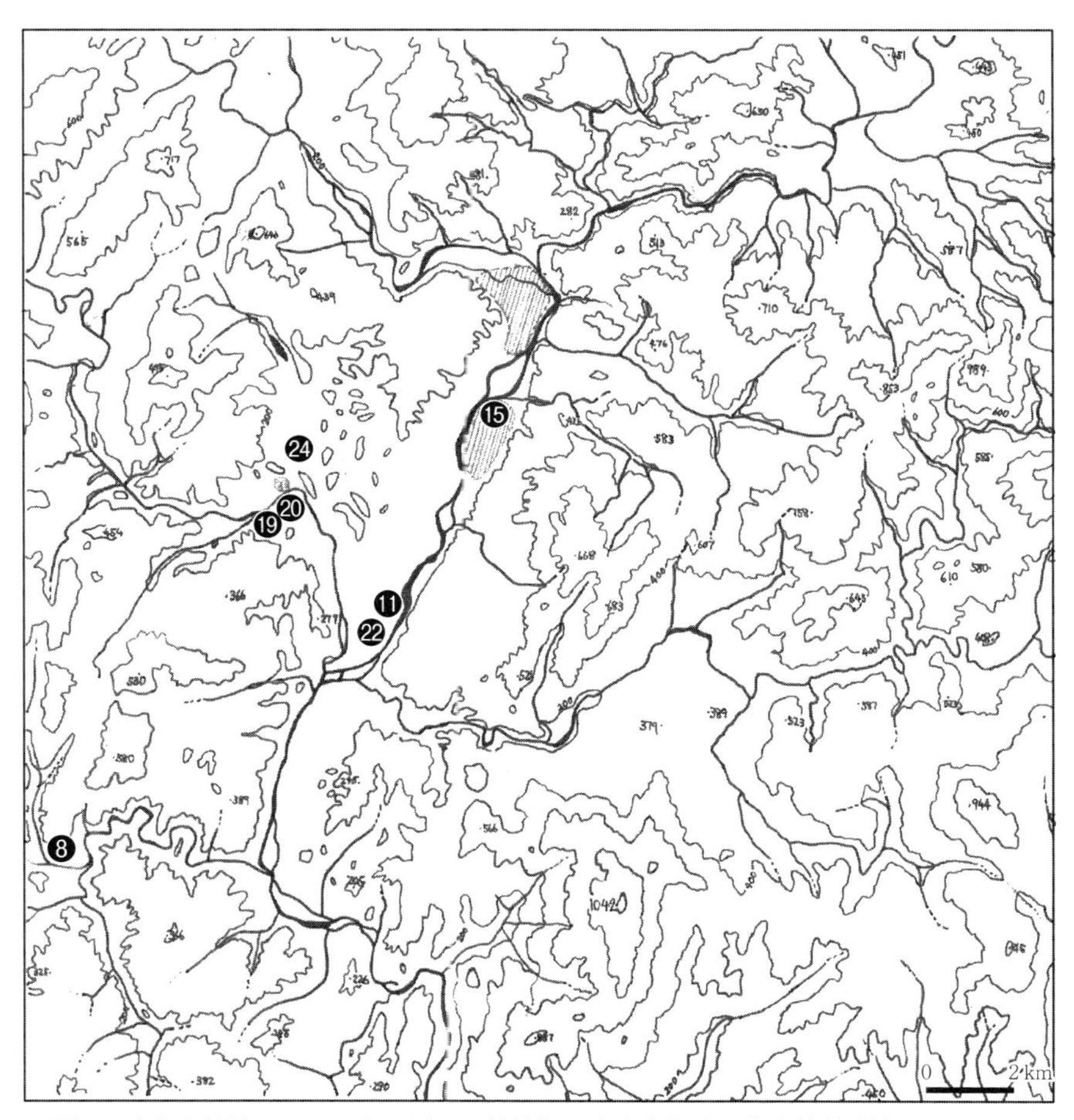

図2　武夷山付近のクスノキの巨木。斜線部は中心市街地。等高線（細線）は200 m 間隔。太線およびそれにつながる破線は河川。⑮に16，23，27，30，37，40番を含む。⑲に25，26，33，38番を含む。㉔に43番を含む。計18本。番号順に幹周が小さい（表1参照）。

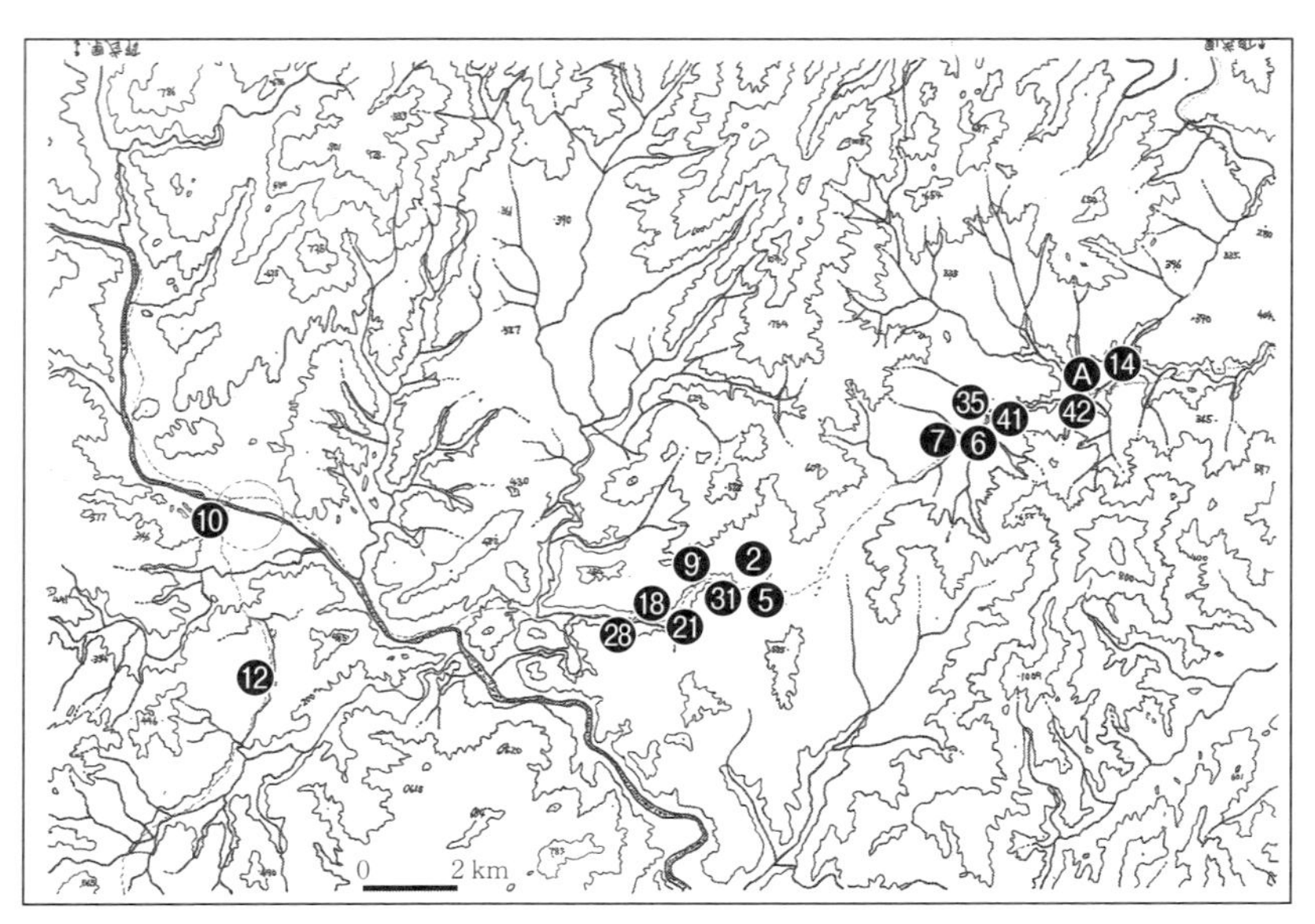

図 3　江坊～邵武市のクスノキの巨木。計 18 本および株立ち 2 株(A，B)。等高線(細線)は 200 m 間隔。A に B を含む。31 番に 32 番を含む。28 番に 29 番を含む。14 番に 17 番を含む。矢印のある破線は主要国道。番号順に幹周が小さい(表 1 参照)。

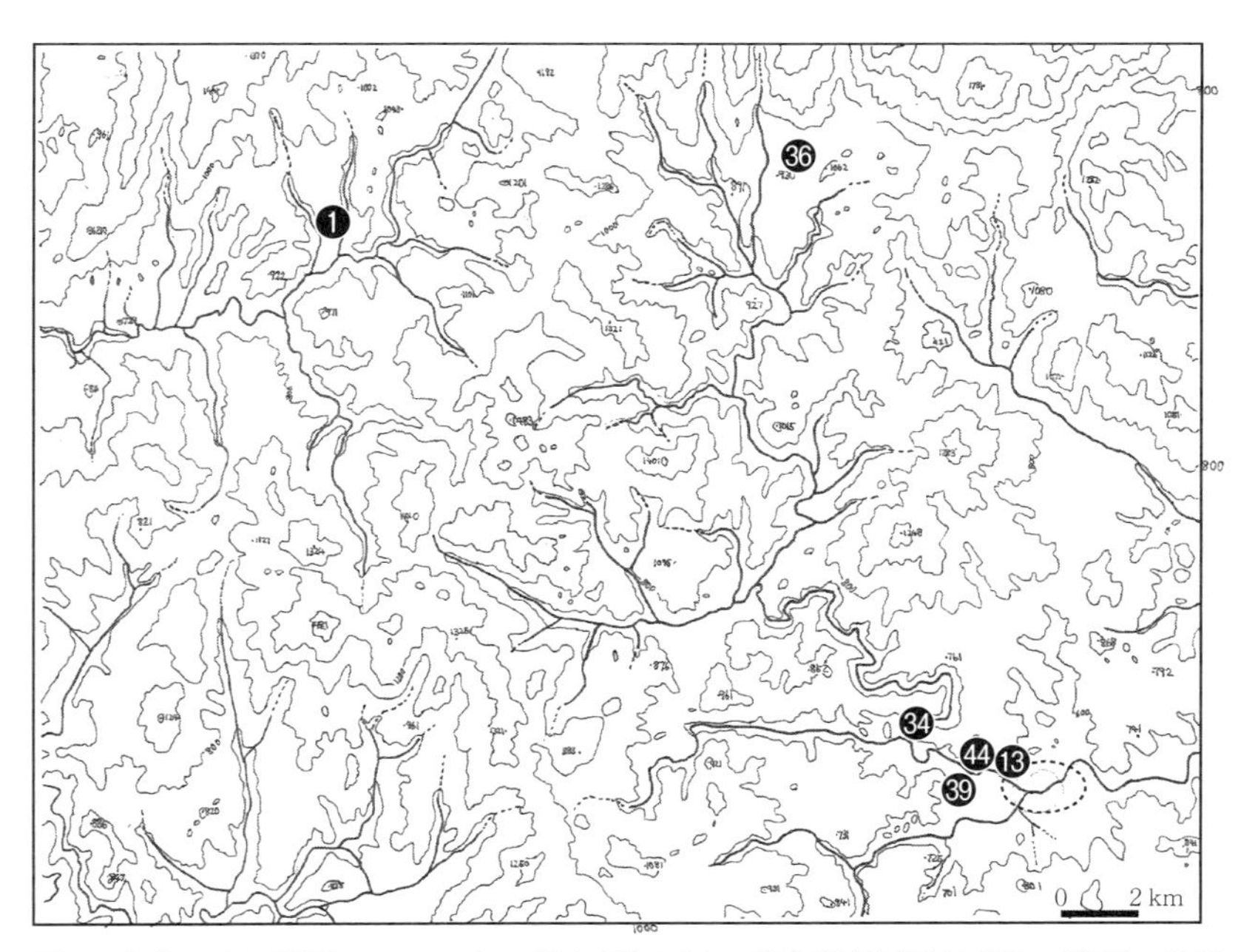

図 4　徳化，大田付近のクスノキの巨木(計 6 本)。等高線(細線)は 200 m 間隔。破線付近は中心市街地。太線およびそれにつながる破線は河川。番号は表 1 参照。

写真1　千年樟樹王（1番）（2013年，鈴木貢次郎撮影）。泉州市徳化県小湖村にて。幹に祈旗を巻いている。

樟樹王」という最大の幹周（一三・二一メートル）のクスノキを見た（写真1）。また24番（図2）と42番（図3）のクスノキの近くには樟樹村という地名があった。この地域にクスノキが多かったのか、またはクスノキにかかわる何かがあったと考えられる。これらの巨木の生育地や形状を調べたところ、次のような傾向を見た。

①市街地や集落に多い

これらのクスノキの巨木で、山林内にあるのは、南平で見た幹周一一・二一メートルの樹（4番、図略）と徳化で見た樹（図4、36番）だけで、そのほかは、すべて盆地の市街地や集落に多かった（写真2）。

②河川沿いに多い

河川沿いに多かった。その河川は、富屯渓のように極めて太い河川から写真3に示すように村内に流れる細い河川まであった。

③集落や河川沿いの竹林内に多い

クスノキの巨木はまた集落の中心部、あるいは河川沿いの竹（モウソウチク）林内で多く見られた。

表1　福建省のクスノキの巨木(幹周の大きい順)

番号	地名	幹周[1] (m)	樹高 (m)	推定樹齢 (年)[2]	指定の有無[3]	祈りの有無[4]	生育場所	備考
1	泉州市大田県	13.20	25	1302	保護対象	先祖供養の寺院隣接，祈祷旗	河川沿い	小湖村，「千年樟樹王」.
2	邵武市	13.19*	16	500	保護対象		河川沿い	5番の対岸，田園集落.
3	南平市	12.50	21			風水樹		杜渓村.
4	南平市	11.20	27		保護対象	近くに社寺		茫蕩山自然保護区.
5	邵武市	8.79*	22	700	保護対象			
6	建陽市江坊	8.7	23	1257	保護対象		河川沿い	7番の対岸.
7	建陽市江坊	8.16*	22	497	保護対象			34番の近隣，道沿い，民家裏.
8	武夷山市	7.85*	23				道路脇	
9	邵武市	6.85*	23			風水の祠(風水樹)		
10	邵武市	6.10	23	434		滄浪閣内	河川沿い	富屯渓沿いの巨木.
11	武夷山市	5.65*	13			通仙寺の前	河川沿い	武夷山空港近く，22番に隣接，植栽の可能性有，枯死寸前.
12	邵武市	5.60	18	400	保護対象		幹線道路沿い	
13	泉州市徳化県	5.35	19	612	保護対象		河川沿い	市街地内.
14	建陽市江坊	5.34*	18	289	保護対象		河川沿い	集落近く，注[7]，植栽の可能性有.
15	武夷山市	5.14	22	140	保護対象		河川沿い	注[5]，1940年代に山採りを植栽，上部枯れ.
16	武夷山市	4.90	16	70年以上			河川沿い	注[5]，1940年代に山採りを植栽，根元近くで2分岐，一本として計測.
17	建陽市江坊	4.40*	17				河川沿い	集落近く，注[7]，植栽の可能性有.
18	邵武市	4.40*	27				道路沿い	
19	武夷山市	4.20	28				河川沿い，竹林	注[6].
20	武夷山市	4.14	17	300	保護対象			民家脇.
21	邵武市	4.08*	15	100	保護対象			前個体から160 m.
22	武夷山市	4.08*	14			通仙寺の前	河川沿い	武夷山空港近く，11番に隣接，植栽の可能性有.
23	武夷山市	4.06	25	70年以上			河川沿い	注[5]，1940年代に山採りを植栽.

24	武夷山市	3.93*	14				竹林	農村内の 50 m^2 もない残存林，稚樹(多くは萌芽)多数.
25	武夷山市	3.78	28				河川沿い，竹林	注[6].
26	武夷山市	3.75	17				河川沿い，竹林	注[6].
27	武夷山市	3.65	27	70 年以上			河川沿い	注[5]，1940 年代に山採りを植栽.
(28)	邵武市	3.46	18					29 番と 3 m の距離(同株の可能性有).
(29)	邵武市	2.27	16					28 番と 3 m の距離(同株の可能性有).
30	武夷山市	3.40	28	70 年以上			河川沿い	注[4]，1940 年代に山採りを植栽.
(31)	邵武市	3.37	8					民家脇(32 番と同株の可能性も有).
(32)	邵武市	3.14*	10					民家脇(31 番と同株の可能性も有).
33	武夷山市	3.33	24				河川沿い，竹林	注[6].
34	泉州市徳化県	3.29	24				河川沿い，竹林そば	集落そば，民家裏，田畑のそば.
35	建陽市江坊	3.27*	18	357	保護対象		竹林そば	道路沿い.
36	泉州市徳化県	3.23	12				棚田集落の裏手	戴雲山国家自然保護区内，新村，隣接に墓地(1 本のみ，植栽の可能性有).
37	武夷山市	3.22	28	70 年以上			河川沿い	注[5]，1940 年代に山採りを植栽.
38	武夷山市	3.02	25				河川沿い，竹林	注[6].
39	泉州市徳化県	3.00 2.81	16	100	保護対象	社	河川沿い	市街地内の小集落の裏手.
40	武夷山市	2.97	12	70 年以上			河川沿い	注[5]，1940 年代に山採りを植栽.
41	建陽市江坊	2.92*	25	135	保護対象		河川沿い	畑そば.
42	建陽市江坊	2.89	16	127	保護対象		河川沿い	先の集落から 400 m，田んぼ脇.
43	武夷山市	2.83*	12				竹林	農村内の 50 m^2 の残存林，稚樹多数.
44	泉州市徳化県	2.83*	20			近く(残存林裾)に寺院	竹林	市街地内，稚樹・実生多数.
A	建陽市江坊	(5.33 + 1.72 + 2.51 + ND)*	17		保護対象			集落近く，注[7]，植栽の可能性有.
B	建陽市江坊	(2.35 + 2.82 + 4.08)*	18		保護対象			集落近く，植栽の可能性有，注[7].

[1]幹周は，地面からの高さ 1.3 m での値，*は直径からの推定値，ND：未測定；[2]説明板での表記による，空欄は不明；[3]幹に貼られている説明板の表記で古樹保存木，古樹保護碑，福建古樹名木のいずれかとあるもの，空欄はその説明板がない；[4]幹に巻かれる祈祷旗(赤色)や，祠の有無，生育場所で判断，空欄は該当なし；[5]15，16，23，27，30，37，40 番は同じ場所；[6]19，25，26，33，38 番は同場所；[7]14，17，A，B 番は同集落内の河川沿いにある；A は 4 本の幹；B は 3 本の幹

写真 2　集落の中心にあるクスノキの巨樹(邵武市，2 番)(2013 年，鈴木貢次郎撮影)

写真 3　泉州市徳化県小湖村の千年樟樹王(1 番)のすぐ脇にある寺院(2013 年，鈴木貢次郎撮影)。先祖供養のための寺院といわれている。

写真4　高知県高知市境川沿いの「天神のくすのき」(2014年，鈴木貢次郎撮影)

三―二　形状、大きさ（幹周）や健全度

幹周は、最大で一三・二メートル、一〇・〇メートル以上が四本、六・〇～九・〇メートルが六本、四・〇～六・〇メートルが一三本、四・〇メートル以下が二一本（二組は同株の可能性有り）であった。すなわち六・〇メートルを超えると少なくなった。健全度を見ると、11番や15番などのように枯死寸前の樹もあった。

三―三　クスノキの巨木と祈祷対象の有無

1、4、11、22、44番など、クスノキの巨木の脇やそばに寺院があることが多かった（写真3）。また寺院内にクスノキがある場合もあった（10番など）。寺院などの宗教施設が比較的少ない状況下でのクスノキと寺院の同所の存在は、印象深かった。クスノキの根元には時に祠があり、現地で案内してくださった厦門園林植物園の蔡邦平氏によると「風水樹」とされていたとのことである（3、9番など）。なお徳化で見た一

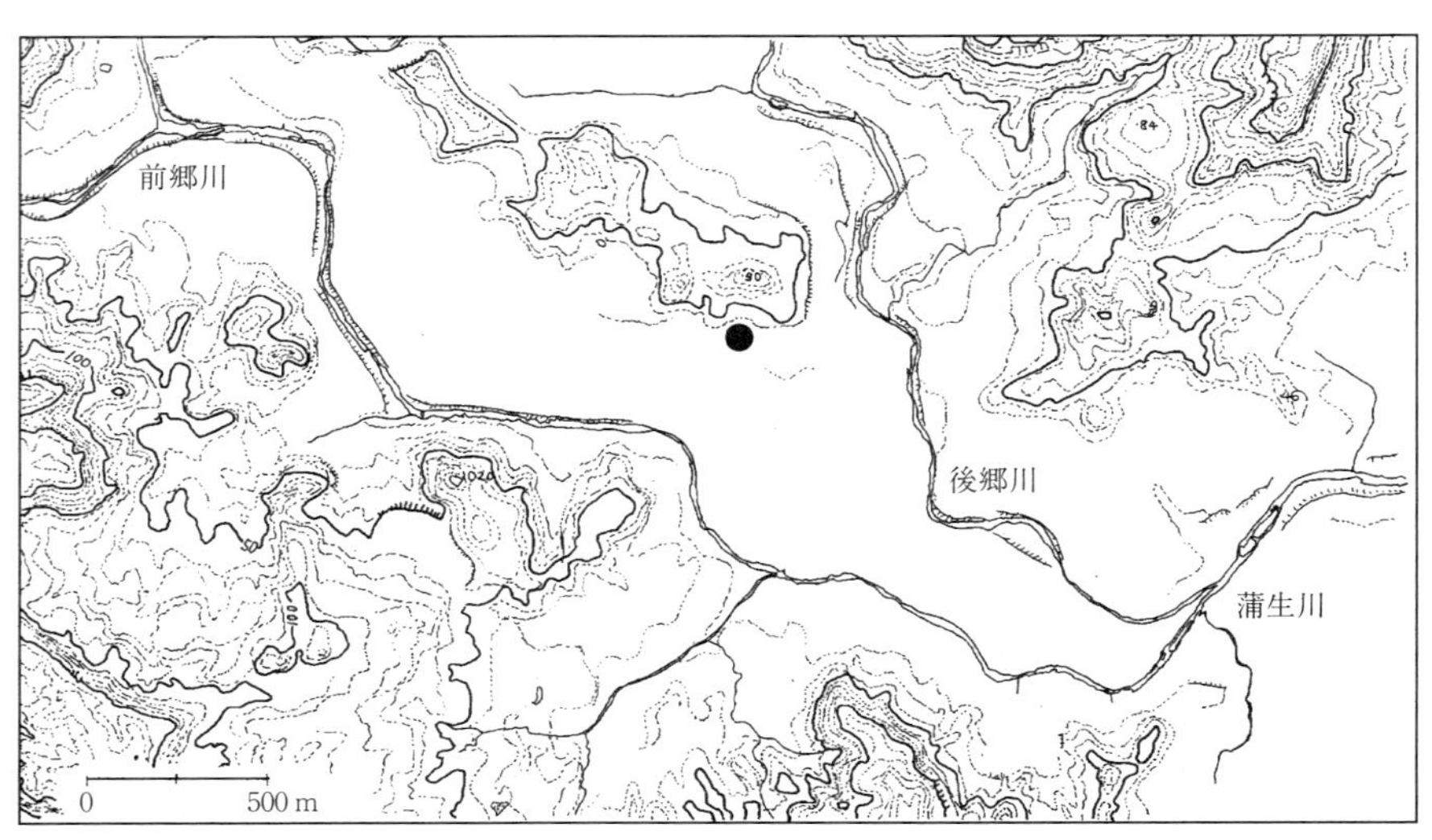

図5　鹿児島県始良市蒲生町蒲生のクスノキの生育場所(黒丸)。等高線(実線)は50 m間隔

本のみ、雲山国家自然保護区内にあった(36番)。

四　日本のクスノキの巨木

国内にもクスノキの巨木は多い。例えば、日本一の大きさといわれている「蒲生の大クス」が鹿児島県始良郡蒲生町にある。樹高三〇メートル、幹周二四・二二メートル、根廻り三三・五七メートル、推定樹齢一五〇〇年とされている(二〇一三年八月一〇日調査、記録は現地説明板による)。続いて香川県三豊郡詫間町にある「志々島の大クス」は幹周一五・二メートル(二〇一二年八月に現地踏査、現地説明板の直径の値から換算)、静岡県伊東市馬場町にある葛見神社の大クスは、幹周が一二・九メートル(二〇一二年五月二日に現地踏査、直径の実測から換算)である。日本のクスノキの幹周の最大値は、今回、調査した中国福建省の樹より大きいようである。

また日本のクスノキの巨木も、写真4と図5に示すように、比較的河川沿いに多かった。ただし「志々島の大クス」は、瀬戸内海の孤島にあった。約五〇年前の写真によれば、谷筋にある民家の裏庭にそのクスノキの巨木があり、その周辺は花卉栽培用の畑として開墾されていたようである（巨樹、巨木巡礼ホームページ）。またこれらのクスノキの巨木の多くには、通称があり、寺社に多く見られた。

五　クスノキの巨木と社会背景

五―一　畲　族

クスノキの巨木を多く見た福建省の山中の少数民族は、主に畲族（She）であり、彼らは古来焼畑を生業としていたとされる。「畲」は、もともと「畲」と記した（司馬、二〇〇五）。「畲」は、「焼畑（刀耕火種）」を意味する（李、二〇〇四：司馬、二〇〇五）。特に畲族は、七世紀ころから閩（Min）（福建）、粤（Yue）（広東）、贛（Gan）（江西）が接している山岳地帯で焼畑を営んできた（千、一九九四）。

畲族による焼畑か否かは言明出来ないが、唐（六一八～九〇七）の詩人、劉禹錫の「竹枝詞」では、「長刀短笠去焼畲〔（若い男性は）長刀をたずさえ短笠をかぶって焼畑に行く〕」と詠んでいる（千、一九九四：李、二〇〇四：呉、一九九八）。また、南宋（九六〇～一二七六）の范成大の「労畲耕」には現在の四川省での焼畑が述べられている（李、二〇〇四）。

九世紀初頭に作られた「畲田行」によれば、焼畑は「まるく盛り上がった山ののっぺりとした山肌の中腹のあたり」（古川、二〇〇二：二一六）で行われているという。すなわち焼畑は住居の近くや河川沿いでは行われないのが普通である。

五―二　日本の焼畑と関連の祭祀

クスノキの巨木が多くある地域、またはその近くでは長く焼畑が営まれてきた記録が多く残っている。例えば、「蒲生の大クス」に比較的近い宮崎県東米良や椎葉村、またはクスノキの巨木が多く見られる高知県では、寺川(土佐郡)での報告(宮本、二〇一三)や、文化庁文化財保護部(一九九七)からの詳しい報告もある。宮本常一によれば、「土佐の場合も雑木林を伐って焼き、ソバ、ヒエ、マメを作り、ここではコウゾやミツマタを植え、焼いてから一〇年近くはそういうことに利用したあとへスギの植林をおこなっている」(宮本、二〇一三:一一四)という。文化庁文化財保護部(一九九七)は、「土佐の焼畑習俗」と題して、「土佐の伐畑(きりはた)の歴史的様相」と安芸郡安田町、および池川町椿山の伐畑習俗について述べている(1)。

佐々木高明によると、「焼畑の造成に先立って、村の男たちによって行われる儀礼的な共同狩猟の慣行も、九州山地の山村ではつい近ごろまで行われていました。たとえば子守歌で有名な熊本県の五木村やシシトギリ神事の伝承をもつ宮崎県の旧東米良村などで、私はその実態を調査したことがあります」(佐々木、二〇〇四:三六)と述べられている。

調査した福建省のクスノキの巨木の多い場所、すなわち武夷山は、代表的な茶の生産地である。元時代(一三〇二〜)に茶の生産が始まり、確立したのは明代(一三六八〜一六四四)といわれている。おそらく長く行われた焼畑栽培の最終段階で茶畑になったと思われる。同行してくれた蔡邦平氏から、今でも南平市松渓の茶畑の麓で、クスノキと一緒に豚の頭を捧げる祈祷の風習が残っていることを聞いた。

五―三　巨木信仰

前述のように、筆者らは、国内、福建省を問わず、クスノキの巨木が、寺社内にあることや、その根元に祠などを多く見た。福建省の畲族をはじめ、照葉樹林文化圏の少数民族が巨木に対して信仰があったとすれば、巨木として守られてきた大きな要因のひとつとなる。

詩経に見る神木

「漢広」

南有喬木　不可休思　　南に喬木あり　休ふべからず
漢有游女　不可求思　　漢に游女あり　求むべからず
漢之広矣　不可泳思　　漢の広き　泳ぐべからず
江之永矣　不可方思　　江の永き　方すべからず　　第一章

白川静は、詩経のうちの周南の「漢広」について、「従来その詩意が不明とされているものである」（白川、二〇〇九：六二）として、次のように述べている。

> 『漢広』の詩の場合、南という字は一種の神聖感をもつ語として用いられている。それは南が祭祀や祝頌の詩の発想にみえることからも知られるが、この周・召二南の地が古く南人とよばれた異民族、のちの苗・黎の族と相接する地であったこととも関連していよう。南は苗人が用いる鼓の形であり、それはかれらの神聖な祭器であった。南が楽器であったことは、淮水に臨んで行なわれた儀礼を歌う小雅の『鼓鐘』の詩に、他の多くの楽器と合わせて雅や南があげられていることからも知られる。苗人はいまもその器を南任とよんでいる。（白川、二〇〇九：六五－六六）

「南に樛木あり」、「南に嘉魚あり」というとき、その南はすでに神聖感を伴う語として、近づきがたいものを暗示する力があった。それは「祝が斎ふ杉」というのと同じような表現であったとみてよい。樛木は、喬木であるから休う蔭もないなどと解するのは、詩の表現しようとするものとは遥かに遠い解釈である。（白川、二〇〇九：六六―六七）

という。

また白川は、「万葉」のなかの三・二五九に見るように、「喬木や蔦かずらのまとう木は、わが国でも神の宿る木として特に神聖視されたものであった。」（白川、二〇〇九：六五）と述べている。

何時（いつ）の間も神さびけるか香山（かぐやま）の鉾榲（ほこすぎ）が本（もと）に薜生（こけむ）すまでに　『万葉』　三・二五九

さらに、「喬木は神の鉾杉と考えてよい。そのもとに休うことが許されないのは、神の宿る木であるからである。手をふれることは、もとより禁忌であった。『万葉』には、人知れぬ思いをとげようとする望みをしばしば神木に手をふれるという形で表現している」（白川、二〇〇九：六五）という。この南の地域で巨木に対する神木の観念があった可能性は高い。

神樹（かむき）にも手は触（ふ）るとふをうつたへに人妻と言へば触れぬものかも　四・五一七

畲族の巨木信仰

施によれば、畲族の人々は、神木を信じている。巨木を崇め、巨木の前に祠をたて、線香を供える。巨木を切ったり、巨木の前で小便をしたりしてはいけない。もしこのようなことをしたら、お酒やお肉、豆腐などをもっていき、線香を供え、神木に謝るという（施、一九八九）。

苗族の巨木信仰

畲族は、苗族、瑤族と同じ起源ともいわれている（谢、二〇〇九：司馬、二〇〇五）。苗族には「保寨樹」とされる樹木があり、カエデ、クスノキ、マツなどの古木を祖先の化身として崇めている。お祭りが終わった後、土を寄せたり、石を並べたりする。歴代の苗族の人々は保寨樹を守り、古木として残してきた。なお羌族も同様に巨木を守る風習があるという（古、二〇〇四）。

雲南省の古樹信仰

雲南省では、クスノキ、雲南油杉（*Keteleeria evelyniana*）、黄杉（*Pseudotsuga sinensis*）、清香木（*Pistacia weinmannifolia*）、牛筋条（*Dichotomanthes tristaniaecarpa*）、黄連木（*Pistacia chinensis*）、高山栲（*Castanopsis delavayi*）、雲南梧桐（*Firmiana major*）などの古樹が「神樹」とされている（昆明市园林局、二〇〇一）。また西双版納をはじめ雲南省の多くの茶畑では、母樹として茶の古木（茶樹王）が大切に保護されてきた。

五‐四　丸木舟

中国福建省武夷山の麓で、クスノキで作られた舟形木棺が発見された（司馬、二〇〇五：六〇‐六一）。一方、古代の独木舟は「石楠（いはくす）」と呼ばれ樟で作られていたという（司馬、二〇〇五：六二‐六三）。また、神明原・元宮川遺跡（静岡県清水市）では樟をくりぬいた丸木舟が発見された（佐藤、二〇〇四）。

司馬によれば、「独木舟を棺にする風習が、ひろく東南アジアにあるという。」ことを聞いたという。独木舟は「どこへでもゆける道具」、「死後もよき世界までつれていってくれるのではないか……。」（司馬、二〇〇五：六二、六四）と述べている。

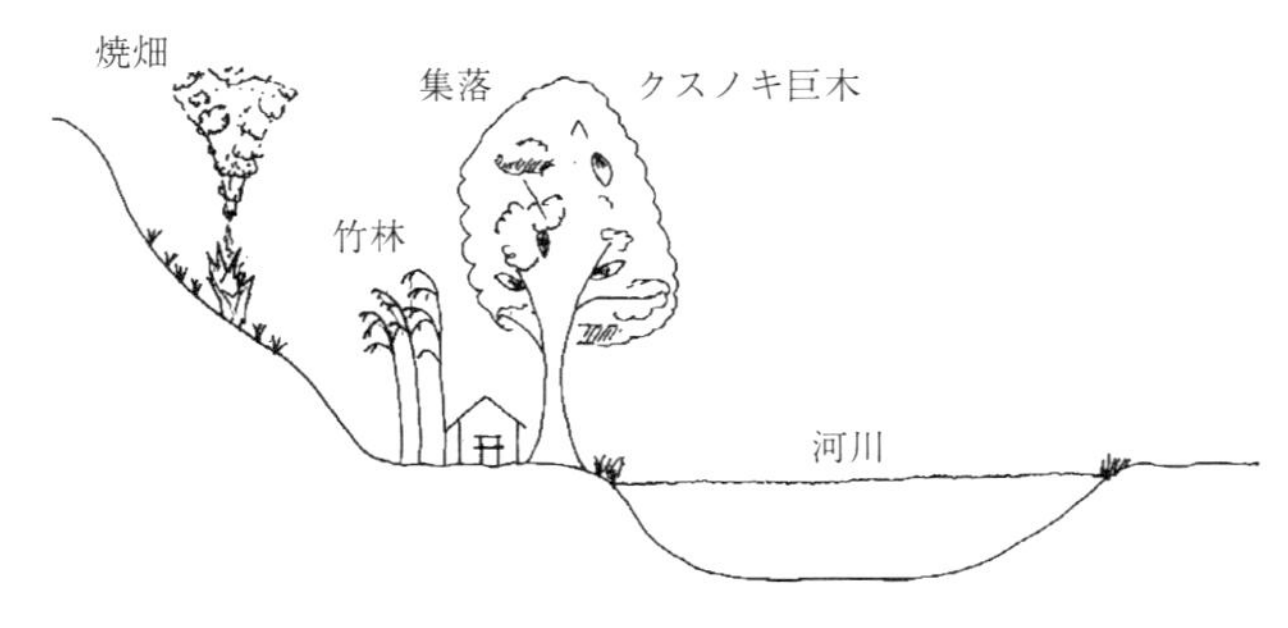

図6　中国福建省での代表的なクスノキの巨木の生育状況

梅本らも、「彼ら（平野部に居住する越人たち）は、木棺に魂を託する人たちであるとともに、水海の知識に明るくその技術にも巧みであった。そしてこの地域はその後の戦乱や諸民族の南下による越人の移動とともに照葉樹林帯とその周辺に拡大したのであろう。それは船をキーにした人たちであった。東シナ海を渡った者もいた」（梅本・山口、二〇〇二：三三一–三三二）と述べている。

すなわち、クスノキが、舟形木棺の材として利用され、独木舟で海を渡り、「どこへでもゆける道具」、「死後もよき世界までつれていってくれるのではないか……。」（司馬、二〇〇五：六二）となって、一層クスノキ（特に巨木）が大切にされる一因になったと思われる。

巨木として植物が生き残るのは、中尾（一九七六）がいうように「運よく生き残る」ことなのか、という問いについて、福建省や国内のクスノキを通してあらためて整理したい。

多くは、種子から発芽するクスノキの実生は、土地を選ばず広く見られる。種子から発芽しても焼畑が行われた場合、その場の稚苗は焼失する。河川沿い（集落の多い場所）までは火はとどかないので河川沿いにあるクスノキは残る（図6）。竹林もまた食用（タケノコ）や家具として利用するため河川沿いに残される。定期的に竹を切り取ったり、タケノコを採ったりするので、ある

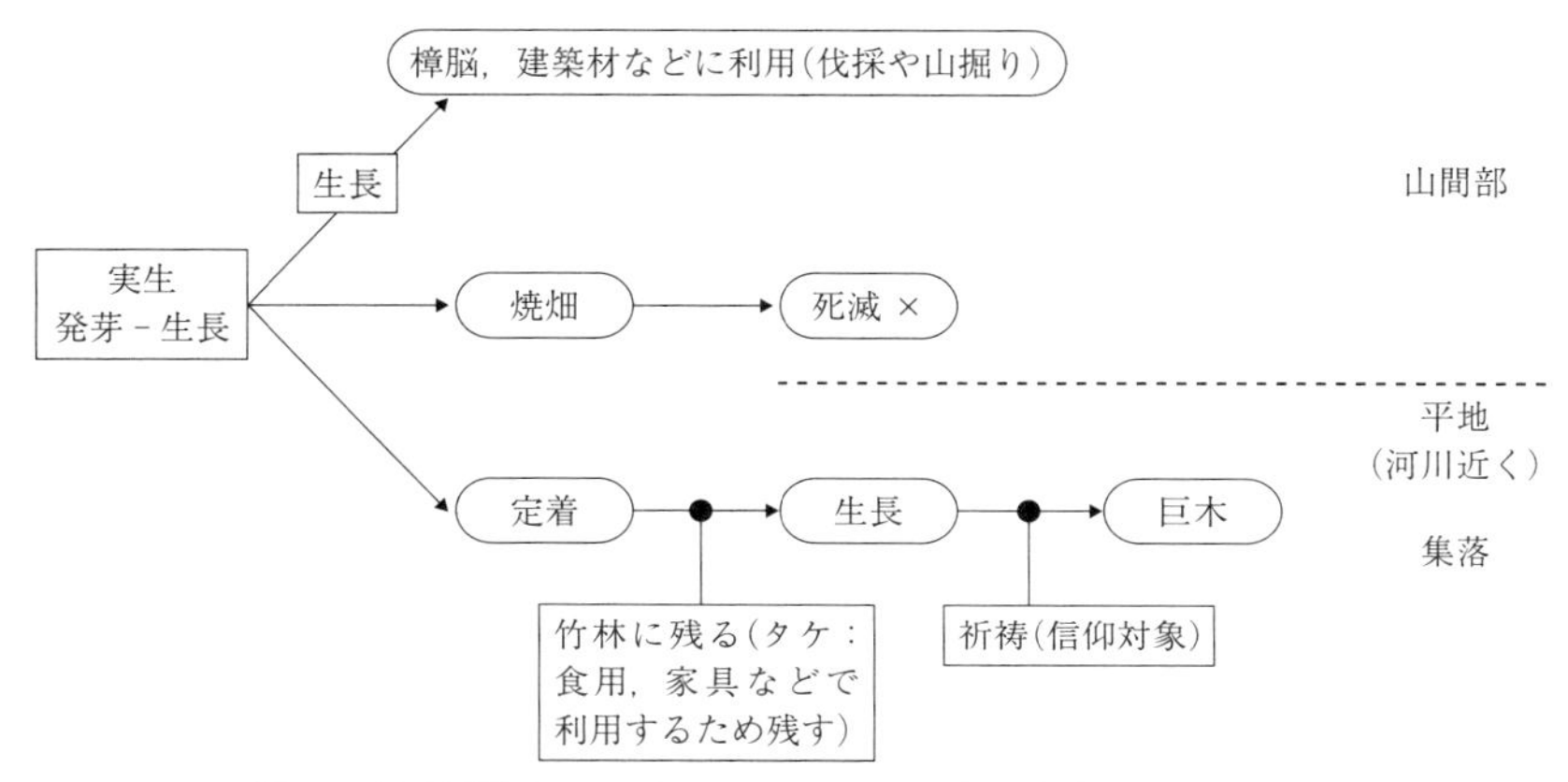

図7　中国福建省におけるクスノキの巨木が生残するプロセス

程度照度が確保され、竹林内で発芽したクスノキの実生も生長する。

同時に、畲族など巨木を神木として保護する風習があった少数民族の生活圏では、クスノキをはじめとする巨木が信仰対象として一層保護されてきた。特に死生観にもかかわる丸木舟の材料としてもクスノキは大切にされた。焼畑があっても、延焼から免れて河川沿いに残り、それが生長し、ある程度の巨木になった時、畲族の信仰対象としても必然的にクスノキの巨木が保護されてきたと思われる（図7）。焼畑とクスノキの巨木の関係、また信仰対象としても見る巨木に対する風習は、国内のサクラの巨木が河川沿いに多かったこと（藤田ほか、二〇一〇；金澤ほか、二〇一〇）にも通じるかもしれない。

なお造園関係者（北京林業大学園林学院）からは、クスノキは長江以南で生育でき、上海などでは特に常緑樹のクスノキを好むことを聞いた。サクラとクスノキの話をした時、クスノキの話題ばかりになる。町の街路樹などでも、クスノキが多く植栽されていた。年中常緑であることが夏季の木陰をつくり、冬季でも緑であることが大地に恵を与えてくれるという現代の考え方になったようである。

現地調査に当たり、厦門園林植物園科技科長・蔡邦平氏にご協力を仰ぎました。ここに深謝申し上げます。

（1）　文化庁文化財保護部（一九九七）によれば、「ちなみに高知県では、焼畑の呼称を、焼畑以外に『伐畑』『切替畑』と呼んでいるが、（以下省略）」と述べられている。

V

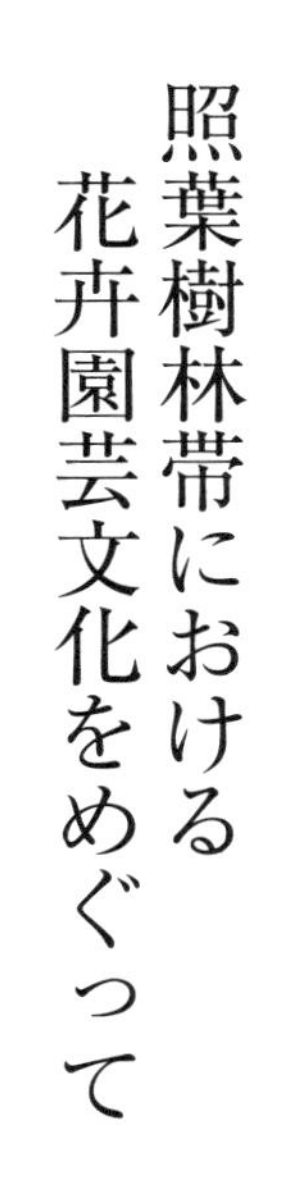

照葉樹林帯における花卉園芸文化をめぐって

山口裕文
大澤良
上田善弘
中田政司・
管開雲・
王仲朗
植村修二

第一九章　照葉樹林文化が育んだ花をめぐる人と植物の関係

——東アジア原産花卉の栽培化と野生化そして拡散

山口裕文

植物の文化というと文学や芸術に表れる花や植物を思い浮かべる（斉藤、二〇〇二；塚本、二〇〇八）。それは、ふだんの生活とは離れて考えられてしまうことが多いが、日本人は日々の生活のなかでさまざまな植物を使うことにかけては世界一といってもよい。普通の日（ケの日）だけでなく、ハレの日にはさらに顕著になる。

お正月。門松があり、玄関にしめ縄を飾り、お節料理で屠蘇酒を交わす。屠蘇は、唐代から始まった習俗で、橙皮（*Citrus aurantium*（= *C. sieboldii*））、桂皮（カシア）（*Cinnamomum cassia*）、サンショウ（椒）（*Zanthoxylum piperitum*）、オケラ（蒼朮）（*Atractylodes japonica*）、クローブ（チョウジ、丁子）（*Syzygium aromaticum*）、防風（*Ledebouriella seseloides*）、キキョウ（桔梗）（*Platycodon grandiflorum*）などの薬草や香料の混合物を日本酒で飲用する。原料の植物には、チョウジなど熱帯アジアの産もあるが、どれをとっても東アジアに自生する種である。門松には、マツ（松）（*Pinus thunbergii*）、ウメ（梅）（*Prunus mume*）、タケ（*Phyllostachys* spp.）、ナンテン（南天）（*Nandania domestica*）、クマザサ（隈笹）（*Sasa veithii*）、ハボタン（葉牡丹）（*Brassica oleracea* var. *acephala*）があしらわれる。西洋からやってきて東アジアで改良されたキャベツの仲間ハボタンを除くと、これも東アジアの自生種である。

鏡餅に飾られるユズリハ（*Daphniphyllum macropodum*）やウラジロ（*Gleichenia japonica*）や花札に現れるハギ（*Lespedeza thunbergii* や *L. bicolor*）やボタン（*Paeonia suffruticosa*）やカエデ（*Acer palmatum*）、神仏に供えるサカキ（*Cleyera japonica*）やヒサカキ（*Eurya japonica*）など、数え上げればきりがないほど、東アジアの多様な植物の文化を私たちは身の周りに置いている。これを生物多様性がもたらす生態系サービスなどという無粋な言い方におさめることもあるが、文学や芸術に表れる植物とともに植物の文化をそのまま楽しみたいものである。

儀礼や習俗の植物とともに極東アジアには植物の観賞にかかわる顕著な文化がある。サクラ（*Prunus lannesiana*）、ツバキ（*Camellia japonica*）、ウメ、キク（イエギク）（*Chrysanthemum morifolium*）、オニユリ（*Lilium lancifolium*）、カエデ、アオキ（*Aucuba japonica*）など、その花や葉や果実は季節を通して身の回りを艶やかに彩っている。日本の庶民の住居周りの風景をつくる植物の多くは東アジア原産で、その野生種は自然のままか攪乱を受けた照葉樹林とその周辺に生育している。これを日本人は観賞用に栽培し改良して、おびただしい品種をも創作してきたのである。中国文化の影響を受けながら室町のころから始まった花の改良は、江戸時代に飛躍的に進み、世界に誇る多様な植物文化を生んでいる。中尾（一九七八）は、漢民族の文化・文明が照葉樹林帯のなかで育んだ最後の華として金魚型文化要素の中国産植物を列挙している（表1、四八三頁）。魚を観賞するという世界でも稀な文化を代表にとり、照葉樹林帯のうち文化・文明の特に発展した水の多い地域で発達した生き物の文化を取り上げている。

本章では、東アジアにおける生活文化にかかわる植物の多様性を見ながら金魚型文化要素をキーワードとして日本文化の基層としての照葉樹林文化と、その拡散による周辺への影響を考えてみたい。

一　植物の鑑賞と園芸植物

人間の豊かな食や癒しを得る文化的生活には農作物や観賞植物が活用される。これらはいずれも原産地かその近くで野生植物から栽培種へと栽培化されている。野生の原種では地球史のなかでその特徴がつくられる。艶やかで大きな花は蜜や花粉を食べる昆虫や小鳥を呼び、赤や黄に色づく果実は森の動物や鳥を魅了して、その特徴を発達させている。食用や経済資源用の植物は少し傍に置いて、生活空間に見られる観賞植物や香源植物のような人の癒しとなる植物では、自然のなかでつくられた特徴を基にして育てたり飾ったりの長い歴史のなかで美観や香りを引き出して優れた品種が生まれている。

観賞や癒しを求めて意図的な栽培利用が継続すると、植物は、器官の大きさや生育力など、その形態や生理生態的特徴をかえるだけでなく、人為的に地域外へ移動・拡散させられる。栽培種のもつ特徴の発達度や拡散の様子から植物と人との関係性の深さも推量できる。また、栽培や利用の技術の発達は民族や地域に固有な文化的習俗を生み、さまざまな伝統知を醸成する（山口、二〇一三）。野生種から栽培種への進化は植物と人との関係の深化の道でもある。

次に野生利用から観賞用品種への道を西南日本の事例で鳥瞰してみよう。

一―一　庭園植物エビネに見る原初的活用

照葉樹林帯にはエビネ類をはじめとしてランの仲間が生育する。セッコク（*Dendrobium moniliforme*）やカンラン（*Cymbidium kanran*）などと同様に、日本固有とされるエビネ（*Calanthe discolor*）は、西南日本の民家庭園で常緑樹の下などに植えられるか鉢植えで観賞されている。エビネは近縁のキエビネ（*C. sieboldii*）やキリシマエビネ（*C. aristulifera*）と容易に交雑するため、「タカネ」（*Calanthe* 'Takane-series'）や「ヒゴ」（*Calanthe* 'Higo-series'）と呼ばれる雑種があり、これもよく観賞されている。

一九七四年の春、在来のオオムギ畑の雑草の調査のために通った対馬竜良山の照葉樹林の林床には直径二メートルを超すようなキリシマエビネの群落が林道から見えていた。しかし、それは一九九〇年には一株も見られない状況となっていた。昭和四〇～五〇年代のエビネブームには、珍しい特徴の花をもつ個体の高価な取引もあり、自生地でのエビネの収集や乱獲があったのである。雑種は特に好まれ、タカネエビネやヒゴエビネが選ばれたのである。

今はほとんど見ることができないが、エビネブームが下火になった一九八〇年ごろでも、西南日本の里山では特に人の入りにくい場所にエビネとキエビネが隣接して自生していた。ある自生地では、総長三〇〇メートルほどの枝分かれした谷川沿いに三〇個体ほどのエビネ類があり、湿った日陰にはキエビネがあり、比較的明るい水はけのよいスギの林床の斜面にエビネが自生し、両者の接触帯には自然雑種が見られた（室・山口、一九八一）。近くの民家の庭にも雑種のエビネが維持されていた。民家庭園のエビネは多くの場合このような自然個体群に由来している。

エビネの自然雑種は、近縁種の間に遺伝的隔離機構が発達していないために容易に形成されるが、両親種のもつ特徴を組み合わせるため、幅広い変異を示すことになる。エビネの近縁種の分化に果たした送粉昆虫の違いなどはよくわかっていないが、このころには自然のなかで生まれた多様性として花弁の色調や咲き方に変化に富んだ個体を楽しめたのである。

現在は人為的な増殖が可能になり、エビネ類は園芸植物として流通するようになったが（唐沢・石田、一九九八）、成長に菌根菌との共生を必要とする無胚乳種子をつくるエビネの仲間では胚培養や組織培養技術を応用した繁殖法が出来るまでは、観賞としての活用には自然のなかでの出来事が利用されていたのである。

中山間地の農山村では多くの住民が近くのもち山からそのようなエビネを住居の庭に移植しているのに出会う（写真1）。エビネ類はおよそ二〇〜五〇パーセントほどの民家には見られるから愛玩の頻度は相当に高い。聞けば近年は観賞に使う目的ではなく、盗掘から植物を守っているとの応えが返ってくる。クマガイソウ（*Cypripedium japonicum*）やキイジョウロホトトギス（*Tricyrtis macranthopsis*）のような希少種もよく植えられている（写真2）。庭に植物を移植するこのような行為は、日本ではよく見られ、生活に深くかかわった日本文化の基層となっている。

一―二　枝物植物ヒサカキに見る半栽培

ヒサカキは、照葉樹林の中層や攪乱された林縁に生育する植物で黒紫色の漿果をつける。国外では朝鮮半島南部からヒマラヤまで自生する。漿果は鳥によって食べられ、なかの種子が散布されるため、里庭などでは自然の

写真 1 庭園で観賞されるエビネ(西九州)(2006 年，山口裕文撮影)

写真 2 関東の里庭でよく見られるクマガイソウ(2004 年，山口裕文撮影)

芽生えからヒサカキが育つこともあり、およそ二〇～三五パーセントの民家庭園で育てられている。ヒサカキは、西南日本では庭園樹としてよりは枝物の墓花として利用される。関西でビシャコ、九州でシバやヤマシバなどと呼ばれ、日本式の墓前の水立てや竹筒に挿される。墓地での供花は、春秋の彼岸、盆、暮れの四回に消費のピークがあるが、日常的にも使われるため流通のシステムにのってスーパーマーケットなどでも売られている。墓の供花としては単一で使われることもあるが、多くはキクやスターチス（*Limonium sinuatum*）、センニチコウ（*Gomphrena globosa*）、センリョウ（*Sarcandra glabra*）などの色物（柄物花卉）と組み花にされ使われている。

紀伊半島のビシャコ（ヒサカキ）生産地では直接法と萌芽誘導法によって濃緑の枝葉が採取され、都市向けに相当量の出荷となっている。直説法では花瓶や花筒にそのまま供えられる長さ二五センチ程度の大きさで樹冠全体から枝葉を収穫し、萌芽誘導法では数年間隔で株基（幹元）または高さ一～二メートルほどで幹を切り返し、切り口から伸長する萌芽を二、三本残し、二～三年後に萌芽枝ごと切り取って、そこから供花用の枝葉を収穫する（山口、二〇一三）。

中国浙江省では日本向けの枝物生産が始まっており、ヒサカキのほか、ナカキ（*Cleyera japonica*）やシキミ（*Illicium anisatum*）、マツなども栽培されている（写真3、4）。ヒサカキでは日本の商社が相当量を買い取るため、自然生からの採集だけでなく、ヤナギの栽培技術に類似した挿し木繁殖法と茶樹の管理法を流用して積極的な生産栽培が始まっている。日本産の一束三〇〇円に対して一束一〇〇円がスーパーマーケットなどでの中国産ヒサカキの相場である。ヒサカキには増殖と収穫の技法が出来てはいるが、商品用の品種などはまだ出来ていない。黒紫色の漿果は、墓石や仏壇や神棚を汚すため、手で除いて出荷される。

ヒサカキやサカキ、シキミのような常緑の植物は、日本では「葉を以て花とする冬木」として古くから観賞に付されて（伊藤、一六九五）、生活に根づいた知恵をともなって生産栽培され利用されてきたのに対し、利用の知識

写真3　枝物生産のサカキ（中国浙江省）（2014年，山口裕文撮影）。濃色がサカキ。日本では樹林内で栽培する。

写真4　日本向けのヒサカキ（浙江省）（2014年，山口裕文撮影）。寒冷紗をかけ，ハウス栽培される。

をともなわない中国では栽培は始まったものの消費者の要望にうまく対応できていないようである。半栽培にもいくつかの幅は見られる。

一―三　希少種ミセバヤに見る園芸活用にともなう広域分布

ミセバヤ（*Hylotelephium sieboldii*）は植木鉢で観賞される多肉植物である。花の形状によって *Sedum* 属から分けられている。エッチュウミセバヤなど地方品種も近年知られているが、ミセバヤは日本の小豆島の固有種である。小豆島寒霞渓の岩場に生えるミセバヤは、それほど目立つ植物ではないが、西南日本では五～九パーセント程度の民家庭園で栽培・観賞されている。原産地の小豆島では固有種としてのミセバヤの希少性について知る人は少なく、貴少性は住民の認識外にあるが、ほかの地域よりはるかに多い二五パーセントほどの民家庭園に見られ、一部では挿し木繁殖によって増殖されている（写真5）。元来、石灰岩の岩場に生え、環境ストレスに強いミセバヤは、ほとんど品種分化しておらず、鉢植えでたやすく栽培できる植物のため廃屋の庭先にも残っていることが多い。

ミセバヤは、園芸植物のグローバル化にともなって幅広く世界的に使われるようになっており、ベンケイソウ（*Sedum spectabilis*）やオオベンケイなどの近縁の植物とともに発展途上国でも観賞に付されている。近代化の激しいブータンでは花博への参加を契機として園芸の庶民化が進んでいるが、土産物店の店先や庶民の庭に植木鉢で植えられている（写真6）。ネパール・カトマンズのボダナート・ストーヴァでも花壇に植えられている。中尾佐助の撮影したスライド画像（大阪府立大学学術情報センター、二〇一五）によると、一九八一年ごろにはカトマンズでは屋根上での鉢植え園芸が始まっていたが、ブータンの住居や市街地では庶民の楽しむ花は皆無であったから、近年の園芸行為の庶民化の拡大にともなってミセバヤのような植物が急速に広がっていると見られる。

写真5　挿し木繁殖されたミセバヤ（小豆島）（2013年，山口裕文撮影）

写真6　ティンプーの工芸品店前に飾られた鉢植えのミセバヤ（右奥，ブータン）（2009年，山口裕文撮影）

一-四　花と食用に栽培化されたユリの仲間

梅雨が明けてすぐ、ススキの草地に赤橙色の花が見られる。西南日本の中山間地の集落の外れの墓地周辺や岩場にこの風景があれば、それはオニユリ（*Lilium lancifolium*）かコオニユリ（*Lilium leichtnichi*）である。オニユリの仲間は観賞用として西南日本では一〇～二〇パーセントほどの民家庭園に維持されている。日本列島から中国雲南省までの山麓や岩場などに野生分布しているオニユリは、ユリ属のなかでは珍しく、ムカゴで増える植物である。

この二種は押し花にするとその差がわかりにくいが、葉腋にムカゴをつけるオニユリは、球根（鱗茎）の中央から茎を直立し、ムカゴをつけないコオニユリは鱗茎から匍匐した茎を出し、球根から離れた位置に茎を立てる。茎の色や毛の有無、花や果実の形にも微細な違いがある。

日本列島で墓地の近くに見られるオニユリは三倍体で（Noda, 1986）、果実を実らせることはない。対馬には二倍体のオニユリがあり、これは果実をつける。中国大陸や朝鮮半島には二倍体と三倍体のオニユリが見られるが、二倍体のオニユリは、三倍体オニユリと同様に葉腋にムカゴをつけるので識別し難いが、開花の後に枝先に球状の果実（莢）をつける。コオニユリの果実は細長く実る。

日本には七種のユリが観賞に使われており、オニユリは宋代から絵画に表れる（塚本、二〇〇八）。ユリは花としての利用だけでなく、鱗茎がユリ根として食用にも供される（写真7、8）。ハカタユリ（*Lilium brownii* var. *corchesteri*）は食用として中国からきたとされ、栽培条件下のみで利用されている。中国の照葉樹林帯ではダビデオニユリ（*Lilium davidii*）やバイモ（*Fritillia delavayi*）の仲間も薬膳などに使われる。味覚として優れた苦みの薄い百合根は、オニユリの球根ではなく、ヤマユリ（*Lilium auratum*）やコオニユリの系譜を引いている。苦みのあるオニユリに比べコオニユリの球根（鱗茎）には苦みがなく、煮ると餡細胞をつくるので、高級餡の素材となる。なめらかな餡の舌触りはショートケーキにも応用されている。また、お節料理では松竹梅や鶴亀などの野菜のデザインのなかでボタンやキクに模倣されている（写真8）。日本全国でのユリ根の消費量の九五パーセントが北海道産で、'白銀'や'夕映え'などの近代品種がある。育成歴の詳細な記録は残っていないが、ユリ根の近代品種は兵庫県や広島県の野生コオニユリや在来品種（写真7）の人為交雑から育成されている（Yamaguchi et al. 1997）。

金魚型文化要素のひとつに挙げられたオニユリ（中尾、一九七八）は史前帰化として示されたが、そのころにはオニユリとコオニユリとの極めて近い関係はわかっていなかった。日本列島に一般的に見られる三倍体オニユリは

写真 7　ユリ根の在来品種の栽培（広島県東部）（1990 年，山口裕文撮影）

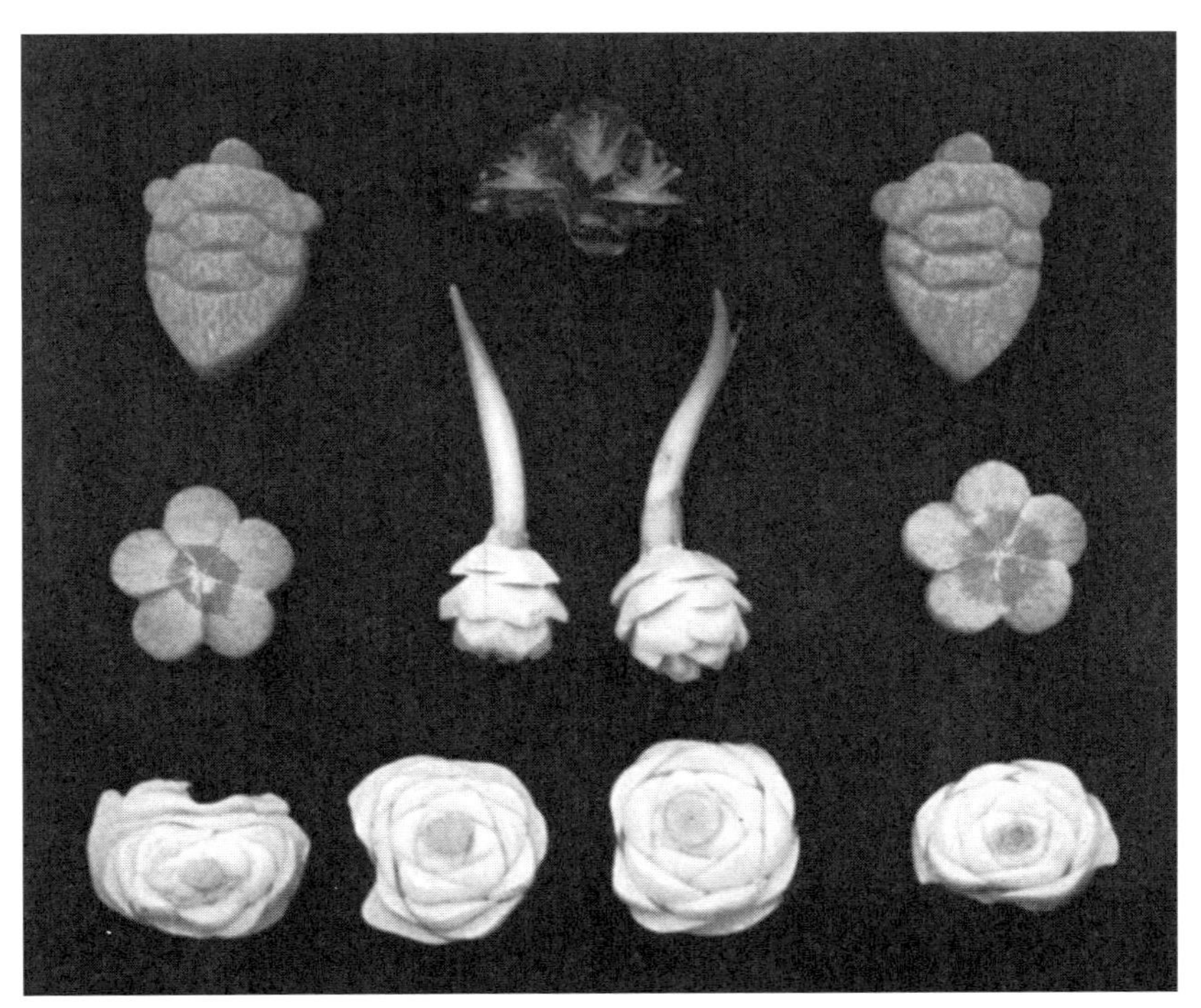

写真 8　カット野菜として正月に売られるコオニユリのユリ根（大阪黒門市場）（1992 年，山口裕文撮影）。ニンジン：亀と梅花，カボチャ：松，クワイ：鶴

墓地周りに自生するから墓花として挿花された花枝のムカゴから広がったのであろう。大陸中国のオニユリには日本のオニユリと塩基置換をともなう葉緑体DNA変異に分布距離に応じた違いが見られるから自然分布による拡散には長い時間を要したであろう。単一の遺伝子型を示す日本列島の三倍体オニユリは短い期間に広がったのであろう。大きな花をつけるユリは観賞用に使われるだけでなく、食用としても人の手によって改良されている。

一―五　古典園芸植物になった自然草地の種

放牧や放し飼いの家畜の少ない日本では住居近くに飼う牛馬の飼料や田畑の肥料とする雑草（くさ）を刈ることによって出来たススキ（*Miscanthus sinicus*）やチガヤ（*Imperata cyrindlica*）の半自然草地が里山や河川敷にあった。半自然草地には、イネ科の植物のほかキキョウ（*Platycodon grandiflorum*）、カワラナデシコ（*Dianthus superbus* var. *longicalycinus*）、ハナシノブ（*Polemonium kiushianum*）、オミナエシ（*Partrinia scabiosaefolia*）、ハギ（*Lespedeza* spp.）、オキナグサ（*Pulsatilla cernua*）、ワレモコウ（*Sanguisorba officinalis*）などが生育し、里の花は豊かであった。秋の七草はこれに含まれる。草原や河原を生育地とするオキナグサやナデシコは、かつて日本人の生活と密接な関係にあった里地里山の半自然草地に普通に見られる植物であったが、近年の里山の利用形態の変化にともなう草地の減少によって、その数を減らして絶滅危惧種に指定されるようになっている。このような植物のいくつかは、江戸時代を中心に園芸品種化され、いわゆる古典園芸植物となっている。

古典園芸植物の典型にイセナデシコ（*Dianthus* 'Isensis'）がある（写真9）。イセナデシコは観賞行為にともなって花弁の形状が大きく変化している。親と考えられるカワラナデシコでは里地での生育地が激減しており、自生を見るのが難しくなっているが、水田畦畔などで農家によって保護されたり、NPO団体により保護されてもいる。一方、島嶼や山地の草原では限られたとはいえ自生個体も多い。普通、カワラナデシコの野生品は高い種子休眠

写真 9　古典園芸植物イセナデシコ（2015 年，山口裕文撮影）

写真 10　堤防に植えられたカワラナデシコ園芸品種（厚木市相模川）（2014 年，山口裕文撮影）

性を示し、その種子は登熟後一か月ほど休眠するが、園芸品種では種子休眠性を欠くようになっている。園芸品種では花の色などにも変異が見られる。古典園芸植物のひとつとして発展したイセナデシコでは、花弁と葉が狭長化する変化に加えて花弁部の変形が著しく、メリクロン技術で維持される品種では種子稔性も低下している。イセナデシコの草姿は原種のカワラナデシコと比べると大きく変化し、鉢植えでの観賞に沿うように全体が小さくなっている。花に近い茎の上位の節間は長くなり、中下部の節間が短くなっているのである。切花や生花の花材に合うカワラナデシコの草姿はススキやチガヤなどの秋草の伸長に合っており、イセナデシコのずんぐりの草姿は鉢植えでの鑑賞に合っている。

カワラナデシコは、景観形成と町作りを目的として近隣地の自生個体群を使って自然修復に用いられている（秦野市、二〇一四）。その一方、カワラナデシコの園芸品種が河川堤防で栽培され、景観作りされることもある（写真10）。カワラナデシコは、ユーラシア冷温帯の草地に広く生育するエゾカワラナデシコ *Dianthus superbus* の中では狭い地域にあたる中国南部から西南日本の照葉樹林帯の草地にみられる萼筒の長い苞の数の多い変種であるから、景観形成に使われた園芸品種が当該地域の個体群から栽培化されていない場合、園芸品種からの野生化は生物多様性のリスクになってしまう。

二　栽培化と野生化

植物は、野生採集から始まり、収穫や管理の技術の発達とともに人間との関係性を深めると、半栽培の段階を経て農作物や園芸品種に変化する。この変化（栽培化）は、人間の作る環境への植物の適応現象であるとともに（山口、二〇一三）、地域や民族に固有の伝統知も形成する。食用に栽培化された東アジア原産の農作物とその野生

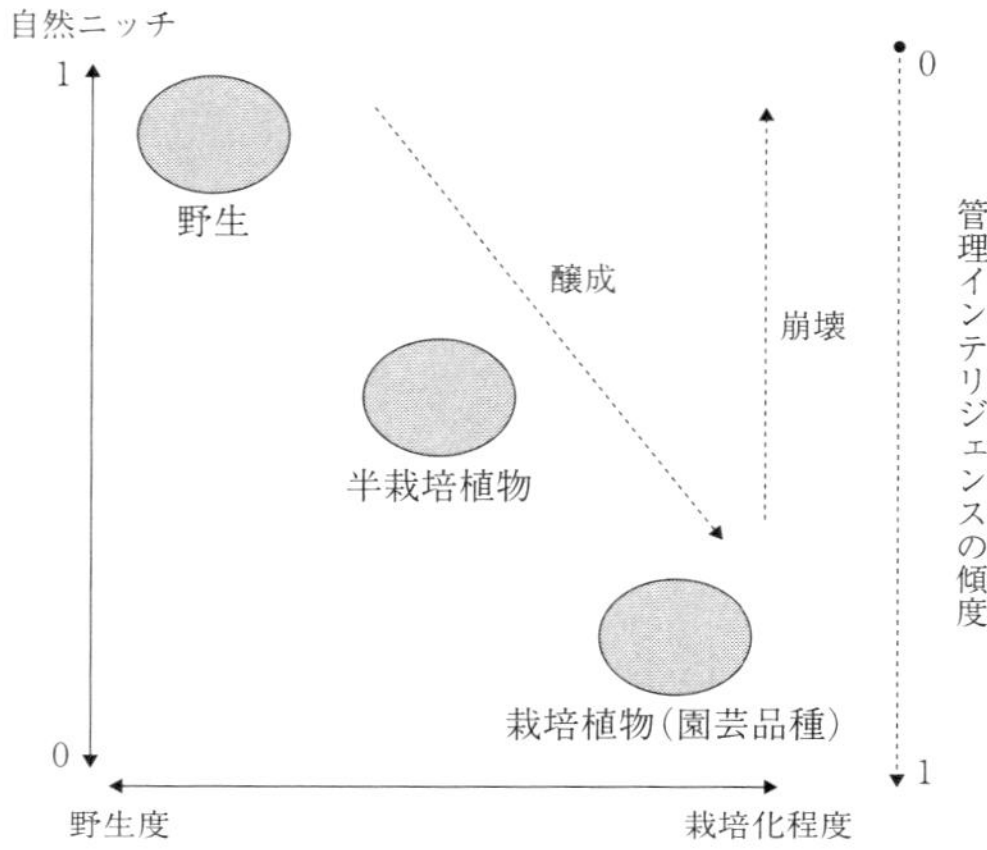

図1　観賞植物(花卉)における栽培化の生態的関係(モデル)(山口 2013 に加筆修正)。花卉では人間による意図的な利用が選択圧として働き，栽培化症候は農作物と同様な非意図的選択に加えて美観や癒しなどに基づく意識的選択が大きく作用する。地域性をもっていた文化的選択圧はグローバル化によって平準化し，活用技法や文化多様性が劣化・崩壊しつつある。栽培化程度が低いため野生化しやすい類型も多い。

種とを比較すると、栽培植物に固有に見られる特徴・栽培化症候があり(山口、二〇〇一)、農業の上での生産効率に深くかかわった特徴が変化している。いくつかの作物種には中間的形態をもつ中間型や雑草型あるいはエスケープと呼ばれる半栽培段階の類型も見られる(中尾、一九六六、一九六七、一九七七、一九八二など)。中尾(一九八二)は、半栽培の過程は段階として顕著に存在し、根栽農耕文化を例にとると、(1)自然生態系の特定植物を利用し保護する、(2)耕地雑草を二次作物的に利用する、(3)渡来植物のエスケープ品を利用する状態で、(4)一万年より古くからあったと想定している。このような食用とされる植物の中間型や半栽培植物は自然度においても人為的撹乱の中庸な場所に生育することが多い。一方、観賞植物の栽培種では、食用や栽培上の利点ではなく、人を魅惑する自然にない形状や味覚や香りをもつように花や果実が変化し、その程度は宗教や芸術などの生活文化の質と人間や民族の文化的嗜好に沿って決まっている(図1)。

日本や中国原産の園芸化された観賞植物を直接の野生祖先種と比べると一般的に葉の斑入りや形態的変化、重弁化や多彩な花色への変化が見られ、栽培化症候は、人間の嗜好にかかわる形質の変化として表れる。日本の民家庭園で利用されているエビネやヒサカキ、ミセバヤは園芸品種化への過渡的な半栽培の状態と捉えられる。観賞価値をもつ特別の特徴を備えた個体が意図的に種子蒔きや株分けによって栽培・繁殖されると園芸品種化はさらに進むようになるが、オニユリやカワラナデシコでは在来品種として改良された後、食用のユリ根品種や園芸パフォーマンスを支えるイセナデシコが作られ、現在は交配技術や生物技術をも駆使して近代品種がつくられている。山採り(自然採集)から栽培管理、人為交雑による育種へと観賞への技術が深化している。そのような行為は自然条件下では維持できないような形質を植物に備えさせる半面、近代社会においては植物の特徴を維持管理する技術の専門化と分業化が庶民のもつ植物の知識を希薄化させようともしている。

栽培植物からの野生化や逃げ出しは栽培化と逆の現象である。日本と周辺の東アジアの住環境で頻繁に使用されている花卉(緑化修景植物や観賞植物)二〇〇種ほどの繁殖特性や栽培化・園芸化特徴を見ると、東アジア原産花卉は、主に花木や多年生草花からなっており、挿し木や株分けなどで繁殖されている。種子繁殖能力をもつ花卉のうち約六〇種には野生化のリスクがある。特にシュロ(*Trachycarpus fortunei*)やアオキでは寺社緑地などにおいて顕著な野生化が認められる。二次林の周辺にはニモや柑橘などがしばしば野生化しており(堀田、一九九九)、人家周りにはナンテンの野生も認められる。頻繁に野生化しているいくつかの種では日本原産か地域の原産かを判断出来ないことも多い。

野生化は、植物それぞれの特徴のみによって進むのではなく、受け入れ生育できる場の存在が必要である。栽培化の十分でない植物では、野生種の性質をもったまま使われるのでオニユリのムカゴのような繁殖体は母体近くで容易に生育できる。日本原産の観賞植物が欧米で逃げ出した例も多い(Reichard, 2011)。

花の美しさや奇妙な形状のため観賞によく用いられる多肉植物やストレス耐性種は、水や栄養条件のよい環境では多くの場合野生化出来ないが、人為的に形成されたストレス環境に野生化することがある。先島の海岸に生

写真 11　蛸づくりの技法を使った絶滅危惧の海岸植物モクビャッコウ（台北の花市場）（2014 年，山口裕文撮影）

写真 12　栽培から逃げ出して立派に育つオオタニワタリ（紀伊半島南部）（2004 年，山口裕文撮影）

育する絶滅危惧植物であるモクビャッコウ（*Crossostephium chinense*）は、薬用にもされるが、近年、台湾や亜熱帯中国では芙蓉もしくは日本芙蓉と称され盆景型で観賞されている（写真11）。西南諸島でも観賞に使われており、宮古島では住居周りのブロックや煉瓦の外壁に逸出している。海岸の汀線に近い岩場に生育するモクビャッコウは人的に作られたストレス環境に野生化しているのである。

同様にシダ類でも顕著な野生化がある（写真12）。シダ植物は胞子で増えるため、拡散範囲が広く、突然変異体でもアポスポリーなどの無性生殖によって親と同じ特徴の個体を増やすことがある。シダ類の栽培地では、石垣などに着生して生育する子個体がよく見られ、園芸化されたマツバランやイワヒバでは、しばしば鉢の周りに逃げ出し個体を見かける。コンテリクラマゴケは、明治年間に中国から導入されたが、寺社の庭園に植栽され、カタヒバやクラマゴケと同様に野生化することがある。観賞植物では環境資源の豊かな場所にホームグラウンドをもつ農作物とは違った野生化の症候が見られる。

三　東洋花卉文化の観賞植物——金魚型文化要素と文化移動・文化拡散

日本の住居では緑陰樹が夏の日射しを遮って外周を囲み、日陰を好む庭木もあしらわれている。庭園に植えられた花木類、有用樹・緑蔭樹、有用草本・花卉のうち、中国原産か中国を経て徳川時代までに日本へ導入された金魚型文化要素の植物は東洋の花卉文化の中核となっている（中尾、一九七八：表1）。栽培にともなう品種改良を通してあでやかになった花卉園芸植物は洋の東西に大きなまとまりを示し、西洋花卉文化センターと東洋花卉文化センターを形成する。花卉文化という用語は、花の文化（中尾、一九七八）や花卉園芸文化（中尾、一九八六）と表現されたが、オーストロネシア地域における観賞植物の文化的多様性を指す概念として用いられた（中尾、一九九九）。

一五世紀ころまでに成立したと想定される地域原産花卉の多様性の集中地(センター)は、新世界のアステカとインカを加えて王朝の発達をともなった四つの花卉文化と王朝をともなわないオーストロネシア花卉文化センターを合わせて五つになる。

東洋花卉文化の多様性の中核に当たる金魚型文化要素の観賞用園芸植物の列挙(中尾、一九七八)に(表1中の立体文字)日本原産種を加えてみると、キクやツバキなど世界的な花となった植物のほか、オモト(*Rohdea japonica*)やツワブキ(*Farfugium japonicum*)など、日本で発達したいくつかの古典園芸植物の存在も明らかになる。古典園芸植物の定義はいくつかあるが(仁田坂、二〇〇五)、中尾(一九七八)は明治維新までに園芸書に表れた庭園植物を指すとしている。表1に記載された種類は、一七世紀に書かれた花壇地錦抄(伊藤、一六九五)の植物におおよそ一致する。これらの植物の通性を見ると(表1)、その多くが挿し木や株分けで増やされ、形や色、斑入りの程度などが変化している。雑種と見なされる種や特殊な形状に変化した品種には種子をつけにくい種類もあるが、そのなかには赤、紫、黒の果実を結び、秋から冬にかけての里庭の風景をつくり、生活の近くに小鳥の鳴き声をそなえる植物も多い。花壇地錦抄では「実の秋色付きて見事な類」と記載されている。花卉とは、花を観るだけでなく、葉や実の色も芽吹きのさまもまた常緑枝葉も観賞対象とする植物を示しているのである。金魚型文化要素の植物には花木や樹木が多いが、草花の多くは草地や林の縁の自生種であり、そのなかには実をつけず、地下茎や球根やムカゴ(珠芽)で栄養繁殖する三倍体の植物も多い。

東洋花卉文化センターの中核として二次的な花卉文化センターを形成した日本の園芸植物は(中尾、一九八六)、江戸時代後期ごろから洋の東西の交流の増加にともなってヨーロッパへも紹介され西洋花卉文化センターに影響するようになる。このころには、日本へは海外の植物が導入され浮世絵などにもカーネーション(*Dianthus caryophyllus*)やヒマワリ(*Helianthus annus*)が表れ、ナスやトウモロコシなどの農作物も観賞対象となってくる(日野原・

表1　金魚型文化要素と日本原産花卉の構成(中尾，1978に日本原産種などを加筆)

原産地	花木類	有用樹・緑陰樹	有用草本・花卉
日本	**アオキ**，*アジサイ*，*アセビ*，***カラタチバナ***，*クチナシ*，*コブシ(シデコブシ)*，**サザンカ**，サクラ，***シャクナゲ***，**センリョウ**，**ツツジ(*サツキ***，*ドウダンツツジ*)，**ツバキ**，*トベラ*，*ハギ(ミヤギノハギ，ヤマハギ)*，*フジ(ヤマフジ)*，***マンリョウ***，*ムラサキシキブ*，**ヤブコウジ**，ヤマブキ(シロヤマブキ)　*二次林と林縁* 19(9)	*オガタマノキ*，カエデ(**イロハモミジ**)，*クコ*，*キヅタ*，*サカキ*，*サンショウ*，*シキミ*，*スギ*，*ヒサカキ*，*ソテツ*，*ツゲ*，*マサキ*，*マツ(クロマツ，アカマツ，ゴヨウマツ)*，*ナツグミ*，*メダケ*，*ヤマボウシ*，*ヤツデ*　*中層木，二次林* 16(2)	**イワヒバ**，*オダマキ(ミヤマオダマキ)*，**オモト**，*オモダカ*，**カキツバタ**，*カザグルマ*，**カワラナデシコ**，*ガンゼキラン*，**カンラン**，*キキョウ*，**ギボウシ**，*キリンソウ*，*クマガイソウ*，**サイシン類**，**サクラソウ**，*シノブ*，**シュンラン**，**ジャノヒゲ**，*スカシユリ*，*スルガラン*，**セキショウ**，**セッコク**，**ツワブキ**，**ノキシノブ**，**ハナショウブ**，*ヒトツバ*，**フウラン**，**フクジュソウ**，*ホタルブクロ*，*マツモトセンノウ*，**ミスミソウ**，*ミセバヤ*，**ミヤマウズラ(ニシキラン)**，*ヤブカンゾウ*，**マツバラン**，*ヤマユリ*，*リンドウ*　*林床・草地* 36(18)
中国中南部	オウバイ，△カイドウ(ハナカイドウ，ホンカイドウ)，キソケイ，キンシバイ，キンモクセイ，ギンモクセイ，△コデマリ，サルスベリ，サンシュユ，△シジミバナ，ジンチョウゲ，トウツバキ，トキンイバラ，**ナンテン**，△ニワザクラ，ノウゼンカズラ，ハクモクレン，ハクチョウゲ，△ハナズオウ，バラ類，ヒイラギモチ，ビヨウヤナギ，フヨウ，ボケ，△レンギョウ，△ユスラウメ，モクレン，ヒイラギナンテン，ホソバノヒイラギナンテン，*ユキヤナギ*，*ボタンクサギ*，ロウバイ　二次林 32(1)	アオギリ，イチョウ，**ウメ**，ウルシ，△エンジュ，カキ，カジノキ，カリン，カンキツ類(キンカン，ユズ)，***カンノンチク***，△キササゲ，キリ，△シダレヤナギ，シュロ，**シュロチク**，△シンジュ，△スモモ，タケ(マダケ，ハチク，モウソウチク，ホウライチク，*タイサンチク*，*ホテイチク*，*クロチク*，*シホウチク*)，*チャ*，*テンダイウヤク*，トウカエデ，ナツメ，ナンキンハゼ，ビワ，△ボダイジュ，ミツマタ，ヤナギ　二次林 27(3)	***イッケイキュウカ***，イチハツ，オニユリ，*ガンピ*，△**キク(イエギク)**，**キンリョウヘン**，***ケイラン***，ケマンソウ，シュウカイドウ，シュウメイギク(キブネギク)，シラン，セキチク，センノウ，**テッセン**，ナツズイセン，ハラン，バイモ，**ハス**，ヒオウギ，ヒガンバナ，フジバカマ，フユアオイ，ミョウガ　草地 23(6)
中国北部または中西部	ギョリュウ，*チャンチン*，ボタン，ムクゲ　4(0)	アンズ，ウンリュウヤナギ，コノテガシワ，モモ(ハナモモ)　5(0)	シャクヤク　1(0)
西域		ザクロ，*ブドウ*　2(0)	*カーネーション*，キンセンカ，ケシ，スイセン，タチアオイ，*ハボタン*，ヒナゲシ　7(0)
インド・アフリカ・新世界	ソケイ，マツリカ　2(0)		***アサガオ***，ケイトウ，ハゲイトウ，ホウセンカ，*マリーゴールド*　*5(1)*

立体：中尾の列挙(一部修正)，斜体：加筆，太字：古典園芸植物，下線：史前帰化植物，△：原産地が華北か華中か不明，最下段の数値：種数(古典園芸植物数)

平野、二〇一三）。渡来後の日本独自での発達は明瞭でないものの、オシロイバナ（*Mirabilis jalapa*）やカンナ（*Canna indica*）、マリーゴールド（*Tagetes erecta*）など新大陸原産の植物が鎖国政策のなかで平戸や長崎を経て導入され、日本の花の世界は華やかになっている。

金魚型文化要素とその周辺要素の植物群の原種は（表1）、二次林や照葉樹林の中層木で、これに林縁や草地の灌木や多年草も含まれる。花木と緑蔭樹には中国から日本へ伝わった植物が多く、草本の花卉には日本産が多い傾向にある。欧州や新大陸から伝わった花卉は一年生草本か宿根草である。

地域原産植物の園芸化と地域外からの導入という花卉の多様化の流れを受けて日本の庶民の生活の場である民家庭園は、世界でも稀なアメニティ空間を形成し、近世以降は庭園の植物は庶民を担い手として維持されている。さらに日本では世界に先駆けて園芸パフォーマンスが庶民化し、花見や花祭りがあり、花の名所ができたり近年には花のイベントも催されている。

庭は、元来、農作物の調整や生活活動の場所として囲われた空間であり、ヒトという動物のテリトリーといえる（中尾、一九七八）。植物を植え景観を作り、それから生活必需品を獲るサブシステンスは庭園の後発的な機能である。中尾（一九八六）のいう外周型庭園に当たる日本の民家庭園では、その風景や空間の所有権の範囲はあいまいで、多くの場合低い生け垣で囲われる程度である。そのため近隣の人が庭の小径を抜けつつ修景を見ることができる。これは海辺や島の集落だけでなく、中山間地でも普通である。

日本の中山間地農漁村の平均的な民家庭園の植物の調査によると（道下・山口、二〇〇六；道下ほか、二〇〇四、二〇〇五）、伊豆半島、紀伊半島、松浦半島・平戸島のそれぞれ八〇戸の民家には一戸当たり平均三四～六一種ほどが維持され、地域当たり五一〇～六五〇種ほどがある。その半数は東アジアまたは照葉樹林帯の原産であり、日本産種の約三七〇種のうちの一三〇～一四〇種ほどは人為的な選抜や人為交雑によって改良された園芸品種である。外来種の構成を見ると、地中海地域原産が一二〇種ほどあり、ユーラシアや新大陸からの植物を徐々に受け入れた多様化の歴史が明らかである（道下ほか、二〇〇七）。

照葉樹林帯ではこれまでもケンポナシ、クルミ、カジノキ、ムクロジなど継続的な利用によって人為的に広がったと見なされる植物が人里近くに見られるが、現在は世界的な規模の植物の拡散がある。中国（浙江省・雲南省）や台湾の照葉樹林帯に当たる民家庭園ではカエデ、クチナシ（*Gardenia jasminoides*）、キク、マンリョウなどの東アジア温帯性の植物に東南アジア原産種が混じり、タイ、フィリピン、インドネシアなどの民家庭園ではセンネンボク、ヘンヨウボク、キランジソなどの地域原産種に東アジアの要素も入れ混じっており、庭園植物には平準化が進んでいる。

植物は移動後に地域文化に溶け込むこともあり、バリ島ではプルメリアやキクが墓地でよく使われ、アジサイの紫花はチャナンの基本的色彩を担うように使われている（Miyaura et al. 2015）。中国と日本で育まれた東洋花卉文化要素の植物はタイやバリ島の庭園に南下して活用されている。一方、東南アジアオーストロネシア花卉文化センターには株分けなどの栄養繁殖性の花卉が起源し、その構成種は、沖縄や奄美大島では民家庭園のみならず墓花としても利用されている。近年の園芸の庶民化はこのような形で熱帯だけではなく照葉樹林帯でも花卉のグローバル化を進めている。

これまで見てきたように、江戸時代中期ころまでに庶民の住居周りに形成された多様な庭木や花木の世界は、人間の生活に潤いを与え、祭祀に使うなど人間生活に深くかかわってきた。その過程は東アジアの植物多様性から恵与された植物文化要素と地域外から伝えられた文化文明要素の複合化と輻輳化の道であった。金魚型文化要素の植物は、植物文化多様性を形成してきた主役の一つであったと推定される。しかし、観賞植物の世界でも現在進んでいる植物の地域間移動とグローバリゼーションは地域性を喪失させる方向にあり、金魚型文化要素の庭木や花木が欧米の庭園を飾るかたわら野生化のリスクとなっている(Reichard, 2011)ことも忘れてはならない。

本章は、「二〇一一年度〜二〇一三年度　科学研究費助成事業：東アジア原産観賞植物の栽培化と野生化に関する保全生物学的研究　研究課題番号：二三三二〇一六八　代表者　山口　裕文」による研究成果の一部である。

第二〇章　江戸の園芸文化における桜草と花菖蒲

大澤　良

一　古典園芸植物

日本人の多くは、椿（ヤブツバキ *Camellia japonica*）、菊（イエギク *Chrysanthemum* × *morifolium*）、牡丹（ボタン *Paeonia suffruticosa*）、躑躅（ツツジ *Rhododendron* spp.）、朝顔（アサガオ *Ipomoea nil*）、撫子（カワラナデシコ *Dianthus superbus* var. *longicalycinus*）、桜草（サクラソウ *Primula sieboldii*）、花菖蒲（ハナショウブ *Iris ensata* var. *ensata*）の花を思い浮かべることが出来るだろう。これらはいずれも江戸時代に日本で品種改良され園芸植物となった植物であり、古典園芸植物と称される。仁田坂（二〇〇九）は、江戸時代に園芸化された植物、なかでも高額な植物種が古典園芸植物と称され、桜草や朝顔などは古典園芸植物に入れられてこなかったが、金銭的価値の高低、現存品種の有無、発達時期を問わないという前提を付け、「日本原産の植物あるいは古く日本に渡来した植物を原種とした観賞用に育種された園芸植物群」をまとめて「古典園芸植物」と呼んでいる。一方、民族植物学者の中尾佐助（二〇〇五）は、「古典園芸植物」の定義は曖昧であるとした上で、江戸時代に流行期があり、大発達したものの、明治以降は衰え、今は社会の一部いわゆる篤志家によって保存されている植物を指すとした。具体的には、松葉蘭（マツバラン *Psilotum nudum*）、万年青（オモト *Rohdea japonica*）、桜草などであり、いずれも小型なものがほとんどで、鉢植えとして栽培される特徴があること、たいへん高度に品種改良された栽培品種が多数あって非常に奇妙な花葉をもつものが多いこと、品種改良の美学が西洋人には理解しがたいものであったため、国際的には評価されていないことを特徴として挙げている。さらに、中尾は、花木の桜（サクラ *Prunus* Subg. *Cerasus*）や椿、草本の花菖蒲などが国際的に認知されていった一方で、古典園芸植物が西洋人の美学に合わずに取り残されたとしている。

日本は自生植物の種類が多いこともあり、椿、桜、楓(代表種として、イロハモミジ *Acer palmatum*)、桜草、花菖蒲など多くの在来植物が育種され園芸品種となった。日本古来の植物のように思われている朝顔、梅(ウメ *Prunus mume*)、芍薬(シャクヤク *Paeonia lactiflora*)などは外来植物である。中尾(二〇〇五)は、記紀や風土記などに表れる植物名の多くが、イネ(*Oryza sativa*)、アワ(*Setaria italica*)など以外は、樹木であり、『万葉集』では一六六種の花が登場し、世界のどの古典よりも多数にのぼるとしている。さらに、『万葉集』に記述された植物の頻度を『聖書』と比較し、『聖書』では上位一〇種のうち九種がブドウ(*Vitis* spp.)、ムギ(オオムギ *Hordeum vulgare*)、イチジク(*Ficus carica*)など実用植物であるのに対して、『万葉集』では上位一〇種のすべてが実用植物ではなく、ハギ(*Lespedeza* spp.)やマツ(*Pinus* spp.)など日本原産植物も多く、植物が美学的評価に基づいて登場しているとしている。すなわち奈良時代の日本では植物を美学的に評価する文化が成立していたとしている。磯野(二〇〇七)は、明治以前に日本に渡来した植物を「渡来植物」とし、『古事記』や『日本書紀』などの史書、『万葉集』や『枕草子』などの古典文学、あるいは平安時代中期の延喜年間(九〇一~九二三)に編纂された『本草和名』や承平年間(九三一~九三八)の『倭名類聚抄』など辞書の類からその渡来年代を推定している。小野(一九八五)や磯野(二〇〇七、二〇〇九)および仁田坂(二〇〇九)を参考にいくつかの古典園芸植物の由来を見ると(表1)、現存する最古の漢詩集である『懐風藻』にその名が見られる菊や梅は飛鳥・奈良時代には日本へ渡来している。日本原産の椿、桜、躑躅は奈良時代から知られ、花菖蒲や桜草は南北朝時代から室町時代にかけてその記録がある。いずれも当初は薬草としての利用、あるいは野草を庭に移植して楽しむことが主流であったようで、花の色や形の変異を生み出し、その姿を楽しんだのは江戸時代からといえる。

徳川家康が征夷大将軍に任命され、江戸に幕府を開いた一六〇三年から一八六八年の大政奉還までの二六五年間は、大きな戦乱もない太平の世であった。平和になると文化が発達するのは歴史的事実である。この間、江戸

表1　古典園芸植物の由来・品種育成様式

植物名	学　名	漢字名	品種育成様式	原産地	初見・渡来（磯野 2007, 2009）	資料名	黎明期	発達期
ボタン	*Paeonia suffruticosa*	牡丹	実生型	中国	971年	蜻蛉日記	平安	江戸前期から中期
キク	*Chrysanthemum morifolium*	菊	実生型・種間交雑型	中国	751年	懐風藻	平安初期	江戸中期
ウメ	*Prunus mume*	梅	実生型	中国	705年	懐風藻（751年）での記録	室町時代	江戸中期
ツバキ	*Camellia japonica*	椿	実生型	日本	712年	古事記	室町	江戸中期
サクラ	*Prunus* spp.	桜	実生型・種間交雑型	日本	720年	日本書紀	鎌倉	江戸中期
ツツジ	*Rhododendron* spp.	躑躅	山採り型・実生型・種間交雑型	日本	785年前	万葉集	江戸前期	江戸中期
サクラソウ	*Primula sieboldii*	桜草	芽条変異型・実生型	日本	1491年	山科家礼記	江戸中期	江戸後期
ハナショウブ	*Iris ensata*	花菖蒲	芽条変異型・実生型	日本	1346年	拾玉集	江戸中期	
カラタチバナ	*Ardisia crispa*	百両金	実生型	日本	900年頃	新撰字鏡	江戸中期	江戸後期
シャクヤク	*Paeonia lactiflora*	芍薬	実生型	中国	818年	文華秀麗集	江戸中期	昭和初期
アサガオ	*Ipomoea nil*	朝顔	実生型	中国あるいはアメリカ大陸	914年	古今和歌集	江戸後期	江戸末期

図1　江戸図屏風にある「御花畠」(国立歴史民俗博物館HPより)

では花卉園芸が発達して多くの植物種で新品種が開発され、人々の目を楽しませていた。江戸の園芸は家康の江戸入城から始まったともいえる。徳川家康をはじめとして、徳川将軍家には花好きが多く、家康、秀忠、家光の三代の花好きは有名であった。特に二代将軍秀忠の園芸好きに関しては、小笠原(二〇〇八)や竹岡(二〇〇八)によれば、『武家深秘録(ぶけしんぴろく)』(一六一五(元和元)年ごろ)に「将軍秀忠　花癖(かへき)あり　名花を諸国に徴し、これを後園吹上花壇に栽えて愛玩す　此頃より山茶流行し数多の珍種を出す」という記録があるほどであったとされる。三代将軍家光のころに描かれた江戸図屏風を見ると、江戸城内には「御花畠」があり、そこにはさまざまな草木が育てられていた(図1)。左半分には椿が、右半分には菊や百合などの草本類が植えられている。右上には桜草も見ることが出来る。多様な姿の花が描かれている椿に比べて桜草の花は単調であり、その姿は野生の個体に近いように見える。しかし、花色には三色あり、野生の変異個体が収集されていたと想像出来る。桜草の栽培は戦国時代の終焉にともなって、上方（京・大阪）から、高度な技術とともに、徳川家か諸大名によって江戸へもたらされたと推定される。

小野（一九八五）は江戸時代の園芸植物の流行を、江戸時代前期には、椿、菊、躑躅、牡丹など限られた種類の植物がある程度の間隔をおきながら、散発的に流行し、後期には天明寛政期（一七八一～一八〇〇）の桜草に始まり、石菖（*Acorus gramineus*）、朝顔、松葉蘭、南天（*Nandina domestica*）、万年青など幕末に至るまでほぼ連続して流行したと整理している。

江戸時代の園芸植物の流行は、それまでに見られなかった新しい品種の創出をともなっていた。例えば、桜草では花形や色合の違う「変わりもの」が数百種、松葉蘭は二〇年あまりの間に百種以上が出現し、朝顔は特にその変化が激しく、一八一七（文化一四）年『朝顔名花集』にはその品種が数千もあったとされる。この「変わりもの」は、山野の自然集団のなかから変異した個体を探すか、あるいは実生による個体を選抜するかで得られていた（小野、一九八五）。

桜草に関しては、大和国郡山藩第二代藩主・柳沢信鴻（やなぎさわのぶとき）の記した『宴遊日記』（一七八一（安永一〇）年）には「土堤の下は野新田に続きたる広野、桜草所々に開き、……」とあり、鵜川鹿文が残した『華実年浪草（かじつとしなみぐさ）』（一七八二（天明二）年）には「三月　桜草、和漢三才図絵ニ曰ク桜草ハ山谷中ニ生ズ……人家之ヲ移種ス。此種九輪草ノ属ニ非ス九輪草ハ渓澗ノ間山中ノ水ニ縁テ生ス　桜草ハ厚野ノ草地ニ生ス　今豊州豊島村ノ近野多ク生ス　年々種子自コボレテ新花ヲ出ス　凡ソ三百種ニ過タリ　好事ノ者甚タ愛玩ス」とある（竹岡、二〇〇九）。これらによれば、自生地の群落中には、たくさんの変異個体があり、それを掘り取って園芸品種として楽しんでいたようである。これが自然集団から「変わりもの」を採集した始まりであろう。しかし、その約五〇年後に出版された『桜草作伝法』(国会図書館デジタルコレクションHP)には桜草のかわり花の出現について、「好事の輩は遠路をいとはず野原に足をはこび中には替り色花もあれかしとたつねしに一通りの花のみにて稀に白花を得しとなり……其後に至り好事の人々実を取蒔て種々丹精し花の替りを出し候事になり実の替花にて南京小桜と名付し花初のよし」と記されており、桜草の園芸化の初期には、山野の野生集団からかわりものを採集したが、たちまちその変異個体は掘りつくされ、その後、より多くの人々に試みられたのは、実蒔培養によるかわりものの創出であったと推測出来る。

また、後述する松平菖翁は、その著書『花菖培養録』において、花菖蒲の祖先種のノハナショウブ(*Iris ensata* var. *spontanea*)と考えられる花かつみが福島の安積池からもち込まれ、「彼の沼に生する時は、僅に花形の異る迄して敢て色のかわる事なし。是は天質を全して生ヽせる故か。予か園中とても其実散乱しておのつから長生せる時は雑花のみ多く、……　秋彼岸頃実熟したる時採入。中におさぬ屋中に貯置、七八ケ月を経て、翌年春彼岸前蒔けるゆへに、天気之気養を離れ滋潤を失ふか故に、罏の珍花を開くならんか」(小野、一九八五)と自然条件下では面白い「かわりもの」が出現しないが、江戸で個体採種した後代から「かわりもの」が多数生じたと記録している。

江戸時代に発達した園芸植物は日本が世界に誇れる文化財である。文化財保護法においては、天然記念物指定基準の「植物」に基づいて植物の個体、自生地、群落、原始林、並木などが天然記念物として保護されている。その多くは野生個体もしくは個体群、あるいは寺社などに植えられた野生由来の個体である。しかし、人の美意識に基づいて育成された植物群である園芸品種は天然記念物の対象とならない。文化財が人の文化的活動によって生み出された有形・無形の文化的所産であり、学術的価値の高いものであるならば、古来より日本人によって時代ごとの思潮や美意識により育成された園芸品種はまさに文化的遺産、民族文化財であるといえる。これまでに、古典園芸植物の文化的価値に言及してきた多くの研究がある(小野、一九八五：青木、一九九八、一九九九：平野、二〇〇六；小笠原、二〇〇八；日野原・平野、二〇一三）。それらの多くは時代考証に優れ、園芸品種の成立過程の解明に大きく貢献してきた。一方で園芸品種の示す遺伝的多様性を科学的に検証し、文化財として積極的に評価した成書は少ない。しかし、中尾（二〇〇五）は、この古典園芸植物の存在を「日本文化の生き証人」であるとし、これらを記した多くの文献が後世に残ることも重要であるが、日本の文化財のひとつとして、その個体を生かして残して守るほうが賢明であるとし、文化財保護行政のなかに取り入れる必要を訴えている。「古典園芸植物」を民族の文化財として後世に残すべきであるとの考え方は、この中尾佐助の提言に始まる。小野（一九八五）は、遺伝と変異のメカニズムが今日のように解明されていない当時にあっても、注意深い観察に基づいて、奇品創出のためにさまざまな方法が考案されていたが、その方法は、変異出現の確率を高めるにすぎない場合が多く、その出現はもとより変化を予測することは困難であり、数多くの実生に奇品が出現するかどうか、出現した場合どのような種類の奇品なのか、それは生長の後、あるいは開花して初めてわかることであったとし、この賭に通じる予測不能性が人々を新しい品種の作出に夢中にさせた要因のひとつであったと結論している。中尾（二〇〇五）もまた、花卉や花木の品種改良を花卉園芸文化の発達指標として重要視している。そのなかで、江戸期における品種改良の驚くべき事実として、既にヨーロッパでは普及していた「人工交配」が日本では行われていなかったことを挙げている。その要因として、江戸時代に広がった『草木雌雄説』への依存を示唆している。日本の花卉園芸の素晴らしい品種改良技術の根底は、水田のなかから優良個体を選び出し稲の品種改良を行ってきた農民の手法に共通するとしている。

遺伝の知識も近代育種技術もなかった江戸時代に庶民はどのように野生種から多彩な園芸品種を育成したのかをゲノム情報など現代の評価手法を駆使して遺伝学的に研究することは、わが国の園芸文化の発展過程を科学的に理解するのに大きく役立つばかりではなく、古典園芸植物の文化財としての価値を高めることになる。

次に、数多い古典園芸植物のなかから植物種としてサクラソウ(双子葉)とハナショウブ(単子葉)に着目して、園芸品種の発達過程・変遷を検証してみよう。この二種は生物学的には種子繁殖出来るものの、それぞれの品種は栄養繁殖によって二〇〇年以上にわたり維持されて、いずれも品種群は種内での突然変異と自然交雑から成立している(表1)。

二　サクラソウ

園芸書は、個々の植物がどのように園芸化したのかを知る手がかりのひとつである。青木(二〇〇一a、b、二〇〇二a、b)によれば椿百品が記載された一六三〇(寛永七)年の『百椿集(ひゃくちん)』から野生のサクラソウ一品と優花九九品を記載した一八六五(慶応一)年の『図譜桜草百品図』まで一七〇あまりの園芸書が出版されている。小笠原(二〇〇八)も約二四〇の園芸書の存在を指摘している。これらの事実も江戸時代に園芸が飛躍的に進んでいた証左である。

サクラソウ(*Primula sieboldii*)が掲載されている園芸書の数は椿や菊には及ばないもののおよそ一〇点が知られている。また、竹岡(二〇〇八、二〇〇九、二〇一四)も文書を一つひとつ当たりサクラソウ関連園芸書をまとめている。それに基づいてサクラソウ品種の変遷を紐解くことにする(表2)。

三代目伊藤伊兵衛著の『花壇地錦抄』(一六九五(元禄八)年)には、「桜草　中末　花形桜に毛頭もたかわす　色むらさきと雪白の二種有」とあり、四代目伊藤伊兵衛も『広益地錦抄』(一七一九(享保四)年)に「本桜草　春初中　草たち花形つねのさくらそう也　はなの色　山さくらより少いろありてほんのりとうすし」と記している。この記述からすると、元禄から享保のころにはまだサクラソウのかわりものは少なく、多様化も進んでいなかったこと

表 2　桜草関連の園芸書など

西暦	元号	文書名	著者など	記述内容
1478	文明 10 年	大乗院寺社雑事記	奈良興福寺大乗院尋尊大僧正の日記	二月　花桜　信乃桜(しなのざくら)　岩桜(いわざくら)　岩柳(ゆきやなぎ)庭桜　桜草
1491	延徳 3 年	山科家礼記	公家山科家の家司大澤久守の日記	武家へ桜草，ほうとうけ(宝幢花)のたね御所望候間，進之也(室町幕府10 代将軍足利義材よりサクラソウとクリンソウを所望されたのを進上した
1493	明応 2 年	言国卿記	山科言国の日記	夕方シタ、メニ退出畢，(中略)晩影番帰参，桜草御用之由間，予庭ノ三本持参，小御所御座ノ間直ニ持参，即ウヘサセラレ畢
1496	明応 5 年	実隆公記	三条西実隆の日記	早朝退出，桜草，庭桜等依仰堀進上之
1584	天正 12 年	天王寺屋会記	津田宗久	三月四日朝　因幡善浄坊休夢，床二細口　桜草　生而圓盆，風炉　高キウハ口の釜　小板　芋頭，手水之間ニ　置，床ニ船子絵　手水之間ニかけ，花ヲイケ申候
1594	文禄 3 年	言経卿記	山科言経の日記(山科言国の孫)	大和三位入道より桜草種十本計送給之間植庭了
1664	寛文 4 年	花壇綱目	水野元勝	桜草　紫薄色，白ぬ，黄白　春分植る
1695	元禄 8 年	花壇地錦抄(かだんちきんしょう)	伊藤伊兵衛三之丞	色むらさきと雪白二種有……
1698	元禄 11 年	花譜	貝原益軒	桜草　三月花をひらく。むらさきいろ有，白色有，淡紅黄色有……。
1699	元禄 12 年	草花絵前集(くさばなえぜんしゅう)	伊藤伊兵衛政武(三之丞の息子)	色は白と紫と二種有
1709	宝永 6 年	大和本草	貝原益軒	桜草　三月紫花を開く。桜花の形に似たり。また白色有。うすき紅黄色あり
1713	正徳 3 年	和漢三才図会	寺島良安	桜草……淡紫色或いは白色……
1719	享保 4 年	広益地錦抄	伊藤伊兵衛政武	本桜草　草たち花形つねのさくラサウ也花の色山さくらより少いろありてほんのりとうすし
1733	享保 18 年	地錦抄附録	伊藤伊兵衛政武	(本文参照)

1735	享保20年	草木弄葩抄(そうもくろうはしょう)	菊池成胤	花に色数多し。白或ハ雪白紫又咲分，うす紫，とび入有。咲分桜草ハいまのしぼりにあらず一りんの花びらにむらさきと白と色わかる
1781	安永10年	宴遊日記	柳沢信鴻	土堤の下は野新田に続きたる広野，桜草所々に開き，
1782	天明2年	華実年浪草(かじつとしなみぐさ)	三余斎鹿文	三月　桜草，和漢三才図絵ニ曰ク桜草ハ山谷中ニ生ズ～　略　～人家之ヲ移種ス。此種九輪草ノ属ニ非ス　九輪草ハ渓澗ノ間山中ノ水ニ縁テ生ス　桜草ハ厚野ノ草地ニ生ス　今豊州豊島村ノ近野多ク生ス　年々種子自コボレテ新花ヲ出ス　凡ソ三百種ニ過タリ　好事ノ者甚タ愛玩ス
1830	天保年間	桜草作伝法	作者不詳	桜草を翫ぶことは　享保の頃より見出し　翫ひ候ことにして　追々江戸へ取出し詠めしことゝ思れ候，其頃好事の輩は遠路をいとはず　野原に足をはこび，中には替り色花もあれかしとたつねしに　一通りの華のみにて　稀に白花を得しとなり
1776	安永5年	聚芳図説	作者不詳(明和5年(1768)～安永5年(1776)の記事があるので，明和・安永年間(1764-80)頃の作成と推測)	桜草所持之分百種印す。国立子会図書館デジタルコレクション　聚芳図説3巻【2】 25コマ
1789	寛政(1789-1801)	サクラサウ	渋江長伯	62品種の押し花
1812	文化9年	桜草花品全	洞水	88品種の写生画
1847	弘化4年	百花培養集	松平定朝	寛政の頃より，漸少し野草を遁れたる花形現し，追々名花奇品実生園ニ現し……
1835	天保6年	桜草勝花品	坂本浩雪	大阪の品種の紹介：桜草近年種類甚ダ多シ好事者ハコレヲ翫賞ス　新奇花ヲ生出シ勝ト為ス　故二年ヲ逐ッテ名花多ク生ズ
1860	万延1年	桜草名寄控(前半)	伊藤重兵衛(染植重)	200品種以上掲載

がうかがえる。しかし、その後、四代目伊藤伊兵衛は『地錦抄附録』(一七三三)においてサクラソウに関して書き残している。そこには、九種のかわりものとして、濃紫桜草「桜草のうちに色優れて濃い紫」、紅軸桜草「花形つねのとかはりてう間すきてうすく痩形にて色白く花の軸長く伸びて軸ばかり濃紫いろなり」、藤裏桜草「花の表桜色にてうら藤色也うらの色おもてへうつり羽二重に紅裏の景気也」、源氏桜草「花形かはり花びらあつく六七葩もまじり出る色うすむらさき少しかき色のごとくにてまはりうす白くはつる」、咲分桜草「惣地むらさきにとび入り白く有　さきわけさらさのごとく」、鞍馬桜草「花の色うす桜ほんのりとして本桜草より少し色こく見ゆる」、紅裏桜草「花のおもてうすいろ　うらべに紫也　うらの紅表へうつりて　も、いろに見ゆる」、南京小桜「花形極て小りん　花形少しそりかへり　じんじやうに花の内白くまはり紫にこ白ともいふべしかはりたる物也」、はぎよう桜草(この変わりものに関する記述はない)が紹介されている。この記述を見ると、この時期のサクラソウには花弁の色素の白から紅への変異、あるいは紫花弁の存在、さらには裏表の色の組み合わせがあり、花弁の模様に変異のあることがわかる。花弁の形状についても形が多様になっているのに加えて多弁個体の存在もうかがい知れる。

この間約四〇年に何が起きたのかはわからないが、上述した『華実年浪草』(一七八二)によれば数多くの新花が野生集団から現れたとあり、サクラソウへの人々の関心が高まり多くの変異個体が掘り起こされたと考えられる。『聚芳図説』(一七七六(安永五)年以前)にも花弁の色彩と形が図示されており、しぼりさらさ(花弁全体に細めの縦斑絞りが数本)、そこ紅咲き(底紅)、なでしこ咲(弁先が撫子状に細い切れこみが入る)、須磨咲(弁先や弁の左右に太い紅斑)、横波入(弁の中央に横波状の斑線が入る)、透かし咲き(弁先に細めの縦斑が一～三本入る)が紹介されている。しかし、これらの変異は後の野生種とは大きく異なる品種の域には達していないようである。すなわち江戸の初期・前期・中期はサクラソウの園芸化が進んだ時代であったが、多様化をともなった隆盛期ではなかったと予想される。一方、江戸時代後期の文政年間(一八一八年以降)は人為実生による変異の拡大期であり、この時代に野生種の形態から大きく離れた園芸品種が完成したと考えられている(竹岡、二〇〇九)。一八三〇年ごろの作とされている『桜草作伝法』には、それまでに生まれた代表的な品種がのせられているが、「蛇目傘」「楊柳笛」「銀世界」「臥竜梅」「駅路の鈴」のように平咲、梅咲が中心で、花形・色合とも変化に乏しい(写真1)。しかし、一八六〇(万延元)年の染植重(染井の植木職・二代目伊藤重兵衛のこと)が残した『桜草名寄控え』には、「紫がゞり」「一天四海」「唐縮緬」「伊達男」「秋風楽」「玉光梅」「糸の綾」「東鑑」「錦鶏鳥」「楊貴妃」「江天明鶴」「白鷺」など今日でも銘花と称される品種がたくさん記されている(写真2)。これらの書物からもサクラソウ品種の多様化は、江戸後期に進展したことがうかがい知れる。

現実にはサクラソウ園芸品種の育種過程の詳細は明らかになっていない。栽培植物の歴史を明らかにするためには、いつ、どこで、どのようにして、どのような祖先種から栽培種が出来上がり、なぜ現在の特徴をもつに至ったか示す必要がある。特にサクラソウは観賞用の植物であり、その変異には人の嗜好が反映されやすいと考えられる。この点は食用作物の品種史とは異なるものであり、サクラソウのもつ特徴は作出された時代の文化を反映していると考えられる。発達史を明らかにするには文書による文献的調査とともに現存している植物の形態や遺伝子に基づく調査が有効であろう。

サクラソウに関しては、これまでに野生集団と園芸品種との関連がゲノム解析に基づいて明らかになっている。ゲノムから見たサクラソウ園芸史は大澤・本城(二〇一三)を参照いただきたい。SSRマーカーを用いたハプロタイプの解析によって、サクラソウ園芸品種の遺伝子型を調査した結果、サクラソウ園芸品種の起源となった集団は、文献に示されていた荒川流域の自生地の野生であることが裏づけられている。しかし、「大須磨」のように関東の野生集団に由来するとは考えられない品種の存在も明らかになっており、すべての園芸種が関東周辺の

‘蛇の目傘’（じゃのめがさ）　‘駅路の鈴’（えきろのすず）　‘臥竜梅’（がりょうばい）

写真 1　桜草作伝法にある園芸品種(1830 年以前)(筑波大学農林技術センター HP，岩間潔撮影)

‘玉光梅’（ぎょくこうばい）　‘秋風楽’（しゅうふうらく）　‘一天四海’（いってんしかい）

‘紫鑼’（むらさきかがり）　‘東鏡’（あずまかがみ）

写真 2　桜草名寄控えにある園芸品種(1860 年ごろ)(筑波大学農林技術センター HP，岩間潔撮影)

野生集団に由来するのではない。

次に、色素分析や画像解析によって分析したサクラソウの園芸化の歴史を考察したい。花の特徴の多くは量的形質であるが、サクラソウの多様性はいくつかの質的形質として評価されている。農林水産省の花き品種特性分類調査基準によると、サクラソウの品種特性のうち、花に関しては、花色、花径、花の模様、花容（咲き方）、花弁の幅、花弁の形など一六の項目で評価される。しかし、サクラソウの花色や形態は連続的な変化を示すので、この評価法ではその多様性をとらえきれない。そのため、私たちは花の特徴を量的形質としてとらえる方法を改良して、品種の変遷を把握した。

橋本奈々ほか（二〇一二、二〇一三）は、高速液体クロマトグラフィーを用いた花弁色素の種類とその定量的調査によって、花弁に含まれる色素が主にアントシアニンの malvidin とフラボノールの kaempferol の配糖体からなっており、花色の変異には malvidin の増減が関与していて、野生集団と比べると園芸品種では色素量の変異が拡大し、花色の濃い品種と色素量が少なく花色の薄い・白い品種が多くなっていることを明らかにしている。江戸時代にに、野生種から花色の濃い方向と花色を淡くする両方向に選抜が進んだことになる。また、この傾向は江戸時代の育種隆盛期と明治以降の育種沈静期でもかかわらず、現代に至るまで隆盛期に形成された変異の幅のうちで品種改良が進んでいる。これらの研究では花弁が保有する色素量のみに着目しているため、品種独自の模様の違いは説明されていない。しかし、このような技術の進展によって、サクラソウ花弁の色および模様の科学的背景が解析されれば、どのような過程でサクラソウ独特の紋様が生み出されたのかも明らかになろう。一方、筆者達はサクラソウ品種の特徴である花弁の形についての解析を進めている。これまでに花弁の大きさと楕円フーリエ解析主成分分析法を用いて花弁の形の多様性を評価したところ、野生集団と比較し園芸品種では花弁の大きさとふたつの主成分について園芸品種の定量値のばらつきが有意に大きくなっており、サクラソウは初期の

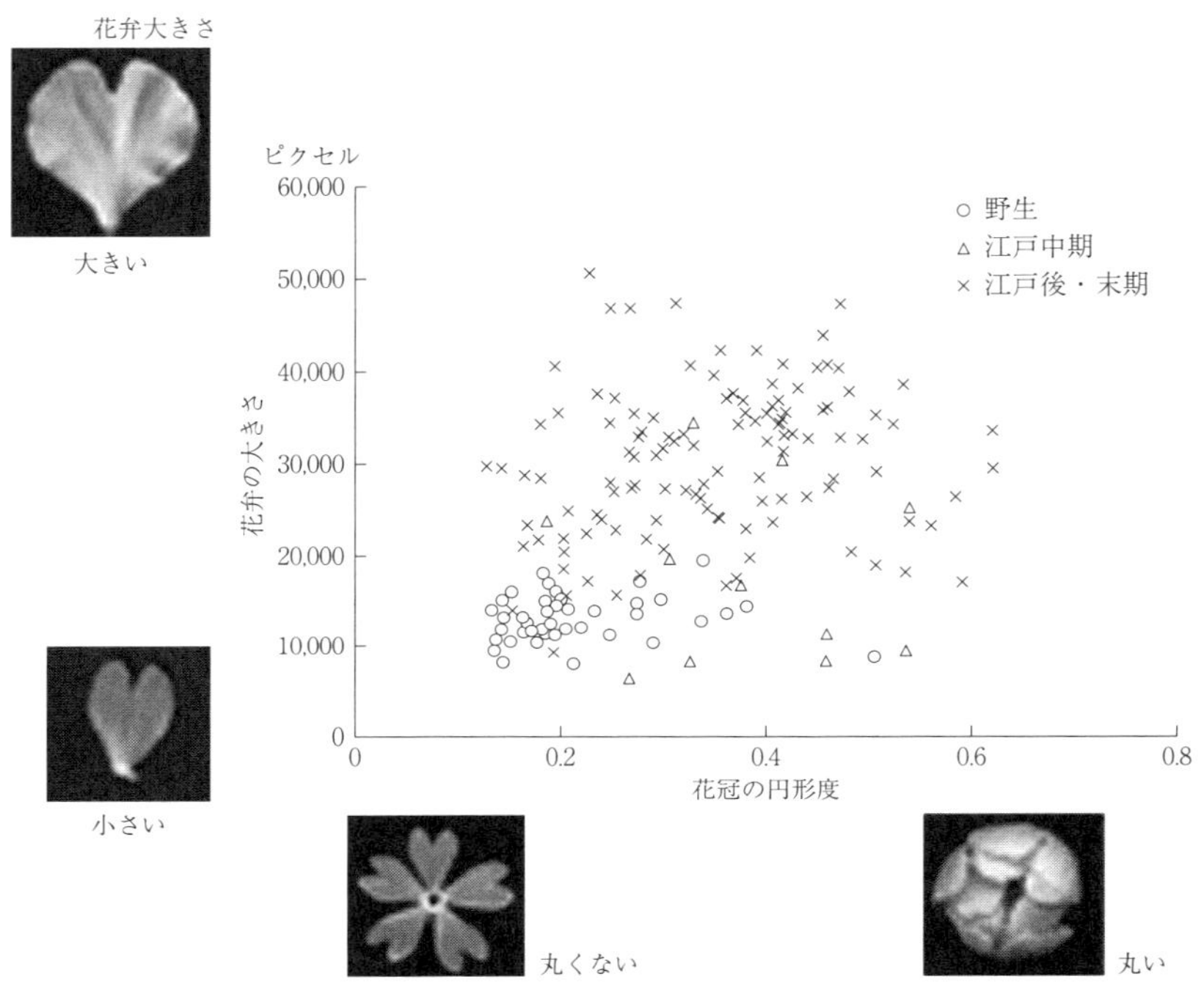

図2　江戸時代におけるサクラソウ花弁形状の多様化。横軸は花容を反映しており，縦軸は花弁の大きさを示す。野生集団は花容は平咲きで，花型は標準型で，花弁の小さいのに対して，園芸品種は平咲き・標準型・小花弁から玉咲き・重ね弁・大花弁まで幅広い変異があることがわかる。

栽培化によって花弁の形状が野生集団よりも多様化していることが明らかになっている（本城ほか、二〇〇六）。

さらに、青木瑞代ほか（二〇一三）は、サクラソウの栽培化および育種過程における花の形質の多様化を花冠と花弁の形態の定量値から解析している。サクラソウでは花冠形態は花容と表現する。花容は言葉で説明し難いが、花全体の姿あるいは顔つきである。花冠全体の丸みを表す4π×面積÷周長の二乗で示す円形度を算出したところ、その値の変化は見た目の形態の変化と合致し、サクラソウ花冠の形態評価に適していた。そこで、野生集団と作出年代の違う園芸品種とについて円形度と花弁の大きさの変化の方向性と定量値の多様性を評価した。その結果、野生集団、江戸中後期、江戸時代末期以降という三つの大きなまとまりが見られ、江戸時代末期には広がりが拡大していた（図2）。これまでに多くの文献調査から示されたように、サクラソウは江戸時代後期に品種数が爆発的に増え、色や形が多彩になったことを支持しただけではなく、その具体的な変異の方向性を定量的にとらえられたのである。

このサクラソウの花容や花弁形状の変異について、中尾（二〇〇五）は、サクラソウの品種改良で育成された、垂れ咲きの花序や抱え咲き弁、玉咲き弁というような特徴は、欧米人の目では単に劣等な形質と見られただけであり、サクラソウは世界的な園芸品種とはならなかったと指摘している。しかし、一方で、これらの形状に日本人が美を見出したことは、西洋人には理解できない美学が日本文化に存在することを示しているとも述べている。中尾の指摘した「江戸の美」を科学の眼で解析することは出来ないが、色素や花弁形状の花容の変異を定量的にとらえると、ゲノム解析との結果と結びつけられ、サクラソウの品種発達史を品種レベルで追跡出来るようになる。

三　ハナショウブ

ハナショウブ（*Iris ensata* var. *ensata*）もまた、江戸時代に改良された古典園芸植物のひとつである。ハナショウブの原種であるノハナショウブ（*I. e.* var. *spontanea*）は、昔は日本各地の草原や湿地に普通に見られた花であった。ハナショウブは、平安時代後期から鎌倉時代の僧慈円の歌の家集である『拾玉集』（一三四六）に記述されている（表1）。その後、室町後期に最古の花伝書である『仙伝抄』に端午の節句のハナショウブが記載されている。薬功のあるサトイモ科のショウブ（*Acorus calamus*）とはまったく異なるが、この習慣は江戸時代にも受け継がれ、端午の節句の主役としてのハナショウブが広まっていった。江戸時代におけるハナショウブは一六八一（延宝九）年水野勝元により記された『花壇綱目』に色かわりなどの記述で紹介され、この時代にはノハナショウブの変異個体が選ばれ栽培されていたことがわかる。さらに一六九五（元禄八）年には伊藤伊兵衛の園芸書『花壇地錦抄』に八品種、一七一〇（宝永七）年の『増補地錦抄』には三二品種が紹介されている。その約一〇〇年後の一八二二（文政五）年に松平定信により記された『衆芳園草木画譜』に四五品種が極彩色で描かれている。永田（二〇〇五）はそれらを見比べて、『増補地錦抄』からの一〇〇年間はハナショウブの品種改良はほとんど進展していなかったと考えている。ハナショウブの園芸化を一気に進めたのが、江戸後期の旗本、松平定朝（菖翁）である。菖翁は約六〇年間の間に約三〇〇品種を育成し、一八五三（嘉永六）年に『花菖培養録』を記している。そのなかに花菖蒲の変異拡大に関する箇所がある。国会図書館デジタルコレクションには一八五三（嘉永六）年出版の写し（DOI 10.11501/2536396）と出版年不明の写し（DOI 10.11501/2536133）の２編が収録されている。筑波大学の加藤衛拡教授にこれら二種の写しの翻刻を依頼したものを紹介する。

世に花菖蒲と呼へるものあり、その形状
燕子花（かきつばた）に類して葉尺長く、花亦相似て、
三英六英色種々に変し、夏時にひらけり、
宿根して来歳亦花を競ふ、中に実生の
生々するありて、未曾有の珠花を吐り
ましか、先人百花を好れて、天明の度三とせ
余り信州所生の花あやめなるものを
培養あらせしか、実生悉親草に同して

変りたる花咲されハ、丹情甲斐なし迚
後ハ懈（おこた）れしに、其頃予州松山の某成もの
より、みちのく安積沼の花且美（はなかつみ、まこもの別称）の実なり
迚贈越たり、此実生長生して〔濃紫の三英〕種々のはな
咲たり、その草三代、四代と実生せくれしに、
〔花形色とても弥変りて、遂に六英の〕（変して）大輪色逸たる花咲たれハ、殆悦
思れたり、（なお、文中〔　〕は出版年不明の写しにのみある記述である。）

加茂花菖蒲園のＨＰ「花菖蒲文献・資料集」にはこの意訳が掲載されている。
天明の頃（一七八一～一七八八）三年あまり信州所生の（自生する）「花あやめ」なるものを培養（栽培）したが、実生が悉く親と同じで、変わった花が咲かなかったので、丹精の甲斐もなしとその後は止めてしまった。その頃予州松山の何某かのものから、みちのくの安積沼（あさかのぬま）の花且美（はなかつみ）の種子であると贈られた。この実生が育って様々な花が咲いた。その草を三代四代と実生されたところ、花形が非常に変わって、大輪で色の素晴らしい花が咲いたのでとても喜ばれたというものである。

この「花且美（はなかつみ）」なる系統を入手したことによって大きな変異を確保出来たのがハナショウブの園芸化の端緒となったと考えられる。これを母本としたのがハナショウブの品種育成の主流であったとすると、いわゆるボトルネックが生じる可能性があり、ハナショウブの遺伝的多様性はノハナショウブよりは低くなり、各地のノハナショウブとハナショウブは遺伝的類似性が低くなると想像される。
ハナショウブは現在、江戸系、伊勢系、肥後系の三系統と原種の特徴を強く残すとされる長井系を含めた四系統に分けられることが多い。長井系（長井古種）の由来が明瞭ではないこともあり、前三系だけを品種分類の上で

品種群と扱っている場合もある。これらの四系の成立過程には諸説あるが、ここでは永田（二〇〇五）に従って紹介する。江戸系（江戸花菖蒲）は江戸で作出・鑑賞されてきた品種群であり、前述の菖翁や堀切の花菖蒲園によって作出された品種である。菖翁とほぼ同時代、江戸後期、天保年間（一八三〇～一八四三）に堀切村の小高伊左衛門が日本初の花菖蒲園である「小高園」を開いた。伊左衛門は数多くの変異個体を収集するとともに、自らも改良に努めたとされている。江戸系は堀切のような花菖蒲園向きに育成されたものが多く、草丈が高く群生時に美しく見えること、花色や花形が豊富である特徴をもっている。肥後系（肥後花菖蒲）は、江戸後期の嘉永年間に菖翁が熊本藩主細川斉護の要請に応え、自作の銘花を送ったのがその始まりであり、その後、武士によって改良が進められた。肥後系の特徴は、鉢植えでの鑑賞にある。鉢植し、座敷で鑑賞したため、大輪で豪華な花が多く、堂々とした印象を与える。伊勢系（伊勢花菖蒲）は菖翁と同じころ、伊勢松坂で吉井定五郎がハナショウブの改良を手がけたことがその始まりとされている。伊勢系も鉢植え鑑賞が主であったとされ、江戸系よりは大輪である。花弁が垂れ、匙髄の先に細かな切れ込みがある「くも手」という特徴をもっている。伊勢系に関する文献は少なく、吉井定五郎より前のハナショウブについて、あるいは品種の作出年代に関しては不明な点が多いとされる。最後に、長井系は、一九六二（昭和三七）年に日本花菖蒲協会が山形県長井市あやめ公園で、ほかにはない特長を持った品種を発見し、それらを長井古種と名づけたことに始まる。この品種群は、その形態がほかの品種群よりノハナショウブに近く江戸中期ごろの性質を示すとされている。

これら品種群の遺伝的関係は明らかになっていないものの、東北地方で自生するノハナショウブから育成された長井系が江戸に運ばれ、そのほかの地方のノハナショウブのかわり種とともに江戸系として発展し、それらがさらに肥後や伊勢に運ばれ、それぞれ肥後系および伊勢系として発達したとする説がある（日本花菖蒲協会、一九九九）。文献的にこれらの由来を探ることも進められているが、栽培化の過程をＤＮＡから紐解く試みが、筑波大学（大澤）と明治大学（半田高教授）、玉川大学（田淵俊人教授）との共同研究によって進められてきた。田淵教授が保有する各地のノハナショウブを利用して、筑波大では、小林祥子と森田和彦が葉緑体ＤＮＡ変異に基づいてハナショウブ品種群の成立過程の推定を試みた。ハナショウブ四系から一四〇品種、国内一一地域（北海道、青森、新潟、山形、千葉、長野、愛知、三重、鳥取、福岡、鹿児島）および韓国のノハナショウブ二三七個体について六か所の葉緑体ＤＮＡ遺伝子間領域の塩基配列を解析した。核ＤＮＡは花粉親と種子親からそれぞれ一セットずつ遺伝情報を引き継ぎ二倍体性の遺伝様式を示すが、葉緑体は種子親のみから遺伝情報を一セットだけ引き継ぎ半数体（ハプロイド）の遺伝を示し、葉緑体ＤＮＡの異なる遺伝的タイプをハプロタイプと呼んでいる。分析の結果、一〇種（Ａ～Ｊ）のハプロタイプが見出された。ノハナショウブの素材に地域的な偏りがあるため、現時点では最終的な結論には至っていないが、園芸品種の四一パーセントがハプロタイプＡに、五四パーセントがハプロタイプＢに当たり、ハプロタイプＡとＢを示すノハナショウブはそれぞれ三重県と山形県に由来する野生個体だけであった。この結果は、この二県のノハナショウブが園芸品種の主な母系となったことを示唆している。ほかにハプロタイプＥがあり、これには江戸系と長井系の園芸品種と三重県および鳥取県のノハナショウブが属し、これもまた母系として利用されたと推測出来る。しかし、北海道をはじめとしてほかの八県のノハナショウブが示すハプロタイプは園芸品種には認められなかった。この結果は、ハナショウブの成立の過程では各地のノハナショウブがかかわったのではなく、ある特定の地域の個体が利用されたことを示唆している。ちなみに韓国のノハナショウブが示すハプロタイプは、少なくとも現時点では日本のノハナショウブには認められていない。一方、明治大学の森敬紘は、核ＤＮＡの変異から品種群の成立過程の推定を試みている。葉緑体ＤＮＡ変異を調査したノハナショウブと園芸品種を用いて自らが開発した九種類のマイクロサテライト遺伝子座について遺伝子型を決定し、園芸品種三系と野生のノハナショウブ集団との遺伝的類縁性を解析している。その結果、園芸品種三系は

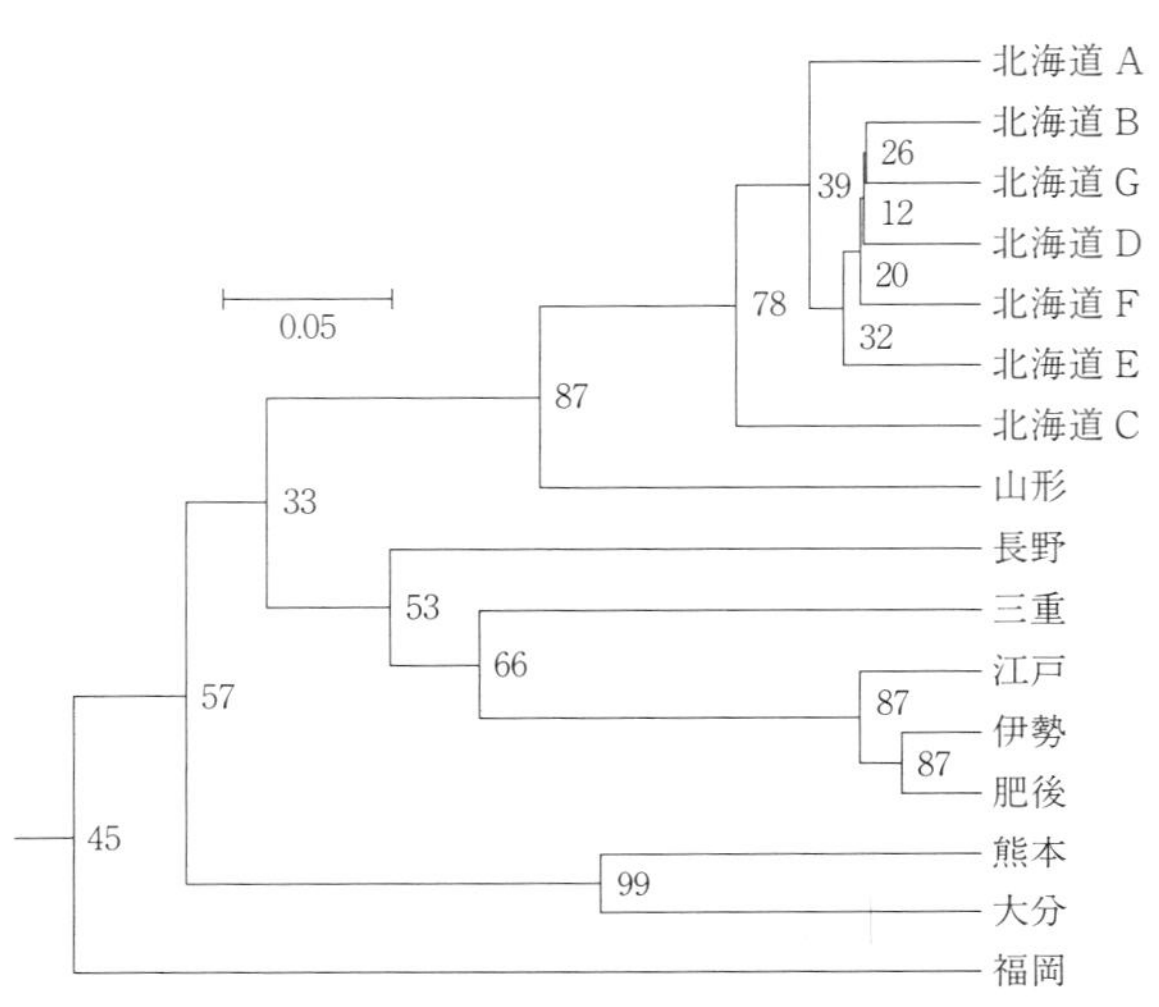

図3　DNA 分析で作成した樹状図(NJ 法による)(明治大学・半田高教授提供)。ノハナショウブの野生集団は，大きく北海道・東北，関東甲信越・中部，九州の3グループに分かれ，園芸品種のハナショウブは1か所にまとまり，関東・甲信越・中部のグループに近い関係となった。図中の数字は，この枝分かれとなる確率を表すブートストラップ値(1,000 反復)である。図中の江戸，伊勢，肥後はそれぞれ育成地の名がついた園芸品種群を示し，ほかはノハナショウブの自生地である。

長野県と三重県のノハナショウブ集団と類似しており、同一のクラスターに属すること、そのクラスターは山形県の集団が所属するクラスターとはやや離れていた(図3)。すなわち、山形の野生個体が江戸系・伊勢系・肥後系の母本となった確率は低く、また全国各地でノハナショウブから園芸品種が作出されたのではなく、多くの園芸品種は既に育成されていた品種間の交配あるいは突然変異によって作出されてきたことを示唆している。

この結果は、上述した安積沼の花且美(はなかつみ)を母本として限られた個体から園芸品種が作出されてきたとする考え方を全面的には支持しないが、母本になった野生個体はそれほど多くはなかったと考えられる。今後、各地に残されたノハナショウブ、あるいは園芸品種の解析を積み重ねることによってハナショウブにおいてもゲノム解析が園芸発達史の解明に貢献出来る日が来るであろう。

以上のように、江戸時代の園芸文化について、サクラソウとハナショウブに焦点を当て、現代の科学の眼から見た伝統園芸品種の発達史を紹介してきた。日本には、万葉の時代から自生植物を愛でる文化が存在し、その下地の上で江戸時代には、それぞれの植物種内のわずかな形態変異を見出し、それを人工交配の技術を使うことなく集積し、多様な品種群を育成してきたことがわかる。しかし、サクラソウとハナショウブのいずれでも現在の自生集団内に園芸品種の成立につながるような特徴的な変異はめったに見られない。現存する野生集団と園芸品種の遺伝的関連はゲノム科学によってかなりの確からしさで推定出来るようになり、品種間の花型や色などの質的・量的変異は画像解析技術・化学分析技術で推定出来るようになってきた。これからはどのような自然交配の組み合わせで多様性が生じたのか、あるいは突然変異などほかの要因がどれほど役割を果たしてきたのかを明らかにし、現代の自然科学の力で中尾佐助の指摘した日本文化の生き証人の実像に迫っていきたい。

第二一章　艶やかなつるバラの世界

上田善弘

バラの植栽において、最も華やかな、バラらしい演出をしてくれるのが、つるバラである。壁に這わせたり、アーチやポールにからませたりと、二次元空間としての面や立体的な三次元空間を彩りも鮮やかにつるバラは飾ってくれる。ほとんどのつるバラは、春から初夏にかけて、年に一回、短期間の開花だが、見事に咲きみだれる。

このような花木、つるバラはどこからきたのだろうか。その起源と発展の過程を探り、その艶やかさにふれる。

一　現代バラに果たしたアジア起源のバラの役割

バラは一般には西洋起源と思われているが、現代バラの特徴を示す遺伝子の多くはアジア起源であり、なかでも、中国と日本のバラは現代バラに大きな役割を果たしている。現代バラのもつ大きな特徴のうち、①四季咲き性、②剣弁高芯の花型、③紅色の花色、④ティーの香り、⑤房咲き性、⑥つる性、⑦わい性、がアジアのバラから受け継がれている。このうち、四季咲き性、剣弁高芯の花型、紅色の花色、ティーの香り、わい性は中国のバラから、房咲き性とつる性は日本と中国のバラから導入されている。

バラの品種改良はヨーロッパと中国で古くから行われてきた。ヨーロッパでは、もっぱら香料用に栽培されていたガリカローズ（*Rosa gallica*）やダマスクローズ（*R.*×*damascena*）をもとに品種改良が進められ、花色は白からピンクまたは赤紫色で、一年に一度しか咲かない一季咲き性であった。中国では非常に古い栽培の歴史があり、そこで育成されてきたバラは、四季咲き性で、花色にヨーロッパのバラにない真紅色があった。中国の栽培バラの祖先種は、ロサ・キネンシス（*R. chinensis*）とロサ・ギガンテア（*R. gigantea*）である。ロサ・キネンシスでは野生種から栽培化される過程で春から秋まで咲き続ける四季咲き性の突然変異が現れ、花色は真紅である。ロサ・ギガンテアには、独特の花の香りがあり、その香りをヨーロッパ人はティーの香りと呼んだ。これらの二種がかかわって成立した中国の栽培バラは、剣弁高芯の花型となる。中国で育まれてきたこの栽培バラが一八世紀末から一九世紀初頭にヨーロッパにわたり、交雑に用いられ、いわゆる現代バラが育成されることになる。野生種をもとに育成された起源の古い系統の品種群をオールドローズと称するが、それらに対し、起源の新しいバラをモダンローズと呼んでいる。オールドローズにないモダンローズの重要な特徴である四季咲き性は中国の栽培バラから導入されたが、モダンローズとオールドローズはこの中国の栽培バラからの四季咲き性の導入を境にして分けられている。

ガーデンローズの重要な系統(品種群)にフロリバンダという系統があるが、この系統の特徴は一本の花茎に複数の花をつける房咲き性で、これが庭のバラに華やかさを加えている。この房咲き性もアジアの野生種ノイバラ(*R. multiflora*)から導入されている。

二　つるバラの野生種

バラはバラ科バラ亜科バラ属(*Rosa*)の植物で、南はエチオピアから北はシベリア、アラスカまで、北半球の亜熱帯から寒帯にかけて広く分布する。落葉または常緑の低木で、茎に刺があり、幹は直立するか匍匐し、時には樹木などにからまって生育する。分類学者により異なるが、Rehder(一九四九)によれば、バラ属は *Hulthemia*、*Rosa*、*Platyrhodon*、*Hesperhodos* の四亜属に分けられる。その分類基準には、葉の形(単葉か複葉か)、葉柄への托葉(たくよう)のつき方(葉柄に沿着するか遊離するか)、萼筒の形、花柱の突出度、花序の形などが用いられている。しかし、種内変異が大きいこと、未記載の種が存在すると思われることなどから、バラ属の分類は完全とはいえな

表1　バラ属における主なつる性野生種　(　)内は分布域

Sect. *Synstylae* ノイバラ節
Rosa arvensis Huds.(スペイン南部とスカンジナビアを除くヨーロッパ全土)
brunonii Lindl.(ヒマラヤ～中国南西部)
filipes Rehd. & Wils.(中国西部)
helenae Rehd. & Wils.(中国中部)
henryi Bouleng.(中国中東部)
longicuspis Bertol.(中国西部，ヒマラヤ)
luciae Rochebr. et Franch. ex Crép.(テリハノイバラ：日本，朝鮮，中国東部)
maximowicziana Regel.(中国北東部，朝鮮)
moschata Herrm.(インド，中国南部)
mulliganii Bouleng.(中国西部)
multiflora Thunb.(ノイバラ：日本，朝鮮，中国)
phoenicia Boiss.(中近東，トルコ)
rubus Lév. & Van.(中国中西部)
sambucina Koidz.(ヤマイバラ：日本中部以南)
sempervirens L.(地中海沿岸，北アフリカ)
setigera Michx.(北アメリカ大西洋岸～ロッキー山脈)
sinowilsonii Hemsl.(中国西南部)
soulieana Crép.(中国西部)
Sect. *Indicae* コウシンバラ節
Rosa chinensis Jacq. var. *spontanea* (Rehder & Wilson) Yu & Ku(中国中西部)
gigantea Coll. ex Crep.(中国南西部～北ミャンマー)
Sect. *Banksianae* モッコウバラ節
Rosa banksiae Ait. var. *normalis* Regel.(モッコウバラ：中国中西部)
cymosa Tratt.(中国中南部)
Sect. *Laevigatae* ナニワイバラ節
Rosa laevigata Michx.(ナニワイバラ：中国南部，台湾)
Sect. *Bracteatae* カカヤンバラ節
Rosa bracteata J.C. Wendl.(カカヤンバラ：中国南東部，台湾，八重山諸島)

い。種の数は分類学者によりさまざまであったが、変種(variety)や品種(forma)などが整理、統合されて、約一五〇から二〇〇種ぐらいの種が存在すると思われる。日本には約一二種三変種が自生し、ノイバラを代表に、テリハノイバラ(*R. luciae*)、ハマナス(*R. rugosa*)などがある。バラ属の染色体数は7を基本数として、二倍体($2n=2x=14$)から八倍体($2n=8x=56$)まである。

これらのバラ属野生種のうち、つる性を示す野生種を見ると(表1)、多くの種がノイバラ節に属し、東アジア原生のものが多い特徴にある。また、栽培バラの成立に深くかかわってきた種として、ノイバラ節に四種(テリハノイバラ、*R. moschata*、ノイバラ、*R. phoenicia*)、コウシンバラ節に二種(*R. chinensis* var. *spontanea*、*R. gigantea*)がある。また、野生種そのものがよく植栽されるナニワイバラ(*R. laevigata*)があり、選抜して作られた野生種に近い八重咲きのモッコウバラ(*R. banksiae*)がある。

中国の四季咲き性の栽培バラのもとになった野生種は上記のコウシンバラ節の二種であるが、本来はつる性で強勢に伸長する一季咲きの野生種から、株立ちで四季咲き性の栽培種が突然変異により生じたといわれている。この四季咲き性は、近年の遺伝子研究によると、茎頂分化に関与する遺伝子にトランスポゾンが挿入され、その遺伝子座がホモ接合になって生じたとされる(Iwata et al. 2012)。*KSN*(*KOUSIN*)という遺伝子は茎頂の伸長を促進していて、機能しているかぎり、花芽形成を抑制している。トランスポゾンが挿入されて*KSN*遺伝子の発現が抑えられると、茎頂は花芽を形成し、伸長を止める。普通、バラは花が終わると腋芽を伸長して枝をつくるが、四季咲き性のバラでは、新しい枝がすぐに花芽形成して伸長を停止する。四季咲き品種は次々に花芽を形成し、咲き続けるのである。

一方、ヨーロッパ産の種であるロサ・アルウェンシス(*R. arvensis*)は、この種由来の交雑品種群であるエアシャー系統の品種を介してイングリッシュローズと呼ばれる一連の品種群の成立にかかわっている。イングリッシュローズの多くの品種は、これまでの品種に見られなかった独特の香りを放ち、これはミルラの香りと呼ばれている。その主要香気成分である4-メトキシスチレンはアニスシード様であるが、これはロサ・アルウェンシスに由来する。

三　つるバラの改良史

いわゆるつるバラの改良は、日本と中国からノイバラ（写真1）がヨーロッパに導入されたことから始まる。ノイバラがかかわった初期の品種に'クリムゾン・ランブラー'（*Rosa* 'Crimson Rambler'）があり、この品種に代表される系統がムルティフロラ・ランブラー（Multiflora Rambler）になる。その後、つるがより伸びる野生種テリハノイバラが日本から導入され、つるバラはこの種をもとに育成された系統ウィクライアナ・ランブラー（Wichuraiana Rambler）に置きかわっていった。

ノイバラを命名したスウェーデンの植物学者ツンベルグ（Carl Peter Thunberg）は、リンネ（Carl von Linnaeus）に生物学を学び、オランダの東インド会社の医師として江戸時代の一七七五年から来日している。彼は日本滞在中に日本の植物を採集し研究を行い、日本産植物を記録した『日本植物誌』（Flora Japonica）を著わしている。ノイバラは、北海道から九州まで広く分布し、朝鮮半島や中国にも産する。山野の林縁、河原、原野などに生育し、樹木やフェンスなどに登攀することもある。また、日本ではノイバラは自生種で丈夫なことから、バラ苗生産の場では接木用の台木として利用されている。

この日本人に馴染みのあるノイバラは、いつごろから認識されていたのであろうか。古くは、『常陸国風土記』（七一五～七一八）にノイバラと思われる茨棘（うばら）がある。さらに『万葉集』（七四五～八二五）に詠まれている「美知乃倍

写真1　ノイバラ（上田善弘撮影）。2000年5月オランダ・ワーゲニンゲン大学樹木園にて。

乃　宇万良能宇礼別れか行かむ）」（丈部鳥 作）の「宇万良」はノイバラと考えられている。また、日本最古の本草書『本草和名』（九一八）に、「営実　一名薔薇　和名宇波良乃美」とあり、バラの字「薔薇」が初めて出てくる。営実はノイバラの果実のことを指し、成熟果実は漢方で瀉下薬、利尿薬になる。エイジツエキスは、おでき、にきび、腫れ物に効果があるといわれていて、化粧品成分に利用されている。

一八〇四年に淡いピンク色の八重咲き型のノイバラ *R. multiflora* 'Carnea' が東インド会社のトーマス・エバンス（Thomas Evans）により中国からイギリスにもたらされ、このバラがノイバラ系のつるバラのもとになっている。一八一七年には、*R. multiflora* 'Carnea' に似たセブン・シスターズ・ローズ（*R. multiflora* 'Platyphylla'）が中国からイギリスに導入されている。一八六二年には、日本政府に雇われていたフランス人技術者がノイバラの種子をリヨン市の市長に送り、その種子はリヨンのバラ育種家であるギヨー(Pierre Guillot)によってチャイナ系品種と交雑されポリアンサ系統が育成されている。一八九三年には、「クリムゾン・ランブラー」のもとになるバラが、東京大学教授でイギリス人のロバート・スミス(Robert Smith)氏により一地方の庭で発見された。このバラがサクラバラ(*R. multiflora* var. *uchiyamana*)である。スミス氏がイギリスの友人に送ったサクラバラが園芸業者にわたり、殖やされたのである。

このようにして、中国や日本からヨーロッパにわたったノイバラは、その後のつるバラの育成に大きく貢献している。

テリハノイバラ(写真2)は本州以西に分布し、海岸や河原などの日当たりのよい所に自生し、茎は地上を長く

写真2　テリハノイバラ(上田善弘撮影)。1990年代6月千葉県八千代市京成バラ園芸八千代研究農場にて。

写真3　つるバラ品種，‘フランソア・ジュランヴィル’（‘François Juranville’）（上田善弘撮影）。テリハノイバラを親とするハイブリッド・ウィクライアナ系統の品種。2005年6月岐阜県可児市・花フェスタ記念公園にて。

這い、葉に光沢がある。この茎の特徴がつるバラの改良において欠かせない形質である。うどん粉病などの病気にも強く、普通にはない照葉となることなどから、つるバラ育成の素材としてはノイバラより重宝されている。旧学名の *R. wichuraiana* から、この種を親とする系統がハイブリッド・ウィクライアナ（写真3）と呼ばれることになった。現在、その学名には、テリハノイバラのタイプは Ohba（二〇〇〇）により研究され、*R. luciae* が用いられている。

このテリハノイバラは一八八〇年にプロシアの外交官、マックス・エルンスト・ヴィキュラ（Max Ernst Wichura）によって日本からミュンヘンとブラッセルの植物園に送られ、それにクレパン（François Crépin）がヴィキュラの名にちなんだ学名を付けた。このテリハノイバラがもとになって新しいつるバラの育種が始まった。

テリハノイバラはその地上を這う性質からグラウンドカバーとなる品種の改良にも用いられ

写真4　修景用バラ品種‘春風’(上田善弘撮影)。シュートがアーチ状となる品種。1990年代に千葉県八千代市・京成バラ園芸八千代研究農場にて。

てきた。このグラウンドカバーをも含むバラ品種に「修景用バラ」と呼ばれる一群があり、これらは一九七〇年代以降に育種されている。その特徴として、耐病性が高く、管理を省いても毎年よい花つきを示す。そのため、道路の法面や道路の緩衝帯に主に植栽される。シュートがアーチ状(弓状)になる品種では枝の下垂性を利用することによって道路の法面を花で覆うことも出来る(写真4)。

四　そのほかのつるバラ

四–一　モッコウバラ

モッコウバラは中尾(一九八六)により「中国文化が中国原生種から栽培したバラ類」と題する表に挙げられている八重咲きの栽培種である。野生種の *R. banksiae* var. *normalis* は、白花の一重咲きとなり、鋭いかぎ状の刺をもつバラで中国西南部の山野部、人里の至る所で見られ

写真5　キモッコウバラの一重咲き品種　*Rosa banksiae* 'Lutescens'（上田善弘撮影）。2003年4月下旬千葉県松戸市千葉大学園芸学部附属農場にて。

る。モッコウバラには刺のない黄花の一重咲き（*R. banksiae* 'Lutescens'）（写真5）があるが、私は野生では見たことがない。中国西南部の植物に詳しく、植物探索家である荻巣樹徳氏も刺のない野生種は現地で確認したことがなく、おそらく黄花栽培種（キモッコウバラ）の先祖返り（枝がわり）ではないかと述べている。八重咲き栽培型は、モッコウバラ（*R. banksiae* var. *banksiae*）とキモッコウバラ（*R. banksiae* var. *lutea*）になる。この二つの栽培型は庭木として古くから中国で栽培されてきており、モッコウバラ（白花品種）は江戸時代の一七二〇年に中国から日本に渡来したとされている。ところで、これらの八重咲き品種の起源には、ほとんど情報がない。おそらく自生地の中国西南部で古い時代に人により庭植えとして栽培されるようになり、その栽培中の変異のなかから八重咲きのものが選ばれてきたと思われる。

モッコウバラの最も大きな特徴は、まったく刺のないことである。通常のバラで刺なしまたは刺がほとんどないとされる品種でも、わずかに刺があったり、葉の裏側の基部に対になって小さな刺がある。モッコウバラは、枝や葉を手で握り全体をふれてもまったく引っかかりがない。開花時期は通常の気候ではバラのなかでは最も早く、四月中・下旬には開花する。主に垣根やフェンスにからませて植栽された株は枝全体を覆うように咲き、木香（キク科のモッコウの根から作られる生薬）の香りをただよわせる。その姿は見事である。このように枝全体を覆うように咲く性質は、その花序の特徴にあり、ほかのバラのような総状や散房状の花序ではなく散形状の花序のためである。モッコウバラでは極端に花茎が短く、扇状に広がる短い小花柄の先端に花がつき、花序は手毬状になっている。

四―二　ナニワイバラ

これも中尾（一九八六）の表に挙げられているバラである。ナニワイバラは中国南部と台湾に自生する種で、日本には江戸時代に大阪の商人により中国から導入された。そのため、ナニワイバラと呼ばれている。このバラは日本では九州と四国に、また、米国南部でも野生化している。ナニワイバラの学名は野生化していた米国での採取品につけられている。通常のバラの落葉性に対し、ナニワイバラは常緑性である。枝全体に鋭い刺があり、ほかの樹木などにからまり登攀していく。萼筒と花柄に刺毛があり、比較的大きな白い一重の花をつけ、造園・緑化木としても利用されている。

四―三　ロサ・ギガンテア

中国の栽培バラの祖先種であるロサ・ギガンテアは、中国雲南省からミャンマー北部、インド北東部にかけて分布する種で、半常緑または常緑の強勢な大型のつるバラである（上田、二〇一〇）。中国名の大花香水月季にある

写真6　中国雲南省麗江にて植栽されていた，ロサ・ギガンテアを起源とすると思われるつる性のバラ，‘リージャン・ロード・クライマー’（‘Lijiang Road Climber’）（上田善弘撮影）。 1997年5月中国雲南省麗江にて。

ようにティーの香りのする大輪の白い花を咲かせる。このバラの自生地である雲南省には、本種が成立にかかわったと思われる栽培バラが植栽されている（上田、二〇一〇）。雲南省麗江とその周辺にのみ見られ、英国人植物学者マーチン・リックス（Martyn Rix）氏が‘リージャン・ロード・クライマー’（‘Lijiang Road Climber’）という品種名をつけている（写真6）。リージャン（Lijiang）はまさに麗江の中国読みである。リージャン・ロード・クライマーは非常に強勢なバラで、ピンク色の半八重咲き大輪の花を咲かせ、ロサ・ギガンテアに由来するティーの香りを受け継いでいる。早い開花期が特徴で、ちょうどモッコウバラの開花期と重なり、日本では五月の連休のころに開花のピークとなる。現地の麗江でも開花期は同じ時期であり、樹木にからまり、数メートル以上に登攀し、枝いっぱいに開花する様子は荘厳である。このバラの起源の詳細はわからないが、おそらくその樹形や葉、花の特徴からロサ・ギガンテアにロサ・キネンシスをもとにした栽培バラが麗江の地で自然に交雑して出来たものと思われる。

四–四　カカヤンバラ（ヤエヤマノイバラ）

カカヤンバラ（*R. bracteata*）は中国南東部、台湾、インドシナ、八重山諸島の一部の島に自生する常緑の野生バラで、その分布域からバラの野生種のなかで最も耐暑性が強いと思われる。このバラの名前は、江戸時代に八丈島の船が漂流してフィリピン、ルソン島北部のカガヤンに流れ着き、船長がこのバラの種子をもち帰ったことに由来する（鈴木、一九九〇）。近縁のロサ・クリノフィラ（*R. clinophylla*）はインド自生の種で、その形態などから、カカヤンバラと同種と思われるほどである。カカヤンバラを用いた交配品種に、マーメイドがあり、丈夫で開花期の長いつるバラである。

五　つるバラの魅力

現在栽培されるつるバラのほとんどの品種は、ヨーロッパで改良されたが、その遺伝資源はアジアの里山に咲く可憐な野生種がもとになっている。一八〇〇年代に西洋列強のアジアへの進出とともにアジアのつるバラがヨーロッパにもたらされ、栽培バラの改良に大いに貢献してきた。ヨーロッパの従来の木立性バラに大きな変化が起きたのである。つる性の性質は、貴族の庭園に壁やアーチにバラを這わせて立体的な景観をデザインすることになった。

つるバラの仕立ては、冬にその年に伸びた枝を選び、剪定し、ポール、アーチ、フェンス、壁などにそれらの枝を誘引することから始まる。もともとバラのシュートはその先端だけが伸び、直下の側芽の伸長を抑制する頂芽優勢という性質によって前年伸長した枝をそのままにしておくと、翌年春にはシュートの先端部にのみ花をつけてしまう。株元に近い所から中間部に花芽をつけるには伸長した枝の角度を斜めにし頂芽優勢を抑えてやる必要がある。つまり、ポールやアーチの下から上まで、フェンスや壁の平面全体を花で演出するために新しく出来るシュートの位置(新芽の位置)を引き下げ、デザインの空間を埋めてゆくのである。

アジアのバラが現代バラの改良に果たした役割には、四季咲き性、房咲き性、花型、花色、香りなどの花の形質だけでなく、樹形の多様性としてのつる性がバラの観賞方法そのものをかえることになったのである。そのデザインされた景観は、日本や中国を含めたアジアの春から初夏の里山、照葉樹林の周辺植生の景観に由来するものである。

第二三章　中国雲南省のトウツバキとその保全

中田政司／管　開雲／王　仲朗

トウツバキ（雲南山茶花）（*Camellia reticulata* Lindl.）は中国雲南省の北部から北西部、四川省西南部、貴州省西部に自生するツバキ科の植物である（閔、一九九八）。古くから野生集団の変異個体や近縁種との自然交雑から園芸品種が選抜育種され、一九八〇年代には一〇〇以上の品種が知られ中国の一〇大名花のひとつとされてきた（中国科学院昆明植物研究所、一九八一）。雲南省では省都昆明市の「市の花」であり、北西部の少数民族のシンボルとして特別な存在でもある。しかし近年、接木繁殖のための過度の接穂の採取や成長したトウツバキと台木との成長速度の違いによる障害、環境の急激な変化などにより園芸品種の原木や樹齢数百年を経た古樹に衰退が見られ、園芸資源の枯渇が問題となっている（山下ほか、二〇〇九b：志内ほか、二〇一〇：兼本ほか、二〇一二）。富山県中央植物園は二〇〇一年から中国科学院昆明植物研究所と五期一〇年にわたる共同研究「中国雲南省の貴重植物の保全とその持続的利用に関する調査・研究」を行ってきたが、このような現状を踏まえて、第四・五期にトウツバキを研究対象とすることになった。ここでは二〇〇七〜二〇一二年までの雲南省での現地調査を中心に、トウツバキの植物文化や保全について紹介したい。

一　トウツバキの植物文化

一―一　トウツバキの観賞と栽培

トウツバキは、中国の旧正月である春節（一月下旬から二月上旬）ごろに花をつけ始めることから、春を告げる花として特別親しまれている。季節になると昆明市郊外の黒龍譚にある昆明植物園のツバキ園は、家族や友人らとトウツバキの花を観賞したり花の下で食事を楽しむ人達で賑わい、さながら日本の桜の花見のようである（写真1A）。トウツバキは桜と違って花弁が一枚一枚散ることがないため花吹雪の風情を味わうことは出来ないが、

写真1　雲南省におけるトウツバキの植物文化。A：昆明植物園のツバキ園で花見を楽しむ昆明市民，B：鉢植えの接木苗に咲いたトウツバキの花を観賞，C：大理市の民家に植栽されたトウツバキとトウツバキがデザインされた大理白族の民族衣装，D：楚雄彝族の背負子に施されたトウツバキの刺繍，E：大理白族の民家白壁に描かれたトウツバキ，F：食材として売られているトウツバキの花(中段)，G：トウツバキの種子から油をしぼった油かすを円盤状に固めたもの。肥料として使われる。

落花を集めて飾ったり、樹の根元に敷き詰めた落花のなかで記念撮影したりなど、ボリュームのある花の特徴を生かした独特の楽しみ方が見られる。昆明植物園では、この時期鉢植えのトウツバキが入口を飾り、園内には新品種の紹介やトウツバキの植物文化を紹介する展示パネルが設置され、入園者への普及活動も行われている。

トウツバキは、雲南省北部から北西部の標高一、五〇〇～二、八〇〇メートルの広葉樹や混交林内に自生するが(閔、一九九八)、自生地に近い楚雄市、大理市、保山市騰衝県などでは園芸栽培や苗木の生産が盛んである。トウツバキは挿木繁殖が困難なため、園芸品種はユチャ(油茶)(*Camellia oleifera*)やヤブツバキ(*C. japonica*)などの台木に品種の枝を接木して繁殖される。直径二～三センチの棒のような台木に継がれた高さ五〇センチほどの鉢植えでも直径一〇センチを超す大輪の八重の花がつく(写真1B)。花色はほとんどが赤系統で、白は葬儀の色ということで好まれない。住居や店舗の敷地内には、大鉢植栽や地植えのトウツバキがよく見られる(写真1C)。現地調査当時、雲南省のトウツバキの里といわれる楚雄市で二〇一二年に国際ツバキ会議が開催されることが決まり、プレイベントとして楚雄市や大理市で大規模な中国茶花博覧会が開催されていた。展示会場には苗木生産者によって鉢植えが多数出展され、多くの市民が訪れ、花を観賞し、買い求めていた。

一―二　少数民族とトウツバキ

トウツバキの自生地に居住する少数民族の楚雄彝族や大理白族の間では、トウツバキは意匠としても生活に溶け込んでいる。民族衣装のほか、帽子、靴、鞄、帯などの装身具、乳児の背負子(写真1D)などには色鮮やかに刺繍されたトウツバキの花が咲いており、住居の白壁(写真1E)や飾り柱にもトウツバキの絵画や書、彫刻が見られる。園芸文化とともにトウツバキが民族の文化的シンボルであることがうかがえる。

園芸、文化といった精神面での結びつきだけでなく、トウツバキは昔から実用にも利用されてきた。高さ一〇メートルを超える高木となるため、材は建築材や薪炭材として利用されている。トウツバキの自生地では、根元周が二メートルを超え、数本の幹からなる巨樹を見るが、これらは一度主幹が伐採され、萌芽が生長したことを示している。また、花は食材にされる(写真1F)。花後、野生のトウツバキは直径五〜一〇センチにもなる果実をつけるが、そのなかの種子をしぼると日本の椿油と同じ良質の食用油が得られ、医薬用、工業用としても使われる。圧搾機で油をしぼった後の油かすは円盤状に固められ、少しずつ崩して肥料として利用されている(写真1G)。

二　トウツバキ古樹の調査

二―一　古樹調査の必要性

トウツバキの古樹とは、樹齢約一〇〇年以上を経たトウツバキ野生種、園芸品種の総称で、雲南省では昆明市から西の標高二、〇〇〇〜二、五〇〇メートルの地域に多く見られ、当時一四〇本ほどが確認されていた。しかし、科学的にはほとんど調査されておらず、最近になって、貴重な古樹の樹勢が弱まり枯死してしまったという事例もでてきた。例えば、楚雄市紫溪山にあった樹齢六五〇年の「元代古茶」は一九九六年当時、高さ一〇メートル、幹周り二八五センチあって、赤花品種〝紫溪〟と、これに接がれた白花品種〝童子面〟とで紅白に咲き分けていた。一九九七年に生育地の斜面を削り石塀と記念碑を建設したところ生育が悪化し、樹勢を復活させるため多量の肥料を投入した結果、二〇〇一年に枯死してしまった(写真2A)。また、昆明市郊外の寺院、盤龍寺薬師殿の境内にある推定樹齢六四〇年の古樹は元代に植えられたもので、著名品種〝松子鱗〟の母樹として親しまれてきた。しかし主幹が枯れてしまったため地上三メートルほどで切られ、二〇〇八年には下枝だけが残っている状態であった(写真2B)。当時、花つきはよいものの、葉数が少なく樹勢の衰えが目立っていたが、その後二〇一三

写真 2　トウツバキ古樹の保全の問題。A：楚雄市紫溪山にあった「元代古茶」。品種‘紫溪’と‘童子面’の原木だったが，管理の不手際で枯死した；B：昆明市盤龍寺薬師殿の‘松子鱗’母樹(2008 年撮影)。主幹は枯死し切り詰められている。花つきはよいが樹勢は衰えており，この後 2013 年に枯死した；C：呼び接ぎのための櫓が組まれた‘菊弁’の古樹；D：下の台木との生長ギャップが生じ，接ぎ目で腐りが入ったトウツバキ

年に枯死した。

トウツバキは接木によって殖やされている。そのため観賞価値の高い品種の母種や古樹では、「呼び接ぎ」を行うために、樹全体を取り囲むように高い櫓が組まれていることがある(写真2C)。接木のための過度な接穂の採取は、樹勢の衰えを招く一因となっている。

接木が原因で起こる別の問題もある。前記したようにトウツバキの品種は野生のトウツバキのほかにユチャやヤブツバキなどにも接がれるが、生長すると接がれたトウツバキの方がこれらの台木より大きくなるため、接ぎ目に生長差が生じて機械的に弱くなったり、腐りが入って樹勢が衰えたりする(写真2D)。

数百年の樹齢をもつトウツバキの古樹は、宝ともいえる貴重な園芸遺伝子資源である。これらを後世に伝えることは植物園の社会的責務と考えられる。そこで昆明植物園が主体となり、雲南省各地の自治政府や関係団体の協力のもとで、友好提携を結んでいる富山県中央植物園と共同してトウツバキ古樹や野生個体群を現地調査し、増殖方法を研究することとなった。

二―二　古樹調査の方法

トウツバキ古樹の現地調査は、二〇〇七年二月に自生地である楚雄市紫溪鎮紫溪山および同市中山鎮黒牛山で予備調査を行い、調査項目および調査方法を検討した。翌年から本格的な調査を開始し、二〇〇八年一～二月に昆明市、大理市、大理州永平県、同漾濞県、同巍山県、同賓川県、保山市騰衝県で四〇個体、二〇〇九年二月に大理州祥雲県、臨滄市鳳慶県、昆明市安寧市、楚雄市中山鎮、楚雄市大過口郷、楚雄市紫溪鎮紫溪山で三六個体、二〇一一年二～三月に楚雄市、楚雄州双柏県で一二個体を調査した。調査項目は、個体データとして、品種名、花色、一花当たりの花弁数、花筒径、花筒長、雄蕊径、雄蕊長、子房径、子房長、花柱長、花柱分枝数、萼片のサイズ、一花当たりの萼片数、花粉染色率、葉色、葉のサイズ、葉緑素量、樹高、樹冠径、胸高直径、根元周、根元径、幹数、推定樹齢、現在の生育状況などを計測・記録し、生育地の環境として、緯度・経度、標高、群落、地形、傾斜、方位、風当り、日当り、土壌型、土湿、土壌硬度、土壌pHなどを記録した。最初、葉と花のサイズ測定は直接行っていたが、後に、カラー写真として記録すると同時に現地での調査時間の節約をはかるため、カラースキャナで撮影した画像で測定する方法を採用した。

これらの調査記録は王ほか(二〇〇八)、山下ほか(二〇〇九b)、志内ほか(二〇一〇)、兼本ほか(二〇一二)などで順次発表されており、楚雄市の古樹についてはカラー写真集で紹介されている(夏ほか、二〇一二)。将来的にはデータベースとしてウェブ上で公開予定である。以下に代表的な古樹を数例紹介する(写真3、表1)。

現存する最古の栽培トウツバキ(写真3A)

生育地は大理州祥雲県雲南駅鎮芦子村、北緯二五度一七分四六・四秒、東経一〇〇度三九分五四・七秒、標高二、三四〇メートルにあり、赤色土で土壌pH七・〇であり、品種名〝獅子頭〟である。ここはかつて水目山古寺が建設されていた場所で、記録によると一一四九年に二本のトウツバキが植栽され、一本は枯れたもののこの古樹は現在まで八六〇年余り生存しているとされるが、樹齢四〇〇～五〇〇年とする異論もある。畑地のなかの孤立木であるため風当たりが強く、三メートルの高さの外壁で一五メートル四方を囲って保護しているが、防風用としては十分でない。工事のため株元まで地面が固められ、コンクリート片が散乱しているなど管理状況もあまりよくない。着花数が多い割に葉数が少なく、樹勢は著しく悪い。幹の下部二メートルが三分の一ほど壊死しており、幹の枯れた上側の枝も枯れが進んでいる。

樹高世界一の栽培トウツバキ(写真3B)

生育地は大理州巍山県巍宝山主君閣、北緯二五度一〇分四八・一秒、東経一〇〇度二〇分五九・八秒、標高二、

二八三メートルにあり、褐色森林土で土壌pH七・五である。寺院境内にそびえる品種〝桂叶銀紅〟の古樹である。樹齢四五〇〜五〇〇年と推定され、「明代古山茶」の樹名板には「世界第一高一七・五米(二〇〇〇年測量)」の表記がある。樹冠部の枝葉はよく茂り、枝下高が高いため接木用の枝の採取は行われておらず、樹勢に衰えは見られない。幹の中間に傷の治療跡が見られる。

大理王国宰相お手植えのトウツバキ(写真3C)

生育地は楚雄市紫溪鎮紫溪山、北緯二五度〇一分五三・八秒、東経一〇一度二三分四八・二秒、標高二、三五七メートルにあり、赤色土である。一一五〇年に大理国の宰相(相国)であった高量成が退位し、この地に石桑城を建てて隠居した時のお手植えのトウツバキといわれる。故事にちなみ命名された品種〝相国茶〟の原木である。ややや葉の数が少ないが、状態は良好である。

世界最大の野生トウツバキ(写真3D)

生育地は大理州永平県金光寺、北緯二五度一一分五七・二秒、東経九九度三二分一六・五秒、標高二、五五三メートルにあり、褐色森林土、土湿は良好で土壌pH六・三である。この地域で科学的な調査が行われたのは初めてで、調査の結果、樹高一七メートル、胸高周一三五センチで世界最大の野生トウツバキ個体であることが明らかになった。樹齢不明。調査が夕刻となって樹冠や着花数などは確認出来なかったが、状態は良好で、保全上の問題はないと思われる。なお翌二〇〇九年の夏、同じ地域でこれより大きい樹高約二五メートル、胸高周一四〇センチの個体が発見されたが、花期の調査は行われてない。

樹齢五〇〇年の野生トウツバキ(写真3E)

生育地は楚雄市中山鎮务阻村委会庙林、北緯二四度五四分〇一・四秒、東経一〇一度〇五分二四・七秒、標高二、三二九メートルにあり、黒色土で土壌pH六・五である。畑と道路の境界の斜面に生育しており、幹が五本の萌芽

写真 3　雲南省のトウツバキ古樹。A：大理州祥雲県，樹齢 860 年余りの‘獅子頭’；B：大理州巍山県，樹高世界一の‘桂叶銀紅’；C：楚雄市紫溪山，大理国宰相お手植えの‘相国茶’原木；D：大理州永平県，世界最大(調査当時)の野生トウツバキ；E：楚雄市中山鎮，樹齢 500 年の野生トウツバキ；F：楚雄市大過口郷，根元周最大の野生トウツバキ

表1　本文で紹介した雲南省産トウツバキ古樹の調査データ(抜粋)

写真	3A	3B	3C	3D	3E	3F
個体の特徴	最古の栽培品種	樹高世界一の栽培品種	大理国宰相のお手植え	野生最大(当時)	推定樹齢500年の野生個体	根元周最大の野生個体
品種名	獅子頭	桂叶銀紅	相国茶	野生種	野生種	野生種
調査日	2009.2.6	2008.2.2	2009.2.25	2008.1.30	2009.2.19	2009.2.23
樹高(m)	10.3	17.6	4.2	17.0	10.6	8.9
根元周(cm)	146	139	103/35/22	——	286	340
胸高周(cm)	146	123	——	135	100/84/67/59/59	160/134/117
樹冠径(m)	9.1	7.0	4.4	——	9.5×7.1	9.6
開花段階	八分咲き	五分咲き	散り始め	咲き始め	残花	残花
樹上開花数	500	250	50	——	30	——
花色*	10 RP 5/12	7.5 RP 5/12	7.5 RP 5/12 10 RP 5/12	7.5 RP 5/12 10 RP 5/12	10 RP 6/10	2.5 R 4/12
花弁数	19	27	34	6	6	7
花粉稔性**	(雄蕊無)	59.7	78.1	——	93.6	61.3
葉色(表面)*	5 GY 3/2	2.5 GY 3/2	5 GY 3/3	5 GY 3/2	2.5 GY 4/3	5 GY 3/3
葉色(裏面)*	2.5 GY 4/4	2.5 GY 4/4	5 GY 4/4	5 GY 4/4	2.5 GY 5/4	5 GY 4/4
葉緑素量***	54.6	54.0	57.0	66.2	60.4	60.8

*　コニカミノルタ(株)製携帯型色彩色差計「カラーリーダー CR-11」で測定，マンセル値で表記(中田ほか，2008 a)。花弁は向軸面，葉は表面と裏面を測定した。花色はすべての花弁について，葉は最大葉3枚を計測。異なる数値が記録された場合には最頻値を個体の値とした。

**　70%エタノール中に保存した雄しべから葯を取り出し，1%アセトオルセインでの染色性で判定した。

***　コニカミノルタ(株)製葉緑素計 SPAD-502 で測定し，指示値の SPAD 値で表記した。

由来と思われることから一度伐採されたものと考えられる。推定樹齢五〇〇年。枝先に枯れがやや目立ち、葉数もやや少なく、花つきもよくないが、樹勢の衰えは感じられない。二〇〇七年の盛花時の調査では落花と樹上合わせて約一、五〇〇花を数えた。幹の根元には洞が出来ていて、その上側の枝が枯れている。

根元周最大の野生トウツバキ（写真３Ｆ）

生育地は楚雄市大過口郷杞叉拉村委会闪片房小组茶花箐、北緯二四度五〇分三七・六秒、東経一〇一度一一分二二・五秒、標高二、三〇〇メートルにあり、黒色土で土壌pH六・七である。畑地の境界にあって、三本の幹があることから一度伐採されたと推定される。葉数、花つきもよく状態は良好である。現在見つかっているトウツバキのなかで根周りが最大の個体で、周囲を柵で囲まれ保護されている。

二―三　トウツバキ古樹の実態

調査した古樹は、栽培個体では①寺院の境内、②公園、③民家の敷地内にあるもの、野生個体では④集落の畑地や道路わきに残されたもの、⑤二次林、野生林内の自生品、などに分類された。特に樹齢五〇〇年を超えるような古樹は寺院に多く植栽されていることから、トウツバキが仏教と強く結びついていることがうかがわれる。寺院の古樹は「御神木」として住民に畏敬され、現在では国や自治政府によって保護されているが、著名な栽培品種の原木は、過去に接木用の接穂として枝葉が採取されていたようである。

野生のトウツバキ古樹は、自生地近くの集落の道路わきや畑地の境界、二次林の林縁に孤立木として見られ、萌芽更新により数本の幹をもつものも多い。材の利用で伐採された後も、選択して残されたものと推察される。筆者らの調査がきっかけとなって野生古樹の発見が相次ぎ、現在その数は八〇〇を超えると推定されている。管理下にある古樹には順次個体ラベルが付けられ、保護の対象となっているが、昆明市盤龍寺薬師殿の〝松子鱗」のように、調査後、枯死してしまった例もある。雲南省では二〇〇九年以来、大規模な干ばつが続いており、このような古樹にも深刻な影響が出ている。定期的なモニタリングと、万一の場合を考えて、適正量の挿木や接木による個体の系統保存が必要である。

三　野生トウツバキ林の調査

三―一　トウツバキ林の植生

トウツバキについては主に分類学的、園芸学的な研究が行われており、生態学的、特に植物社会学的研究は行われていなかった。そこで、トウツバキの生育環境を把握するため、大理州の三か所で植生調査を行った（山下ほか、二〇〇九a）。

漾濞県の二か所の調査区は薪炭材の伐採が頻繁に行われ、林内はウシやヤギの放牧による踏圧と被食圧によって攪乱を受けている二次林である。ここでは高木層を欠き、亜高木層または低木層でトウツバキのほか、米飯花（*Vaccinium sprengerii*）、大白杜鵑（*Rhododendron decorum*）、野八角（*Illicium simonsii*）が優占し、林床にはオシダ属などのシダ類がわずかに見られた。一方、永平県の自生地は野生最大のトウツバキ古樹が生育していた古い二次林で、金光寺国家自然保護区として一部の林分が保護され、自然性が高い。ここではシイノキ属やマテバシイ属が林冠を形成し、沢沿いの光環境のよい場所ではトウツバキ古樹数本が高木層にまで達し、フカノキ属などと共存していた。トウツバキは主として亜高木層で優占し、ハイノキ科やヒサカキ属の樹木をともなっていた。

これらの結果に、中田ほか（二〇〇八b）の楚雄市における二次林内のトウツバキ群落のデータを加えた組成表を表2に示す（山下ほか、二〇〇九aを改変）。キイチゴ属の一種、烏泡子（*Rubus parkeri*）やオオバノイノモトソウ

表 2　雲南省のトウツバキ林の種組成(山下ほか 2009 a を改変)。太字は日本との共通種

調査地	大理州漾濞県 1	大理州漾濞県 2	大理州永平県	楚雄市紫溪山
調査日	2008/1/29	2008/1/29	2008/1/30	2007/2/13
標高	2,384 m	2,439 m	2,593 m	2,280 m
面積	5×5 m	5×5 m	10×10 m	10×10 m
高木層　高さ	——	——	8〜18 m	8〜14 m
高木層　植被率	——	——	80%	50%
亜高木層　高さ	3〜10 m	——	3〜8 m	1.5〜8 m
亜高木層　植被率	40%	——	70%	80%
低木層　高さ	0.8〜3 m	0.8〜 5 m	1〜3 m	0.5〜1.5 m
低木層　植被率	80%	80%	10%	50%
草本層　高さ	〜0.8 m	〜0.8 m	〜1 m	〜0.5 m
草本層　植被率	10%	10%	10%	30%
斜面方位	N 40 W	N 30 W	S 80 W	S 60 E
斜面傾斜	32°	40°	38°	30°
出現種数	19	16	31	24
トウツバキ　*Camellia reticulata*	4・4	2・2	3・3	3・3
オオバノイノモトソウ　*Pteris nervosa*	+	+	+	
キイチゴ属　*Rubus parkeri*	+	+	+	
マテバシイ属　*Lithocarpus dealbatus*		2・2		4・3
サルコココッカ属　*Sarcococca ruscifolia*		1・1	2・2	
タイワンカブダチジャノヒゲ　*Ophiopogon intermedius*			+	2・2
ヤエヤマクロバイ　*Symplocos caudata*	+		2・2	
ハシカグサ　*Anotis hirsuta* s.l.	+		1・1	
ヤブガラシ　*Cayratia japonica*	+		1・1	
トガリバヒサカキ　*Eurya loquaiana*	1・1	+		
サクラジマイノデ　*Polystichum piceopaleaceum*	+・2		+	

ナンゴクミツバアケビ *Akebia trifoliata* var. *australis*	+		+	
ヒヨドリバナ属 *Eupatorium adenophorum*	+		+	
クロイゲイボタ *Ligustrum quihoui*	+		+	
1回出現種	*1)	*2)	*3)	*4)

*1) *Illicium simonsii* シキミ属(3・3), *Polygala arillata* ヒメハギ属(3・3), ***Crataegus cuneata* サンザシ**(1・2), *Dendrobenthamia capitata* ヤマボウシ属(1・2), Deciduous tree 落葉樹(1・2), *Dryopteris fructuosa* スジオシダ(+), *Hypericum gramineum* ホソバヒメオトギリ(+), *Rubus henryi* キイチゴ属(+)

*2) *Rhododendron decorum* ツツジ属(2・2), *Vaccinium sprengerii* スノキ属(2・2), *Viburnum cylindricum* ガマズミ属(1・2), *Schima crenata* ヒメツバキ属(1・1), *Dryopteris sublacera* オシダ属(+), *Helwingia chinensis* ハナイカダ属(+), *Ligustrum lucidum* トウネズミモチ(+), ***Mazus pumilus* トキワハゼ**(+), *Nothopanax davidii* ノトパナックス属(+), *Vaccinium modestum* スノキ属(+)

*3) *Castanopsis* sp. シイ属(3・3), *Styrax* sp. エゴノキ属(2・2), *Eurya* sp. 1 ヒサカキ属(1・1), *Lindernia* sp. アゼナ属(1・1), *Schefflera minutistellata* フカノキ属(1・1), *Stachyurus himalaicus* ヒマラヤキブシ(1・1), *Actinidia* sp. マタタビ属(+), *Asparagus filicinus* キジカクシ属(+), *Elatostema* sp. ウワバミソウ属(+), *Hedera nepalensis* キヅタ属(+), ***Helwingia japonica* ハナイカダ**(+), ***Polygonum nepalense* タニソバ**(+), *Rubia yunnanensis* アカネ属(+), *Stemona* sp. ビャクブ属(+), *Symplocos* sp. ハイノキ属(+), *Tupistra* sp. カッパンオモト属(+), *Tylophora* sp. オオカモメヅル属(+), *Viola* sp. スミレ属(+), ***Xanthoxylum cuspidatum* ツルザンショウ**(+)

*4) *Populus bonatii* ヤマナラシ属(4・3), *Myrica nana* ヤマモモ属(3・3), ***Ternstroemia gymnanthera* モッコク**(3・3), *Dichotomanthes tristaniicarpa* ディコトマンテス属(3・2), *Berberis pruinosa* テンガイメギ(2・2), *Daphne feddei* ガンピ属(2・2), *Camellia oleifera* ユチャ(2・1), ***Cornus macrophylla* クマノミズキ**(2・1), ***Pteris multifida* イノモトソウ**(2・1), ***Vaccinium bracteatum* シャシャンボ**(2・1), *Viburnum foetidum* var. *ceanothoides* ガマズミ属(1・2), *Cephalotaxus sinensis* タイワンイヌガヤ(1・1), *Elsholtzia rugulosa* ナギナタコウジュ属(1・1), *Eurya* sp. 2 ヒサカキ属(1・1), *Hypericum uralum* ヒマラヤキンシバイ(1・1), *Myrsine africana* タイミンタチバナ属(1・1), *Prinsepia utilis* サイカチモドキ属(1・1), *Rosa banksiae* モッコウバラ(1・1), *Smilax lanceifolia* タイワンサンキライ(+・2), *Ageratina adenophora* キダチカッコウアザミ(+), *Cayratia* sp. ヤブカラシ属(+)

(*Pteris nervosa*)が高い常在度を示し、三七科七一種(不明種を含む)が観察され、日本との共通種(太字)が一四種類見られた。これらの組成から見ると、トウツバキの出現する林分は昆明市周辺の非石灰岩地に広がる高山栲(*Castanopsis delavayi*)・滇油杉(*Keteleeria evelyniana*)群落、あるいは滇青冈(*Cyclobalanopsis glaucanoides*)・滇石栎(*Lithocarpus dealbatus*)・滇油杉群落(雲南植被編写組、一九八七)に相当すると考えられ、日本の南九州から奄美諸島にかけて分布する常緑広葉樹林の構成種と同属の対応種が多数出現する。金光寺国家自然保護区の調査区で見ると、高木層ではシイノキ属、フカノキ属、キヅタ属、亜高木層ではヒサカキ属やイボタノキ属、ハイノキ属、低木層ではヤエヤマクロバイやサンショウ属、キブシ属、キイチゴ属、草本層ではタニソバ、ヤブガラシ、オオバノイノモトソウ、サクラジマイノデ、ジャノヒゲ属などであり、日本との共通属の割合は約八七パーセントに達する(山下ほか、二〇〇九a)。

今回の植生調査結果は、トウツバキを含む植物群落の構成種の多くが日華植物区系照葉樹林帯植物(大沢、一九七七)に該当し、大沢(一九八三)やShimizu(一九九一)によって指摘されているヒマラヤから雲南、日本に連続する植物のつながりを再確認させた。ヤブツバキはトウツバキの共通祖先から分化し日本に分布を広げてきたと考えられており(坂田、二〇〇一)、同様の種分化が日本での照葉樹林帯の成立の過程で起こったと推測される。

三―二　光環境とトウツバキ林

トウツバキ個体群がどのように維持されているか、光環境との関係がどうなっているかが調査された(長谷川ほか、二〇一一)。楚雄市紫溪山の壮齢の常緑広葉樹二次林に生育するトウツバキ稚幼樹の本数密度は三一八(本/ヘクタール)、樹高は九三・五±五六・二(センチ)、当年伸長量ΔHは八・一±五・一(センチ)、樹冠部の相対散乱光の平均値は九・二±三・六(パーセント)であった。光環境と生育状況では、相対散乱光五パーセントで当年伸長量一五センチ、一〇パーセントで一八センチ、一五パーセントで二〇センチを有した個体があり、耐陰性が高いことが示された。調査地付近に母樹が見られなかったにもかかわらず稚樹があるのは、ネズミなどによる貯食行動で種子が供給されるためと考えられる。

トウツバキの種子生産については、楚雄市紫溪山の別の二次林で、樹冠が閉じたなかの林内のトウツバキ一九本と、林縁部の六本について着果数を調査した(Wang et al. 2012)。林内では最大で樹高一二メートル、胸高直径二七センチに達する高木があるにもかかわらず、一一本が着果〇、残り八本も三個以下であった。一方林縁部では、樹高五メートル程度、胸高直径六センチ以下の若齢木ばかりであるが、七～五二個の果実をつけ、平均二三個であった。トウツバキの花にはヒヨドリ科のミヤマヒヨドリやノドジロヒヨドリ、ガビチョウ科のシロクロウタイチメドリなどが吸蜜に訪れているのが観察されており(志内ほか、二〇一六)、トウツバキの花は鳥媒花と考えられる。林内ではそもそも着花数が少ない可能性があるが、林縁部では受粉の機会が多いと推察される。トウツバキ稚樹の耐陰性が高くても、種子の供給がなければ個体群は維持出来ない。野生トウツバキの保全のためには、樹冠を覆う高木を伐採し、着果(花)数を増やして種子繁殖を促進するように森林を管理する必要がある。

四　野生トウツバキの花の多様性とその要因

トウツバキの園芸化はもっぱら野生トウツバキからの選抜であったと考えられ、現在でも盛んに品種の選抜と登録が行われている。野生のトウツバキは花弁が五枚程度の一重の花を咲かせるが、雲南省北西部の騰衝には一重咲きから半八重咲きまで多様な花形が見られるトウツバキ林があり、多年にわたる研究により、′大金穂′や

〝巻弁蝶翅〟、〝仙葉茶〟など三〇数種以上の優良な品種が選び出されたとされている（中国科学院昆明植物研究所、一九八二）。しかし、野生トウツバキ林にどのような花形の変異が見られるか、また、特に大きな変異を持つ集団がどのような実態であるかはほとんど報告がなかった。そこで、花形に変異の見られた大理州と楚雄市紫溪山の野生トウツバキ集団と、野生型（一重）の花をもつ楚雄市黒牛山の野生トウツバキ集団について調査を行った。

大理州永平県宝台山の金光寺国家自然保護区では、花弁数が四～七枚の一重型の個体が一九個体、花弁数九～一七枚までの半八重型の個体が九個体観察された（志内ほか、二〇一二）。一重型の個体ではマンセル値五ＲＰ五／一〇、七・五ＲＰ五／一二（ＪＩＳ色名ローズレッド）、七・五ＲＰ六／一二、一〇ＲＰ五／一二の四つの花色が、半八重型では二・五Ｒ四／一二、七・五ＲＰ五／一〇、五ＲＰ六／一〇、一〇ＲＰ四／一二（ＪＩＳ色名コチニールレッド）、一〇ＲＰ五／一〇、一〇ＲＰ五／一二と六つの花色があり、半八重型トウツバキで多様な花色を呈することがわかった。両花形間では、花径長、花弁幅長、雄蕊幅長、柱頭数で有意な差が認められ、いずれも半八重型で大きくなる傾向にあった。

この金光寺国家自然保護区では山下ほか（二〇〇九ａ）が植生調査を行っているが、観察された一重型の個体は古い二次林の林縁部で多く観察された。これに対し半八重型は高さ三メートル程度の疎らな低木林のなかや畑地・人家の近くに生育し、伐採されて萌芽更新した個体も含まれていた。半八重型が大型で多様な色彩をもち、人為の影響の強い立地に見られる点は、その由来に人がもち込んだ園芸品種の関与が考えられる。金光寺国家自然保護区には金光寺という寺院があり、多数の参拝者が訪れ、最近植栽されたというトウツバキの園芸品種が見られた。この地には古い仏閣の跡も確認されており、雲南省北部から北西部の寺院でよく見られるように（山下ほか、二〇〇九ｂ：志内ほか、二〇一〇）、御神木としてトウツバキ園芸品種が植えられていたと想像される。現在は野生のような顔をしているこの地域のトウツバキ林であるが、実態は、本来の自生のものに加え、逸出野生化した園芸品種や両者の自然交雑による子孫が含まれているため花形の多様性を示していると考えられる。

同様の事例は楚雄市紫溪山でも観察された（志内ほか、二〇一二）。楚雄彝族自治州の紫溪山自然保護区の標高二、三〇〇～二、五〇〇メートルの谷筋に生育する多様な花形や花色をもつ野生トウツバキ二二個体と、比較のため野生型（一重）の花形をもつ楚雄市中山鎮中山村黒牛山の野生トウツバキ二五個体を調査したところ、花色は紫溪山ではマンセル値で九タイプの花色があり、黒牛山の七タイプに比べて多彩な花色が認められた。計測結果では、花径、花弁幅、花弁数に有意な差が認められ、紫溪山の調査した谷筋では花弁数の多い大きな花を咲かせる傾向にあった（写真4）。

楚雄市建設局（二〇〇〇）によると、かつて紫溪山には寺院が一五〇以上あったが、一六八〇年の大地震と火災により多くの寺院は破壊・焼失してしまった。その後復旧した寺院も一八五六～一八七二年の内戦によりすべて破壊されて僧侶も散開し、再建された寺院も一九一三年の火災ですべて焼失し、その後寺院は復旧されていない。紫溪山では二次林内に残存する石碑や石組みの近くに樹齢数百年と推定されるトウツバキが散見される。紫溪山で寺院の建設と破壊が繰り返された歴史を考えると、美しい花を咲かせるトウツバキが寺院内に御神木として幾度となく植栽され、伐採や放置の繰り返しがあったと推測出来る。その結果、植栽されたトウツバキ園芸品種が野生化したり、紫溪山の森林内に自生するトウツバキと自然交雑して花形の多様な集団が形成されたと考えられる。紫溪山では現在も園芸品種が野外に植栽されていることから（志内ほか、二〇一〇）、遺伝子レベルで確かめられたわけではないが、今でも逸出や交雑によって野生トウツバキの多様化が継続している可能性が高い。筆者らが調査していた数年間にも野生選抜されたものが新品種登録されており、紫溪山はトウツバキ新品種の供給源として機能している。しかし見方を変えると、園芸植物から野生種への遺伝的汚染が生じているという構図になる。日本におけるキク属の例のように（中田、二〇一三）、園芸植物としてあまりに普及してしまったものは、その母体

写真 4　楚雄市紫溪山の野生トウツバキに見られる花形の変異(志内ほか，2012)。花弁数が多く半八重のもの(D，H，I，P，R)，半曲弁形花(D，P)，ハス形花(R)，花色が淡い(マンセル値 10 RP 7/6)もの(E)など，多様性が見られた。

となった野生種の保全に有効な対策が立てられないというのが現状だろう。

以上まとめると、雲南省北部から北西部にかけて、特にトウツバキの自生地に住む少数民族の間には〝トウツバキ文化〟とも呼べるものが存在し、栽培・観賞だけでなく、生活のなかで実用としても意匠としてもさまざまに利用されている。しかし接木という増殖方法に由来して、樹齢一〇〇年を超える古樹に衰退が見られることから、保全の第一歩として、把握されている個体の生育環境と特徴、野生種の生態などが初めて科学的に調査された。推定樹齢八〇〇年という園芸品種の古樹は、栽培化の歴史が少なくとも元代まで遡ること、仏閣で御神木とされている古樹が多いことは、トウツバキと仏教との結びつきが強いことを示唆している。花形に変異の見られた野生トウツバキ林の調査からは、これら仏閣へ植栽されたトウツバキが野生のトウツバキに花形の多様性をもたらしていることが推察される。野生トウツバキの地域固有遺伝子を保全するには、園芸品種による遺伝的干渉を止めることと、光環境を確保して着果率を上げ、個体群の種子繁殖を推進することが必要である。

最後に、従来二〇〜三〇パーセントの発根率で困難とされてきたトウツバキの挿し木繁殖は、昆明植物園の研究によって発根率九〇パーセント、生存率八〇パーセントに達する画期的な方法が開発され(Yang et al. 2012)、増殖・保全への道が開けたことを付け加えておきたい。

この総説で引用した論文の著者で、原稿を査読いただいた中国科学院昆明植物研究所昆明植物園の馮寶鈞・李景秀・魯元学・王霜の各氏、富山県中央植物園の神戸敏成・長谷川幹夫(現所属：富山県農林水産総合技術センター森林研究所)・兼本正・志内利明・山下寿之の各氏(いずれもアルファベット順)にお礼申し上げる。

現地調査をするに当たり、中華人民共和国雲南省昆明市、楚雄彝族自治州人民政府、楚雄市人民政府、楚雄市林業局、楚雄市ツバキ協会、大理白族自治州人民政府、大理市人民政府、大理市園芸センター、臨滄市人民政府ほか多数の関係機関、個人にお世話になった。調査に協力していただいた方々に感謝したい。調査研究は中国科学院知識創新工程重要方向項目(KSCX2-YW-Z-032)、雲南省科学技術基金(No. 2001C0010Z)、(財)国際花と緑の博覧会記念協会平成一九・二〇・二一年度助成「トウツバキ園芸品種の保全に関する日中共同研究」、日本学術振興会アジア研究教育拠点事業「東アジアにおける有用植物遺伝資源研究拠点の構築」の助成を受けて実施した。記してお礼申し上げる。

写真撮影者と撮影年　王仲朗：1C(二〇〇九)、1G(二〇〇八)、2B(二〇〇八)、2C(二〇〇九)、3A(二〇〇九)、3B(二〇〇八)、3D(二〇〇八)、3E(二〇〇七)／志内利明：1A(二〇〇八)、1D(二〇〇九)、1E(二〇〇九)、1F(二〇〇九)、2D(二〇〇八)、3C(二〇〇八)／山下寿之：1B(二〇〇八)／中田政司：2A(二〇〇七)／李景秀：3F(二〇〇九)。

第二三章　斑入り園芸植物からの野生化

植村修二

日本の園芸文化は、鎖国状態にあった江戸時代に独自の発展をとげている。中尾(一九八六)は、この園芸文化を「アジアの花卉園芸文化の第二次センターとして、日本的特色を発揮して、大発展をした。それは中国という第一次センターを凌駕し、また西ヨーロッパに優るとも劣らずというより、一時期、例えば江戸中期の元禄時代などには、西ヨーロッパより先進していた」と評価している。この時代、日本に自生する花の美しい野草類が園芸植物として見直され、サクラソウやハナショウブなどでは、多くの栽培品種が作り出されている。このような「花を愛でる園芸」に加えて、「葉を観賞する価値」を世界に先駆けて見出し、発展させたのも江戸時代の園芸である。普通の葉に比べて、その大きさ、厚さ、形、色などに生じた変化を「葉芸」と称して特別な思いを抱き、その魅力を追い求めて、マンリョウ、カラタチバナ、ヤブコウジ、オモト、セッコク、フウランなどでは、葉の変異品が競って選抜されたと思われる。このなかには、花をつけることのないシダ植物のマツバラン、イワヒバも含まれている。これらはいずれも常緑性であり、照葉樹林が発達する気候帯に生育する。このような葉がわり植物のなかでは、特に、葉の色彩変化をともなう斑入りが当時の園芸愛好家の関心を集めたとされる(中尾、一九八六)。葉がわり植物の園芸書である『草木錦葉集』(芦田ほか、一九七七：水野ほか、一八二九)には、海外から渡来した園芸植物の斑入り(図1)も含め、多くの斑入り植物が記載されている。中尾(一九八六)は、「花つくりに熱心な人たちの傾向としては、美しくてもありふれていて栽培容易な花は軽んじて、栽培困難な山草、洋蘭や、珍奇な植物にむかう人が多い。育てること自体を楽しむことになれば、こうした傾向は当然のことである」と書いている。斑入り植物は、緑葉をもつ普通のタイプに比べて育ちが悪く、斑をよい状態で維持するのが難しいものが多い。そのため、園芸愛好家は、葉芸(斑入り)の出来具合を競ったり、交換や譲渡しの目的で斑入り植物を増殖させる方法を見出したりして、自らの栽培技術を高めていったと思われる。

異彩を放つ江戸の園芸文化が生んだ花木や草花はヨーロッパにもち込まれ、そのなかにはアオキの斑入り品も

図1　草木錦葉集に載っている斑入りトケイソウ(左)と斑入りパイナップル(右)(芦田ほか, 1977)と思われるアナナス類(国立国会図書館デジタルコレクション)

含まれていたとされる(中尾、一九八六)。ヨーロッパでは、地球規模で人や物が移動する大航海時代を境に、世界各地から植物の導入が増加する。特に、熱帯、亜熱帯地域から集められた植物は垂涎の的となり、熱帯の環境を再現した温室の発達とともにこれらの栽培が盛んになった。そして、熱帯、亜熱帯産の葉の美しい植物は、容器栽培して室内にもち込まれ、飾って観賞する「観葉植物」としての地位を確立し、現在に至っている。

日本においては、明治時代以降も斑入り植物には根強い人気があり、錦葉ゼラニウムやカンノンチク、東洋ランの柄物として度々流行を繰り返してきた。第二次大戦後、高度経済成長期に入ると、建物の洋風化にともない、オフィスや一般家庭の室内において、先に述べた観葉植物が飾られるようになる。このような観葉植物にも多種類の斑入り品種が存在する。また、一九九〇年代後半のガーデニングブームの時期以降、欧米から目新しい斑入りの樹木や草花が積極的に導入されている。その一方で、山野草愛好家により、新たに斑入りのヤマシャクヤク、ヤブレガサ、ギボウシ、チゴユリなどが選抜されて鉢栽培されており、最近の園芸雑誌にその特集がしばしば組まれている（野田、二〇一四；田中、二〇〇八）。このように、珍奇な斑入り植物を競って収集して栽培する「江戸の園芸文化」は途絶えることなく受け継がれている。

一　斑入りとは

斑入りとは、葉緑体が葉緑素の形成能力をなくし、植物体の葉や茎など器官の一部が本来の緑色を失って白や黄色などに変化する現象である。葉において、それは覆輪（ふくりん）、縞斑（しまふ）、中斑（なかふ）、掃込み斑（はきこみふ）、星斑（ほしふ）、散斑（ちりふ）などさまざまな模様として発現する。斑入り遺伝子は細胞内の核以外に、細胞質にある葉緑体にも存在する。また、易変遺伝子による斑入りもあるとされる（笠原、二〇〇八）。江戸時代に流行した古典園芸植物の変異に関して、かなりの部分が葉緑体遺伝子の変異である斑入り葉が占めていると考えられている（仁田坂、二〇〇九）。このような場合、通常は母系でのみ斑入りが伝わる細胞質遺伝である。

異なった遺伝子をもつ細胞が同一個体内に混在することをキメラと呼んでいる。植物に見られる斑入り現象もこのキメラの例であり、区分キメラと周縁キメラとの二通りに分かれる（笠原、二〇〇八）。

オモトなどの単子葉植物に見られる縞斑、双子葉植物によく現れる散斑、掃込み斑などは、斑入りが細胞質遺伝して区分キメラとなっているものが多いと考えられている。ツユクサやノシランの縞斑の個体では、タネを蒔くと縞斑をもつ個体の実生が得られるが、緑葉をつける普通の個体、緑色が完全にぬけて葉全体が白くなった

「うぶ斑」の個体も同時に出現する。「うぶ斑」の実生は光合成出来ず、やがて枯れてしまう。

一方、周縁キメラは成長点近くで突然変異により葉緑素を欠く細胞が生まれることによって生じる。普通、双子葉植物の成長点は四層構造からなっており、表面にある第一組織原は表皮となり、最も内側にある第四組織原は葉の形成に参加しない（笠原、二〇〇八）。したがって、葉の実質は第二と第三のふたつの組織原からつくられる（笠原、二〇〇八）。単子葉植物の成長点では、第一組織原は、双子葉植物の第一、第二組織原のふたつを分担し、葉身では、一番内側にある組織原を除いた、ふたつの組織原からなる場合が多い（笠原、二〇〇八）。いずれの場合も、葉における斑入り発現に関しては、外側、内側のふたつの組織原がかかわっている（笠原、二〇〇八；仁田坂、二〇〇九）。外側の組織原に含まれるすべての細胞で葉緑素が失われ、内側の組織原には変異が起こらず葉緑素が含まれていると覆輪、その逆であると中斑を現す（笠原、二〇〇八）。双子葉植物のフイリツルニチニチソウ（覆輪）、キンマサキ（中斑）（佐藤ほか、二〇一四）、単子葉植物のフクリンヤブラン（覆輪）がこれに当たる。

周縁キメラによる斑入りは安定な斑が多いが、種子を蒔いても斑入りはまったく遺伝しない。種子のもとになる胚珠や花粉がすべて葉の内側を形成する組織原からつくられるため、周縁キメラ斑の個体からつくられる配偶子は、覆輪では葉緑素を形成する「緑の遺伝子」、中斑では葉緑素を形成しない「白の遺伝子」しかもっていない（笠原、二〇〇八）。そのため、覆輪のタネからの実生は斑が消えた正常な緑葉をもつ植物となり、中斑のタネからは、緑色が完全にぬけて葉全体が白くなった「うぶ斑」の個体が生じる（仁田坂、二〇〇九）。

以上のようなことより、斑入り植物は実生で増やせる種類が限られており、さし芽やさし木、取り木などの栄養繁殖法で増殖、維持されてきた。ただし、栄養繁殖させても斑入りが維持出来ない例もある。例えば、観葉植物であるフクリンチトセラン（栽培品種ローレンティー）では、葉ざし繁殖で覆輪の斑が消え、普通の植物になることは園芸家の間でよく知られている。これは正常な葉緑体のみを含む細胞層から新しい芽が発生し、成長点の

写真 1　ウイルス性と思われるツバキの斑入り（ぼた斑）（2006 年，植村修二撮影）

写真 2　ウイルス性と思われるツワブキの斑入り（星斑）（2014 年，植村修二撮影）

写真3　オオサカベッコウマサキ（黄覆輪）（佐藤ほか，2014）に見られる枝がわり（2012年，植村修二撮影）。Y-Mg.：黄覆輪葉，Gr.：緑葉，Au.：黄うぶ斑葉

キメラ構造が再現されないからである（浅山、一九七七；笠原、二〇〇八）。

このほか、ツバキのぼた斑（写真1）、ツワブキの星斑（写真2）、スイカズラの網斑などでは、ウイルス性を疑わないといけない斑入りも存在する。

二　斑入り植物の野生化

最初は斑入りの園芸植物として栽培を始めたものが途中で先祖返りし、正常な緑葉をつける枝を発生することがしばしば見られる。写真3は斑入りのオオサカベッコウマサキ（佐藤ほか、二〇一四）に見られる例で、正常な緑葉をつける枝と「うぶ斑」になった枝が発生している。また、写真4はクロトン（ヘンヨウボク）の例で、斑が消えて正常な緑葉をもった枝が右に伸びている。このままこれらの枝を放任しておくと、木全体が正常な植物へとかわっていくと思われるが、こうして発生した正常な枝は親木から独立していないので野生化することはない。

写真5は、東南アジア原産の観葉植物のニシキザサの

写真4　先祖返りした緑葉をつける枝を伸ばすクロトン 'General Paget'（網斑）（2006年，植村修二撮影）

栽培品種シルキームーン（*Oplismenus hirtellus* 'Silky Moon'）の吊り鉢を購入し、正常な緑葉をつける枝が発生した後それを切除せずに放置したもので、株の大部分が正常な枝に置き換わっている。なお、この品種をチヂミザサ（広義）（*Oplismenus undulatifolius*）の園芸品種とする説もあるが、筆者は開花を見て同定していない。この種は、茎が匍匐し地面に接した茎の部分から発根することがあるので、栄養系（クローン）となって逸出する可能性がある。これとよく似た草姿で吊り鉢に仕立てられるシロフハカタカラクサ（白縞斑）（*Tradescantia fluminensis* 'Variegata'）も栽培中によく緑葉の正常枝を発生する。ちぎれて地面に落ちた枝の一部は多汁質であるためにすぐには萎れず、やがて発根して定着する。こうして生まれたミドリハカタカラクサ（*Tradescantia fluminensis* 'Viridis'）は雑種起源と思われ、結実は見られない（植村ほか、二〇一〇）。照葉樹林内は薄暗

写真5　先祖返りした正常枝を放置したニシキザサ‘シルキームーン’(縞斑)の吊り鉢(2014年，植村修二撮影)

く、林床には落ち葉が堆積し下草は少ない。このような場所で、旺盛に栄養繁殖して純群落を形成しているミドリハカタカラクサを見ることがある。おそらく、植物体の一部が投棄されたことがその繁殖の始まりではないかと思われる。

フィカス・プミラとして流通する斑入りの観葉植物は、日本に自生するオオイタビ(*Ficus pumila*)と同種である。これもよく先祖返りし、正常な緑葉をつける枝を出す。そのまま放置しておくと、この正常枝が旺盛に伸長する。地面を長く這う正常枝は、途中で発根し、独立した個体を形成していく。愛知県の日間賀島では、野生化した「外来のオオイタビ」が結果年齢に達して、自生のオオイタビに比べ大型となる果実をつけているのを見ている(植村、二〇〇八)。

ベアグラス(写真6)と呼ばれるオオシマカンスゲ(*Carex oshimensis*)のエバーゴールドという栽培品種はクリーム色の中斑となる斑入り植物(岡島、二〇一一)で、緑葉をつける芽が生まれて正常な植物へと

写真 6　ベアグラス（中斑）（2009 年，植村修二撮影）

写真 7　ベアグラスから先祖返りしてオオシマカンスゲに戻った株（中央）（2014 年，植村修二撮影）

置き換わっていく株（写真7）もよく見かける（植村、二〇一一a）。神奈川県では、オオシマカンスゲの野生化が報告されている（勝山、二〇〇一）。オオシマカンスゲそのものが栽培されて逸出、野生化したとも考えられるが、ベアグラスに由来する、斑が抜けて出来たオオシマカンスゲである可能性も考えられる。

三　斑入りアオキの野生化

中尾（一九七八）は照葉樹林文化の要素のひとつである「日本で開発された花木、庭木、花卉の類」として先に述べたサクラソウやハナショウブに加え、ツバキ、サザンカ、サトザクラ、カエデとともにアオキを挙げている。幕末の時期には既に斑入りアオキの雌株はヨーロッパでも栽培されていた（中尾、一九八六）。しかし、もしもこのアオキの斑入りが鉢植えで愛好される虚弱な植物であったならば、外国人の目にとまらなかったかもしれないと私は見ている。斑入りアオキは正常な緑葉をつけるアオキと同じ位の強健さをもっており、当時、数少ない斑入りの庭園樹であったので、外国人の関心を引くことになったのであろう。その後、赤い果実を観賞する目的で、花粉樹となる雄株がヨーロッパに導入されている。

こういった歴史をたどってきた斑入りアオキは、斑入りの状態を保ちながら野生化する。大阪府の北部、豊中市、吹田市の丘陵地に造成された千里ニュータウンでは、周辺のアカマツ林（アカマツ—モチツツジ群集）、コナラ林（コナラ—クリ群落）の林床に、鳥が種子を運んだと思われる庭園樹由来のナンテン、トウネズミモチなどの実生が見られる（植村、二〇一一b）。そのなかには、緑葉のアオキと、星宿り（写真8）、砂子といった栽培品種に類似したアオキの斑入り個体が混じって見られる（写真9）。青木（二〇一一）は、斑入りアオキについて、「斑は実生苗によく遺伝するとし、鳥が実をたべるため自然界でもよく斑入実生苗がみられる」と述べている。こうした

写真 8　斑入りアオキ 'Hosi-yadori(星宿り)'(星斑)(2009 年，植村修二撮影)

写真 9　千里ニュータウンに隣接する林(アカマツ林)内に野生化した斑入りアオキ(2014 年，植村修二撮影)

て初めて、斑を現す性質を残したままの状態で、斑入り植物が野生化するからである。

「斑入りアオキの野生化」は極めて稀な実例である。なぜなら、「斑入り植物が結実する」、「斑入りが遺伝する」、「種子が鳥散布される」、「斑入り個体が正常な個体同様に強健」といった、これらの条件がすべて組み合わさっ

本章を書き終えてから、「斑入り植物の野生化」について、新たな情報を得た。

キフゲットウは、ゲットウの斑入り品種で、葉脈に平行して斑が現れる区分キメラの植物である（笠原、二〇〇八）。小笠原諸島には、「返還後（一九六八〜）の導入種と推定され、この植物はゲットウと異なり、よく結実するらしく、鳥散布と思われる個体が父島の道路沿いなどに散見される」（延島、二〇一四）との報告を帰化植物メーリングリストで知った。野生化した実生株は、「葉に黄色い斑が入るが、成長するにしたがって目立たなくなっている。葉は大きく、高さ二メートル、株状になり排他的にその場を占有する」（延島、二〇一四）と言及されている。

さらに、北海道においては、原産地不明の斑入りオオイタドリが札幌市、北広島市、安平町などで野生化が報告され（五十嵐、二〇一六）、学名などの詳細は不明とされている。

VI

照葉樹林帯におけるヒトと植物との多様なかかわり

中村　治
山口裕文
木崎香織
林みどり
山本悦律子
大野朋子
宮浦理恵

第二四章　納豆餅と雑煮

中村　治

照葉樹林文化の農耕は焼畑農耕の形で始まったのではないかと考えられているが、その焼畑農耕の重要な作物のひとつが大豆であり、その大豆の大切な食べ方のひとつが納豆である。納豆に類するものは照葉樹林文化圏に属するほかの地域でも見られる。ネパールでは「キネマ」、ジャワでは「テンペ」と呼ばれており、それぞれ製法は異なるものの、煮た大豆を醗酵させ、消化しやすくして食べるという点では共通している（上山春平ほか『続・照葉樹林文化』、中央公論社、一九七六：一二八―一三〇：中尾佐助『料理の起源と食文化』（中尾佐助著作集2）、北海道大学図書刊行会、二〇〇五：一一四―一一六）。日本の納豆がいつごろどこで食べられるようになったのかは、よくわかっていないが、本論では、丹波の京北（現・京都市右京区）とその近辺において見られる「納豆餅」を正月三が日に雑煮代わりに食べるという食べ方を紹介して、この問題について考えてみたい。

一　納豆の歴史

納豆の消費量から判断すると、納豆を好むのは東北地方と北関東地方の人であるといえる。実際、一世帯当たりの納豆の年間購入額を見ると、都道府県庁所在市および政令指定都市のなかで一位の水戸市、二位の福島市、三位の山形市をはじめ、上位には東北地方、北関東の県庁所在市が並んでいる（総務省統計局のＨＰ）。

しかも東北地方は、納豆にかかわる次のような伝説をもっており、納豆発祥地のひとつとされている。

前九年の役（一〇五一～一〇六二）の時、源義家軍が、岩手県の平泉付近で安倍一族側から夜襲を受け、煮豆を俵詰めにして馬上にくくりつけて、応戦した。なんとか窮地を切りぬけ、数日後、ほっとして俵を開くと、豆が発酵して、納豆になっていたという（フーズ・パイオニア編『納豆沿革史』、全国納豆協同組合連合会、一九七五：四〇）。

また、秋田県には後三年の役（一〇八三～一〇八七）にまつわる納豆伝説が残されている。金沢柵にたてこもった清原家衡を攻めた源義家軍が、飢えと寒気に苦しみ、近くの農夫達から供出を受け、煮豆を小屋のなかに積み重ねておいたところ、豆が発酵して、納豆になっていたという(フーズ・パイオニア、一九七五：四二)。

さらに、北関東の茨城県にも納豆発祥に関する伝説が残されている。後三年の役で奥州遠征に行く途中、常陸で源義家軍が宿営していた時、ワラの上で変色している食べ残しの煮豆を見た義家が、もったいないと思ってそれを食べたところ、粘りがあっておいしかったという(フーズ・パイオニア、一九七五：四一-四二)。

いずれも源義家との関係をもつ伝説である。東北地方も北関東も納豆消費が今多いところであるだけに、大いに可能性はあるが、それを確かめられるものはない。

他方、納豆の消費量から判断すると、関西の人は納豆嫌いのように思われる。実際、一世帯当たりの納豆の年間購入額を見ると、都道府県庁所在市および政令指定都市のなかで最下位は大阪市、その次が和歌山市というように、関西地方の府県庁所在市が下位に並んでいる。京都市もその例外ではなく、一世帯当たりの納豆の年間購入額は、下から一六番目となっている(総務省統計局のＨＰ)。しかし丹波の京北は、納豆にかかわる次のような伝説をもっており、納豆発祥地のひとつとされているのである。

南北朝の政争の犠牲となって出家した光厳法皇(一三一三～一三六四)が、丹波山国庄の常照皇寺(現・京都市右京区京北井戸町)で勤行に勤めていたところ、その痛ましい姿に同情した村人が、歳末にいつも煮る味噌豆をワラの苞(つと)(写真1)に入れて献上した。法皇がその煮豆を毎日少しずつ食べていたところ、数日後、残り少なくなった煮豆が糸を引き、しかもそれに塩をかけて食べてみると、味がずいぶん引き立ったという[(1)]。しかし、これも確かめることができるものはない。

納豆は、ワラと煮豆があれば、温度などの条件[(2)]次第でできるので、米と大豆が作られていたところなら、どこで作られ始めても、不思議ではない。例えば中尾(二〇〇五)は、納豆とよく似たものがヒマラヤ中腹の東ネパー

写真1　ワラの苞（つと）に入った納豆（南丹市美山町）(2008年，中村治撮影)

ル、シッキム、ブータンや、インドネシアのジャワでも作られており、納豆の製法が室町時代にジャワから伝えられた可能性があると推測している[3]。

納豆がどこで作られ始めたのかわからないとしても、納豆は、一五世紀には盛んに食べられるようになっていた。例えば『薩戒記』応永三二（一四二五）年一一月七日条には納豆を三〇送ったという記述が見られ、『建内記』永享二（一四三二）年一二月一一日条には石泉院忠宴法印が「納豆廿裹」を送ったという記述が見られる[4]。

もっとも、これだけでは、この納豆が「唐納豆」、つまり味噌のような塩辛納豆か、「糸引き納豆」かよくわからないかもしれない。しかし「納豆廿裹」の「裹（か）」は「包んだもの」を表すので、糸引き納豆を入れるワラ苞のようなものなら、うまくあてはまるのに対し、「唐納豆」の場合は、単位として「箱」が用いられ、しかも一箱とか二箱が贈られることが多いので、「納豆卅送之」とか「納豆廿裹」と記される場合の「納豆」は「糸引き納豆」であろう[5]。

また、『建内記』嘉吉元年一二月二四日（この年には閏月が入っているので、一二月二四日は一四四二年）に、石泉院が納豆を送っており、しかも『建内記』嘉吉元（一四四一）年七月には唐納豆に関する記述が見られるので、「納豆」が「唐納豆」と区別されていると考えるのが自然であろう。それゆえ、このことからも、石泉院が送った納豆は糸引き納豆であると考えてよいであろう[6]。

さらに、『親元日記』寛正六(一四六五)年によると、東山法輪院が一〇月七日に納豆を三〇、足利義政に進上しているほか、近江守護代の伊庭貞隆が一一月二七日に納豆を一〇〇、そして一二月には近江の奉公衆佐々木加賀四郎が納豆を一〇〇進上するなどしているが、この納豆は、その数から判断しても、そして『親元日記』一四六五年一二月六日と七日に唐納豆を進上したという記述が見られて「納豆」が「唐納豆」と区別されていると考えられることからも、糸引き納豆であると考えてよいであろう[7]。

「糸引き納豆」であることがほぼ確実になるのは、『御湯殿上日記』文明九(一四七七)年一〇月一〇日条の「めうほうゐん殿よりいとひきまいる」の記述と、文明一〇(一四七八)年一〇月二五日条の「めうほう院よりいとまいる」の記述で、ここに見られる「いとひき」や「いと」は「糸引き納豆」のことであると考えてよいであろう[8]。

このころには納豆がよく食べられるようになっていたので、擬人化された「魚類」方と「精進」方が戦う様子を描いた「精進魚類物語」[9]のなかで、「納豆太郎種成(たねなり)」(群書類従本では「納豆太郎絲重(いとしげ)」)が「精進」方の大将として登場したのではないか。そして「納豆太郎、藁(わら)の中に昼寝して有けるが、ね所見苦しとやおもひけん、涎垂(よだれ)ながら、がはとをき、ぎやうてんして、対面する」と描写され、しかも放生会や彼岸会のために精進中であったとはいえ、「精進」方が勝利をおさめているので、「精進魚類物語」が書かれたころには、精進料理の地位が確立し、しかもその精進料理の中でも納豆が特に重視され、納豆の作り方もよく知られるようになっていたのである。

二　納豆餅

さて、納豆がどこで作られ始めたのはよくわからないが、納豆がどこで、どのようにして食べられ、大切にされ続けてきたのかは、納豆について考える上で、大いに意味のあることであろう。

納豆が大切にされてきた場所は多いが、以下において取り上げるのは、京北（現・京都市右京区）とその東側の洛北地域（京都市北区・左京区）、美山・日吉・八木（現・南丹市）である。そこでは広げた餅の中央に練った納豆を置き、餅を半月状、あるいは小判状に閉じる納豆餅が作られ、食べられ続けてきた。餅と一緒に納豆を食べるという地域は他にも見られるが、このような納豆餅を作って食べるところは、筆者が見聞きした狭い範囲内ではほかにない。そしてこの納豆餅は、『京北町誌』には

納豆餅は当地方特有のもので、正月の風物として欠かせないものである。これも漸次すたれ行く傾向にあるが、かつて大正年間までは、学童が竹の皮や昆布に包み、背中に入れたり腰に巻いて、弁当代りによく持って行ったものである。（京北町誌編纂委員会、一九七五：五三四）

と記され、また、京北には次のような子守唄も残されているから、住民に愛され続けていたのである。

お前かわいさに　二年もいたが
にくて　居られようか半年も
ねんねさんせよ　今日は二十五日
明日は　お前さんの誕生日
誕生日には　餅してくばろ
もちは何餅　納豆餅
ねんね　ねんねと　ねる子は可愛い……
（フーズ・パイオニア、一九七五：三六）

ただし、「納豆餅」とはいっても、味つけ、形、食べる時、食べ方に地域差がある。以下においては、いくつかの地域における納豆餅の味つけ、形、食べる時、食べ方を見た上で、「広げた餅の中央に練った納豆を置き、

写真2　左側は昆布を巻いた納豆餅（美山高野）（2008年，中村治撮影）。外側の白餅が薄く引き伸ばされているので，内側のトチ餅の色が浮かびあがり，まだら模様に見えている。

餅を半月状、あるいは小判状に閉じたものを正月に雑煮代わりに食べる」という食べ方について考えてみたい。

美山（現・南丹市）高野

ほうらくの上で焼いた白餅を、とり粉（米粉）を入れた平たい木製の桶の上で円く引き伸ばし、さらにその上にトチ餅、さらにヨモギ餅を置いて、円く引き伸ばす。塩をまぶしてよく練った納豆をその中央に置き、餅を縁だけ重ね合わせて、閉じ、食べる。正月の三が日、雑煮代わりに納豆餅を食べるが、ずいぶん大きい納豆餅（四〇〇グラム前後）を作り、それは食べ残してもよいとされていた。また、その納豆餅を昆布で巻き（写真2）、それをさらに竹の皮・新聞紙で包み、ふろしきで腰に巻いて、山仕事へよくもって行った。弁当箱に入れてもらい、ダルマストーブの上で温めて食べるということもした。

美山（現・南丹市）大野

餅を焼いて円く引き伸ばし、塩をまぶしてよく練った納豆をその中央に置き、餅を半月状に閉じて、食べる。引き伸ばす時に豆の粉（きな粉＝大豆をいってひいて粉にしたもの）は使わず、米粉を使う。元旦にはこの納豆餅とともに、自家製の味噌で作る味噌汁に餅を入れた雑煮を食べる。

美山（現・南丹市）小渕

餅つきの日に、出来たての餅を円く引き伸ばし、その中央に塩をまぶしてよく練った納豆を置き、餅を半月状に閉じて、食べる。引き伸ばす時に豆の粉は使わず、米粉を使う。正月には納豆餅を食べない。

京北（現・京都市右京区）弓削

焼いた餅を豆の粉を入れた平たい木製の桶の上で円く引き伸ばす。塩をまぶしてよく練った納豆をその中央に置き、餅を半月状に閉じて、食べる。その納豆餅を正月には雑煮代わりに食べる。白餅にトチ餅、ヨモギ餅を混ぜる人もいる。そして納豆餅を山仕事へ行く時によくもって行った。京北黒田では納豆を黒砂糖で練る人が多くいる。

そのような食べ方とは別に、餅つきの日に、米粉の上にまだ柔らかい餅を広げ、その上に塩をまぶしてよく練った納豆を置き、ロールケーキのように巻き、それが少し堅くなってから、二〜三センチずつに切り、保存して、後日、囲炉裏で少しずつ焼いて食べるということもした（「巻き餅」と呼ぶ人もいる）。

日吉（現・南丹市）田原、四ツ谷、中世木、生畑など

餅を焼いて米粉の上で円く引き伸ばし、塩をまぶしてよく練った納豆をその中央に置き、餅を半月状に閉じて、食べる。正月三が日は納豆餅を雑煮代わりに食べる。元旦には家長が納豆餅を作り、女性は一切調理にはかかわらない。

八木（現・南丹市）神吉

餅を焼いて豆の粉の上で円く引き伸ばし、塩をまぶしてよく練った納豆をその中央に置き、餅を半月状に閉じて、正月に雑煮代わりに食べる。納豆餅のことを「お納豆餅」と呼ぶ。元日には白味噌雑煮を食べ、納豆餅を一月二日の朝に食べるという家もある。

藪入りしてきた人には食べきれないほど大きな納豆餅を作り、食べさせたが、その納豆餅は、食べ物に困らないようにということで、食べ残しをしてもよいとされていた。

雲ケ畑（京都市北区）

餅を焼いて豆の粉の上で円く引き伸ばし、塩をまぶしてよく練った納豆をその中央に置き、餅を半月状に閉じて、正月に食べた。しかし後には塩をまぶしてよく練った納豆の上に黒砂糖をかけた納豆餅も食べた。今は具なしの白味噌雑煮、さらには具ありの白味噌雑煮も食べる。山仕事のときには、納豆餅を昆布で巻いて、それを腰に巻きつけてもち、昼に食べた。

小野郷、中川、大森（京都市北区）

餅を焼いて豆の粉の上で円く引き伸ばし、塩をまぶしてよく練った納豆をその中央に置き、さらにその上に黒砂糖をばらまいた後、餅を半月状に閉じて、正月三が日に食べた。雑煮は食べない。

花脊原地（京都市左京区）

餅をいろりで焦げない程度に焼いた後、ふきんの上に載せて蒸す。白餅も、よごみ餅（ヨモギ餅）も、トチ餅も

写真3　納豆餅の断面(花脊原地中の町)(2008年，中村治撮影)。白餅，トチ餅，ヨモギ餅を蒸して混ぜてあるので，まだら模様になっている。中心に納豆が見える。

いっしょに蒸して、豆の粉の上で練り、円く広げる。そして黒砂糖をまぶして錬った納豆を置き、餅を円みをおびた台形に閉じて(写真3)食べる。元旦には家で作った味噌で雑煮を作った。具なしで、餅だけを入れる。その雑煮とともに、納豆餅も食べたのである。

久多、尾越(京都市左京区)

焼いたトチ餅、ヨモギ餅、白餅をまぜて練り、円く広げる。その上に塩で練った納豆を置き、閉じて食べる。黒砂糖をけずったものを中に入れる人もある。それをあぶると、黒砂糖が溶けだし、とてもうまい。雑煮は具なしの味噌雑煮。

鞍馬(京都市左京区)

焼いた餅を豆の粉を入れた平たい盆の上で円く引き伸ばす。その中央に塩でよく練った納豆を置き、餅を半月状に閉じて、食べる。昭和時代初期には、黒砂糖をまぶした納豆餅を食べるようになった。

市原(京都市左京区)

半月状の納豆餅を元旦に仏壇に供えるが、それとは別に、汁納豆を作り、正月三が日に食べる。納豆を塩で練り、小量の井戸水でほぐす。そして二日ほど置いておくと、味がなじむ。餅を食べる時、餅を焼いて、豆の粉を敷いた盆の上でもむ。それを手でもち、納豆をほぐした汁につけて、食べる。井戸水ではなく、さました味噌汁でつけ汁を作る家もある。正月三が日に雑煮を食べず、汁納豆を食べる。

静原（京都市左京区）

焼いた餅を、豆の粉を入れた平たい皿や盆の上で円く引き伸ばす。その中央に塩でよく練った納豆を置き、餅を半月状に閉じて、食べる。一九三五（昭和一〇）年ころには、餅の中央に置いた塩でよく練った納豆の上に、削った黒砂糖をかけて、餅を閉じて、食べるようになった。納豆餅を山仕事や狩猟によくもって行ったが、その時には、昆布で巻いて、竹の皮で巻いて、風呂敷で巻いて、腰にくくりつける。静原には

正月、正月、何うれし。納豆にまいたアモ（餅）うれし

という歌が残っている。納豆餅が愛されていたのであろう。

大原（京都市左京区）

焼いた餅を豆の粉を入れた平たい木製の桶の上で円く引き伸ばす。塩をまぶしてよく練った納豆をその中央に置き、餅を半月状に閉じて、食べる。その納豆餅を昆布で巻き、それをさらに竹の皮・新聞紙で包み、ふろしきで腰に巻いて、山仕事によくもって行った。食べる時には昆布の味が餅にも移り、おいしく食べられたのである。昆布はまた保湿にもなったのであろう。戦後、塩の代わりに砂糖をまぶして食べるようになり、今では甘い小豆餡を入れた餅をよく食べる。

仰木（滋賀県大津市）

つきたての餅を豆の粉を入れた平たい木製の桶の上で円く引き伸ばす。塩で練った納豆をその中央に置き、閉じて、食べる。納豆餅は正月には食べない。正月には自家製の味噌で作る雑煮にかしらイモを入れたものを食べる。納豆餅を食べるのは、五月三日の祭、秋祭、一二月三日の収納講などの時。収納講の時に作る納豆餅ひとつに使う米は一升。納豆餅に使うのは大粒の大豆。

小豆を使った餡餅も作るが、その餡は塩味である。

八瀬（京都市左京区）

どんぶりの底に、つきたての柔らかい餅を入れ、その上に、塩をまぶして糸をよく引かせた納豆をかけて、食べる。あるいは塩をまぶして糸をよく引かせた納豆のなかに餅を入れて、食べる。正月三が日は具なしの白味噌雑煮を食べる。餅を焼くのは四日から。そして一五日には小豆粥を食べる。

岩倉（京都市左京区）

正月に雑煮代わりに「もん餅」（揉み餅）を作って食べる。京都からきた若嫁が白味噌雑煮を作ってくれるまで、白味噌雑煮を食べたことがなかったという老人もいる。まず「花びら」と称する直径一〇センチぐらいで厚さ一センチほどの円くて特に中央が薄い白餅を一枚か二枚用意し、それをおくどさんで火を燃やした後にできるおき（たきぎの燃え残し）であぶり、焼けこげを落とした後、豆の粉をしいた平たい木製の桶に置いて、何度も外から内へ揉み込む。柔らかくなったところで、その餅を手のひらで直径一五～二〇センチほどの円形に伸ばし、甘い小豆餡を中央にたっぷり入れて、半月のような形に閉じる（写真4）。その半月状の餅は大きいので、「食い残し」

写真4　もん餅(岩倉)(1999年，中村治撮影)。小豆餡を中に入れて閉じようとしている。

と称して食べ残してもよいとされていた。

三　味つけについて

以上、いくつかの地域における納豆餅の食べ方、味つけ、形、食べる時を見た(表1)。食べ方には大きく分けて、四つあるといえるであろう。①ひとつは八瀬のように、柔らかくした餅の上に練った納豆をかけて食べる、あるいは練った納豆のなかに餅を入れて食べるという食べ方である。②ふたつ目は、市原のように、納豆のつけ汁に焼いた餅を浸して食べるという食べ方である。③三つ目は、餅つきの日に、米粉の上にまだ柔らかい餅を広げ、その上に塩をまぶしてよく練った納豆を置き、ロールケーキのように巻き、それが少し堅くなってから、二〜三センチずつに切り、保存して、後日、囲炉裏で少しずつ焼いて食べるという食べ方である。④さらにもうひとつは、そのほかの地域で見られる食べ方、つまり焼いて柔らかくした

表1　各地の納豆餅の味付け・材料・正月三が日に食べる物・とり粉一覧(聞き取り調査に基づいて作成)

	味付け	納豆餅の材料	三が日に食べる物	とり粉
美山高野	塩	白餅・トチ餅・ヨモギ餅	納豆餅	米粉
美山大野	塩	白餅	納豆餅も雑煮も	米粉
美山小渕	塩	白餅	具無しの味噌雑煮	米粉
京北弓削	塩	白餅	納豆餅	きな粉
京北黒田	黒砂糖	白餅	納豆餅	きな粉
日吉田原	塩	白餅	納豆餅	米粉
日吉四ツ谷	塩	白餅	納豆餅	米粉
日吉中世木	塩	白餅	納豆餅	米粉
日吉生畑	塩	白餅	納豆餅	米粉
八木神吉	塩	白餅	納豆餅も雑煮も	きな粉
小野郷	塩黒砂糖	白餅	納豆餅	きな粉
中川	塩黒砂糖	白餅	納豆餅	きな粉
大森	塩黒砂糖	白餅	納豆餅	きな粉
雲ケ畑	塩黒砂糖	白餅	納豆餅も雑煮も	きな粉
花脊原地	黒砂糖	白餅・トチ餅・ヨモギ餅	具無しの味噌雑煮	きな粉
久多	塩黒砂糖	白餅・トチ餅・ヨモギ餅	具無しの味噌雑煮	きな粉
尾越	塩黒砂糖	白餅・トチ餅・ヨモギ餅	具無しの味噌雑煮	きな粉
鞍馬	塩黒砂糖	白餅	味噌雑煮	きな粉
市原	塩	白餅	汁納豆	きな粉
静原	塩黒砂糖	白餅	味噌雑煮	きな粉
大原	黒砂糖	白餅	味噌雑煮	きな粉
仰木	塩	白餅	味噌雑煮	きな粉
八瀬	塩	白餅	味噌雑煮	——
岩倉	砂糖	白餅	もん餅	きな粉

餅、つきたての柔らかい餅、あるいは蒸して柔らかくした餅を円く伸ばし、中央に練った納豆を入れて、餅を閉じて食べるという食べ方である。以下において問題にしたいのは、④の食べ方である。

まず味つけから見ていきたい。味つけには、塩か砂糖を用いた。京北における納豆伝説では「塩をかけて食べてみると、納豆の味がずいぶん引き立った」といわれており、大原では、戦後、塩の代わりに砂糖をまぶして食べるようになった人がいるので、これらの地方では初めは塩をまぶして錬った納豆を食べていたのであろう。

それに、そもそも砂糖は日本になかったものであり、奈良時代の七五四年に中国の僧鑑真が黒糖をもたらしたという記録があるが、当時は極めて貴重なものであり、庶民が食べることのできるようなものではなかった。その後、安土桃山時代に、茶の湯の流行にともなって和菓子が発達し、砂糖が重宝されるようになって、多く輸入されるようになった。その傾向が鎖国後も続き、多くの金銀銅が対価として中国やオランダに流出したので、それを防ぐため、一七世紀に沖縄に製法が伝えられていた砂糖の生産を江戸幕府が奨励するようになり、薩摩、紀伊、讃岐などで砂糖の生産が盛んになったのである。それでもそのような砂糖が庶民の口にも入るようになったのは、日清戦争(一八九四～一八九五)の結果として日本が領有するようになった台湾で、産業振興の中心を糖業奨励に置いたことによって、多くの砂糖が日本に入ってくるようになってからである。鬼頭宏によると、江戸時代の天保期(一八三〇～一八四四)における一人当り年間の砂糖供給量は五二五～五五四グラムであり、一八七四年には一・四キロとなり、日清戦争(一八九四～一八九五)後に五キロを越え、一九二一(大正一〇)年ごろに一〇キロを越え、現在は約一九キロである(鬼頭宏「日本における甘味社会の成立―前近代の砂糖の供給―」、『上智經濟論集』第五三巻、二〇〇八：四五―六二)。日本における砂糖消費のこのような歴史からみても、日本人は納豆を、初めは、塩で練って食べていたのである。

大原、静原、鞍馬、花脊原地(京都市左京区)、真弓(京都市北区)、京北黒田(京都市右京区)などには、昭和時

代初期には塩で練った納豆を入れた納豆餅に黒砂糖をつけて、あるいは砂糖をまぶして錬った納豆を入れて、納豆餅を食べるようになっていたという人がいる。日本における砂糖消費の歴史から判断すると、上記の地域の人は、昭和初期から、あるいはその少し前からそのようにして納豆餅を食べるようになったのであろう。

四　正月に納豆餅を雑煮代わりに食べるという食べ方が意味するもの

納豆餅を食べる所(図1)には、正月に雑煮代わりに食べる所と、正月には味噌雑煮を食べるとともに納豆餅も食べる所がある。静原、大原、尾越、久多、美山、京北では納豆餅を山仕事や狩猟にもって行ったので、納豆餅は携帯食としても使われたようであるが、ここでは正月三が日に納豆餅を食べるか、味噌雑煮を食べるかという違いに注目したい。

納豆餅を正月に雑煮代わりに食べる所は、京北弓削や黒田を中心とした地域になる(図2)。そこから離れれば離れるほど、正月には雑煮を食べるとともに納豆餅も食べる、あるいは納豆餅を山仕事や狩猟の時の携帯食として食べるようになっている(静原、大原、尾越、久多)。雑煮代わりに納豆餅を食べるということは、納豆餅がいかに大切にされていたのかを物語っていると思われるが、なぜそのように雑煮代わりに納豆餅を食べるという風習ができたのであろ

図1　味噌餅を食べている所(斜体地名)と納豆餅を食べている所(太字地名)

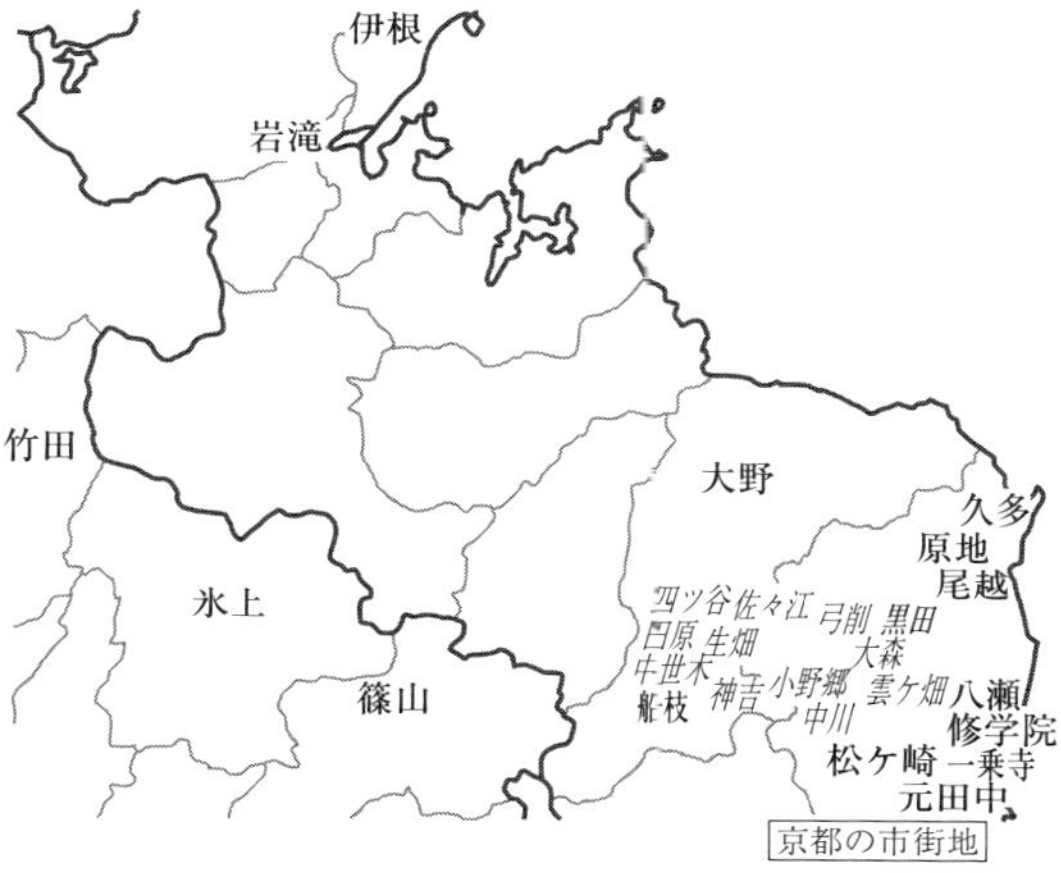

図 2　正月三が日に納豆餅を食べる所（斜体地名）と具なしの味噌雑煮を食べる所（太字地名）

うか。

正月三が日に味噌雑煮を食べるか食べないかでは、南丹市美山や日吉の西に隣接する京都府船井郡京丹波町の質美、森、和知、愛栖里、角などに、神にお供えした餅を正月に下げ、それを焼いて円く広げ、そこに正月用に作る少し甘い味噌をはさみ、閉じて、半月状にして食べるという家が見られる（図1）点が興味深く思われる。そのようにして餅を食べるのは、稲穂の魂がこめられた大切な食物である餅を神にお供えし、ありがたく一緒にいただく神人共食の祭事の形を残していると考えられる。[10] そしてその味噌餅とでも呼ぶべきものは、かつて宮中で正月に食べられたという葩餅（はなびらもち）に似たものである。[11] 葩餅は、今では白味噌を求肥（ぎゅうひ）ではさんで閉じたものになっているが、元は白味噌を白餅ではさんで閉じたものであった。それを湯に入れて煮ると、具なしの味噌雑煮になる。

そのように考えると、上記の地域で、具なしの味噌雑煮を食べる地域がいくつもあったことは興味深い。具ありの味噌雑煮を食べる地域が多いなかで、具なしの味噌雑煮を食べているのは、それが昔からの伝統であったからである。納豆餅のことを少し離れ、具なしの味噌雑煮のことに話を移すなら、具なしの味噌雑煮を食べる所（図2）は、上記の久多、花脊原地、八瀬のほか、八瀬の南に隣接する京都市左京区の修学院、一乗寺、松ケ崎、元田中地域に見られる。また納豆餅を食べる日吉の南に隣接する南丹市八木船枝、南丹市美山大野、さらに、味噌餅を食べる京丹波町の南西に隣接する兵庫県篠山市、京丹波町の西に隣接する兵庫県丹波市氷上、丹波市に隣接する兵庫県朝来市和田山竹田、さらにまた北の天橋立近くの岩滝（現・京都府与謝郡与謝野町）、その北の京都府与謝郡伊根、京北や美山の北の方では、福井県小浜市、若狭町、京北や美山の北東方向では、福井県敦賀市、福井市、滋賀県高島市などにも見られる。これらの地域は、具となる野菜がなかったから、具なしの味噌雑煮を食べているのではない。例えば修学院、一乗寺、松ケ崎などは、京都近郊の野菜産地として有名なところである。

ではなぜ京北とその近辺は、味噌餅を食べる地域に隣接しながら、正月に具なしの味噌雑煮を食べる地域とならず、納豆餅を食べるようになったのか。それは、味噌餅が具なしの味噌雑煮に取って代わられるようになる前に、あるいはそれと同じころに、味噌餅の味噌が納豆に置き換わったからではないか。

煮豆をつぶして麹と混ぜてできるのが味噌であるとするなら、煮豆をワラ苞（づと）で包み、室温四〇度程度に保温しておくことによってできるのが、納豆である。稲作をしているところならどこでも稲ワラを入手できるので、麹（こうじ）を必要とする味噌よりも、作るのが容易といえば容易である。少なくとも、納豆が大豆の大切な食べ方のひとつであることは確かであろう。

京北や美山は山がちであり、裏作で作物を作るのが難しく、農業生産高は多くない地域である。京北や美山の村々に関しては、裏作の麦に関する数量的な情報がないが、京北や美山に隣接し、同じく納豆餅を食べる習慣があり、同じような地理的条件をもった雲ヶ畑や花脊や久多に関しては、一九〇八（明治四一）年の調査結果がわかっており、京都盆地の平野部に属する修学院、松ヶ崎、上賀茂、岩倉、さらには平野部と山間部の中間地帯である静市野、大原、八瀬と比較できるので、以下においてそれを紹介したい。

表2を見ると、京都盆地の平野部に位置し、納豆餅を食べない修学院、松ヶ崎、岩倉、上賀茂では、米のほか

表2　『京都府愛宕郡村志』(京都府愛宕郡，1911)に基づく納豆餅に関係する村の人口，米や麦の石高，野菜や林業による収入の比較表

	人口(人)	米(石)	麦(石)	野菜等(円)	林業(円)	米麦/人口(石)
修学院	3149	3438	2039	7146	5254	1.74
松ヶ崎	639	1185	589	5185		2.78
上賀茂	4194	3719	3107	14132	18360	1.63
岩倉	2848	4132	2008	3905	1382	2.16
静市野	1214	1890	367	9248	6548	1.85
大原	2291	2090	300	3363	24602	1.04
八瀬	813	488	107		7471	0.73
雲ヶ畑	484	72			28387	0.15
鞍馬	1390				7652	0
花背	1051	767			43175	0.73
久多	521	609			7287	1.17

に麦も多く栽培され、米と麦を足した石高を現住人口で割ると、松ヶ崎が二・七八石であり、岩倉が二・一六石で、多い。昔の人は一年に米や麦を一石食べたといわれるので、それだけあれば、税を払っても、何とか食べられたであろう。修学院は一・七四石、上賀茂は一・六三石と、少し少ないが、それを補って余るほどの収入を野菜やたきぎの販売で得ている。

ところが納豆餅地域の南端に位置する静市野（静原村と市原村が一緒になっていた村）、大原、八瀬では、麦の生産はわずかになり、米と麦を足した石高を現住人口で割ると、静市野が一・八五石、大原が一・〇四石、八瀬が〇・七三石と少なくなり、それより北の納豆餅地域の村では、麦は栽培されておらず、米と麦を足した石高を現住人口で割ると、雲ヶ畑〇・一五石、鞍馬〇石、花脊〇・七三石、久多一・一七石となり、極めて少なくなる。これらの村は炭を売って生計をたてていたのであるが、食糧に関しては、買わなければならないものが多かった。

納豆餅が食べられている納豆餅地域の中心とでもいうべき京北や美山の村々に関しては、麦に関する数量的な情報がないが、それらの村は、隣接する雲ヶ畑や花脊や久多と同じような地理的条件をもった村であり、雲ヶ畑や花脊や久多と同じような生活条件

下にあったと考えることができる。[12] 山がちであった京北や美山では、米や麦の生産高は多くなく、棚田の広いあぜで作る大豆が食生活において極めて重要であった。その大豆の新しい大切な食べ方である「納豆」が見出されたことにより、納豆に感謝して、納豆を作り、味噌餅の味噌の代わりに餅にはさみ、食べるようになったとしても、不思議ではない。

その納豆餅は京北や美山から周辺部にも広がって行ったが、平野部へ行くと、裏作が可能であり、食糧に占める大豆の重要性が山間部ほどは高くなく、正月三が日に具なしの味噌雑煮を食べる習慣が既にあったか、あるいはその習慣の方が広まっていったか、あるいは納豆を作ることが気候的にむずかしかったため、納豆や納豆餅は食品の選択肢のひとつ、嗜好品として食べられるようになっていった。そして八瀬のように、柔らかくした餅の上に練った納豆をかけて食べる、あるいは練った納豆のなかに餅を入れて食べるという食べ方や、市原のように、納豆のつけ汁に焼いた餅を浸して食べるという食べ方も生まれていった。また、京都からの影響で、餅を豆の粉の上で広げるとか、餅の中央に塩で練った納豆を置き、その納豆に黒砂糖をばらまいて、閉じて食べる、あるいは納豆餅に黒砂糖をつけて食べるということも行われるようになった。さらには、岩倉や松ケ崎に見られるように、納豆餅の納豆が、甘い小豆餡にとって代わられるところも出てきた。そのように見ることもできるのである。

京丹波町の質美、森、和知、愛栖里、角などに味噌餅という食べ方が見られるからといって、そこが味噌餅という食べ方が生まれた土地であることにはならないであろう。神にお供えした餅を正月に下げ、それを焼いて円く広げ、そこにこれもまた大切な食品である味噌、それも正月用に作る出来たての少し甘い味噌をはさみ、閉じて、半月状にして、ありがたく一緒にいただくという神人共食の祭事の形を、たまたま残しているだけなのかもしれないからである。また、焼くなどして柔らかくした餅を円く伸ばし、中央に練った納豆を入れて、閉じた納豆餅を雑煮代わりに食べることが京北を中心として地域に見られるから、そのあたりが納豆の生まれた土地であるとはいえないであろう。しかしそのことは、この地方で納豆がとても大切にされてきたことを示しているであろう。また、納豆餅の形状は、味噌餅の味噌が納豆に置き換わっているだけなので、納豆はかなり古い時期から大切にされてきたのであろう。味噌餅を食べる京丹波町の質美、森、和知、愛栖里、角などに隣接して、そして具なしの味噌雑煮を食べる地域に囲まれて、京北を中心とした地域に納豆餅を雑煮代わりに食べるという風習が見られることは、糸引き納豆の発生、味噌雑煮の発生を考える上で興味深く、照葉樹林文化の日本的要素を考察する上でも興味深い。

(1)　フーズ・パイオニア(一九七五：三三-三四)。京北には「鳳栖(ほうせい)納豆」と呼ばれるものがあるが、これは塩納豆であり、糸引き納豆ではない(藤原孟「京都府北桑田郡地方の納豆と餅」(『梅花短期大学研究紀要』三五号、、一九八七：一一九-一三五)。

(2)　納豆菌を繁殖させるには、煮豆をワラに接触させ、三日ほど湿度の高い状態で四〇度を少し超える程度に保てばよい(松本忠久『平安時代の納豆を味わう』、丸善プラネット、二〇〇八：三〇：七一)。

(3)　納豆は高温多湿に弱いので、納豆そのものがジャワから到来した可能性は低いであろう。製法が伝わった可能性はあるが、ジャワでは、煮豆をバナナの葉や木の葉で包んで醱酵させるので、その可能性は低いであろう(中尾、二〇〇五)。

(4)　「又納豆卅送之」(『薩戒記』応永三二(一四二五)年一一月七日)。「石泉院忠宴法印送納豆廿裹、謝示了」(『建内記』永享二(一四三一)年一二月一一日)。いずれも東京大学史料編纂所古記録フルテキストデータベースから引用した。

(5)　「雖軽微之至候唐納豆箱一合令進候、御賞翫喜入候」(『建内記』嘉吉元(一四四一)年七月)(東京大学史料編纂所古記録フルテキストデータベース)。「勢州岩田圓明寺原金光寺各巻数一唐納豆二箱進上例御申次備州」(『親元日記』寛正六年十二月六日条)、「圓明寺金光寺各巻数一唐納豆一箱貴殿江例」(『親元日記』寛正六年十二月七日条)(続史料大成刊行会『続史料大成』、臨川書店、一九六七)。

(6)　「石泉院重源送納豆」(『建内記』嘉吉元(一四四一)年一二月二四日)。「雖軽微之至候唐納豆箱一合令進之候、御賞翫喜入候」(『建内記』嘉吉元(一四四一)年七月)。納豆に関する記述としては、ほかにも「雖左道候、納豆二十裹令進上候、御賞翫候者畏入候」(『建内記』嘉吉元(一四四一)年一二月)・「雖軽微之至候、納豆二十裹進覧候、御賞翫候哉」(『建内記』文安元(一四四四)年五月)・「仍雖左道至極為恐候、納豆卅裹令進覧之候、御賞翫本懐存候」(『建内記』文安四(一四四六／七)年一月)・「納

豆二十裏進上仕候、左道之式恐憚無極存候」(『建内記』文安四(一四四七/八)年一二月)などがある。いずれも東京大学史料編纂所古記録フルテキストデータベースから引用。

(7)「東山法輪院納豆卅被進之」(『親元日記』寛正六年十月七日条)。「伊庭納豆百進之」(『親元日記』寛正六年十一月廿七日条)。「佐々木馬渕貴殿江納豆百、備州江五十佳例也…同實泉院納豆御返事」(『親元日記』寛正六年十二月朔日条)。「江州敏満寺年行事納豆百例。江州浮気上様奉公納豆百例。」(『親元日記』寛正六年十二月八日条)。「江州福田寺納豆五十例。」(『親元日記』寛正六年十二月九日条)。「宝光院承舜納豆五十。武庫江伊庭納豆五十」(『親元日記』寛正六年十二月十三日条)。「御被官成就院納豆五十。同善光坊五十…彦根寺納豆五十」(『親元日記』寛正六年十二月十九日条)。「青蓮院殿より納豆五十。鳥居少路方江御状懸之。鳥居少路納豆五十御返事」(『親元日記』寛正六年十二月廿二日条)。春田直紀「モノから見た一五世紀の社会」(日本史研究会『日本史研究』五四六号、二〇〇八:二五)を参照。

(8) 太田藤四郎『お湯殿の上日記』一、続群書類従完成会(一九五七:三九:八四:八六:一〇九:一四一:二二七)。文明一〇(一四七八)年一一月一五日条には「源大納言よりいとひきまいる」、文明一二年(一四八〇)四月四日条には「みなせよりいとまいる」と記され、「めうほう院」だけでなく、「源大納言」や「みなせ」からも「いとひき」「いと」が届いている。さらに、文明一三(一四八一)年一〇月二九日条には「めうほうゐん殿よりいつものいとひき百まいる」と記されて、「めうほうゐん」がよく「いとひき」を贈るためか「いつもの」と記されるようになっている(「めうほう院は」文明一一年一〇月八日(「めうほう院の宮の御かたよりいとひきまいる」)、文明一五年一〇月九日(「めうほう院殿よりいとひき百まいる」)にも「いとひき」を贈っている)。

(9)「精進魚類物語」(高橋忠彦ほか『御伽草子精進魚類物語本文・校異篇』、汲古書院、二〇〇四)は、以下のような話である。「魚鳥元年壬申八月朔日」、米の「御料」の大番(盤)で出仕した「越後国の住人、鮭の大助長ひれが子共、はららごの太郎つぶざね、同次郎ひづよし」の兄弟は、「美濃国住人、大豆の御料の子息、なっとう太郎たねなり」よりはるか末座に下されたのを不服とし、越後に帰って父の鮭大助長ひれに報告すると、父も激怒し、ついには魚類・鳥類方と精進方の合戦になる。精進方にはせ参じたのは、穀類、野菜類、海藻類、果実類のそばの大角介三角、いもがしらの大宮寺、こんにゃく兵衛酢吉、納豆太郎のおいの唐醤、ひしほ次郎、牛房左衛門長吉、大根太郎、蓮根の近江守、きうりの山城守、みょうがの小太郎、なすびの先生、わさびの源六、こぶの太夫、熟柿の冠者さねみつ、びわの大葉の三郎、柑子五郎、すももの式部の太夫、松茸の太郎などであった。戦いの結果、敗色が濃厚となった魚類方は、鍋の城を築き、屈強の要害を築くが、薪をあらわす「山城の国の住人、大原木の太郎」が火を放ち、鍋料理ができあがる。このような話であるが、その中には「折節納豆太郎は、わらの中に昼ねしてありけるが、ね所見苦しとやおもひけん、涎垂ながら、がはとをき、ぎやうてんして、対面する」というように、納豆の様子を示すような文章も出てくる。この「精進魚類物語」の成立年ははっきりしないが、明応四(一四九五)年以前の成立であると考えられており(柴田芳成「『精進魚類物語』作者に関する一資料」(『京都大学國文学論叢』十号、二〇〇三:五二一五五）、高橋久子・小松加奈「古本系精進魚類物語と古辞書との関係に就いて」（高橋忠彦ほか『御伽草子精進魚類物語　研究・索引篇』、汲古書院、二〇〇四：八四－一九七）は「古本系精進魚類物語の原本の成立は、温故知新書成立の文明十六年（一四八四）より遡ることになる」と主張している。

（10）「雑煮」（柳田國男監修『民俗学辞典』、東京堂出版、一九九八（第六三版））。

（11）川端道喜『和菓子の京都』、岩波書店（一九九〇：六一－七三）。「花びら餅」の外側の餅には搗き餅が用いられていた。しかし搗き餅だと、茶道の菓子として肉厚すぎるので、今では求肥が用いられることが多くなっている。

（12）京北の「辻村誌」（『京都府地誌』（京都府立総合資料館所蔵）、一八八二）には、辻村の物産として「稲、粟、黍、稗、豆、麦、菜種」が挙げられているが、「其質粗悪ナリ。年中ノ自用ニ供ス。」と記されている。

コラム② ブータンの小粒小豆セームフチュン

山口裕文

二〇一〇年秋、私は、ブータンの首都ティンプーと飛行場パロをつなぐハイウェイ傍の棚田でイネの収穫作業を見ていた（写真1）。ヒマラヤの亜熱帯高地では、河谷に沿って穀物生産に適した比較的乾燥したこのような場が広がる。風景のなかの乾燥した松林は、インド洋からの風の湿りを山越えで落とした谷風でつくられていることを示している。ブルーシートを敷いた上に手ごろな石を置き、刈り取ったイネを叩きつけている。使われている石は、棚田の石垣とは異なる岩質である。この風景はミャンマーのシャン高原の脱穀石（Khyikto）による収穫（梅本ほか、二〇〇一）やタイの稲作で見られる脱穀（大野ほか、二〇〇八）とよく似ている。ブータンにおけるイネの脱穀は、叩きつけか、叩き棒によるか、足踏みである。一昔前はブルーシートではなく、竹蓆であった。イネは、ブータンで好まれている赤米の仲間である。

その棚田の畦に、黄色くなった葉をつけたマメ科の植物がある。ハイウェイに面した土のこぼれやすい斜面にもある（写真2）。周りの個体を見ると匍匐した茎につく黒く熟した莢は直下している。これは、明らかに野生のアズキの仲間、ヤブツルアズキ（*Vigna angularis* var. *nipponensis*）である。照葉樹林帯とその周辺にはアズキやタケアズキに近い野生種が生育しているが、ヤブツルアズキや柱頭の先の特徴で *V. nepalensis* とされる温帯性のグループに当たる野生種は、ヒマラヤや雲南では標高二〇〇〇メートル付近の時に水の滴るガレ場や水田の縁に生育している。ここブータンでも亜熱帯的気候になる標高一〇〇〇～一六〇〇メートルほどの所では、水田の畦には亜熱帯群の *V. hirtura*、*V. umbellata* の野生種などが見られる。ヒマラヤではアズキやリョクトウの仲間は、系統学的なグループ、温帯群、亜熱帯群、熱帯群（Javadi et al. 2011：三村・山口、二〇一三）が標高を違えて棲み分けているのである。

写真1　ブータン KasardapChu でのイネの脱穀(2010 年，山口裕文撮影)。石に稲束を叩きつけて脱穀する

写真2　KasardapChu の撹乱地に生育するヤブツルアズキ(2010 年，山口裕文撮影)

写真3　ティンプー・サブジ市場の香料店(2009年，山口裕文撮影)。中央の袋が小粒のアズキ。周りの袋には乾燥，混合，粉末の香源植物が売られている。練って作った線香もある。

ヤブツルアズキは日本からネパールまでの照葉樹林帯の水田や小さな河川の堤防などの斜面に自生するが、どの地域のものでも黒く熟した莢は、硬く、触れると裂開して種子をはじき飛ばす。ヤブツルアズキには分布域の東西で形態的特徴に大きな差異は見られないが、ただひとつ、莢のなかに出来る種子の数は違っている。東アジアのヤブツルアズキは一莢にきちっと一〇個の種子を入れるのに対し、中国雲南省や貴州省辺りのヤブツルアズキは一莢に一四個程度の種子を入れる。ここブータンのヤブツルアズキも一五個ほどの種子を一莢に結んでいる。

西ブータンのハ(Haa)とチェレラ(ChuleLa)峠の調査を終えて戻った次の日曜日にティンプーの市民市場では小粒のアズキが売られていた。臍が平らで四角張った粒は小さいものの明らかにアズキである。一カップを買い求めていると店の女性が「先日、畑であったね」という。棚田で脱穀作業していた農民の一人である。三度足を運んだティンプーの市場では、前年も小粒のアズキを見ていたが(写真3)、その店はコメや麦や豆などの穀物を売る店ではなかった。この年は、周りには線香があり、昨年の春は黄、緑、白の粉と植物の乾燥品を大袋から売っている店にアズキはあった(写真4)。栽培のアズキの熟した莢は、時に褐

写真4　売られているアズキは，小粒で暗赤色である（2009年，山口裕文撮影）

色が混じることはあるが、膜質で薄く黄色か藁色である。極東のアズキも似たようなものであるが、ここと同じに一莢に一〇個ほどの種子を入れる。

ブータンのヤブツルアズキには、葉緑体DNA情報に極東のヤブツルアズキと大きな違いが見られる。しかし、ここの栽培アズキは少数の解析例ではあるが極東のアズキとよく似たDNA情報を示す。そのため、極東で出来た栽培アズキは長い年月をかけて照葉樹林帯の東から西へ移動したと見積もられている（三村・山口、二〇一三）。

ブータンの栽培アズキは、北海道農業試験場のグループにより調べられている（村田ほか、一九九四）。時期遅れの調査ではあったが、リョクトウとよく似た栽培方法と一〇〇粒重が二・五〜七グラム程度の収穫された種子が確認されている。その時に測られた一〇〇粒重は、野生アズキで一グラム、西岡氏の導入による少納言では一二・四グラムである。小粒の栽培アズキは、ダルとして平素の食事にも使われるが、仏事におけるプザとして使われるため、チベットからの導入が想定されている（村田ほか、一九九四）。その小ささは、世界で一番小さな豆として紹介されている（吉田、二〇〇〇）。

住民生活に仏教の溶け込んだブータンでは、仏事に使う生活品が多い。ローカルマーケットで見られる乾かしたヨモギの一種の白い葉は、線香に使われるという。市場に見られる黄、緑、白の粉末は香である。現代的なブータンの香は、サンダルウッド、クローブ、ショウズク、サフラン、ニクズクやナルデなど、熱帯アジアに多い香辛料とブータンの香り植物から作られているが、そのような香材と同じ扱いで近代的なサブジバザールで小粒のアズキは仏事とかかわって売られている。極東アジアでもアズキは弔事や結婚式などのさまざまなハレにおける豆となっている。いつどこで仏教との強い結びを創ったのかは別にせよ、ブータンの小粒アズキは、照葉樹林帯に沿って極東からの遠い道のりを辿ったのであろう。

第二五章　中国古代の香

――降神と辟邪の観点から

木﨑香織

春秋戦国時代までの香りは香草の香りであった。戦国時代には薫炉が存在し、香草を燃やして薫蒸していた。漢代には、博山炉という薫炉が流行し、この頃から香薬が西域や東南アジアからもたらされ、沈香や白檀などは現代でも香の材料としてだけでなく、中医薬としても用いられている。

香は宗教儀式において重要な役割を果たした。特に仏教儀式において香は欠かせないものであり、仏教は道教にも影響を与え、道教儀式においても香を焚くようになる。また、香炉も道教美術のなかに見られる。中国の香文化は、西域の文化や宗教の影響を受けながら発展していく。ここでは、中国古代の香の思想的変遷を理解するために、古典文献のみならず、香炉などの文物についても検証したい。

一　香の字と祭祀

まず香という文字に焦点を当ててみよう。後漢・許慎『説文解字』によると、香の字は禾（のぎ）（黍のこと）と甘（かん）が合わさって出来た会意文字である。単純に考えれば、〝甘い黍の匂い〟が〝良いかおり〟であるという意味になる。

『説文解字』（以下『説文』）香

芳なり。黍に従ひ甘に従ふ。『春秋伝』に曰く、「黍稷馨香」と。凡そ香の属は皆香に従ふ(1)

『春秋左氏伝』における「黍稷馨香」とは、黍と稷はどちらもキビのことで、馨は「香りが遠くまで聞こえること(2)」を意味し、黍稷のよい香りが遠方まで香ることを表現している。香の字を部首にもつ、馥や馨などの文字も、すべてよい香りを意味する。しかし、これに対して白川静は「甘（かん）はもと甘美の字でなく、嵌入の形であるから、甘美の意を以て会意に用いることはない。字の初形がなくて確かめがたいが、黍をすすめて祈る意で、曰（えつ）は祝詞の象であろう」（白川、二〇一〇：五一四）としている。つまり、禾の下にある文字は、甘ではなく曰というのである。単純に甘くてよい匂いを指すのではなく、祭祀における祝詞とそれを入れる器としての意味を重要視している。曰とは白川によれば、神に祈る際の「祝詞や盟誓を収める器の上部の一端をあげて、中の書をみる形。その書の内容を他に告げる意」（白川、二〇一〇：六八）を表す。つまり、香の字は祭祀における供物である黍と祝詞を入れた器を合わせた象形である。

高橋庸一郎は「卜辞には香字も存在する……その字様は、曰字を上下から禾で挟んだ形である。つまり、巫祝の箱の上にたくさんの黍を並べて飾ったものの象……黍稷などの農作物の稔……その豊饒なることを神前に提薦し、祈るもので、香歳と名づけられた一つの祭祀[3]」と述べ、「香字は巫祝の箱の上に禾を二つ横に並べた形で、一層神前に供物として捧げるという意味が明瞭に表されている[4]」とする。

古代の香の字形を並べると、図1のような甲骨文字がある（李、二〇〇三：六八〇）。初期のものは『続甲骨文編』所収のものである。文字の下半分は、何かを入れるための器に見える。『漢印文字徴』は印の文字であるが、甘も曰も見られる。『汗簡』や『古文四聲韻』所収の碧落文は、甘である。籀（ちゅう）韻は楷書である。楷書は唐代以後の文字であるが、ここでは甘となっている。

以上のことから、香の字形の成り立ちは、黍稷などの農作物の収穫を神に感謝する祭祀と関係するが、『説文解字』では、文字の下半分を「甘」としており、黍の甘い匂いの意も含むと考えられる。

二　香煙と祭祀

殷代の天地祭祀に尞祭がある。高橋は「卜字における字形は、柴を積み重ね、それが燃えているのを型どっており……『説文』の説解と合わせ考えると、尞は、薪柴（にいしば）を積み重ねて火を放って焼き、天をまつる祭祀」（高橋、二〇〇二：一四五–一四六抜粋）であるという。

『説文』尞
　天を柴祭するなり(5)

『説文』燎
　火を放つなり(6)

また、「雨乞いの祭祀である……地上でものを焼くことによって、煙を上空にたなびかせ、それによって雲を呼び、雨をふらせようとする……立ち登る煙は天に届き、地上の人間と天との仲介者となって、地上の意志を天に伝える」（高橋、二〇〇二：一四六抜粋）と説明している。一方、池田末利は「燔柴の宗教學的意義について……犠牲は古代にあっては神の食物と考えられたのであるが、燔柴のばあいは、かかる素樸な物質主義は修正されて人間の食物は神がこれを攝る前に靈氣化または昇華して馨ばしい煙とする必要がある……神にとっての適當な食物は焼かれる肉の馨であると信ぜらるるに到る」（池田、一九八九：五四五–五四六）と述べる。

西洋において「香料（perfume）の語源が、ラテン語の「煙（fumum）」と「通じて（per）」の複合語である」（山田、二〇一一：三）とされる。中国において煙と香りに関係性があっても不思議ではない。ただし、前述の通り、中国においては、香の文字には煙との直接的な関係はない。香りと煙が深くかかわるという概念の形成は、西洋ほど早くはなかったのではないかと思われる。例えば、古代エジプトの祭祀においては、乳香や没薬といった樹脂系香料を燃やし、香りと煙を発生させるという方法をとる。しかし、殷代の祭祀においては、樹脂系香料を燃やすの

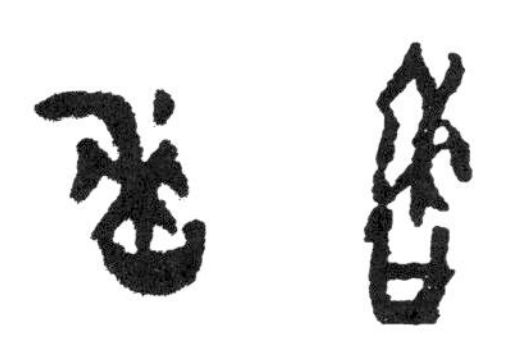

『続甲骨文編』
① 右（珠 263），左（京 2-15-1）

『漢印文字徵』
② 右（香□），中（香澤之印），左（劉香印信）

『汗簡』
③ 右（香出碧落文），左（香）

④

図 1　香の字形（①～③李，2003：680；④劉，2013：337）

ではなく、犠牲の肉を焼くときに発生する臭いと煙を天に届けるという方法をとっていたのである。

三　香煙と昇仙

煙は雨乞いにおいて、雲を発生させる媒体となる。煙には天高く昇っていくという性質があり、煙と雲のイメージが似ているためであろう。煙にのって昇天するという話が、前漢・劉向『列仙伝』にみえる。

『列仙伝』赤松子

赤松子なる者は、神農の時の雨師なり……能く火に入りて自ら焼く。往往にして崑崙山の上に至り、常に西王母の石室の中に止どまる。風雨に随いて上り下る。炎帝の少女之を追い、亦仙を得て倶に去る。高辛の時に至りて、復た雨師と為る

（平木ほか、一九八八：一五七—一五九参照。以下、下線は、文中の重要部分を示す）

雨師、司雨とあるように、赤松子は雨乞い師である。神農は農業の神であり、火徳をもって国を治めたとさ

れ、赤松子は「火の中に入り、自分の体を焼いて雨を降らせることができた」(平木ほか、一九八八：一五八抜粋)とされる。古の人々にとって、雨乞いは特に重要な儀式であったであろう。現在でもタイの旧正月には水かけ祭りが広く知られるが、「雲南省のシーサンパンナのタイ族」(平木ほか、一九八八：一五八参照)の間でも行われている。また、『新序』、『後漢書』には雨乞いのために身を捧げたという記録が残されている(平木ほか、一九八八：一五八参照)。雨乞いのために焼き殺される話は、フレイザー『金枝篇』が有名である。これについては高橋も言及するように、雨乞いと火祭とが結びついた祭祀は中国古代にかぎらず、他国にも見られる。

『列仙伝』甯封子

甯封子なる者は、黄帝の時の人なり。世伝えて黄帝の陶正と為る。人有り之れに過ぎりて其れが為に火を掌り、能く五色の煙を出だす。久しければ則ち以て封子、火を積み自ら焼きて、煙気に随いて上り下る。其の灰燼を視るに、猶お其の骨有り。

奇なるかな　封子　妙は自然に稟く

質を洪鑪に鑠かし　気を五煙に暢ぶ

骨を灰燼に遺し　墳を甯山に寄す

人は其の跡を観るも　悪くんぞ其の玄を識らんや　(平木ほか、一九八八：一五九–一六二参照)

「赤松子」や「甯封子」は自らの肉体を焼くことで昇天する。当時、火葬は一般的でなく、恐ろしい行為であるとされていた[7]。ここでの自らの肉体を焼くという行為も、雨乞いの儀式の名残といえるものであろう。肉体を煙とともに天まで届けることによって、地上の意思を彼らに代弁してもらい、神に雨を降らせることが目的であったのだ。肉体を焼かれると、その魂は天の神のもとへと遣わされるのであろう。

『列仙伝』鈎翼夫人

鉤翼夫人……少き時、清浄を好む……望気の者云く、「北に貴人の気有り」と。推ねて之を得たり。召されて到るに、姿色甚だ偉なり。武帝、其の手を披き、一玉鉤を得て、手尋いで展ぶ。遂に幸せられて昭帝を生む。後、武帝之れを害す。殯尸冷えずして、香ること一月の間たり。

婉婉たる弱媛　　廟符して鈎を授く
嘉嗣を誕育し　　皇祚惟れ休まる
武は之れ達せず　　徳に背き仇を致す
身を委ねて戮を受くるに　　尸滅して芳流る
（平木ほか、一九八八：二七〇参照）

ここには、夫人のかりもがりされた遺体が、一か月もの間、冷えずに芳香を放っていたとあり、讃の最後には、遺体が消えてなくなりその残り香だけがあったとある。夫人は生まれつき徳のある人物であり、理不尽に殺されてもなお、「尸滅して芳流る」というように、その徳を失わずにいたことが残り香によって表現されている。「赤松子」と「甯封子」と同様に、夫人は亡くなったのではなく、地上での肉体は消滅したかに見えるが、女仙になり昇天したと解釈出来る。

『列仙伝』園客

園客なる者……姿貌好くして性良し。邑人多く女を以て之れに妻あわさんとするも、客終に取らず。常に五色の香草を植え、積むこと数十年、其の実を食らう。一旦、五色の蛾有り、其の香樹の末に止どまる。……蚕時に至り、好き女有り、夜に至り、自ら客の妻と称し、蚕の状を道う。客倶に蚕を収め、百二十頭の繭を得たり。皆、甕の如く大なり。一繭を繅るに、六十日にして始めて尽く。訖われば則ち倶に去る。

美しき哉　園客は　　顔は朝華に曄く。

仰ぎては玄精を吸い　俯しては五葩を将る。
馥馥たる芳卉　采采たる文蛾。
淑女宵に降り　徳に配して遐きに升る　（平木ほか、一九八八：二八一―二八三参照）

ここに見られる「五色の香草」はクワ科の植物だと考えられる（平木ほか、一九八八：二八三参照）。クワ科の植物にはさまざまな種類があるが、マグワの根皮は桑白皮と呼ばれ生薬として用いられる。清肺湯などの漢方薬に調合され、『本草綱目』、『神農本草経』、『普済方』、『證類本草』、『備急千金要方』などにも記載がある。これらの文献では主に、去痰作用や鎮咳効果がある薬として記載されている。文中に「其の実を食らう」とあるが、クワ科の植物には木イチゴとよく似た木の実がなり、薬効があると考えられていたのであろう。

中国古代において芳しい香りを放つ植物は、人界というよりは、むしろ別世界のものであるという考え方があったのではないだろうか。例えば、蘭、桂、芷、薫などの香草は、『詩経』や『楚辞』に記される。香草が神霊を迎え降ろすのに利用されるのである。香りは別世界を象徴し、よい香りのする場所は、地上とは違った特別な空間であると認識されたのであろう。実際には、不快な臭気を取り除き、空間を清潔にする習慣から生まれた思想であると推測される。また、これらの香草が病の治療にも用いられていた事例から、病邪などの邪悪なものを去るという考え方があったのであろう。

四　香と徳の伝達

『春秋左氏伝』には、君子の徳が香りに喩えられる記述がある。

『春秋左氏伝』桓公六年

酒醴を奉げて以て告げて曰く、嘉栗旨酒と。其の上下皆嘉徳有りて違心無きを謂うなり。所謂馨香ありて讒慝無きなり。……民和して神之に福を降す（鎌田、一九七一：一三〇参照）

『春秋左氏伝』僖公五年

周書に曰く、「皇天親無し。惟だ徳を是れ輔く」と。又曰く、「黍稷馨しきに非ず。明徳惟れ馨し」と。……則ち徳に非ざれば民和せず、神享けず。神の馮依する所は、将に徳に在らんとす。若し晉、虞を取りて、明徳以て馨香を薦めば、神其れ之を吐かんや（鎌田、一九七一：二七八参照）

桓公六年には、神酒を捧げると君子も民も「立派な徳がかおり輝き、よこしまな心がない」（鎌田、一九七一：一三三抜粋）ということを神が知り、民に幸福をもたらすとある。また僖公五年に、「神に供える黍稷がかんばしいのではなく、供える人の明徳がかんばしい」（鎌田、一九七一：二七九抜粋）、「明徳をおさめてかんばしきものを供えるならば」（鎌田、一九七一：一三〇抜粋）、神は君子や民を蔑ろにすることはないとある。

『国語』周語

國の將に興らんとするや、其の君は齊明衷正、精潔惠和にして、其の徳は以て其の馨香を昭かにするに足り、其の惠は以て其の民人を同じくするに足り、神饗けて民聽き、民神怨無し。故に明神之れに降りて、其の政徳を觀て、均しく福を布く。國の將に亡びんとするや、其の君は貪冒辟邪、淫佚荒怠、麤穢暴虐にして、其の政は腥臊にして、馨香登らず、其の刑は矯誣して、百姓攜貳し、明神蠲しとせずして、民に遠志有り、民神怨痛し、依懷する所無し（大野、一九七五：九一抜粋）

ここの「其の徳は以て其の馨香を昭かにするに足り」とは、君子の徳が清らかで慈愛に満ちていることを芳しい香りに喩えたものである。その芳香をもって人民を統一すれば、天界から神がその政治や徳を観察するために降り、国はその恩恵を受けることが出来るのである。しかし、「其の政は腥臊にして、馨香登らず」というように、徳や政治が汚らわしく生臭ければ、神に芳香が昇らず、国に「禍を降す」ことになる。つまり、神に捧げる香りとは腥いものであってはならないのである。殷代の祭祀における獣肉を焼いた臭いとは違い、芳しい香りに特別な意味が与えられ、その芳香を神に届けることによってその恩恵を受けるという概念がここに反映されているのである。

五　魂を呼びもどす香

返魂香という香がある。人の魂をもとの肉体に呼び戻すことが出来る香である。

『十洲記』

聚窟洲は西海中申未の地に在り。地、方三千里、北のかた崑崙に接すること二十六萬里、東岸を去ること二十四萬里、上に眞仙靈官多く、宮第、比門、勝げて數ふ可からず、及び獅子、辟邪、鑿齒、天鹿、長牙、銅頭、鐵額の獸有り、洲の上に大山有り、形は人鳥の象の似し、因て之に名づけて神鳥山と為す、山に大樹多し、楓木と相類し、花葉の香り數百里に聞こゆ。名づけて反魂樹と為す。其の樹を扣てば亦た能く自ら聲を作す。聲は羣牛の吼ゆるが如し、之れを聞く者の皆な心震え神駭く。[8][9]其の木の根心を伐り、玉釜中に於いて煮て汁を取り、更に微火もて煎じて黑餳の狀の如くし、之れを丸にす可からしめ、名づけて驚精香と曰ひ、或いは之れに名づけて震靈丸と為し、或いは之れに名づけて反生香と為し、或は之れに名づけて震檀香と為し、或は之れに名づけて人鳥精と為し、或は之れに名づけて却死香と為す。一種六名斯く霊物なり。香氣は數百里に聞こへ、死者地に在り、香氣を聞き乃ち却りて活き、復た亡びざるなり。

香を以て死人を薫らせ、更に神験を加ふ(10)

西海に神鳥山があり、そこには楓木に似た、花葉の香りが数百里に聞こえる反魂樹があった。その根元の部分を伐り、玉釜で煮るなどして香を作る。驚精香、震霊丸、反生香、震檀香、人鳥精、却死香と六種の名がある。数百里も遠くに横たわる死者がこの香を聞くと、甦るのである。

『東方朔十洲記』

東海中に洲有り、洲中に樹有り。其の汁を取り、玉釜を以て之を煎じ香を為る。人死して三日、香を焼き其の鼻を薫じ、便なれば則ち活く。亦た反魂香と名づく。一に驚精樹と名づく。物を以て之を打たば、便ち牛乳と作る。漢の武帝の時、西胡、香を献じ、取りし時、長安に大疾あり。病人死すること大はだ多し。其の香を焼き、死者三日未だ埋めざれば、香を聞きて皆活く。亦た反魂香と名づく(11)

唐・欧陽詢『芸文類聚』巻七十八霊異部上仙道(12)、巻八十八木部上木(13)にも、『十洲記』が引用される。また、『廣韻』上平聲・魂では、『淮南子』における『十州記』の記載が見られる(14)。『太平御覧』妖異部二魂魄も(15)、『十州記』を基盤とする。

東海の洲中に驚精樹があり、その樹液を玉釜で煎じて香を作る。死んでから三日以内であれば、死者の鼻を反魂香で薫らせると復活するとある。

『白氏長慶集』李夫人、鑒嬖惑也

又た方士をして霊薬合をし、玉釜に煎錬し金爐に焚かしむ、九華帳深夜悄悄、反魂香夫人の魂を降ろす。夫人の魂何許にか在る。香煙引きて香を焚くの處に到る(16)

方士が霊薬を調合し、玉釜で煎じて香を作り、金の香炉で焚くと、反魂香が李夫人の魂を降ろすとある。その魂は香煙が連れて来るのである。香煙に誘われて、天界から香を焚いている場所に導かれるのである。

この白居易の李夫人の詩は、『前漢書』巻九七上の「上、李夫人を思念して已まず、方士齊人少翁言ふ、能く其の神を致す、と。廼ち夜に燈燭を張り帳帷を設け、酒肉を陳ねて上をして他帳に居り遙かに望見せしむ。好女李夫人の貌の如し、幄に還り坐して歩む（注：師古曰く、夫人の神、幄中に坐す、又た出て徐ろに歩む）[17]」を受けている。しかし、ここでは香は使われていない。

反魂香が死者の魂を呼び戻すことが出来るとあるが、香りだけでなく、香煙も必要であることがわかる。これらの文献には、反魂香の香りについての説明がない。つまり、良い香りというよりはむしろ、煙が重要だったと考えられる。

六　副葬品としての薫炉・香炉・博山炉

六―一　薫炉と香草

薫炉とは、防虫や防臭のため、衣服を薫蒸するための道具である。対して、香炉とは、香を焚くための道具である。薫炉と香炉は、古代オリエント、イスラーム世界、インド、中央アジア、中国など広くに存在し、それらは「総じて神や祖先神らに香薫を捧げたり、臭いと害虫を除去するために利用された」（徐、二〇〇五：一九六抜粋）とされる。

写真1は湖南省長沙馬王堆漢墓出土の「彩絵陶熏爐」という薫炉である。炉蓋を開けるとなかには「高良薑や辛夷などの香草」（馬王堆漢墓文物、一九九二：七二抜粋）が入っていた。また、同じく一号漢墓では「薫爐罩」（写真2）

も発見されており、これには「骨組みは竹を薄く割ったもので構成され、その上からキメの細かい絹を覆いかぶせたものである。薫炉の中で香草を焚いて生じた香霧はこの絹で濾過され、室内の空気を清浄に保つことができた」(馬王堆漢墓文物、一九九二：七〇抜粋)とある。馬王堆漢墓は多くの医薬学書や房中書などが発掘されたことで有名であるが、同時に中草薬(写真3)もいくつか発掘されており、「現存する最古の中草薬の実物標本であり、図は出土時に薬袋、香嚢、枕頭と薫爐の中にあったものが分別して置かれたものである。三号漢墓から出土した医書

写真1　馬王堆一号漢墓「彩絵陶熏爐」(傅・陳，1992：70)。高 13.5 cm

写真2　馬王堆一号漢墓「薫爐罩」(傅・陳，1992：72)。高 15 cm，底径 19 cm

写真3　馬王堆一号漢墓「中草薬」(傅・陳，1992：81)

の記載によると、漢代に使用された薬物は二四〇種余りであるとされる。出土した薬物の中で識別認識しえたものは、辛夷、佩蘭、茅香、花椒、桂皮、杜衡などの十種余りである」（馬王堆漢墓文物、一九九二：八一抜粋）とあり、現在でも調味料や漢方薬として利用されるものが見られる。また、「香草を用いて穢れを避けることは楚人の習俗であり、馬王堆漢墓出土の中草薬の大多数が香料の性質を持ち、これらはその証拠の一部である」（馬王堆漢墓文物、一九九二：八一抜粋）と説明されている。香草は薫炉で焚かれ、煙と香りによって空間を清潔にするために用いられたほか、養生薬や治療薬としても服用されたと推測できる。

このように、薫炉や香炉が副葬品として発見されることは珍しくない。後述の博山炉についても同様である。死者があの世に旅立ってからも不自由のないよう、生前に愛用していたものや、日常でよく用いていたものを、遺体とともに埋葬する。馬王堆漢墓の発掘品からは、埋葬者が日常生活において薫炉を使用して香草を燃やし、衣服の薫蒸をしていたことがうかがえる。

六―二　副葬品としての博山炉

漢墓からは「鍍金銀薫鑪」（写真4）、「金象嵌雲気文博山爐」（写真5）、「鍍金銀竹節薫炉」（写真6）などの副葬品としての薫炉が出土している。複雑な装飾と象嵌や鍍金などの技術が駆使された博山炉が発見されている。博山炉の形態的特徴はおおむね、中国の仙山である博山（海中の仙山や三神山のほか、蓮にも類似し諸説ある）を模した特徴的な炉蓋をもち、香草を焚くと炉蓋に開口する複数の穴から煙が立ち昇る仕組みとなっており、炉身から取り外せるものや蝶番になったものなどがある。この炉蓋をのせた炉身は一本の炉柱によって支えられ、炉底には水を入れるためと考えられる承盤が組み合わされ構成されている。承盤のないものも多く見られる。香煙は仙山を取り巻く霧や雲の演出となるのであろう。また、水を溜める設計の承盤によって、海の仙山を連想させる造り

写真 4　「鍍金銀薫鑪」(曽布川・谷, 1998：157)。高 22.3 cm, 口径 14.2 cm

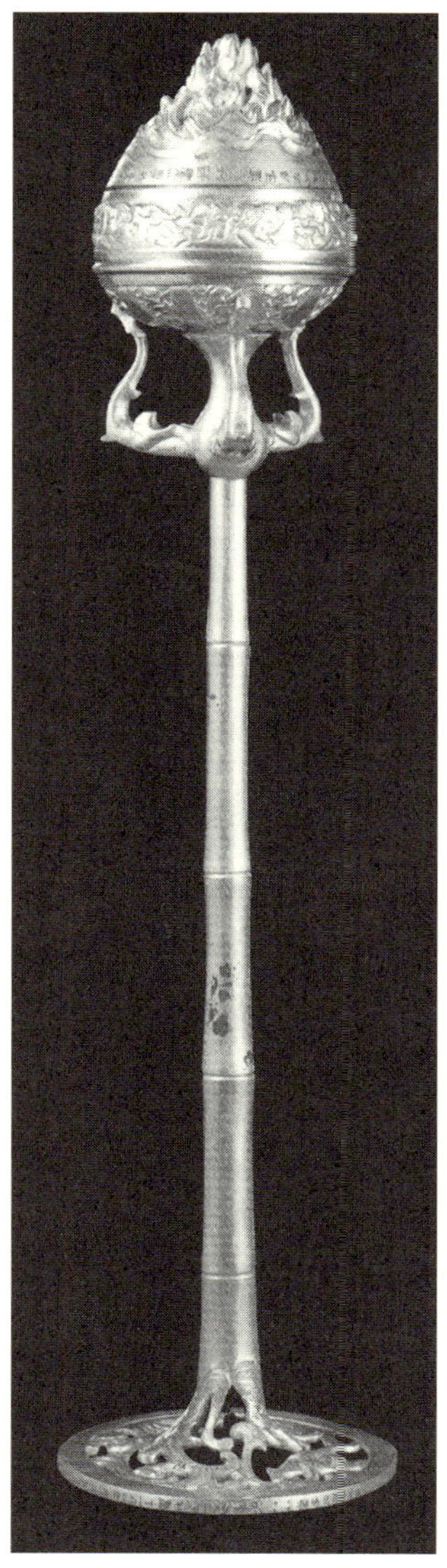

写真 6　「鍍金銀竹節薫炉」(曽布川・谷, 1998：235)。高 58 cm, 底径 13.3 cm

写真 5　「金象嵌雲気文博山爐」(曽布川・谷, 1998：157)。通高 26 cm, 胴径 15.5 cm

になっている。

博山炉に関する最古の記述は、漢・劉歆『西京雑記』にある。

漢・劉歆、晋・葛洪『西京雑記』巻一

長安の巧工（こうこう）、丁緩なる者、常滿燈を為り、七龍五鳳、雑（まじ）ふるに芙蕖蓮藕（ふきょれんぐう）の奇を以てす。又た臥褥（がじょく）香鑪を作る。一に被中香鑪と名づく。本と房風より出づ。其の法、後ち絶へ、緩に至りて始めて更（あらた）めて之を為る。機環轉運（きかんてんうん）を為し、四周して鑪體（ろたい）常に平らか。之れを被褥に置く可し、故に以て名と為す。又た九層博山香鑪を作る。鏤（きざ）みて奇禽（ききん）、怪獣（かいじゅう）を為し、諸靈異を窮め、皆な自然運動す。又た七輪扇を作る。七輪を連ね、大なること皆な徑丈、相ひ連續す、一人之れを運（めぐ）らし、滿堂寒（こご）へ顫（ふる）ふ(18)

「九層の博山香鑪」に怪獣などのあしらいがあり、それらが自ら動いている様子が記されている。宋・高承『事物紀原』には、漢代以後、博山炉が盛んに用いられていたことが記録されている。

宋・高承『事物紀原』

黄帝内傳に博山爐有り、蓋し王母帝に遺（おく）りし者、蓋し其の名、此より起こるのみ、漢晉以來、盛んに此を用ふ(19)

『黄帝内伝』に、博山炉に関する記載があり、西王母に贈ったとも記される。

晋『東宮故事』には、

晋『東宮故事』

東宮舊事に曰く、皇太子初めて拜せしとき、漆筆四枝、銅博山筆牀一副を給ふ(20)

東宮舊事に曰く、皇太子初めて拜せしとき、銅博山香鑪一枚有り(21)

皇太子服用するに則ち、銅博山香鑪一有り(22)

銅で作られた博山炉が皇太子のそばにあったとあり、この時代において、博山炉が身分の高い人物にとって使用されていたことがうかがえる。

宋・呂大臨『考古図』は、前述の晋『東宮故事』の記述を例に挙げている。

宋・呂大臨『考古図』

按ずるに漢朝故事に諸王閣を出づれば、則ち博山香爐を賜ふ。晋の東宮舊事に曰く、太子服用すれば、則ち博山香爐有り。海中の博山を象り、下に槃有り、湯を貯へ、潤氣をして香を蒸らさしめ、以て海の回環(めぐ)るを象る。此の器、世に多く之れ有り。形制大小一(いつ)ならず[23]。槃詢の收むる所、槃徑黍尺(はんけいしょしゃく)六寸、高さ五寸、爐徑四寸、凡そ燻香先ず湯を槃中に著(つ)け、衣をして潤氣有らしむれば、即ち香を焼くの煙、衣に著きて散ぜず。古への博山の類、皆な然り[24]

「海中の博山（仙人の住む山）を模り、下の皿に湯を貯え、その湯気によって香を蒸らす」と、博山炉の使い方まで記している。香を焚くだけでなく、蒸気によって蒸らすことで、博山炉に被せた衣服に香りがつきやすくしたのである。

博山炉は漢代のものが最も多い。主に漢墓から出土したものが多く、「東アジアの香炉のなかで最もよく知られているもので、二〇世紀に入って発掘された香炉だけでも一〇〇余点を超える」（徐、二〇〇五：二〇七）。また、「南方では豆形香炉が、そして北方では西域からの香料の流入により……豆形ではない多様な香炉が形成され……その定型化は満城漢墓の頃、つまり前漢中期である」（長村、二〇〇八：六七‐八八抜粋）。

博山炉の起源が中国本土で独自に生じた形態ではなく、西域の影響を強く受けたものであるという説もある。博山炉の起源についてはいまだに明確な結論は出されていない。徐廷緑は『百済金銅大香炉』において、博山炉の山岳図や漢代の山岳図の起源に着目している。北方系山岳図や古代西アジア（古代アッシリアなど）の山岳図、古代メソポタミアの円筒形印章などに見える山岳図に、博山炉に類似する造形が見られることを例に挙げ「博山香炉の山岳図の起源問題が中国起源説だけでは説明できない……博山香炉の起源問題と関連し、初期香炉が中国の伝統容器である豆の形で発展した点と、漢代の神仙説と雲気説が博山香炉の発展に大きな影響を及ぼした点を看過してはならない……西域起源説が提唱する東西文化交流を通じた西域と、北方系の影響をないがしろに扱ってはならない」(徐、二〇〇五：二〇七抜粋)とする。博山炉の西域起源説は比較的新しい説であり、それまで中国では中国起源説、つまり博山炉は中国で独自に生じたとされていた。しかし、現在に至っては考古学の視点から東西交易ルートの拠点と考えられているスキタイを中心として西域との交流が盛んであったことが明らかとなっている。これは、武帝によりシルクロードが中国の支配下に置かれるよりも以前に、西域の文化が中国本土に流入していた可能性を示している。それと当時に、博山炉の形態が出現当初からほとんど変化なく固定している不思議さを納得させ得るものである。つまり、極端な言い方をすれば、博山炉は異文化の図像などの造形を模倣した可能性を浮かび上がらせるのである。アケメネス朝ペルシアの香炉(写真7)は、写真8の博山炉に似ている。博山炉の原形であるとも考えられる。

博山炉出現の時期については諸説ある。徐廷緑は「紀元前三世紀末の秦漢代初めから紀元前二世紀末の西漢中期がこれに該当する」(徐、二〇〇五：一九九抜粋)としている。研究者らが口を揃える点は、博山炉の起源を探る上で有力な歴史的文献資料が残されていないことである。博山炉は出現してからほとんどその形状を崩さずにいた。博山炉の形状はもともと完成された状態で突如として前漢に出現し、それ以降も形態が特別に変化することなく今日に至っている。また、使用目的でさえ、香を焚き煙を立たせることが神仙思想の象徴であるというように、博山炉は非常に完成された概念で中国の歴史に定着する。

果たして本当に博山炉は仙山を模したものであろうか。少し見方を変えて博山炉の全体像を観察して見ると、

写真8「164女性像付き香炉」(後藤・和田，1989：66)。高34 cm

写真7「青銅博山炉」(白鶴美術館，2008：9)

その形態は水面に顔を覗かせる蓮に似ている。蓮の形には、博山炉と共通する特徴が認められる。幾人かの学者が、既に博山炉と蓮花の形態的共通点に着目している。大形は「博山炉は博山や蓬莱山と説明されるが、虚心に眺めれば蓮や睡蓮の蕾の形に似ている」(大形、二〇一〇：二三七抜粋)と述べている。

中尾万三は「博山炉は大破をなして居るが其原形を考えるならば蓮花の応用をした彫刻のもので其蓋の先端には鳥が止まっているものである」(中尾、一九二四)と述べ、それと同時に「其変化は仏教によって感化された形を採って居るものと観るべきである」(中尾、一九二四)と断言している。しかし、この説には多少問題がある。仏教が中国にもたらされたのは後漢であり、既述したように博山炉は少なくとも前漢中期には存在していたため、「仏教によって感化された形」をとっているとは言い難いのである。しかし、まったく無関係であるともかぎらない。道教の図像は確かに仏教による影響が大きく、道教美術と仏教美術に見える博山炉の文様および香炉の文様は明らかに仏教の影響を強く受けている。逆に「博山炉は居香炉の一種で、これをもとに蓮華香炉や金山寺香炉などが成立したといわれている」(西谷、二〇〇七：四四一–四四二)とある。実際、博山炉のなかには、仙山と蕾が合わさったようなものや、萼がついたものが見られる。蓮は復活再生の象徴である。また、香のなかには、返魂香という魂を呼び戻し、死者を甦らせることが出来るものがある。薫炉は薫蒸用の道具であるが、副葬品としての博山炉には、死者の復活再生のためのツールとしての意味があったのだろう。

六–三　そのほかの博山炉を模した器

「山岳鳥獣文温酒樽」(写真9)、「博山蓋鼎」(写真10)、「銅鍍金山紋獣足樽」(写真11)、「博山蓋樽」(写真12)、「14三型Ⅱ式鼎」(写真13)、「19四型Ⅱ式壺」(写真14)、「25三型Ⅱ式倉」(写真15)などは、蓋の部分の形状が博山炉に類似する山岳文様となっている。古代祭祀と関係している。

後述の鬯という酒は、鬱金草で作ったもので、祭祀において、神を降ろすために用いられた。酒の芳香によって誘われるのである。鼎は食べ物を煮る道具だが、祭祀においても使用された。供物となる食べ物の香りも重要だったのだろう。

六–四　画像石の中の博山炉

「64米脂墓門左立柱画像」(写真16)、のように、博山炉は画像石の中にも見られる。博山炉が副葬品として埋葬者とともに埋められていたことと、漢墓画像石に装飾されていることは、古代エジプトの壁画のように、死者の

写真 12　「博山蓋鼎」(東京国立博物館，2010：120)

写真 13　「14 三型Ⅱ式鼎(樊 M 37：3)」(趙，1990)

写真 14　「19 四型Ⅱ式壺(樊 M 37：15)」(趙，1990)

写真 9　「山岳鳥獣文温酒樽」(曽布川・谷，1998：167)

写真 10　「博山蓋樽」(東京国立博物館，2010：122)

写真 11　「銅鍍金山紋獣足樽」(湯原，2007：40)

写真 15　「25 三型Ⅱ式倉(樊Ｍ6：8)」(趙，1990)

写真 16　「64 米脂墓門左立柱画像」(中国画像石全集編集委員会，2000：48)

別世界での復活再生を描いたものと解釈出来よう。

香炉は仏教などの宗教儀式において欠かせない道具であった。後漢の仏教伝来によって、仏教式の香炉が出現した。仏教は道教に影響を与え、道教美術として残されている画像石には、仏教美術を模倣したと考えられる装飾が多く見られる。そのひとつが香炉の造形である(写真17・18)。

道教三尊像(写真17)、三尊像(写真18)は、道教のものである。「北魏時代後期(六世紀初め)には、こうした一見すると仏教像なのか判別しがたい作例が数多く造り出された」(齋藤、二〇〇九：三五二)。しかし、香炉の形は、仏教で用いられる香炉ではなく、博山炉に似ている。前漢には存在していた博山炉が、後漢以後に伝来した仏教と習合した結果であろう。

写真17　道教三尊像（齋藤，2009：60）

写真18　三尊像（齋藤，2009：60）

七　香と降神・辟邪

宋・葉庭珪『南蕃香録』には、「古は香なく、柴を燔き、蕭を焫く、香の字を書に載せるといえども今の香にあらず」（松原、二〇一四：一七一抜粋）とある。また、「古代の香は、蕭を焼いたり、鬱金をつけこんだ酒をそそいだり、山椒を焚いたり、ふじばかまを身におびたりすることに過ぎないとみえ、香りを楽しむことは説かれていない」（大形、二〇〇四：一二一）。

先に述べたように、中国における香りの原点を探れば古代祭祀に辿り着き、それは今日の香薬とはまったく異なるものであった。しかし、香りについての思想や概念も廃れてしまったのではなく、基本的に本土の思想は受け継がれ、それを機軸としながら新しい文化をも取り入れていったのであろう。古代祭祀において、臭いと煙によって天に意思を伝えた文化が時代を経て形をかえて残っているのである。

明・周嘉冑『香乗』巻四には、零陵香についての記載がある。

『説文』　鬯

秬を以て鬱艸を釀し、芬芳として攸服たり、以て神を降すなり㉕

『説文』　鬱

芳艸なり……鬱鬯は百艸の華と曰ふ……芳艸を合して之を釀し、以て神を降すなり㉖

『説文解字』には次のようにみえる。鬯とは鬱金草を釀して作った、古代祭祀で用いられた酒である。鬱金草は芳しい香りのする香草である。その豊潤な香りによって「神を降ろす」ことが出来るとされている。

『論衡』　異虚

周の時、天下太平、人來りて暢草を獻ず。暢草も亦た草野の物なり、彼の桑穀と何ぞ異ならん。如し夷狄之れを獻ずるを以て則ち吉と為し、暢草をして周家に生ぜしむれば、肯へて之れを善と謂ふか。夫れ暢草以て熾釀すべし、芬香暢達なる者は、將に祭りて、暢を灌ぎ神を降さんとす㉗

『論衡』異虚には、鬯草を燃やしたり酒に釀造し、そのなかでも芳香が際立っているものを祭祀において祭ると神を降ろすことができると記述されている。熾は火で焼く意味で、釀は酒をかもすことであろう。

『楚辞』　九歌・湘夫人

蓀の壁、紫の壇、芳椒を播いて堂を成す。桂の棟、蘭の橑、辛夷の楣、葯の房。薜茘を罔みて帷と為し、蕙を擗いて櫋とし既に張る。白玉を鎮と為し、石蘭を疏いて芳と為し、芷もて荷屋を葺き、之に杜衡を繚らす。百草を合せて庭に實たし、芳馨を建んで門を廡ふ。九嶷繽として並び迎へ、靈の來ること雲の如し

（星川、一九七〇：八一抜粋）

『楚辞』九歌・湘夫人には、湘夫人が天帝の御子である湘君を迎える支度をしている場面に、さまざまな香草を飾り、部屋を芳しい香りで満たす部分がある。香りによって部屋の邪を祓い清浄にすることで、そこへ神を迎え降ろすのである。桂の皮は桂皮という漢方薬として用いられる。蘭はフジバカマのことである。蕙は香草で零陵香に同じ。芷は香草である。ここには、焼く話はみえない。

また、宋・洪芻撰『香譜』には、「昇霄靈香」という香がのせられている。

宋・洪芻撰『香譜』昇霄靈香

杜陽編に同昌公主薨ず。主哀痛し、常に紫尼及び女道冠を賜い、昇霄靈（しょうしょうれい）の香を焚き、帰天紫金の磬を撃ち、以て靈昇（れいしょ）を導かしむ(28)

この香を焚くと、神霊を導くことが出来るとしており、香りがある種の道しるべにもなるということを証明する、一証拠であるといえる。

明・周嘉冑『香乗』巻四には、零陵香についての記載がある。

明・周嘉冑『香乗』巻四、零陵香

古へは香草を焼きて、以て神を降す。故に薫と曰い、蕙と曰ふと。薫は薫なり。蕙は和なり。漢書に云ふ、薫ずるに香を以て自ら焼く、是れなり。或は云ふ、古人祓除するに、此の草を以て、之れを薫ず。故に之れを薫と謂ふ(30)

『漢書』巻七十二に、「薫は香を以て自ら焼く」とあり、顔師古の注に、「師古曰く、薫は若草」とあり、薫は若草である。薫が香るため自ら焼くとしるされている。薫は熏ずるなりとされるのは、焼くから薫とよぶということであろう。香草を焼いて神を降ろしたのであろう。また、「古人祓除するに、此の草を以てえを薫ず」と祓除つまり辟邪にも、この零陵香を焼いたことがわかる。

春秋戦国時代には日常生活において防虫・防臭を目的として、蘭、蕙、椒、桂、蕭、芷などの香草を用いており（王ほか、二〇一三：七〇）、外来香料が流入し始める魏晋南北朝までは、これらの香草を燃やし、薫炉で薫蒸することが主流であった。その根底には、単に空間を清潔に保つだけでなく、邪悪なものを避け神霊を迎え降ろすという観念があった。後の時代における医学や本草学の発展の背景には、単に薬効だけが重要視されたわけではなく、降神や辟邪といった古からの思想が反映されていると考えられる。外来香料が輸入されてからは、香薬が使用されるようになった。そして、後漢ごろに仏教が伝わり、道教儀式においても香を焚き、香炉を用いるようになる。

中国における香りの思想の原点は、殷周代の酒や黍の香りと犠牲の肉を焼く臭いであり、その根底には降神と辟邪の概念がある。降神とは、天にいる神を降ろすことであるが、死者の魂を呼び戻したり、仙人の昇仙などともかかわる。辟邪とは、邪鬼を避けることだが、邪気を払い、空間を清潔にすることにもなる。

仏教伝来以前に見られる犠牲を焼き、その臭いにより天の神霊を降ろす儀式は、よい匂いの香を焚くという儀式に置き換えられたのである。仏教はその思想だけではなく、香を焚く一連の儀式や作法もともに伝わったはずである。そのことが、中国の神を降ろし、邪を避ける方法と習合し、時代とともに洗練され、昇華していったのであろう。つまり、本来の思想はかわらないものの方法が淘汰され変化したといえる。

（1）　後漢・許慎『説文解字』「芳也。从黍从甘。《春秋傳》曰「黍稷馨香」凡香之屬皆从香」。

(2) 前掲『説文』「香之遠聞者」。
(3) 高橋(二〇〇二)一四八頁より抜粋(粋編三〇〇、文禄三二七、七集衛一二二における香の字の解説より)。
(4) 高橋(二〇〇二)一四八より抜粋(前四、四一、三における香の字の解説より)。
(5) 前掲『説文』「柴祭天也」。
(6) 前掲『説文』「放火也」。
(7) 「儒教文化を奉ずる中国人は、死んでも火葬にふすことを嫌がる。親から授かった身体を、傷つけないようにすることが孝行の始めであるとされ、ましてその肉体を焼いて消滅させることは、恐ろしいことと考えられていた(尾崎ほか、一九八八：一五八抜粋)」。馬王堆漢墓の長沙夫人の遺体が、生前の状態からほぼ変わらぬ保存状態で発見されている事例などから見ても、中国古代にはエジプトのように、肉体保存に対する特別な考え方があったものと推測される。
(8) 「根心」は普通「心に根ざす(『孟子』尽心上)」の意味で使われる。ここでは、根の中心の意味で読んだが、『雲笈七籤』などでは、「心」の文字がなく、「置」になっている。この方が読みやすい。
(9) 前掲『欽定四庫全書』所収『雲笈七籤』巻二六には、「伐其木根置於玉釜中、煮取汁、更微火煎如黒餳状、令可丸之、名曰驚精香」とあり、アンダーラインの箇所が「心」でなく「置」になっている。該当箇所は「其の木の根を伐り、玉釜中に置く」と読める。この方が読みやすい。
(10) 『増訂漢魏叢書四』三三二一頁『十洲記』五葉b、一九。「聚窟洲在西海中申未之地。地方三千里、北接崑崙二二十六萬里、去東岸二十四萬里、上多眞仙靈官、宮第、比門、不可勝數、及有獅子、辟邪、鑿齒、天鹿、長牙、銅頭、鐵額之獸、洲上有大山、形似人鳥之象、因名之為神鳥山、山多大樹與楓木相類、而花葉香聞數百里。名為反魂樹。扣其樹亦能自作聲。聲如羣牛吼、聞之者皆心震神駭。伐其木根心於玉釜中煮取汁、更微火煎如黒餳狀、令可丸之、名曰驚精香、或名之為震靈丸、或名之為反生香、或名之為震檀香、或名之為人鳥精、或名之為却死香。一種六名斯靈物也。香氣聞數百里、死者在地、聞香氣乃却活、不復亡也。以香薫死、人更加神驗」。
(11) 太田藤四郎『続群書類従三一上(雑部)』、『香薬抄』、「返魂香」五一三「東海中有洲。洲中有樹。取其汁。以玉釜煎之為香。人死三日。焼香薫其鼻。便則活。亦名返魂香。一名驚精樹以物打之。便作牛乳。漢武帝時西胡献香。取時長安大疾。病人死大事。焼其香。死者三日未埋。聞香皆活。亦名返魂香」。
(12) 前掲『欽定四庫全書』所収『芸文類聚』巻七十八靈異部上仙道、「十洲記曰聚窟洲在西海中洲上有大樹與楓木相似而材芳華葉香聞數百里名此為反魂叩其樹樹亦能自聲聲如羣牛吼聞之者皆心震神駭伐其根心玉釜中煮取汁更微火熟煎之如飴令可丸名曰驚精香或名之振靈丸或名之為反生香又曰崑崙山三角一角正干北辰星輝名曰閬風嶺其一角正西曰苿圃臺其一角正東曰崑崙宮其一處有積金為天墉城面千里城安金臺又曰鍾山在北海之子地仙家數十萬耕田種芝草課計頃畝」。
(13) 前掲『欽定四庫全書』所収『芸文類聚』巻八十八木部上木、「十洲記曰聚窟洲海中申未地上有大樹與楓木相似而花葉香聞數百里名為反魂樹於玉釜中煮取汁如黒粘名之為反生香香氣聞數百里死屍在地聞氣仍活」。

(14) 前掲『欽定四庫全書』所収『廣韻』上平聲・寃、「魂魄也。……《淮南子》云：天氣爲寃地氣爲魄又反魂樹名在西海中聚窟洲上花葉香聞數百里狀如楓香煎其汁可爲丸名曰震靈丸亦名反生香又名卻死香死屍在地聞氣乃活出十洲記。戸昆切、二十四」。しかし、『淮南子』の本文には、返魂香の記載は見当たらない。

(15) 前掲『欽定四庫全書』所収『太平御覧』妖異部二魂魄、「《世贄記》曰：聚窟洲、在西海中申未地。洲上有大樹、與楓木相似、華葉香聞數百里、名此為反魂樹。叩其樹、樹亦能自聲、聲如牛吼、聞之者皆心震神駭。伐其根心、在玉釜中煮、取汁、更微火熟煎之如黒飴、令可丸、名驚精香、或名之為震靈丸、或名之為反生香、或名之為鳥精香、或名之為卻死香。一種五名、斯靈物也。香氣聞數百里。死尸在地、聞仍活」、木部十より「《世贄記》曰：聚窟洲、在西海中申未地上、有大樹、與楓木相似、而華葉香聞數百里。名為返魂樹。叩其樹、樹亦能自聲、聲如牛吼、聞之者皆心振神駭。伐其根心、於玉釜中煮取汁、微火熟煎之、令為丸、名曰驚精香、或名震靈丸、或名反生香、或名人鳥精、或名卻死香。斯靈物也、香氣聞數百里。死尸在地、聞氣仍活」。前掲『欽定四庫全書』所収『太平御覧』巻九百八十三、「反生香。老子曰。眞人遊時。各坐蓮華上。華径一丈有反生靈香。逆風聞三十里」。

(16) 前掲『欽定四庫全書』所収『白氏長慶集』白居易、李夫人、鑒嬖惑也「又令方士合霊薬、玉釜煎錬金爐焚、九華帳深夜悄悄、反魂香降夫人魂夫人魂在何許、香煙引到焚香處」。

(17) 前掲『欽定四庫全書』所収『前漢書』巻九十七、上「上思念李夫人不已、方士齊人少翁言、能致其神、廼夜張燈燭設帳帷、陳酒肉而令上居他帳遙望見。好女如李夫人之貌、還幄坐而歩(注釈：師古曰、夫人之神於幄中坐、又出而徐歩)」。

(18) 前掲『欽定四庫全書』所収『西京雜記』巻一「長安巧工丁緩者、為常滿燈、七龍五鳳、雜以芙蕖蓮藕之奇、又作卧褥香鑪、一名被中香鑪、本出房風、其法後絶、至緩始更為之、為機環轉運、四周而鑪體常平、可置之被褥、故以為名、又作九層博山香鑪、鏤為奇禽恠獸、窮諸靈異、皆自然運動、又作七輪扇、連七輪、大皆徑丈、相連續、一人運之、滿堂寒顫」。

(19) 前掲『欽定四庫全書』所収『事物紀原』巻八「黃帝内傳有博山爐蓋王母遺帝者蓋其名起於此爾漢晉以來盛用於此」。

(20) 前掲『欽定四庫全書』所収『芸文類聚』巻五十八「東宮舊事曰皇太子初拜給漆筆四枝銅博山筆牀一副」。

(21) 前掲『欽定四庫全書』所収『芸文類聚』巻八十「東宮舊事曰皇太子初拜有銅博山香鑪一枚」。

(22) 前掲『欽定四庫全書』所収『香乗』巻二十六「皇太子服用則有銅博山香鑪一」。

(23) 前掲『欽定四庫全書』所収『考古図』巻十「按漢朝故事諸王出閤則賜博山香爐晉東宮舊事曰太子服用則有博山香爐象海中博山下有槃貯湯使潤氣蒸香以象海之囬環此器世多有之形制大小不一」。

(24) 前掲『欽定四庫全書』所収『考古図―続考古図』、巻三「榮詢之所收槃徑黍尺六寸高五寸爐徑四寸凡燻香先著湯於槃中使衣有潤氣即焼香煙著衣而不散古博山之類皆然」。

(25) 前掲『説文』より「以秬釀鬱艸、芬芳攸服、以降神也」。

(26) 前掲『説文』より「芳艸也……鬱鬯曰百艸之華……合芳艸釀之、以降神也」。

(27) 『論衡』異虚「使暢草生於周之時、天下太平、人來獻暢草、暢草亦草野之物也、與彼桑穀何異。如以夷狄獻之則為吉、使暢草生於周家、肯謂之善乎。夫暢草可以熾釀芬香暢達者、將祭、灌暢降神」。

(28) 『欽定四庫全書』所収『香譜』巻上「杜陽編同昌公主薨主哀痛常令賜紫尼及女道冠焚昇霄靈之香擊歸天紫金之磬以導靈昇」。

(29) 「薫」は「燻」あるいは「熏」の誤りか。

(30) 『欽定四庫全書』所収『香乘』巻四「古者燒香草以降神故曰薫曰蕙薫者薫也蕙者和也漢書云薫以香自燒是矣或云古人祓除以此草薫之故謂之薫」。

第二六章　「掛け香」になった生薬「訶梨勒」

林みどり

茶室や書院の床の間の柱に飾られた香袋をご覧になったことがあるだろうか。「訶梨勒」という名前の掛け香である（写真1）。「訶梨勒」という植物の果実の形を模した織物のなかに、訶梨勒の実そのものを入れて、五色の紐で飾り、柱などに吊るす。主に茶道・香道の分野で知られている。訶梨勒は日本に伝来した当初、香りを嗜好する目的よりもむしろ、生薬の名前として知られていた。それが時代を経て床の間に飾る厄除けとして使用されるようになった。日本はシルクロードの終着地であり、香薬は中国から輸入されたものである。当然、香薬の調合方法や使用方法なども伝わり、それと同時に、中国における香りの概念や思想も少なからず流入し、日本人の感性にも影響を与えたと思われる。香袋を部屋に吊るすことで邪を取り除くという謂れになるまでの経緯を追いながら、この生薬の辿ってきた道筋を探ってみたいと思う。

写真1　『茶の湯のものづくりと世界のわざ』（国立民族学博物館，2009：97。森下忠夫氏撮影，土田友湖氏所蔵，写真提供：国立民族学博物館）。

一　「訶梨勒」について

「訶梨勒（かりろく）」（図1）とは植物名である。生薬の名前でもある一方で、部屋に飾る「掛け香」としての呼び名も同じく訶梨勒という。訶梨勒はサンスクリット名を haritaki（満久、二〇一三：一一二）という。『大漢和辞典』には訶梨勒のほかに「呵子」「呵梨勒」「訶子」「訶黎勒」という表記がある。

植物としての訶梨勒は、インドのベンガル州、デカン高原からスリランカ、ミャンマー、マレーに分布する（満久、二〇一三：一一三）。シクンシ科のミロバラン（訶子）（*Terminalia chebula*）の果実である（写真2）。中国には仏教とともに伝来し、元来はインドのアーユルヴェーダの薬物である。アーユルヴェーダでは三果という三種の果実の製剤が強壮薬などとして常用され、訶梨勒の果実はそのひとつである。チベット医学でもよく用いられる生薬である（難波、二〇〇二：四三）。

図1 『証類本草』（1988，文淵閣四庫全書740：692）

写真2 訶梨勒の種子（2014年，林みどり撮影）

「三果」と「三勒」について

「三果」は、古典インド医学書の『スシュルタ本集』によると「粘液素及胆汁素の不調を治し、泌尿病・らい性皮膚病を除き、視力を強め、消化を促し、間歇熱を消除す」(Susuruta, 1971: 263)とある。そのほかにも『スシュルタ本集』中に数多くの処方に訶梨勒が見られる。「三勒」は、「三勒漿」という名の酒として、中国の文献に登場する。『証類本草』においては、訶梨勒の説明とは別の項目に記載されている(唐、一九八八：四五八)。

T・C・マジュプリア『ネパール・インドの聖なる植物』によると「果実は止血・収斂作用があり、緩下剤となる。慢性潰瘍、傷の外用薬ともなり、口内炎のうがい薬としても使われる。果実の粉末は歯磨き粉としても使われ、虫歯、歯ぐきの潰瘍や出血などによい。葉は家畜の飼料になる。樹皮には利尿効果があり、心臓病の治療にも使われる。材は家具材となり、農具、小屋の建築材料としても使われ、耐久性がある。……代表的な採集地は東ネパールのメチ県イラム Ilam 郡である。インドの平原部から海抜一二〇〇メートルの森に自生する」(マジュプリア、一九九三：一二八)とされる。また、満久崇麿によると「果実とくに果皮はタンニンの含有量が多く、薬用はもちろん、皮のなめし、あるいは黒色染料として、インドの重要産物である。…解熱、止血、消炎剤である」(満久、一九九五：一一九)とされる。

写真3　インドの民間処方のための一般書（三果が描かれている）

高橋澄子によると「インドネシアの伝統的治療薬〝ジャムウ〟のなかにも、Johkeling ジョークリンというジャワ名で生薬として販売されているようである。効能は、女性用健康増進のためのジャムウ、避妊用のジャムウにその名が見られる」(高橋、二〇〇一：一五三)とされネパール、インド、インドネシアにおいては生活に密着した植物であることがわかる。インドでは、民間薬としての使用方法を著した本が出版されている(写真3)。

二　掛け香としての訶梨勒

『日本国語大辞典』によると「室町時代の柱飾り。実をかたどった長さ二〇センチメートルほどの石・銅・象牙製のもので、美しい袋などに入れて飾りとした。実が薬用として有用なため、邪気ばらいとして柱にかけたのが始まり」(小学館国語辞典編集部、二〇〇〇：二四一)とある。

では、掛け香としての訶梨勒(写真4)が香としてどのように分類されるのか。薫物(たきもの)として宗教儀式や平安時代の宮廷人の嗜み以外の香りを楽しむ方法として、山田(一九五七：三五〇)は香を次のように分類している。このな

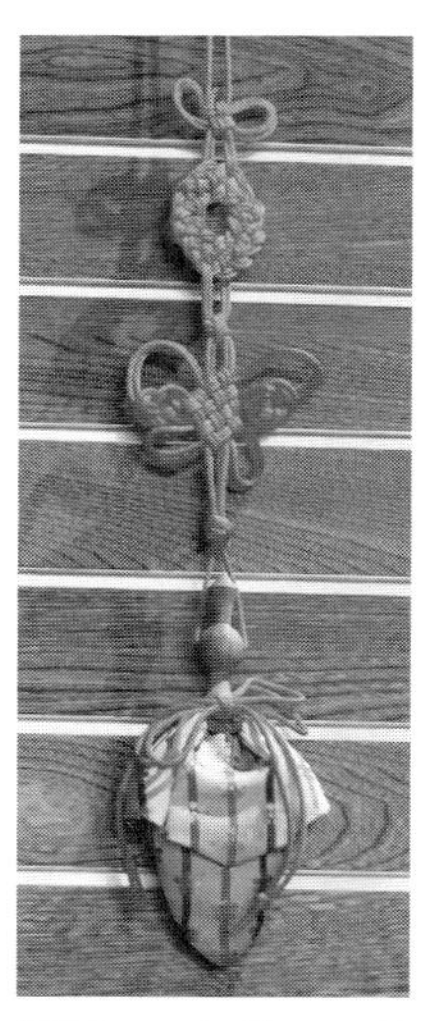

写真4　店頭にて現在販売されている訶梨勒(2014年，株式会社山田松香木店の御協力により林みどり撮影)

香の分類
(山田，1957：350)
(イ)えび香
(ロ)掛香・匂袋・薬玉
(ハ)体身香
(ニ)香浴湯
(ホ)諸化粧料
(ヘ)香染
(ト)調度品

かの「掛香・匂袋・薬玉」の部分に、訶梨勒は含まれることになる。

三　吊るす形の香の種類

茶室や書院に吊るす掛け香には「薬玉（くすだま）」・「訶梨勒」・「霊絲錦（れいしきん）」などがある。これらは、香を焚いて香りを立たせるわけではなく、ただ香を布袋などの入れ物に入れて吊るすという方法で邪気払いをする。

吊り香炉は、香炉のなかで火を使って香を焚き、その芳香と煙で部屋を浄化する。ヨーロッパでもこの方法は古代からよく用いられており、悪霊を払うために吊り香炉を用い、呪文を唱えたといわれる（トンプソン、二〇一〇：二八）。「薬玉」はもともと香料を入れた匂い玉であり、「端午の節句の際、邪気をはらうために飾られたもの。その歴史は古く、『枕草子』[(1)]にもその存在が認められ、通常、沈香・麝香・白檀・丁子・龍脳・甘松香・藿香などを入れた袋に菖蒲や蓬などを結び付け、それに五色の糸を垂らしてぶら下げたもの」（神田、二〇〇三：三二一）である。この薬玉は、室内に飾るだけではなく、江戸時代には家の軒先に吊るす用途でも使われていたようである。

また、「霊絲錦」については、「邪気払いを目的とし、書院などに掛けられる柱飾り。訶梨勒と同じような役割を果たす。縦三〇センチほどの彩色した絹布の角を落としたもので長方形の箱をつくったもの。大中小の大きさがある。箱の表には春夏の、裏には秋冬の草花や情景が描かれている。そのため季節により使い分ける。また箱の中には、七種類の香料（紫藤香・降真香・黒神香・沈水香・梅檀香・安息香・白檀香）を入れる」（神田、二〇〇三：四四三）とある。実際に茶席で使用されているという文献資料は現在見つかっていない。

薬玉・霊絲錦と訶梨勒との大きな違いは、前者の二種類は、何種類かの香木を混ぜて布の袋や箱のなかに入れる形をとるが、後者の訶梨勒は一種類の生薬の実の単体を入れているというところにある。訶梨勒の果実は、現在、香原料を扱う香老舗で入手可能である。実際に香りを嗅いでみると、とてもスパイシーで香り高い。後述する『新修本草』にも書かれているように味は苦い。渋みもあり、単体で食して美味しくはない。

四　訶梨勒の渡来

薬物として奉納された訶梨勒

訶梨勒はいつ、どのようにして日本へ渡ってきたのか。奈良時代末期に書かれた鑑真の苦難の渡航記録である『唐大和上東征伝』には一七種類の香料の名前が記されており、そのなかに「呵梨勒」の表記で記載がある（蔵中、一九八二：二五）。ここでは香料として分類されている。

また、正倉院に奉納されている薬種のなかに訶梨勒がある。『東大寺献物帳』のなかの薬物の目録である『種々薬帳』にその名が見られる。『東大寺献物帳』は七五六（天平勝宝八）年、聖武天皇の四九日（七七忌）に妻の光明皇太后が聖武遺愛の品々を献納した記録で（鳥越、二〇〇五：七二）、五本の巻物で構成されている。宝物は用途別に『国家珍宝帳』『種々薬帳』『屏風花氈等帳』『大小王真跡帳』『藤原公真跡屏風帳』の五つに分類されている。六〇種類の薬物が記載されている『種々薬帳』の訶梨勒は、掛け香としてではなく、薬物として奉納されている。薬物のなかには、現物が消失しているものもあるが、訶梨勒は一、〇〇〇枚と比較的大量に奉納されていたようであり、希少品というより頻繁に使用される薬物であったと思われる。『種々薬帳』での記載は、『唐大和上東征伝』と同じく呵梨勒になっている。日常使用する屏風や祭器や調度品は『種々薬帳』とは別の目録に記載されており、そのなかには訶梨勒の名はないため、正倉院宝物のなかでは部屋に飾る宝物ではなかったようである。

五　中国における文献

五―一　『新修本草』と『本草綱目』における訶梨勒

訶梨勒は『神農本草経』にはなく、平安時代に『本草和名』[2]として日本に伝わった『新修本草』および『本草綱目』に見える（図2）。

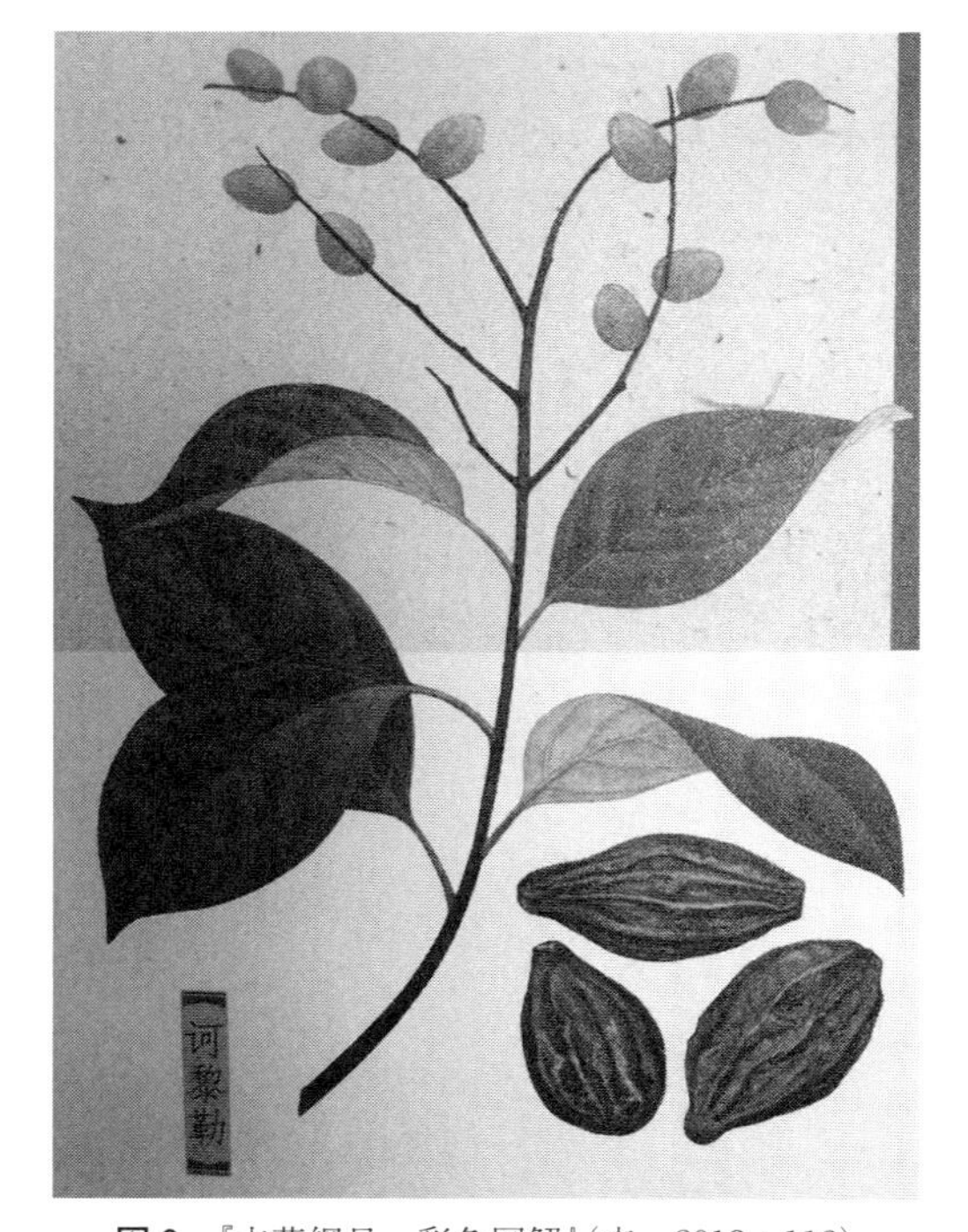

図2　『本草綱目　彩色図解』（李，2013：118）

『新修本草』木部中品巻第十三、四二九[3]

訶梨勒、味は苦、温、無毒。冷気、心腹脹満を主り、宿物を下す。交、愛州に生ず。樹は木梡の似く、花白く、子の形は枝子の似し[4]。青黄色、皮肉相着く。水もて磨し或ひは散にして之れを服す[5]。新附。

『本草綱目』巻三五下、木之二、訶黎勒

釈名　訶子（時珍曰、訶黎勒、梵言、天主持来）

主治　気を冷やす、心腹脹満、食を下す（唐本）。胸膈結気を破り、津液を通じ利し、水道を止め、髭髪を黒くす（甄権）。宿物を下す、腸澼し、久しく泄れ、赤白痢を止む（蕭炳）。痰を消し、気を下し、食を化し、胃を開く、煩を除き、水を治め、中を調へ、嘔吐、霍乱、心腹虚痛、奔豚腎気、肺気喘ぐこと急、五膈気、腸風し血を瀉し、崩中帯下、懐孕漏胎し、及び胎動きて生まれんと欲し、脹悶し、気喘ぐを止どむ。并びに痢を患らひ人の肛門急に痛み、産婦の陰痛むに、蝋を和し焼きて烟もて之れを薫らす、及び煎湯もて薫洗す（大明）。痰を治め、咽を漱ぐも喉利せざれば、三数枚を含まば殊に昛らか[6]。大腸を實たし、肺を斂め火を降だす[7]。

五―二　唐の経典に見る訶梨勒

唐、玄応『玄応音義』[8]第二四に「訶梨怛雞、旧と呵梨勒と言ふ。翻じて天主持来と為す。此の果は薬分と為すに堪ふ。効用極めて多く、此の土の人参石斛等の如し」[9]とある。「人参石斛等の如し」の人参は朝鮮人参、高麗人参のことで、神農本草経の上品にも収載され、古くから最も珍重された補薬である。石斛は神農本草経の中品に収載されており、これも古くから多くの薬効が認められている。訶梨勒にはこれらと同等の価値があるというのである。

五―三　『普済方』

『普済方』のなかにも訶梨勒を処方した記述が多数見られる。そのなかにある香甲湯は、何種類かの香薬を混ぜたもので、用途は「辟邪」とあり、宋の張渙の『小児醫方妙選』の処方とある。小児の辟邪にも適応出来るとされる。

香甲湯（醫方妙選に出づ）治截痟辟邪
漏蘆、沈香、牛蒡子、訶子肉、安息香、鼈甲、乳香[10]

『普済方』には訶梨勒と訶子は明確に分けて書かれている。

六　日本における文献

六―一　さまざまな効用を持つ仙薬――『医心方』に見る訶梨勒

丹波康頼撰『医心方』（九八四）治一切風病方[11]に「呵梨勒丸方」が見え、「最上の仙薬」とされている。その後「呵梨勒皮八分」に檳榔、伏苓など一二種の薬物をあわせた処方が記されている。訶梨勒は単体で使われることもあるが、ここではさまざまな生薬を混ぜた処方となっている。そのほか「鑑真方」の脚気にたいする処方などにも訶梨勒が見られる。

六―二　『貞丈雑記』における記載

江戸時代中期の一七六三（宝暦一三）年に伊勢貞丈によって発刊された全一六巻の有職故実書『貞丈雑記』（後に岡田光大が草稿を清書校合して一八四三（天保一四）年に刊行）には、礼法、人名、装束、調度、神物、凶事など三五部の記載があり、ここに訶梨勒がある。

『貞丈雑記』巻之六
出陣の時「かりろく」を呑むと云う事、旧記にあり。これは訶黎勒丸と云う薬なり。……薬種なり。訶子は胸の中にむすぼれたる気を破る能あり。出陣は生死の定むる所にてある故、身の行末を思い妻子などを思い心気むすぼるる故、その薬を用ゆる成るべし。（島田、一九八五：一一六抜粋）

『貞丈雑記』巻之一四
『東山殿御飾書』にかりろくと云ふ物ありて、かたち如此なり。何になる物か詳かならず。但同書に別に柱飾と云ふ物あり、其形も此のかりろくに似たる物なり。柱飾といふは、柱にかけて置くものなるべし。柱飾もかりろくも、薬などを入るる物かと思はるるなり。薬種にかりろくといふものあり。（島田、一九八六：一一九抜粋）（図3）

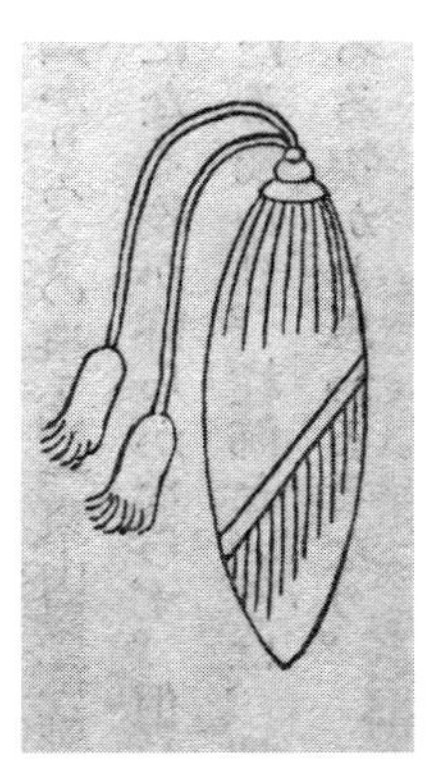

図3 『貞丈雑記4』より訶梨勒の図（島田，1986：120）

第六の「胸の中に結ぼれたる気を破る」は訶梨勒丸を服用した場合の効能である。巻之一四の「柱飾」という表現は、現在の「掛け香」を床柱に飾ることを指しているようである。『東山殿御飾書』は江戸中期編纂であるが、相阿弥によって書かれた足利将軍家（室町幕府）の座敷道具飾りの式法書であるから一五二五年ごろには訶梨勒は飾り物として存在したことになる。飯島康志は『平安期薬学研究―訶梨勒という仙薬』で平安期の公家日記に訶梨勒・訶梨勒丸が実際に服用されたと記載している（飯島、二〇一二：一〇―一九）。

六―三　呪物としての役割

これまで見てきたように訶梨勒にはさまざまな薬効が謳われて

いる。なぜ、生薬である訶梨勒を部屋飾りにしようとしたのだろうか。

吉村貞司は『東山文化』に当時の流行病を記している（吉村、一九七七：五六）。部屋のなかを汚染されていない清浄な状態にするために、訶梨勒を吊るして、生薬で室内を浄化する考え方が生まれてきてもおかしくはない。

太田全斎による江戸時代の国語辞書『増補俚言集覧』には「かりろくは薬名にて水毒を解す又鎮心剤なりといふ　袋に入れいろ糸にて飾り柱にかく」（井上・近藤、一九二四：上巻六七〇）とあり、『茶道辞典』にも「薬用として水毒を解くというところから、茶席の飾りにする。……東山殿の柱飾りにこれを掛けたと伝える」（桑田、一九六九：一七四）とある。水毒への心配が主であったのであろう。東山文化の時代といえば、茶道が隆盛を極め、茶を点てるための創意工夫も凝らされていた時代である。当然中国の茶の思想も参考にしたと思われる。

裏千家茶道の師範に尋ねたところ、茶会の際にも床柱に訶梨勒を掛けているとのことである。師範によっては水屋に掛けてあるとのことで、特に家元・業躰（裏千家茶道の指導をするお家元直属の男性の師範）から訶梨勒の説明はないそうである。

実際に吊るすことで、水毒から逃れられるわけではなく、邪気の生ずる所、邪気に弱い所に置くことによって、そこが呪力によって守られているという安心感が得られる「呪物」としての役割を兼ね備えていたのではないだろうか。

六―四　効能――いま・むかし

訶梨勒にはいくつかの効能が知られる。『原色和漢薬図鑑』には、薬理作用として「訶子の煎液は、試験管内でブドウ状球菌の成長を抑制する。またチフス菌に対し、強力な抑制作用がある」（難波、一九八四：上巻二五〇）、薬能として「訶子の苦は気を泄し、痰を消す作用があり、酸は肺を斂め、火を降す作用があり、渋は脱するを収め、瀉を止める作用があり、温は胃を開き、中を整える作用がある。それゆえ久瀉、久痢を治すのに用い、また気滞腹張を治すのに用いている」と述べられ、処方例に「訶梨勒散、訶梨勒丸、訶子散」（難波、一九八四：上巻二五〇）とされている。

日本の古典では、訶梨勒を使った薬は、主に、訶梨勒丸、訶梨勒散といった剤形である。中国では「証類本草」にも記載されている三勒漿という名の酒類としての使用法がある。

先出の『貞丈雑記』の巻之六には「胸の中に結ぼれたる気を破る」とあり、心配・不安などによって、気が胸中に滞る状態を改善するとある。

さまざまな効能が謳われてきた訶梨勒は、現在も生薬製剤として市販されている。例えば、長倉製薬株式会社製造のＷＴＴＣには、訶子（かし）・菱実（ひしのみ）・薏苡仁（よくいにん）・藤瘤（ふじこぶ）の四種の生薬が含有されている。ＷＴＴＣはそれぞれの植物の学名の頭文字をとって名づけられているイボとりの製剤であるが、ほかの用途も注目されている。

剤盛堂薬品株式会社製造のコイクシンも同様に、ＷＴＴＣの四種類に沢瀉（たくしゃ）が含まれており、イボとりや利尿に使われる。

インド、中国、そしてアジアの国を経て日本に辿り着いた訶梨勒が掛け香になるまでの変遷を辿ってきた。

植物の薬効から、邪気払いもすると見なされるようになった訶梨勒。日本の茶道文化に取り入れられ、茶室内を清浄にし、床の間を雅に飾る室内調度に変化したのである。

（1）清少納言『枕草子』第四六段「……空のけしきの曇りわたりたるに、后宮などには、縫殿より、御薬玉とていろいろの糸をくみさげて参らせたれば、御几帳たてまつる母屋の柱の左右につけたり。九月九日の菊を、綾と生絹のきぬに包みて参らせたる、同じ柱にゆひつけて、月ごろある薬玉取り替へて捨つめる。又薬玉は菊のをりまであるべきにやあらん。されどそれは皆糸をひき取りて物ゆひなどして、しばしもなし。……」

（2）深根輔仁『本草和名』二巻（九一八年ごろ）。現存する日本最古の本草薬名辞典。台湾国立故宮博物館所蔵。

（3）『唐・新修本草（輯復本）』（一九八一年、安徽科学技術出版社）三五八頁。

訶梨勒、味苦、温、無毒。主冷気、心腹脹満、下宿物。生交愛州。樹似木梡、花白、子形似枝子、青黄色、皮肉相着。水磨或散水服之。新附

（4）「枝子」は宋、唐慎微撰『証類本草』巻一四、訶梨勒の注では「梔子（くちなし）」に作る。

（5）「磨」は『証類本草』訶梨勒の注では「摩」に作る。

（6）「甠」は「姓」に同じで、「あきらか」。人民衛生出版社の『本草綱目』（一九八二）二〇二七頁は、「勝の簡体字、胜」につくる。それだと「勝（まさ）る」と読める。

（7）『本草綱目通釈』（一九九二年、学苑出版社）一六六六

釋名　訶子（時珍曰、訶黎勒、梵言天主持来也）。主治　冷気、心腹脹満、下食（唐本）。破胸膈結気、通利津液、止水道、黒髭髪（甄権）。下宿物、止腸澼久泄、赤白痢。消痰下気、化食開胃、除煩治水、調中、止嘔吐霍乱、心腹虚痛、奔豚腎気、肺気喘急、五膈気、腸風瀉血、崩中帯下、懐孕漏胎、及胎動欲生、脹悶気喘。并患痢人肛門急痛、産婦陰痛、和蜡焼烟薫之、及煎湯薫洗（大明）。治痰漱咽喉不利、含三数枚殊甠。實大腸、斂肺降火。

（8）『玄応音義』は『大蔵経（一切経）』のなかの唐代玄応が撰述した『一切経音義』のこと。

（9）訶梨怛雞、舊言呵梨勒、翻爲天主持來、此果堪爲藥分、功用極多、如此土人黍石斛等也。

（10）香甲湯（出醫方妙選）治截疳辟邪　漏蘆、沈香、牛蒡子、訶子肉、安息香、鼈甲、乳香。

（11）正宗敦夫編『医心方』（一九三五年、日本古典全集刊行會）巻一、三五四頁

録験方云帝釋六時服呵梨勒丸方

―右呵梨勒具五種味辛酸苦醎甘服旡忌治一切病大消食益壽補益令人有威徳延年是名最上仙薬療廿八種風癖塊大便不通體枯乾燥面及遍身黄者痔赤白利下部疼痛久壯熱一腹脹痃氣初患者療聲破无顔色丶黄腸内虫脚腫氣上吐无力支節疼痛血脉不通心上似有物勇健忘心迷如是等皆悉瘥除也……

コラム③　工芸茶という文化

山本悦律子

近年の茶の愉しみ方のひとつに工芸茶がある。工芸茶は製茶した茶葉を円形あるいは球形に束ねて、湯に入れると葉先がキクのような形の花に見え、その開く様子を愉しめる茶である。チャの葉だけでなく、乾燥させた千日紅やジャスミンの花を糸で縫って茶葉で包み、茶葉が開くとなかから飛び出すような仕掛けもある。「茶の花びらが立ち上がるように動きだし、器の底で、大輪の緑の牡丹が花開く。飲むばかりがお茶ではない。見るお茶もあるのだ。長い長い茶の歴史を生きて来た中国人の余裕と遊び心だろうか。」(左能、二〇〇〇：八二)と描かれるように、工芸茶とはガラス製のポットやグラスのなかで茶葉が開くまでの動きと時間を愉しむ茶である。ここでは照葉樹林文化のひとつであるチャの飲用にまつわる小史と日本茶を使った工芸茶を紹介する。

食べる茶から飲む茶へ

ヒマラヤから日本に至る照葉樹林帯のなかでは、非常に多くの種類の木本性植物が野菜や噛み料、ビバレッジ(水以外の飲料)の原料として利用されている。

植物を用いた食文化には、生葉を用いた噛み料や加工して保存し食用あるいは飲用する植物があり、その代表が照葉樹林の茶である。中尾佐助は噛み料を「歯の間の感触をしばらくの間楽しむもので、食料というには当たらない」(二〇〇五：七三〇)と定義しさらに「噛み料としてまず初めに各地で定着し、その後の文化の向上と共に生葉噛みから、乾燥葉噛み、更に熱湯で出す東アジア系の普通茶の飲み方に変化した」(中尾、二〇〇五：七三五)と述べ、噛み料からビバレッジへ変化する道筋を説明している。

照葉樹林帯である中国西部、西南部で茶のように飲まれるのものがあり、最初に注意をひくのはアマチャの類である。「茶のようにして飲用にされる植物は野生性のリンゴ属に二種、ナシ属、最近日本でも観賞用に栽培されるピラカンサ、小灌木のシモツケ属で四種など、いずれもバラ科の木本性の植物の葉を飲用しているのが目立っている。このほかにも、クワとかシダレヤナギの葉も茶のように飲まれている」(中尾、二〇〇五：七三五)とされるように多種類の飲用植物がある。またヨーロッパでも伝統的にハーブと呼ばれる薬草や料理に用いられる植物が飲用に供されている。

このような広義の茶のなかからツバキ属(*Camellia*)の植物、なかでもチャ(*Camellia sinensis*)が、風味や粘り、酔いをもたらすカフェインなどの成分の嗜好性によって特別に選択され、チャは、「自生地の中国を発して今や世界中を凌駕しつつあるナルコティクス(精神状態を変化させる物質)を供する植物といっても過言ではない」(横内、二〇〇八：六)とされるように、ナルコティクスを供する狭義の茶に位置づけられる。

チャの近縁種は雲南省南部から多数見つかっており、チャはこの周辺地域で発生したと推定されている。チャは山地の水はけがよく明るい日陰を好む植物で、近縁種のカメリア・タリエンシス(*Camellia taliensis*)などは照葉樹林の二次林の高木層をなす優占種のひとつである(横内、二〇〇八：一三)。

チャには小葉種(*Camellia sinensis* var. *sinensis*)と大葉種(*Camellia sinensis* var. *assamica*)があり、小葉種は中国、韓国、日本で緑茶生産に用いられ、大葉種(アッサム種)は中国雲南省以西とインド、スリランカ、アフリカなどで紅茶生産に用いられている。また中国南部から、ベトナム、タイ、ミャンマーにかけては小葉種と大葉種の中間種とともに、カメリア・キッシー(*Camellia kissi*)、などのチャの近縁種が伝統的な茶の生産に用いられている。

現在の茶は、ほぼ飲用に用いられるが、噛み料としての利用もある。雲南省からタイ北部の地域にかけては、発酵させたチャ葉を噛み料的に咀嚼する。また、ラオス北部では今もアッサム種の若葉やつぼみが噛み料とされている(横内、二〇〇八：一一)。

最も原初的な飲茶法は、中国雲南省周辺の少数民族の茶の利用に見られる。雲南省西双版納のハニ(哈尼)族には、「まず竹筒に水を入れ、枯れ枝などを竹筒の周りにおき、それらを燃やして湯を沸かす。湯が沸いたら、直接火で焙ったチャ葉を竹筒に入れてさらに二～三分間沸かす。そして竹製の湯のみで飲む。」(郭ほか、二〇〇三：四四)という烤茶があり、西双版納傣族自治州の勐腊県東部の揺族には「近くの山にある茶の木から小枝をもぎ取って来て、軒下につるして乾燥しておき、飲みたいときに枯れた茶の小枝を、いろりの火でこんがりあぶってやかんに入れて飲む。乾燥した小枝がないときには、生の小枝を火にあぶってからやかんに入れて飲む」(松下、二〇〇二：四六)という習俗がある。日本でも、山仕事の時に焼畑の跡地などに生えているチャの木を枝ごと切り、焙って飲む焼き茶があり、和歌山県龍神村では山作業の時、焚き火で焦がしたヒサカキの葉を薬罐に入れて飲む習俗があった。日本にも東アジアの照葉樹林帯に住む少数民族に共通する茶の利用が残されている。

中尾(二〇〇五)は料理技術の起源にふれ、生野菜の保存技術には「技術的には乾燥(そのまま乾燥させるのと、加熱後乾燥させるやり方がある)の系統と漬け物の系統がある。」(中尾、二〇〇五：六七二)と述べているが、チャ葉を保存し茶に加工する方法にも同じような系譜がある。

乾燥した茶には、福建省の白茶と日本の山陰地方の陰干し番茶に見られる生葉をそのまま乾かしたものと緑茶、ウーロン茶、紅茶などに当たる加熱後乾燥させたものがある。東南アジア北部や西南中国において広く分布している微生物発酵の漬物様の食べる茶にはタイ北部のミエンやミャンマーのラ・ペソー、雲南省の竹筒酸茶などがあり、日本の碁石茶や阿波番茶などの番茶の系統は食べる茶をさらに乾燥させたものである。コウジカビを用いて発酵させるとプーアル茶に代表される黒茶となる。

中国において発展した茶の喫茶法は、時代により多彩に変化してきた。呂ほか(二〇〇四)によると、茶は「春秋戦国時代(紀元前七七二～紀元前四八一)には「茗菜」というおかずになり、晋の時代(二六五～四二〇)には「茶粥」(茗粥ともいう)が生まれ、二三〇年前後には生葉を餅の形にし、飲用時に粉にして調味料などを加え、煎じて飲まれていた。唐代(六一八～九〇七)の「茶経」には「或用葱、薑、棗、橘皮、茱萸、薄荷之等」とネギ、生姜、ナツメ、チンピ、サンショウ、ハッカなどを用いた記録もある。宋代(九六〇～一二七九)から茶に何も加えず、茶自身の味や香りを楽しむ清飲が流行し始めたとされる(呂ほか、二〇〇四：一三八―一三九)。このように変化した茶は、現在の生活のリズムの加速と競争の激しい日常生活によって溜ったストレスを解消するひとつの方法となっている。渇きを癒すことより精神的な充溢感に重きを置いて愉しまれるようになっている。

工芸茶

工芸茶という新しい形態の茶は、「花や貝に見立てて成形した茶葉の形や香りを重視」しており(成美堂出版編集部、二〇〇二：七)、「花茶的な性格が強く、観賞用のお茶として出荷されている。」(棚橋、二〇〇三：一三)。工芸茶は、お湯を注ぐと五分ほどで水分が葉と茎の部分に戻り、茶の球がほどけて菊の花のように開くのである。

工芸茶には、祖形となる茶がある。烏龍茶を糸で束ねて紡錘形の粒状に成形した龍須茶は三〇〇年ほど前の清朝のころに福建省でつくられた茶で、「一芯三葉ないし一芯四葉を基本。一〇～一三センチの長さ。茶葉を細長く揉捻したあと乾燥前に束にする。」(工藤、二〇〇〇：一三八)もので、花の香りをもったオレンジ系の水色をしている茶である。また、貴州省には小球状に成形し紙で包んだ銀球茶が知られている。ミャオ(苗)族の住む凱里市の南に位置する雷山には、「珍珠茶」や「竜珠茶」として小形の団茶がある(松下、一九九八：一一三)。

現在の工芸茶は一九八〇年代に安徽省でつくり始められ、緑茶や紅茶を原料とし加工してつくられている。これが、「近年になって中国各地の茶産地で新商品として「工芸茶」はつくられるようになった。今までのように茶の芽をそのままの姿ではなく、芽を固形化したもので、お湯を注ぐとお湯のなかで徐々に開いてなかから小さな菊の花が浮かび出るなど、見て楽しむお茶である。」(松下、二〇〇二：一一三)とされるように、きれいで、可愛らしく、花の咲くさま(花弁が開く動き)をイメージしてつくられている。

工芸茶は福建省と安徽省を中心とした中国産に限られており、製法がわからないこともあり日本では生産されていない。近年、日本における茶の本や雑誌では工芸茶の紹介が増えているが、工芸茶は中国からの輸入にたよっている。日本の茶で工芸茶は出来るのだろうか。日本茶の二番茶や三番茶の茶葉を用いて工芸茶を試作してみた。小葉種のチャである，や

①工芸茶に加工するために二葉以下を取り去る。
②調整した芽をホットプレートで加熱し，揉捻して緑茶にする。
③加工した緑茶に水分を添加し柔らかくして，葉の付け根で束ねる。
④長く取り過ぎた茎を葉に包めるまでの短さに切り揃える。
⑤葉を揃えて茎を包むように丸めながらカーゼで包み成形する。
⑥ガーゼの上部をしばり乾燥させ球状に仕立てる。
⑦一球に湯を注ぐと，茶葉が開く。
写真はすべて山本ほか(2015)による。

ぶきた」を用いたが、「やぶきた」の葉は中国で工芸茶に使用される芽の大きい品種よりかなり小型のため、芽（一葉）と展開途中のまだ小さい二葉を使うことにした。

まず芽の部分に葉を四枚ほどつけた状態で摘み取り、芽と二葉を残して三葉以下を取り去った（図①）。調整した芽をホットプレートの上で炒りながら揉み、乾燥させて緑茶にした（図②）。つくり上げた緑茶に、霧吹きで水を添加し柔らかくした後、茎と葉の向きをそろえた五〇芽の葉の下を糸で束ねた（図③）。糸で束ねた位置より下で茎を切りそろえ、葉で茎を包めるように調整し（図④）、束ねた部分から折り返して芽と葉で茎を包みこんで丸め、ガーゼで包んで成形した（図⑤）。包んだガーゼの上部をしばり乾燥機で乾かした後にガーゼを取り去り完成させた（図⑥）（山本ほか、二〇一五）。

完成した一球をガラスコップに入れ、湯を注ぐと茶葉は、徐々に開き、花束のようにコップの底で広がった。初めは切りそろえた茎の長さが長かったためか葉が下に沈み、ひっくり返ったが、条件を選ぶと上を向いて開いた（図⑦）一応、日本産の工芸茶が出来上がったのである。また、市販の工芸茶では百日草やジャスミンなどの乾燥した花を茶葉で包むことがあるので、乾燥した花を添加して開かせる方法の検証も必要である。試作した茶の水色は、薄い緑色で、龍井茶などの中国緑茶とかわらなかった。香ばしさと柔らかさの混ざった味も確かめられた。

製茶の工程をかえ、葉を調整した後に揉み、時間をおいて発酵させて製茶すると、紅茶の工芸茶も作ることが出来る。好みに応じた工芸茶は、日本の茶樹と身近な器具を使って手軽に作って愉しむことが出来る。

噛み・囓る茶から食べる茶へそして飲用としての茶を経て、庶民にも愉しめる工芸茶という文化が照葉樹林の恵みを背景にして出来上がっているのである。

第二七章　東南アジアの少数民族における竹づくりの魔除け「鬼の目」の多様性

大野朋子

一　祭祀植物――「竹」

招福や辟邪に植物のかかわる事例は、世界各地に存在する。古来、植物に宿る特別な力は、さまざまな祭祀活動に利用されてきた。このような植物のなかで、とりわけよく使われ、私たちの身近にあるものに「竹」が思い浮かぶ。例えば『日本書紀』には「時に竹刀を以ちて、其の児の臍を截る。其の棄てし竹刀、終に竹林に成る」（坂本ほか、一九九四：一四六−一四八）と記されており、これは、木花開耶姫が出産する時、臍の緒を切る際に竹刀を使い、それを捨てると竹林が出来たという神話である。また、平安時代に著されたとされる日本最古の物語、竹取物語には、「その竹の中に、もと光る竹なむ一筋ありける。あやしがりて寄りて見るに、筒の中光りたり。それを見れば、三寸ばかりなる人、いと美しうて居たり」（堀内ほか、一九九七：三）とあり、光る竹のなかに美しい小さな女の子が座っていたという。竹にまつわる不思議な話は無数にあり、竹という植物が古くから不思議な力をもった植物として扱われていたことがわかる。

ササを含むタケ類（イネ科 Poaceae タケ連 Bambuseae の総称）は、アジア、南米、アフリカ大陸に分布し、世界には一一一属一〇三〇〜一一〇〇種存在する（Ohrnberger, 1999）。地下茎によって栄養繁殖する草本性のクローナル植物である。また、種によって異なるが、日本で広く分布するマダケ（*Phyllostachys bambusoides*）やモウソウチク（*P. edulis*）などの開花周期は数十年ともいわれており、いまだに開花の習性はよくわかっていない。クローン個体であるタケは、同時期に開花し枯死する。直近では日本で一九六〇年代にマダケの一斉開花枯死が報告されている（沼田、一九六四：井鷺、二〇一〇）。竹の開花は珍しい出来事で、昔から竹の花が咲くと不吉なことが起こる前兆ともいわれている。不稔性の高いタケ類だが、結実した場合は、その種子を餌としてネズミなどが大発生し、

写真1　十日戎でマダケの枝をもち歩く様子。2006年，大阪にて（大野朋子撮影）

農作物に被害を及ぼす。「不吉なこと」とはこのことも関連しているのだろう。

竹が関連する祭祀活動は、例えば日本では、地鎮祭には一般的に土地の四隅に青竹を立て、しめ縄で囲んで斎場とする。また、正月になれば青竹を三本組んだ門松を飾り、神霊の依り代とする。商売繁盛を祈願するお祭りとして関西で有名な「十日戎」には「商売繁盛笹もってこい」の掛け声が飛び交うなか、鯛や小判、打出の小槌などの小宝と呼ばれる飾りをつけたモウソウチクの枝をもち歩く人々で賑わう（写真1）。神事や祭事にタケが使われる事例は、日本各地で数えられないほど存在し、それは日本以外のアジア各地にも共通して存在している。

二〇〇五年以降続けてきたタイや中国を中心としたフィールド調査では多目的利用のタケ類を見てきたが、照葉樹林文化圏の周辺に属するこの地域の少数民族の暮らしのなかには、多種多様なタケ類を利用する文化があり、祭祀にかかわるタケも数多く存在する。そのなかでも地域や民族を超えて東南アジアの広い範囲で使われ、彼らの生活の身近にある竹製の魔除けについて紹介したい。

二　竹の呪具「鬼の目」

中国雲南省の最南部、ラオスとミャンマーの国境に接する西双版納タイ族自治州は、大部分がタイ族、ハニ族、ラフ族、プーラン族などの少数民族が暮らす亜熱帯気候の緑豊かな地域である。

水傣族のある集落を訪れた際、彼らの伝統的な高床式住居の庇部屋の天井には、タケのへギを六角星に組んだ造作物が、いくつも重ねられて縄に通して吊るしてあった（写真2、3）。傣族ではこれを「シャレオ」とか「ターリャオ」などと呼び、タイに住むアカ族は「ダレ」、カレン族は「タレー」と呼んでいる魔除けの一つである。これについて鳥越・若林（一九九八）は六角星だけでなく五角星も含めて「鬼の目」と記述し、日本にも奈良、三重、滋賀の各県にあるとしている。実際に滋賀県の神社には、勧請縄と呼ばれる注連縄によく似た結界縄が張られており、糯米の稲わらで編まれた縄にネコヤナギやタケで組んだ五角星や六角星の造作物が飾られている（写真4、5）。五角星は日本では「阿倍清明判紋」として、西洋では「ソロモンの封印」と呼ばれ、呪符の形として知られている（金子、一九九九）。六角星は、ユダヤ＝キリスト教世界において「ダビィデの楯」といわれており、イスラエルの国旗にも記され、晴れやかで聖なる形であるとされる（金子、一九九九）。また、六角の編み目模様は日本の伝統的模様の「籠目」とよく似ているが、この籠目模様の竹笊を掲げて魔除けとする習俗が日本の関東から東北地方であったという（田中、一九九四）。竹で編んだ六角星の穴を目玉に見立てて魔除けとするのは（鳥越・若林、一九九八）、アジアに共通の習俗だろうか。

写真 2　高床式住居の 2 階庇部屋の天井に吊り下げられた造形物。2006 年，中国・雲南省・景洪市にて（大野朋子撮影）

写真 3　六角星の造形物（大野ほか，2007）。2006 年，中国・雲南省・景洪市にて

写真 4　神社の入り口に飾られる五角星をもつ勧請縄。2014 年，滋賀県にて(大野朋子撮影)

写真 5　神社の入り口に飾られる六角星をもつ勧請縄。2014 年，滋賀県にて(大野朋子撮影)

その後、タイや中国で出会った「鬼の目」やその装置は民族や地域ごとの事例数は偏っているが、タイ北部一円の山岳民族の村で見た鬼の目の特徴は表1のようになる。

タイ北部の山岳帯には主にカレン族、モン族、ラフ族、ヤオ族、アカ族、リス族が住んでおり、人口ではカレン族が最も多い（Lewis and Lewis, 1998）。一つの民族は複数の支族に分かれ、住む地域や文化が少しずつ違っている。ミャンマーとの国境沿いにはカレン族、ラフ族、リス族、アカ族が多く、ミャンマーからの移住者も多い。モン族やヤオ族はラオスとの国境辺りに暮らしており、ラオスや雲南からの移住者もいる（Lewis and Lewis, 1998）。鬼の目の呼び名は、民族や支族だけでなく、同じ民族の地域集団でも異なっているが、タイ北部のアカ族やラフ族とリス族、ミャンマーのシャン族や雲南省の傣族（二〇〇六、二〇〇八年調査）では互いに似てダレオとかダレなどの場合が多く、タイ北部のモン族では主にザァイと呼ばれている。

この鬼の目は、モン族の村では住居の建物や畑の隅にも見られたが、ほとんどの民族では建物や集落の出入り口やその付近にあった。鬼の目は、建物の壁に貼りつけられたり、入り口扉の正面に突き立てられたり、玄関の楣の両端に渡した縄に渡して、注連縄のようにぶら下げられていた（写真6）。アカ族の集落の入り口にはロ・コムや law kah（Lewis and Lewis, 1998）などと呼ばれる鳥居に似た木製の門がある（写真7）。ロ・コムにはたくさんの鬼の目が貼りつけられており、さらに籤で輪を作り、つなげて鎖状にして笠木にかけて、注連縄のようにされ、時に左右に男女の木彫りの人形が置かれている。ロ・コムが村と外を隔てる境界となり、貼りつけられた無数の鬼の目によって悪霊などが村に侵入するのを防いでいるというが、基本的にひとつの鬼の目は使わないのがアカ族の作法である。これとよく似たものはラフ族で見られる。集落の入り口の門に、アカ族よりも簡素で、二本の木あるいはタケに縄を張り、たくさんの鬼の目と小石を入れた小さな籠を飾っていた（写真8、9）。チガヤ（*Imperata cylyndrica*）あるいはススキの一種（*Miscanthus* sp.）で作ったこの縄は、良い行いの縄の意味でパタタ・チビ・ダ

表1　タイ北部の少数民族のもつ「鬼の目」の特徴(大野・山口，2012を改変)

民族	事例数	呼び名	設置場所	添え物	形状および設置状態	作成時期	使用目的	穴の数
アカ族	18(2)	ダレ	村の入り口/建物にはつけない	無し	1枚もしくは複数枚重ねて貼りつける	—	—	1，7
カレン族	2(1)		庇部屋の天井	無し	複数枚重ねて縄に通す	お正月に1回	—	1
黒・ラフ族	12(4)	ダレオ/カァ・カイ	建物の出入り口(梱)/村の入り口	無し/縄/木綿糸	複数枚重ねて縄に通すもしくは貼りつける/1枚を縄に付ける/ヘギを折り曲げて編み，編んだ周囲を縄で囲む(複数枚重ねる場合あり)/ヘギを折り曲げて編み，注連縄に複数枚つける	お葬式，お祭り，お正月ごとに1枚作り，壊れるまで重ねてつけておく	悪い霊が家や村に入ってこないようにする	1，7
赤・ラフ族	10(5)	ダレオ/レオ	建物の出入り口(梱)/建物の内側の壁/建物の隅	無し	1枚もしくは複数枚重ねて貼りつける	シャーマンが必要に応じて決定	悪い霊が家や村に入ってこないようにする	1，7
白・モン族	9(3)	ザァイ/ザァイ・コン・ム/ザァン・チャイ	建物の出入り口(梱/横の壁/正面)/畑の隅	無し/緑の葉/刺繍布/赤紐/黒紐/白紐/トウモロコシ	複数枚重ねて縄に通す/1枚に1本の棒を刺す/プロペラ状	—	自分の土地であることを神に告げる/悪い霊が家や村に入ってこないようにする	1，10，13，21

黒・モン族	20(11)	ザァイ/ザァイ・チャイ/ザァイ・ジャイ/ザァイ・コン・モァ/ガン・バァン	建物の出入り口(楣/横の壁/正面/庇部屋の天井)/建物の隅	無し/緑の葉	1枚あるいは複数枚を縄に貼りつけるもしくは縄に通す1枚に1本の棒を刺す	病人が出た時や悪夢を見た時にシャーマンにより決定	悪い霊が家に入らないようにする(悪い霊が家にいる場合は家の外に出ないようにする)/家のお守り	1, 3, 4, 7, 8, 10, 14, 16, 30, 37, 65
リス族	5(4)	タレォ/ニィ・ガァ	建物の出入り口(楣)/村の入り口	無し/緑の葉/縄	複数枚重ねて貼りつけるもしくは縄に通す/長方形のタケの作りものに複数枚重ねて貼りつける	病人が出た時	悪い霊が家に入らないようにする(悪い霊が家にいる場合は家の外に出ないようにする)	1, 7
ヤオ族	2(1)	ゲ・ミョン	建物の出入り口(横の壁)	無し	1枚を貼りつける	—	—	1, 7
シャン族	5(1)	グレォ	建物の出入り口(楣/横の壁)/家の敷地出入り口(門上部)	無し/縄	7枚重ねて縄に通す/鬼の目の周囲を縄で囲み，複数枚重ねて貼りつける	お正月に1回	悪い霊が家や村に入ってこないようにする	1

＊(　)内は集落数,「－」は未調査

写真 6　モン族の家の楣部分に飾られる鬼の目。2011 年，タイ・メーホンソンにて(大野朋子撮影)

写真 7　アカ族の集落入り口に建てられた門(大野・山口，2012)。2011 年，タイ・チェンライにて

ヤーと呼ばれ、アカ族と同様に鬼の目は村のなかに悪霊が入らないように飾られるが、悪霊が村に近づいたら、籠のなかの小石を投げつけて追い払う道具だとされる（若林、一九八六）。鬼の目は、聞き取り調査でも村や家のなかに悪い霊が入るのを防ぐためとされ、一般的な魔よけの呪具のひとつである。

鬼の目を新しく飾る時期は、それぞれの民族によって異なるが、一年の始まりになるタイの正月（四月の水かけ祭り）に飾る村が複数あった。鬼の目は年間行事に飾られるほかには、病人の出た時や悪夢を見た時にも必要とされる。その要不要は、村のシャーマン（祈祷師）によって決められており、特に赤・ラフ族では、鬼の目はシャーマンの唱えるお経とともに作られ、さらに強い魔除けとなるという。

現在、多くの人々が仏教を信仰しているタイでは、仏教の布教前から精霊信仰が存在し、精霊の Pee はすべてのものに宿るとされており（Pharaya, 1979）、日本のやおよろずの神に似ている。都会でも Pee を祀った祭壇を見かける（写真10）。少数民族の村ではあまりそのような祭壇はなかったが、精霊にたいする信仰は人々に深く根づいている。現在でも人が病にかかるのは悪霊の仕業だと信じられ、村にはシャーマンがいる。シャーマンは、薬草などの植物にたいする高い知識をもっており、患者にそれらを処方するとともに、鬼の目などの呪具を使い、霊的な力で悪霊を払う。

鬼の目は最も一般的で多用される呪具であるが、この何が悪霊のもたらすさまざまな災いを追い払うと信じられているのだろうか。次に鬼の目の形状と素材に着目してみる。

二−一　「鬼の目」の多様性

主に魔除けとされる鬼の目の素材は、タケ材単独か、タケとそのほかの添え物との組み合わせで使われる。また、形状にもいくつかのパターンがあり、一枚の鬼の目に穴が一つのものと複数のもの、そして穴が七つでヘギ

写真8　黒・ラフ族の集落入り口の道に張られた門(大野・山口, 2012)。2011年, タイ・チェンマイにて

写真9　黒・ラフ族の集落入り口に飾られる小石の入った竹籠。2014年, タイ・メーホンソンにて(大野朋子撮影)

写真10　Peeを祀った祭壇。2013年，タイ・ファンにて（大野朋子撮影）

を「く」の字に折り曲げて作られているもの、プロペラの形に似たものの四つがあった。添え物には三種類あり、タケ単独で添え物のないもの、緑の葉や枝を添えるもの、そして刺繍された布や色紐、ススキもしくはチガヤで結った紐、乾燥したトウモロコシ、木綿糸など雑多な添え物をつけるのもある。これらを組み合わせると鬼の目は一二パターンになる（表2、図1）。

タイ北部では一二のパターンのうち、穴の数が多数で、添え物のないB2タイプだけがなかったが、これ以外の一一種類の鬼の目が見られた（図1）。全体の約七割（五八枚）は添え物のないタケ単独であった。一方、その他の類型が二五枚見られたが、組み合わせ素材を詳細に見ればタケと緑の葉を含む組み合わせが最も多かった。また、形状では、一つ穴の鬼の目が全体の四割（三四枚）を占め最も多かったが、プロペラ状のものは六枚であった。さらにタイプ別に見れば、Aタイプが三〇枚と最も多く、次いでBタイプ、Cタイプが多

表2　形状と添え物による鬼の目の類型とその頻度(大野・山口 2012を改変)

鬼の目の形	添え物			計(枚)
	無し	緑の葉	その他(刺繍布, トウモロコシ, 紐, 木綿糸)	
穴1	A(30)	A1(2)	A2(2)	34
穴複数	B(16)	B1(6)	B2(0)	22
穴7つへギ折り曲げ	C(11)	C1(2)	C2(8)	21
プロペラ状	D (1)	D1(1)	D2(4)	6

*(　)内は事例数, 型名(A, B, C, D, ……)は図1参照

い。

一つ穴の鬼の目は、ヤオ族を除くすべての民族に共通して見られた。なかでも添え物のないタケ材単体のAタイプは、ヤオ族と黒モン族を除く民族で見られ、最も幅広く使われていたタイプだった。また、複数の穴をもつ鬼の目は、モン族に集中して見られた。一方、プロペラ状の鬼の目は、調査した集落三二か所のうちで、白・モン族の村三か所でのみ見られた特異的な形で、これによく似た形は、カレン族の集落にも知られている(若林、一九八六)。

鬼の目に添えられる物は、モン族の刺繍布、色紐を除けば、緑の葉、トウモロコシの穎果、木綿糸、チガヤの葉、ススキの縄であり、鬼の目の本体もタケであるので、これらはほぼ植物素材といえる。

益山・劉(二〇〇〇)によれば、中国西双版納の水傣族では鬼の目の添え物にはミツバハマゴウ(*Vitex trifolia*)の小枝やカイトウメン(*Gossypium barbadense*)の種実についた綿などがあり、祭祀の違いによって、添えられる植物は異なっている。筆者達の聞き取りでは、添えられる緑の葉は何でもよく、骨組みとなるタケ類にも基本的に種の違いはなかった。しかし、タケを編むという意味では、節間は長くて編みやすいものがよいとされ、タイ語で mai bong と呼ばれる *Bambusa tulda* の稈を好んで使っている村が三か所あった。また、特に鬼の目に緑の葉を飾り、細い木の枝をさして

A：穴1つ。添え物無し　A1：穴1つ。緑の葉を含む　A2：穴1つ。そのほか

B：穴複数。添え物無し　B1：穴複数。緑の葉を含む　B2：穴複数。そのほか

C：穴7つ，ヘギ折り曲げ。添え物無し　C1：穴7つ，ヘギ折り曲げ。緑の葉を含む　C2：穴7つ，ヘギ折り曲げ。そのほか

D：プロペラ状。添え物無し 　D1：プロペラ状。緑の葉を含む 　D2：プロペラ状。そのほか

図1　形状と添え物による鬼の目の類型(大野・山口，2012を改変)

写真11　モン族の住居入り口に立てられた新鮮な緑の葉付き鬼の目(大野・山口，2012)。2011年，タイ・メーソットにて

写真12　新鮮な緑の葉が添えられた鬼の目。2011年，タイ・メーソットにて(大野朋子撮影)

柄にし、住居の入り口の付近に突き刺すのは（写真11、12）、その住居に病人がいることを示す特別な行為となる。この緑の葉が新鮮なほど、その住居には入ってはならず、家族の者も外出を制限される。

益山（一九九九）は、ターリャオ（鬼の目）について、「ターリャオのターは目を意味する。リャオは実在する中型の鳥で、ほかの鳥やネズミなどを捕って食べるという。その昔、サムディ（タイ族の伝説上の祖先で、神と話しを交わせた賢者）が家を建てたとき、神鳥のピアリャオが自分の分身を作って家に送り、悪霊が家に近づかないように守らせた。」とか、「サムディが家を建てたとき、悪霊を避けるために鳥のリャオに家を見張らせた。人々はそれに習ってターリャオを作って家につけるようになった」と述べている。「目」に潜む力は、古来より中国や日本でも知られており、たとえば「饕餮（とうてつ）」という中国神話上の悪獣や「白沢」という六本の角と九つの目をもつ想像上の神獣は、目の威力によって悪霊を追い払おうとするものである（大形、二〇〇〇）。また、鳥を神聖化する例は多数見られ、雲南省のイ族は、鳥を神の乗り物と考え、民家の棟飾りに鳥の造形物を付ける習慣がある（鳥越・若林、一九九八）。また、二〇〇六年に訪れた雲南省西双版納州の水傣族の村にも建物の屋根に鳥の造形物があり（写真13）、タイのアカ族の鳥居にも木彫りの鳥がのせられていた（写真14）。

六本のタケのヘギを使って六角星が出来るように組んでいくと、中央に六角形の穴が一つ出来る。この穴を「目」に見立てて悪霊を追い払うとされ、ヘギの本数と組み方によって、六角の穴の数がかわる。六五個の穴をもつ大きな鬼の目もあったが、基本の形は一つ穴のものである。穴一つの「鬼の目」は調査数八三枚のうち四割（三四枚）になるが、ヘギを折り曲げずに作る複数の穴をもつ鬼の目には、穴の数七つのものが六枚含まれている。これを合わせると、穴七つの鬼の目は全体の約三割（二七枚）に見られ、カレン族とシャン族、白・モン族以外で使われていた。また、特にC、C1、C2タイプの鬼の目は、タケのヘギを九本使い、それぞれ「く」の字に折り曲げて組み上げる。こうして出来た鬼の目は、六角形の穴七つに加えて出来上がりの形も六角形になる。黒・

写真 13 建物の屋根に飾られた鳥の造形物(大野・山口，2012)。2006 年，中国・雲南省・景洪市にて

写真 14 アカ族の集落の門に飾られた木彫りの鳥(左ふたつ目はヒョウタンの木彫り，残りはすべて鳥の木彫り)。2013 年，タイ・チェンライにて(大野朋子撮影)

写真15　シャン族の7枚重ねられた鬼の目(大野・山口, 2012)。2011年, タイ・メーホンソンにて

ラフ族と白・モン族、リス族への聞き取りでは、この穴の数は、七つもしくは七つ以上がよいとされ、病人が出た時に使う鬼の目は、その病人が重篤なほど多くの穴のあるものを使うとする集落もあった。穴の数で、悪霊を追い払う力を増大させるという意味においては、基本形であるひとつ穴の鬼の目は、複数枚を重ねて使われることが多い。シャン族では、一つ穴の鬼の目を七枚重ねて使っていた(写真15)。

二—二　鬼の目の形と植物の力

これまで多くの鬼の目を見てきたが、その重要な要素は何であるのか。鬼の目は緑の葉やほかの植物と組み合わせたり、あるいは鳥居などの別の装置に付けられ、その大きさや穴の数をかえてさまざまな場面で使用されてきた。穴を目に見立てて悪霊を追い払うというのは一般的な使われ方だが、この六角形の穴の形が重要な要素のひとつとも考えられる。これまでの調査では三か所の集落で鬼の目と同じく建物の入り口の周りに付けられていたハチの巣(写

写真 16　鬼の目と一緒に飾られるハチの巣(大野・山口, 2012)。2011 年, タイ・メーホンソンにて

写真 17　木綿糸を添える黒・ラフ族の鬼の目。2011 年, タイ・メーホンソンにて(大野朋子撮影)

写真 18　赤・ラフ族の集落で栽培されるワタ(種名不詳)。2014 年，タイ・メーホンソンにて(大野朋子撮影)

真16)を確認した。中国雲南省でも稀に鬼の目と一緒にハチの巣が飾られているとされ(益山、一九九九)、六角形の小さな部屋がたくさんあるハチの巣は、複数穴の鬼の目とよく似ている。ハチの巣の六角形の連続模様は、一種類の形で平面を埋め尽くす図形のうち最も円に近く無駄がないという(宮崎、二〇一一)。自然界にあるこの形にも彼らは特別な力を感じたであろう。

これまでの調査から、鬼の目には、それ自体に霊的な力があるとして単独で飾られる場合も多いが、添え物である植物とセットになったものもよく見られる。益山(一九九九)は、鬼の目によく添えられるミツバハマゴウやカイトウメンの綿には霊的な力があって、鬼の目の悪霊除けの力をより高めるために添えているという。私達の調査でも、ラフ族の鬼の目には木綿糸の使用が多い(写真17)。特に赤・ラフ族は、ワタ(*Gossypium* sp.)を重要な祭祀の植物として使用しており、村のなかで必ず栽培されている(写真18、19)。同じラフ族でも黒・ラフ族では、ワタを木綿糸として鬼の目に添えたり、お守りとして手首に巻いたりしているが、赤・ラフ族は、さらにワタ自体を鬼の目以外のタケとの組み合わせで呪具に使い(写真20)、ワタを強力な力をもつ植物と考えている。

写真 19　赤・ラフ族の集落で栽培されるワタの花。*Gossypium arborescens* とされる（Anderson, 1993）ワタの一種。2014 年，タイ・メーホンソンにて（大野朋子撮影）

悪霊を払う魔力をもつと信じられている植物には、このほかにも多数あり、カレン族はリュウゼツラン（*Agave americana* var. *variegata*）やウチワサボテンの仲間（*Opuntia dillenii*）、サルトリイバラの仲間（*Smilax ovalifolia*）といった棘の多い植物には悪霊を寄せつけない力があると信じている（Anderson, 1993）。また、使用方法は異なるがアカ族もこのサルトリイバラの仲間を悪霊を払う重要な植物と信じており、このほかにはショウガ科の一種（*Alpinia* sp.）やミツバハマゴウ、ツヅラフジ科の一種（*Diploclisia glaucescens*）、トウダイクサ科の一種（*Sapium discolor*）の果実を使う。一方、幸せを呼ぶとされる植物も存在し、アフリカ原産のサンセベリア（*Sansevieria trifasciata*）も住居の正面の庭に植えられる。

魔力をもつとされる植物は、それぞれの民族によって種や使用方法が異なるため、鬼の目への添え方にも、地域や民族によって、異なる場合があり一様ではないが、鬼の目は必ず六角形を基本として作られ、それは必ずタケで出来ている。これは、七つのどの民族にも共通している。さらに、このタケ作りの六角形は、鬼の目以外に籠の編み目にも見ることが出来る。

日本の熊本県阿蘇周辺には、鯉幟の先端に丸い竹籠が付いており（写真21）、籠目編みの籠玉には、六角形の穴がたくさんある。折口（一九一五）は、これを髯籠と呼んでいるが、この髯籠によく似たものが、雲南省の西部、徳宏にもある（写真22）。これらは、鬼の目のように祭祀にかかわって存在するが、祭祀のほかにも日常の運搬籠や収納籠にもこの六角星の編み方は使われており（写真23）、六角星という伝統的文化の基本構造が機能的な道具を派生していると考察出来る。

写真20　ワタとタケの呪具を使って祈祷する赤・ラフ族のシャーマン。2014年，タイ・メーホンソンにて（大野朋子撮影）

写真 22　祭祀に使用される竹籠付きの幟(大野・山口, 2012)。2007 年, 中国・雲南省・騰沖県にて

写真 21　鯉幟の先端に付けられた籠玉(大野・山口, 2012)。2008 年, 熊本にて

写真 23　籠目編みの背負い籠(大野・山口, 2012)。2011 年, タイ・メーホンソンにて

鬼の目の霊力の受容が民族の歴史や時間軸にたいして共通性を示す理由はなお謎であるが、タケにかかわる東アジア固有の文化であり、タケを霊的な力をもつ植物として認識していることには違いがない。モウソウチクやマダケでも高さ三メートルほどになり、東南アジアには高さ二〇〜三〇メートルにも達する種が存在する。その草姿は、まさに樹木のようである。また、稈は中空というタケの独特な形態は、竹取物語に読まれるタケのなかの女児を想像させるに容易なことだろう。何十年も開花せず、草とも木とも見られるためか、それともタケの旺盛な繁殖力や冬でも緑を絶やさず青々と生い茂る様子からなのか、このようにほかの植物とは異なる性質をもつタケは、人々にとって特別な力を感じさせる存在なのである。

彼らのこれまでの信仰や習慣を残しつつ新しい習慣が見られるようになっているが、タイに住むほとんどの少数民族はタケ類をはじめとした豊かな自然資源への恩恵を受けながら生活し、自然や精霊にたいする信仰の文化とともに植物への特別な思いをもっている。植物の力を信じ、心の拠り所として植物とともに暮らす姿は、今なお竹づくりの鬼の目に表れている。

本研究・調査の一部は、科学研究費補助金若手研究（B）23710302、26760009、基盤研究（B）23310168、二〇一〇年度住友財団環境研究、二〇一一年度サントリー文化財団の助成などによるものである。

第二八章　ボゴールのタラスとサトイモ料理
根栽農耕文化の今

宮浦理恵

サトイモ(*Colocasia esculenta*)は、ヤムイモやバナナと並ぶ根栽農耕文化の基本作物で、稲作に先行して日本各地に浸透し、日本の基層文化を担うとされる(佐々木、一九七一：一九六一二五：坪井、一九七九：掘田、一九八三：高柳、一九八六：宮崎・田代、一九九二：本田、一九九八)。中尾(一九六六：六六)は、照葉樹林農耕文化が熱帯降雨林の根栽農耕文化からタロイモの一部のサトイモを受けとり、温帯地域に適応した三倍体サトイモは、それをさらに日本にまで伝播させたと考え、佐々木(一九八六：九五―九六)は、東亜三日月弧で栽培化し、照葉樹林文化のセンターから揚子江沿いに東へ伝播し日本に入り、熱帯系の二倍体のサトイモは南から台湾・琉球列島など南島を伝って入ってきたと考えている。サトイモの系統解析(松田、二〇〇三)は、これらの仮説を支持し、日本には中国大陸から直接渡るルートと台湾や琉球諸島を経由したルートのふたつがある。

ふたつのルートの後者母体となる太平洋地域におけるサトイモ栽培と利用については、ものと文化の日本への伝播を探るキー植物として多様な議論が展開されているが(橋本、二〇〇二：後藤、二〇〇三、二〇一四：小西、二〇一三)、インドネシアはサトイモの利用に関する研究の空白地帯で詳細な研究が進んでいない。本章は、インドネシアにおけるサトイモとその利用を食の視点から整理して根栽農耕文化圏の東側に当たる島嶼部東南アジア・太平洋地域から日本に伝播したサトイモの文化を考えてみたい。

一　サトイモの地理的分化

サトイモは、ポリネシア、メラネシアでは主食として重要な作物で、ヤムイモ、ココヤシ、パンノキとともに生活の基盤となり、儀礼を含む社会的価値をもっている(宋、一九二七：馬淵、一九四二：杉浦、一九四二：Greenwell. 1947：小西、二〇〇八)。スマトラ島の西側の小島エンガノ島やメンタウェイ島では、外部からの影響がほとんど入らずに島の習俗が維持されてきたが、メラネシアと同じくサトイモやヤムイモを主食とし、ココヤシ、パンノキを多く利用してきた（馬淵、一九四二；大林、一九六〇）。また、ニューギニア島東部（パプアニューギニア）では、サツマイモが普及する以前はサトイモが主食で、ポリネシアに多く見られる水田作もあったが、近年急速にサツマイモに置き換わり、水田でのサトイモ栽培は消滅した（Bourke, 2012）。このように、インドネシアの周辺地域ではいまだに習俗としてタロイモが基幹となった文化の痕跡が残っている所もあるが、東からの稲作伝播や近年のキャッサバやサツマイモの浸透によりインドネシアの主要地域ではサトイモを主食とする文化はもはや見られなくなっている。

サトイモの起源地は乾季休眠性の発達するインドからビルマ東部・東南アジア大陸部の雨緑林地帯であるとされる一方（堀田、二〇〇三；Plucknett, 1979, 1983）、ニューギニア島付近にはもうひとつの多様性センターがあるともされる（Matthews, 1991; Devi, 2013）。また、栽培型にはアジアと太平洋地域のふたつの遺伝子プールがあることがわかっており、アジアと太平洋の両方の影響を受けるインドネシアでは栽培型の多様性が非常に高いとされる（Lebot and Aradhya, 1991; Irwin et al., 1998; Kreike et al., 2004）。しかし、野生型と栽培型の間で遺伝的分化が大きくなく、品種改良はあまり進んでいない特徴がある。

インドネシア国内のサトイモ産地は、主に西スマトラ・メンタウェイ島、ジャワ島、南・北スラウェシおよび西パプア（ニューギニア島西部）で、ジャワ島東南部のグルンキドゥールや東ヌサトゥンガラなどの乾燥地ではあまり見られない（Prana et al., 2000）。このうち西パプアでは主食として重要な位置にある。ジャワ島内のサトイモの二大産地は西ジャワのボゴールと東ジャワのマランで（Sastrapradja and Hambali, 1982）、ボゴールではサトイモは周年供給されるが、乾季の乾燥の厳しい東ジャワでは一年の限られた時期にしか供給されない。西ジャワ産品種では、ボゴールとスメダン（バンドン北東）に多様性の中心がある（Prana et al., 2000）。

サトイモの野生種は低地亜熱帯と低緯度地方の標高の高い暖温帯に分布し、日本や台湾・中国南部では低地の温暖な場所に生育する。サトイモの野生種と栽培種は、分布域のどこにでも分布しているが、温帯部では三倍体、熱帯や亜熱帯低地では二倍体が多い（谷本、二〇〇一；松田、二〇〇四；吉野、二〇〇三）。温帯部の三倍体サトイモの栽培種は子芋型（eddoe）品種であるのに対して、熱帯低地の栽培種は親芋型（dasheen）品種の傾向にある。分類学的には、親芋型は *C. esculenta* var. *esculenta*、子芋型は var. *antiquorum* と扱われる（Purseglove, 1972; Plucknett, 1983）。しかし、近年のサトイモの形態と倍数性の研究によると倍数性と親芋型・子芋型は厳密に関連しないことが明らかになっているが（Kreike et al., 2004）、大きな傾向はかわらない。

二　ボゴールのタラス

中尾佐助は一九七六〜一九七七年と一九七八年に東南アジアでサトイモを調査している（小合、一九八〇；一九八二）。その調査範囲は広範に及ぶが二回の調査ともボゴール植物園を訪問している。ボゴールは、かつてのオランダ総督府（パレス）とその一角にある植物園（標高二七〇メートル）を中心としたボゴール市を取り囲むボゴール県からなるが、本章ではサトイモが多く栽培・販売されているボゴール南方の高原の町チアンジュール県チパナスまでを含む地域として取り扱う。この地域は北方にジャカルタ湾、南の境界にはハリムン・サラック山（二、二一一メートル）とグデ・パングランゴ山（三、〇一九メートル）が連なる特徴のある地形で、乾季でも降雨に恵まれる「コタ・フジャン（雨の町）」として有名である（約三、七〇〇ミリ／年）。一八一七年に開園したボゴール植物園は熱帯植物の収集・研究園としての機能を果たし、グデ・パングランゴ山の山麓（一、三〇〇〜一、四〇〇メートル付近）に開かれたボゴール植物園チボダス分場はオランダ植民地時代の熱帯高地植物研究の拠点となった

(Steenis et al. 2007)。中尾は、一九七八年に吉良竜夫氏とともにチボダス植物園も訪れている。植物園の入り口からグデ・パングランゴ山に登るルートにチブルムの滝(一、七三五メートル)にいくコースがある(Harris, 1994)。滝へ行く途中(N78-137-27~29)および滝のある開けた岩場(N78-137-07~14)に野生サトイモを見つけている(写真1)。Hambali(一九七七)も、このチブルムの滝および山の南山麓一、二〇〇メートル付近の原生林内で低地のサトイモとは異なった野生サトイモを見ており、花序の形態から var. *antiquorum* と判別できるが、子芋をたくさんつけるわけではないと述べている。中尾は、「ストロンを多く出し、葉柄は緑一色で葉型は丸みを帯びている」ことから、低地の野生サトイモとは形質的によく似ているが生態的に区別できる別な野生型として扱っている(中尾、一九八〇：八四)。このタイプはマレーシア・キャメロンハイランド(N76-093-13~25)と西ジャワ・チブルムの滝で確認されているが、中尾はこの高地野生型を「*Colocasia esculenta* var. *monticola* と仮称」し、東南アジア、インド、台湾、沖縄に分布する野生サトイモ var. *aquatilis* は、「var. *mouticola*（ママ）から出たとみれば支障は無いようであり、それが起こったのはマレー半島の北部、或は中国南部であったと考えられる」(中尾、一九八一：八四)と記しているが、高地野生型サトイモについてその後の詳細な研究は行われていない。

西ジャワではサトイモは主として低地に分布し、一、〇〇〇メートルを超える高地では数パーセントにすぎないとされる(Prana, 2000; Wicaksono et al., 2010)。しかし、チブルムの滝より南方の一、五五〇メートル付近の山麓グヌンプトゥリ村では農民が高地野菜畑の畦でサトイモを栽培しており、水路脇には逸出とみられるサトイモやアメリカサトイモ(*Xanthosoma sagittifolium*)の群落が分布している。西ジャワで収集されたサトイモはすべて親芋型(dasheen)で、子芋型は皆無であったとされているが(Prana, 2000)、'dempel' という子芋を多くつける品種も存在する(Hambali, 1977)。一、〇〇〇メートルを超える高地では子芋型が分布しており、それらは第二次世界大戦中に日本から導入されたという推測もある(Prana, 2000)。日本人がジャワ島高地の各所で日本野菜を導入し広大な農

写真1　チブルムの滝の脇に自生する野生サトイモ（上：1978年当時，①N78-137-09，②東南アジア1978，③1978-12-29，④チボダス，インドネシア　下：2015年，Jimmi Sakuma氏撮影）

場を経営していたのは事実で、西ジャワ・バンドン南部高地の日本人農場で聖護院大根など日本からもち込まれた野菜とともに〝里芋〟が良好に生育していた（三木、一九四四：一三六）。日本人によって導入された日本サトイモが熱帯高地に逸出しているのか、それとも高地野生型から栽培化された子芋型（eddoe）がもともと高地に分布しているのかは今はよくわからない。

西ジャワではチャ、キナノキ、シナモン、チークなどさまざまな植物の栽培と加工技術に関する研究が進んだが、サトイモは、価値のある作物とは見なされず、オランダ時代の農業書の四巻の集大成では若干触れられているにすぎない（Hall and Koppel 1948: 166, 723）。日本軍政下でも同様で（農林省南方資源調査室、出版年不明）、ジャガイモ、サツマイモ、キャッサバ、コンニャクイモは研究対象になっているが、サトイモは言及されていない。根栽農耕文化の基幹作物であるバナナやサトウキビ、ココヤシが植民地下おいて商品作物として経済的に役立てようと考えられたのと対照的に、サトイモはヤムイモと並んで植民地経済に有効な作物とはされなかったようである。しかし、サトイモは住民の伝統農業と伝統食として維持・活用され、今は地域特産品として経済的に貢献しているところもある。

ボゴールから南東の高原地帯に向かう幹線道路沿いには、国内外の観光客をねらって土産物屋が軒を連ねるが、そこで必ずといっていいほど目にするのがタラス・ボゴール（Talas Bogor）と呼ばれるタロイモである（写真2：中尾佐助スライドデータベースN76-107-28、N78-103-32）。親芋型で、一株にひとつの大きな芋をつけ、三〇センチほど茎を残して販売される。小さいもので五〇〇グラム程度、大きくなると二・五キロにもなり、販売価格は一〇、〇〇〇ルピア／キロ（約一〇〇円）と決して安くはない。

聞き取りによると、タラス・ボゴールは、イモと茎の色によってさらにタラス・クタン（Talas ketan, モチタラス）、タラス・ガンビール（Talas gambir）、タラス・ング（Talas ngu, 紫タラス）に分けられている。タラス・クタン

写真2　ボゴールで売られているサトイモのタラス・ボゴール（右）（①N76-107-36，②東南アジア 1976，③1977. 01. 04，④ボゴール，インドネシア）

はイモが白く、茎が緑色、タラス・ガンビールはイモが黄色味がかり、茎がわずかに紫色を帯びる。タラス・ングはイモも茎も紫色で、イモの粘りが強いという。また、タラス・クタンはタラス・ボゴールとは別のもので、希少であまり売りに出されないという人もいる。

タラス・ボゴールとともに土産物屋で売られるタロイモに、タラス・ブリトゥン（Talas Belitung, Belitung はスマトラ島の近くに位置する島の名前）がある。タラス・ボゴールと異なり、子芋が複数つくタイプで、イモの表面が日本のサトイモに似ている。これは茎を除いたイモだけで山積みにして売られており、価格はタラス・ボゴールの半値ほどである。タラス・ブリトゥンは、中南米起源のアメリカサトイモで、タラス・ボゴールとは植物学的には属が異なり一般には葉の形状で見分けられる（Neal, 1965）。タラス・ボゴールは、葉身が葉柄に盾状に付くが、タラス・ブリトゥンは矢尻状の葉の葉脚部に葉柄が付く（写真3）。ボゴール植物園のガーデナーであった Helton（一九一五）は、「数年前

写真3　ボゴール県ダルマガ郡プティール村の農道に自生するタラス・ボゴール(上：サトイモ)とタラス・ブリトゥン(下：アメリカサトイモ)。ともに2015年，宮浦理恵撮影。

からスリナムから導入した *Xanthosoma* を植えているが、どんな条件の土地でもよく育ち、子芋がよく付き、葉はホウレンソウのようで bayam（*Amaranthus* spp.）より美味。若い葉の葉脈を取り除きシチューにする。」と紹介している。ボゴール植物園では、オランダ植民地である南米のスリナムから多くの植物を導入し、ヨーロッパ人の野菜となるか検討しているが、タラス・ブリトゥンもオランダ人によってボゴールに広がったのかもしれない。

タラスと名の付くイモ類はほかにもいくつもある。タラス・ブントゥール（Talas bentul）は東ジャワ・マランが産地として有名で、大きな丸いイモができる。タラス・ポンティアナック（Talas Pontianak, Pontianak は南カリマンタンの都市）、タラス・ミニャック（Talas minyak, ミニャックは油の意味）、タラス・リアル（Talas liar, リアルは野生の意味）、タラス・ブンガ（Talas bunga, ブンガは花の意味）、タラス・センテ（Talas sente）などである。タラス・ブンガとタラス・センテはクワズイモ（*Alocasia macrorrhiza*）の仲間である。ボゴール周辺でタラスといわれているものには、サトイモの野生（逸出を含む）および栽培品種、アメリカサトイモおよびクワズイモが含まれる。タラスとは、英名のタロイモと同一で、熱帯圏で広義にタロイモというとこのほかに *Cyrtosperma*, *Amorphophallus*（コンニャク属）を加えた五属を指すが（中尾、一九八〇：小西、二〇〇八）、ボゴールでは上記のように農業・食料として重要な役割を果たす三属が該当する。

一般に、栽培していないタロイモはガタール（gatar：痒み、えぐみ）が多くて食べられないが、サトイモの栽培品種はイモも茎も葉も食べられ、クワズイモもイモや茎を輪切りにして石灰や灰で何度も煮てあくを取れば食べられるという。タラス・センテは、ボゴール近くでは小規模の水田養魚のある農村で池の周囲の土手にたくさん植えられている（写真４）。大きな葉では草高二メートルほどあり、外葉から一枚ずつ切り落とし、池に投げ入れておく。すると、グラメ（*Osphronemus goramy*）やイカン・マス（コイ）などの淡水魚が浮いた葉を食べ、時間がたつと硬い葉脈だけが残って浮いている。養殖魚のえさは、七割がペレットでまかなわれ三割をタラス・センテの

写真4　ボゴール県ダルマガ郡プティール村の養殖池の周囲に植栽され葉柄から切り落とされ池に浮かべ魚の餌とされるタラス・センテ（クワズイモ）（2011年，宮浦理恵撮影）

ほか、パパイヤやキャッサバの生葉が使われる（宮浦ほか、二〇一四）。水源地付近の湿った日陰に生える solembat/solempat（*Schismatoglottis calyptrata*, サトイモ科）などの葉も刈り取られて養殖魚の餌としてよく利用される。サトイモ科の葉のこのような利用はあくまで小農の田畑を池に転換した小規模住民養魚での民間給餌法で、大規模な養殖場ではコンクリートで池が被覆されるためタラス・センテは周りに植えられないし、葉も給餌されない。Heyne（一九五〇：四二四）には、サトイモの葉が池の魚の餌として使われているとあり、養殖池での葉の利用は少なくとも半世紀は遡る利用技術である。現在は、地上部バイオマスのより大きいクワズイモを養殖体系に利用するようになったのであろう。ボゴールでの聞き取りでは、タラス・センテはガタールが弱いから養殖に使われるが、ほかの地域ではガタールが強いのでタラス・センテは養殖には使えないとのことであった。クワズイモには、毒の弱い栽培種と強い野生種があるが、葉の立つ様子から見るとボゴール周辺のクワズイモは栽培種の名残りかも知れない。

表1に一九〇一から二〇〇七年までの五つの文献に記載されている品種名を一覧にしたが、品種名は地方によって異なっており、識別が難しい。Sastrapradja and Hambali（一九八二）によると、ジャワ島（特に西ジャワと東ジャワ）にはサトイモの主要品種として一〇品種がある。ボゴールでは一九八〇年代の主要品種は 'Bogor' と 'Ketan hitam'（黒もち米の意味）であったが、後に導入された 'Bentul' という品種に置き換わってしまったとされる（Prana et al. 2000：表2）。Bentul は、従来品種ほど美味ではないが、Bogor や Ketan hitam に比べてストロンがあまり出ないため肥培管理上有利で、農民の手間が軽減され次第に増えていった。このことからわかるように、タラス・ボゴールとはボゴール地域で生産・販売されるサトイモ品種群の総称で、品種自体は変化しているのである。

ボゴールは、インドネシアのなかでもタラスの種類と利用法が多様な地域である。サトイモの仲間は畑や水田の一角の盛り土をした区画など湿った環境を好むが、沖縄や台湾の田イモのように水田で栽培される所もある。ハワイのカウアイ島でも山間の水田で広範に田イモが栽培されているのを見たことがあるが、マレーシア、インドネシアでは水田でのタラス栽培は確認していない。聞き取りでも畑や川の近くの湿った所を好むという回答ばかりで、湛水状態になるとイモが腐ってしまうと農民は考えている。中尾ほか（一九七九：一五）は、「Bogol（ママ）周辺では灌漑施設の未整備な水田で栽培が盛んに行われている」と述べており、Sastrapradja and Hambali（一九八二）が指摘しているとおり水田や屋敷地で栽培されるが湛水水田（wet land）では栽培はされていない。なお、Bie（一九〇一：一〇八）は、「品種によって *sawah*（水田）でのみ、*moerassigen bodem*（湿地）を好むもの、また乾いた土壌で育つものもある」としているが、この sawah が水田の湛水栽培であるのかどうかは不明である。水田でのサ

表1　インドネシアにおける主要なサトイモの品種名

No.	名称	文献	No.	名称	文献	No.	名称	文献
1.	Abang	2)	23.	Endra	2)	45.	Lampung hitam	5)
2.	Apu	4)5)	24.	Gambir	4)	46.	Lampung mentega	5)
3.	Belopari	2)	25.	Garbo	2)	47.	Leir	2)
4.	Bentul	4)3)5)	26.	Gelopari	2)	48.	Leuir	1)
5.	Bentul biru	5)	27.	Gendjah	1)2)	49.	Lindjik	2)
6.	Berod	4)5)	28.	Gooloopari	2)	50.	Loma	1)3)5)
7.	Bhabang	2)	29.	Gote	2)	51.	Lompong	5)
8.	Bhelloo	2)	30.	Haiora	1)	52.	Lompong eereng	2)
9.	Bogor	4)5)	31.	Hawara	2)	53.	Lompong pootih	2)
10.	Boodook	2)	32.	Kaliurang	5)	54.	Loomboo	2)
11.	Boring	5)	33.	Kankoongan	2)	55.	Mantri(kimpool)	2)
12.	Bote	2)	34.	Ketan	3)5)	56.	Njana	2)
13.	Burkok	3)5)	35.	Ketan Hitam	4)5)	57.	Pandan	1)3)
14.	Dalem	1)2)	36.	Ketune	5)	58.	Pari	2)
15.	Dempel	2)	37.	Koetil	1)	59.	Paris	3)
16.	Djae	2)	38.	Kudo	5)	60.	Sareelaja	2)
17.	Jahe	4)	39.	Lahoen	1)	61.	Semir	4)5)
18.	Djero	2)	40.	Lahun anak	3)	62.	Siriwa	5)
19.	Djombang	2)	41.	Lahun indung	4)	63.	Sutera	3)5)
20.	Djombang	2)	42.	Lampung	4)	64.	Sutere	4)
21.	Eereng	2)	43.	Lampung bodas	3)	65.	Tjentan	2)
22.	Enau	5)	44.	Lampung hideung	3)	66.	Woongoo	2)

1)Bie, 1901: 108–110; 2)Ochse, 1931: 51–58; 3)Sastrapradja and Hambali, 1982; 4)Prana, 2000; 5)Prana, 2007

表2　ボゴールにおけるサトイモの主要品種(Prana et al., 2000 より)

品種名	特　　徴
Bogor	草高 1～1.25 m。茎葉は全体に緑。ストロンとシュートを多く出す。イモは円錐形で中型(2 kg ほど)。食味はよい。
Ketan hitam	草高 2 m の大型品種。葉柄は全体に濃紫色で，ストロンは少ない。イモは楕円または卵形で 2～4 kg になる。8～10 か月で収穫。食味はよい。
Bentul	草高 1～1.25 m。茎葉は緑～紫。イモは円錐形で中型(2 kg ほど)。ボゴール地域で最も一般的な品種。葉は緑～紫緑色で茶紫の茎。一部ストロンあり。イモは円錐形。

トイモ栽培は、トカラ列島（坂口・中島、一九七二：安渓、一九九三）、奄美諸島（斎藤・坂口、一九七二）、沖縄本島（外間、二〇〇七）、西表島（安渓、一九九八）、台湾（外間、一九九八：湯浅、二〇〇一：一〇八：橋本、二〇〇七）、フィリピン・ルソン島、ミンダナオ島（大林、一九六二）、ハワイ（Greenwell, 1947）で展開しているが、ジャワ島の農法はこれらの地域の灌漑技術をともなう農法とは異なる。

サトイモの繁殖は、種子繁殖と栄養繁殖に大別でき、後者はさらに①苗すなわち収穫してイモを切り離した上部を含む葉柄部を土に挿して再生させる（Clercq and Greshoff, 1909：高柳、一九八八：七九–八四：橋本、二〇〇二：九：小西、二〇一三：六四）、②ストロンを挿す、および③子芋の萌芽を利用する三つの方法がある（Ochse, 1933: 56：高柳、一九八八）。種子繁殖は栽培には使われない。日本のサトイモは、沖縄や九州には二倍体の品種が分布しているが、それより北では三倍体の子芋型の品種が卓越する（熊沢ほか、一九五六：谷本、一九九〇：安渓、一九九三）。①と②の方法は温暖な地域では水さえあればいつでも植え付けすることが可能な繁殖法で、東南アジアに多い親芋型とストロンを出すタイプの典型的な繁殖法といえるが、冬季の低温に遭遇する日本列島の地域では繁殖器官が低温に耐えられないため適用できない。冬季にも種芋として保存のきく③が日本列島を北進するための有効な方法で、それを可能とさせたのが照葉樹林帯から日本列島へとわたった三倍体の子芋型サトイモであると考えられる。

三　タラスの調理法

中尾佐助やサトイモ科の分類に詳しい堀田満は、サトイモの植物学的特徴を詳細に調べているが、料理の方法についてはほとんど触れていない。ジャワ島の品種や料理にも関心を示していないが、栽培種の維持において調理や料理の技法がかかわっていることは留意すべきである。

ボゴールは、オランダ植民地時代に港湾拠点バタビア(ジャカルタ)から最も近い高原の避暑地としてヨーロッパ文化の影響を受けたため、農業技術や料理にもオランダの影響が見られる。例えば、プルクデール(perkedel)はオランダの肉団子 frikadeller をアレンジした料理として一般に普及している。次に、スンダ料理としてのタラス(タラス・ボゴールとタラス・ブリトゥン)の調理法を見てみよう。

タラスを食べるには、基本的にはイモの皮をむいて一口大に切り、蒸すか油で揚げるのが最も簡単な調理法である。油で揚げたものはそのままで、蒸したものは、おろしココナツに塩を混ぜたものをかけていただく(ウラップ・タラス Urap talas)(写真5)。衣を付けないコロッケ状のものを油で素揚げしたのが、プルクデールである(写真6)。プルクデールは、インドネシアでは一般的には高地でのみ栽培可能なジャガイモでつくられるが、タロイモの方が材料を入手しやすい。蒸したイモをマッシュし、ショウガ科のクンチュール(kencur, バンウコン *Kaempferia galanga*)、ウコン、シャロット(bawang merah)、ニンニクを石皿ですりつぶし、油で香りが出るように炒めて、マッシュした蒸しイモに入れ、よく混ぜて三センチほどの丸いコロッケのような形に整えて油で揚げれば出来上がる。

タロイモ類の茎や葉は種類によって食べられるといったり、食べられないといったり住民の認識はさまざまであるが、タラス・ボゴールの葉と茎は食べられると認識されている。タラス・ボゴールの茎は先に述べたように親イモとともに売られているので、茎とイモを切り分け、茎の表面の皮と筋をむき取って二センチ程度に切る。薄切りにしたシャロット、赤トウガラシ、サラムの葉(salam, フトモモ科 *Syzygium polyanthum*)を水で煮出して香りを出し、タラスの茎を入れてさらに煮る。あらかじめ湯でふやかしておいたタマリンドを投入し、塩と砂糖で味を調えればタラスの茎のスープ(タラス・ロンポン talas lompong)が出来上がる(写真7)。タラスの茎は柔らかくて主張のない味で、食べやすい。バリ島では、タラスの茎は食べないが、かわりにバナナの茎(芯の部分)が売られて

写真5　ウラップ・タラス(2015年，宮浦理恵撮影)。奥：タラス・ガンビール，手前：タラス・ブリトゥン

写真6　タラスのプルクデール(手前の丸型6個)(2015年，宮浦理恵撮影)

写真7　タラス・ロンポン（茎のスープ）（2015年，宮浦理恵撮影）

おり、同じように皮と筋をむいてスープにして食べる。

タラスの葉の料理は、ブンティル（buntil）と呼ばれる葉の包み煮である。これは、タラスの葉以外にも、パパイヤ、キャッサバ、カボチャ、ハヤトウリの葉でもできる。タラスの葉を洗って、葉柄を葉から切って除き、二〇〜三〇分ほど日に干す。赤トウガラシ、ウコン、クミリ（kemiri, トウダイグサ科 *Aleurites moluccanus*）、シャロットとニンニクのスライスを石皿ですりつぶしてから油でよく炒める。そこにショウガ科のルンクワス（lengkuas, *Alpinia galanga*）、レモングラスの茎、サラムの葉をそのまま加えて炒め、香りを出す（香辛料をミックスしたものをbumbuと呼ぶ）。別に塩小魚を油で炒めておき、石皿に残ったすりつぶした香辛料に水を加えて塩小魚炒めに投入し、さらに炒めておいたbumbuを入れ、鞘から出しておいたpetai cina（ギンネム）の実とおろしたココナツを入れ、よく混ぜてから塩で味を調える。これを、広げたタラスの葉の中央に一握り置き、折りたたむように葉で中身を包んでいき（写真8）、最後にタコ糸で十字に縛ってなべに並べる。Bumbuを炒めたなべに、おろしココナツに水を入れてこしたココナツミルクを投入し、コショウ、砂糖、塩で味付けし、包んだ葉の入ったなべに移して

写真 8　タラスの葉で具を包んでいるところ(2015 年，宮浦理恵撮影)

写真 9　タラスのブンティル(2015 年，宮浦理恵撮影)

弱火で煮込む(写真9)。葉が柔らかくなったらタコ糸をはずして盛り付けて完成である。一九三一年に出版された Ochse の野菜の書籍でも boontil として紹介されており、はじめに葉を日に干し、塩魚、ココナツ、ギンネムの実、トウガラシを材料とするところもかわらずに現在に継承されている。なお、この料理は、フィリピンにも共通している(Metthews et al, 2012)。

サトイモには、上記以外にもいくつもの調理法がある(Ochse, 1931: 56–57 : 表3)。例えば、イモを乾いた場所に二~三週間放置し、腐ったり乾きすぎずに青灰色または灰色になったものを蒸して利用する。この処理を西ジャワでは param と呼び、イモが甘くなるとされる。また、小さなイモは〇・五~一センチの厚さに切ってココナツ油で揚げ、サトウヤシのシロップを付けて食べる。栽培品種の葉は、柔らかくなるまで蒸した後ゼリー状になるまでつぶし、さまざまな材料を入れてバナナの葉で包み焼くという(poloj)。さらに、スンダ語で Bolang と呼ばれる野生型サトイモの低位の葉鞘はスープ(sayur)にして食べられる。野生の葉鞘はえぐみが大変強いが、pinangpit(djembe スンダ語)の種子をわずかに入れて煮るとえぐみが消えるとされる。毒抜きの知恵も備わっていたのであろう。

タラス・ボゴールの茎や葉の料理は、昔風の田舎料理となってしまい、今では茎のスープはつくっても、葉の包み煮は面倒でやらないという。また、タラス・センテは、先に述べたとおりかなりの手間をかければ食べられる。しかし、作物が豊富に手に入る昨今、タラス・センテをあえて食卓にあげる必要もなく、若い人は食べられることとすら知らない。

亜熱帯・熱帯地域の不良な環境(乾燥)に備えるための植物の養分貯蔵器官としてのイモは、動物などに食べられないように苦味をもっていたり有毒であったりする(中尾、二〇〇五)。野生の毒のあるイモを食べるには、半栽培・栽培の段階でイモの化学成分に関して品種改良することがひとつの方法で、もうひとつは、毒抜きの技術を

表 3　オランダ時代に記載されたサトイモの品種名と特徴および利用法

文献	品　種	特　徴**	利用法
Bie(1901: 108-110)	Taleus dalem/T. leuir	収穫まで5か月以上必要。イモが大きい。	食用(イモ)：ロースト，揚げる。または，皮をむいて小さく切り，ほかの野菜とともにスープにする。ペーストにしておろしたココナツ，砂糖，塩で味を付ける。 飼料：中国人の養豚場では茎葉を米ぬかと水を混ぜて餌にする。
	T. gendjah/T. haiora	5か月もかからずに収穫可。	
	T. loma	葉柄と葉脈が濃紫色，養身は濃緑。葉幅50～60 cmで長さは70 cm以上にもなる。イモは中位のココナツほどの大きさにもなる。	
	T. lahoen	葉柄と葉脈の色がT. lomaより薄い。葉身は薄緑で小型。茎は平ら。	
	T. koetil	イモが最小。葉は緑。葉身より葉柄と葉脈の色が薄い。葉は20～25 cm。乾いた所でよく育つ。	
	T. pandan	イモのもつ臭いでT. koetilと判別できる。	
Ochse(1931: 51-58)より食用の記載がある品種を抜粋	Bote, Lindjik	センテの改良系統*。ストロンは痒くならず，香りがある。	食用：サンバル・ゴレン，スープ，肉ミンチに使われる。
	Garbo/Gote	地上部は2 mに達する大型品種。葉身は緑，葉柄は淡灰緑色。赤黒い長大なイモ(直径15 cm，長さ1 mに達する)ができ1年以上土中に残しておける。子芋は付かない。乾いた畑でも湛水していない田でも栽培できる。	食用：葉や葉柄は野菜として食される。
	Lompong pootih/Loomboo	水辺に生育する野生タイプ。	食用：若い葉はダイズと一緒にスープ(sayur)にする。また，ブンティル(boontil)またはbrengkesan gerehと呼ばれる葉の包み蒸し料理に使う。塩魚，おろしたココナツ，トウガラシ，香辛料(bumbu)と一緒に調理する。

Sente, Tales sente, Lompong sente*	葉は淡緑色で葉柄に斑点がある。傷のついた葉や葉柄は痒みをもたらす。Sente pootih, S. wooloong, S. eedjo, S. eereng などの種類がある。S. alas は野生型。	食用：めったに食べないが，蒸したり薄くスライスして揚げて(kreepik)食べることもある。
Tales belopari/ T. gelopari/ T. gooloopari	淡緑色で葉と葉柄およびイモは小さい。湿性水田や川岸によく植えられる。	食用：葉，葉柄，葉芽(poopoos)，若いイモ(ben-tool)は食される。T. eereng より香りがよい。
Tales dempel/ T. loomboo(ジャワ)/ T. bhelloo(マドゥーラ)	葉と葉柄は淡緑色で，子芋を密につける。湛水水田でも乾いた畑でも育つ。多く分げつし，ストロンを15～30出す。ストロンを次作の植え付けに用い，イモは食べる。葉が乾く前に刈り取ってはならない。成熟する前のイモは痒みをもたらす。	食用：葉，葉柄，イモを野菜として食べる。
Tales eereng/ T. endra/ Lompong eereng/ T. woongoo	葉と葉柄が濃緑色。乾いた休閑地に植えられ，収穫までに1年かかる。子芋は付けない。植え付けにはイモの断片を用いる。	食用：葉，葉柄，イモは野菜として食べる。
Tales njana	早生タイプ。	食用：イモが水っぽく，あまりおいしくない。
Tales bhabang/ T. boodook	早生タイプ。子芋を多くつける。	食用：イモがよい香りで粉っぽい。子芋のほうを食べる。

*センテ(sente)は，Heyne(1950)によると *Alocasia macrorrhiza* である。現在でも *A. macrorrhiza* をタラス・センテと称していることと，利用の仕方から，Ochse の2品種に関しては *Colocasia esculenta* ではないと思われる。

**子芋を多く付けるタイプなどは分類学的には別種に分類される可能性がある。

もって食べられるようにイモを変性させる方法である。ボゴールでは、タラス・センテを灰や石灰とともに煮る「熱水さらし法」がよく聞かれた。これは、毒抜き技法の観点から見るとハワイでよく食べられるサトイモのポイの「醗酵毒抜き法」とまったく異なっている。

タロイモのイモには、小さなデンプン粒が含まれ可溶性食物繊維が豊富なため良好な炭水化物源となる(Kaushal et al. 2015)が、インドでは多くの薬用効果も明らかにされている(Prajapati et al. 2011)。日本ではサトイモの葉柄をズイキとして食べるが、*Colocasia* や *Alocasia* の葉や葉柄を食べる文化は、起源地に近いインド(Kapoor. 2010)、ネパール(吉野、一九七五)、バングラデシュ(吉野、二〇一三：三五〇–三五三)から、マレーシア(Burkill. 1966)、インドネシア、フィリピン(Miller. 1929：大林、一九六一：Matthews. 2012)、太平洋地域(Wang. 1983)まで広範に認められる。太平洋地域では、葉を採ることを目的とした品種もあるし、ソロモン諸島やパプアニューギニアでは花序を食用にする(Ivancic and Lebot. 2000: 123)。中国雲南省や北タイではサトイモの花序が頻繁に市場に売られている。

タロイモ(*Alocasia, Colocasia*)はヤムイモと同じように全草にシュウ酸カルシウムを含有するが、地下部より葉で最も多くなる(Noonan and Savage. 1999; Savage et al. 2009)。シュウ酸カルシウムは、強光や乾燥条件で栽培すると含量が増加するというから(松本、二〇一二：一七六)、湿潤なボゴールの環境がえぐみの少ない品種の生産に有利に働いたのかもしれない。

シュウ酸カルシウムは、害虫による食害から身を守る植物の適応として植物体に含まれ、針状結晶が昆虫の細胞や組織に穴を開けて植物に有利に働くが(Kanmo et al. 2014)、針状結晶は人に対しても口や食道の柔らかい皮膚を貫通するため、場合によってはひどい炎症を引き起こす(中尾、一九七四：Savage et al. 2009)。また、シュウ酸カルシウム結石を引き起こすリスクも高めるから、生で食べず、長時間の調理が必要である(Miller. 1929)。調理済みの葉は、カルシウムを含むほか、ビタミンB、Cも壊血病予防になる程度には含んでおり(Miller, 1929)、全草を食すことは栄養学的には理にかなっている。

タロイモでは古い葉より若い葉でシュウ酸カルシウム含量が高く、水にさらす、煮る、醗酵させるなどの調理により可溶性のシュウ酸カルシウム含量を減らすことができる。さらに、葉を牛乳やココナツミルクで煮るとシュウ酸カルシウム含量は軽減する(Oscarsson and Savage, 2007; Savage et al., 2009)。東南アジア・太平洋地域で最も容易に利用できるココナツミルクが葉の毒抜きに有効であるからタロイモの調理法の地域性も理解できる。伝統的にココヤシや牛乳を調理に利用しない日本では、サトイモの葉を利用するに至らなかった理由のひとつであろう。葉を乾燥させて利用するのもひとつの毒抜き法で、ブンティルをつくるときに葉を日に干すというプロセスがあることが興味深い。さらに完全に乾燥させる方法は同じく葉をよく調理するフィリピンでも発達している(Matthews et al. 2012)。

西パプアや太平洋地域ではタロイモは石蒸しで調理されるが、一九九五年にイリアンジャヤ・ワメナ近辺の高地で筆者が見た石蒸し料理(サツマイモ)では、準備に家屋周辺の葉の広い植物を刈り集め、いったん水で洗い湿らせた上で種類を分けて順番に敷いていた。また石蒸し料理では、イモやウリ類など丸い形状の作物や肉類は葉を敷いた穴に投入できるが、形の整わない穀粒は投入することが難しい。根栽農耕文化の基本作物はいずれも一塊になる石蒸し料理に適した形状であり、メラネシアのソロモン諸島で石蒸し炉の上からタロイモの葉をかけて蒸す(後藤、二〇一四：四七)ことから想像できるように、タロイモは石蒸し調理法の観点からも鍋などの調理器具が普及する前は利用しやすい便利な作物だったといえる。また、ワメナ近郊ではサツマイモのイモを穴の下に、上部に茎葉を置いて蒸して青菜として食べていたが、まったくえぐみがなく美味なおひたしになっていた。一時間近くかけて蒸される石蒸し炉ではタロイモの葉も青菜として調理可能なのかもしれない。また、えぐみを取るために長時間の加熱が有効とされるが、薪やガスでの調理では燃料代がかかるし、そこに何度も様子を見に来なければならない。石蒸し法では一度炉を閉じてしまえば後は放置しておけばよい。このように、燃料代や調理にかかる手間を考えると葉の料理が次第に少なくなっていくことも理解できる。

インドネシアは、増大する人口を支える食料の供給が常に課題で、輸入に依存するコムギの代替となる作物の製粉加工技術を展開させている(Jane et al. 1992; Elisabeth, 2015; Kaushal et al. 2015)。サトイモもそのひとつで、製粉した紫色のサトイモの粉を使ったタラス・ケーキがボゴール市内で人気となっている。一〇〇パーセントサトイモ粉を使っているわけではないが、スポンジが淡い紫色でしっとりとした美味なケーキに仕上がっている。また、ジャカルタ・スカルノハッタ国際空港のカフェでは、タロ・スムージーが提供されている。伝統的な食にとどまることなく、新しい加工法の開発により(Jane et al. 1992)サトイモの生産は持続していきそうである。

Lebot(一九九九)は、インドネシアの栽培型に遺伝的多様性が大きいのは、伝統的な栽培技術にとどまっていて改良が進んでいないと述べているが、イモのみならず茎葉を含めた利用を目的として品種が展開されるとすれば、遺伝的多様性を担保する要素として地域ごとの食の技法の多様性も重要である。Matthews(二〇〇四、二〇一〇)は、サトイモ品種利用の経済的・料理目的に関する民俗学的調査の重要性を指摘している。

根栽農耕文化複合において、サトイモはデンプンの提供のみならず、茎葉を利用できるようなえぐみのない品種の選抜や調理法の獲得により栄養面での重要性を高めているともいえる。多様性を支えている食文化形態の理解が今後さらに望まれる。

索　引

【ア行】

【カ行】

【サ行】

【タ行】

【ナ行】

【ハ行】

【マ行】

【ヤ行】

【ラ行】

【ワ行】

付録フィールド画像集／収録スライド表

解説・山口裕文／ 2016. 4. 15

この画像集は，中尾佐助スライドデータベース（大阪府立大学学術情報センター図書館所蔵）から中尾佐助の探検の概要を示す重要画像を抽出・編集した「中尾佐助スライド・セレクション 600」を中心（N で始まるフィルム番号のものすべて）に，山口裕文・河瀬眞琴・上田善弘・久保輝幸・大形　徹・前中久行撮影のスライド画像を加えたものである。それぞれのスライドに対しては収録スライド表に撮影場所と日付および短いキャプションをつけている。この収録表は CD 中に PDF ファイルとして収録した。

以下，フィールド画像集について注記する。

1. 本書『「中尾佐助 照葉樹林文化論」の展開―多角的視座からの位置づけ』で解説されている中尾佐助撮影のスライド画像はできるだけ収録し，著作などでもあまり取り上げられていない探検スライドも少数収録している。

2. それぞれのスライドに対しては撮影場所（探検または国名）と日付および短いキャプションをつけている。場所および日付データともフィールドノートや著作からの推定であるので正確でないものが含まれている。国名や地域名は撮影当時のものを使っている場合が多い。詳細なデータは，中尾佐助スライドデータベース（http://nakao-db.center.osakafu-u.ac.jp/index.html）で随時改訂しているのでそちらを参照されたい。

3. スライド画像は，地域または探検ごとに 1 つのホルダーに収め，スライド番号順に配列している。スライド番号は日付とは連動していない場合があるので注意されたい。スライド番号は，基本的に撮影年，撮影フィルム（パトローネ）番号，コマ番号からなっている。執筆者スライド番号は撮影年月日と続き番号になっている。

4. 閲覧以外の目的で中尾スライド画像を複写する場合は，大阪府立大学図書館に複写申請が必要である。

5. 本画像集（CD）中での収録コマ数は，以下のとおりである。

[中尾佐助スライド・セレクション 600]

①カラコルム 1955 年探検：55 枚，②ブータン 1958 年探検：85 枚，③シッキム・アッサム 1959 年探検：10 枚，④東ネパール 1962 年探検：10 枚，⑤アフリカ 1968 年探検：65 枚，⑥ヨーロッパ 1976 年探検：12 枚，⑦東南アジア 1976 年探検：50 枚，⑧地中海 1977 年探検：10 枚，⑨中国（中原・江南）1977 年探検：35 枚，⑩ソビエト 1978 年探検：10 枚，⑪東南アジア 1978 年探検：55 枚，⑫パプア・ソロモン 1980 年探検：55 枚，⑬インド・ネパール 1981 年探検：73 枚，⑭南太平洋 1981 年探検：10 枚，⑮ブータン 1981 年探検：13 枚，⑯フィジー航海 1981 年探検：7 枚，⑰中国雲南省 1984 年探検：33 枚，⑱日本国内（沖縄 1976・1983・1984 年探検：7 枚，八丈島 1982 年探検：5 枚）

[執筆者スライド]

山口裕文撮影画像（極東アジアの照葉樹林文化 1974～2000）：30 枚，河瀬眞琴撮影画像（インドとその周辺の農耕文化）：30 枚，上田善弘撮影画像（中国雲南省・ラオスの照葉樹林文化とイランの文化）：10 枚，久保輝幸撮影画像（花と木の文化さまざま）：14 枚，大形　徹撮影画像（中国の神樹）：6 枚，前中久行撮影画像（照葉樹林の景観）：4 枚

図表写真出典一覧

出典を明記していないものは著者の作成・撮影による。大阪府立大学学術情報センター図書館所蔵の中尾佐助スライドデータベースからによるものは本文中に①スライド番号，②探検名または国名，③撮影日付（可能な限り），④場所・地名を記した。

第Ⅰ部　中尾佐助の探検紀行
第１章［フィールド学者中尾佐助の辿った探検の路—いくつかの海外調査から］
写真 1～7，10～31，34～46，48，50～61，64～65，69～76：中尾佐助コレクションスライドデータベース．

第２章［熱帯，湿潤熱帯林］
写真７：中尾佐助コレクションスライドデータベース．

第４章［中尾佐助のアフリカ探検と現在のアフリカ農業について］
写真 1～6：中尾佐助コレクションスライドデータベース．
写真 7・10：アテラ・エバンス撮影．
写真 9：モーゼス・ムンタリ撮影．
写真 11：アライン・ポール撮影．
図 1：Atera, E.A., Kondo, F. and Itoh, K. 2013b. Evaluation of intercropping and permaculture farming system for control of *Striga asiatica* in maize, central Malawi. Trop. Agri. Dev., 58: 116.
図 2：Atera, E.A., Itoh, K., Azuma, T. and Ishii, T. 2012b. Farmers' perception and constraints to the adoption of weed control options: the case of *Striga asiatica* in Malawi. J. Agri. Sci., 4: 49.

第５章［花と樹—中尾佐助スライドデータベースからバラについて］
表 1：中尾佐助．1986．花と木の文化史（岩波新書），p.69．（216pp.）岩波書店．
写真 2～4：中尾佐助コレクションスライドデータベース．

第６章［中尾佐助スライドデータベースにみる家畜と伴侶動物］
写真 1～31：中尾佐助コレクションスライドデータベース．

第Ⅱ部　照葉樹林帯周辺の生物的自然
第７章［東アジア温帯林構成植物の歴史生物地理］
図 2(c)：Zhang, Z.Y., Fan, L.M., Yang, J.B., Hao, X.J. and Gu, Z.J. 2006a. Alkaloid polymorphism and its sequence variation in the *Spiraea japonica* complex (Rosaceae) in China: Traces of the biological effects of the Himalaya-Tibet plateau uplift. Am. J. Bot., 93(5): 762–769. Zhang, L.B., Li Q.-J., Li, H.-T., Chen, J. and Li, D.-Z. 2006b. Genetic diversity and geographic differentiation in *Tacca chantrieri* (Taccaceae): an Autonomous selfing plant with showy floral display. Ann. Bot., 98(2): 449–457.
図 2(d)：Sakaguchi, S., Qiu, Y.-X., Liu, Y.-H., Qi, X.-S., Kim, S.-H., Han, J., Takeuchi, Y.,

Worth, J.R.P., Yamasaki, M., Sakurai, S., et al. 2012. Climate oscillation during the Quaternary associated with landscape heterogeneity promoted allopatric lineage divergence of a temperate tree *Kalopanax septemlobus* (Araliaceae) in East Asia. Mol. Ecol., 21(15): 3823-3838.

図 3(a)：Qiu, Y.X., Sun, Y., Zhang, X.P., Lee, J., Fu, C.X. and Comes, H.P. 2009. Molecular phylogeography of East Asian *Kirengeshoma* (Hydrangeaceae) in relation to Quaternary climate change and landbridge configurations. New Phytol., 183(2): 480-495.

図 3(b)：瀬戸口浩彰．2012．琉球列島における植物の由来と多様性の形成．植物地理の自然史—進化のダイナミクスにアプローチする（植田邦彦編著），pp.21-77．北海道大学出版会．

図 3(c)：Zhai, S.-N., Comes, H.P., Nakamura, K., Yan, H.-F. and Qiu, Y.-X. 2012. Late Pleistocene lineage divergence among populations of *Neolitsea sericea* (Lauraceae) across a deep sea-barrier in the Ryukyu Islands. J. Biogeogr., 39(7): 1347-1360.

図 3(d)：Nakamura, K., Denda, T., Kokubugata, G., Suwa, R., Yang, T.Y.A., Peng, C.I. and Yokota, M. 2010. Phylogeography of *Ophiorrhiza japonica* (Rubiaceae) in continental islands, the Ryukyu Archipelago, Japan. J. Biogeogr., 37(10): 1907-1918.

第 8 章［日本人の歴史と草原の変遷］

図 1：堀田満．1974．植物の分布と分化（植物の進化生物学Ⅲ）．400pp．三省堂．

図 2：関根雲停画．高知県牧野植物園所蔵．

第 9 章［照葉樹林文化と木の葉の博物誌］

表 1〜4：堀田満．1989．世界有用植物事典．1499pp．平凡社；Tanaka, T. 1976. Tanaka's Cyclopedia of Edible Plants of the World (Nakao, S. ed., first ed.). Yugaku-sha (distributed by Keigaku Pub. Co.)；渡辺弘之．2002．東南アジアの樹木野菜．食生活研究，22：13-17．などを主として参考にまとめた．

第 10 章［帰化植物アサガオ類のつくる自然への功罪］

表 1：長田武正．1972．日本帰化植物図鑑．254pp．北隆館；清水建美（編）．2003．日本の帰化植物．337pp．平凡社；清水矩宏・森田弘彦・廣田伸七．2001．日本帰化植物写真図鑑— Plant invader600 種．554pp．全国農村教育協会などを参考にまとめた．

コラム①［日本の生態系に根付く訪問者，外来生物達—セイヨウミヤコグサを例に］

図 1：Mimura, M. 2013. Genetic and phenotypic variation in *Lotus japonicus* (Regel) K. Larsen, a model legume species. Canadian Journal of Plant Research, 93: 435-444. doi:10.4141/CJPS2012-097

第Ⅲ部　森と林と住まいにおける自然倫理

第 11 章［仏典・聖書における「聖樹」の東西受容—仏教・キリスト教文化圏と東アジア照葉樹林文化の日本］

図 1・2：中尾佐助．1978．現代文明ふたつの源流—照葉樹林文化・硬葉樹林文化（朝日選書）．228pp．朝日新聞社．

第 12 章［『荘子』に見える植物―扶揺，冥霊，大椿，大瓠，樗，櫟をめぐって］
図 1・2：馬昌儀．2001．西山経．古本山海経図説　第二巻，p.147．山東画報出版社．
図 3：櫻井清彦(編著)，熊瀬川紀ほか(撮影)，吉村作治ほか執筆．1986．ナイルの王墓と神殿，p.74．175pp．講談社．
図 4：京都文化博物館学芸課(編集)．2005．古代エジプト文明 3000 年の世界(＝ World of ancient Egypt: the Egyptian antiquities in Japanese collections)，p127．京都文化博物館．
図 5：中國美術全集編輯委員會(編)．1988．日神羽人画像磚．中國美術全集 19，p.73．文物出版社．
図 6・7：四川省文物考古研究所(編)．1999．図 120 Ⅰ号大型銅神樹(K2 ②：94)の左から二の図とその拡大部分．三星堆祭祀坑．628pp．文物出版社．
図 8・9：東京国立博物館(編)．1992．漆筥．曽侯乙墓―特別展．176pp．日本経済新聞社．
図 10：傅擧有・陳松長(編著)．1992．馬王堆一号漢墓帛画，扶桑部分．馬王堆漢墓文物，付録．湖南出版社．
図 11：湖南省博物館・中国科学院考古研究所(編)．1973．馬王堆一号漢墓帛画白描，昇仙図，扶桑部分．長沙馬王堆一号漢墓上冊．文物出版社．
図 12：湖南省博物館・中国科学院考古研究所(編)．1973．馬王堆一号漢墓帛画白描，昇仙図，扶桑部分．長沙馬王堆一号漢墓上冊．文物出版社．
図 13：岡田玉山画．三浦理(編)．1914．繪本太閤記 中 三篇巻之五，p.15．有朋堂．

第 13 章［宋以前の文人からみた南方植物とその文化］
図 1：横山大観記念館監修．1933．横山大観・明治前期．図 58．大日本絵画．
図 2：鄭振鐸(編)．1994．離騒図．中国古代版画叢刊二．p.82．上海古籍出版社．上海．
図 3：万年舎亀麿．1854(序)．幼学食物能毒(武州日影和田村糀屋蔵)，扉絵．武州高麗郡飯能．
図 4：唐慎微．1957．重修政和経史証類備用本草．p.264．人民衛生出版社．北京．
図 5：上海古籍出版社(編)．1994．梅花喜神譜．中国古代版画叢刊 二編第一輯．79pp．上海古籍出版社．上海．

第 14 章［住まいの植栽，その選択と配置による吉凶―明代の『営造宅経』を通して］
図 1・2：中川忠英(編)，画工・石崎融思等画．1799(寛政 11 年)．清俗紀聞(13 巻)．竊恩館蔵版［1894．博文館刊．：国立国会図書館デジタルコレクション(請求番号：112-113)］巻之 2 所収．

第Ⅳ部　照葉樹林帯の里山・里海・里畑
第 15 章［造園樹木の「無用の用」］
写真 2：前中悦子氏撮影．
写真 6：高橋理喜男氏撮影．

第 17 章［日本の照葉樹林帯における巨木文化―歴史的にみた巨木の“癒し”］
図 1：小松茂美(編)．1978．日本絵巻大成　別巻　一遍上人絵伝，p.270．中央公論社を参考に作成．

第Ⅴ部　照葉樹林帯における花卉園芸文化をめぐって
第 19 章［照葉樹林文化が育んだ花をめぐる人と植物の関係―東アジア原産花卉の栽培化と野生化そして拡散］
表 1：中尾佐助．1978．現代文明ふたつの源流―照葉樹林文化・硬葉樹林文化（朝日選書），228pp．朝日新聞社．

第 20 章［江戸の園芸文化における桜草と花菖蒲］
図 1：国立歴史民俗博物館 HP http://www.rekihaku.ac.jp/education_research/gallery/webgallery/edozu/layer4/l115.jpg

第 22 章［中国雲南省のトウツバキとその保全］
表 2：山下寿之・志内利明・王仲朗・王霜・魯元学・管開雲．2009a．中国雲南省のトウツバキ *Camellia reticulata* 自生地における植生．富山県中央植物園研究報告，14：21-27.
写真 4：志内利明・兼本正・李景秀・王仲朗・王霜・馮寶鈞・管開雲．2010．中国雲南省のトウツバキ古樹資料．富山県中央植物園研究報告，15：45-61.

第 23 章［斑入り園芸植物からの野生化］
図 1：国会図書館デジタルコレクション 2015：草木錦葉集　緒巻，巻 1-6．〔2〕(7)；〔6〕(35)．http://dl.ndl.go.jp/info:ndljp/pid/2556617?tocOpened=1（2015 年 8 月アクセス）

第Ⅵ部　照葉樹林帯におけるヒトと植物との多様なかかわり
第 24 章［納豆餅と雑煮］
表 8：京都府愛宕郡村．1911．京都府愛宕郡村志（『洛北誌』として大学堂書店から 1970 年に覆刻され，1972 年に 3 版が出された）．

第 25 章［中国古代の香―降神と辟邪の観点から］
図 1：李圃．2003．古文字詁林 第六冊．912pp．上海教育出版．上海；劉志基（主編）．2013．中国漢字文物大系　第 7 巻，p.337．大象出版社．
写真 1：傅舉有・陳松長（編）．1992．馬王堆一号漢墓「彩絵陶薫爐」．馬王堆漢墓文物，p.70．湖南出版社．
写真 2：傅舉有・陳松長（編）．1992．馬王堆一号漢墓「薫爐罩」．馬王堆漢墓文物，p.72 湖南出版社．
写真 3：傅舉有・陳松長（編）．1992．馬王堆一号漢墓「中草薬」．馬王堆漢墓文物，p.81．湖南出版社．
写真 4：曽布川寛・谷豊信（責任編集）．1998．鍍金銀薫炉．世界美術大全集 秦・漢，p.157．小学館．
写真 5：曽布川寛・谷豊信（責任編集）．1998．金象嵌雲気文博山爐．世界美術大全集 秦・漢，p.157．小学館．
写真 6：曽布川寛・谷豊信（責任編集）．1998．鍍金銀竹節薫炉．世界美術大全集 秦・漢，p.235．小学館．
写真 7：和泉市久保惣記念美術館．2008．青銅博山炉．香炉―東アジアの香りの文化をさぐる，p.9．和泉市久保惣記念美術館．

写真 8：後藤健・和田久彦(監修)，日本経済新聞社(編)．1989．164 女性像付き香炉．ヨルダン 9000 年の芸術文化展 王の道，p.66(図)．日本経済新聞社．
写真 9：曽布川寛・谷豊信(責任編集)．1998．山岳鳥獣文温酒樽(東京国立博物館所蔵)．世界美術大全集 秦・漢，p.167．小学館．
写真 10：東京国立博物館．2010．博山蓋樽．誕生！ 中国文明，p.122．読売新聞社．
写真 11：湯原公浩．2007．銅鍍金山紋獣足樽．別冊太陽 台北故宮博物院，p.40．平凡社．
写真 12：東京国立博物館．2010．博山蓋鼎．誕生！ 中国文明，p.120．読売新聞社．
写真 13：趙成甫(主編)．1990．14 三型Ⅱ式鼎(樊 M37：3)．南陽漢代画像石．文物出版社．
写真 14：趙成甫(主編)．1990．19 四型Ⅱ式壺(樊 M37：15)．南陽漢代画像石．文物出版社．
写真 15：趙成甫(主編)．1990．25 三型Ⅱ式倉(樊 M6：8)．南陽漢代画像石．文物出版社．
写真 16：中国画像石全集編集委員会(編)．2000．64 米脂墓門左立柱画像．中国画像石全集 5 陳西，山西漢画像石，p.48．山東美術出版，河南美術出版．
写真 17：斎藤龍一．2009．道教三尊像(大阪市立美術館所蔵)．道教の美術，p.60．読売新聞大阪本社．
写真 18：斎藤龍一．2009．道教三尊像(大阪市立美術館所蔵)．道教の美術，p.60．読売新聞大阪本社．

第 26 章［「掛け香」になった生薬「訶梨勒」］
写真 1：国立民族学博物館(編)．2009．茶の湯のものづくりと世界のわざ，p.97．河出書房新社．森下忠夫氏撮影，土田友湖氏所蔵，写真提供：国立民族学博物館．
図 1：唐慎微(撰)．1988．証類本草．文淵閣四庫全書 740，p.692．台湾商務印書館．台北．
図 2：李時珍．2013．本草綱目　彩色図解，p.118．天津科学技術出版社．
図 3：島田勇雄(校注)，伊勢貞丈(著)．1986．貞丈雑記 4(東洋文庫)，pp.120．平凡社．

コラム③［工芸茶という文化］
写真③⑤～⑦：山本悦律子．2015．日本茶葉を使った工芸茶の試作．人間植物関係学会．

第 27 章［東南アジアの少数民族における竹づくりの魔除け「鬼の目」の多様性］
写真 3：大野朋子・前中久行・山口裕文．2007．少数民族の暮らしと竹―中国雲南省西双版納のタイ族．Bamboo Journal，24：42-51．
表 1・2・写真 7・8・11・13・15・16・21～23・図 1 大野朋子・山口裕文．2012．タイ北部の少数民族のもつ「六角星」．形の文化研究，7：1-6．

第 28 章［ボゴールのタラスとサトイモ料理 根栽農耕文化の今］
写真 1 下：Jimmi Sakuma 氏撮影．

引用参考文献

第Ⅰ部　中尾佐助の探検紀行

第1章［フィールド学者中尾佐助の辿った探検の路—いくつかの海外調査から］

Church, H. 1957. West Africa: A Study of the Environment and of Man's Use of it. 547pp. Longmans, Green and Co., London.

Diamond, J. 1997. Guns, Germs, and Steel: The Fate of Human Societies. 498 pp. W.W. Norton & Company, New York, London.

川窪広明．2001．ブータン商店街の構成と建築—パロ商店街を中心として．照葉樹林文化論の現代的展開（金子務・山口裕文編），pp.277-291．北海道大学図書刊行会．

Miyaura, R., Ohno, T., Maenaka, H., Sumiartha, K. and Yamaguchi, H. 2015. A particular silhouette of human influenced coconut trees in Hindu Bali, Indonesia: An ethnobotanical field note. Ethnobotany Research and Applications 14: 405-421.

中尾佐助．1950．莜麦文化圏—穀類の品種群から見た東北アジアに於ける新しい一つの文化類型．自然と文化，1：163-186.

中尾佐助．1958a．フィールドノート（1958年6月11日-8月15日）：ブータン　No1. 大阪府立大学図書館リポジトリ http://hdl.handle.net/10466/13377

中尾佐助．1958b．フィールドノート（1958年8月16日-10月26日）：ブータン　No.2. 大阪府立大学図書館リポジトリ http://hdl.handle.net /10466/13378

中尾佐助．1958c．フィールドノート（1958年10月27日-11月14日）：ブータン　No.3. 大阪府立大学図書館リポジトリ http://hdl.handle.net /10466/13379

中尾佐助．1959．秘境ブータン．315pp．毎日新聞社．

中尾佐助．1966．栽培植物と農耕の起源（岩波新書）．193pp．岩波書店．

中尾佐助．1968a．フィールドノート（1968年1月-3月）：アフリカ．大阪府立大学図書館リポジトリ http://hdl.handle.net/10466/13893

中尾佐助．1968b．フィールドノート（1968年1月-3月）：アフリカ．スケッチブック．大阪府立大学図書館リポジトリ http://hdl.handle.net/10466/13894

中尾佐助．1969．ニジェールからナイルへ—農業起源の旅．200pp．講談社．

中尾佐助．1972．料理の起源（NHKブックス173）．225pp．日本放送出版協会．

中尾佐助．1977a．フィールドノート（1976年12月-1977年1月）：東南アジア大阪府立大学図書館リポジトリ http://hdl.handle.net/10466/13896

中尾佐助．1977b．フィールドノート（1977年3月-4月）：中国．大阪府立大学図書館リポジトリ http://hdl.handle.net/10466/13898

中尾佐助．1978a．現代文明ふたつの源流—照葉樹林文化・硬葉樹林文化．228pp．朝日新聞社．

中尾佐助．1978b．フィールドノート（1978年11月-12月）：東南アジア．大阪府立大学図書館リポジトリ http://hdl.handle.net/10466/13901

中尾佐助．1980a．東南アジア農耕文化試論．東南アジアの農村における果樹を中心とした植物利用の生態学的研究，pp.82-97.

中尾佐助．1980b．フィールドノート（1980年8月-9月）：パプアニューギニア，ソロモン．大阪府立大学図書館リポジトリ http://hdl.handle.net/10466/13900

中尾佐助．1981a．タローイモの起原と文化．育種学最近の進歩，22：75-85.

中尾佐助．1981b．フィールドノート(1981年10月7日-10月18日)：ブータン大阪府立大学図書館リポジトリ http://hdl.handle.net/10466/13380
中尾佐助．1982．パプアニューギニアにおける半栽培植物群について．文部省科学研究費補助金による海外学術調査報告書　昭和55年度(第2次)―東南アジアおよびオセアニアの農村における果樹を中心とした植物利用の生態学的研究，pp.7-19.
中尾佐助．1983．イモを食べる文化．週刊朝日百科　世界の食べもの，13：20-23.
中尾佐助．1984a．フィールドノート(1984年8月)：雲南省麗江．大阪府立大学図書館リポジトリ http://hdl.handle.net/10466/13905
中尾佐助．1984b．消えゆく照葉樹林帯―中国雲南を旅して．朝日新聞，1984年10月24日夕刊．
中尾佐助．1986．花と木の文化史．215pp．岩波書店．
中尾佐助．1990．分類の発想―思考のルールをつくる．331pp．朝日新聞社．
中尾佐助．1993．"噛み料"の文化．Vesta　食文化を考える，14：4-18.
中尾佐助．1994．チャの利用．園芸植物大事典Ⅰ(塚本洋太郎監修)，pp.1507-1508．小学館．
中尾佐助．1999．オーストロネシアの花卉文化史．オーストロネシアの民族生物学―東南アジアから海の世界へ(中尾佐助・秋道智彌編)，pp.85-124．平凡社．
中尾佐助・梅棹忠夫．1985．雲南に照葉樹林をたずねて．月刊みんぱく 館長対談，88：2-7.
小合龍夫．1980．東南アジアの農村における果樹を中心とした植物利用の生態学的研究．138pp．文部省科学研究費補助金による海外学術調査報告書 昭和53年度．
小合龍夫．1982．東南アジア及びオセアニアの農村における果樹を中心とした植物利用の生態学的研究．241pp．文部省科学研究費補助金による海外学術調査報告書 昭和55年度(第2次)．
Roullier, C., Kambouo, R., Paofa, J., McKey, D. and Lebot, V. 2013. On the origin of sweet potato (*Ipomoea batatas* (L.) Lam.) genetic diversity in New Guinea, a secondary centre of diversity. Heredity, 110: 594-604.
山口裕文．1995．夜に咲くトウジンビエの花．雑穀研究，7：3-4.
山口裕文．2011．中尾佐助のブータン探検―フィールドノートからの検証．秘境ブータン(復刻版)，pp.305-314．岩波現代文庫．
山口裕文・大野朋子．2011．ブータンの近代化に伴う植物観賞の庶民化―中尾DBと現地調査から．人間・植物関係学会雑誌，11(別)：16-17.
山口裕文・梅本信也．1996．雲貴高原の栽培ヒエ．ヒエの博物学(藪野友三郎監修・山口裕文編)，pp.161-166．ダウケミカル日本．

第2章［熱帯，湿潤熱帯林］

ホイットモア，T.C.(著)，熊崎実・小林繁男(監訳)．1993．熱帯雨林 総論．224pp．築地書館．

吉良竜夫．1983．熱帯林の生態．251pp．人文書院．

中尾佐助．2004-2006．中尾佐助著作集Ⅰ―Ⅵ．北海道大学図書刊行会．

日本学術振興会．1989．東南アジアの植物と農林学．492pp．丸善．

日本林業技術協会．1993．熱帯林の100不思議．217pp．東京書籍．

四手井綱英・吉良竜夫(監修)．1992．熱帯雨林を考える．368pp．人文書院．

ウォーレス，A.R.(著)，新妻昭夫(訳)1993．マレー諸島 上，下(ちくま学芸文庫)．

572pp., 642pp. 筑摩書房.
ヴィーヴァーズ・カーター，W.(著)，渡辺弘之(監訳). 1986. 熱帯多雨林の植物誌―東南アジアの森のめぐみ. 209pp. 平凡社.
Whitmore, T.C. 1984. Tropical Rain Forests of the Far East (2nd ed.). 352 + xvipp. Oxford University Press. Oxford.

第3章［中尾佐助のインド探検］

中尾佐助. 1959. 秘境ブータン. 315pp. 毎日新聞社.
中尾佐助. 1966. 栽培植物と農耕の起源(岩波新書). 192pp. 岩波書店.
Nakao, S., Matsumoto, T., and Tanaka, M. 1965. Millet from Afghanistan and Karakoram. *In*: The Cultivated Plants and their Relatives (Results of the Kyoto University Scientific Expedition to the Karakoram and Hidukush, 1955, vol.1), 183-186. Yamashita, K. (ed). The Committee of the Kyoto University Scientific Expedition to the Karakoram and Hidukush, Kyoto University. Kyoto, Japan.
梅棹忠夫. 1997. 中尾佐助との交遊. 中尾佐助文献・資料総目―照葉樹林文化論の源流. 大阪府立総合情報センター，pp.11-20(財団法人千里文化財団(編). 同人雑誌 千里眼，47号(1994)より再録).
梅棹忠夫(監修)・カラコルム／花嫁の峰　チョゴリザ　刊行委員会(編). 2010. DVDブック　カラコルム／花嫁の峰　チョゴリザ　フィールド科学のパイオニアたち. 272pp＋DVD2枚組. 京都大学出版会.

第4章［中尾佐助のアフリカ探検と現在のアフリカ農業について］

Atera, E.A., Itoh, K., Azuma, T. and Ishii, T. 2012a. Farmers' perspectives on the biotic constraint of *Striga hermonthica* and its control in western Kenya. Weed Biol. Manag., 12: 53-62.
Atera, E.A., Itoh, K., Azuma, T. and Ishii, T. 2012b. Farmers' perception and constraints to the adoption of weed control options: the case of *Striga asiatica* in Malawi. J. Agri. Sci., 4: 41-50.
Atera, E.A., Ishii, T., Onyango, J.C., Itoh, K. and Azuma, T. 2013a. Striga infestation in Kenya: status, distribution and management options. Sustai. Agri. Res., 2: 99-108.
Atera, E.A., Kondo, F. and Itoh, K. 2013b. Evaluation of intercropping and permaculture farming system for control of *Striga asiatica* in maize, central Malawi. Trop. Agri. and Devel., 58: 114-119.
賀曽利隆. 1981. 粉粥餅文化. キャッサバ文化と粉粥餅文化(シリーズ食文化の発見　世界編2　宮本常一監修，日本観光文化研究所編)，pp.131-284. 柴田書店.
伊藤一幸. 1987. 稲作技術の変遷と雑草の適応戦略. 農林水産技術研究ジャーナル，10(6)：16-22.
JAICAF. 2006. アフリカのイモ類―キャッサバ・ヤムイモ―. 熱帯作物要覧，32：1-270. 国際農林業協力・交流協会.
Khan, Z.R., Midega, C.A.O., Hassanali, A., Pickett J.A. and Wadhams, L.J. 2007. Assessment of different legumes for the control of *Striga hermonthica* in maize and sorghum. Crop Sci., 47: 730-736.
Murdock, G.P. 1959. Africa: Its Peoples and their Culture History. 356pp. McGrow Hill. N.Y.

中尾佐助．1966．栽培植物と農耕の起源(岩波新書)．193pp．岩波書店．

中尾佐助．1969．ニジェールからナイルへ—農業起源の旅．200pp．講談社．

中尾佐助．1972．料理の起源(NHK ブックス)．225pp．日本放送出版協会．

中尾佐助．2004．農業起源を訪ねる旅．探検博物学(中尾佐助著作集 第Ⅲ巻)，pp.281-449．北海道大学出版会．

中尾佐助．2005．料理の起源と食文化(中尾佐助著作集 第Ⅱ巻)，口絵．北海道大学出版会．

中西沙織．2014．マラウイ産栽培オクラの種内変異に関する研究．神戸大学農学部卒業研究．95pp．神戸大学農学部．

トインビー，A.J.(著)，永川玲二(訳)．1967．ナイルとニジェールの間に(新潮選書)．179pp．新潮社．

World Agroforestry Centre. 2014. *Faidherbia albida*, Keystone of evergreen agriculture in Africa. www. worldagroforestry. org/sites/default/fiels/F. a_keystone_of_Ev_Ag. pdf(2014.8. 7 アクセス)

第 5 章［花と樹—中尾佐助スライドデータベースからバラについて］

荻巣樹徳．1994．コウシンバラの歴史を探る．新花卉，164：50-52.
中尾佐助．1986．Ⅰ花はなぜ美しいか 2．本能的美意識と文化的美意識；Ⅲ世界の花の歴史 2．東洋花卉園芸文化センターから．花と木の文化史(岩波新書)，pp.8-18；40-50．岩波書店．
中尾佐助．2005．中尾佐助著作集　第Ⅳ巻　景観と花文化，p.656．北海道大学図書刊行会．

第 6 章［中尾佐助スライドデータベースにみる家畜と伴侶動物］

秋道智彌．1993．ニューギニアにおけるブタ—狩猟と飼育の比較生態．農耕の技術と文化(佐々木高明編)，pp.309-331．集英社．

Alvigine, P.G. 1979. The Fibres Nearest to the Sky 空に最も近い繊維．231pp．リーフ出版．

クラットン・ブロック，J.(著)，増井久代(訳)1989．図説　動物文化史事典—人間と家畜の歴史．357pp．原書房．

デイヴィス，C.(編)，別宮貞徳(監訳)．2005．図説　馬と人の歴史全書．311pp．東洋書林．

遠藤秀紀．2001．アニマルサイエンス②　ウシの動物学．197pp．東京大学出版会．

フォーゲル，B. 著，福山英也ほか(訳)．犬種大図鑑．1996．416pp．ペットライフ社．416p.

広岡博之．2013．ウシの科学(シリーズ〈家畜の科学〉)．248pp．朝倉書房．

池谷和信．2014a．人と家畜のエピソード　Episode 25　現代に生きづく牛車やロバ車．JVM(獣医畜産新報)，67(4)：245.

池谷和信．2014b．人と家畜のエピソード　Episode 29　西アフリカの牛と人．JVM(獣医畜産新報)，67(8)：617.

IUCN(岩槻邦男・太田英利　訳)．2014．世界の絶滅危惧生物図鑑　IUCN レッドリスト，pp.17, 237．丸善出版．

小島豊治・山崎哲．2012．図鑑　世界の犬—純血 212 種．377pp．Collar 出版．

近藤誠司．2001．アニマルサイエンス①　ウマの動物学．208pp．東京大学出版会．

口蔵幸雄．2002．高地辺縁部—貧しい資源に生きる山地クオの食生態．ニューギニア—交錯する伝統と近代(講座・生態人類学　5，奥野克巳編)，pp.127-165．京都大学出版会．

栗田靖之．1993．ブータンにおける農業と牧畜．農耕の技術と文化(佐々木高明編)，pp.292-308．集英社．

水間豊・猪貴義・岡田育穂・佐々木義之・東条英昭・伊藤晃・西田朗・内藤充．1996．新家畜育種学．211pp．朝倉書房．

モリス，D.(著)，福山英也・大木卓(監修)．2007．デズモンド・モリスの犬種事典．444pp．誠文堂新光社．

内藤元男．1978．原色図説　世界の牛．207pp．養賢堂．

中尾佐助．1959．秘境ブータン．315pp．毎日新聞社．

農畜産業振興機構．2006．巨大な可能性を秘めたインドの酪農．独立行政法人農畜産業振興機構月報「畜産の情報」海外レポート2006年5月．http://lin.alic.go.jp/alic/month/fore/2006/may/spe-01.htm#2(2014年12月30日アクセス)

Nozawa, K. 1991. Domestication and history of goats. *In*: World Animal Science. B8. Genetic resources of pig, sheep and goat. Maijala, K. (ed), pp.391-404. Elsevier.

野澤謙・西田隆夫．1981．家畜と人間(出光科学叢書)．374pp．出光書房．

サーペル，J.(編)，森裕司(監修)．1999．ドメスティック・ドッグ　犬—その進化，行動，人との関係．381pp．チクサン出版社．

シャリーン，E.(著)，柴田譲治(訳)．2012．図説　世界を変えた50の動物．224pp．原書房．

正田陽一．1987．世界家畜図鑑．223pp．講談社．

正田陽一(監修)，畜産技術協会(編集)．2006．世界家畜品種辞典．420pp．東洋書林．

正田陽一．2010．品種改良の世界史・家畜編．449pp．悠書館．

吉田匡興．2011．狩猟と「男らしさ」と「森の小人」—パプアニューギニア　アンガティーヤでの人間—動物関係の一断面．人と動物—駆け引きの民族誌(大塚柳太郎編)．はる書房．

在来家畜研究会．2009．アジアの在来家畜—家畜の起源と系統史．461pp．名古屋大学出版会．

第Ⅱ部　照葉樹林帯周辺の生物的自然

第7章［東アジア温帯林構成植物の歴史生物地理］

Aoki, K., Suzuki T., Hsu, T.W. and Murakami, N. 2004. Phylogeography of the component species of broad-leaved evergreen forests in Japan, based on chloroplast DNA variation. J. Plant. Res., 117(1): 77-94.
Aoki K., Ueno, S., Kamijo, T., Setoguchi, H., Murakami, N., Kato, M. and Tsumura, Y. 2014. Genetic differentiation and genetic diversity of *Castanopsis* (Fagaceae), the dominant tree species in Japanese broadleaved evergreen forests, revealed by analysis of EST-associated microsatellites. PLoS One, 9(1): e87429.
Bai, W.N., Liao, W.J. and Zhang, D.Y. 2010. Nuclear and chloroplast DNA phylogeography reveal two refuge areas with asymmetrical gene flow in a temperate walnut tree from East Asia. New Phytol., 188(3): 892-901.
Chen, D., Zhang, X., Kang, H., Sun, X., Yin, S., Du, H., Yamanaka, N., Gapare, W., Wu, H.X. and Liu, C. 2012. Phylogeography of *Quercus variabilis* based on chloroplast

DNA sequence in East Asia: multiple glacial refugia and mainland-migrated island populations. PLoS One, 7(10): e47268.

Chou, Y.-W., Thomas, P.I., Ge, X.-J., LePage, B.A. and Wang, C.-N. 2011. Refugia and phylogeography of *Taiwania* in East Asia. J Biogeogr., 38(10): 1992–2005.

Fan, D.M., Yue, J.P., Nie, Z.L., Li, Z.M., Comes, H.P. and Sun, H. 2013. Phylogeography of *Sophora davidii* (Leguminosae) across the 'Tanaka-Kaiyong Line', an important phytogeographic boundary in Southwest China. Mol. Ecol., 22(16): 4270–4288.

Fang, J.-Y., Ohsawa, M. and Kira, T. 1996. Vertical vegetation zones along 30° N latitude in humid East Asia. Vegetatio, 126(2): 135–149.

Fujii, N., Tomaru, N., Okuyama, K., Koike, T., Mikami, T. and Ueda, K. 2002. Chloroplast DNA phylogeography of *Fagus crenata* (Fagaceae) in Japan. Plant Syst. Evol., 232(1–2): 21–33.

Fukatsu, E., Watanabe, A., Nakada, R., Isoda, K., Hirao, T., Ubukata, M., Koyama, Y., Kodani, J., Saito, M., Miyamoto, N., et al. 2012. Phylogeographical structure in *Zelkova serrata* in Japan and phylogeny in the genus *Zelkova* using the polymorphisms of chloroplast DNA. Conserv. Genet., 13(4): 1109–1118.

Gao, L.M., Moeller, M., Zhang, X.M., Hollingsworth, M.L., Liu, J., Mill, R.R., Gibby, M. and Li, D.Z. 2007. High variation and strong phylogeographic pattern among cpDNA haplotypes in *Taxus wallichiana* (Taxaceae) in China and North Vietnam. Mol. Ecol., 16(22): 4684–4698.

Good, R. 1964. The Geography of the Flowering Plants (3rd ed). 518pp. Longman. London.

Harrison, S.P., Yu, G., Takahara, H. and Prentice, I.C. 2001. Palaeovegetation: Diversity of temperate plants in east Asia. Nature, 413(6852): 129–130.

Hiura, T., Koyama, H. and Igarashi, T. 1996. Negative trend between seed size and adult leaf size throughout the geographical range of *Fagus crenata*. Ecoscience, 3: 226–228.

堀田満. 1974. 植物の分布と分化(植物の進化生物学Ⅲ). 400pp. 三省堂.

Huang, S.S.F., Hwang, S.Y. and Lin, T.P. 2002. Spatial pattern of chloroplast DNA variation of *Cyclobalanopsis glauca* in Taiwan and east Asia. Mol. Ecol., 11(11): 2349–2358.

Hwang, S.-Y., Lin, T.-P., Ma, C.-S., Lin, C.-L., Chung, J.-D. and Yang, J.-C. 2003. Postglacial population growth of *Cunninghamia konishii* (Cupressaceae) inferred from phylogeographical and mismatch analysis of chloroplast DNA variation. Mol. Ecol., 12(10): 2689–2695.

Kier, G., Kreft, H., Lee, T.M., Jetz, W., Ibisch, P.L., Nowicki, C., Mutke, J. and Barthlott, W. 2009. A global assessment of endemism and species richness across island and mainland regions. Proceedings of the National Academy of Sciences, 106(23): 9322–9327.

Kikuchi, R., Jae-Hong, P., Takahashi, H. and Maki, M. 2010. Disjunct distribution of chloroplast DNA haplotypes in the understory perennial *Veratrum album* ssp. *oxysepalum* (Melanthiaceae) in Japan as a result of ancient introgression. New Phytol., 188(3): 879–891.

Kira, T. 1991. Forest ecosystems of East and Southeast-Asia in a global perspective. Ecol. Res., 6(2): 185–200.

小泉源一．1931．前言．南肥植物誌(前原勘次郎著)，p.4．自費出版.
Kubota, Y., Hirao, T., Fujii, S. -j. and Murakami, M. 2011. Phylogenetic beta diversity reveals historical effects in the assemblage of the tree floras of the Ryukyu Archipelago. J. Biogeogr., 38(5): 1006–1008.
Kyoda, S. and Setoguchi, H. 2010. Phylogeography of *Cycas revoluta* Thunb. (Cycadaceae) on the Ryukyu Islands: very low genetic diversity and geographical structure. Plant Syst. Evol., 288(3–4): 177–189.
López-Pujol, J., Zhang, F.-M. and Ge, S. 2006. Plant biodiversity in China: Richly varied, endangered, and in need of conservation. Biodivers. Conserv., 15(12): 3983–4026.
Lang, K. 1993. Studies on the distribution patterns of some significant genera in orchid flora. Acta Phytotaxonomica Sinica, 32(4): 328–339.
Lee, J.-H., Lee, D.-H. and Choi, B.-H. 2013. Phylogeography and genetic diversity of East Asian *Neolitsea sericea* (Lauraceae) based on variations in chloroplast DNA sequences. J. Plant Res., 126(2): 193–202.
Lee, J.-H., Lee, D.-H., Choi, I.-S. and Choi, B.-H. 2014. Genetic diversity and historical migration patterns of an endemic evergreen oak, *Quercus acuta*, across Korea and Japan, inferred from nuclear microsatellites. Plant Syst. Evo., 300: 1913–1923.
Li, E.X., Yi, S., Qiu, Y.X., Guo, J.T., Comes, H.P. and Fu, C.X. 2008. Phylogeography of two East Asian species in *Croomia* (Stemonaceae) inferred from chloroplast DNA and ISSR fingerprinting variation. Mol. Phylogenet. Evol., 49(3): 702–714.
Li, X.-W. and Li, J. 1997. The Tanaka-Kaiyong line-an important floristic line for the study of the flora of East Asia. Annals of the Missouri Botanical Garden, 84: 888–892.
Li, Y., Zhai, S.-N., Qiu, Y.-X., Guo, Y.-P., Ge, X.-J. and Comes, H.P. 2011. Glacial survival east and west of the 'Mekong-Salween Divide' in the Himalaya-Hengduan Mountains region as revealed by AFLPs and cpDNA sequence variation in *Sinopodophyllum hexandrum* (Berberidaceae). Mol. Phylogenet. Evol., 59(2): 412–424.
Lisiecki, L.E. and Raymo, M.E. 2005. A Pliocene-Pleistocene stack of 57 globally distributed benthic delta O–18 records (vol 20, art no PA1003, 2005). Paleoceanography, 20(2)：1–17.
Liu, J., Möller, M., Provan, J., Gao, L.-M., Poudel, R.C. and Li, D.-Z. 2013. Geological and ecological factors drive cryptic speciation of yews in a biodiversity hotspot. New Phytol., 199(4): 1093–1108.
Lopez-Pujol, J., Zhang, F., Sun, H., Ying, T. and Ge, S. 2011. Centres of plant endemism in China: places for survival or for speciation? . J. Biogeogr., 38(7): 1267–1280.
前川文夫．1978．日本固有の植物．204pp．玉川大学出版部.
Manchester, S.R., Chen, Z.D., Lu, A.M. and Uemura, K. 2009. Eastern Asian endemic seed plant genera and their paleogeographic history throughout the Northern Hemisphere. J. Syst. Evol., 47(1): 1–42.
松岡數充・三好教夫．1998．最終氷期最盛期以降の照葉樹林の変遷—東シナ海東部から日本海沿岸を中心として．図説日本列島植生史(安田善憲・三好教夫編著)，pp.224–236．朝倉書店.
Mitsui, Y., Chen, S.T., Zhou, Z.K., Peng, C.I., Deng, Y.F. and Setoguchi, H. 2008. Phylogeny and biogeography of the genus *Ainsliaea* (Asteraceae) in the Sino-Japanese region based on nuclear rDNA and plastid DNA sequence data. Ann. Bot., 101(1): 111–

124.
Momohara, A. 1994. Floral and paleoenvironmental history from the late Pliocene to middle Pleistocene in and around Central Japan. Paleogeogr. Paleoclimatol. Paleoecol., 108(3-4): 281-293.
Nakamura, K., Denda, T., Kokubugata, G., Suwa, R., Yang, T.Y.A., Peng, C.I. and Yokota, M. 2010. Phylogeography of *Ophiorrhiza japonica* (Rubiaceae) in continental islands, the Ryukyu Archipelago, Japan. J. Biogeogr., 37(10): 1907-1918.
Ogawa, H. and Matsumoto, A. 1987. The climate and vegetation in Japan. *In*: What Characterizes Japanese Climate, Japan and Its Nature (Matsui, T. and Ogawa, H. eds.), pp.41-554. Heibonsha.
Ohi, T., Kajita, T. and Murata, J. 2003. Distinct geographic structure as evidenced by chloroplast DNA haplotypes and ploidy level in Japanese *Aucuba* (Aucubacea). Am. J. Bot., 90(11): 1645-1652.
Okaura, T., Quang, N.D., Ubukata, M. and Harada, K. 2007. Phylogeographic structure and late Quaternary population history of the Japanese oak *Quercus mongolica* var. *crispula* and related species revealed by chloroplast DNA variation. Genes & Genetic Systems, 82(6): 465-477.
Qi, X.-S., Chen, C., Comes, H.P., Sakaguchi, S., Liu, Y.-H., Tanaka, N., Sakio, H. and Qiu, Y.-X. 2012. Molecular data and ecological niche modelling reveal a highly dynamic evolutionary history of the East Asian Tertiary relict *Cercidiphyllum* (Cercidiphyllaceae). New Phytol., 196(2): 617-630.
Qian, H. and Ricklefs, R.E. 2000. Large-scale processes and the Asian bias in species diversity of temperate plants. Nature, 407(6801): 180-182.
Qiu, Y.X., Qi, X.S., Jin, X.F., Tao, X.Y., Fu, C.X., Naiki, A. and Comes, H.P. 2009. Population genetic structure, phylogeography, and demographic history of *Platycrater arguta* (Hydrangeaceae) endemic to East China and South Japan, inferred from chloroplast DNA sequence variation. Taxon, 58(4): 1226-1241.
Qiu, Y.X., Sun, Y., Zhang, X.P., Lee, J., Fu, C.X. and Comes, H.P. 2009. Molecular phylogeography of East Asian *Kirengeshoma* (Hydrangeaceae) in relation to Quaternary climate change and landbridge configurations. New Phytol., 183(2): 480-495.
Sakaguchi, S., Qiu, Y.-X., Liu, Y.-H., Qi, X.-S., Kim, S.-H., Han, J., Takeuchi, Y., Worth, J.R.P., Yamasaki, M., Sakurai, S., et al. 2012. Climate oscillation during the Quaternary associated with landscape heterogeneity promoted allopatric lineage divergence of a temperate tree *Kalopanax septemlobus* (Araliaceae) in East Asia. Mol. Ecol., 21(15): 3823-3838.
瀬戸口浩彰．2012．琉球列島における植物の由来と多様性の形成．植物地理の自然史—進化のダイナミクスにアプローチする（植田邦彦編著），pp.21-77．北海道大学出版会．
Takhtajan, A. 1986. Floristic Regions of the World. 544pp. University of California Press. Berkeley.
Tanaka, T. 1954. Species problem in *Citrus*. Tokyo: Japanese Society for the Promotion of Science: 58-69.
Tsukada, M. 1985. Map of vegetation during the last glacial maximum in Japan. Quat. Res., 23(3): 369-381.
Wang, B., Mao, J.-F., Zhao, W. and Wang, X.-R. 2013. Impact of geography and climate

on the genetic differentiation of the subtropical pine *Pinus yunnanensis*. PLoS One, 8(6): e67345.
Wu, C.-Y. 1979. The regionalization of Chinese flora. Acta. Botanica., 1: 1–22.
Wu, C.-Y. 1998. Delineation and unique features of the Sino-Japanese floristic region. *In*: Sino-Japanese Flora: Its Characteristics and Diversification (Boufford, D.E. and Ohba, H. eds.). University Museum, University of Tokyo, Bulletin, 37: pp.1–35. Tokyo University Press.
Yoshida, T., Nagai, H., Yahara, T. and Tachida, H. 2010. Genetic structure and putative selective sweep in the pioneer tree, *Zanthoxylum ailanthoides*. J. Plant Res., 123(4): 607–616.
Yuan, Q.-J., Zhang, Z.-Y., Peng, H.U.A. and Ge, S. 2008. Chloroplast phylogeography of *Dipentodon* (Dipentodontaceae) in southwest China and northern Vietnam. Mol. Ecol., 17(4): 1054–1065.
Zhai, S.-N., Comes, H.P., Nakamura, K., Yan, H.-F. and Qiu, Y.-X. 2012. Late Pleistocene lineage divergence among populations of *Neolitsea sericea* (Lauraceae) across a deep sea-barrier in the Ryukyu islands. J. Biogeogr., 39(7): 1347–1360.
Zhang, Z.Y., Fan, L.M., Yang, J.B., Hao, X.J. and Gu, Z.J. 2006. Alkaloid polymorphism and its sequence variation in the *Spiraea japonica* complex (Rosaceae) in China: Traces of the biological effects of the Himalaya-Tibet plateau uplift. Am. J. Bot., 93(5): 762–769.
Zhang, L.B., Li, Q.-J., Li, H.-T., Chen, J. and Li, D.-Z. 2006. Genetic diversity and geographic differentiation in *Tacca chantrieri* (Taccaceae): an autonomous selfing plant with showy floral display. Ann. Bot., 98(2): 449–457.

第８章［日本人の歴史と草原の変遷］

青木宏一郎．1999．江戸のガーデニング．118pp．平凡社．

堀田満．1974．植物の分布と分化（植物の進化生物学Ⅲ）．400pp．三省堂．

いがりまさし．2012．沿海州の気候と植生．植物地理の自然史―進化のダイナミクスにアプローチする（植田邦彦編著），pp.153–175．北海道大学出版会．

環境省（編）．2015．レッドデータブック 2014 ―日本の絶滅のおそれのある野生生物― 8　植物Ｉ（維管束植物），646pp．㈱ぎょうせい．

小疇尚．2006．日本列島の生い立ち―海に囲まれた島列：島弧．日本列島の自然史（国立科学博物館編），pp.11–22．東海大学出版部．

小泉源一．1931．前言．南肥植物誌（前原勘次郎著），p.4．自費出版．

近田文弘．2006．森林の変容と自然保護．日本列島の自然史（国立科学博物館編），pp.311–317．東海大学出版会．

村田源．1977．植物地理的に見た日本のフロラと植生帯．植物分類地理，28：65–83．

村田源．1988．日本の植物相　その成り立ちを考える 17　大陸要素の分布と植生帯．日本の生物，2：21–25．

小笠原左衛門尉亮軒．2008．江戸の花競べ―園芸文化の到来．116pp．青幻舎．

小笠原亮．1999．江戸の園芸・平成のガーデニング―プロが教える園芸秘伝．240pp．小学館．

Sakaguchi, Y. 1987. Japanese prehistoric culture flourished in forest-grassland mixed areas. Bulletin of the Department of Geography, University of Tokyo, 19: 1–19.

佐々木高明．1971．稲作以前(NHK ブックス)．316pp．日本放送出版協会．

須賀丈．2008．中部山岳域における半自然草原の変遷史と草原性生物の保全．長野県環境保全研究所研究報告，4：17-31．

Tsukada, M., 1963, Umbrella pine, *Sciadopitys verticillata*: past and present distribution in Japan. Science, 142: 1680-1681.

内山隆．1998．関東地方の植生史．図説日本列島植生史(安田喜憲・三好教夫編)，pp.73-91．朝倉書店．

安田喜憲・三好教夫(編)．1998．図説日本列島植生史．302pp．朝倉書店．

第 9 章［照葉樹林文化と木の葉の博物誌］

堀田満．1989．世界有用植物事典．1499pp．平凡社．

菊沢喜八郎．2005．葉の寿命の生態学：個葉から生態系へ．212pp．共立出版．

中尾佐助．1966．栽培植物と農耕の起源(岩波新書)．192pp．岩波書店．

中尾佐助．1980．東南アジア農耕文化論試論．東南アジアの農村における果樹を中心とした植物利用の生態学的研究(小合龍夫編，昭和 53 年度科研費による海外学術調査報告書)：82-97．

中尾佐助．1986．野菜と文化．葵，85：4-8．ホテルオークラ．

中尾佐助．2005．野菜と文化．中尾佐助著作集　第Ⅱ巻　料理の起源と食文化，p.351-394．北海道大学図書刊行会．

中尾佐助．2006．木菜文化論．東南アジア農耕文化試論(中尾佐助著作集　第Ⅵ巻　照葉樹林文化論)，p.702-707．北海道大学図書刊行会．

Tanaka, T. 1976. Tanaka's Cyclopedia of Edible Plants of the World (Nakao, Sasuke ed., first ed.). Yugaku-sha (distributed by Keigaku Pub. Co.).

渡辺弘之．2002．東南アジアの樹木野菜．食生活研究，22：13-17．

山口聰．2009．照葉樹林文化論再考．ユーラシア農耕史　4　様々な栽培植物と農耕文化(佐藤洋一郎監修，木村栄美編)，p.307-344．臨川書店．

第 10 章［帰化植物アサガオ類のつくる自然への功罪］

浅井元朗．2005．温暖地転作畑における最近の雑草問題―その背景と今後の課題．関雑研会報，16：18-23．

Austin, D.F. and Huáman, Z. 1996. A synopsis of *Ipomoea* (Convolvulaceae) in the Americas. Taxon, 45: 3-11.

Austin, D.F., Kitajima, K., Yoneda, Y. and Qian, L. 2001. A putative Tropical American plant, *Ipomoea nil* (Convolulaceae) in pre-Columbian Japanese art. Eco. Bot., 55: 515-527.

榎本敬．1997．雑草フロアをつくりあげる帰化植物．雑草の自然史(山口裕文編著)，pp.17-34．北海道大学図書刊行会．

笠原安夫．1976．日本における作物と雑草の系譜(1)．雑草研究，21：1-5．

前川文夫．1943．史前帰化植物について．植物分類地理，13：274-279．

中尾佐助．1986．花と木の文化史(岩波新書)，216pp．岩波書店．

中尾佐助．2005．マメの料理文化．中尾佐助著作集　第 2 巻　料理の起源と食文化，pp.315-335．北海道大学図書刊行会．

日本生態学会．2002．外来種ハンドブック(村上興正・鷲谷いづみ監修)．390pp．地人書館．

西尾道徳．1997．日本の畜産から見た課題．有機廃棄物資源化大辞典（有機廃棄物資源化推進会議編），pp.109-116．農山漁村文化協会．

仁田坂英二．2014．変化朝顔図鑑—アサガオとは思えない珍花奇葉の世界．111pp．化学同人．

野口敬夫．2011．アメリカからの飼料穀物輸入と日本の配合飼料供給における系統農協の現状と課題．農村研究，113：39-52．

長田武正．1972．日本帰化植物図鑑．254pp．北隆館．

Toole, E.H. and Brown, E. 1946. Final results of the duvel buried seed experiment. J. Agri. Res., 72: 201-210.

重定南奈子．1992．侵入と伝播の数理生態学．155pp．東京大学出版会．

清水矩宏．1998．最近の外来雑草の侵入・拡散の実態と防除対策．日本生態学会誌，48：79-85．

清水建美（編）．2003．日本の帰化植物．337pp．平凡社．

清水建美・近田文弘．2003．帰化植物とは．日本の帰化植物（清水建美編），pp.11-39．平凡社．

清水矩宏・森田弘彦・廣田伸七．2001．日本帰化植物写真図鑑— Plant invader 600 種．554pp．全国農村教育協会．

高林実．1997．家畜による雑草の種子の伝播．雑草の自然史（山口裕文編著），pp.103-113．北海道大学図書刊行会．

梅本信也・山口裕文．2000．中国南部におけるツルマメ自生地の植生．野生ダイズの遺伝的多様性と自生地保全に関する生態遺伝学的調査（平成 9 年度～平成 11 年度科学研究費補助金基盤研究（B）（2）研究成果報告書，研究代表者阿部純）：25-44．

Yamaguchi, H. 1992. Wild and weed azuki beans in Japan. Eco. Bot., 46: 384-394.

山口裕文．1997．日本の雑草の起源と多様化．雑草の自然史（山口裕文編著），pp.3-16．北海道大学図書刊行会．

山口裕文．2011．作物と雑草の来た道．シリーズ日本列島の三万五千年　人と自然の環境史 6　環境史をとらえる技法（湯本貴和編，高原光・村上哲明責任編集），pp.155-172．文一総合出版．

保田謙太郎・住吉正．2010．北部九州の大豆畑への帰化アサガオ類（*Ipomoea* spp.）の侵入状況．雑草研究，55：183-186．

米田芳秋．2006．色分け花図鑑　朝顔．192pp．学習研究社．

湯浅浩史．1993．植物と行事．248pp．朝日新聞社．

コラム① ［日本の生態系に根付く訪問者，外来生物達—セイヨウミヤコグサを例に］

Asuka, Y., Tomaru, N., Nisimura, N. and Tsumura, Y. 2004. Heterogeneous genetic structure in a *Fagus crenata* population in an old-growth beech forest revealed by microsatellite markers. Mol. Ecol., 13: 1241-1250.
Blossey, B. and Notzold, R. 1995. Evolution of increased competitive ability in invasive nonindigenous plants: a hypothesis. J. Ecol., 83: 887-889.
Buswell, J., Moles, A. and Hartley, S. 2011. Is rapid evolution common in introduced plant species? J. Ecol., 99: 214-224.
Hashiguchi, M., Tsuruta, S. and Akashi R. 2011. Morphological traits of *Lotus japonicus* (Regal) ecotypes collected in Japan. IBC, 3: 4.1-4.7.
Honjo, M., Kitamoto, N., Ueno, S., Tsumura, Y., Washitani, I. and Ohsawa, R. 2009. Man-

agement units of the endangered herb *Primula sieboldii* based on microsatellite variation among and within populations throughout Japan. Conserv. Genet., 10: 257–267.

Keller, S.R., Sowell, D.R., Neiman, M., Wolfe, L.M. and Taylor, D.R.. 2009. Adaptation and colonization history affect the evolution of clines in two introduced species. New Phytol., 183: 678–690.

Li, F., Bao, W., Wu, N. and You, C. 2008. Growth, biomass partitioning, and water-use efficiency of a leguminous shrub (*Bauhinia faberi* var. *microphylla*) in response to various water availabilities. New Forests, 36: 53–65.

前川文夫．1943．史前帰化植物について．植物分類・地理，13：274–279.

Mimura, M. 2013. Genetic and phenotypic variation in *Lotus japonicus* (Regel) K. Larsen, a model legume species. Can. J. Plant Res., 93: 435–444.

Mimura, M., Ono, K., Goka, K and Hara, T. 2013. Standing variation boosted by multiple sources of introduction contributes to the success of the introduced species, *Lotus corniculatus*. Biol. Invasions, 15: 2743–2754.

Okaura, T. and Harada, K. 2002. Phylogeographical structure revealed by chloroplast DNA variation in Japanese beech (*Fagus crenata* Blume). Heredity, 88: 322–329.

清水矩宏・広田伸七・森田弘彦．2001．日本帰化植物写真図鑑-Plant invader 600種．554pp．全国農村教育協会.

戸丸信弘．2013．シリーズ：日本の森林樹木の地理的遺伝構造(2) ブナ(ブナ科ブナ属)．森林遺伝育種，2：56–61.

第Ⅲ部 森と林と住まいにおける自然倫理

第11章［仏典・聖書における「聖樹」の東西受容―仏教・キリスト教文化圏と東アジア照葉樹林文化の日本］

Basanta, Bidari. 2002. Lumbini: A Haven of Sacred Refuge. 231pp. Basanta Bidari Hill Side Press. Nepal（黒坂佐紀子訳．2006．救済の聖地ルンビニ．253pp．ルンビニ国際研究所）.

Basanta, Bidari. 2007. Kapilavastu: the World of Siddhartha. 285pp. The Sacred Garden. Lumbini, Nepal.

別所梅之助．1921．警醒社．聖書植物考(1975．復刻版．359pp．有明書房).

玄奘(著)，水谷真成(訳)．1999a．大唐西域記(全3：東洋文庫オンデマンド版，巻6，第7)．平凡社.

玄奘(著)，水谷真成(訳)．1999b．大般涅槃経 巻上，p.373．大唐西域記 第2巻(東洋文庫)．平凡社.

広部千恵子．1999．新聖書植物図鑑，p.45．教文館.

法顕・楊衒之(著)，長沢和俊(注)．1971．法顕伝・宋雲行紀(東洋文庫194)．296pp．平凡社.

星野三男．1980．聖書に現れた植物名とその関係語彙．77pp．自家版.

Indian Museum. 1993, 2005(再版). The Way of the Buddha. Indian Museum. Kolkata.

金子務．2002．「平賀源内」の項．ジパング江戸科学史散歩，pp.72–79．河出書房新社.

木村陽二郎．1982．植物分類学．日本の植物学百年の歩み，280p．日本植物学会.

金素雲．1933．朝鮮童謡選(岩波文庫)，p.30．岩波書店.

牧野富太郎．1956．増補版牧野日本植物図鑑，p.328；p.339；p.531．北隆舘．（イン

ターネット版．http//www.makino.or.jp/zukan-archive/index2.php）

松村義敏．1953．聖書の植物，p.65；pp.104-105；pp.112-113；400pp．冨山房．

望月信享(編)．1954-57．仏教大辞典(全5巻)．世界聖典刊行協会．

中井猛之進．1930．植物命名規則に就いて．岩波講座生物学(特殊問題)，pp.1-55．岩波書店．

中村元(編著)．1986．仏教植物散策(東書選書)，p.48．東京書籍．

中尾佐助．1978．現代文明ふたつの源流—照葉樹林文化・硬葉樹林文化(朝日選書)，pp.9-10；pp.23-26；pp.52-57；228pp．朝日新聞社．

中尾佐助．1978．聖書と万葉集の植物．朝日百科　世界の植物，119：3323-3325．

中沢けい．2001．月の桂．205pp．集英社．

南方熊楠．1971．オリーブ樹の漢名．南方熊楠全集　第3巻　雑誌論考1，pp.5-8．平凡社．

奈良国立博物館．1983．仏舎利の荘厳．奈良国立博物館展覧会図録．

大槻虎男．1974．聖書の植物，pp.16-17；p.27；p.63；教文館．

斎木芳樹(編著)．1997．仏教植物五十選．181pp．碩文社．

杉本卓洲．1984．仏塔の起源とその意味及び機能．インド仏塔の研究—仏塔崇拝の生成と基盤，230-248．平楽寺書店．

杉本卓洲．2007．ブッダと仏塔の物語，pp.21-24．大法輪閣．

田代安定．1879．阿利複樹之瓣．博物雑誌，3：7-13．

トク・ベルツ(編)，菅沼竜太郎(訳)．1979．4月20日-22日の項．ベルツの日記(岩波文庫，2分冊)，p.42．岩波書店．

和久博隆(編著)．1978(新装版　2013)．仏教植物字典．165pp．国書刊行会．

蕭培根(編)，真柳誠(訳)．1992-93．中国本草図録(全11巻)．中央公論社．


第12章［『荘子』に見える植物—扶揺，冥霊，大椿，大瓠，樗，櫟をめぐって］

中國美術全集編輯委員會(編)．1988．日神羽人画像磚．中國美術全集19，p.73．文物出版社．

傅擧有・陳松長(編著)．1992．馬王堆一号漢墓帛画，扶桑部分．馬王堆漢墓文物，付録．湖南出版社．

金谷治(訳)，荘子(著)．1971．荘子(岩波文庫)，p.20．岩波書店．

北村四郎(補)，岡本省吾(著)．1959．原色日本樹木図鑑，p.20．保育社．

湖南省博物館・中国科学院考古研究所(編)．1973．馬王堆一号漢墓帛画白描，昇仙図，扶桑部分．長沙馬王堆一号漢墓上冊．文物出版社．

倉石武四郎・関正郎(訳)，荘子(著)．1973．荘子(中国古典文学大系　第4巻)，p.41．平凡社．

京都文化博物館学芸課(編集)．2005．古代エジプト文明3000年の世界(＝World of ancient Egypt: the Egyptian antiquities in Japanese collections)，p127．京都文化博物館．

馬昌儀．2001．西山経．古本山海経図説　第二巻，p.147．山東画報出版社．

大形徹．2000．被髪．魂のありか—中国古代の霊魂観(角川選書)，p.92．角川書店．

大形徹．2006．『『荘子』にみえる北と南と中央—鯤と渾沌の寓話をめぐって．中国学の十字路(加地伸行博士古稀記念論集刊行会編)，pp.58-70．833pp．研文出版．

大形徹．2007．中国の死生観に外国の図像が影響を与えた可能性について—馬王堆帛画を例として．東方宗教，110：1-36．日本道教学会．

引用参考文献

大形徹．2009．救日祭祀と十日神話．アジア文化交流研究，4：1-20．関西大学アジア文化交流研究センター．

大形徹．2010．『荘子』逍遥遊篇冒頭の話と馬王堆帛画—魚・鳥・太陽・扶桑をめぐって．郵政考古紀要，50：33-50．大阪郵政考古学会．

尾崎正治・平木康平・大形徹．1988．抱朴子・列仙伝(鑑賞　中国の古典)，総説．430pp．角川書店．

櫻井清彦(編著)，熊瀬川紀ほか(撮影)，吉村作治ほか執筆．1986．ナイルの王墓と神殿，p.74．175pp．講談社．

四川省文物考古研究所(編)．1999．図 120 Ⅰ号大型銅神樹(K2 ②：94)の左から二の図とその拡大部分．

三星堆祭祀坑．628pp．文物出版社．

寺井泰明．1990．「柏」と「かしは」．千葉工業大学研究報告　人文編，27：41-57．

鐵井慶紀(著)，池田末利(編)．1990．中国神話の文化人類学的研究．809pp．平河出版社．

富永一登．1994．魯迅輯「古小説鉤沈」校釈—「列異伝」．広島大学文学部紀要，54(特輯号 2)：10．

東京国立博物館(編)．1992．漆笆．筥侯乙墓—特別展．176pp．日本経済新聞社．

山口大学教育学部 HP．万葉集検索 http://infux03.inf.edu.yamaguchi-u.ac.jp/tmp/pdftmp190647.pdf

第 13 章［宋以前の文人からみた南方植物とその文化］

青木正児．1970．支那人の自然観．青木正児全集　第 2 巻，pp.552-591．春秋社．

程傑．2007．歳寒三友縁起．梅文化論叢，pp.34-46．中華書局．北京．

池生春・諸星杓編．1855．二程年譜・伊川先生年譜 第 2 巻．呉洪沢・尹波主編．2002．宋人年譜叢刊 第 4 冊．p.2567．四川大学．成都．

本田濟(訳注)．1990a．抱朴子内篇(東洋文庫)，pp.73-74；230-231．平凡社．

星川清孝．1961．楚辞の研究，pp.427-429．714pp．養徳社．

星川清孝．1970．楚辞．新釈漢文大系　34，pp.97；234-237．362pp．明治書院．

胡秀英(Hu, Shui-Ying)．1971．Orchids in the life and culture of the Chinese people．崇基学報(The Chung Chi Journal)，10(1, 2)．pp.1-25．

池澤滋子．2006．呉越銭氏文人群体研究，p.156．261pp．上海人民出版社．上海．

石田幹之助．1967．長安の春．東洋文庫 91．344pp．平凡社．

岩間眞知子．2009．茶の医薬史—中国と日本．492pp．思文閣出版．

江盈科(纂)・黄仁生(輯校)．2008．江盈科集(増訂版)，p.496．1012pp．岳麓書社．長沙．

加納喜光．2006．詩経Ⅰ：恋愛詩と動植物のシンボリズム，pp.127-129；215．327pp．汲古書院．

小林清市．2003．中国博物学の世界：「斉民要術」「南方草木状」を中心に，p.5．430pp．農山漁村文化協会．

Kubo, T. 2009. The problem of identifying mudan and the tree peony. Asian Medicine-Tradition and Modernity, 5: 108-145.

久保輝幸．2010．宋代牡丹譜考釈．自然科学史研究(中国)，29(1)：46-60．

倉野憲司・武田祐吉(校注)．1958．古事記祝詞．日本古典文学大系　1，p.83．463pp．岩波書店．

桑原隲蔵．1968a．桑原隲蔵全集第 2 巻，pp.11-68．658pp．岩波書店．

桑原隲蔵．1968b．桑原隲蔵全集第 1 巻，p.366．686pp．岩波書店．

李濬．1958．松牕雑録．叢書集成初編 2743：2．80pp．中華書局．北京．

李時珍．1993．本草綱目，pp.1480-84．1935pp．上海科学技術出版社．上海．

劉禹錫．1967．宋版影印劉賓客文集．第 25 巻第 7 葉裏．全 10 冊．大安．

魯迅(述)・竹内好(訳)．1981．魏晋の気風および文章と薬および酒の関係．魯迅評論集，pp.163-190．岩波書店．

羅桂環・汪子春・盧嘉錫．2005．中国科学技術史　生物学巻(中国語)．444pp．科学出版社．

万年舎亀麿．1854．幼学食物能毒(武州日影和田村糀屋蔵)．扉絵．武州高麗郡飯能．

真柳誠．1995．中国 11 世紀以前の桂類薬物と薬名—林億らは仲景医書の桂類薬名を桂枝に統一した．薬史学雑誌，30(2)：96-115．

Métailié, G. 2007. Grafting as an agricultural and cultural practice in ancient China. *In*: Botanical Progress, Horticultural Innovations and Cultural Changes (Michel Conan ed.), pp.147-159. Dumbarton Oaks Research Library and Collection. Washington, D.C.

Métailié, Georges(楊雲峰訳)．2010．探析中国伝統植物学知識．風景園林，84(1)：100-108．中国語．

宮崎市定．1963．科挙—中国の試験地獄(中公新書)，pp.114-147．219pp．中央公論社．

中尾佐助．1986．庭と花文化．花と木の文化史(岩波新書)，pp.26-39．岩波書店．

中田勇次郎．1962．文房清玩 3，pp.139-185．二玄社．

長澤規矩也(解題)．1973．和刻本漢籍随筆集 6，p.239．435pp．汲古書院．

Needham, J. (with Lu Gwei-djen and Huang Hsing-Tsung). 1986. Science and civilisation in China, Vol. 6, Part 1 Botany. 751pp. Cambridge University Press.

大形徹．1988．『列仙伝』にみえる仙薬について—『神農本草経』の薬物との比較を通して．人文学論集(大阪府立大学人文学会)，6：61-79．

大野圭介．2011．『楚辞』における「南国」意識．富山大学人文学部紀要，56：395-418．

小川環樹．1972．宋代の詩人と作品の概説．風と雲—中国文学論集，pp.203-262．朝日新聞社．

岡倉覚三(著)，村岡博(訳)．1961．茶の本，p.78．93pp．岩波書店．

坂本太郎ほか(校注)．1967．日本書紀　上．日本古典文学大系　67，p.112．654pp．岩波書店．

佐藤武敏(編訳)．1997．中国の花譜，pp.145-194．325pp．平凡社．

Sterckx, Roel. 2002. The Animal and the Daemon in Early China. 375pp. State University of New York Press. Albany.

鈴木虎雄．1927．白楽天詩解，pp.187-195；321-325．329pp．弘文堂．

高橋忠彦．2001．文選賦篇 下．新釈漢文大系 81，p.264．416pp．明治書院．

高橋忠彦．2006．中国喫茶文化と茶書の系譜．東京学芸大学紀要(人文社会科学系)，57：209-221．

唐慎微．1957．重修政和経史証類備用本草．p.264．550pp．人民衛生出版社．北京．

谷中信一．2001．晏子春秋 下．新編漢文選 10，p.121．338pp．明治書院．

寺井泰明．花と木の漢字学(あじあブックス 22)，pp.186-205．242pp．大修館書店．

王安石(撰)・李壁(箋註)・高克勤(点校)．2010．王荊文公詩箋註，p.1023．1385pp．上海古籍出版社．上海．

山本和義．2002．詩人と造物：蘇軾論考，pp.72-74．349pp．研文出版．

引用参考文献

吉川幸次郎．1978．論語 下，pp.50-53．朝日新聞社．

上海古籍出版社(編)．1994．梅花喜神譜．中国古代版画叢刊　二編第一輯．p.79．198pp．上海古籍出版社．上海．

曽雄生．2008．中国農学史．779pp．福建人民出版社．福州．

鄭金生．2007．薬林外史，pp.113-131．広西師範大学出版社．桂林．

鄭振鐸(編)．1988．離騒図．中国古代版画叢刊四，p.82．上海古籍出版社．上海．

周必大ほか(編)．1196．欧陽文忠公文集(周綸重修本) 第72巻．天理図書館蔵．

周維権．1999．中国古典園林史，pp.41-46．613pp．精華大学出版社．北京．

朱熹(集注)．1973．楚辞集注　第4冊(楚辞辯証 上)，第18葉 a, b．読売新聞社．

左圭(編)．1273．百川学海・乙集．357pp．宮内庁書陵部蔵［狩谷棭斎旧蔵］．


第14章［住まいの植栽，その選択と配置による吉凶―明代の『営造宅経』を通して］

堀田満ほか(編)．1989．世界有用植物事典，pp.697；943-944；996．1499pp．平凡社．

水野杏紀・平木康平．2011-2013．『営造宅経』訳注Ⅰ～Ⅲ．人文学論集，29：59-79；30：15-36，31：15-40．大阪府立大学人文学会．

中川忠英(編)，画工・石﨑融思等画．1799(寛政11年)．清俗紀聞(13巻)．竊恩館蔵版［1894．博文館刊．：国立国会図書館デジタルコレクション(請求番号：112-113)］巻之2所収．

中尾佐助．1986．花と木の文化史(岩波新書)，p.10；p.31；p.120．岩波書店．

松栢堂．1673(寛文13年)．居家必用事類全集(10集20巻)．松栢堂(京都)．

北京図書館書籍出版社編輯組．1988．周書秘奥営造宅経．明刻本　居家必用事類全集(北京図書館古籍珍本叢刊61，子部・雑家類，影印本)．書目文献出版社．

第Ⅳ部　照葉樹林帯の里山・里海・里畑
第15章［造園樹木の「無用の用」］

段玉裁．1815(嘉慶20年)．説文解字注．

井波律子．1993．酒池肉林 中国の贅沢三昧．pp.10-15．222pp．講談社．

小寺武久．1989．尾張藩江戸下屋敷の謎．虚構の町をもつ大名庭園．183pp．中央公論社．

許慎．説文解字．100(永元12年)成立．

兼六園 HP http://www.pref.ishikawa.jp/siro-niwa/kenrokuen/point_win/12/index.html
前中久行．2003．造園と植物についての雑記帳から．花と緑の街づくり，5：3-4．大阪府公園・都市緑化協会．

前中久行．2010a．都市及び近郊における緑地の保全と創成．第14回関西大学先端科学技術シンポジュウム講演要旨：105-106．

前中久行．2010b．樹木と老子「無用」について．平成22年度日本樹木医会大阪大会記念講演旨：9-14．

森三樹三郎．1994．老子・荘子(講談社学術文庫)，pp.177-178．講談社．

森鴎外．1996．森鴎外全集　12　於母影　冬の王(ちくま文庫)．筑摩書店．

中尾佐助．1986．花と木の文化史(岩波新書)．224pp．岩波書店．

坂本太郎・家永三郎・井上光貞・大野晋(校注)．1965．日本書紀下．日本古典文学大系，pp.198-199．629pp．岩波書店

第16章［紀伊大島のイノシシとアオノクマタケラン―排他的関係性をめぐって］

Harlan, J. R. and de Wet, J. M. J. 1971. Towards a rational classification of cultivated plants. Taxon. 20：509-517.

梅本信也．2010．イノシシ餌場としての緑林道路の危険性．古座川合同調査報告集，4：72-73．京都大学フィールド科学教育研究センター紀伊大島実験所．

梅本信也．2012a．ショウガ科アオノクマタケランによる野生イノシシ軟管理の可能性．古座川合同調査報告集，7：18-19．京都大学フィールド科学教育研究センター紀伊大島実験所．

梅本信也．2012b．台風第12号大水害による古座川産イノシシの大脱走．古座川合同調査報告集，第7：26-27．京都大学フィールド科学教育研究センター紀伊大島実験所．

梅本信也．2012c．ショウガ科アオノクマタケラン茎葉による野生イノシシ忌避実験．古座川合同調査報告集，7：33-36．京都大学フィールド科学教育研究センター紀伊大島実験所．

梅本信也．2012d．野生イノシシ破壊植生に咲く秋の草花．古座川合同調査報告集，7：58．京都大学フィールド科学教育研究センター紀伊大島実験所．

梅本信也．2012e．食餌のためのイノシシ攪乱場による生物の栽培化．古座川合同調査報告集，7：63-64．京都大学フィールド科学教育研究センター紀伊大島実験所．

梅本信也．2012f．紀伊大島における哺乳類相形成に関する聞書き　第3報．古座川合同調査報告集，7：108-109．京都大学フィールド科学教育研究センター紀伊大島実験所．

梅本信也．2012g．紀伊大島のイノシシ―里域保全論への招待．72pp．ユニバース印刷．


第17章［日本の照葉樹林帯における巨木文化―歴史的にみた巨木の“癒し”］

青森市HP https://www.city.aomori.aomori.jp/bunkazai/bunka-sports-kanko/bunka-geijutsu/inishie/bunkazai/01/29.html
ブロス，ジャック（著），藤井史郎・藤田尊潮・善本孝（訳）．1995．世界樹木神話．527pp．八坂書房．

春山行夫．1954．花の文化史．205pp．中央公論社．

堀田吉雄．1967．山の神信仰の研究．541pp．伊勢民俗学会．

堀田吉雄．1976．神は行けゆけ・モリは留まれ．神と杜（桜井勝之進編），pp.223-227．神と杜刊行会．

李春子．2011．神の木―日・韓・台の巨木・老樹信仰．209pp．サンライズ出版．

今泉隆雄．1991．飛鳥の須弥山と斎槻．東北大学文学部研究年報，41：35-82．

石上堅．1969．木の伝説．216pp．宝文館出版．

金田久璋．1995．森の神の民族誌―解説．谷川健一編『日本民俗文化資料集成』第21巻，pp.507-520．三一書房．

金田久璋．1998．森の神々と民俗．301pp．白水社．

金子務．2001．山と森と神．照葉樹林文化論の現代的展開（金子務・山口裕文編著），pp.99-125．北海道大学出版会．

加藤宗一（編）．1954．何鹿の伝承．142pp．郷土書房．未見．斉藤喜一HP所引．

勝田至．2006．日本中世の墓と葬送．341pp．吉川弘文館．

小松茂美（編）．1978．日本絵巻大成　別巻　一遍上人絵伝．359pp．中央公論社．

小峯和明．1987．『今昔物語集』の〈樹〉の風景．中世説話とその周辺（国東文麿編），

pp.64-78. 明治書院.
工藤健一. 2000. 樹下の芸能. 芸能の中世(五味文彦編), pp.78-98. 吉川弘文館.
倉田悟. 1963. 日本主要樹木名方言集, pp.108；124, 162, 168, 204-206など. 地球出版.
前川文夫. 1973. 日本人と植物, pp.82-84. 193pp. 岩波新書.
牧野和春. 1986. 巨樹の民俗学, pp.67-200. 236pp. 恒文社.
牧野和春. 1998. 巨樹と日本人, 221pp. 中公新書.
松前健. 1988. 木の神話伝承と古俗 古代信仰と神話文学—その民俗論理, pp.208-230. 弘文堂.
松崎憲三. 2009. ノガミ(野神)信仰再考—奈良盆地における地域的展開. 日本常民文化紀要, 27：143-184.
南方熊楠. 1913. 巨樹の翁の話. [1971. 南方熊楠全集 第2巻, pp.38-64. 平凡社]
南方熊楠. 1914. トーテムと人名. [南方熊楠全集 第3巻, pp.445-460. 平凡社]
南方熊楠. 1920. 南紀特有の人名—楠の字をつける風習について. [1971. 南方熊楠全集 第3巻, pp.439-444. 平凡社]
盛本昌広. 2012. 草と木が語る日本の中世, p.43. 307pp. 岩波書店.
中尾佐助. 1980. 照葉樹林文化の森林観. 無限大, 51(特集 今, 森は生きているか)：16-21. 日本アイ・ビー・エム. [2006. 中尾佐助著作集 第Ⅵ巻 照葉樹林文化論, pp.547-555. 北海道大学出版会]
中尾佐助. 1986. 花と木の文化史(岩波新書). p.120. 216pp. 岩波書店. [2005. 中尾佐助著作集 第Ⅳ巻 景観と花文化, pp.439-589. 北海道大学図書刊行会]
直江廣治. 1966. 屋敷神の研究. 432pp. 吉川弘文館.
野本寛一. 1990. 熊野山海民俗考. 346pp. 人文書院.
野本寛一. 2010. 地霊の復権. 212pp. 岩波書店.
岡谷公二. 1987. 神の森 森の神, p.185. 205pp. 東京書籍.
小野重朗. 1981. 民俗神の系譜—南九州を中心に. 342pp. 法政大学出版局.
大林太良. 1989. 巨樹と王権—神話から伝説へ. 日本伝説大系 別巻1 研究編(荒木博之編), pp.373-385. みずうみ書房.
斉藤喜一 HP http://www.geocities.jp/k_saito_site/bunkn14.html#ginnanki
桜井勝之進. 1976. 境界の神木. 神と杜(桜井勝之進編), pp.106-112. 神と杜刊行会.
佐藤洋一郎. 2004. クスノキと日本人. 238pp. 八坂書房.
瀬田勝哉. 2000. 木の語る中世. 254pp. 朝日新聞社.
宗武志(編). 1934. 對馬民謡集, pp 133-135. 274pp. 第一書房.
砂川市史編纂委員会. 1990. 私たちの砂川市史 上巻. 634pp.
鈴木満男. 1994. 環東シナ海の古代儀礼—巨樹, 東海浄土, そして水の霊との聖婚. 246pp. 第一書房.
高木敏雄. 1913. 日本伝説集. 307pp. 武蔵野書院.
竹内理三(編). 1984-1997. 鎌倉遺文索引編(全五巻). 東京堂出版.
徳丸亜木. 1997. 山の神と海の神. 講座 日本の民俗学 7 神と霊魂の民俗, pp.29-42. 雄山閣出版.
徳島県つるぎ町 http://www.town.tokushima-tsurugi.lg.jp/bunnkazai-kinenbutu.html
対馬教育会. 1940. 改訂対馬島誌. 506pp. 対馬教育会.
和歌山県神職取締所(編). 1911. 紀伊続風土記第二輯. 770pp. 帝国地方行政出版部. [1990. 復刻. 臨川書店]

柳田國男．1953．柳田國男先生著作集 第12冊 神樹篇．369pp．実業之日本社．

柳田國男．1963．定本柳田國男集　第11巻．548pp．筑摩書房．

第18章［中国福建省のクスノキの巨木］

文化庁文化財保護部(編)．1997．民俗資料選集25 焼畑習俗．251pp．財団法人国土地理協会．

古开弼．2004．民间规约在历代自然生态与资源保护活动中的分化传承．北京林业大学学报(社会科学版)，3(3)：20-25．

金澤弓子・東中祐美子・小林伸二・鈴木貢次郎・濱野周泰・染郷正孝．2010．山梨県内におけるサクラの巨木の種とその生育場所及び生育状態．樹木医学研究，14(1)：9-14．

吴果中．1998．刘禹锡「竹枝詞」与三峡文化．湖南师范大学社会科学学报，27：91-95．

藤田さとみ・東中祐美子・金澤弓子・鈴木貢次郎・濱野周泰・染郷正孝．2010．福島県内のサクラの巨木．樹木医学研究，14(3)：118-120．

古川末喜．2002．唐詩にみる焼畑文化．照葉樹林文化論の現代的展開(金子務・山口裕文編著)，pp.213-242．北海道大学図書刊行会．

平井信二．1980．木の辞典　第1集第4巻．クスノキ⑤．かなえ書房．

昆明市园林局(编)．2001．昆明古树名木．65＋15pp．云南人民出版社．

李兴金．2004．畲族起源与风俗，寻根，5：58-64．

巨樹，巨木巡礼ホームページ http://blog.goo.ne.jp/yss2141/e/8a8b16b14fce997d7a61d856956f49bc(2014年7月27日アクセス)

宮本常一．2013．日本文化の形成(講談社学術文庫)，p.114．講談社．

中尾佐助．1976．栽培植物の世界，p.15；p.132．中央公論社．

佐々木高明．2004．日本文化の基層を探る―ナラ林文化と照葉樹林文化(NHKブックス)．253pp．日本放送出版協会．

佐藤洋一郎．2004．クスノキと日本人．238pp．八坂書房．

施联朱(編)．1989．畲族风俗志．175pp．中央民族学院出版社．北京．

千里原(主編)．1994．民族工作大全．812pp．中国経済出版社．

谢丁宁．2009．畲族起源传说与史实的探讨．福建省社会主义学院学报，72：32-36．

白川静．2009．詩経―中国の古代歌謡(中公文庫)．266pp．中央公論新社．

司馬遼太郎．2005．街道をゆく25　中国・閩のみち，pp.45；62-64；78-79．朝日新聞社．

鈴木貢次郎．2012a．暮らしにおける植物とのかかわり―生活のよりどころとしての一本桜．バイオセラピー学入門(林良博・山口裕文編)，pp.114-121．

鈴木貢次郎．2012b．地域の生活に関わる一本桜―福島県を事例として，Biostory，16：88-96．

上原敬二．1996．樹木大図説　第一巻(第12刷)，pp.1152-1160．有明書房．

梅本信也・山口裕文．2000．田舟と撻斗と龍船と．照葉樹林文化の現代的展開(金子務・山口裕文編著)，pp.315-334．北海道大学図書刊行会．

矢野憲一・矢野高陽．2010．ものと人間の文化史151　楠．319pp．法政大学出版局．

第Ⅴ部　照葉樹林帯における花卉園芸文化をめぐって

第19章［照葉樹林文化が育んだ花をめぐる人と植物の関係―東アジア原産花卉の栽培化と野生化そして拡散］

秦野市環境産業部森林づくり課．2014．秦野市生物多様性地域連携保全活動計画：1-71.
日野原健司・平野恵．2013．浮世絵でめぐる江戸の花：見て楽しむ園芸文化．239pp. 誠文堂新光社.
堀田満．1999．植物の生活誌．249pp．平凡社.
伊藤伊兵衛．1695．花壇地錦抄(1976．加藤要校注．東洋文庫．321pp．平凡社).
唐沢耕司・石田源次郎．1998．原種ランシリーズ　エビネ属―形態と分類．327pp．八坂書房.
道下雄大・山口裕文．2006．長崎県平戸・松浦地域の民家庭園における維管束植物相．大阪府立大学生命環境学術報，58：13-37.
道下雄大・梅本信也・山口裕文．2004．紀伊半島南部の民家庭園における維管束植物相．大阪府立大学農生学術報，56：29-44.
道下雄大・梅本信也・山口裕文．2005．伊豆半島の民家庭園における維管束植物相．大阪府立大学農生学術報，57：33-55.
Miyaura, R., Ohno, T., Maenaka, H., Sumiartha, K. and Yamaguchi, H. 2015. A particular silhouette of human influenced coconut trees in Hindu Bali, Indonesia: An ethnobotanical field note. Ethnobotany Research and Applications 14: 405-421.
室達也・山口裕文．1981．エビネ自生集団の形態的変異とパーオキシターゼアイソザイムの変異について．近畿作物育種談話会報，26：48-52.
中尾佐助．1978．現代文明ふたつの源流―照葉樹林文化・硬葉樹林文化(朝日選書)，228pp．朝日新聞社.
中尾佐助．1982．パプアニューギニアにおける半栽培植物群について．文部省科学研究費補助金による海外学術調査報告書　昭和55年度(第2次)―東南アジアおよびオセアニアの農村における果樹を中心とした植物利用の生態学的研究，pp.7-19.
中尾佐助．1986．花と木の文化史(岩波新書)．216pp．岩波書店.
中尾佐助．1999．オーストロネシアの花卉文化史．オーストロネシアの民族生物学―東南アジアから海の世界へ(中尾佐助・秋道智彌編)，pp.85-124．平凡社.
仁田坂英二．2009．古典園芸植物のドメスティケーション．ドメスティケーション―その民族生物学的研究(山本紀夫編)．国立民族学博物館調査報告，84：409-443.
Noda, S. 1986. Cytogenic behavior, chromosomal differentiation and geographic distribution in *Lilium lancifolium* (Liliaceae). Plant Species Biology, 1: 69-78.
大阪府立大学学術情報センター中尾佐助コレクションスライドDB：http//www.nakao/db /center/osaka-pref-u
Reichard, S.H. 2011. The Conscientious Gardener: Cultivating a Garden Ethic. 254pp. University of California Press.
斎藤正二．2002．植物と日本文化．196pp．八坂書房.
塚本洋太郎．2008．花の美術と歴史(京都書院アーツコレクション)．383pp．京都書院.
山口裕文．2001．栽培植物の分類と栽培化症候．栽培植物の自然史―野生植物と人類の共進化(山口裕文・島本義也編著)．pp.3-15．北海道大学図書刊行会.
山口裕文．2005．照葉樹林文化のつくる里山の景観．森林環境2005(森林環境研究会編)，pp.108-124．森林文化協会.
山口裕文．2013．栽培植物の栽培化と野生化―適応的進化の視座から．栽培植物の自然

史Ⅱ—東アジア原産有用植物と照葉樹林文化帯の民族文化(山口裕文編著)，pp.1-17．北海道大学出版会．
Yamaguchi, H., Takamatsu, Y., Fujita, T. and Soejima, A. 1997. Pedigree of edible lily cultivars assumed by chloroplast DNA polymorphism. Acta Phytotax. Geobot., 47(2): 183-193.

第20章［江戸の園芸文化における桜草と花菖蒲］

青木宏一郎．1998．江戸の園芸．206pp．筑摩書房．

青木宏一郎．1999．江戸のガーデニング．118pp．平凡社．

青木宏一郎．2001a．江戸時代の園芸文化を探る(18)　江戸の植木屋(1)．グリーン・エージ，28(6)：26-30．

青木宏一郎．2001b．江戸時代の園芸文化を探る(20)　江戸の園遊．グリーン・エージ，28(9)：18-23．

青木宏一郎．2002a．江戸時代の園芸文化を探る(22)　プラントハンター(その1)．グリーン・エージ，29(2)：32-36．

青木宏一郎．2002b．江戸時代の園芸文化を探る(23)　プラントハンター(その2)．グリーン・エージ，29(3)：36-40．

青木瑞代・吉岡洋輔・大澤良．2013．画像解析によるサクラソウ(*Primula sieboldii*)花弁形状と花容の定量的評価．育種学研究，15(別2)：195．

橋本直子．2005．江戸文化と花菖蒲．世界のアイリス(日本花菖蒲協会編)，pp.150-151．誠文堂新光社．

橋本奈々・岩科司・大澤良．2012．サクラソウ色素成分の同定とそれに基づく花色の多様性解析．育種学会平成23年度春季大会研究発表要旨：179．

橋本奈々・吉田康子・岩科司・大澤良．2013．江戸時代より選ばれたサクラソウ花弁色素量．植物色素研究会2012年植物色素研究会ポスター要旨集．

平野恵．2006．十九世紀日本の園芸文化　江戸と東京—植木屋の周辺．503pp．思文閣．

日野原健司・平野恵．2013．江戸の花．239pp．誠文堂新光社．

本城正憲・吉岡洋輔・大澤良．2006．遺伝的特性から見たサクラソウ園芸品種の由来．サクラソウの分子生態遺伝学(鷲谷いずみ編)，pp.259-269．東京大学出版会．

磯野直秀．2007．明治前園芸植物渡来年表，42：27-58．

磯野直秀．2009．資料別・草木名初見リスト．慶應義塾大学日吉紀要・自然科学，45：69-94．

加茂花菖蒲園「伝統園芸植物花菖蒲」花菖蒲文献．資料集．http://www.kamoltd.co.jp/kakegawa/baiyourk.html
国会図書館デジタルコレクション：http://dl.ndl.go.jp/info:ndljp/pid/2536396, 2536133
国立歴史民俗博物館HP http://www.rekihaku.ac.jp/education_research/gallery/webgallery/edozu/layer4/l115.jpg
永田敏弘．2005．花菖蒲の歴史と文化．世界のアイリス(日本花菖蒲協会編)，pp.145-149．誠文堂新光社．

中尾佐助．2005．日本の花の歴史．中尾佐助著作集 第Ⅳ巻 景観と花文化，pp.511-561．北海道図書刊行会．

仁田坂英二．2009．古典園芸植物のドメスティケーション．ドメスティケーション—その民族生物学的研究(山本紀夫編)．国立民族博物館調査報告，84：409-443．

日本花菖蒲協会．1999．ハナショウブ．NHK 趣味の園芸—人気品種と育て方，

176pp. 日本放送出版協会.
小笠原左衛門尉亮軒. 2008. 江戸の花競べ—園芸文化の到来. 115pp. 青幻社.
小野佐和子. 1985. 江戸時代における園芸植物の流行について. 造園雑誌, 48：55-60.
大澤良・本城正憲. 2013. サクラソウ—武士が育てた園芸品種. 栽培植物の自然史Ⅱ(山口裕文編著), pp.159-178. 北海道大学出版会.
竹岡泰通. 2008. 室町中期以降の桜草. 浪華さくらそう会誌, 42：10-35.
竹岡泰通. 2009. 桜草の歴史—こぼれ話. 浪華さくらそう会誌, 43：9-31.
竹岡泰通. 2014. 桜草栽培の歴史. 430pp. 創英社/三省堂書店.

第 21 章 [艶やかなつるバラの世界]

Iwata. H., Gaston, A., Remay, A., Thouroude, T., Jeauffre, J., Kawamura, K., Oyant, L.H., Araki, T., Denoyes, B., and Foucher, F. 2012. The TFL1 homologue KSN is a regulator of continuous flowering in rose and strawberry. Plant J., 69(1): 116-125.
Krüssmann, G. 1982. The history and development of the modern garden rose from 1750 to the present deay. *In*: Roses, pp.67-105. BT Batsford Ltd. London.
中尾佐助. 1986. 花と木の文化史(岩波新書). 216pp. 岩波書店.
Ohba, H. 2000. The type and identity of *Rosa luciae* Rocher. & Franch. ex Crép. and the varieties described by Franchet and Savatier. J. Jpn. Bot., 75: 148-163.
Rehder, A. 1949. Bibliography of cultivated trees and shrubs: hardy in the cooler temperate regions of the northern hemisphere, pp.296-317. Jamaica Plain. Mass.
鈴木省三. 1990. ばら・花図譜. 350pp. 小学館.
Thomas, G.S. 1983. Climbing roses old and new. 203pp. J.M. Dent & Sons Ltd. London.
上田善弘. 2010. バラとその栽培の歴史—人とバラとのかかわりから. におい・かおり環境学会誌, 41(3)：157-163.
上田善弘. 2013. 雲南の野生バラ—— 気品の起源. 栽培植物の自然史Ⅱ(山口裕文編著), pp.179-191. 北海道大学出版会.

第 22 章 [中国雲南省のトウツバキとその保全]

楚雄市建設局(編). 2000. 紫溪山志. 301pp. 雲南民族出版社. 昆明.
中国科学院昆明植物研究所(編). 1981. 雲南のツバキ. 207pp. 日本放送出版協会・中国雲南人民出版社(日中共同出版).
長谷川幹夫・兼本正・王仲朗・管開雲. 2011. 中国雲南省中央部の常緑広葉樹二次林におけるトウツバキ稚幼樹の生育状態と光環境. 富山県中央植物園研究報告, 16：9-13.
兼本正・志内利明・王仲朗・馮寶鈞・管開雲. 2012. 中国雲南省のトウツバキ古樹資料(2). 富山県中央植物園研究報告, 17：43-53.
閔天禄. 1998. 山茶属山茶組植物的分類, 分化和分布. 雲南植物研究, 20：127-148.
中田政司. 2013. 栽培菊と外来ギクによる日本産野生ギクの遺伝的汚染. 栽培植物の自然史Ⅱ(山口裕文編著), pp.209-212. 北海道大学出版会.
中田政司・王仲朗・魯元学・馮寶鈞・王霜・管開雲・神戸敏成. 2008a. 携帯型マンセル色票計による野外でのトウツバキの花色測定. 園芸学研究, 7：139-143.
中田政司・王仲朗・魯元学・王霜・管開雲. 2008b. 中国雲南省楚雄市の常緑広葉樹二次林におけるトウツバキ個体群の観察. 富山県中央植物園研究報告, 13：35-40.
大沢雅彦. 1977. 東部ネパールヒマラヤ植生—日華区系域の植生帯との関連—. ペドロジスト, 21：76-94.

大沢雅彦．1983．東アジアの比較植生帯論．現代生態学の断面（現代生態学の断面編集委員会編），pp.206-213．共立出版．

坂田祐介．2001．花で探るツバキの系統．植物の世界　樹木編（河野昭一編），pp.76-77．ニュートンプレス．

Shimizu, Y. 1991. Forest types and vegetation zones of Yunnan, China. Journal of the Faculty of Science, Univ. of Tokyo, Sect. III, 15: 1-71.

志内利明・兼本正・李景秀・王仲朗・馮寶鈞・管開雲．2012．中国雲南省楚雄市紫溪山に野生するトウツバキの形態的多様性．富山県中央植物園研究報告，17：1-12．

志内利明・兼本正・李景秀・王仲朗・王霜・馮寶鈞・管開雲．2010．中国雲南省のトウツバキ古樹資料．富山県中央植物園研究報告，15：45-61．

志内利明・兼本正・中田政司・王仲朗・魯元学・李景秀・馮寶鈞・管開雲．2016．中国雲南省で観察されたトウツバキの送粉者と考えられる3種の鳥類．Strix，32：209-213．

志内利明・山下寿之・王仲朗・管開雲．2011．中国雲南省永平県宝台山に野生するトウツバキの花形の多様性．富山県中央植物園研究報告，16：1-8．

王仲朗・王霜・志内利明・山下寿之・中田政司．2008．大理州雲南山茶古樹及其野生資源簡報．中国第二届茶花育種検討会国際茶花育種学会討論会論文集，pp.19-25．

Wang, Z.L., Chen, Z.D., Kanemoto, T., Hasegawa, M. and Guan, K.Y. 2012. Notes on the fruiting survey of *Camellia reticulata* in Chuxiong, Yunnan, China. International Camellia Congress, Chuxiong 2012. (Poster presentation)

夏麗芳・張方玉・王仲朗（編）．2011．雲南省楚雄市茶花古樹禄．144pp．雲南科技出版社．昆明．

山下寿之・志内利明・王仲朗・王霜・魯元学・管開雲．2009a．中国雲南省のトウツバキ *Camellia reticulata* 自生地における植生．富山県中央植物園研究報告，14：21-27．

山下寿之・志内利明・王仲朗・王霜・魯元学・管開雲．2009b．中国雲南省に生育するトウツバキの記録—2008年現地調査から．富山県中央植物園研究報告，14：47-56．

Yang, Y.X., Wang, Z.L., Duan, A.A., Dong, L. and Gao, Y.H. 2012. The key technology of cutting propagation for *Camellia reticulata*. Proceedings of the International Camellia Congress, Chuxiong 2012, pp.208-214.

雲南植被編写組（編）．1987．雲南植被．1024pp．科学出版社．北京．

第23章［斑入り園芸植物からの野生化］

青木豊一．2001．ハランとアオキ．斑入植物集　第二巻（広瀬嘉道・横井政人編），pp.226-227．ヴァリエナイン社．

浅山英一．1977．原色図譜　園芸植物　温室編．379pp．平凡社．

芦田潔ほか．1977．草木錦葉集・解説．328pp．青青堂出版．

五十嵐博．2016．北海道外来植物便覧—2015年版，p.84．北海道大学出版会．

笠原基知治．2008．斑入り植物のはなし．96pp．斑入り植物友の会．

勝山輝男．2001．スゲ属 *Carex* L．神奈川県植物誌　2001（神奈川県植物誌調査会・神奈川県立博物館編），pp.442-483．神奈川県立生命の星・地球博物館．

国会図書館デジタルコレクション 2015：草木錦葉集　緒巻，巻1-6．〔2〕(7)；〔6〕(35)．http://dl.ndl.go.jp/info:ndljp/pid/2556617?tocOpened=1（2015年8月アクセス）

水野忠敬ほか．1829．草木錦葉集　緒巻　巻1，pp.1-6．須原屋茂兵衛．

京都府愛宕郡村．1911．京都府愛宕郡村志（『洛北誌』として大学堂書店から1970年に

覆刻され，1972年に3版が出された）.
中尾佐助．1978．現代文明ふたつの源流　照葉樹林文化・硬葉樹林文化．228pp．朝日新聞社．
中尾佐助．1986．花と木の文化史（岩波新書）．216pp．岩波書店．
仁田坂英二．2009．古典園芸植物のドメスティケーション．国立民族学博物館調査報告，84：409-443.
野田健（編）．2014．三大斑入り植物2014　ヤマシャクヤク　トチバニンジン　ヤブレガサ．山野草マニアックス，40：2-42，47-61．栃の葉書房．
延島冬生．2014．小笠原の外来植物　キフゲットウ．http://bonninintroplant.cocolog-nifty.com/blog/2014/11/post-f9f9.html（2014年11月9日アクセス）
岡島一允．2011．東京都八丈島のオオシマカンスゲCarex oshimensis Nakaiと園芸品種について．すげの会ニュース，(23)：2-3.
佐藤澄仁ほか．2014．マサキの品種同定．〔緑化植物の品種同定と呼称の整理〕（受託研究）．東京都農林水産振興財団　平成25年度成果情報．http://www.tokyo-aff.or.jp/center/kenkyuseika/08/pdf/h25/21_1.pdf（2014年10月31日アクセス）
田中克義．2008．葉ものを極める　第1部　斑入植物最新事情．山野草とミニ盆栽，68：24-29.
植村修二．2008．このオオイタビの果実，ちょっと大きくない？．近畿植物同好会掲示板．http://9028.teacup.com/kinshoku/bbs/43（2014年10月31日アクセス）
植村修二ほか．2010．日本帰化植物写真図鑑　第2巻．579pp．全国農村教育協会．
植村修二．2011a．［naturplant：4882］緑の葉っぱに戻ったベアーグラス—オオシマカンスゲの逸出—．帰化植物メーリングリスト．
植村修二．2011b．帰化植物とつきあうにはなにが大事なのか—特に近畿地方における帰化植物の分布の動態，現状と関連して．雑草研究，57(2)：36-45.

第Ⅵ部　照葉樹林帯におけるヒトと植物との多様なかかわり
第24章［納豆餅と雑煮］
藤原孟．1987．京都府北桑田郡地方の納豆と餅．梅花短期大学研究紀要，35：119-135.
フーズ・パイオニア（編）．1975．納豆沿革史，pp.33-34；p.36；pp.40-42．全国納豆協同組合連合会．
春田直紀．2008．モノから見た一五世紀の社会．日本史研究，546：25．日本史研究会．
鬼頭宏．2008．日本における甘味社会の成立—前近代の砂糖の供給．上智經濟論集，53：45-61.
京北町誌編纂委員会．1975．京北町誌，p.534．京北町．
京菓子協同組合HP　http://www.kyogashi.or.jp/saijiki/02.html
京都府愛宕郡．1911．京都府愛宕郡村志（1970．『洛北誌』として大学堂書店から覆刻され1972年に第3版が出版された）．
松本忠久．2008．平安時代の納豆を味わう．p.30；p.71．丸善プラネット．
中尾佐助．2005．料理の起源と食文化（中尾佐助著作集　Ⅱ），pp.115-116．北海道大学図書刊行会．
太田藤四郎．1957．お湯殿の上日記　第一（訂正三版），p.39；p.84；p.86；p.109；p.141；p.227．続群書類従完成会．
佐和隆研ほか（編集）．1984．葩餅．京都大事典．淡交社．
柴田芳成．2003．『精進魚類物語』作者に関する一資料，京都大学國文学論叢，10：52-

55.
続史料大成刊行会．1967．続史料大成．臨川書店．
総務省統計局 HP「家計調査(二人以上の世帯)品目別都道府県庁所在市及び政令指定都市ランキング(平成 23～25 年平均)」http://www.stat.go.jp/data/kakei/5.htm
高橋久子・小松加奈．2004．古本系精進魚類物語と古辞書との関係に就いて．御伽草子精進魚類物語研究・索引篇(高橋忠彦・高橋久子・古辞書研究会編著)，pp.84-197．汲古書院．
高橋忠彦・高橋久子・古辞書研究会(編著)．2004．精進魚類物語(平出鏗二郎旧蔵本)．御伽草子精進魚類物語本文・校異篇．汲古書院．
東京大学史料編纂所古記録フルテキストデータベース：http://wwwap.hi.u-tokyo.ac.jp/ships/db.html
柳田國男(監修)．1998．雑煮．民俗学辞典．(第 63 版)．東京堂出版．
上山春平・佐々木高明・中尾佐助．1976．続・照葉樹林文化(中公新書)，pp.128-130．中央公論社．

コラム② ［ブータンの小粒小豆セームフチュン］

Javadi, F., Ye Tun Tun, Kawase, M., Guan K.Y. and Yamaguchi, H. 2011. Molecular phylogeny of the subgenus *Ceratotropis* (Genus *Vigna*, Leguminosae) reveals three eco-geographical groups and Late Pliocene- Pleistocene diversification: evidence from four plastid DNA region sequences. Annals of Botany, 108: 367-380.

三村真紀子・山口裕文．2013．栽培アズキの成立と伝播―ヤブツルアズキからアズキへの道．栽培植物の自然史Ⅱ：東アジア原産有用植物と照葉樹林帯の民族文化(山口裕文編著)，pp.31-43．北海道大学出版会．

村田吉平・白井滋久・原正紀・千葉一美・足立大山・島田尚典・藤田正平・飯田修三・品田裕二．1994．十勝農誌における小豆の遺伝資源収集と特性調査(ネパール・ブータンでの収集を含む)．22pp．北海道立十勝農業試験場研究部豆類第二科．

大野朋子・Konkan, M.・魯元学・前中久行・山口裕文．2008．ゴールデントライアングルとその周辺におけるタケの種類とその利用．Bamboo Journal，25：36-47．

梅本信也・石神真智子・山口裕文．2001．ミャンマー国シャン高原における陸稲の収穫とタウンヨー族の打ち付け脱穀石．大阪府立大学農学生命科学研究科学術報告，53：37-40．

吉田よしこ．2000．マメな豆の話―世界の豆食文化をたずねて(平凡社新書)．263pp．平凡社．

第 25 章［中国古代の香―降神と辟邪の観点から］

鄭文．1990．論衡析詁．巴蜀書社．成都．

趙成甫(主編)．1990．14 三型Ⅱ式鼎(樊 M37：3)；19 四型Ⅱ式壺(樊 M37：15)．南陽漢代画像石，図版ページ無，断面図 p.20；25 三型Ⅱ式倉(樊 M6：8)．南陽漢代画像石．文物出版社．

中国画像石全集編集委員会(編)．2000．64 米脂墓門左立柱画像；65 米脂墓門右立柱画像．中国画像石全集 5　陝西，山西漢画像石，p.48．山東美術出版，河南美術出版．

傅舉有・陳松長(編)．1992．馬王堆一号漢墓「彩絵陶薫爐」；「薫爐罩」；「中草薬」．馬王堆漢墓文物，pp.70；72；81．湖南出版社．

後藤健・和田久彦(監修)，日本経済新聞社(編)．1989．女性像付き香炉．ヨルダン

引用参考文献

9000 年の芸術文化展 王の道，p.66．日本経済新聞社．

池田末利．1989．中国古代中国史研究制度と思想，pp.545-546．東海大学出版社．

和泉市久保惣記念美術館．2008．青銅博山炉．香炉—東アジアの香りの文化をさぐる，p.9．和泉市久保惣記念美術館．

星川清孝．1970．新釈漢文大系 第 34 巻 楚辞，p.81．明治書院．

徐廷緑(著)，金容権(訳)．2005．百済金銅大香炉—古代東アジアの精神世界をたずねて，p.196；p.199；p.207．三修社．

鎌田正．1971．新釈漢文大系 第 30 巻 春秋左氏伝 1，p.130；p.133；p.278；p.279．明治書院．

小杉一雄．1986．中国美術史—日本美術の源流．302pp．南雲堂．

蔵中進．1998．宝暦二十年原本 唐大和上東征伝，p.25．和泉書院．

許慎．説文解字．100(永元 12 年)成立．

李圃．2003．古文字詁林 第六冊，p.680；912pp．上海教育出版．上海．

牧野富太郎(著)，岡田稔(編纂)．1988．原色牧野和漢薬大図鑑，p.127；p.557．北隆館．

松原睦．2012．香の文化史—日本における沈香需要の歴史，p.14；p.22；p.26；p.30；p.179．雄山閣．

松原睦．2014．宋代の香文化．Beauty Science，3：179．ビューティサイエンス学会．

長村真吾．2008．博山炉の形成過程における北方香炉の誕生と西域香炉との融合．アジアの歴史と文化，(12)：67-88．山口大学アジア歴史・文化研究会．

中尾万三．1924．支那古陶器の一瞥．新聞記事文庫，pp.2-17．満州日日新聞．

西谷正(編)．2007．東アジア考古学辞典，pp.441-442．東京堂出版．

大形徹．2004．博山炉と香—蓬莱山との関わりから．東洋—比較文化論集(宮澤正順博士古稀記念論文集刊行会)，p.141．青史出版．

大形徹．2010．古代オリエントと道教美術．道教美術の可能性(齋藤龍一・鈴木健郎・土屋昌明共編)，p.237．258pp．勉誠社．

大野峻．1975．新釈漢文大系 第 66 巻 国語上，p.91 抜粋．明治書院．

太田藤四郎(著)，塙保己一(編纂)．1986．続群書類従 31 上(雑部)．444pp．続群書類従完成会．

尾崎正治・平木康平・大形徹．1988．鑑賞中国の古典⑨ 抱朴子・列仙伝，pp.157-159；p.270；p.281-283．角川書店．

馬王堆漢墓文物．1992，p.70；p.80；p.81 より抜粋和訳．湖南出版社．長沙．

(欽定)四庫全書．1782(乾隆 47 年)．正本 7 部，副本 1 部が浄書された．正本は文淵閣(北京・紫禁城)，文源閣(北京・円明)，文津閣(熱河・避暑山荘)，文溯閣(瀋陽・盛京宮殿)，文匯閣(揚州・大観堂)，文宗閣(鎮江・金山寺)，文瀾閣(杭州・聖因寺行宮)におさめられた．

大伴広馬．1999．博山炉．日本文化研究，(30)：122．帝塚山短期大学日本文化史学会．

劉志基(主編)．2013．中国漢字文物大系 第 7 巻，p.337．大象出版社．河南省郑州市．

斎藤龍一．2009．道教三尊像(大阪市立美術館所蔵)．道教の美術，p.60．読売新聞大阪本社．

白川静．2010．字通，p.68；p.514．平凡社．

曽布川寛・谷豊信(責任編集)．1998．鍍金銀薫炉；金象嵌雲気文博山爐；山岳鳥獣文温酒樽(東京国立博物館所蔵)．世界美術大全集 秦・漢，pp.157；167；235．小学館．

高橋庸一郎．2002．匂いの文化史的研究—日本と中国の文学に見る，pp.145-146；p.148；217pp．和泉書院．

東京国立博物館．2010．博山蓋樽．誕生！　中国文明，p.120；pp.122-123．読売新聞社．

王謨輯．1983．増訂漢魏叢書四．大化書局．

王穎竹ほか．2013．略論秦漢至両宋時期的香料．文物(第5期)，p.70；p.73．文物出版社．北京．

山田憲太郎．2011．香薬東西，p.3．法政大学出版局．

湯原公浩．2007．銅鍍金山紋獣足樽．別冊太陽　台北故宮博物院，p.40．平凡社．


第26章［「掛け香」になった生薬「訶梨勒」］

陳貴廷(主編)．1992．本草綱目通釋，p.1666．学苑出版社：北京．

深根輔仁(撰)．918年頃．本草和名(全2巻)．台湾国立故宮博物館所蔵．

飯島康志．2011．平安期薬学研究―訶梨勒という仙薬．日本文学研究，59：16-19．大東文化大学日本文学会．

井上頼圀・近藤瓶城(編)．1924．増補俚言集覧 上巻，p.670．近藤出版部．

神保博行．2003．第三部香道用語集．香道の歴史事典，p.231；p.443．柏書房．

国立民族学博物館(編)．2009．茶の湯のものづくりと世界のわざ，p.97．河出書房新社．

蔵中進(編)．1982．宝暦十二年版本　唐大和上東征伝(影印叢書)，p.25．和泉書院．

桑田忠親(編)．1969．茶道辞典，p.174．東京堂出版．

李時珍(編著)．1982．本草綱目(影印)，p.2027．人民衛生出版社．北京．

李時珍．2013．本草綱目　彩色図解，p.118．天津科学技術出版社．

マジュプリア，T.C.(著)，西岡直樹(訳)．1993．ネパール・インドの聖なる植物，p.128．八坂書房．

正宗敦夫(編纂校訂)，丹波康頼(著)．1935．医心方 巻一，p.354．日本古典全集刊行會．

満久崇麿．1995．仏典の植物，p.112；p.113；p.119．八坂書房．

満久崇麿．2013．仏典の植物事典．207pp．八坂書房．

難波恒雄．1984．原色和漢薬図鑑 上巻，p.250．保育社．

難波恒雄．2002．和漢薬の事典，p.43．419pp．朝倉書店．

島田勇雄(校注)，伊勢貞丈(著)．1985．貞丈雑記2(東洋文庫)，p.116．平凡社．

島田勇雄(校注)，伊勢貞丈(著)．1986．貞丈雑記4(東洋文庫)，pp.119，120．平凡社．

小学館国語辞典編集部(編)．2000．日本国語大辞典　第二版(全14巻)，p.241．小学館．

蘇敬(作)，尚志鈞(編)．1981．唐・新修本草(輯復本)，p.358．安徽科学技術出版社．

Susruta(著)，大地原誠玄(訳)．1971．スシュルタ本集，p.263．アーユルヴェーダ研究会．

高橋澄子．2001．ジャムウ　インドネシアの伝統的治療薬，p.153．平河出版社．

鳥越泰義．2005．正倉院薬物の世界―日本の薬の源流を探る(平凡社新書)，p.72．平凡社．

トンプソン，C.J.S.(著)，駒崎雄司(訳)．2010．香料文化誌，p.28．八坂書房．

唐慎微(撰)．1082．証類本草．［1988．景印文淵閣四庫全書740，p.458；p.692．台湾商務印書館．台北．］

山田憲太郎．1957．東西香薬史，p.350．福村書店．

吉村貞司．1977．東山文化，p.56．美術出版社．

コラム③［工芸茶という文化］

郭雯飛・呂毅・駱少君・坂田完三．2003．不思議な茶“黒茶”―食文化の視点から．日

本調理科学会誌，36(4)：436-442.
工藤佳治・兪向紅・丸山洋平．2000．中国茶図鑑(文春新書)，p.138．文藝春秋社.
左能典代．2000．中国名茶館，p.82．高橋書店.
成美堂出版編集部．2002．中国茶― 50 銘茶と楽しみ方，p.7．成美堂出版.
棚橋篁峰．2003．中国茶文化，p.23．紫翠会出版.
中尾佐助．1976．栽培植物の世界，p.194．中央公論社.
中尾佐助．2005．中尾佐助著作集 第二巻 料理の起源と食文化，p.672；p.730；p.735．北海道大学出版会.
松下智．1998．茶の民族誌―製茶文化の源流．p.113．雄山閣.
松下智．2002．緑茶の世界―日本茶と中国茶．p.46．雄山閣.
山本悦律子．2015．日本茶葉を使った工芸茶の試作．人間植物関係学会.
横内茂．2008．茶大百科Ｉ　歴史・文化／品質・機能性／品種／製茶「チャの原産と分類」，pp.6，11，13．農村漁村文化協会.

第 27 章［東南アジアの少数民族における竹づくりの魔除け「鬼の目」の多様性］

Anderson, E.F. 1993. Plants and People of the Golden Triangle, Ethnobotany of the Hill Tribes of Northern Thailand, pp.171-173. Dioscorides Press. Portland, Oregon.
堀内秀晃・秋山虔．1997．竹取物語　伊勢物語(新日本古典文学大系　17)，p.3．岩波書店.
井鷺祐司．2010．多様なタケの繁殖生態研究におけるクローン構造と移植履歴の重要性(〈特集〉Bamboo はなぜ一斉開花するのか？―熱帯から温帯へのクローナル特性と開花更新習性の進化を探る)．日本生態学会誌，60(1)：89-95.
金子務．1999．星型多角形の文化と受容―聖と呪の象徴図形　再論．形の文化誌，6：334-345.
Lewis, P. and Lewis, E. 1998. Peoples of the Golden Triangle, pp.8-10. River Books Press. Thailand.
益山樹生．1999．中国西双版納水タイ族祭祀資料．東京女子大学比較文化研究所紀要，60：107-136.
益山樹生・劉剛．2000．西双版納州水タイ族の祭祀活動と植物．沖縄大学地域研究所所報，21：1-13.
宮崎興二．2011．六角形．にほんのかたちをよむ事典．pp.283-284．工作舎.
沼田真．1964．マダケ林の開花の生態．富士竹類植物園報告，9：46-49.
折口信夫．1915．髯籠の話．郷土研究，3：2.
大形徹．2000．魂のありか―中国古代の霊魂観(角川選書)，pp.255-256．角川書店.
大野朋子・前中久行・山口裕文．2006．中国雲南省，タイおよびベトナムにおける竹利用の多様性について．Bamboo Journal，23：56-64.
大野朋子・前中久行・山口裕文．2007．少数民族の暮らしと竹―中国雲南省西双版納のタイ族．Bamboo Journal，24：42-51.
大野朋子・M. Konkan・魯元学・前中久行・山口裕文．2008．ゴールデントライアングルとその周辺におけるタケの種類と利用．Bamboo Journal，25：36-47.
大野朋子・山口裕文．2012．タイ北部の少数民族のもつ「六角星」．形の文化研究，7：1-6.
Ohrnberger, D. 1999. The Bamboos of the World: Annotated Nomenclature and Literature of the Species and the Higher and Lower Taxa. pp8-9. Elsevier Science Ltd.

United States.
Phraya, A.R.(著), 森幹男(訳). 1979. タイ民衆生活誌(1)—祭りと信仰(東南アジアブックス), pp.247-293. 井村文化事業社.
坂本太郎・家永三郎・井上光貞・大野晋. 1994. 日本書紀(一), pp.146-148. 岩波書店.
田中宣一. 1994. 日本民俗学事典(大塚民俗学会編集), pp.71-85. 弘文堂.
鳥越憲三郎・若林弘子. 1998. 弥生文化の源流考—雲南省［ワ］族の精査と新発見, pp.260-261. 大修館書店.
若林弘子. 1986. 高床式建物の源流, pp.189-190. 弘文堂.

第28章［ボゴールのタラスとサトイモ料理 根栽農耕文化の今］

安渓貴子. 1993. トカラ列島中之島のサトイモ類の外部形態と染色体数. 沖縄生物学会誌, 31：21-28.
安渓遊地. 1998. 西表島のサトイモ類—その伝統的栽培法と利用法. 琉球弧の農耕文化(農耕文化研究振興会編), pp.83-107. 大明堂.
Bie, H.C.H.De. 1901. De landbouw der inlandsche bevolking op Java. Mededeelingen uit 'slands plantentuin, 45: 107-110. G. Kolff & Company.
Bourke, R.M. 2012. The decline of taro and taro irrigation in Papua New Guinea. Senri Ethnological Studies, 78: 255-264.
Burkill, I.H. 1966. A dictionary of the Economic Products of the Malay Peninsula (2nd ed.), pp.106-108; 647-651. Ministry of Agriculture & Co-operatives.
Clercq, F.S.A.D. and Greshoff, M. 1909. Nieuw Plantkundig Woordenboek voor Nederlandsch Indië, pp.207-208. J.H.de Bussy.
Devi, A.A. 2013. Genetic diversity analysis in taro using molecular markers: An overview. Journal of Root Crops, 38: 15-25.
Elisabeth, D.A.A. 2015. Added value improvement of taro and sweet potato commodities by doing snack processing activity. Procedia Food Science, 3: 262-273.
藤田安二. 1973. タロイモとヤムイモその民族植物学的一考察. 生物科学, 25(3)：159-162.
後藤明. 2003. 海を渡ったモンゴロイド—太平洋と日本への道(講談社選書メチエ). 288pp. 講談社.
後藤明. 2014. 南方世界の儀礼食(芋)から. 愛知大学綜合郷土研究所紀要, 59：158-182.
Greenwell, A.B. 1947. Taro-with special reference to its culture and uses in Hawaii. Economic Botany, 1(3): 276-289.
Hall, C.V. and van de Koppel, C. 1948. De Landbouw in de Indische Archipel IIA. The Hague, W. van Hoeve.
Hambali, G.G. 1977. Wild Populations of *Colocasia esculenta* on the slopes of Mt. Gede, West Java. Berita Biologi, 2(2): 41.
Harris, K.M. 1994. Cibodas to Cibeureum: Mt. Gede Pangrango National Park. National Parks Directorate, Information Book Series 1. Grafimatra.
橋本征二. 2002. 海を渡ったタロイモ. 256pp. 関西大学出版部.
橋本征治. 2007. 台湾蘭嶼におけるタロイモ栽培. 関西大学東西学術研究所紀要, 40：55-77.
Helten, W.M. van. 1915. Eenige Nieuwe Groente-soorten. Teysmanuia, 26: 211-217.

Heyne, K. 1950. De Nuttige Planten van Indonesie (The Useful Plants of Indonesia), pp.422-425. NV Uitgeverij W. van Hoeve.
本田千里．1998．サトイモの食習について．米・麦・雑穀(豆日本の食文化　第3巻，芳賀登・石川寛子編)，pp.183-199．雄山閣．
堀田満．1983．イモ型有用植物の起源と系統―東アジアを中心に．日本農耕文化の源流(佐々木高明編)，pp.17-57．日本放送出版協会．
堀田満．2003．根栽農耕で利用される「イモ型」植物．イモとヒト(吉田集而・堀田満・印東道子編著)，pp.9-31．平凡社．
Irwin, S.V., Kaufusi, P., Banks, K., De La Peña, R. and Cho, J.J. 1998. Molecular characterization of taro (*Colocasia esculenta*) using RAPD markers. Euphytica, 99(3): 183-189.
Ivancic, A. and Lebot, V. 2000. The Genetics and Breeding of Taro. 194pp. Montpellier, CIRAD.
Jane, J., Shen, L., Chen, J., Lim, S., Kasemsuwan, T. and Nip, W.K. 1992. Physical and chemical studies of taro starches and flours. Cereal Chemistry, 69(5): 528-535.
Kapoor, A., Kanwar, P. and Gupta, R. 2010. Traditional recipes of district Kangra of Himachal Pradesh. Indian Journal of Traditional Knowledge, 9(2): 282-288.
Kaushal, P., Kumar, V. and Sharma, H.K. 2015. Utilization of taro (*Colocasia esculenta*): a review. Journal of Food Science and Technology, 52(1): 27-40.
小西達夫．2008．食用としてのイモの重要性―タロイモ(特集　食料としてのイモの重要性　国際イモ年2008)．国際農林業協力，31(3)：12-20．
小西達夫．2013．タロイモは語る―今知られていること，伝えること．156pp．東京農業大学出版会．
Konno, K., Inoue, T. A. and Nakamura, M. 2014. Synergistic defensive function of raphides and protease through the needle effect. PLOS ONE, 9(3): e91341.
Kreike, C.M., Van Eck, H.J. and Lebot, V. 2004. Genetic diversity of taro, *Colocasia esculenta* (L.) Schott, in Southeast Asia and the Pacific. Theoretical and Applied Genetics, 109(4): 761-768.
熊沢三郎・二井内清之・本多藤雄．1956．本邦における里芋の品種分類．園芸學會雑誌，25(1)：1-10．
Lebot, V. 1999. Biomolecular evidence for plant domestication in Sahul. Genetic Resources and Crop Evolution, 46(6): 619-628.
Lebot, V. and Aradhya, K.M. 1991. Isozyme variation in taro (*Colocasia esculenta* (L.) Schott) from Asia and Oceania. Euphytica, 56(1): 55-66.
馬淵東一．1942．インドネシアの食物文化．東亞問題，4(1)：16-30．
松田正彦．2003．日本のサトイモ―系譜と現在．イモとヒト(吉田集而・堀田満・印東道子編著)，pp.141-150．平凡社．
松本美枝子．2012．サトイモ―栽培から貯蔵，種芋生産まで．191pp．農山漁村文化協会．
Matthews, P. 1991. A possible tropical wild type taro: *Colocasia esculenta* var. *aquatilis*. Bulletin of the Indo-Pacific Prehistory Association, 11: 69-81.
Matthews, P.J. 2004. Genetic diversity in taro, and the preservation of culinary knowledge. Ethnobotany Research and Applications, 2: 55-71.
Matthews, P.J. 2010. An introduction to the history of taro as a food. The Global Diver-

sity of Taro. *In*: The Global Diversity of Taro (Rao, V.R., Matthews, P.J., Eyzaguirre, P.B. and Hunter, D. ed.), pp.6-28. Biodiversity International.
Matthews, P.J., Agoo, E.M.G., Tandang, D.N. and Madulid, D.A. 2012. Ethnobotany and ecology of wild taro (*Colocasia esculenta*) in the Philippines: implications for domestication and dispersal. Senri Ethnological Studies, 78: 307-340.
三木末武．1944．南方農業紀行．355pp．六藝社．
Miller, C.D. 1929. Food values of breadfruit, taro leaves, coconut, and sugar cane: an extract. Bernice P. Bishop Museum Bulletin, 64: 265-269.
宮浦理恵・林田まき・横田健治．2014．ジャワ島の水汚染の背景としての農業と農村の水利用の実態―インドネシア・ボゴール県 Petir 村の事例．東京農業大学農学集報，59(1)：52-62.
宮崎貞巳・田代洋丞．1992．江戸時代の農書及び本草書類に記載されているサトイモの品種及び品種群について．佐賀大学農学部彙報，72：1-36.
中尾佐助．1966．栽培植物と農耕の起源(岩波新書)．193pp．岩波書店．
中尾佐助．1974．イモ類の毒ぬき．自然，29(5)：20-21.
中尾佐助．1981．タローイモの起原と文化．育種学最近の進歩 第 22 集(第 22 回日本育種学会シンポジウム報告)：75-85.
中尾佐助．2005．イモを食べる文化．中尾佐助著作集 第 2 巻 料理の起源と食文化，pp.243-256．北海道大学図書刊行会．
中尾佐助・西山喜一・堀田満・小西達夫．1979．タロイモの開発研究(昭和 51-53 年度報告書)．日本科学協会．
Neal, M.C. 1965. In Gardens of Hawaii. Bernice P. Bishop Museum special publication, 50. Bishop Museum Press.
Noonam, S. and Savage, G.P. 1999. Oxalate content of foods and its effect on humans. Asia Pacific Journal of Clinical Nutrition, 8(1): 64-74.
農林省南方資源調査室編(刊行年不明)．南方農林畜水産物ノ確保ニ関スル調査　舊蘭領東印度篇．農林省南方資源調査室．http://dl.ndl.go.jp/info:ndljp/pid/1718536?tocOpened=1
Ochse, J. 1931. Indische groenten. Batavia, Departement van Landbouw, Nijverheid en Handel.
小合龍夫．1978．東南アジアの農村における果樹を中心とした植物利用の生態学的研究(昭和 53 年度文部科学研究費補助金による海外学術調査報告書)．138pp.
小合龍夫．1980．東南アジア及びオセアニアの農村における果樹を中心とした植物利用の生態学的研究(昭和 55 年度(第 2 次)文部科学研究費補助金による海外学術調査報告書)．241pp.
大林太良．1960．西部インドネシア塊莖・果樹栽培民の豚飼育．南方史研究，2：1-54.
大林太良．1961．フィリピンにおけるタロ芋栽培―フィリピンに塊茎類栽培文化層は存在したか？　東洋文化研究所紀要，23：215-276.
Oscarsson, K.V. and Savage, G.P. 2007. Composition and availability of soluble and insoluble oxalates in raw and cooked taro (*Colocasia esculenta* var. Schott) leaves. Food Chemistry, 101(2): 559-562.
Pena, R.S. De la. 1970. The edible aroids in the Asian-Pacific area. Int. Symp. Trop Root and Tuber Crops 2nd. 1970 Proc.: 136-140.
Plucknett, D.L. 1976. Edible aroids: *Alocasia, Colocasia, Cyrtosperma, Xanthosoma*

(Araceae). *In*: Evolution of Crop Plants (Rick, C.M., Tomato, J.S. and Simmonds, N.W. ed.), pp.10-12. Longman.

Plucknett, D.L. 1983. Taxonomy of the genus *Colocasia*. *In*: Taro, a Review of *Colocasia esculenta* and its Potentials. Wang, J.K. (ed.), pp.14-19. University of Hawaii Press.

Prajapati, R., Kalariya, M., Umbarkar, R., Parmar, S. and Sheth, N. 2011. *Colocasia esculenta*: A potent indigenous plant. International Journal of Nutrition, Pharmacology, Neurological Diseases, 1(2): 90. http://www.ijnpnd.com/text.asp?2011/1/2/90/84188

Prana, M.S. 2000. Morphological and agronomic traits variation of taro (*C. esculenta* (L.) Schott.) from West Java. Annales Bogorienses, 7(1): 27-36.

Prana, M.S. 2007. Studi Biologi Pembungaan pada Talas (*Colocasia esculenta* (L.) Schott.)[Study on Flowering Biology of Taro (*Colocasia esculenta* (L.) Schott.)], Biodiversitas, 8(1): 63-66.

Prana, M.S., Hartati, N.S., Prana, T.K. and Kuswara, T. 2000. Evaluation on genetic variation in taro (*C. esculenta* (L.) Schott.) collected from West Java using isozymic markers. Annales Bogorienses, 6(2): 80-87.

Purseglove, J.W. 1972. Tropical Crops. Monocotyledons, pp.58-74. Longman.

斎藤毅・坂口彰．1972．喜界島のミズイモ栽培に関する分化地理学的考察．鹿児島地理学会紀要，20(1)：75-86.

坂口彰・中島仁志．1972．口之島におけるミズイモ栽培．鹿児島地理学会紀要，20(2)：145-148.

佐々木高明．1971．稲作以前(NHK ブックス)．316pp．日本放送出版協会．

佐々木高明．1986．東アジア農耕文化の類型と展開．日本人の起源—周辺民族との関係をめぐって(埴原和郎編)，pp.85-105．小学館．

Sastrapradja, S. and Hambali, G.G. 1982. The importance of *Colocasia esculenta* in West Java, Indonesia. Proceedings of the 5th International Symposium on Tropical Root and Tuber Crops (ISTRC): 539-543.

Savage, G.P., Mårtensson, L. and Sedcole, J.R. 2009. Composition of oxalates in baked taro (*Colocasia esculenta* var. Schott) leaves cooked alone or with additions of cows milk or coconut milk. Journal of Food Composition and Analysis, 22(1): 83-86.

Steenis, C.G.G.J. van, Amir Hamzah, Moehamad Toha. 2007. Mountain Flora of Java(2nd ed.). 240pp. Brill.

宋正雄．1927．熱帯作物研究報告書(委任統治地域 南洋群島調査資料 第1輯)，pp.346-364 南洋廳．不二印刷社．

外間数男．1998．台湾・蘭嶼島の農業とタロイモの水田栽培．南方資源利用技術研究会誌，14(1)：33-41.

外間数男．2007．田芋栽培の地域的展開 4．宜野湾市の田芋栽培．沖縄農業，40(1)：27-39.

杉浦健一．1942．パラオ島民の芋田耕作．地理學研究，1(8)：107-125.

高柳謙治．1986．日本人とさといも．日本人のための生物資源のルーツを探る，pp.93-121．筑波書房．

高柳謙治．1988．タロイモ．熱帯のいも類—ヤムイモ・タロイモ(国際農林業協力協会編)，pp.68-91．国際農林業協力協会．

谷本忠芳．1990．本邦および台湾における野生サトイモ(*Colocasia esculenta* Schott)の分布および形態的特性．育種学雑誌，40(2)：233-243.

谷本忠芳．2001．日本の野生サトイモと栽培サトイモ．栽培植物の自然史(山口裕文・島本義也編著)，pp.151-161．北海道大学図書刊行会．

坪井洋文．1979．イモと日本人—民俗文化論の課題．292pp．未来社．

Wang, J.K. 1983. Introduction. *In*: Taro: A Review of *Colocasia esculenta* and its Potentials. Wang, J.K.(ed.), p.4. University of Hawaii Press.

Wicaksono, K.P., Heddy, S., Murniyanto, E. and Nakagoshi, N. 2010. Altitudinal distribution of edible wild aroids in Java, Indonesia. ASCOT Research International Journal, 3: 1-12.

吉野熙道．1975．東ネパールにおけるサトイモ族 Tribe *Colocasieae* の野生種と栽培種について．ヤルン・カン学術調査報告／京都大学学士山岳会ヤルン・カン遠征隊1973(京都大学学士山岳会)，pp.47-64．

吉野熙道．2003．サトイモ—進化の一断面と根栽農耕における位置．イモとヒト(吉田集而・堀田満・印東道子編著)，pp.121-139．平凡社．

吉野馨子．2013．屋敷地林と在地の知—バングラデシュ農村の暮らしと女性．416pp．京都大学学術出版会．

湯浅浩史．2001．瀬川孝吉台湾先住民写真誌(ツオウ篇)．260pp．東京農業大学出版会．

阪 口 翔 太(さかぐち しょうた)
京都大学大学院人間・環境学研究科助教，森林遺伝学　Ph.D

鈴木貢次郎(すずき こうじろう)
東京農業大学地域環境科学部造園科学科教授，造園学　博士(農学)

副 島 顕 子(そえじま あきこ)
熊本大学大学院自然科学研究科教授，植物系統分類学　博士(理学)

中 田 政 司(なかた まさし)
富山県中央植物園園長，植物細胞分類学　博士(理学)

中 村　 治(なかむら おさむ)
大阪府立大学人間社会システム科学研究科教授，環境思想

林 み ど り(はやし みどり)
関西医療大学非常勤講師　アロマセラピー，東洋医学(鍼灸師)

平 木 康 平(ひらき こうへい)
大阪府立大学名誉教授，中国哲学

前 中 久 行(まえなか ひさゆき)
認定 NPO 法人緑の地球ネットワーク代表・元大阪府立大学教授，造園学
農学博士

水 野 杏 紀(みずの あき)
関西医療大学非常勤講師，大阪府立大学客員研究員，東アジアの思想文化
博士(人間科学)

三村真紀子(みむら まきこ)
玉川大学農学部生物環境システム学科准教授，分子生態学　Ph.D

宮 浦 理 恵(みやうら りえ)
東京農業大学国際食料情報学部准教授，アグロエコロジー　博士(農学)

森 元 真 理(もりもと まり)
東京農業大学農学部バイオセラピー学科助教，人間動物関係学　博士(学術)

保田謙太郎(やすだ けんたろう)
秋田県立大学生物資源科学部准教授，雑草科学　博士(農学)

山 口　 聰(やまぐち さとし)
農林水産研究フェロー，元玉川大学教授，アジア植物遺伝資源探索　農学博士

山 口 裕 文(やまぐち ひろふみ)
大阪府立大学名誉教授，植物文化多様性学　農学博士

山本悦律子(やまもと えつこ)
東京農業大学大学院博士後期課程単位取得退学，茶

李　 景 秀(Li Jingxiu)
中国科学院昆明植物研究所高級実験師，園芸学

王　 仲 朗(Wang Zhonglang)
中国科学院昆明植物研究所教授，資源植物学・育種学

執筆者紹介

伊 藤 一 幸(いとう かずゆき)
近畿大学農学部非常勤講師，元神戸大学大学院農学研究科教授，雑草管理学 博士(農学)

上 田 善 弘(うえだ よしひろ)
岐阜県立国際園芸アカデミー学長，花卉園芸学　博士(農学)

植 村 修 二(うえむら しゅうじ)
大阪府立農芸高等学校教諭，帰化植物の分類・生態

梅 本 信 也(うめもと しんや)
京都大学フィールド科学教育研究センター里域生態系部門里地生態保全分野准教授・紀伊大島実験所長，連環学　京都大学農学博士

大 形　 徹(おおがた とおる)
大阪府立大学人間社会システム科学研究科教授，中国哲学

大 澤　 良(おおさわ りょう)
筑波大学生命環境系教授，植物育種学　農学博士

大 野 朋 子(おおの ともこ)
神戸大学大学院人間発達環境学研究科准教授，緑地環境学　博士(農学)

岡 田　 博(おかだ ひろし)
兵庫県立大学自然・環境科学研究所客員教授，大阪市立大学名誉教授，植物分類学・細胞分類学・湿潤熱帯植物の多様性　理学博士

金 子　 務(かねこ つとむ)
大阪府立大学名誉教授，科学思想史・科学社会学

亀 山 慶 晃(かめやま よしあき)
東京農業大学地域環境科学部教授，植物生態学　博士(学術)

河 瀬 眞 琴(かわせ まこと)
筑波大学生命環境系教授，生物資源保全学　農学博士

木 﨑 香 織(きざき かおり)
大阪府立大学大学院博士後期課程，人間社会システム科学研究科　中国思想

管　 開 雲(Guan Kaiyun)
中国科学院新疆生態地理研究所副所長・教授，中国科学院吐魯番砂漠植物園園長，植物分類学・保全生物学　博士(応用生命科学)

久 保 輝 幸(くぼ てるゆき)
武漢工程大学外語学院校聘教授，科学史・医学史　理学博士(中国科学院)

児 島 恭 子(こじま きょうこ)
札幌学院大学人文学部教授，日本史・アイヌ史・文化史　博士(文学)

山口　裕文（やまぐち ひろふみ）
1946年佐世保市に生まれる
1977年　大阪府立大学大学院農学研究科博士課程修了
現　在　大阪府立大学名誉教授，植物文化多様性学　農学博士
主　著　栽培植物の自然史Ⅱ（編著，北海道大学出版会）など

金子　　務（かねこ つとむ）
1933年川越市に生まれる
1957年　東京大学教養学部教養学科卒業
現　在　大阪府立大学名誉教授
主　著　アイン・シュタイン・ショック（岩波現代文庫）など

大形　　徹（おおがた とおる）
1954年明石市に生まれる
1982年　大阪大学大学院文学研究科博士課程単位取得満期退学
現　在　大阪府立大学人間社会システム科学研究科教授
主　著　不老不死―仙人の誕生と神仙術（講談社）など

大野　朋子（おおの ともこ）
1974年東大阪市に生まれる。
2003年　大阪府立大学大学院農学生命科学研究科博士後期課程修了
現　在　神戸大学大学院人間発達環境学研究科准教授　博士（農学）
主　著　とりもどせ！琵琶湖・淀川の原風景（共著，サンライズ出版社）など

「中尾佐助 照葉樹林文化論」の展開
――多角的視座からの位置づけ

2016年6月25日　第1刷発行

編 著 者　山口裕文・金子　務
　　　　　大形　徹・大野朋子

発 行 者　櫻井義秀

発行所　北海道大学出版会
札幌市北区北9条西8丁目　北海道大学構内（〒060-0809）
Tel. 011(747)2308・Fax. 011(736)8605・http://www.hup.gr.jp/

アイワード／石田製本

ISBN978-4-8329-6820-2